COMENTÁRIOS AO CÓDIGO CIVIL BRASILEIRO

DOS ATOS UNILATERAIS
DOS TÍTULOS DE CRÉDITO
DA RESPONSABILIDADE CIVIL
DAS PREFERÊNCIAS E PRIVILÉGIOS CREDITÓRIOS

O GEN | Grupo Editorial Nacional reúne as editoras Guanabara Koogan, Santos, Roca, AC Farmacêutica, Forense, Método, LTC, E.P.U. e Forense Universitária, que publicam nas áreas científica, técnica e profissional.

Essas empresas, respeitadas no mercado editorial, construíram catálogos inigualáveis, com obras que têm sido decisivas na formação acadêmica e no aperfeiçoamento de várias gerações de profissionais e de estudantes de Administração, Direito, Enfermagem, Engenharia, Fisioterapia, Medicina, Odontologia, Educação Física e muitas outras ciências, tendo se tornado sinônimo de seriedade e respeito.

Nossa missão é prover o melhor conteúdo científico e distribuí-lo de maneira flexível e conveniente, a preços justos, gerando benefícios e servindo a autores, docentes, livreiros, funcionários, colaboradores e acionistas.

Nosso comportamento ético incondicional e nossa responsabilidade social e ambiental são reforçados pela natureza educacional de nossa atividade, sem comprometer o crescimento contínuo e a rentabilidade do grupo.

WASHINGTON ROCHA DE CARVALHO
(Arts. 854 a 886)

PEDRO A. BATISTA MARTINS
(Arts. 887 a 926)

ROGÉRIO DONNINI
(Arts. 927 a 954)

GLEYDSON KLEBER LOPES DE OLIVEIRA
(Arts. 955 a 965)

COMENTÁRIOS AO CÓDIGO CIVIL BRASILEIRO

DOS ATOS UNILATERAIS
DOS TÍTULOS DE CRÉDITO
DA RESPONSABILIDADE CIVIL
DAS PREFERÊNCIAS E PRIVILÉGIOS CREDITÓRIOS

Volume VIII
(Arts. 854 a 965)

Coordenadores:
ARRUDA ALVIM
THEREZA ALVIM

Rio de Janeiro

- A EDITORA FORENSE se responsabiliza pelos vícios do produto no que concerne à sua edição, aí compreendidas a impressão e a apresentação, a fim de possibilitar ao consumidor bem manuseá-lo e lê-lo. Os vícios relacionados à atualização da obra, aos conceitos doutrinários, às concepções ideológicas e referências indevidas são de responsabilidade do autor e/ou atualizador.

  As reclamações devem ser feitas até noventa dias a partir da compra e venda com nota fiscal (interpretação do art. 26 da Lei n. 8.078, de 11.09.1990).

- Direitos exclusivos para o Brasil na língua portuguesa
  Copyright © 2013 by
  EDITORA FORENSE LTDA.
  Uma editora integrante do GEN | Grupo Editorial Nacional
  Travessa do Ouvidor, 11 – Térreo e 6º andar – 20040-040 – Rio de Janeiro – RJ
  Tel.: (0XX21) 3543-0770 – Fax: (0XX21) 3543-0896
  forense@grupogen.com.br | www.grupogen.com.br

- O titular cuja obra seja fraudulentamente reproduzida, divulgada ou de qualquer forma utilizada poderá requerer a apreensão dos exemplares reproduzidos ou a suspensão da divulgação, sem prejuízo da indenização cabível (art. 102 da Lei n. 9.610, de 19.02.1998).

  Quem vender, expuser à venda, ocultar, adquirir, distribuir, tiver em depósito ou utilizar obra ou fonograma reproduzidos com fraude, com a finalidade de vender, obter ganho, vantagem, proveito, lucro direto ou indireto, para si ou para outrem, será solidariamente responsável com o contrafator, nos termos dos artigos precedentes, respondendo como contrafatores o importador e o distribuidor em caso de reprodução no exterior (art. 104 da Lei n. 9.610/98).

- CIP – Brasil. Catalogação na fonte.
  Sindicato Nacional dos Editores de Livros, RJ.

  C725

  Comentários ao Código Civil Brasileiro, volume VIII : dos atos unilaterais : dos títulos de crédito : da responsabilidade civil / Washington Rocha de Carvalho ... [et al] ; coordenação Arruda Alvim, Thereza Alvim. – Rio de Janeiro: Forense, 2013.

  Bibliografia
  ISBN 978-85-309-4846-7

  1. Brasil. [Código civil (2002)]. 2. Direitos civil – Brasil. I. Carvalho, Washington Rocha de. II. Título. III. Série.

  13-00425   CDU 347.2(81)

NOTA DOS COORDENADORES

A organização e a coordenação desta coleção, que conta com mais de 50 autores, cujos comentários estão distribuídos em 17 volumes, desde o princípio nos foram apresentadas como um desafio.

Procurar atribuir o correto (ou o melhor) entendimento à nova lei civil, a fim de servir como material auxiliar interpretativo aos operadores do Direito, não é tarefa das mais fáceis, sem descurar, ou desprezar, os mais de 80 anos de lições consolidadas em torno do Código Bevilá-qua.

Nesse sentido, é indiscutível a contribuição prestada por grandes nomes do Direito nacional, não dispensando, no entanto, uma nova análise de fôlego da recente codificação, vista agora sob novos prismas e perspectivas, tais como impostos pela evolução não só do próprio Direito, mas também da sociedade.

Para a consecução dessa tarefa, servimo-nos de juristas de alto calibre, o que certamente facilitou, soberanamente, a tarefa de coordenação. Muitos deles são professores e pesquisadores da Faculdade Autônoma de Direito (FADISP), tendo obras consagradas na literatura jurídica. Outros aparecem no cenário jurídico nacional, já demonstrando maturidade suficiente para a elaboração de uma obra desse quilate.

A obra, como dissemos, está dividida em 17 volumes. Cada um dos Livros da Parte Especial, assim como a Parte Geral (que por sua vez engloba três livros), é antecedido de um texto introdutório, cuidadosamente elaborado por um estudioso, e no qual se procura fornecer uma visão geral dos institutos específicos daquela subdivisão, apontando as essenciais novidades, bem como as evoluções e alterações sofridas. Assim, a Parte Geral é precedida de uma Introdução de autoria do Prof. Everaldo Augusto Cambler, que também elaborou a do livro *Direito das Obrigações (v. III)*. O texto introdutório do Direito de Empresa coube ao Prof. Newton de Lucca, estudioso da matéria, que com perícia descreveu os pontos nucleares dessa relativa unificação do direito privado. A introdução do Direito de Família, ponto que inspira especiais cuidados em face das crescentes e sensíveis alterações por ele sofridas, foi elaborada pelo Prof. Guilherme Calmon Nogueira da Gama. Por fim, coube ao Prof. Silvio de Salvo Venosa, nome que dispensa apresentação, ferir os assuntos gerais relativos ao Direito das Sucessões.

Queremos agradecer o empenho e colaboração de todos os coautores, que nos permitiram realizar esta *Coleção*. Deixamos registrado, finalmente, o nosso especial agradecimento à Editora Forense, que nos permitiu concretizar esse projeto.

Os Coordenadores

AUTORES

WASHINGTON ROCHA DE CARVALHO
Advogado, coordenador e professor de Direito Civil e Direito Processual Civil da Faculdade Barretos (FB). Mestre pela Pontifícia Universidade Católica de São Paulo – PUC-SP.

PEDRO A. BATISTA MARTINS
Ex-professor de Direito Comercial da Faculdade de Direito da Universidade Cândido Mendes; Examinador Convidado, Coordenador, Professor Convidado e Orientador de Monografias de Direito Comercial da Escola de Magistratura do Estado do Rio de Janeiro (1995-1999); Examinador Titular da Banca de Direito Comercial do XXII Concurso para ingresso na carreira do Ministério Público do Estado do Rio de Janeiro. Autor de vários artigos sobre Direito Empresarial e Arbitragem. Coautor da Lei Brasileira de Arbitragem.

ROGÉRIO DONNINI
Advogado. Professor do Programa de Mestrado e Doutorado da Pontifícia Universidade Católica de São Paulo (PUC-SP), da *Facoltà di Giurisprudenza della Seconda Università degli Studi di Napoli*, Itália, e da Escola Paulista da Magistratura. Presidente da Academia Paulista de Direito.

GLEYDSON KLEBER LOPES DE OLIVEIRA
Doutor e mestre em Direito Processual Civil pela PUC-SP. Professor Adjunto da graduação e mestrado da Universidade Federal do Rio Grande do Norte (UFRN). Professor da Escola da Magistratura do Rio Grande do Norte (ESMARN). Integrante do Conselho Editorial da *Revista de Processo*, editora RT. Advogado militante.

Nota da Editora: o Acordo Ortográfico foi aplicado integralmente nesta obra.

ÍNDICE SISTEMÁTICO

PARTE ESPECIAL

LIVRO I
DO DIREITO DAS OBRIGAÇÕES

Título VII
Dos Atos Unilaterais

Capítulo I – Da Promessa de Recompensa	3
Art. 854	3
1. Da promessa de recompensa	3
2. Da figura do promitente	5
3. Da licitude e possibilidade do objeto da promessa	7
4. Da forma da promessa de recompensa	8
5. Do comprometimento de recompensar ou gratificar quem preencha a condição ou execute o serviço	9
Art. 855	11
1. Quem terá direito à recompensa	12
2. Da capacidade do executor	12
3. A quem fizer o serviço ou satisfazer a condição	14
Art. 856, parágrafo único	15
1. Da possibilidade de revogação da promessa de recompensa	16
2. Forma especial para revogação	17

Art. 856. (...) 19
1. Do reembolso das despesas despendidas pelo candidato de boa-fé 19

Art. 857 21
1. Quando houver pluralidade de pessoas que contemplarem a tarefa ou a condição 22

Art. 858 25
1. Quando a execução se der de forma simultânea entre dois ou mais candidatos 25
2. Da cooperação de várias pessoas para a realização da tarefa ou da condição 27

Art. 859 29
1. Do concurso com promessa pública de recompensa 29
2. Da fixação do prazo e irrevogabilidade da proposta 31
3. Do concurso público realizado por órgão público 34

Art. 859, § 1.º 36
1. Da escolha do juiz do certame 37
2. Da obrigatoriedade de acolhimento da decisão 38

Art. 859, § 2.º 39
1. Quando o próprio promitente atua como juiz 39

Art. 859, § 3.º 40
1. Se os trabalhos tiverem mérito igual 40

Art. 860 42
1. Da propriedade das obras premiadas no concurso 42

Capítulo II – Da Gestão de Negócios 44

Art. 861 44
1. O sujeito da gestão de negócio 44
2. Sem autorização do interessado 48
3. Intervir em negócio alheio 49

4. Segundo o interesse e vontade presumível de seu dono 50
5. Responsabilidade do gestor perante o dono da coisa e terceiros 52

Art. 862 52
1. A gestão iniciada contra a vontade do interessado 53
2. Responderá o gestor até pelos casos fortuitos 55
3. Da possibilidade de não responder pelo caso fortuito 56

Art. 863 57
1. Das consequências resultantes da gestão irregular 57
2. Restituição da coisa ao estado anterior 58
3. Ou a indenização da diferença 58

Art. 864 59
1. Da comunicação da gestão ao dono da coisa 59
2. Do momento da notificação 61
3. Aguardar a resposta do dono da coisa, desde que a espera não resulte em perigo ao negócio 62

Art. 865 62
1. Da atitude do gestor enquanto o dono da coisa não assumi-la 63
2. Do falecimento do dono da coisa 64
3. Do falecimento do gestor 65
4. Da possibilidade de o gestor usucapir o bem gerido 67

Art. 866 68
1. O gestor envidará toda a sua diligência habitual 69
2. Ressarcir os prejuízos resultantes de qualquer culpa 70
3. Da atuação do gestor em Juízo 71

Art. 867 72
1. Do substituto do gestor 72
2. Ação de indenização e ação regressiva 74

Art. 867, parágrafo único 75
1. Da pluralidade de gestores 75
2. Da solidariedade dos cogestores 76

Art. 868 77
1. Da realização de operações arriscadas pelo gestor 77
2. Do prestígio aos seus interesses em face dos do titular da coisa gerida 79
3. Responsabilidade pelo caso fortuito 80

Art. 868, parágrafo único 80
1. Havendo proveito da gestão pelo titular 81
2. Reembolso pelas despesas necessárias 82
3. Da indenização pelos prejuízos sofridos 83

Art. 869 83
1. Se o negócio for utilmente administrado, cumprirá ao dono da coisa 84
2. Os compromissos assumidos perante terceiros em nome do titular 87
3. Reembolsar ao gestor as despesas necessárias e úteis que o mesmo houver feito 88
4. Indenizar os prejuízos sofridos pelo gestor 89

Art. 869, § 1.º 90
1. Da apreciação da necessidade ou utilidade da despesa 90

Art. 869, § 2.º 91
1. Do erro quanto à pessoa do dono do negócio 91

Art. 870 92
1. Da obrigatoriedade de reembolsar ou indenizar o gestor 92
2. Da gestão realizada para acudir prejuízos iminentes 93
3. Obtenção de benefícios ao dono ou à própria coisa 94
4. Do limite para indenizar 94

Art. 871 95
1. Do enquadramento da hipótese à gestão de negócios 95
2. Aquele que prestar alimentos na ausência daquele que está obrigado a fazê-lo terá direito ao reembolso, mesmo sem ratificação do ato 97

Art. 872 100
1. Da vinculação desta regra à gestão de negócios 100

2. Do pagamento das despesas do enterro feitas por terceiro 100
3. Caberá ao responsável em alimentar o *de cujus* efetuar o reembolso das despesas do enterro 101

Art. 872, parágrafo único 102
1. Hipótese de isenção na obrigatoriedade de reembolsar o gestor 102

Art. 873 103
1. A ratificação da gestão pelo dono do negócio 103
2. Dos efeitos da ratificação para a gestão 105

Art. 874 106
1. Da desaprovação da gestão 106

Art. 875 107
1. Negócio gerido por conexão ao do gestor 108

Art. 875, parágrafo único 109
1. Da obrigação do dono da coisa 110

Capítulo III – Do Pagamento Indevido 111

Art. 876 111
1. Do pagamento indevido 111
2. Dos requisitos do pagamento indevido 112
3. Todo aquele que recebeu o que lhe não era devido fica obrigado a restituir 115
4. Aquele que recebe dívida condicional antes de cumprida a condição 117
5. Do pagamento indevido de tributos 118

Art. 877 120
1. Àquele que voluntariamente pagou o indevido 120
2. Das pessoas com direito a repetir 121
3. Incumbe a prova de tê-lo feito por erro 124

Art. 878 126
1. Da aplicação da boa e má-fé no pagamento indevido 126
2. Do *accipiens* de boa-fé 126
3. Do *accipiens* de má-fé 130

Art. 879	130
1. Quando o pagamento indevido consistir na entrega de um bem imóvel	131
2. Alienação do imóvel a terceiro, a título oneroso, com boa-fé do *accipiens*	131
3. Alienação do imóvel a terceiro, a título oneroso, com má-fé do *accipiens*	133
Art. 879, parágrafo único	134
1. Das hipóteses de reivindicação do bem imóvel	134
2. Da alienação a título gratuito do imóvel	135
3. Da alienação a título oneroso com má-fé do adquirente	136
Art. 880	137
1. Fica isento de restituir o pagamento indevido	137
2. Da inutilização do título	138
3. Mas o que pagou terá direito a ação regressiva contra o devedor e fiador	140
Art. 881	141
1. Do pagamento indevido nas obrigações de fazer ou de não fazer	141
2. Na medida do lucro obtido	142
Art. 882	142
1. Pagamento de dívida prescrita	143
2. Obrigação judicialmente inexigível	144
Art. 883	145
1. Não terá repetição o solvente que pagar com fim torpe	145
2. Do objetivo da proibição em repetir	147
Art. 883, parágrafo único	148
1. Da destinação da coisa dada para obter fim torpe	148
2. A quem caberá a coisa dada	149
Capítulo IV – Do Enriquecimento sem Causa	150
Art. 884	150
1. Do enriquecimento sem causa	150
2. Do conceito e dos princípios do enriquecimento sem causa	152

3. Das condições do enriquecimento sem causa 154
4. Aquele que, sem justa causa, se enriquecer à custa de outrem 154
5. Será obrigado a restituir o indevidamente auferido, com atualização dos valores monetários 156

Art. 884, parágrafo único 157
1. Se a restituição tiver como objeto coisa determinada 157
2. Se houver perda da coisa a ser restituída 158

Art. 885 158
1. A restituição será devida mesmo se a causa deixar de existir 159

Art. 886 160
1. Da ação de locupletamento sem causa 160

Título VIII
Dos Títulos de Crédito

1. A codificação 163
2. Títulos de crédito no novo Código Civil 169
3. Teorias das obrigações cambiárias 173
4. Histórico dos títulos de crédito 176

Capítulo I – Disposições Gerais 179

Art. 887 179
1. A dicção "nele contido" 179
2. Literalidade 180
3. Autonomia 180
4. Inoponibilidade da exceção 182
5. Cartularidade 183
6. Independência e abstração 184
7. Rigor cambiário 185
8. Grau de eficácia 187

Art. 888	188
Art. 889	189
1. Requisitos formais	189
2. Data de emissão: imperativo legal	191
3. Direitos contidos no título	193
4. Firma do emitente	194
5. Capacidade do emitente	196
6. Autenticidade da assinatura	196
7. Firma por procuração	198
Art. 889, § 1.º	198
Art. 889, § 2.º	199
1. Lugar de emissão	199
2. Lugar do pagamento	200
Art. 889, § 3.º	200
1. Evolução necessária	200
2. Emissão por caracteres	204
Art. 890	204
1. Apego aos requisitos formais	205
2. Vedação aos juros	206
3. Endosso: proibido proibir	206
Art. 891	207
1. Superado o antigo debate	207
2. Título incompleto ou em branco: circulação	208
3. Preenchimento do título incompleto	209
4. Momento do preenchimento	210
Art. 891, parágrafo único	211
Art. 892	213
Art. 893	217

Art. 894	218
1. Vinculação de título representativo	219
2. Título representativo: tipos	219
3. Conhecimento de transporte	221
4. Direito sobre os bens	221
Art. 895	222
Art. 896	224
Art. 897	226
1. O aval	226
2. Aval e fiança	228
3. Aval: poderes para firmar	229
4. Aval é gratuito?	230
Art. 897, parágrafo único	231
Art. 898	233
Art. 898, § 1.º	235
Art. 898, § 2.º	236
Art. 899	238
Art. 899, § 1.º	241
Art. 899, § 2.º	242
Art. 900	245
Art. 901	246
Art. 901, parágrafo único	250
Art. 902	252
Art. 902, § 1.º	254
Art. 902, § 2.º	255
Art. 903	257

Capítulo II – Do Título ao Portador 259

Art. 904 259

Art. 905 263

Art. 905, parágrafo único 265

Art. 906 267
1. Oposição restrita 267
2. Endosso e tradição: exceções 269
3. Rigor cambiário: mitigação 269
4. Obrigação nula 270

Art. 907 271

Art. 908 275
1. Importância da cártula 276
2. Recuperação do título 278
3. Oposição do emitente 279

Art. 909 280
1. O título e o crédito 280
2. Perda, extravio e desapossamento 281
3. Recuperação do título 283

Art. 909, parágrafo único 284

Capítulo III – Do Título à Ordem 286

Art. 910 286
1. Endosso e circulação 286
2. Endosso e cessão 289
3. Endosso: liberdade na sua aposição 289

Art. 910, § 1.º 290
1. Endosso no anverso do título 290

2. Tipos de endosso 292
3. Transferência e vantagens do endosso em branco 294
4. Domicílio do endossador e data 295

Art. 910, § 2.º 295

Art. 910, § 3.º 297
1. Responsabilidade e legitimação 297
2. Cancelamento 298

Art. 911 299

Art. 911, parágrafo único 301

Art. 912 302
1. Rigor e efeitos do endosso 303
2. Declaração condicional 304

Art. 912, parágrafo único 304

Art. 913 305

Art. 914 307

Art. 914, § 1.º 309
1. Coobrigação 310
2. Dupla função do endosso 310

Art. 914, § 2.º 312
1. Obrigado principal e coobrigado 312
2. Relação cambiária 314

Art. 915 315
1. Limite às exceções no direito cambiário 316
2. Exceções *in personam* 317
3. Exceções quanto à forma e conteúdo do título 318
4. Falsidade, defeito de capacidade ou representação 319
5. Exceção de cunho processual 320

Art. 916	320
1. Boa-fé e má-fé	320
2. Presunção de boa-fé	322
Art. 917	323
1. Cláusula de mandato	323
2. Mandato: manifestação de vontade	326
Art. 917, § 1.º	327
1. Peculiaridades do endosso-mandato	327
2. Transmissão dos direitos por endosso-mandato	328
3. Endosso translativo por mandato	329
Art. 917, § 2.º	330
Art. 917, § 3.º	331
Art. 918	331
1. Caução do título	332
2. Necessária entrega do título	332
Art. 918, § 1.º	334
Art. 918, § 2.º	335
Art. 919	336
1. Dívida sanada	336
2. Efeitos de natureza civil	338
Art. 920	339
Capítulo IV – Do Título Nominativo	341
Art. 921	341
1. Modalidade de transferência do título	341
2. Natureza causal dos títulos nominativos	342
Art. 922	344
1. *Transfert*	344

2. Efeitos do registro...	345
3. Formalidades e responsabilidade..	346
4. Tradição do título: condição para a averbação?...............................	346

Art. 923 347
1. Necessária diferenciação 348
2. Circulação por endosso em branco.. 349

Art. 923, § 1.º... 350
1. Completude do endosso 350
2. A prova do endosso.. 351

Art. 923, § 2.º... 352
1. A questão da legitimação 352
2. A prova do legitimado 353

Art. 923, § 3.º... 354

Art. 924 355

Art. 925 357
1. Efeitos do *transfert* 357
2. Responsabilidade do emitente 358

Art. 926 359

Título IX
Da Responsabilidade Civil

1. Da obrigação de indenizar 363
   1.1 A responsabilidade civil e os novos danos (danos provocados por alimentos geneticamente modificados, por ondas eletromagnéticas, *bullying* e *stalking*) 363
   1.2 O princípio *neminem laedere* e as funções da responsabilidade civil..... 372
   1.3 Fundamento constitucional e infraconstitucional da responsabilidade civil. Prevenção e reparação de danos 375
   1.4 Indústria das indenizações ou indústria das lesões?..................... 380

Capítulo I – Da Obrigação de Indenizar 382

Art. 927 382

1. Responsabilidade subjetiva e responsabilidade objetiva. Risco da atividade e atividade de risco 383
2. Pressupostos da responsabilidade civil 386
3. Excludentes do nexo causal: culpa exclusiva da vítima, concorrência de culpas, culpa de terceiro e caso fortuito ou força maior 392
4. Danos materiais, morais e à imagem 395

Art. 928 400

Art. 929 403

Art. 930 405

Art. 931 407

Art. 932 410

Art. 933 420

Art. 934 421

Art. 935 422

Art. 936 424

Art. 937 426

Art. 938 428

Art. 939 430

Art. 940 431

Art. 941 434

Art. 942 436

Art. 943 441

Capítulo II – Da Indenização 445

Art. 944 445

1. Prevenção de danos pelo *valor de desestímulo* 449

2. Enriquecimento sem causa, valor de desestímulo e função social da
responsabilidade civil 453
3. Valor de desestímulo e fundos públicos e privados 459

Art. 945 460

Art. 946 462

Art. 947 463

Art. 948 463

Art. 949 469

Art. 950 471

Art. 951 473

Art. 952 475

Art. 953 478

Art. 954 480

Título X
Das Preferências e Privilégios Creditórios

Art. 955 485

Art. 956 490

Art. 957 495

Art. 958 496

Art. 959 499

Art. 960 501

Art. 961 503

Art. 962 507

Art. 963 508

Art. 964 509

Art. 965 512

Bibliografia 517

PARTE ESPECIAL

LIVRO I
DO DIREITO DAS OBRIGAÇÕES

TÍTULO VII
DOS ATOS UNILATERIAIS

CAPÍTULO I
DA PROMESSA DE RECOMPENSA

Art. 854. Aquele que, por anúncios públicos, se comprometer a recompensar, ou gratificar, a quem preencha certa condição, ou desempenhe certo serviço, contrai obrigação de cumprir o prometido.

Direito anterior: Art. 1.512. Aquele que, por anúncios públicos, se comprometer a recompensar, ou gratificar, a quem preencha certa condição, ou desempenhe certo serviço, contra obrigação de fazer o prometido.

COMENTÁRIOS

1. Da promessa de recompensa

Iniciam-se neste artigo os comentários acerca da promessa de recompensa. Podemos conceituá-la como um ato unilateral, em que alguém se compromete, por meio de anúncio público, a proceder ao pagamento de uma gratificação, a quem preencher certa condição ou desempenhar certo serviço.

Serpa Lopes[1], baseando-se na concepção de Karl Larenz, a define como

> (...) um negócio jurídico unilateral que produz uma vinculação jurídica pelo simples fato da promessa feita com os requisitos previstos na lei. Independentemente do concurso do consentimento da outra parte, ou seja, o seu eventual credor. Assim sendo, o que tiver obtido o resultado previsto pelo devedor estará *ipso facto* habilitado a exigir do promitente a execução da promessa assegurada no anúncio público.

Há inúmeras discussões doutrinárias acerca da natureza jurídica da promessa de recompensa[2], notadamente no que se refere a ser ela um ato unilateral ou, se ao inverso, seria uma simples oferta de contrato, endereçada ao público.

Washington de Barros Monteiro[3] conclui, como a maioria da doutrina pátria[4], e a nosso ver corretamente, que a promessa de recompensa

---

[1] *Curso de direito civil*. 4. ed. Rio de Janeiro: Freitas Bastos, 1995. v. V, p. 140-141.

[2] "A questão da evolução histórica do instituto da promessa de recompensa está intimamente ligada com as especulações doutrinárias em torno de sua natureza jurídica, precipuamente em relação àqueles que a consideram uma oferta contratual a pessoa indeterminada. Assim, há os autores que querem encontrar nesse instituto uma aplicação pura da *pollicitatio* romana obrigatória, enquanto outros acham tratar-se da mesma *pollicitatio* romana, porém num sentido lato de promessa não aceita; finalmente os que, abandonando as tradições romanas, aproximam a promessa de recompensa à simples oferta que deve ficar irrevogável até afirmação do laço obrigatório pela execução do fato pedido" (Serpa Lopes, ob. cit., p. 141).

[3] "No terreno puramente doutrinário, tem sido objeto de controvérsia a natureza jurídica da promessa de recompensa. Para primeira corrente, ela constitui simples oferta de contrato, endereçada ao público, isto é, a pessoa indeterminada; o vínculo obrigatório não se forma senão no momento em que a oferta é aceita. Para segunda corrente, a promessa de recompensa constitui negócio jurídico unilateral, que obriga aquele que emite a declaração de vontade, desde o momento em que ela se torna pública, independente de qualquer aceitação.

"A primeira teoria deve ser rejeitada; promessa de recompensa não é, em verdade, simples proposta de contrato, ela não é o primeiro passo de um contrato em formação; o promitente vincula-se obrigacionalmente ainda que o aceitante haja executado o trabalho desinteressadamente, sem ter sido aguilhoado pelo desejo de obter a recompensa prometida.

"Esposou nosso Código a segunda teoria; a promessa de recompensa é obrigatória, por constituir aplicação resultante de declaração unilateral da vontade; forma-se o vínculo com a manifestação unilateral da vontade, posto que dirigida a pessoa ausente ou indeterminada. Ela tem fundamento ético: o respeito à palavra dada" (*Curso de direito civil*. São Paulo: Saraiva, 1989. v. 5, p. 382).

[4] "O nosso Código repeliu a teoria contratual, reconhecendo a promessa de recompensa como unilateral vinculante. De fato, de acordo com a teoria contratual, a promessa de recompensa só

constitui um negócio jurídico unilateral, tendo o Código Civil brasileiro adotado, de igual forma, tal teoria.

2. Da figura do promitente

Cabe aqui analisarmos a capacidade do promitente, ou seja, aquele a quem é assegurado manifestar-se unilateralmente, no sentido de prometer o pagamento de uma recompensa a outrem.

O artigo não especifica quem pode efetivamente prometer, utilizando-se apenas da expressão "aquele". Contudo, deixou o texto legal de esclarecer se tal figura se refere a todas as pessoas físicas ou, se, ainda, também é extensiva às diversas espécies de pessoas jurídicas.

Não obstante as discussões doutrinárias acerca da natureza jurídica da promessa de recompensa, cremos que este Código Civil, tal como o anterior, laborou com acerto quando a inseriu dentre os atos tidos como declaração unilateral da vontade. Assim, nesse contexto mostra-se importante analisar a figura do promitente, uma vez ser ele a única pessoa autorizada a iniciar o ato unilateralmente obrigacional em apreço.

A pessoa física, por excelência, é passível de declarar vontade, podendo, portanto, concluir que ela pode atuar no sentido de prometer recompensa. Contudo, não podemos esquecer que, apesar de toda pessoa física ser considerada capaz de adquirir direitos e assumir deveres na ordem civil, nem sempre poderá ela exercitá-los, devendo, para tanto, adquirir a chamada capacidade de exercício de direito[5].

Essa regra encontrará também aplicação nas hipóteses da promessa de recompensa, podendo apenas o promitente dotado de capacidade

---

é uma oferta de contrato dirigida a todos (ou a uma determinada categoria de pessoas), que se aceita por meio da execução do ato, não podendo ser aceita de outra forma. De acordo com essa teoria, por conseguinte, o contrato somente poderia aperfeiçoar-se quando a execução do ato se fizer com a intenção de aceitar o contrato. Ora, no sistema do nosso Código, justamente o oposto é que se verifica: o prêmio ou recompensa pode ser exigido ainda que o ato seja executado sem ter em vista a promessa pública de recompensa" (J.M. Carvalho Santos. *Código Civil brasileiro interpretado*. 12. ed. Rio de Janeiro: Freitas Bastos, 1989. v. XX, p. 130).

[5] Arts. 1.º e 5.º deste Código Civil.

de exercício de direito efetuar o anúncio, tendo em vista que este irá contrair obrigações no ato jurídico iniciado[6].

Contudo, Pontes de Miranda[7] faz ressalva à regra, permitindo, em algumas situações, que mesmo aquela pessoa física não dotada da capacidade de exercício venha a se prometer, desde que haja intervenção ou ratificação do respectivo responsável.

O citado autor conclui afirmando:

> (...) Cumpre, portanto, após a análise generalizar: a capacidade parcial aprecia-se no objeto ou dinheiro, que se promete, e não na coisa ou fato a que se reporta ou em que consiste o alto ou informação que fará jus à recompensa. O pai que dá dinheiro aos filhos para que se vistam, alimentem, ou apenas se forneçam de pequenos objetos necessários, como de ordinário ocorre, implicitamente lhe dá o direito de dispor: no entregar a quantia, no avisar a outrem que lhe preste, já está, de modo geral, a autorização do pai. O estudante pode prometer nos limites das partes disponíveis da sua mesada.

Já naquelas hipóteses em que um menor, entre dezesseis e dezoito anos, vier a prometer, e, após, para eximir-se de efetuar o cumprimento da obrigação unilateralmente assumida invocar sua idade, deverá ser aplicada a regra do art. 180 do Código Civil[8], e nesse sentido é o posicionamento de J.M. Carvalho Santos[9].

---

[6] "Quanto à capacidade, claro está que a promessa de recompensa, como um negócio jurídico que é, caracterizando-se por uma manifestação de vontade, exige do policitante uma plena capacidade para obrigar-se. Assim, é nula a promessa de recompensa quando formulada por um absolutamente incapaz. Quanto ao relativamente capaz, o ato é suscetível de ratificação" (Serpa Lopes, ob. cit., p. 146).

[7] "(...) nos casos em que for válido prometer, com a simples autorização do representante, a ratificação será possível, antes da capacidade, desde que o pai, mãe, ou tutor, intervenha. Sempre que o menor possa dispor de um bem, ser-lhe-á permitido prometê-lo em recompensa de serviço, que se lhe preste, ou de coisa sua furtada ou perdida, que lhe seja restituída ou de cujo paradeiro se lhe dê notícia" (*Tratado de direito privado*. 3. ed. São Paulo: RT, 1984. t. XXXI, p. 308).

[8] Art. 180. O menor, entre 16 (dezesseis) e 18 (dezoito) anos, não pode, para eximir-se de uma obrigação, invocar a sua idade se dolosamente a ocultou quando inquirido pela outra parte, ou se, no ato de obrigar-se, declarou maior.

[9] "Quanto ao menor, porque, nos termos do art. 156 do Código Civil, não podem, para se eximir a uma obrigação, invocar a sua idade, se dolosamente a ocultou, inquirida pela outra parte, ou se, no ato de se obrigar, espontaneamente se declarou maior" (ob. cit., p. 133).

A figura do promitente poderá também ser assumida por uma pessoa jurídica, quer seja ela de caráter público ou privado, restando quanto aquela, entretanto, observância às regras legais pertinentes ao Direito Administrativo, em especial a Lei Federal 8.666/1993.

Por fim, resta ainda consignar que toda e qualquer espécie de pessoa jurídica é capaz de atuar como promitente, seja ela sociedade mercantil ou mesmo associação sem fins lucrativos, e, até mesmo, aquelas não dotadas de personalidade jurídica, tendo em vista que, com a redação dada ao art. 12, inciso VII do Código de Processo Civil, estas chamadas pessoas jurídicas sem personificação (sociedade comum), passaram a ter capacidade judiciária, adquirindo, portanto, capacidade processual para estarem em juízo, logo aptas a exercitarem seus direitos e vontades, dentre os quais o de efetuarem a promessa de recompensa[10]. Além do que, os arts. 986 a 990 deste Código acabaram por reconhecer a licitude dos atos praticados por esses seres despersonalizados.

3. Da licitude e possibilidade do objeto da promessa

Além da capacidade do promitente, outros requisitos hão de concorrer para que se possa ter como obrigatória a promessa de recompensa. Cabe-nos agora analisarmos a licitude e a possibilidade do objeto da promessa.

---

[10] "Pelo Código Civil (art. 20, § 2.º), negava-se às sociedades, carentes de registro, ou de autorização, 'personalidade judiciária ativa', e por isso não eram consideradas como pessoas jurídicas; já, agora, inequivocadamente, por este estatuto, têm o direito de acionar seus membros e terceiros. Lembre-se, ainda, o art. 18, do CC, que colocava a autorização, se fosse o caso, e o registro das pessoas jurídicas, de direito privado, como condições de sua existência, como tais. Ocorre, todavia, que o Código de Processo Civil, no seu art. 12, *caput*, ao tratar da representação ativa e passiva, admite que a sociedade, ainda que despida de personalidade jurídica, esteja em juízo, também como autora, oponente etc., por seu administrador (*rectius* – 'pela pessoa a quem couber a administração dos bens' – art. 12, VII). Verifica-se, portanto, uma alteração do art. 20, § 2.º, do CC, pelo art. 12, VII. A regra do Código de Processo Civil, portanto, estabelece que entidades de fato (= sociedade sem personalidade jurídica) tenham os mesmos predicados, no campo processual, que a sociedade que haja sido regularmente constituída, e quando esta última haja preenchido, pois, todos os requisitos da lei civil, ou comercial" (Arruda Alvim. *Manual de direito processual civil*. 7. ed. São Paulo: RT, 2000. v. 2, p. 62-63).

Serpa Lopes[11] assim comenta acerca destes requisitos:

> (...) o requisito da licitude constitui, por si mesmo, uma consequência lógica de todos os atos jurídicos em geral. A possibilidade, por isso, tanto pode ser jurídica como física. Se alguém oferecesse um prêmio pela realização de algo impossível fisicamente, seria uma promessa absolutamente inoperante, mesmo porque não haveria quem fosse capaz de executar o ato sob recompensa.

Todo ato jurídico demanda para sua existência que seja lícito seu objeto, sendo certo que a ausência desse pressuposto o leva a ser reconhecidamente nulo. Assim, não há que falar em obrigatoriedade de cumprimento de uma promessa de recompensa, cujo objeto versa sobre a prática de um ato tido como ilegal, ou o preenchimento de condição vedada por lei, v.g., a morte encomendada de alguém.

O mesmo se diga acerca da possibilidade de realização do objeto da promessa, pois a validade de um negócio jurídico requer, além da licitude, que seja algo possível de ser realizado, mesmo que para tanto se tenha a necessidade de desprender considerado esforço, e nesse sentido é a redação do art. 104 deste Código[12]. Dessa maneira, não há como admitir uma promessa de recompensa cujo objeto compreende a realização de algo impossível fisicamente de ser praticado, v.g., o fornecimento de um chifre de unicórnio ou a edificação de uma residência em Marte.

4. Da forma da promessa de recompensa

Para que possa efetivar os desejos do promitente, deverá este declarar unilateralmente sua promessa, ficando na expectativa de alguém enquadrar-se ou não nos termos dela e, assim, fazer jus à recompensa.

O Código, entretanto, não deixou a critério do promitente a forma como deverá prometer. Houve por bem o legislador em determinar que

---

[11] Ob. cit., p. 147.
[12] Art. 104. A validade do negócio jurídico requer: I – agente capaz; II – objeto lícito, possível, determinado ou determinável; III – forma prescrita ou não defesa em lei.

seja a promessa realizada por meio de anúncios públicos, sendo este mais um elemento que, com a capacidade do promitente, a licitude e possibilidade da condição ou tarefa, tendem a formar os requisitos necessários à caracterização da promessa de recompensa.

No entanto, apesar de definir a forma, ficará ao crivo do promitente escolher o meio como irá divulgar o anúncio público, podendo, para tanto, utilizar-se das mais variadas maneiras, dentre as quais destacamos a imprensa escrita, falada ou televisiva, ou a propaganda ambulante, e, ainda, pela rede mundial de computadores – *internet*.

Em verdade, o requisito que importa à lei é que seja a promessa revestida de publicidade, ou seja, endereçada ao público, tendo em vista o caráter de que se reveste a própria promessa de recompensa[13].

A promessa poderá ser real ou tácita. Tem-se como real aquela realizada por meios que permitam a especificação do ato visado pelo promitente, bem como as suas condições de realização. Será tácita naquelas hipóteses em que há um conjunto de circunstâncias que indicam a possibilidade da obtenção de um prêmio, mediante a realização de determinado serviço ou prestação de determinado fato inequivocadamente caracterizado por certos elementos notórios. Acerca dessa forma, citamos o exemplo dado por Pontes de Miranda, o chamado pau-de-sebo[14], que geralmente é utilizado por quase toda a doutrina para ilustrar a questão.

5. Do comprometimento de recompensar ou gratificar quem preencha a condição ou execute o serviço

O promitente, com o intuito de ver realizada uma tarefa, ou preenchida uma condição, faz a promessa de gratificar ou recompensar alguém, sendo certo que, diante da ocorrência do ato por ele estipulado, ficará

---

[13] "Consequentemente, o caráter especial da forma da obrigação por promessa de recompensa consiste nisto: embora o policitante tenha ampla liberdade de escolher o meio de publicidade que repute mais conveniente, essa publicidade nunca pode ser dispensada; sem ela, não se pode configurar juridicamente a promessa de recompensa, no sentido exato do instituto. A sua preterição acarretará a existência de outra espécie de obrigação, porém nunca a promessa de recompensa" (Serpa Lopes, ob. cit., p. 147).

[14] O pau-de-sebo é uma diversão popular em cidades do interior do País, que consiste no objetivo de se atingir o topo de um mastro escorregadio, untado com sebo, sem a utilização de escada ou outro equipamento, visando a retirada do prêmio lá exposto.

obrigado a honrar a promessa feita, efetuando o pagamento ao executor.

Portanto, todo aquele que vier a cumprir a tarefa ou a condição imposta pelo promitente dele se torna credor, podendo, para tanto, inclusive, até mesmo cobrá-lo judicialmente, ante a hipótese de inadimplemento[15].

A promessa deverá ser adimplida na exata forma anunciada, observando-se, para tanto, os parâmetros fixados pelo promitente, quer seja quanto ao modo de pagamento – de imediato ou a certo prazo –, e, ainda, a espécie de pagamento, se dinheiro, bens móveis ou imóveis, títulos, entre outros.

Dúvida levantada por quase toda a doutrina repousa naquela hipótese em que o promitente não estabelece na proposta a espécie de pagamento da recompensa, bem como o valor desta.

Diante de uma situação em que o promitente deixou de fixar o valor da recompensa quando da divulgação pública dela, poderá defini-la a qualquer momento, dando a mesma publicidade da originária, ou aguardar para fazê-la quando do pagamento do prêmio ao executor. Entretanto, isso não implica dizer que poderá fixar uma remuneração irrisória ou desproporcional à tarefa ou condição cumprida, podendo o credor recusar o recebimento da injusta indenização, buscando o Poder Judiciário para obter justa e razoável retribuição[16].

Contudo, neste Código a questão pode ser mais facilmente resolvida com a aplicação do art. 1.234[17], que, diverso do Código de 1916, traz redação bem abrangente, capaz de solucionar o impasse, definindo, ante a omissão do promitente, uma recompensa mínima de 5% sobre o valor da coisa ou serviço, acrescido, ainda, do reembolso das despesas

---

[15] "Pelo não cumprimento daquela obrigação de fazer, responde o promitente por perdas e danos e a responsabilidade é do próprio promitente, que não pode escusar-se sob alegação de que a responsabilidade é de outrem" (Washington de Barros Monteiro, ob. cit., p. 384).

[16] "Em casos tais, poderá o credor recusar o recebimento da prestação oferecida e pleitear à justiça o pagamento de uma gratificação razoável, que deverá ser arbitrada de acordo com as circunstâncias, notadamente com o valor da coisa restituída, o interesse e as vantagens que tinha e colheu o promitente com a restituição efetuada" (J.M. Carvalho Santos, ob. cit., p. 147).

[17] Art. 1.234. Aquele que restituir a coisa achada, nos termos do artigo antecedente, terá direito a uma recompensa não inferior a cinco por cento do seu valor, e à indenização pelas despesas que houver feito com a conservação e transporte da coisa, se o dono não preferir abandoná-la.

que se fizerem necessárias ao transporte e conservação desta coisa ou deste serviço que foi efetivado.

O citado dispositivo legal traz ainda, em seu parágrafo único, o regramento para se apurar o valor da recompensa, tomando como base o esforço desenvolvido pelo executor, as possibilidades que o titular teria de encontrar a coisa por conta própria, além da situação financeira de ambas as partes. Todavia, ante a impossibilidade de se chegar a um acordo à recompensa, esta deverá ser fixada pelo Poder Judiciário.

É de indagar: naquela situação em que o executor estiver na posse da coisa há mais de 15 dias, caracterizando conduta criminosa de apropriação indébita, mesmo assim ele fará jus à remuneração?

No posicionamento de Pontes de Miranda[18], se a promessa é posterior a uma quinzena ao achamento, não tem o achador nenhum direito à recompensa, porque seria premiar o furto. Já J.M. Carvalho Santos[19] e Serpa Lopes[20] discordam desta conclusão, entendendo que não é simplesmente o transcurso do prazo que eximiria ou tornaria inoperante a oferta do policitante, senão a característica do delito de apropriação indébita, cuja integração não depende tão somente do decurso daquele lapso. Em suma, entendem os ilustres juristas que a recompensa será devida haja ou não decorrido o prazo fixado na lei penal, com os quais também concordamos.

Art. 855. Quem quer que, nos termos do artigo antecedente, fizer o serviço, ou satisfazer a condição, ainda que não pelo interesse da promessa, poderá exigir a recompensa estipulada.

Direito anterior: Art. 1.513. Quem quer que, nos termos do artigo antecedente, fizer o dito serviço, ou satisfazer a dita condição, ainda que não pelo interesse da promessa, poderá exigir a recompensa estipulada.

---

[18] Ob. cit., n. 70.
[19] Ob. cit., p. 148.
[20] Ob. cit., p. 149.

COMENTÁRIOS

1. Quem terá direito à recompensa

Como já argumentado no artigo anterior, cumprida a condição ou a tarefa estipulada na promessa, fará jus o executor ao recebimento da recompensa que se fixou, ou na ausência de prévia fixação, será a mesma estabelecida nos termos do art. 1.234 deste Código.

Tratou a lei de estabelecer como requisito para fazer jus à recompensa o simples cumprimento da tarefa ou da condição, sem, contudo, mencionar a obrigatoriedade de que o executor houvesse assim agido, almejando o prêmio. Em verdade, o conhecimento da promessa pelo executor, bem como o interesse deste em recebê-la, são expressamente afastados pelo artigo em apreço.

Washington de Barros Monteiro[21] comenta que:

> A promessa feita com publicidade é dirigida indeterminadamente a qualquer pessoa. Qualquer pessoa pode realizar o serviço ou preencher a condição e com a realização, ou implemento, fica o promitente obrigado a pagar a recompensa prometida.

J.M. Carvalho Santos[22], baseado em Clóvis Beviláqua, também justifica a previsão legal contida no artigo em apreço, no fato de que a publicidade dada ao anúncio da promessa leva a presumir um interesse ao prêmio estipulado.

2. Da capacidade do executor

Deverá o promitente pagar o prêmio estabelecido a quem quer que venha realizar a tarefa ou cumprir a condição imposta no anúncio, in-

---

[21] Ob. cit., p. 384.
[22] "É uma consequência natural e lógica do próprio instituto de promessa de recompensa, que, sendo feita com publicidade, se dirige indeterminadamente a qualquer pessoa. E desde que esta satisfaça a condição, ou execute o serviço, não pode o promitente furtar-se à obrigação de pagar o prêmio, aceitando a prestação. Por isso mesmo, não se exige que o serviço tenha sido realizado no interesse da recompensa" (Ob. cit., p. 151-152).

dependentemente do elemento volitivo do credor, bem como do efetivo conhecimento da proposta.

Já se enfrentou há pouco a questão da capacidade do promitente, restando agora por oportuno analisar se o executor também deverá ter a capacidade de exercício de direito para realizar a tarefa ou cumprir a condição.

J.M. Carvalho Santos[23], um dos poucos doutrinadores pátrios a comentar a questão, entende que, em regra, deva o executor, tal como o promitente, ter capacidade de exercício, excetuando aquela hipótese em que o ato importar em mera aquisição do direito ao prêmio ou recompensa, v.g., o incapaz que efetua o resgate de um cachorro de estimação que estava foragido, tendo o seu dono fixado uma recompensa pela descoberta e devolução.

Cremos que assiste razão a esse posicionamento, pois, faltando ao executor a capacidade de exercitar seus direitos, não haveria como este praticar atos, inclusive de ordem patrimonial, para tentar buscar a condição imposta ou a realização da tarefa previamente determinada na proposta pública. Todavia, se sua ação resumir-se apenas a um agir desprovido de interferência em sua esfera patrimonial, inexistem razões a impedir sua atuação.

Vencida esta questão, e admitindo-se que de fato possa o incapaz vir a figurar como executor, como deverá proceder o promitente quando realizar o pagamento da promessa? Em outras palavras, será possível este negar o prêmio àquele?

O citado autor assim se manifesta:

> O que há é o seguinte: não poderá recebê-la, nem exigi-la, por lhe faltar capacidade para o exercício dos seus direitos civis. Daí estas consequências: se o promitente, apesar de tudo, pagar diretamente ao interdito, não ficará liberado da sua obrigação, sendo forçado a pagar a segunda vez, se o curador

---

[23] "(...) a não ser que se trate de um ato que importe em mera aquisição do direito ao prêmio ou recompensa. Assim, por exemplo, poderá um interdito descobrir o paradeiro de um gatuno e terá feito jus à recompensa. Exige-se a capacidade do executante sempre que o ato de aquisição importe obrigação, ou disposição patrimonial" (Ob. cit., p. 136).

lhe exigir; não poderá ele pessoalmente exigir a execução da promessa, mas sim por intermédio de seu curador[24].

Concordamos apenas em parte com o posicionamento retroadotado. De fato, o executor incapaz não terá poderes para exigir judicial ou amigavelmente o pagamento da recompensa, devendo, para tanto, contar com a atuação de seu representante legal. Todavia, não nos parece certo afirmar, notadamente pela forma generalizada colocada na doutrina, que, se o promitente efetuar o pagamento do prêmio ao incapaz, não ficará exonerado e terá que pagar novamente ao representante legal do mesmo, quando assim for demandado.

É certo que o nosso Código atribui como inválido o pagamento de dívida feita ao credor incapaz de quitar, devendo o promitente sempre, e dentro do possível, realizar o pagamento à pessoa habilitada para tanto. Contudo, dispõe o texto civilista que, se o devedor acabar por efetuar o adimplemento de seu compromisso diretamente ao incapaz, restar-lhe-á, ante a omissão ou rejeição do representante legal em ratificar o ato, provar que o pagamento foi revertido em favor do próprio menor, e, se conseguir tal resultado, restará por quitada a obrigação[25].

Portanto, se o devedor vier a quitar a recompensa, fazendo-a diretamente nas mãos do incapaz, poderá ainda salvar esse adimplemento, desde que consiga, para tanto, provar que o numerário foi revertido em favor do próprio titular, motivo pelo qual não nos parece acertado afirmar que o pagamento feito a um menor executor jamais terá o condão de exonerar o promitente.

3. A quem fizer o serviço ou satisfazer a condição

O preenchimento de tais requisitos é condição essencial para o surgimento do direito ao prêmio estabelecido no anúncio.

Assim, antes de se dar o promitente por satisfeito quanto à condição ou cumprimento do serviço prestado, inexistirá reversão da re-

---

[24] J.M. Carvalho Santos, ob. cit., p. 137.
[25] Art. 310. Não vale o pagamento cientemente feito ao credor incapaz de quitar, se o devedor não provar que em benefício dele efetivamente reverteu.

compensa em favor do executor. Entretanto, caso venha aquele, de forma desmotivada, recusar-se ao recebimento da tarefa ou ignorar a adequação à condição estabelecida, ficará assegurado a este a busca do Judiciário como forma de valer o seu direito, cabendo a ele o ônus probatório quanto a realização do objeto da promessa, e ao promitente, os fatos constitutivos, modificativos ou extintivos desse mesmo direito[26].

> **Art. 856. Antes de prestado o serviço ou preenchida a condição, pode o promitente revogar a promessa, contanto que o faça com a mesma publicidade; se houver assinado prazo à execução da tarefa, entender-se-á que renuncia o arbítrio de retirar, durante ele, a oferta.**
>
> **Parágrafo único. O candidato de boa-fé, que houver feito despesas, terá direito a reembolso.**

Direito anterior: Art. 1.514. Antes de prestado o serviço, ou preenchida a condição, pode o promitente revogar a promessa, contando que faça com a mesma publicidade.

Se, porém, houver assinado prazo à execução da tarefa, entender-se-á que renuncia o arbítrio de retirar, na vigência dele, a oferta.

---

[26] "Processo civil – Recurso especial – Ação de conhecimento – Rito ordinário – Promessa de recompensa – Premiação de tampa de vasilhame de refrigerante – Código ilegível – Julgamento antecipado da lide – Cerceamento de defesa – Preclusão –Inexistência – Produção de prova pericial – Necessidade – Publicidade enganosa – Prequestionamento – Ausência. Considerando-se que a causa remota do pedido funda-se em fato consistente no porte de tampinha premiada e que o réu, por sua vez, pretendia demonstrar, por meio de prova pericial, que o número '6' impresso na tampinha do autor trata-se, na realidade, do número '8', fica evidenciado que o julgamento antecipado da lide causou prejuízo ao réu, restando cerceado o seu direito de defesa. Diferentemente se daria se o pedido do autor estivesse fundado em condenação por danos morais (e eventualmente até materiais) advindos de ato culposo do réu consistente na má impressão gráfica e consequente confusa legibilidade do código da tampinha, fato que contribuiria para criar no consumidor expectativas inverídicas quanto à existência de uma tampinha premiada em suas mãos. Nesta hipótese, que ora apenas se cogita, a produção de prova pericial requerida pelo réu em nada influiria na determinação do direito do autor. Pugnando o réu, em contestação, pela produção de prova pericial, capaz de afastar a existência do fato constitutivo do direito do autor, não poderia o MM. Juízo proceder ao julgamento antecipado da lide, sob pena de cerceamento do direito de defesa do réu" (STJ, REsp 289.346-MG, rel. Min. Nancy Andrighi, *DJ* 26.06.2001).

COMENTÁRIOS

1. Da possibilidade de revogação da promessa de recompensa

É possível revogar a promessa de recompensa, podendo tal ato ser praticado pelo proponente, pessoa responsável e titular originária do ato. Todavia, poderá também a promessa ser revogada por seus herdeiros ou eventuais representantes legais, caso venha ocorrer fato que o impossibilite de atuar pessoalmente.

Contudo, para que seja admitida será necessário observar a maneira com que foi anunciada pelo promitente.

Assim, quanto à revogação, duas situações devem ser observadas: **a)** a primeira se refere ao fato de a promessa não ter sido fixada em caráter irrevogável; **b)** e a segunda, de que tenha sido instituída sem prazo de cumprimento da tarefa ou da condição.

Nessas duas hipóteses, será possível ao promitente proceder à revogação da proposta[27].

Igual situação já não será observada naquelas hipóteses em que a promessa venha a ser instituída em caráter irrevogável ou com prazo de vigência. Nessas situações, a promessa apenas irá se exaurir quando houver o cumprimento da tarefa ou da condição, ou, ainda, quando se esgotar o prazo de validade da mesma[28].

---

[27] "Até a realização do serviço, ou preenchimento da condição imposta, pode o promitente voltar atrás e revogar a promessa; não se lhe pode impor que espere perpetuamente pela atividade alheia; assiste-lhe, pois, direito de retirar a promessa" (Washington de Barros Monteiro, ob. cit., p. 384).

[28] "(...) sendo a promessa de recompensa uma obrigação resultante de vontade unilateral, a sua vigência se inicia a partir do momento em que se completa a oferta ao público através de sua publicação por meio idôneo. Quanto ao tempo de sua vigência, isto é, o lapso durante o qual se mantém exigível o prêmio oferecido na promessa, impõe-se distinguir a promessa de recompensa feita sem fixação de prazo da lançada com a determinação de um lapso para execução do trabalho ou realização do serviço. No primeiro caso, promessa de recompensa feita mediante prazo prefixada, subentende-se da parte do policitante ter renunciado ao arbítrio de retirá-la antes de esgotado o lapso de tempo concedido. Se, ao contrário, nenhum prazo houver sido estabelecido, cabe-lhe o direito de, antes de prestado o serviço ou preenchida a condição, revogar a promessa, contanto que o faça com a mesma publicidade" (Serpa Lopes, ob. cit., p. 149).

O Código Civil português adotou igual posicionamento da lei pátria, apresentando em seu *art. 461.º* a seguinte redação:

> 1. Não tendo prazo de validade, a promessa pública é revogável a todo o tempo pelo promitente; se houver prazo, só é revogável ocorrendo justa causa. 2. Em qualquer dos casos, a revogação não é eficaz, se não for feita na forma da promessa ou em forma equivalente, ou se a situação prevista já se tiver verificado ou o facto já tiver sido praticado.

Interessante é o posicionamento adotado pelo Código Civil italiano, pois, apesar de o art. 1.990 tutelar de forma semelhante ao nosso direito a questão em apreço, inova no artigo anterior quando, ante a omissão do promitente em fixar um prazo de vigência da proposta, determina que este será de um ano, criando, aí, uma nova modalidade de revogação da proposta[29].

Silvio Rodrigues[30] assim argumenta sobre a possibilidade de revogação:

> Quando na promessa de recompensa não figura cláusula de irrevogabilidade, pode o promitente revogá-la, uma vez que se submeta aos requisitos impostos pela lei. Entretanto, a proposta será sempre irrevogável quando o promitente assinar prazo para a execução da tarefa, pois, nessa hipótese, entender-se-á que renunciou ao arbítrio de retirar a oferta enquanto aquele não houver transcorrido.

2. Forma especial para revogação

Estabelece o legislador, naquelas hipóteses em que se admite a revogação da proposta, uma forma especial para que ela seja realizada,

---

[29] "Art. 1.989 (...) Se à promessa não for estabelecido um termo ou não resulte este da natureza ou da finalidade da mesma, cessará o vínculo do promitente desde que, dentro de um ano da promessa, não lhe tenha sido comunicada a verificação da situação ou a realização da ação previstas na promessa."

[30] *Direito civil*. São Paulo: Saraiva, 2002. v. 3, p. 392.

qual seja, de que concorra para o ato a *mesma publicidade* que foi desprendida na proposta.

Serpa Lopes[31] escreve:

> (...) para a revogação da promessa, exige-se uma forma especial: comunicação ao público realizada da mesma forma pela qual se deu o lançamento da promessa. Tal princípio absoluto e rígido não impede, contudo, a utilização pelo policitante de uma comunicação especial a um ou algum dos interessados, caso em que os efeitos desta revogação unicamente se farão sentir em relação aos que assim ficarem dela cientificados.

Como se observa, a revogação apenas atingirá seu objetivo pleno, se o promitente der a ela a mesma publicidade que utilizou para propagar a promessa, caso contrário, correrá sempre o risco de ter, eventualmente, que pagar o prêmio se alguém, que não chegou a ser alcançado pela forma diferenciada de publicidade, vier a cumprir a tarefa ou a condição.

Entendemos de todo justificável o posicionamento adotado pelo legislador, pois sendo certo que a publicidade da proposta irá atingir um indeterminado número de pessoas, todos aptos a exercerem a condição ou a tarefa, deve ser dada a mesma forma publicitária para a revogação, presumindo-se que todos aqueles que tiverem conhecimento da proposta por determinado meio de divulgação, por conseguinte, também irão tomar ciência da revogação.

Não se está aqui afirmando que todos que tiveram ciência da promessa por determinado meio de publicidade, de igual forma, também tomarão conhecimento da revogação. Todavia, ante o dispositivo da lei, haverá sempre uma presunção legal a militar em favor do promitente, no sentido de ter como cientificado todo o universo de indivíduos alcançados pela primitiva divulgação.

---

[31] Ob. cit., p. 149-150.

Art. 856. (...)
Parágrafo único. O candidato de boa-fé, que houver feito despesas, terá direito a reembolso.

COMENTÁRIOS

1. Do reembolso das despesas despendidas pelo candidato de boa-fé

Trata o novel parágrafo da possibilidade de o candidato de boa-fé se ver reembolsado das despesas que efetuou no desiderato de cumprir a condição ou tarefa, antes de tomar ciência da revogação da proposta.

Como argumentado no *caput* deste artigo, poderá o proponente revogar a promessa de recompensa, desde que não a tenha realizado em caráter irrevogável ou a prazo certo, e que, ainda, dê à revogação a mesma publicidade utilizada para a proposta.

Assim, uma vez efetivada a revogação, cessam todos os efeitos da promessa, exonerando-se o promitente, e eventuais herdeiros[32], de arcarem com o pagamento do prêmio anteriormente prometido, contudo ficará assegurado ao candidato de boa-fé o reembolso das despesas.

No Código Civil anterior, tal como no italiano e português, não havia igual dispositivo legal, sendo certo que tal previsão apenas agora foi introduzida em nosso direito.

O Código Civil suíço, em seu art. 8, assim assegura aos candidatos cuja promessa restou revogada pelo promitente:

> Se desistir ele, antes que a prestação tenha lugar, terá de pagar indenização a esses que, com fundamento na promessa,

---

[32] "Não desaparece a obrigatoriedade com a morte do promitente; todavia, se aos herdeiros deste não mais interessa a efetividade da promessa, devem revogá-la, veiculando a revogação pelo mesmo meio de propaganda, utilizado quando da promessa. O mesmo sucede no caso de superveniente incapacidade do promitente; para que cesse a eficácia da promessa é mister haja revogação expressa e pública por parte do representante do incapaz e essa revogação deve ser divulgada pelo mesmo elemento de publicidade anteriormente utilizado para conhecimento da promessa" (Washington de Barros Monteiro, ob. cit., p. 384-385).

fizeram, de boa-fé, despesas, até, no máximo, a importância da recompensa prometida, desde que não prove ele que não haveriam de conseguir, satisfatoriamente, a prestação.

Na doutrina a questão é cercada de divergências. Washington de Barros Monteiro[33], ainda sob a égide do Código Civil anterior, entende ser inadmissível o reembolso de qualquer despesa, pois, antes de cumprida a tarefa ou preenchida a condição, o que existe em favor do candidato é uma mera expectativa.

O posicionamento defendido pelo citado autor pode gerar o que Silvio Rodrigues[34] chama de abuso de direito do promitente, entendendo que a omissão do Código Civil anterior poderia levar à situação de ter este que reparar o candidato, caso o arrependimento viesse a ser tido como um ato ilícito.

Clóvis Beviláqua[35], sustentando-se no art. 8.º do Código Civil suíço, concorda com a obrigatoriedade de o promitente reembolsar as despesas efetuadas por candidato, ante a revogação da proposta, invocando os seguintes argumentos:

> 1.º) Que, se o Código reconhece, expressamente, no promitente o direito de se retratar, antes de realizada a prestação, sempre que não tenha estipulado um prazo para a execução dela, não se lhe pode impor uma pena civil por ter usado, normalmente, do seu direito. 2.º) Que, em verdade, o promitente não prometeu a pessoa certa para que esta se julgue com direito de lhe reclamar perdas e danos pelo inadimplemento da promessa. 3.º) Que pela promessa está criado o vínculo

---

[33] "É questão controvertida a de saber, se revogada a promessa, tem direito de ser ressarcida das despesas que efetuou a pessoa que se interessou pela sua realização, tomando para isso as devidas providências. No nosso Código, porém, é omisso, mas a resposta só pode ser negativa, mesmo porque só se adquire o direito com a execução do serviço, ou o preenchimento da condição. Entrementes, existe simples expectativa. Por conseguinte, embora a pessoa haja despendido esforço, tempo e dinheiro, não tem direito a qualquer indenização, se, antes de completada a tarefa, sobreveio, em forma legal, revogação da promessa" (Ob. cit., p. 385).

[34] Ob. cit., p. 393.

[35] Apud J.M. Carvalho Santos, ob. cit., p. 158.

obrigacional, mas este somente se torna definitivo pela prática do ato, a que a promessa se refere, o qual equivalente a uma legitimação do direito. 4.º) Que se houvesse esse direito de reclamar perdas e danos pela revogação da promessa sem prazo, deveria ser igual para todo o público ou para a classe a que se dirigisse; mas seria absurdo que o promitente tivesse de indenizar a quantos indivíduos se lhe apresentassem, alegando ter se preparado para realizar a tarefa estipulada. Nem a recompensa comportaria essa divisão infinita, nem seria possível, em tais condições, a figura jurídica imaginada. Se a primeira razão tomada isoladamente é fraca, adquire força irretorquível ao lado das que se lhe seguem.

Entendemos, contudo, ser correta a fixação de um reembolso em favor do candidato, até porque raras serão as situações em que de fato haja despesas, sendo certo que, existindo, caberá o ônus probatório ao propenso credor. Por tal razão, mostra-se oportuna a conclusão posta na doutrina de Silvio Rodrigues[36], no sentido de que a restrição imposta pela lei brasileira, quanto à irrevogabilidade da promessa feita mediante concurso, praticamente aniquila qualquer possibilidade de indenização quanto às demais formas de recompensa, uma vez que raramente nestas os candidatos praticam alguma despesa.

Art. 857. Se ato contemplado na promessa for praticado por mais de um indivíduo, terá direito à recompensa o que primeiro o executou.

Direito anterior: Art. 1.515. Se o ato contemplado na promessa for praticado por mais de um indivíduo, terá direito à recompensa o que primeiro o executou.

(...)

---

[36] "Aliás, note-se que a solução brasileira, possibilitando o arrependimento apenas nos casos de promessa em que se não trate de concursos, raramente traz prejuízo aos eventuais beneficiários, pois naquelas hipóteses só excepcionalmente tomam estes medidas, ou fazem despesas, tendo em vista o prêmio" (Ob. cit., p. 393).

COMENTÁRIOS

1. Quando houver pluralidade de pessoas que contemplarem a tarefa ou a condição

Trata o presente artigo daquela situação em que o cumprimento da tarefa ou da condição vem a ser efetivado por mais de um dos candidatos.

Inicialmente, cumpre consignar que, apesar da pluralidade de indivíduos prevista no texto, a hipótese aqui tratada é daquela em que o cumprimento da tarefa ou condição não se efetiva simultaneamente por todos os candidatos, mas sim cada uma a seu tempo.

Diz o Código que, se a condição ou tarefa for cumprida por mais de um individuo, terá direito à recompensa aquele que primeiro a executou.

Silvio Rodrigues[37] faz crítica a esta postura adotada no Texto Civilista, notadamente quando houver a fixação de prazo para a conclusão dos termos postos na promessa. Entende o citado autor que o dispositivo

> (...) será injusto quando as condições da promessa não implicarem a ideia de tempo. Se o promitente se ofereceu a dar certa cifra a quem escrevesse a biografia de determinada pessoa, dentro de certo prazo, todos que o fizerem terão direito ao prêmio, ou por fração, ou por sorteio. A primazia no tempo não deve dar direito à recompensa, com exclusão do outro concorrente, quando ambos apresentarem o trabalho dentro do prazo. Acho que, conforme a hipótese, não deve o juiz ficar inteiramente jungido à regra legal, principalmente quando estiver convencido de ter sido outra a intenção de quem prometeu.

---

[37] Ob. cit., p. 394.

O Código Civil italiano trata a questão sob análise com um desfecho diferente, tutelando o direito à recompensa ao candidato que primeiro efetuar a notícia do cumprimento da tarefa ou da condição ao promitente, primando pelo aspecto contratual do instituto[38].

Já Washington de Barros Monteiro, citando Clóvis Beviláqua, vê no posicionamento adotado pelo nosso Código uma maior confirmação da figura jurídica da promessa de recompensa como declaração unilateral da vontade, quando afirma que:

> Essa solução, como adverte Clóvis, confirma que a sua formação é estranha à conjugação de vontades, peculiar aos contratos; se essa confluência de vontades entrasse em linha de conta, o preferido para embolsar a recompensa deveria ser não o que teve prioridade na execução do serviço, mas o que primeiro comunicou ao promitente sua efetivação[39].

Com a devida vênia dos posicionamentos adversos, cremos que está correta a previsão contida em nosso Código, pois quis o legislador primar a questão temporal, ou seja, terá direito à recompensa quem conseguir executar a tarefa ou atender a condição antes que os demais candidatos. Assim, se o objetivo é o cumprimento dentro do menor tempo possível, não há porque intitularmos a regra como injusta.

Diversa seria a questão, se a modalidade fosse de concurso, pois, nesta, o cumprimento da tarefa ou da condição por um candidato de forma precedente aos demais não lhe assegura a vitória no pleito, ficando todos, no mesmo patamar de igualdade, sujeitos à regra estabelecida no art. 859 do Código Civil. Ocorre que nessa modalidade de promessa o critério baseará em questão técnica, primando pelo conteúdo de qualidade da tarefa ou condição.

---

[38] Art. 1991. Se a ação for realizada por várias pessoas separadamente, ou, então, a situação for comum a várias pessoas, caberá à prestação prometida, quando única, àquele que, em primeiro lugar, der notícia da circunstância ao promitente.

[39] Ob. cit., p. 383.

Deve ser ainda argumentado que, naquelas situações em que o promitente fixar prazo para cumprimento da promessa, apenas terá direito à recompensa aquele candidato que a executar primeiro, porém dentro do prazo estabelecido, pois de nada adiantará o cumprimento da tarefa ou da condição, se o prazo de validade estabelecido pelo promitente já tiver se expirado, independentemente de o candidato ser o primeiro ou mesmo o único executor. Assim, o aspecto temporal deve ser observado como critério para se estabelecer não só quem efetivamente terá direito à recompensa, como também para servir como termo final de validade da proposta, isto naquelas situações fáticas em o proponente originalmente fixa prazo para tal desiderato.

Poderemos nos deparar ainda com determinados casos práticos, em que estarão concorrendo para o prêmio da promessa diversos candidatos, de tal forma que será impossível ou de difícil discernimento proceder à apuração de quem efetivamente teria cumprido a tarefa ou a condição primeiro.

J.M. Carvalho Santos[40] trabalha com essa hipótese, assim expondo-a e concluindo:

> Pode acontecer, também, que não se possa apurar com exatidão quem executou primeiro o serviço, etc., como, por exemplo, se, num concurso de charadas, as cartas contendo as respostas fossem postas no correio no mesmo dia, sem esclarecimento da hora como é de costume, e juntas chegaram ao promitente. Em casos tais, presumem-se ao mesmo tempo executadas as ações. Mesmo que ao poder do destinatário tenham chegado as respostas em dias diferentes, quando postas no mesmo dia no correio, prevalece a mesma presunção, desde que na promessa se tenha estipulado que as cartas só seriam abertas em determinado dia.

Em outras palavras, aplicar-se-á à hipótese a regra do art. 858, o qual passaremos a comentar.

---

[40] Ob. cit., p. 162.

Art. 858. Sendo simultânea a execução, a cada um tocará quinhão igual na recompensa; se esta não for divisível, conferir-se-á por sorteio, e o que obtiver a coisa dará ao outro o valor de seu quinhão.

Direito anterior: Art. 1.515. (...)
§ 1.º Sendo simultânea a execução, cada um tocará quinhão igual na recompensa.
§ 2.º Se essa não for divisível, conferir-se-á por sorteio.

COMENTÁRIOS

1. Quando a execução se der de forma simultânea entre dois ou mais candidatos

Como abordado no artigo anterior, aquele que primeiro executar a tarefa ou a condição estipulada pelo proponente fará jus ao recebimento da recompensa. Contudo, naquelas situações em que a conclusão for realizada por vários candidatos ao mesmo tempo, diverso deverá ser o desfecho quanto ao pagamento do prêmio.

Estabelece o Código que, quando a execução for simultânea, o prêmio será partilhado em tantos quinhões quantos forem os ganhadores, ou se fará a entrega mediante sorteio, ficando o sorteado encarregado de efetuar o pagamento das quotas dos demais candidatos.

Como se observa, a artigo prevê que, havendo a simultaneidade, todos aqueles que cumprirem as exigências terão direito ao prêmio, que será partilhado entre os vencedores, desde que isto seja possível, ou, então, será sorteado em favor de apenas um, que ficará encarregado de pagar os quinhões dos demais.

Podemos então afirmar que a natureza do objeto do prêmio irá determinar a forma como os executores receberão a recompensa, uma vez que o direito a ela todos possuem.

Na primeira hipótese, ou seja, quando o objeto da recompensa comportar divisibilidade, a solução é simples, pois basta partilhar as quotas de acordo com o número de candidatos vencedores, pagando a cada qual o que lhe pertence, exonerando-se o proponente.

Já naquelas situações em que o objeto da recompensa não se tratar de coisa divisível, ganhará destaque o elemento sorte, uma vez que deverá o proponente fazer o sorteio para apurar qual dos candidatos simultâneos ficará com a coisa indivisível.

Realizado o sorteio, e apurado o candidato sorteado, o promitente entregar-lhe-á o prêmio, exonerando-se da obrigação. Contudo, caberá a este que obtiver a coisa dar aos demais candidatos o valor correspondente ao quinhão de cada um, transformando-se, imediatamente, em devedor perante os mesmos.

Ante a impossibilidade de o candidatado sorteado reunir condições financeiras para saldar o quinhão dos demais, deverá alienar o objeto da recompensa, ou mesmo obter recursos de outra forma, sob pena de incidir em mora e vir a ser até mesmo demandado judicialmente pelos seus credores.

Por tal razão, para que os candidatos preteridos pela sorte não fiquem expostos à mercê desta, parece-nos que a solução mais adequada seria que o prêmio composto por objeto indivisível fosse atribuído a todos, na qualidade de condôminos[41], pois assim, mesmo que no futuro fossem submetidos a uma dissolução judicial do condomínio, ao menos assegurar-se-ia a todos a possibilidade de receberem, fato que já não pode ser dito quando o prêmio é depositado nas mãos de apenas um, tendo em vista o potencial de problemas que tal acontecimento poderá ensejar, notadamente no que se refere não só à vontade do sorteado em se negar a pagar aos demais candidatos, como, e em especial, as implicações que os eventuais problemas pessoais deste poderiam interferir na questão, por exemplo, se o mesmo vier a ter o objeto do prêmio penhorado em dívidas contraídas com terceiros.

A posição de Washington de Barros Monteiro[42], *a priori*, parece que dissocia da sugestão feita por nós anteriormente, pois se mostra

---

[41] Art. 1.314. Cada condômino pode usar da coisa conforme sua destinação, sobre ela exercer todos os direitos compatíveis com a indivisão, reivindicá-la de terceiro, defender a sua posse e alhear a respectiva parte ideal, ou gravá-la.
[42] Ob. cit., p. 386.

contrária à possibilidade de se alienar o objeto e partilhar o fruto arrecadado com a venda: "Não se justifica a venda do objeto para a repartição do produto, porquanto, ao executor do serviço, a pessoa tem em mira a obtenção da própria coisa prometida, e não outra".

Contudo, cremos que a posição do saudoso jurista não diverge daquela há pouco por nós sugerida, tendo em vista que tanto na formação e posterior dissolução do condomínio, tal como no sorteio, o objeto da coisa restará, por fim, apenas na mão de um dos candidatos, o que implica afirmar que neste tópico a regra estabelecida no Código em nada divergiria da hipótese sugerida do condomínio[43].

Entretanto, vista sob o aspecto segurança, em especial aos demais candidatos preteridos no sorteio, voltamos a afirmar que o adequado seria o objeto figurar como coisa em comum a todos aqueles que cumprissem, simultaneamente, a tarefa ou a condição imposta pelo promitente.

2. Da cooperação de várias pessoas para a realização da tarefa ou da condição

A regra estabelecida no artigo em comento versa sobre aquela hipótese em que vários candidatos, agindo cada um por si, acabam por cumprir as exigências do promitente de forma simultânea.

Entretanto, poderá haver situações em que a produção do resultado apenas é obtida pelo esforço comum de várias pessoas, que, cooperando entre si, conseguem, em conjunto, cumprir a tarefa ou a condição.

Diante dessa situação hipotética, como será realizado o pagamento do prêmio?

O nosso Código omitiu-se quanto à questão, apenas estabelecendo regramento concernente ao aspecto temporal da prestação.

---

[43] Art. 1.322. Quando a coisa for indivisível, e os consortes não quiserem adjudicá-la a um só, indenizando os outros, será vendida e repartido o apurado, preferindo-se, na venda, em condições iguais de oferta, o condômino ao estranho, e entre os condôminos aquele que tiver na coisa benfeitorias mais valiosas, e, não as havendo, o de quinhão maior. Parágrafo único. Se nenhum dos condôminos tem benfeitorias na coisa comum e participam todos do condomínio em partes iguais, realizar-se-á licitação entre estranhos e, antes de adjudicada a coisa àquele que ofereceu maior lanço, proceder-se-á à licitação entre os condôminos, a fim de que a coisa seja adjudicada a quem afinal oferecer melhor lanço, preferindo, em condições iguais, o condômino ao estranho.

Por seu turno, o Código Civil português assim determina em seu *art. 462.º*:

> Se na produção do resultado previsto tiverem cooperado várias pessoas, conjunta ou separadamente, e todas tiverem direito à prestação. Esta será dividida equitativamente, atendendo-se à parte que cada uma delas teve nesse resultado.

A regra do Código lusitano, apesar do aspecto inovador, encontra aplicabilidade somente naquela situação em que o objeto da recompensa for divisível, inexistindo previsibilidade quando a coisa for de natureza indivisível.

J.M. Carvalho Santos[44], sustentando-se no art. 660 do Código Civil alemão[45], assim se manifesta:

> Esta disposição a que se refere o texto do § 660 determina que, se a recompensa, pela sua natureza, não se pode partilhar, ou, segundo o conteúdo da promessa, se deve pertencer a um só, decide a sorte.

E continua:

> Tal solução não repugna ao nosso Direito, podendo mesmo ser aceita, como a única admissível dentro do seu sistema, no tocante à promessa de recompensa. Não se exige a colaboração simultânea, sendo bastante, para que se apliquem as regras acima expostas, que ela se tenha verificado, embora com grande intervalo entre o ato de um e do outro colaborador.

Em conclusão, o posicionamento adotado pelo sistema alemão em muito se assemelha à solução encontrada no artigo em comento, aplicando-se às hipóteses de cooperação o mesmo critério adotado

---

[44] Ob. cit., p. 165.
[45] Art. 660. Colaborando muitos no resultado, para o qual se instituiu a recompensa, o promitente tem de partilhar equitativamente, entre eles, a recompensa, em proporção à parte que cada um teve no resultado. Se por um dos interessados for considerada não obrigatória a partilha feita pelo promitente, tem este o direito de se recusar ao pagamento, até que os parciários decidam entre si a questão sobre a sua situação jurídica; cada um deles pode pedir que a recompensa seja consignada para todos.

para a simultaneidade, ressalvando, contudo, que os quinhões poderão oscilar de acordo com a participação de cada um no evento, o que já não se observa na pluralidade de candidatados simultâneos e concorrentes entre si, em que o pagamento será efetivado sem distinção de quinhão.

Art. 859. Nos concursos que se abrirem com promessa pública de recompensa, é condição essencial, para valerem, a fixação de um prazo, observadas também as disposições dos parágrafos seguintes.

§ 1.º A decisão da pessoa nomeada, nos anúncios, como juiz, obriga os interessados.

§ 2.º Em falta de pessoa designada para julgar o mérito dos trabalhos que se apresentarem, entender-se-á que o promitente se reservou essa função.

§ 3.º Se os trabalhos tiverem mérito igual, proceder-se-á de acordo com os arts. 857 e 858.

Direito anterior: Art. 1.516. Nos concursos que se abrirem como promessa pública de recompensa, e condição essencial, para valerem, a fixação de um prazo, observadas também as disposições dos parágrafos seguintes:

§ 1.º A decisão da pessoa nomeada, nos anúncios, como juiz obriga os interessados.

§ 2.º Em falta de pessoa designada para julgar o mérito dos trabalhos, que se apresentarem, entender-se-á que o promitente se reservou a essa função.

COMENTÁRIOS

1. Do concurso com promessa pública de recompensa

Como já tivemos a oportunidade de comentar, a promessa de recompensa tem por objeto conceder, por meio de anúncio público, um prêmio a quem cumprir determinada tarefa ou preencher alguma condição. A promessa de recompensa mediante concurso público possui alguns traços aparentemente idênticos, o que faz com que seja chamada por alguns doutrinadores como uma variedade daquela espécie[46].

J.M. Carvalho Santos[47] comunga da mesma opinião:

> Destacando o concurso dentre as outras promessas de recompensa, para estabelecer com relação a ele preceitos especiais, o Código brasileiro não fez mais que encarar a realidade, pois de fato não pode ele ser confundido com a promessa de recompensa em geral, da qual é um caso particular, com feição, em parte, própria.

Há, entretanto, parte da doutrina que considera que os concursos seriam melhores considerados se fossem tratados como meros atos preparatórios para a celebração de futuro contrato.

Contudo, a posição majoritária da doutrina é no sentido de reconhecer como adequada a inserção do concurso no capítulo da promessa de recompensa:

> Pontes de Miranda já é de outro sentir, julga acertado incluir no capítulo da promessa de recompensa os concursos públicos. Ainda quando tenha por fito a estipulação de um contrato de trabalho ou aquisição de obras de arte, de modo que apenas sirva à compra ou encomenda de quadros, livros, estátuas, máquinas, etc., por meio de estipulações públicas, o concurso não foge à categoria das promessas de recompensa. Apenas, assegura o mestre, exige a sua natureza específica que em parte se submeta a regras especiais. Mas isto se dá quanto a outras espécies de promessa de recompensa, que não foram particularmente previstas na lei. Entendemos, também, assim. Nem poder-se-ia conceber, por outro lado,

---

[46] "O Código distingue entre a promessa de recompensa a um ato qualquer, ou a satisfação de condições pedidas por anúncio público, e o concurso, que, sendo uma variedade dessa espécie, oferece particularidades, que reclamam disciplina adequada" (Clóvis Beviláqua, apud J.M. Carvalho Santos, ob. cit., p. 167).

[47] Ob. cit., p. 166.

que os concursos fossem encarados unicamente como atos preparatórios à conclusão dos contratos, por isso que, muitas vezes, não visam, em realidade, a formação de nenhum contrato, embora, em outros casos, como no de concurso de provas para a escolha de um funcionário, tenham por fito a sua formação[48].

De fato, o concurso público é uma variedade da promessa de recompensa, iniciando-se, tal como esta, por meio de anúncio público, porém tem por objetivo a escolha de pessoa que reúna qualificação técnica apta a cumprir determinada tarefa de cunho científico, artístico ou literário.

Serpa Lopes[49] bem resume as diferenças existentes entre a promessa de recompensa propriamente dita e o concurso público, delimitando-as no campo da fixação do prazo, na possibilidade de revogabilidade, quanto ao objeto e, também, na forma de distribuição da premiação.

2. Da fixação do prazo e irrevogabilidade da proposta

Dentre as diferenças apontadas há pouco, merece destaque em especial aquela voltada quanto à fixação de prazo para cumprimento do trabalho estabelecido pelo promitente.

A fixação de prazo para cumprimento do objeto descrito no anúncio do concurso público não é só de direito, mas também como de fato,

---

[48] J.M. Carvalho Santos, ob. cit., p. 169.

[49] "Diferenças separam a promessa de recompensa mediante oferta ao público pura e simplesmente da proposta mediante concurso. Enquanto esta depende essencialmente da fixação de um prazo para a sua realização, a primeira dispensa tal requisito, de modo que pode ser levada a efeito mesmo sem um prazo determinado; em razão desse mesmo princípio da exigência de um prazo, a promessa mediante concurso e irrevogável, ao passo que a outra forma é revogável, desde que não se tenha determinado um prazo para sua efetivação. Ainda, enquanto a promessa de recompensa visa à prestação de um certo serviço ou preenchimento de determinada condição, a mediante concurso se destina à apresentação de trabalhos e soluções oferecidas pelos aspirantes ao prêmio, cuja comprovação deve ser feita por meio do preenchimento das condições exigidas pelo anúncio. Finalmente, na promessa de recompensa, concorrendo mais de um credor, a solução poderá ser dada pela prioridade, ao passo que no concurso, de um modo diverso, a solução assenta no merecimento do disputante, em confronto com os demais, sendo obrigatório o desate através de julgamento arbitral" (ob. cit., p. 152-153).

requisito de observância obrigatória que, inclusive, atuará no sentido de impedir a revogação do certame, tal como ocorre, ao contrário, na simples promessa ordinária, em que se permite o cancelamento da proposta, sendo certo que a fixação de prazo nesta modalidade é medida de cunho meramente facultativo.

A doutrina pátria comunga da mesma opinião quanto à obrigatoriedade da fixação do prazo, tratando-a como uma formalidade substancial, uma vez que, sem ela, o concurso nunca teria um termo final, o que abriria a possibilidade de que a todo e qualquer tempo fosse apresentado um novo trabalho, cerceando, assim, a chegada de uma conclusão efetiva por parte do juiz do certame, e, ao mesmo tempo, inibindo o pagamento do prêmio[50].

Acerca da irrevogabilidade do concurso, Washington de Barros Monteiro[51], baseando-se em enunciado de Clóvis Beviláqua, assim escreve:

> Efetivamente nesses concursos, em que se visa à obtenção de trabalhos literários, científicos e artísticos, se exige em regra absorvente concentração do espírito por parte dos concorrentes, vigílias, pesquisas, estudos, esforço incomum, dispêndio de energias, tempo e dinheiro. Nesses casos, o promitente não pode retirar *ad libitum*, arbitrariamente, a promessa. Impõe a lei a fixação de prazo e enquanto o mesmo não se escoa a promessa é irrevogável. Esse prazo é, portanto, condição essencial nos concursos públicos.

Não obstante os posicionamentos divergentes, entendemos que a irrevogabilidade não é requisito imprescindível para a validade do concurso: a um, porque a lei assim não determina expressamente, não podendo o fato de haver a obrigatoriedade legal de se proceder à fixação

---

[50] "A fixação do prazo para a apresentação dos concorrentes, em rigor, é uma formalidade substancial, pois sem ela nunca poder-se-ia admitir como definitivo o julgamento, de vez que a qualquer tempo poderia um outro concorrente inscrever-se com mais direito ao prêmio" (J.M. Carvalho Santos, ob. cit., p. 173).

[51] Ob. cit., p. 386.

de um prazo certo atuar, por si só, como ponto inibidor do cancelamento, devendo a redação do art. 856 ser vista como uma presunção do direito de renúncia; a dois, porque poderá o promitente, mesmo fixando o prazo final para encerramento do concurso, item este obrigatório, fazer constar no anúncio público a faculdade de promover a revogação da proposta antes do escoamento do lapso temporal originalmente previsto, desde que faça tal previsão de forma expressa, senão, na dúvida, prevalecerá a regra implicitamente presumível do artigo em apreço, qual seja, da irrevogabilidade da proposta.

Nesse sentido conclui J.M. Carvalho Santos[52]:

> Exigindo-se a fixação desse prazo, estabelece o Código, implicitamente, a irrevogabilidade da promessa, como regra geral, pois, nos termos do art. 1.514, segunda alínea[53], havendo prazo assinado, entender-se-á que o promitente renuncia o arbítrio de retirar, durante ele, a oferta. Somente com exceção poder-se-á admitir possa o promitente retirar a promessa, isto precisamente quando, no anúncio, tiver reservado para si, expressamente, essa faculdade. Na dúvida, entender-se-á irrevogável a declaração.

Por derradeiro, resta comentar que na promessa de recompensa prima-se pela questão temporal, sendo certo que o candidato que primeiro executar a tarefa ou a condição será o vencedor, tendo direito a receber o prêmio. Já no concurso o tempo é desprestigiado pelo promitente, pois, como a finalidade é a obtenção de um trabalho técnico, científico ou artístico, cuja escolha caberá, em regra, a um ou mais juízes nomeados pelo próprio interessado no certame, a escolha recairá não sobre aquele que primeiro executar a tarefa que se espera, mas sim sobre aquele que proceder à entrega do melhor trabalho, segundo o critério da pessoa escolhida para celebrar tal julgamento.

---

[52] Ob. cit., p. 173.
[53] Art. 856, *caput*, deste Código.

O desapego do legislador ao critério temporal é de todo justificável no concurso, uma vez que seria inadmissível adotar como parâmetro de escolha a ordem de entrega dos trabalhos, quando o que se busca é premiar aquele de melhor conteúdo literário, artístico ou científico, em que as qualidades subjetivas de cada empenho deverão ser avaliadas por metodologia bem mais sensível do que aquela observada na simples ordem de execução[54].

Oportuno esclarecer que, apesar de a questão tempo não ter aplicação no que se refere à ordem de classificação das obras que forem entregues para avaliação no concurso, deverá, todavia, ser severamente observada no tocante à data-limite de encerramento, pois, diverso do que acontece lá na promessa de recompensa sem prazo de entrega, aqui, se os trabalhos forem postulados após o termo final, não serão objeto de recebimento nem de avaliação pelo promitente ou juiz do certame.

3. Do concurso público realizado por órgão público

A matéria até aqui estudada, apesar de denominarmos de concurso público, apenas terá aplicabilidade naquelas hipóteses em que o promitente não seja um órgão da administração pública, pois, quando se verificar esta situação, deverão ser aplicadas as regras especiais estabelecidas pela Lei Federal 8.666/1993, cabendo aplicabilidade do Código Civil apenas a título subsidiário.

Deve ser desde já apontado que o concurso público previsto no art. 22 da Lei de Licitações[55] não se trata daquele destinado ao provimento

---

[54] "O concurso supõe grupo de concorrentes interessados na mais perfeita (= melhor, mais exata, mais presta, mais ampla) execução da exigência feita na promessa de recompensa" (Pontes de Miranda, apud J.M. Carvalho Santos, ob. cit., p. 167).

[55] Art. 22. São modalidades de licitação: (...) IV – concurso. § 4.º Concurso é a modalidade de licitação entre quaisquer interessados para escolha de trabalho técnico, científico ou artístico, mediante a instituição de prêmios ou remuneração aos vencedores, conforme critérios constantes de edital publicado na imprensa oficial com antecedência mínima de 45 (quarenta e cinco) dias. Art. 52. O concurso a que se refere o § 4.º do art. 22 desta Lei deve ser precedido de regulamento próprio, a ser obtido pelos interessados no local indicado no edital. § 1.º O regulamento deverá indicar: I – a qualificação exigida dos participantes; II – as diretrizes e a forma de apresentação do trabalho; III – as condições de realização do concurso e os prêmios a serem concedidos. § 2.º Em se tratando de projeto, o vencedor deverá autorizar a Administração a executá-lo quando julgar conveniente.

de cargos e empregos públicos, pois tem como objeto os mesmos fins encontrados na lei civil em apreço, contudo, em decorrência da titularidade do promitente, necessário que se aplique a lei de regência destinada à regulamentação das operações públicas administrativas[56].

Assim, por ser uma modalidade licitatória, terá que atentar a todas as regras peculiares aos processos administrativos, não restando aos órgãos públicos promitentes, nem mesmo aos candidatos, outra opção senão a vinculação ao edital, tendo este ato convocatório, inclusive, de ser publicado na imprensa oficial com antecedência mínima de quarenta e cinco dias (§ 4.º do art. 22 da Lei 8.666/1993).

Dentre as peculiaridades próprias dos concursos públicos levados a efeito por entes da administração, destacamos a possibilidade de revogação e de nulidade a qualquer tempo.

Como já estudado há pouco, apesar de nossa discordância, *a priori*, o concurso público realizado por promitente civil não poderá ser revogado dentro do prazo de vigência originalmente estabelecido. Já nos concursos públicos titulados por órgãos da administração direta e suas respectivas autarquias a regra é diversa, tendo em vista a possibilidade legal estabelecida no art. 49 da Lei Federal 8.666/1993[57], que permite

---

[56] "Concurso não é aqui tomado no sentido corrente de disputa entre candidatos para provimento de cargo público, que já fora objeto do art. 99, § 5.º, do Decreto-lei n.º 200/67, com a seguinte redação: 'Não se preencherá vaga nem se abrirá concurso na administração direta ou em autarquia sem que se verifique previamente, no competente centro de redistribuição de pessoal, a inexistência de servidor a aproveitar, possuidor da necessária qualificação'. Nem se trata do concurso, a que se refere o art. 37, inciso II, III e IV, referente à obtenção de cargo público. Este concurso é para obtenção de prêmio ou remuneração, e não para provimento de cargo público, que é o concurso de provas e título. Nos concursos, o julgamento é realizado por uma comissão especial, integrada por pessoas de reputação ilibada e de notáveis conhecimentos da matéria" (J. Cretella Júnior. *Das licitações públicas*. 8. ed. Rio de Janeiro: Forense, 1995. p. 223-224 e 309).

[57] Art. 49. A autoridade competente para a aprovação do procedimento somente poderá revogar a licitação por razões de interesse público decorrente de fato superveniente devidamente comprovado, pertinente e suficiente para justificar tal conduta, devendo anulá-la por ilegalidade, de ofício ou por provocação de terceiros, mediante parecer escrito e devidamente fundamentado. § 1.º A anulação do procedimento licitatório por motivo de ilegalidade não gera obrigação de indenizar, ressalvado o disposto no parágrafo único do art. 59 desta Lei. § 2.º A nulidade do procedimento licitatório induz à do contrato, ressalvado o disposto no parágrafo único do art. 59 desta lei. § 3.º No caso de desfazimento o processo licitatório, fica assegurado o contraditório e ampla defesa. § 4.º O disposto neste artigo e seus parágrafos aplica-se aos atos do procedimento de dispensa e de inexigibilidade de licitação.

a revogação da licitação por razões de interesse público decorrente de fato superveniente[58] ou sua nulidade por motivo de ilegalidade[59], aplicando-se, ainda, em ambas as hipóteses, a Súmula 473 do Supremo Tribunal Federal:

> A administração pode anular seus próprios atos, quando eivados de vícios que os tornam ilegais, porque deles não se originam direitos, ou revogá-los, por motivo de conveniência ou oportunidade, respeitados os direitos adquiridos, e ressalvada, em todos os casos, a apreciação judicial.

Dessa forma, nos concursos públicos realizados pelos órgãos públicos a revogação ou nulidade do certame poderá ser realizada a qualquer tempo, independentemente do prazo de vigência da proposta originalmente estabelecida no edital convocatório.

Art. 859. (...)
§ 1.º A decisão da pessoa nomeada, nos anúncios, como juiz, obriga os interessados.

---

[58] "Na revogação, o desfazimento do ato administrativo não decorre de vício ou defeito. Aliás, muito pelo contrário. Somente se alude a revogação se o ato for válido e perfeito: se defeituoso, a Administração deverá efetivar sua anulação. A revogação se funda em juízo que apura a conveniência do ato relativamente ao interesse público. No exercício de competência discricionária, a Administração desfaz seu ato anterior por reputá-lo incompatível com o interesse público. **A revogação pressupõe que a administração dispunha da liberdade para praticar um certo ato ou para determinar alguns de seus aspectos. Após praticado o ato, a Administração verifica que o interesse público poderia ser melhor satisfeito por outra via. Promoverá, então, o desfazimento do ato anterior. A isso se denomina revogação**" (Marçal Justen Filho. *Comentários à Lei de Licitações e Contratos Administrativos*. 5. ed. São Paulo: Dialética, 1998. p. 445).

[59] "No direito administrativo, não se utiliza a expressão 'anulação' com acepção idêntica à terminologia técnico-jurídica utilizada no direito privado. No direito privado, 'anulação' é pronúncia de vício de anulabilidade. Aplicando a terminologia com rigor técnico, não se 'anula' o ato 'nulo', mas o 'anulável'. O ato 'nulo' é 'declarado nulo' ou 'nulificado'. Essas distinções não são usuais no direito administrativo. Nesse campo, utiliza-se genericamente a expressão 'anular', mesmo quando o vício caracterizar 'nulidade'. A expressão é aplicada para descrever a conduta de reconhecer a existência de um vício e de proclamá-lo" (Marçal Justen Filho, ob. cit., p. 444).

COMENTÁRIOS

1. Da escolha do juiz do certame

Comentamos no *caput* do presente artigo que o concurso público tem por objetivo a escolha de pessoa que reúna qualificação técnica apta a cumprir determinada tarefa ou apresentar um trabalho de cunho científico, artístico ou literário. De igual forma, vimos também que o anúncio público opera como condição essencial para validade do certame, devendo, inclusive, mencionar o prazo de recebimento das inscrições.

Ante a publicidade que se obterá com o anúncio público, é de esperar a participação de diversos candidatos no certame, que concorrerão entre si, visando apresentar a melhor obra, e, assim, ganharem a recompensa. Daí decorre a importância em não só estabelecer o prazo para as inscrições, como, também, definir quem será a pessoa, ou o nome das pessoas que comporão a junta, encarregada de julgar e escolher o melhor trabalho.

A interpretação deste parágrafo força concluir que caberá ao promitente realizar a escolha do juiz, devendo tal imputação ser declinada no próprio anúncio do certame. Assim, deverá ser divulgado o nome do julgador em conjunto com os demais itens do concurso.

Acreditamos, não obstante as posições contrárias[60], que nada está a impedir também que a escolha dos juízes seja feita em ato posterior ao anúncio do concurso, contanto que haja previsão no mesmo, no sentido de informar aos eventuais candidatos que o nome dos componentes do júri será declinado até determinada data, e que esta seja em tempo hábil a permitir a inscrição e participação de todos no certame.

Dúvidas não há de que a previsão legal em apreço é de toda salutar, pois permitirá a todos os candidatos terem ciência de quem será a pessoa ou as pessoas que irão proceder à avaliação das obras, notadamente

---

[60] "O que a lei não tolera, em suma, é a alteração arbitrária da designação dos juízes, sendo certo, portanto, que a escolha posterior, mesmo que publicada e anterior ao início das inscrições, não obrigaria, a não ser que todos os inscritos acordassem..." (J.M. Carvalho Santos, ob. cit., p. 176).

pela existência de elementos subjetivos que certamente exercerão influências na decisão a ser tomada no certame[61], permitindo, assim, que cada qual faça uma análise preliminar de suas condições e chances de vitória, antes mesmo de se submeter ao certame.

Por tais motivos, inclusive, é assente na doutrina que, uma vez declinado o nome ou os nomes dos juízes, não poderá o promitente substituí-los por outros, salvo se por caso fortuito ou força maior (*v.g.*, morte), bem como se houver recusa ou impedimento das pessoas indicadas[62].

2. Da obrigatoriedade de acolhimento da decisão

Uma vez divulgado o nome da pessoa encarregada de proferir a decisão, ficam os candidatos submetidos e obrigados a aceitá-la.

Todavia, concorrendo para o ato do julgamento algum vício de consentimento ou vício social, poderão os candidatos, tidos como prejudicados, questionar o desfecho do certame[63].

Acerca da questão assim escreve J.M. Carvalho Santos[64]:

> A decisão do juiz ou do júri, previamente designado, obriga os interessados, diz o Código. Vale dizer: o seu pronunciamento é soberano, não podendo ser atacado sob pretexto de injusto, salvo se tiver sido estipulado que o julgamento ficará

---

[61] "O julgamento pode ter aspectos subjetivos e objetivos. O critério subjetivo do julgamento é aquele inerente ao mérito do vencedor, quando a apuração desse mérito esteja à mercê do critério subjetivo de julgamento do juiz; do ponto de vista objetivo, subentende-se a apreciação dos requisitos objetivos, estabelecidos nas regras do concurso" (Serpa Lopes, ob. cit., p. 154).

[62] "Em um ponto todos são acordes: sempre que a composição do júri julgador for anunciada, não poderá sofrer modificação, a não ser por motivos graves, como a recusa ou impedimento imprevisto das pessoas indicadas, por isso que os nomes destas, isto é, as suas indispensáveis competência, isenção, imparcialidade, etc., são sempre condições que influem na apresentação das candidaturas" (J.M. Carvalho Santos, ob. cit., p. 175).

[63] "A definitividade e obrigatoriedade desse julgamento, contudo, não podem servir de cobertura à fraude, e, sob este fundamento, é suscetível de impugnação. Destarte, se se provar ter havido revelação de particularidades do concurso de natureza secreta, corrupção dos julgadores, composição irregular do júri, ou um julgamento baseado em circunstâncias estranhas às normas do concurso, a decisão pode ser anulada judicialmente" (Serpa Lopes, ob. cit., p. 154).

[64] Ob. cit., p. 176.

sujeito a recurso para instância especial, como se verifica em algumas hipóteses. Não quer isso dizer, porém, que, em casos excepcionalíssimos, não possa o julgamento ser anulado. Em verdade, se o julgamento foi proferido sem atender às condições previstas no anúncio, no caso de fraude, como o suborno, ou mesmo em todas as hipóteses em que ocorrer um motivo excludente da capacidade do julgador, como a loucura, etc., não é possível duvidar da possibilidade da anulação do julgamento pronunciado pelo juiz ou pelo júri.

Não há como discordar das posições doutrinárias, pois, de fato, seria inadmissível desenvolver raciocínio no sentido de que a simples publicação prévia do nome dos integrantes do júri teria o condão de vincular os candidatos a ponto de vedar a estes o questionamento de um resultado de concurso considerado irregular, quando o próprio Código assegura a nulidade dos atos jurídicos dotados de vício[65], e a própria Constituição Federal veda qualquer exclusão de apreciação ao Poder Judiciário de ato tido como lesão ou ameaça de lesão a direitos[66].

Art. 859. (...)
§ 2.º **Em falta de pessoa designada para julgar o mérito dos trabalhos que se apresentarem, entender-se-á que o promitente se reservou essa função.**

COMENTÁRIOS

1. Quando o próprio promitente atua como juiz

Como visto, caberá ao promitente nomear a pessoa que ficará encarregada de julgar os trabalhos apresentados no concurso, porém a lei

---

[65] Arts. 138/165 deste Código.
[66] Art. 5.º, inciso XXXV. A lei não excluirá da apreciação do Poder Judiciário lesão ou ameaça a direito.

cria duas possibilidades, uma expressamente e outra implicitamente, em que ele próprio poderá atuar nesta função julgadora.

A primeira delas é aquela que vem expressamente prevista na lei, ou seja, ante a omissão de se declinar o nome das pessoas que irão compor o júri, presumir-se-á que o promitente reservou para si próprio a realização desta tarefa. Quanto à segunda, flui de uma interpretação lógica da lei, no sentido de constar implicitamente que poderá o promitente declinar seu nome no anúncio público, ficando, assim, encarregado da função julgadora.

Em qualquer das duas hipóteses, vindo o promitente falecer antes da data do julgamento, adotar-se-á a regra da substituição, conforme mencionado no parágrafo anterior, tendo em vista a ocorrência de um caso fortuito, devendo os herdeiros do *de cujus* atuar no sentido de dar seguimento à obrigação por este assumida, nomeando-se novo juiz, que poderá ser, inclusive, qualquer um deles próprios.

Art. 859. (...)
§ 3.º Se os trabalhos tiverem mérito igual, proceder-se-á de acordo com os arts. 857 e 858.

COMENTÁRIOS

1. Se os trabalhos tiverem mérito igual

Já apontamos que uma das diferenças do concurso com a promessa de recompensa propriamente dita é que no primeiro a escolha do vencedor se dá não por critério temporal, mas sim mediante elementos objetivos e subjetivos dos trabalhos apresentados.

Assim, poderá ocorrer uma situação em que dois ou mais trabalhos, depois de serem analisados pelo júri, venham a vencer o certame, havendo, assim, uma pluralidade de vencedores, que terão direito à recompensa estabelecida.

Ante a ocorrência em concreto desta situação hipotética, deverá o proponente aplicar a mesma regra prevista nos arts. 857 e 868, os quais já tivemos a oportunidade de analisar, razão pela qual, para evitarmos aqui uma repetição desnecessária, remete-se o leitor aos termos lançados quando daqueles comentários.

Oportuno citar o posicionamento de J.M. Carvalho Santos[67], o qual entende que, havendo dois ou mais vencedores, a regra dos arts. 857 e 858 apenas encontrará aplicação naquela hipótese de o promitente não ter estabelecido regra em contrário no anúncio, sendo a lei, portanto, nesse sentido, meramente supletiva.

Não concordamos com esse posicionamento adotado pela doutrina *supra*, uma vez que a regra aqui tratada, a nosso ver, em nada diverge daquela descrita nos citados artigos precedentes, devendo, pois, ante a pluralidade de obras vencedoras, e sendo o prêmio objeto indivisível, ser aplicado o recurso do sorteio, que, apesar de não ser, a nosso pensar, a melhor alternativa[68], é aquela que restou tutelada pela lei.

Por derradeiro, mostra-se necessário citar a indagação feita por Silvio Rodrigues[69], no sentido de avaliar a possibilidade de o júri negar o prêmio a qualquer dos concorrentes, por entender que nenhum deles teria atingido o mérito mínimo esperado.

Parece que tal desfecho é possível, pois, como já argumentado em tópicos anteriores, a decisão será sempre dotada de subjetivismo das pessoas que compõem a banca examinadora, motivo pelo qual não

---

[67] "Bem entendido: se processo diverso não tiver sido estipulado na convocação ou anúncio para o concurso. A lei aí é meramente supletiva, só devendo ser invocada no caso de omissão do anúncio quanto a esse ponto. Nem sempre, em verdade, o sorteio será o meio preferido pelo promitente para o desempate, assim, como nem sempre preferirá o promitente que o prêmio seja dividido entre os vencedores, de mérito igual. Neste assunto, o promitente tem ampla liberdade de determinar a forma que lhe parecer preferível, só não se admitindo uma solução que pudesse prejudicar os direitos dos concorrentes classificados, como, por exemplo, à que mandasse anular o concurso e exigisse um outro" (ob. cit., p. 186).

[68] Defendemos, quando dos comentários ao art. 858, que ante a hipótese de pluralidade de vencedores, e sendo o objeto da recompensa coisa infungível, melhor seria instaurar-se um condomínio entre eles.

[69] "Indagação curiosa é a que diz respeito à possibilidade de o júri negar premiação a qualquer dos concorrentes, alegando que nenhuma das obras apresentadas, dada a pobreza de suas qualidades, merece a consagração. Entendo que a liceidade de tal procedimento depende de cláusula expressa no edital, em que fique ressalvada a possibilidade de se negar o prêmio se nenhum dos concorrentes atingir um nível qualitativo adequado, ao ver da comissão julgadora. Caso tal ressalva não tenha sido publicada ao tempo da abertura do concurso, o júri não pode negar o prêmio ao melhor, dentre os ruis, que concorreram" (Ob. cit., p. 395).

vemos qualquer óbice. Todavia, deve tal previsão estar expressamente estabelecida quando do anúncio público da promessa, no sentido de bem informar aos participantes que, ante a inexistência de um critério meritório mínimo de todas as obras apresentadas, poderá haver desclassificação de todas elas.

De qualquer forma, ficará sempre assegurada aos candidatos que se sentirem lesados ou prejudicados a busca do Poder judiciário como forma de valer os seus direitos, notadamente quando concorrerem para o ato vícios a permitirem sua anulação, protegendo-os, assim, de um subjetivismo pretensioso do juiz ou do júri.

Art. 860. As obras premiadas, nos concursos de que trata o artigo antecedente, só ficarão pertencendo ao promitente, se assim for estipulado na publicação da promessa.

Direito anterior: Art. 1.517. As obras premiadas, nos concursos de que trata o artigo anterior, só ficarão pertencendo ao promitente, se tal cláusula estipular na publicação da promessa.

COMENTÁRIOS

1. Da propriedade das obras premiadas no concurso

O presente artigo estabelece que as obras premiadas devem ficar com os seus autores, salvo se houver disposição em contrário atribuindo-as ao promitente.

De fato, parece-nos acertada a atitude do legislador, tendo em vista que, pelo conteúdo que geralmente se observa no concurso, há um envolvimento técnico e sentimental do concorrente em proporções peculiares, uma vez que a tarefa a ser desenvolvida se refere a um trabalho literário, científico e cultural, em que é inevitável, e até mesmo justificável, o apego do artista à obra realizada.

Assim, o concorrente apenas perderá a titularidade de sua obra ou invento, se houver expressa e prévia previsão no edital do anúncio, caso contrário, aplicar-se-á a regra geral, permanecendo o trabalho com o seu titular.

O artigo versa apenas sobre as obras premiadas, e as demais que restaram não classificadas à premiação. Poderão ficar com o proponente ou serão devolvidas aos respectivos candidatos?

Entendemos que o legislador apenas fez remissão às obras premiadas porque somente sobre estas poderia haver maiores discussões acerca da propriedade, tendo em vista o interesse nas mesmas. Contudo, há de ser interpretada a regra como também aplicáveis às obras não premiadas, até porque não haveria razões lógicas para se concluir em sentido contrário. Assim, ante a hipótese de previsão no edital de que as obras deverão pertencer ao promitente, premiadas ou não, deverão estas ser transferidas a este, caso contrário, manter-se-ão com os respectivos candidatos.

O mesmo raciocínio deve ser utilizado no sentido de concluir que as obras poderão ser revertidas em favor de uma terceira pessoa, diversa do promitente. Não obstante a omissão legislativa a respeito do tema, cremos que nada está a impedir tal endereçamento, bastando, para tanto, que tenha expressa previsão editalícia quanto a tal destinação.

CAPÍTULO II
DA GESTÃO DE NEGÓCIOS

Art. 861. Aquele que, sem autorização do interessado, intervém na gestão de negócio alheio, dirigi-lo-á segundo o interesse e a vontade presumível de seu dono, ficando responsável a este e às pessoas com que tratar.

> **Direito anterior:** Art. 1.331. Aquele, que, sem autorização do interessado, intervém na gestão de negócio alheio, dirigi-lo-á segundo o interesse e a vontade presumível de seu dono, ficando responsável a este e às pessoas com quem tratar.

COMENTÁRIOS

1. O sujeito da gestão de negócio

A redação deste artigo inicia-se com a expressão "aquele", fazendo alusão ao sujeito que poderá atuar como gestor de negócio. Contudo, deixou o texto legal de esclarecer se tal figura gestora se refere a todas as pessoas físicas ou, se, ainda, também é extensiva às pessoas jurídicas.

A gestão de negócios, depois de ter sido inserida no campo do direito contratual no Código Civil de 1916 (arts. 1.331/1.345), vem nesse novo texto civilista prevista no título dedicado aos atos unilaterais, no que, a nosso ver, andou bem o legislador, pois inegável que o instituto em apreço não se trata mesmo de uma espécie de contrato, pois lhe falta o elemento acordo de vontade, típico e inerente às modalidades sinalagmáticas.

Assim, por ser a gestão de negócios uma declaração unilateral de vontade, ganha este elemento volitivo importante destaque dentro da modalidade obrigacional, em especial no que se refere ao tipo subjetivo apto a externá-la.

A pessoa física, por excelência, é passível de declarar vontade, podendo, portanto, concluir que ela pode atuar como gestora de negócio alheio. No entanto, há de se indagar se toda e qualquer pessoa natural tem poderes para tanto, ou se tal faculdade é apenas assegurada àquelas que possuem capacidade de exercício de direito.

No Direito Romano, por ser a gestão de negócios estruturada como se fosse um quase contrato[70], necessário que o sujeito gestor fosse dotado de capacidade. Contudo, o posicionamento romano sofreu abrandamentos, pois, consoante posicionamento de M.I. Carvalho de Mendonça, citado por Serpa Lopes[71], uma vez "bem examinada a questão, é indubitável que o dono do negócio não contrata com o menor, com a mulher casada, com o incapaz, enfim, a gestão de negócio é um fato, que se pode dar e que se dá frequentemente, sem sua ciência e sempre sem sua escolha".

Atualmente, a questão se mostra de toda polêmica, havendo correntes que sustentam a necessidade da capacidade porque a obrigação do gestor decorre de uma manifestação de vontade própria, não podendo, assim, operar esta sem a presença válida daquele elemento volitivo, apto a exercitar direitos. Entretanto, há também correntes que entendem ser dispensável tal requisito, pois, sendo o gestor capaz ou incapaz, ficará obrigado por todas as consequências que advierem de sua gestão.

---

[70] "A denominação quase contrato (*obligatio ex quasi contracto*) e o mesmo ocorrer com quase delito (*obligatio ex quasi delicto* – não se encontra no *Corpus Iuris Civilis*, onde, sistematicamente, a expressão empregada é *obligatio quasi ex delicto*, na hipótese de quase delito). Foram os autores bizantinos – contemporâneos de Justiniano, ou a ele posteriores – que se serviram, em grego, de expressão correspondente a *obligatio ex quase contractu* (e, no caso de quase delito, a *obligatio ex quasi delicto*), o que legitima a utilização de quase contrato (e, igualmente, de quase delito), para designar essas figuras. Enumeram as Institutas de Justiniano como quase contrato, os seguintes: a) a gestão de negócios; b) a tutela; c) a *communio incidens*; d) o legado; e) o pagamento indevido" (José Carlos Moreira Alves. *Direito romano*. 5. ed. Rio de Janeiro: Forense, 2004. v. II, p. 246-247).

[71] Ob. cit., p. 37.

O direito germânico aponta para uma corrente diversa da dualidade acima narrada, pois o art. 682 do BGB[72] permite a figura do incapaz à frente da gestão de negócios, todavia situa sua responsabilidade no âmbito do ato ilícito. Igual posicionamento é encontrado no Livro V do art. 421 do Código Civil suíço[73].

Já o Código Civil italiano, de forma taxativa, estabelece no art. 2.029 que "O gestor deve ter capacidade de contrair", evitando-se assim, ao menos no campo aplicativo, divergências acerca da questão.

No direito pátrio, quer no Código anterior ou no atual, não houve expressa menção acerca da capacidade do gestor, o mesmo ocorrendo com o direito lusitano[74].

Como se observa, podemos elencar a existência de legislações que taxativamente impedem a concretização do instituto com pessoas incapazes (Itália), outras que permitem a existência do ato, porém o taxa como ato ilícito passivo de enriquecimento ilícito (Alemanha e Suíça), e outras, como a brasileira e portuguesa, que nada estabelecem acerca da questão da capacidade.

Com a nova ótica civilista, em que a gestão de negócio passou a ser tratada no Código Civil brasileiro como um ato unilateral, mostra-se mais adequada a ideia aplicada no direito germânico, preservando o ato praticado por um incapaz na qualidade de gestor. Assim, em vez de se aplicarem todos os efeitos resultantes de uma nulidade, melhor que se atribua ao ato praticado pelo gestor a pecha de ilicitude, e se estabeleça a composição do dano, nos termos como se no caso tivesse havido enriquecimento ilícito.

Outro ponto a ser enfrentado na questão do sujeito da relação é se a pessoa jurídica poderia atuar como gestora.

Sem prejuízo de posicionamentos diversos, cremos ser perfeitamente possível adotar tal premissa, afinal, nada está a impedir esta con-

---

[72] "Se o gestor de negócios fôr incapaz de negócio ou estiver limitado na capacidade de negócio, será responsável somente de acordo com as disposições sobre a indenização de dano por ato ilícito ou sôbre a devolução de um enriquecimento ilícito."

[73] "Se o gestor de negócios era incapaz de se obrigar por contrato, só responderá pela gestão de negócios quando se tiver enriquecido ou quando, de modo malévolo, se tiver privado do enriquecimento."

[74] Arts. 464 a 472.

clusão. O simples motivo de termos a gestão de negócios como um fato voluntário que decorre da vontade do gestor não se mostra suficiente a inibir a fixação do posicionamento ora defendido, pois é inegável que as pessoas morais também podem externar tal elemento volitivo, mesmo que por meio de seus associados ou integrantes, até porque entender em sentido contrário é negar a sua própria existência autônoma.

Por fim, aceito o posicionamento *supra*, e resta ainda consignar que toda e qualquer espécie de pessoa jurídica é capaz de atuar como gestor, até mesmo aquelas que têm por objetivo uma finalidade lucrativa, pois, apesar da gratuidade despontar para a doutrina como necessária[75] e essencial para a gestão[76], há forte tendência moderna acenando no sentido de reconhecer o direito do gestor a uma remuneração pelo serviço prestado[77], em especial no Código Civil português, que se utiliza para fins de fixação do valor a ser pago ao gestor das mesmas bases do mandato[78].

Nesse sentido, utilizando daquele clássico exemplo de gestão de negócios dado pelos doutrinares pátrios e estrangeiros, no qual o vizinho, verificando o encanamento rompido da residência contígua, que corre risco de ficar inundada ante a ausência do proprietário, ingressa

---

[75] "A gestão é sempre ato desinteressado e necessariamente gratuito, não tendo natureza contratual por faltar o acordo de vontade, pelo que a doutrina a conceituava como quase contrato" (Arnoldo Wald. *Direito das obrigações*. 15. ed. São Paulo: Malheiros, 2009. p. 457).

[76] "Entendem alguns que o gestor faz jus a honorários. Prevalece, porém, a opinião contrária, que é mais plausível, porque, além de ser razoável a equiparação ao *mandamus*, que é gratuito, obrigado ficaria *dominus* a pagar o que poderia obter gratuitamente, ou a pagar o que não pode. Pode o juiz, entretanto, atendendo a circunstâncias particulares, atribuir ao gestor remuneração módica" (Orlando Gomes. *Contratos*. 17. ed. Rio de Janeiro: Forense, 2002. p. 388).

[77] "Em regra, considera-se a gestão sempre gratuita. Pois, como ela se inspira em propósito altruísta, ou seja, no intuito de servir a outrem, seria inadmissível que implicasse obrigação, para o dono do negócio, de remunerar o gestor, e como não convém, senão excepcionalmente, acoroçoar tal interferência, não se deve incentivá-la com a possibilidade de uma remuneração. Assim, e tradicionalmente, entendeu-se ser da essência da gestão a gratuidade. Esse preconceito, entretanto, tem sido superado modernamente, e a ideia de remunerar o gestor, por seus esforços e sacrifícios, vem se alastrando, principalmente quando de trata de ato praticado por pessoa que disso faça profissão" (Silvio Rodrigues, ob. cit., p. 402).

[78] "Art. 470. Remuneração do gestor 1. A gestão não dá direito a qualquer remuneração, salvo se corresponder ao exercício da actividade do gestor. 2. Á fixação da remuneração é aplicável, neste caso, o disposto no n.º 2 do artigo 1158."

no imóvel para fazer os reparos remediando o mal. Nessa hipótese, pode-se ter como gestor uma imobiliária ou outra empresa especializada.

O mesmo se diga acerca das pessoas jurídicas não dotadas de personalidade jurídica, tendo em vista que, com a redação dada ao art. 12, inciso VII, do Código de Processo Civil, estas chamadas pessoais jurídicas não personificadas (sociedade comum) passaram a ser dotadas de uma personalidade judiciária, adquirindo capacidade processual para estarem em juízo, logo aptas a exercitarem seus direitos e vontade, dentre os quais a gestão de negócios[79]. Além do que, os arts. 986 a 990 deste Código acabaram por reconhecer a licitude dos atos praticados por estes seres despersonalizados.

2. Sem autorização do interessado

A gestão de negócios se caracteriza pela atuação de alguém, desprovido de autorização, na administração de negócios alheios. É a intervenção de uma pessoa (física ou jurídica) em um negócio que não lhe pertence para realizar um ato ou uma série de atos no interesse e por conta do dono.

Na definição de Serpa Lopes[80]: "Trata-se de instituto jurídico destinado a reger aquelas situações jurídicas de caráter obrigacional surgidas quando uma pessoa, por livre vontade e com espírito de solidariedade, intervém em negócio alheio, sem ter recebido qualquer autorização

---

[79] "Pelo Código Civil (art. 20, § 2.º), negava-se às sociedades, carentes de registro, ou de autorização, 'personalidade judiciária ativa', e por isso não eram consideradas como pessoas jurídicas; já, agora, inequivocadamente, por este estatuto, têm o direito de acionar seus membros e terceiros. Lembre-se, ainda, o art. 18, do CC, que colocava a autorização, se fosse o caso, e o registro das pessoas jurídicas, de direito privado, como condições de sua existência, como tais. Ocorre, todavia, que o Código de Processo Civil, no seu art. 12, *caput*, ao tratar da representação ativa e passiva, admite que a sociedade, ainda que despida de personalidade jurídica, esteja em juízo, também como autora, oponente etc., por seu administrador (*rectius* – 'pela pessoa a quem couber a administração dos bens' – art. 12, VII). Verifica-se, portanto, uma alteração do art. 20, § 2.º, do CC, pelo art. 12, VII. A regra do Código de Processo Civil, portanto, estabelece que entidades de fato (= sociedade sem personalidade jurídica) tenham os mesmos predicados, no campo processual, que a sociedade que haja sido regularmente constituída, e quando esta última haja preenchido, pois, todos os requisitos da lei civil, ou comercial" (Arruda Alvim, ob. cit., p. 62-63). Observe-se que o mencionado autor refere-se ao Código Civil de 1916.

[80] Ob. cit., p. 15.

para fazê-lo". Já Clovis Beviláqua, citado por Maria Helena Diniz[81], definia-o como a administração oficiosa de interesses alheios, desprovido de procuração.

Como se observa, é pressuposto básico para a configuração do instituto sob análise que não haja autorização do interessado, dono da coisa, para a atuação do gestor. Inexiste na gestão de negócios convenção obrigacional entre o dono da coisa e o gestor, como se observa nas relações sinalagmáticas. Este deve assumir o negócio de forma voluntária, livre e unilateral. Admitir o contrário, ou seja, de que na gestão de negócios deve haver autorização do dono da coisa, seria o mesmo que equipará-la à representação ou mandato, não existindo aí razões para a existência autônoma do instituto, sendo nesse sentido, inclusive, as conclusões de Pontes de Miranda[82].

Não deve, entretanto, ser confundida a ausência de autorização a que se refere o artigo em comento com a ratificação prevista nos arts. 873 e 874 do mesmo diploma legal, tendo em vista tratar-se de situações a serem configuradas no instituto em momentos distintos, devendo, portanto, ser estudadas de forma diversa.

3. Intervir em negócio alheio

Outro requisito básico a caracterizar a gestão de negócios é que a intervenção deve ocorrer em negócio não pertencente ao próprio gestor. Deve haver a interferência do gestor em negócio cuja titularidade seja de terceiro, quer seja este pessoa física ou jurídica. Há no presente Código regra especial a regular a situação fática em que o gestor venha a ser sócio ou mesmo condômino do negócio a ser protegido, razão pela qual voltaremos ao tema quando comentarmos o art. 875 desse diploma legal.

---

[81] *Tratado teórico e prático dos contratos*. 3. ed. São Paulo: Saraiva, 1999. v. 3, p. 353.
[82] "Se há relação jurídica negocial ou *ex lege*, entre o gestor e o dono, de que resulte dever de gerir, não se trata de gestão de negócios alheios sem outorga: quem tem o dever de gerir tem o poder de gerir. A outorga pode ter sido negocial ou legal. O instituto da gestão de negócios nasce no espaço vazio que os outros institutos deixaram, no tocante à gestão. Para que haja gestão de negócios alheios sem outorga, é preciso que o ato não entre na classe daqueles em relação jurídica de que se irradia o dever de gerir" (ob. cit., t. XLIII, 1984, p. 191).

Aspecto importante e oportuno, e que merece esclarecimentos, é que o termo "negócio" a que se refere o texto legal, não deve ser considerado no sentido apenas comercial ou mercantil, mesmo se tomarmos em vista a possibilidade de ganho em favor do gestor. Em verdade, quisera o legislador abranger todo o direito patrimonial, quer ele tenha cunho comercial ou não. Assim, a interferência do gestor em um bem imóvel ou móvel, comercial ou mesmo residencial, será tida como a ação prevista no instituto em apreço, desde que acompanhada dos demais pressupostos.

4. Segundo o interesse e vontade presumível de seu dono

Como produzido há pouco, na gestão de negócio o gestor ingressa no negócio alheio com a finalidade de praticar determinada ação, de cunho necessário, apto a proteger-lhe o patrimônio. Dessa forma, o instituto exige um ou mais atos comissivos do agente, no objetivo de conservar ou recuperar a coisa pertencente a terceiro.

A conduta comissiva do gestor, apesar de não ser, ao menos de início, conhecida ou ratificada pelo dono da coisa, é limitada à vontade e interesse deste. Esta limitação, ante a ausência de manifestação de acordo por parte do proprietário, deve ser efetivamente presumida, considerada como real ou provável.

Ocorre, daí, a nosso ver, um curioso problema, qual seja, como definir quais seriam a vontade e o interesse do dono da coisa?

Clóvis Beviláqua[83] define a situação equiparando a gestão a um mandato espontâneo e presumido, porque o gestor procura fazer aquilo que o dono do negócio o encarregaria se tivesse conhecimento da necessidade de tomar a providência reclamada pelas circunstâncias. Já Hahnemann Guimarães, citado por Serpa Lopes[84], discorda de tal colocação, afirmando ser um erro não subordinar as atitudes do gestor à lei, mas sim a um fantasioso consentimento do dono do negócio.

---

[83] *Comentários ao Código Civil*, vol. 5.º, p.
[84] "(...) o gestor não procura fazer o que lhe incumbiria o proprietário, mas sim o que a lei manda que se faça, uma gestão útil" (ob. cit., p. 22).

Parece-nos adequado ter em mente que, na verdade, não se pode interpretar o texto legal no sentido de que o gestor deverá atentar para a vontade abstrata do dono da coisa, mas, sim, com uma vontade mediana, que é justamente aquela fixada na própria lei.

O Código Civil italiano[85], diverso de outras legislações europeias, dentre as quais destacamos a alemã e a suíça[86], nada menciona acerca da necessidade de a ação do gestor estar vinculada a uma vontade presumida do dono da coisa, resumindo-se somente em determinar que o agente deva gerir a coisa até que o proprietário tenha condição de cuidá-la pessoalmente.

Roberto de Ruggiero[87], ao comentar o instituto em apreço, manifesta-se no sentido de que o artigo

> (...) impõe obrigações a quem voluntariamente assumiu a gerência de negócios alheios, o advérbio "voluntariamente" não só exclui qualquer caso de se ter tomado conta deles por uma obrigação resultante da lei ou de convenção, mas designa além disso a precisa direção da vontade do gestor de administrar negócios que ele sabe não serem próprios (ainda que ignore quem seja o verdadeiro interessado) e de os administrar por conta e no interesse alheio. Deve, pois, incluir-se sob as regras dos atos de liberalidade a gestão que se assumir *animo donandi*.

Entendemos, contudo, que não é a vontade específica do dono do negócio que é presumida, mas sim a vontade mediana dos proprietários em geral, em outras palavras, aquilo que fariam em idêntica emergência, até porque torna-se difícil concluir qual atitude determinada pessoa tomaria perante uma situação em que seu patrimônio se encontra em risco.

---

[85] Art. 2.028. Quem, sem estar obrigado a isto, assumir cientemente a gestão de um negócio alheio, está obrigado a levá-lo a termo até que o interessado esteja em condições de providenciar, ele mesmo.
[86] Arts. 677 e 419 respectivamente.
[87] *Instituições de direito civil*. Campinas: Bookseller, 1999. v. 3, p. 578.

A situação é ainda mais complicada se o gestor desconhecer a pessoa do proprietário, porque nesse caso não há como sequer ter ideia da vontade de uma pessoa, se nem ao menos se conhece seus hábitos e sua personalidade. Por tais motivos, parece-nos que os atos praticados pelo gestor estão mesmo subordinados à vontade da lei, que tem por regra básica representar um desejo e uma vontade mediana da sociedade.

5. Responsabilidade do gestor perante o dono da coisa e terceiros

Não obstante o gestor atuar com espírito altruísta em face da coisa que não lhe pertence, assume responsabilidades não só perante o proprietário da coisa, como, também, perante terceiros com quem vier a contratar no decorrer da gestão.

A regra, a princípio, parece-nos que atua no sentido de desencorajar a prática da gestão. Contudo, *a contrario sensu*, não podemos tirar de mente que, se houvesse a liberação do gestor de tais responsabilidades, se estaria abrindo uma porta perigosa para o arbítrio daqueles que utilizariam o instituto como uma maneira de lesionar outrem, em especial por atuar de forma voluntária, sem determinação ou escolha do proprietário.

Se a intenção do agente é efetivamente salvar o patrimônio do proprietário, agindo de acordo com a vontade mediana estabelecida pela lei, e movido pelo intuito de evitar a concretização de um prejuízo àquele, não há porque temer a assunção de tais responsabilidades.

O Código Civil brasileiro elencou as obrigações do gestor perante o dono da coisa nos arts. 862 a 868, e quanto ao terceiro à previsão do art. 869, 1.ª parte, textos estes adiante analisados.

Art. 862. Se a gestão foi iniciada contra a vontade manifesta ou presumível do interessado, responderá o gestor até pelos casos fortuitos, não provando que teriam sobrevindo, ainda quando se houvesse abstido.

Direito anterior: Art. 1.332. Se a gestão for iniciada contra a vontade manifesta ou presumível do interessado, responderá o gestor até pelos casos fortuitos, não provando que teriam sobrevindo, ainda quando se houvesse abstido.

COMENTÁRIOS

1. A gestão iniciada contra a vontade do interessado

O artigo em apreço é um dos textos legais da gestão que versam sobre a responsabilidade do gestor junto ao dono do negócio.

A responsabilidade do gestor pode ser definida sob duas situações fáticas: a primeira, quando decorre de uma gestão exercida sob a vontade presumida do interessado; a segunda, quando a gestão é iniciada e exercida contra a vontade, expressa ou presumida, do dono da coisa.

Para análise desse artigo, devemos considerar apenas a segunda, ou seja, aquela quando o gestor dá início aos seus atos contra a vontade do interessado.

É típico da gestão que ela tenha início por um ato unilateral de vontade do gestor, sendo certo que este, diante de uma situação justificável, passe a praticar ato intervencionista no negócio alheio. Contudo, a manifestação do dono da coisa ganha relevância, se a gestão iniciar-se contra tal disposição volitiva, em especial pela majoração das responsabilidades que recairão sobre o gestor.

Apesar do aspecto benevolente da gestão, não podemos desconsiderar que ela se opera por meio de um ato tipicamente tido como ilegal, pois se trata da intromissão de alguém na esfera de domínio de outrem, inclusive praticando ato peculiar e reservado apenas ao real titular[88]. Assim, quis o legislador distinguir a situação em que o gestor inicia

---

[88] "Assumir a administração de um negócio alheio, sem precedência de um encargo ou sem que uma obrigação legal a tal constranja, constitui sempre uma invasão da esfera patrimonial alheia, que sendo fechada à ingerência de estranhos deve ser respeitada por qualquer terceiro. Se este princípio, porém, se aplicasse com todo o rigor, ficaria por satisfazer a exigência social de não deixar perecer com dano geral um patrimônio, ao qual falte atualmente a ação governativa do seu titular. O ordenamento jurídico não pode nem deve proibir a intervenção de terceiros estranhos, quando ela se destine a proteger um patrimônio que não tinha quem cuidasse dele e por isso estava exposto a perigos. Há pois em face de uma ingerência ilícita – à qual apenas se pode aplicar o dito de Pompônio (fr. 36 D. 50. 17): 'Culpa est immiscere se rei ad se non pertinenti' – uma ingerência benéfica e por isso lícita, caracterizada pelo espírito de caridade ou de benevolência com a qual alguém se mete a gerir os negócios alheios. E é precisamente quanto a esta que a lei, reconhecendo a sua utilidade, dita obrigações recíprocas entre o gestor e o *dominus negotii*" (Roberto de Ruggiero, ob. cit., p. 575-576).

seus atos apenas sem o conhecimento do dono da coisa daquela em que a gestão opera-se de forma totalmente contrária à vontade do titular.

A vontade negativa e contrária do dono da coisa pode ser manifestada de duas maneiras, sendo uma de forma expressa e outra presumida. Quanto à primeira, ela não requer maiores dificuldades de interpretação, pois pode ser efetivada por meio de advertência verbal ou escrita do propenso gestor. Contudo, a dificuldade surge, quando se tem que concluir pela recusa do dono da coisa à gestão, pela forma presumida.

Entendemos que se podem ter como recusa tácita do titular à gestão aquelas hipóteses em que os atos praticados pelo proprietário levam a crer que ele não pretende praticar qualquer ação no sentido de recuperar, preservar ou mesmo salvar determinado bem. Seria o caso, por exemplo, do proprietário que deixa de proceder a melhorias necessárias no imóvel que tende desmoronar, porque justamente pretende demoli-lo para edificar no local outra construção.

Como se observa, o motivo que faz com que o gestor venha interferir na coisa é justamente a possibilidade de salvá-la ante a impossibilidade do titular de fazê-la. Entretanto, mesmo não havendo expressa menção deste no sentido de inibir a prática da gestão, há situações fáticas que permitem ao eminente gestor concluir que o proprietário não deseja a sua intromissão no sentido de salvar a coisa, pois, tal como no exemplo acima, a desídia sobre o imóvel é sabida e o desmoronamento é algo esperado e até mesmo desejado pelo titular.

Desta forma, a vontade do legislador civilista no presente artigo, foi justamente inibir, através de um agravamento de obrigações, o início de gestão não desejada pelo dono da coisa.

Dispositivo semelhante é encontrado no Código Civil suíço[89], que, tal como o brasileiro, tratou de agravar a situação obrigacional do gestor, que dá início aos seus atos de gestão contra a vontade do proprietário. Contudo, a legislação suíça impôs um limite ao elemento volitivo do titular, quando estabeleceu que a proibição da intromissão não pode-

---

[89] "Art. 420 (3). Se tiver ele tomado a seu cargo a gestão do negócio (*geschaftsfuhrung*) contra a vontade, manifestada ou de outro modo reconhecível, do dono do negócio e não seja esta proibição contrária aos bons costumes ou ao direito, responderá ele ainda mesmo pelo caso fortuito a não ser que prove que teria este também ocorrido sem a sua intromissão."

rá ser "contrária aos bons costumes ou ao direito". No mesmo sentido é o Código Civil italiano, que também limitou a aceitação da recusa do proprietário, desde que ela não seja "contrária à lei, à ordem pública ou aos bons costumes"[90]. Tais limites existentes nas legislações alienígenas mostram-se de todo prudentes, em especial se observarmos os preceitos constitucionais existentes em nossa Carta Magna, de que a propriedade, em geral, deve atender sempre sua função social[91], e não somente a vontade de seu titular, razão pela qual melhor seria se também o nosso Código viesse a adotar o citado dispositivo.

2. Responderá o gestor até pelos casos fortuitos

Iniciada a gestão contra a vontade do titular da coisa, a situação obrigacional do gestor mostrar-se-á agravada, pois, além de responder perante o proprietário pelos danos que vier a ocasionar em decorrência dos atos de gestão, responderá, até mesmo, por aqueles que derivarem de casos fortuitos.

Tem-se como caso fortuito aqueles atos que ocorrem independentemente da vontade humana, ou seja, acontecimentos desprovidos de ato comissivo ou omissivo de qualquer pessoa.

A previsão do artigo em apreço pode ser tida como uma exceção dentro do nosso ordenamento, que, em regra, não impõe responsabilidades naquelas hipóteses em que a coisa venha a se deteriorar ou se perder em decorrência de casos fortuitos, conforme se observa da redação dos arts. 234, 235, 238 e 240 do Código Civil.

Em verdade, como já argumentado, quis o legislador punir o ato abusivo levado a efeito por determinado gestor, que, mesmo tendo co-

---

[90] Art. 2.031, parte final. "Este dispositivo não se aplica aos atos de gestão realizados contra a proibição do interessado, a não ser que tal proibição seja contrária à lei, à ordem pública e aos bons costumes."

[91] "(...) a função social de um bem não é algo abstrato e hipoteticamente aferível, nem está sujeito a padrões indeterminados e genéricos, mas, ao revés, **só é perceptível no caso concreto**, em razão das peculiaridades de cada situação, **variando**, portanto, **de local para local**. A título exemplificativo, uma área cultivada de terra de 1.000 alqueires, em Goiás, poderá estar cumprindo sua função social, enquanto dúvidas poderiam surgir se essa mesma área se encontrasse na Grande São Paulo ou no Grande Rio" (Marco Aurélio Greco, Apud Joaquim Castro Aguiar. *Direito da cidade*. Rio de Janeiro: Renovar, 1996. p. 6).

nhecimento da negativa expressa ou presumida do titular, dá início à gestão, e nesse sentido são as assertivas de J.M. Carvalho Santos[92].

3. Da possibilidade de não responder pelo caso fortuito

Apesar de o dispositivo legal atribuir ao gestor responsabilidades até mesmo sobre os danos ocasionados à coisa em decorrência de caso fortuito, autorizou, também, que este se exima de tal obrigação, provando que o prejuízo teria se consumado, mesmo que houvesse deixado de dar início à gestão.

Todavia, na prática, tal situação pode encontrar dificuldades de caracterização, uma vez que todo caso fortuito é desprovido de culpa. Assim, nunca seria o gestor responsabilizado pelos prejuízos causados por tais fatos, eis que ocorreriam com ou sem a gestão do mesmo, uma vez presente a impossibilidade de impedi-lo ou mesmo evitá-los.

Ocorre que essa assertiva não é de toda válida, pois, não obstante o caso fortuito não derivar da vontade do gestor, pode ocorrer que em determinada situação este venha a ter relação indireta com os atos praticados pelo mesmo, por exemplo, naquela hipótese em que uma das paredes do imóvel venha a desabar, mesmo contra vontade deste, enquanto estava a fazer reparo em outra a ela contígua. Em uma situação como esta, deverá o gestor responder pelo ato, sendo certo que lhe será ressalvado o direito de provar o contrário, ou seja, que o desabamento teria ocorrido independentemente de estar ele ou não a praticar a gestão.

Assim, em resumo, basta que os danos oriundos do caso fortuito deixem de ter relação com os atos realizados pelo gestor, e que isto fique devidamente provado, para que ele se exima de responder por esta obrigação. Em outras palavras, se se concluir que ocorreriam os danos independentemente da ação do gestor, a este não se poderá imputar a

---

[92] "Em regra, o gestor não responde pelos casos fortuitos, mas apenas pela perda da coisa, quando resultante de culpa sua. Mas, nas hipóteses aqui previstas, existe sua responsabilidade ainda pelo caso fortuito, porque constituindo um ato abusivo o que por ele foi praticado, natural é que a sua responsabilidade seja agravada, com uma verdadeira punição" (Ob. cit., p. 391).

punição prevista no presente artigo, sob pena de se negar vigência à exceção prevista na parte final do citado texto legal.

Entendemos, portanto, que a questão deverá sempre ser resolvida em matéria de prova, em que o ônus probatório será todo do gestor, uma vez que a regra é que ele responde pelo caso fortuito, salvo se provar suas alegações, no sentido de que o dano ocorreria independentemente de sua ação.

Art. 863. No caso do artigo antecedente, se os prejuízos da gestão excederem o seu proveito, poderá o dono do negócio exigir que o gestor restitua as coisas ao estado anterior, ou o indenize da diferença.

Direito anterior: Art. 1.333. No caso do artigo antecedente, se os prejuízos da gestão excederem o seu proveito, poderá o dono do negócio exigir que o gestor restitua as coisas ao estado anterior, ou lhe indenize a diferença.

COMENTÁRIOS

1. Das consequências resultantes da gestão irregular

O presente dispositivo legal, em complemento ao anterior, trata-se de mais uma das hipóteses obrigacionais em favor do proprietário e em detrimento do gestor que dá início à gestão contra a vontade daquele.

Encerrada a gestão irregular, deverá o bem gerido voltar ao domínio de seu dono, e este poderá avaliar se os atos praticados pelo gestor lhe proporcionaram algum proveito econômico ou se apenas resultaram-lhe em prejuízos.

Como se observa, caberá ao proprietário fazer uma compensação entre os proveitos e os prejuízos que o gestor lhe proporcionou sobre a coisa gerida, sendo estes maiores do que aqueles, devem-se aplicar as opções que o artigo oferece, caso contrário, não se utilizará a regra aqui tratada.

O texto legal é claro, pois apenas terá direito à escolha prevista no artigo "(...) se os prejuízos da gestão excederam o seu proveito (...)", caso contrário, parece-nos que as opções não guardam razões para serem aplicadas.

2. Restituição da coisa ao estado anterior

A primeira opção assegurada ao proprietário consiste no ato de fazer com que o gestor proceda à restituição da coisa no estado em que ela se encontrava antes de sua intromissão.

Partindo das conclusões acima, temos que nesta opção buscará o proprietário o restabelecimento da coisa na forma originária porque os atos praticados pelo gestor não lhe trouxeram nenhum acréscimo ao bem, ou, se houve, foram de pouca valia, uma vez que resultaram inferiores ao montante dos prejuízos, motivo pelo qual lhe é assegurado requer o *statu quo ante*.

Assim, aplicando-se a presente hipótese, caso tenha o gestor procedido a diversas obras na coisa, deverá desfazê-las às suas expensas, entregando-a ao dono no seu exato estado originário, e, assim o fazendo, estará sanando o prejuízo causado, sendo este, inclusive, o objetivo da norma, pois, caso contrário, não haveria razão para determinar o desfazimento das modificações introduzidas no bem.

3. Ou a indenização da diferença

Na segunda opção, em vez da restituição ao estado anterior, opta o dono da coisa por exigir uma indenização, sendo certo que utilizará como parâmetro financeiro para apuração do *quantum* indenizatório, a diferença apurada entre o confronto dos proveitos tirados das benfeitorias levadas à coisa, com os respectivos prejuízos sofridos.

Nota-se que, independentemente da opção escolhida pelo proprietário, a coisa gerida deverá voltar ao seu domínio, não se tratando aqui daquela regra existente no art. 236 do Código Civil, em que é dado ao credor optar pela coisa deteriorada ou seu valor equivalente.

Oportuno mencionar que, se a coisa se perder durante a gestão irregular, a situação fática deverá ser solucionada somente por meio da indenização, uma vez não mais existir a coisa, bem como eventuais proventos que nela foram proporcionados, sendo certo que o valor indenizatório a ser suportado pelo gestor será aquele referente ao do próprio bem.

Isto não implica dizer que, existindo a coisa, deverá o proprietário optar sempre pela primeira hipótese. Em verdade, caberá sempre ao dono da coisa proceder à escolha que melhor lhe prover, pois, mesmo subsistindo a coisa a ser restituída, poderá recebê-la no estado atual, mantendo-se os proveitos a ela agregados por força da ação do gestor, deduzindo-os, contudo, dos eventuais prejuízos causados, aplicando-se, assim, a regra da segunda opção, ou seja, a indenização.

O mesmo se diga quando a coisa é restituída e o seu retorno ao estado anterior mostra-se insuficiente para sanar o superávit do prejuízo sobre os proveitos, ou, ainda, seja inviável ou impossível o restabelecimento do *statu quo ante*, não restando outro caminho ao proprietário senão a solução do litígio por meio do cálculo indenizatório, utilizando-se para tanto os parâmetros há pouco descritos.

Art. 864. Tanto que se possa, comunicará o gestor ao dono do negócio a gestão que assumiu, aguardando-lhe a resposta, se da espera não resultar perigo.

Direito anterior: Art. 1.334. Tanto que se possa, comunicará o gestor ao dono do negócio a gestão, que assumiu, aguardando-lhe a resposta, se da espera não resultar perigo.

COMENTÁRIOS

1. Da comunicação da gestão ao dono da coisa

Prosseguindo no estudo dos atos obrigacionais impostos ao gestor, trata o presente artigo da necessidade de dar ciência ao dono do negócio acerca do início da gestão.

Como informado anteriormente, não resta dúvida de que a gestão a ser desencadeada pelo gestor implica a sua intromissão em algo que não lhe pertence, praticando inúmeros atos que poderão ocasionar, e certamente ocasionarão, alterações no negócio alheio. Ressalta-se daí a necessidade de buscar uma aprovação ou não do titular do bem acerca da ação a ser desenvolvida pelo gestor, que em última análise não passa de um estranho perante o domínio da coisa.

Parece-nos ser esta a principal, senão única, finalidade pela qual o legislador estabeleceu a obrigatoriedade ao gestor de comunicar ao dono do negócio, conforme preceitua o texto legal sob análise.

Oportuno abordar aqui, de modo prático, as formas que podem ser utilizadas para se efetivar a comunicação ao dono da coisa. O artigo legal não estabelece nenhuma forma rígida ou obrigatória, logo, pode-se concluir que poderemos utilizar a via postal – mediante carta registrada – AR, ou a comunicação cartorária, e, ainda, a notificação judicial.

Contudo, independentemente da forma escolhida, deve o gestor ter em mente que o ato precisa ser realizado, "tanto quanto possível"[93], com a maior brevidade, por isto é importante que procure o meio mais ágil, uma vez que a não aprovação da gestão pelo titular do negócio pode lhe imputar a obrigatoriedade em indenizar, conforme já abordado nos artigos anteriores. Assim, prudente que se faça uma boa escolha do meio a ser utilizado na efetivação da comunicação, primando pelos aspectos segurança e agilidade.

Ainda, acerca da forma de notificação do titular da coisa, há de se indagar se o gestor poderia fazê-la na modalidade verbal, por telefone, ou, ainda, por meio de correio eletrônico.

Cremos que a forma verbal poderá ser utilizada, contudo deverá certificar-se o gestor quanto a eventual necessidade de se provar a realização do ato, ante uma afirmação futura do titular no sentido de que não teria sido comunicado pelo gestor. Dessa forma, ganhará destaque o elemento probatório, ou seja, o gestor deverá demonstrar que efetiva-

---

[93] "Uma das obrigações do gestor, por conseguinte, é avisar o dono do negócio de sua gestão, se for possível ou logo que o for, o que se justifica, porque a gestão visa à prática de um ato quase sempre urgente ou uma providência de momento, sem haver tempo de qualquer consulta ao dono do negócio" (Ob. cit., p. 396).

mente procedeu à ciência do dono do negócio, sendo certo que poderá fazê-lo por todos os meios de provas em direito admitidos. O mesmo se diga se a notificação se operar por meio telefônico ou através de correio eletrônico – *internet*.

Por fim, resta ainda analisar se a comunicação ao titular deve ser efetivada na modalidade pessoal ou se pode ser apenas endereçada à pessoa deste. Entendemos que o ato trata-se de um aviso, uma comunicação, e não uma intimação. Assim, desnecessária que ela seja efetivada diretamente à pessoa do dono da coisa, o que se mostra necessário é que este venha a ter ciência da intromissão, mesmo que por outros meios diversos daquele utilizado pelo gestor[94].

2. Do momento da notificação

O artigo em apreço traz a obrigatoriedade de o gestor proceder à notificação do titular do negócio, *tanto que se possa*, da gestão *que assumiu*. O texto legal não estabelece o exato momento em que deverá se efetivar a comunicação, entretanto, como anteriormente narrado, deve ser o mais rápido possível, pois a demora poderá implicar sérios riscos à pessoa do gestor de negócios.

Outra indagação acerca da questão é saber se o gestor poderia notificar o titular antes de iniciar propriamente os seus atos de gestão.

Não obstante os benefícios que tal prática traria ao propenso gestor, notadamente no que se refere ao fato de somente assumir a gestão caso o titular se manifestasse de forma favorável, reduzindo, assim, sua responsabilidade em eventual indenização, entendemos que não seria admitida tal notificação pré-gestão, uma vez que o artigo utilizou-se do verbo no passado – *assumiu* –, o que nos força concluir que primeiro deverá ser efetivada a gestão para, a posterior, ocorrer a comunicação ao dono da coisa.

Ademais, o aguardo de eventual resposta da comunicação endereçada ao titular poderia demandar certo lapso de tempo, para o qual

---

[94] "A gestão de negócios alheios sem outorga tem de cessar, se, após o aviso, ou tendo o dono do negócio sabido, por outro meio, do que ocorreu, esse se opõe à comunicação, ou ao início" (Pontes de Miranda, ob. cit. p. 201).

a emergência que assola a situação danosa que se abate sobre a coisa alheia não poderá se dar à mercê de aguardar, podendo, por isso, haver o próprio perecimento do negócio, inexistindo razões futuras a justificar a intromissão do gestor, conforme se observa da parte final da redação do presente artigo.

3. Aguardar a resposta do dono da coisa, desde que a espera não resulte em perigo ao negócio

Após efetivar a notificação do titular, restará ao gestor aguardar a sua manifestação, que será no sentido de aprovar ou não a gestão levada a efeito.

O texto legal não impôs ao titular um prazo para responder acerca do conteúdo da comunicação, contudo tal ausência de manifestação, a nosso ver, não significa que o gestor ficará ao arbítrio do mesmo, pois uma vez regularmente comunicado, e ante a inexistência de um retorno formal dentro de um tempo razoavelmente adequado, presumir-se-á que houve concordância tácita com a gestão iniciada, ficando, portanto, livre o gestor para continuar seus atos, sem que incorra nos riscos do art. 862 deste Código.

Por fim, dentro do prazo de espera, poderá o gestor suspender seus atos, desde que tal prática não resulte em dano ao negócio. Contudo, nos parece ser inócua tal suspensão, uma vez que dentro deste período de espera, se ocorrerem danos à coisa, mesmo que por força maior ou caso fortuito, responderá, de igual forma, o gestor, motivo pelo qual em nada se beneficiará na hipótese de o titular discordar da intromissão.

Em verdade, como há pouco comentado, abstendo-se ou não o gestor de continuar a praticar os atos de gestão no período de espera, continuará a correr riscos, em especial aqueles do art. 862, por tal motivo prudente que continue a praticá-los, enquanto aguarda a manifestação do dono do negócio, tendo em vista, inclusive, o mandamento legal estatuído no art. 865 deste Código, a seguir comentado.

Art. 865. Enquanto o dono não providenciar, velará o gestor pelo negócio, até o levar a cabo, esperando, se aquele falecer

durante a gestão, as instruções dos herdeiros, sem se descuidar, entretanto, das medidas que o caso reclame.

> **Direito anterior:** Art. 1.335. Enquanto o dono não providenciar, velará o gestor pelo negócio, até o levar a cabo, esperando, se aquele falecer durante a gestão, as instruções dos herdeiros, sem se descuidar, entretanto, das medidas que o caso reclame.

COMENTÁRIOS

1. Da atitude do gestor enquanto o dono da coisa não assumi-la

Uma vez iniciada a gestão e operada a notificação do titular, deverá o gestor permanecer na administração do negócio, até que aquele venha a tomar as devidas providências quanto ao mesmo. Em outras palavras, enquanto o dono da coisa não vier a assumi-la, deverá o gestor permanecer na administração dela, inclusive, levando-a até o final, com os acessórios pertinentes e correlatos.

Se o gestor abandonar ou suspender a gestão sem justa causa, responderá pelas perdas e danos que de seus atos resultarem ao negócio.

Orlando Gomes[95], comentando a regra, assim expõe:

> O gestor é obrigado a continuar a gestão em todos os casos nos quais, se a interromper, causará prejuízo ao dono do negócio. Tal obrigação choca-se com a voluntariedade da gestão, mas tem fundamento na lei em atenção ao fato de que ação do gestor, embora espontânea, é uma ingerência na esfera patrimonial alheia.

Como se observa, apenas e tão somente na hipótese de o abandono ou de a suspensão ocorrer sem justa causa, o gestor responderá pelas

---

[95] Ob. cit., p. 387.

perdas e danos ocasionados ao negócio, pois, se o seu afastamento for motivado, deixará de incorrer em tais responsabilidades[96].

2. Do falecimento do dono da coisa

A regra do artigo é clara quanto à necessidade de o gestor continuar à frente do negócio até que o titular tome as providências cabíveis. Entretanto, pode ocorrer a hipótese de que o dono da coisa venha a falecer durante a gestão e antes de reassumir a coisa. Diante dessa situação fática, restará ao gestor aguardar as instruções dos herdeiros do *de cujus*, aplicando-se a mesma regra há pouco tratada.

Acerca da questão assim escreve Orlando Gomes[97]:

> Se o dono do negócio falecer durante a gestão, o gestor deve esperar as instruções dos herdeiros. Em nenhuma hipótese pode descuidar-se das medidas que o caso reclame, quer esteja aguardando a resposta do *dominus*, quer esteja esperando as instruções dos herdeiros.

Assim, deverá o gestor aguardar, sem se descuidar das medidas que o caso reclame, as instruções dos herdeiros, entretanto, ante uma divergência de opiniões entre estes, acatará as manifestações do inventariante do espólio, e, na hipótese de não ter sido ainda dado abertura ao processo sucessório, seguirá a ordem legal estabelecida no art. 1.797 deste Código.

Pode ocorrer ainda outra situação em que o titular venha a falecer sem deixar herdeiros ou testamento, sendo certo que nesta hipótese também caberá ao gestor dar cumprimento à regra em apreço, atentando, para tanto, ao enunciado do art. 1.819 do Código, tratando a coisa

---

[96] "Por isso mesmo, pode o gestor abandonar a gestão sem responder por indenização alguma, quaisquer que sejam as consequências deste abandono, quando este é justificado por um motivo legítimo, como, por exemplo, enfermidade, ou quando para continuar a gestão fica ele próprio sujeito a prejuízos consideráveis, caso em que poderá notificar o *dominus* para que venha assumir a direção do negócio" (J.M. Carvalho Santos, ob. cit., p. 398).

[97] Ob. cit., p. 387.

gerida como uma herança jacente, devendo, pois, ficar no aguardo das instruções que serão emanadas da pessoa nomeada para atuar como curador do espólio. Após a declaração da herança como vacante, restará ao gestor aguardar as instruções do novo titular, que poderá ser, conforme o caso, um Município ou Distrito Federal.

O mesmo se diga se a coisa gerida for de propriedade de uma pessoa jurídica, e esta vier a ter sua falência decretada por sentença judicial, deverá o gestor, nesta hipótese, proceder à comunicação ao síndico, representante da massa, cientificando-o da gestão levada a efeito.

Parece-nos oportuno, ante o regramento do art. 864 do Código Civil, que, havendo substituição de titularidade do negócio, quer seja pelo evento morte, ou por transferências voluntárias ou judiciais, prudente o gestor proceder a outra notificação do novo dono ou responsável, eximindo-se, assim, de eventual alegação de desconhecimento, em especial pelas agravantes que poderão resultar de uma gestão produzida de forma contrária à vontade até mesmo presumida do titular.

3. Do falecimento do gestor

Como observado, o Código previu a hipótese de óbito do dono da coisa, contudo igual tratamento já não dispensou naquela situação em que a pessoa falecida venha ser o próprio gestor. Dúvidas não há de que esta omissão poderá ocasionar inúmeras divergências interpretativas acerca do tema.

J.M. Carvalho Santos[98], um dos poucos doutrinadores a enfrentar a questão, entende, fundamentando-se no posicionamento de Pothier, Larombiere e Demolombe, que inexiste, em regra, a obrigação dos herdeiros do gestor em dar continuidade aos atos da gestão, "só ficando responsáveis por aquilo que for uma consequência necessária dessa gestão".

Miguel Maria de Serpa Lopes[99] compara a situação ora analisada com aquela estabelecida pelo Código Civil ao mandato[100], em que o

---

[98] Ob. cit. p. 400.
[99] Ob. cit., p. 43-44.
[100] Art. 674. Embora ciente da morte, interdição ou mudança de estado do mandante, deve o mandatário concluir o negócio já começado, se houver perigo na demora.

mandante tem a incumbência de concluir o negócio já começado, na hipótese de haver perigo na demora.

Não obstante os respeitáveis posicionamentos doutrinários, parece-nos que aos herdeiros do falecido gestor apenas será adequado imputar as medidas pertinentes e necessárias a procederem à comunicação do óbito ao titular, evitando, assim, eventuais prejuízos que aflorariam do abandono da coisa até então gerida pelo *de cujus*, porém jamais obrigá-los a dar continuidade à mesma, até porque trata-se de um ato unilateral da vontade do falecido, que não poderia, de forma coercitiva, ser assumido pelos seus herdeiros, sob pena de se desfigurar o próprio instituto. Dessa forma, aplicam-se à questão, de forma subsidiária, os arts. 690 691 deste Código, que trata dos atos a serem praticados pelos herdeiros do mandatário, ante o falecimento deste[101].

Há julgado do Superior Tribunal de Justiça que, analisando questão análoga, sob a ótica dos artigos acima citados, entendeu ser possível, inclusive, a atuação dos herdeiros em favor de terceiros, diverso do mandante, mesmo a lei não autorizando a prática de atos no interesse da contraparte[102].

Apesar das conclusões retro, em decorrência das responsabilidades que poderão advir da gestão iniciada pelo *de cujus*, notadamente aquelas de caráter indenizatório, para o qual poderão concorrer os bens

---

[101] Art. 690. Se falecer o mandatário, pendente o negócio a ele cometido, os herdeiros, tendo ciência do mandato, avisarão o mandante, e providenciarão a bem dele, como as circunstâncias exigirem.
Art. 691. Os herdeiros, no caso do artigo antecedente, devem limitar-se às medidas conservatórias, ou continuar os negócios pendentes que se não possam demorar sem perigo, regulando-se os seus serviços dentro desse limite, pelas mesmas normas a que os do mandatário estão sujeitos.

[102] "Os autos refletem a grande dificuldade de os promissários compradores regularizarem o negócio de compra e venda, pois eram oito os condôminos vendedores, alguns já hoje falecidos, ao que consta, e a reunião de todos eles, ou de seus herdeiros, para o ato da escritura de compra e venda se apresenta como uma remota possibilidade. Embora a lei não permita a prática de atos no interesse da contraparte, mas sim apenas no interesse do mandante, a verdade é que a situação pode se apresentar, exigindo uma solução isonômica. Isso permite que se entenda possível aos herdeiros continuarem o negócio pendente, assim, como previsto no art. 1.323 do Código Civil, quando houver não só o interesse dos promitentes vendedores, mas também dos promissários na efetivação do negócio contratado" (STJ, REsp 162.721, rel. Min. Ruy Rosado de Aguiar, *DJ* 29.06.1998).

e direitos do espólio, seria mais adequado que o legislador houvesse expressamente regulado a matéria, evitando conclusões diversas acerca do tema.

Como defendido nos comentários ao art. 861, se admitida à hipótese de que o gestor seja uma pessoa jurídica, deve ser ponderado que as obrigações por esta contraída deverão ser cumpridas mesmo na hipótese de venda da empresa ou alterações no seu quadro associativo, não havendo que falar em extinção da gestão. Diverso será o tratamento se houver decretação de falência ou encerramento convencional das atividades da empresa gestora, aplicando-se aí a obrigatoriedade de se proceder à notificação do dono do negócio, relativas às medidas pertinentes e necessárias, dentre as quais a comunicação da extinção da pessoa jurídica e encerramento da gestão.

4. Da possibilidade de o gestor usucapir o bem gerido

Dissemos há pouco que deverá ser dada ciência ao titular ou a seus herdeiros quanto ao início da gestão, contudo, caso não haja manifestação nenhuma destes, ou até mesmo desinteresse pela questão, poderá o bem gerido vir a ser objeto de usucapião pelo gestor.

É condição essencial para o usucapião a posse da coisa a ser usucapida. Ademais, citada posse deve estar dotada de uma conotação subjetiva – *animus domini*. Existem no direito brasileiro o usucapião extraordinário[103] e o ordinário[104], sendo certo que para a caracterização daquele basta a posse com o ânimo de dono, independentemente de boa-fé, ao passo que neste necessária a existência de um justo título e boa-fé do prescribente.

---

[103] Art. 1.238. Aquele que, por quinze anos, sem interrupção, nem oposição, possuir como seu um imóvel, adquire-lhe a propriedade, independentemente de título e boa-fé; podendo requerer ao juiz que assim o declare por sentença, a qual servirá de título para o registro no Cartório de Registro de Imóveis.

[104] Art. 1.242. Adquire também a propriedade do imóvel aquele que, contínua e incontestadamente, com justo título e boa-fé, o possuir por dez anos.

De plano, já é possível afastarmos a possibilidade do usucapião ordinário na gestão de negócios, pois, sendo necessária a existência de um justo título e de boa-fé, jamais poderíamos observar tais requisitos na pessoa do gestor.

Contudo, quanto a usucapião extraordinário, em que se mostra desnecessária a concorrência de justo título e de boa-fé, parece-nos possível sua verificação perante a gestão, porém, para tanto, deverá o gestor, inicialmente, deixar de se vincular à coisa gerida como um mero bem feitor, e passá-la a ter com o ânimo de ser dono. Ademais, demonstrar ao titular que sua posse no bem já não mais poderá ser titulada como um mero gestor, mas sim como um possuidor dotado de *animus domini*. Para tanto, basta que comece a praticar atos tidos como privativos do proprietário, e que vão além daqueles permitidos pela gestão.

Assim, *v.g.*, se o então gestor colocar placas de vende-se ou aluga-se no imóvel, ou mesmo arrendá-lo a terceiros, estará praticando atos que não lhe eram afetos a gestão. Entretanto, se contra estes não se opuser o dono da coisa ou seus herdeiros, mesmo cientes de tais acontecimentos, é possível que se tenha por iniciada, aí, a contagem do prazo para a aquisição prescritiva, sendo certo que, decorrido o necessário lapso temporal de posse mansa e pacífica, cremos ser possível a aquisição da propriedade pelo usucapião extraordinário.

Todavia, caso o titular venha a tomar conhecimento destes atos, e faça a reprimenda de tal atitude antes de completado o tempo necessário apto a usucapir, o gestor terá não só a quebra da pacificidade de sua posse, como poderá ser responsabilizado nos termos dos arts. 867 e 868 deste Código.

Art. 866. O gestor envidará toda a sua diligência habitual na administração do negócio, ressarcindo ao dono o prejuízo resultante de qualquer culpa na gestão.

Direito anterior: Art. 1.336. O gestor envidará toda a sua diligência habitual na administração do negócio, ressarcido ao dono todo o prejuízo resultante de qualquer culpa na gestão.

COMENTÁRIOS

1. O gestor envidará toda a sua diligência habitual

No presente artigo, cremos que o legislador poderia ter se utilizado de redação mais adequada, notadamente quando fixa a espécie de diligência que deverá ser empregada pelo gestor no comando da coisa alheia.

Como se observa, utilizou-se a expressão "envidará toda a sua diligência habitual na administração do negócio". Contudo, tal redação pode levar a concluir que a diligência que a lei determina é aquela que habitualmente o gestor utiliza no seu cotidiano. Todavia, se adotarmos tal pretensão, poder-se-ia chegar a uma absurda conclusão, no sentido de que, se em uma situação fática fosse o gestor um administrador relapso, insensato e dotado de um espírito empreendedor sofrível, porém, se provasse que se adotou a coisa gerida de terceiro a mesma diligência que lhe é peculiar perante os seus próprios negócios, haveria de se ter como cumprido o texto legal em apreço[105], e logo estaria o gestor imune à imputação da responsabilidade fixada pela lei.

Deve ser argumentado que a vontade do legislador não foi tomar como parâmetro a diligência peculiar do próprio gestor, mas sim aquela tida como prudente e competente às vistas de um conceito mediano da sociedade.

Idêntica situação comentamos quando da análise do art. 861, pois lá o legislador determinava que o gestor dirigisse a coisa alheia "segundo o interesse e a vontade presumível de seu dono". Ora, como presumir o interesse e a vontade do dono, se, em algumas vezes, nem mesmo será possível afirmar que o gestor o conhecerá?

---

[105] "Como está redigido o texto legal, poderia parecer que, se o gestor, habitualmente, não tiver a diligência de um bom administrador, ficará isento de responsabilidade, se o dano resultar do ato seu, praticado dentro da diligência que empregasse fosse a de um administrador. Mas, evidente que quem não sabe dirigir os seus próprios negócios, não os gerindo com a diligência que tem todo administrador perfeito, não se deve imiscuir nos negócios alheios, gerindo-os oficiosamente, sem ser chamado" (J.M. Carvalho Santos, ob. cit., p. 401).

Portanto, no caso sob análise o problema apresenta semelhança com aquele, pois a diligência que a lei aparenta fixar seria ou não aquela típica do gestor? *Data venia*, força concluir que a diligência prestigiada pelo legislador é aquela praticada ou que se espera ser praticada por um perfeito administrador. Contudo, não se pode definir o conceito de *perfeito administrador* como aquele de *o melhor administrador* ou *o mais bem-sucedido*, mas, sim, adotar um parâmetro mediano, que, à vista comum da sociedade, se traduza na figura de um personagem apto e eficiente na condução de seus negócios.

As assertivas acima ficam ainda mais evidentes quando se procede à leitura do art. 868, podendo-se acrescer que, mesmo na hipótese de ser o titular conhecidamente um administrador relapso ou incompetente, não poderá o gestor atuar no mesmo diapasão, cabendo agir com a presteza e a competência que se esperam de um bom administrador.

Parece-nos, então, que o adequado seria o artigo apresentar uma redação mais propícia, como: *envidará toda a diligência que se espera de um bom administrador*, ou, ainda, como sugere J.M. Carvalho Santos[106]: "o gestor envidará toda a diligência de um perfeito e hábil administrador, na gestão do negócio". Desse modo, apesar de essas sugestões guardarem uma dose subjetiva do conceito, aparentam, ao menos, ser mais dirigidas ao fim que se busca com o artigo em apreço.

2. Ressarcir os prejuízos resultantes de qualquer culpa

O presente artigo também versa sobre a responsabilidade do gestor diante da obrigação de indenizar o titular. Entretanto, a obrigatoriedade indenizatória aqui estabelecida versa apenas e tão somente àquelas hipóteses em que o gestor atuar com simples culpa, ou seja, é a regra geral de que caberá ao gestor ressarcir todos os danos eventualmente resultantes da gestão.

Assim, caso o gestor deixar de atuar com a diligência que se espera de um bom administrador, apenas ficará sujeito a responder pelos prejuízos advindos de sua má diligência, não se incluindo aí, portanto,

---

[106] Ob. cit., p. 401.

aqueles danos provenientes de caso fortuito, que se trata de uma modalidade de responsabilidade especial, apenas observadas nos arts. 862 e 868 desse Código.

3. Da atuação do gestor em Juízo

Se, dentre os atos que devam ser praticados pelo gestor, for necessária a busca do Poder Judiciário, deverá este fazê-lo em seu nome ou em nome do titular.

É cediço que a ninguém é dado pleitear direito alheio em nome próprio, salvo quando autorizado por lei. Nesse sentido é a redação do art. 6.º do Código de Processo Civil. De igual forma, também temos que não seria possível alguém pleitear na justiça direito pertencente a terceiro, em nome deste, se não estiver devidamente autorizado para tanto.

Portanto, o gestor estaria legitimado para a demanda se entendêssemos que as regras legais da gestão de negócio estariam a permitir a tanto (aplicando-se, assim, a exceção prevista na parte final do art. 6.º do Código de Processo Civil), ou, seria mais adequado que adotássemos o posicionamento de que na gestão de negócios há um mandato tácito em favor do gestor, tornando-o apto à prática dos atos necessários a defesa dos interesses em risco do *dominus*.

Parece-nos ser esta última a hipótese mais peculiar ao problema ora enfrentado, podendo, pois, o gestor, caso necessário e dentro dos estritos limites de sua atuação como tal, ingressar com demanda judicial em favor do dono da coisa gerida, aplicando-se aqui, como já analisado na Jurisprudência[107], a ideia de um mandato tácito, como ocorre visivelmente na gestão de negócios.

---

[107] "O princípio de que ninguém poderá pleitear, em nome próprio, direito alheio, como todo instituto, deve ser interpretado finalisticamente. O art. 6.º, do Código de Processo Civil, ao ressalvar 'salvo quando autorizado por lei', não alcança todas as hipóteses. A redação decorre de o exercício do direito ser, fundamentalmente, pessoal. O direito (por isso, a lei) não veda que outrem o faça, em havendo consentimento, ainda que tácito do titular. O mandato é um exemplo. Como o é também a gestão de negócios" (STJ, REsp 28.795-2-SP, rel. Min. Vicente Cernicchiaro, *DJ* 03.05.1993).

Art. 867. Se o gestor se fizer substituir por outrem, responderá pelas faltas do substituto, ainda que seja pessoa idônea, sem prejuízo da ação que a ele, ou ao dono do negócio, contra ela possa caber.

Parágrafo único. Havendo mais de um gestor, solidária será a sua responsabilidade.

Direito anterior: Art. 1.337. Se o gestor se fizer substituir por outrem, responderá pelas faltas do substituto, ainda que seja pessoa idônea, sem prejuízo da ação, que a ele, ou ao dono do negócio, contra ela possa caber.

Parágrafo único. Havendo mais de um gestor, será solidária a sua responsabilidade.

COMENTÁRIOS

1. Do substituto do gestor

A gestão de negócios se configura quando alguém, sem estar autorizado e por livre iniciativa, passa a gerir pessoalmente coisa alheia, mediante a necessidade ou utilidade desta, conforme a vontade presumida do dono.

Apesar de a gestão de negócios ser um ato voluntário e pessoal do próprio gestor, poderá haver situações em que este delegue a terceiros os atos de gestão que deveriam ser por ele próprio realizados. Pela redação do texto legal em análise é possível concluir que o substabelecimento de poderes do gestor é admitido, uma vez que sua prática em nada inova na questão da validade dos atos praticados pelo seu substituto[108].

---

[108] "Por outro lado, não está o gestor privado de nomear um substituto quando os interesses da gestão o exijam. Do mesmo modo que ocorre no Mandato, onde se permite o substabelecimento de poderes, mesmo quando isto seja vedado ao mandatário, o qual, então, assume uma responsabilidade mais grave, assim igualmente na Gestão de Negócios, o gestor, se se fizer substituir por outrem, responderá pelas faltas do substituto, ainda que seja pessoa idônea, sem prejuízo da ação, que ele, ou ao dono do negócio, contra ela possa caber" (Miguel Maria de Serpa Lopes, ob. cit., p. 45).

Em verdade, o artigo em apreço apenas reproduz a mesma regra que é estabelecida no mandato[109], em que o mandatário substabelece seus poderes a terceiros, mesmo não estando autorizado pelo mandante para tanto.

Pontes de Miranda[110] trabalha com a hipótese de que o substituto possa ser nomeado pelo próprio gestor, ou, ainda, indicado pelo dono da coisa, sendo certo que se aplicaria a regra em comento somente naquela primeira situação, ou seja, o substituto atua sobre a coisa por deliberalidade exarada do gestor.

O simples fato de o gestor se fazer substituir por terceiros não é motivo para se ter como nula a gestão, contudo se obrigará por todos os atos praticados por seu substituto. Assim, pode-se afirmar que o artigo apenas amplia a responsabilidade do gestor, na medida em que impõe ao mesmo a obrigatoriedade de responder pelos prejuízos ocasionados por meio de atos praticados por outrem.

Clóvis Beviláqua, citado por J.M. Carvalho Santos[111], assim comenta o preceito legal:

> Para dar maior segurança ao dono do negócio, estabelece este artigo, seguindo o Código Civil espanhol, uma responsabilidade excepcional: quando o gestor se fizer substituir por outrem, ficarão responsáveis pela gestão, conjuntamente, os dois: o gestor e o substituto, seja este ou não pessoa idônea. Com tal rigor da lei, o gestor será mais cauteloso na escolha do substituto, este mais reservado na aceitação da incumbência, e o dono do negócio ficará mais garantido pela dupla responsabilidade.

---

[109] Art. 667. O mandatário é obrigado a aplicar toda sua diligência habitual na execução do mandato, e a indenizar qualquer prejuízo causado por culpa sua ou daquele a quem substabelecer, sem autorização, poderes que devia exercer pessoalmente.

[110] "Aí, supõe-se que o gestor, a seu arbítrio, haja buscado quem o substituísse. A responsabilidade é toda sua. Não importa se concebeu a substituição, no todo ou em parte da gestão, definitivamente, ou por algum tempo, ou em energia, ou enquanto algo precisa ser feito por outrem, ou é conveniente que o seja. Se o dono do negócio indica quem pode substituir o gestor, não há aplicabilidade do Código Civil, art. 1.337 (atual 867). A responsabilidade rege-se por outros princípios, como se o gestor sabia que sobreviera, inidoneidade da pessoa indicada" (Ob. cit., p. 210).

[111] Ob. cit., p. 403.

Esta dupla responsabilidade, contudo, restringe-se àqueles prejuízos que derivarem de simples culpa pelas faltas do substituído, não se aplicando aí a regra do § 1.º do art. 667 do Código, ou seja, os danos oriundos de caso fortuito, tendo em vista que inexiste na presente hipótese legal o descumprimento expresso em não substabelecer, tal como é observado na regra do mandato, motivo pelo qual, o agravamento naquela situação é justificável e na presente mostra-se desnecessário.

A substituição de que trata o presente artigo apenas terá aplicação naquela hipótese em que a alteração se dá por ato voluntário do gestor, ou seja, este nomeia, de forma verbal ou por escrito, alguém para praticar os atos de gestão que lhe eram peculiares. Ao inverso, porém, se um terceiro diverso do titular vir a retirar o gestor à força da gestão ou contra sua vontade, passará aquele a ser sucessor deste e não seu substituto, motivo pelo qual não haverá como imputar ao antigo gestor a responsabilidade pelos prejuízos derivados dos atos do novo gestor, devendo cada um responder, de forma isolada, pelos atos praticados durante a vigência de suas respectivas e distintas gestões.

2. Ação de indenização e ação regressiva

Ante a ocorrência das faltas praticadas pelo substituto, surge daí a possibilidade de se desencadear o ajuizamento de duas demandas judiciais, uma de caráter indenizatório e outra de cunho regressivo.

Conforme determina o texto legal, caso os atos praticados pelo substituto venham a gerar prejuízos ao dono da coisa, poderá este ajuizar ação indenizatória em face ao gestor, ou contra o próprio substituto, e, ainda, contra ambos, tendo em vista a titularidade passiva atribuída na lei.

Todavia, uma vez demandado e tendo procedido ao pagamento da indenização do titular por atos faltosos do substituto, ficará assegurado ao gestor substituído o ingresso de ação regressiva contra este, visando reembolsar-se daquilo que foi obrigado a adimplir ao dono da coisa. Tal entendimento encontra respaldo na redação do artigo, quando estabelece que a responsabilidade pela indenização se dará, "(...) ainda que seja pessoa idônea, sem prejuízo da ação que a ele, ou ao dono do negócio, contra ela possa caber". Assim, será possível o ajuizamento de ação em face do substituto pelo titular da coisa e pelo gestor, sendo a primeira de cunho indenizatório e a segunda a demanda regressiva do substituído contra o substituto.

> Art. 867. (...)
> Parágrafo único. Havendo mais de um gestor, solidária será a sua responsabilidade.

COMENTÁRIOS

1. Da pluralidade de gestores

Habitualmente, deverá a gestão ser realizada por apenas um agente, que de forma voluntária se lança sobre negócio alheio, a fim de administrá-lo, até que o titular possa efetivamente fazê-lo[112]. Todavia, nada está a impedir que a gestão venha a ser desenvolvida por mais de um agente, sendo certo que se isto vier a ocorrer, estaremos diante de uma pluralidade de gestores, matéria prevista no texto em apreço.

Contudo, deve ser observado que a aplicação da regra ora tratada não versa sobre aquela hipótese de substituição de gestor, como vimos no *caput* deste artigo, mas sim de uma situação fática em que os atos de gestão venham a ser praticados, simultaneamente, por dois ou mais gestores. Daí concluir que apenas existirá a pluralidade de gestores, se a voz de comando, ou a prática dos atos típicos de gestão, emanarem, em conjunto, de vários agentes, sendo certo que, se não estiver caracterizada essa atuação simultânea, mesmo que tacitamente para alguns dos cogestores, inexistirá a pluralidade, mas sim uma simples substituição de gestor à frente da administração (art. 867, *caput*).

---

[112] "A presença de um só gestor não é da natureza jurídica da Gestão de Negócios. Pode, por conseguinte, dar-se o caso em que haja pluralidade de gestores. Em tal ocorrendo, ficam todos ligados pelo vínculo da solidariedade" (Miguel Maria de Serpa Lopes, ob. cit., p. 44).

Entendemos, ainda, que a mera pluralidade de agentes não é, por si só, elemento caracterizador da cogestão, isto porque pode haver situação fática em que existam vários agentes na administração da coisa, porém, cada qual, com objetivos diversos, ora com o intuito realmente de gestão, outro como mandatário tácito, e ainda, até mesmo com o fim de usucapir a coisa, administrando negócio alheio como próprio. Portanto, a comunhão de interesse quanto ao fim que se destina é fator a ser observado na questão, pois somente com a conjugação uniforme da vontade dos sujeitos, no sentido de gerir o negócio alheio em que se encontram simultaneamente investidos, é que se poderá afirmar a existência da cogestão.

2. Da solidariedade dos cogestores

Uma vez, então, caracterizada a pluralidade de gestores, estes responderão solidariamente por todas as obrigações que derivarem da cogestão.

Oportuno argumentar que, apesar de a regra em apreço estar prevista no parágrafo único do art. 867, sua aplicação terá aplicabilidade em todas as hipóteses em que os cogestores tiverem que indenizar o titular, e não somente na situação estabelecida no *caput* do presente artigo. Dessa forma, a aplicação da solidariedade será extensiva a todos os atos obrigacionais em que a gestão for realizada simultaneamente por vários agentes.

Segundo o Código Civil brasileiro, não se admite a solidariedade presumida, podendo apenas derivar de convenção entre as partes ou por previsão legal. Por tal razão, andou bem o legislador pátrio ao fixá-la legalmente, atendendo, assim a determinação do art. 265 do texto civilista[113], não deixando, portanto, qualquer margem de composição volitiva entre os cogestores, que nesta qualidade já nascem para a situação jurídica como solidários entre si. Igual dispositivo é também observado no Código Civil português, que assim estabelece no art. 468.º: "Havendo

---

[113] Art. 265. A solidariedade não se presume; resulta da lei ou da vontade das partes.

dois ou mais gestores que tenham agido conjuntamente, são solidários as obrigações deles para com o dono do negócio".

A solidariedade sob análise tem como único objetivo dar maior segurança ao titular da coisa, quanto ao recebimento efetivo da indenização, uma vez que terá este a possibilidade de cobrar os prejuízos de todos os cogestores, independentemente de saber qual deles efetivamente teria praticado o ato danoso à coisa, assegurado, contudo, aos cogestores, o reembolso perante o gestor infrator da parte que suportarem na indenização[114].

Art. 868. O gestor responde pelo caso fortuito quando fizer operações arriscadas, ainda que o dono costumasse fazê-las, ou quando preterir interesse deste em proveito de interesses seus.

Parágrafo único. Querendo o dono aproveitar-se da gestão, será obrigado a indenizar o gestor das despesas necessárias, que tiver feito, e dos prejuízos, que por motivo da gestão, houver sofrido.

Direito anterior: Art. 1.338. O gestor responde pelo caso fortuito, quando fizer operações arriscadas, ainda que o dono costumasse fazê-las, ou quando preterir interesses deste por amor dos seus.

Parágrafo único. Não obstante, querendo o dono aproveitar-se da gestão, será obrigado a indenizar ao gestor as despesas necessárias, que tiver feito, e os prejuízos, que, por causa da gestão, houver sofrido.

COMENTÁRIOS

1. Da realização de operações arriscadas pelo gestor

O presente artigo traz em seu conteúdo, de forma implícita, duas condutas, cujas práticas são vedadas ao gestor de negócios. Utilizamos

---

[114] Arts. 275, 278 e 279 do Código Civil brasileiro.

o termo implicitamente porque a redação do artigo não as proíbe de forma expressa, mas apenas imputa uma penalidade ao gestor que vier a praticá-las, fazendo, assim, o que chamamos de vedação implícita, compreendendo como tal a proibição de realizar operações arriscadas com a coisa, bem como prestigiar os interesses próprios em detrimento daqueles pertencentes ao dono da coisa gerida e a ela inerente.

Como já argumentado nos artigos anteriores, deverá o gestor diligenciar no sentido de bem administrar a coisa alheia. Destarte, e dentro deste conceito de bem administrar, encontra-se subentendido que não deverá este se aventurar em negócios arriscados e temerários, em face dos danos que poderão ser ocasionados ao negócio alheio.

Não obstante a presunção de bem administrar que se espera da atividade desenvolvida pelo gestor, houve por bem o legislador em estabelecer, expressamente, a vedação de certas condutas do mesmo à frente do negócio alheio, dentre as quais, a de praticar atos tidos como arriscados, conforme se observa da regra em comento.

A proibição de praticar atos arriscados deverá ser observada, mesmo naquelas hipóteses em que tal atitude se configure como marca peculiar do titular da coisa. Dessa forma, mesmo que no caso fático o titular seja um administrador conhecido pelo arrojo com que conduz o seu negócio, aventurando-se, cotidianamente, em situações de fundado risco negocial, não poderá o gestor se valer de tal conduta típica para especular com a coisa como se fosse o próprio dono.

Em verdade, a redação do Código Civil pode levar a esta conclusão, quando no art. 861 expõe que o gestor deverá dirigir o negócio *segundo o interesse e a vontade presumida do dono*. Ora, porém, como já tivemos a oportunidade de enfrentar tal questão quando dos comentários do citado artigo, não poderá valer o gestor de tal disposição legal para querer justificar suas atitudes, igualando-as a que seria tomada pelo próprio dono da coisa, pois o elemento volitivo a que faz remissão aquele texto legal não é a vontade real do titular, mas sim uma presumida, tendo como tal aquela difundida em sociedade como a adequada, mesmo que seja o titular um proprietário relapso e inconsequente.

Tal conclusão fica ainda mais evidente pela leitura da expressão "ainda que o dono costumasse fazê-las", inserida no texto em análise, razão pela qual não poderá o gestor valer do posicionamento acima citado para justificar eventual prática de negócio arriscado envolvendo a coisa alheia[115].

2. Do prestígio aos seus interesses em face dos do titular da coisa gerida

Outra conduta também vedada implicitamente ao gestor no presente artigo é de que ele passe a primar pelos seus interesses particulares, em detrimento daqueles do dono da coisa e a esta inerente.

A gestão de negócio é um ato voluntário e espontâneo, em que o agente ingressa na coisa alheia, sem ser autorizado para tanto, visando praticar atos de bem servir ao negócio que não lhe pertence, e, assim o fazendo, estará, mesmo que implicitamente, atuando no sentido de proteger os interesses do titular da coisa.

Pois bem, a regra veda ao gestor abandonar a coisa gerida, para cuidar de seus interesses particulares, sem que se adotem, para tanto, as cautelas necessárias a manter a tutela sob os interesses do titular do negócio, cuja administração vinha sendo por ele realizada.

Como bem suscitado por J.M. Carvalho Santos[116], não está a presente regra a proibir que o gestor administre seus bens e interesses particulares, tampouco que pretende que os abandone em favor do sucesso dos interesses do titular da coisa, todavia o que restringe implicitamente é que justifique ou abandone estes para cuidar exclusivamente daqueles.

Por fim, deve ser ainda argumentado que o interesse do titular que não poderá ser preterido é aquele inerente à coisa objeto da gestão, não

---

[115] "Gerindo negócio alheio, sem estar autorizado, é compreensível que o gestor se mantenha nos limites restritos da prudência e da moderação. Ele invade a esfera patrimonial alheia, sendo compreensível que seja orientado pela prudência. Por essa razão, o art. 1.338 do diploma civil estatui a responsabilidade do gestor pelo caso fortuito, quando realizar operações arriscadas, ainda que o dono costumasse fazê-las. A sanção é a mesma quando preterir interesses do *dominus* por amor aos seus" (Marco Aurélio S. Viana. *Curso de direito civil*. Belo Horizonte: Del Rey, 1996. v. 5, p. 407).

[116] "Não quer isso dizer que o gestor não possa abandonar a gestão, para tratar de interesses seus, quando estes estiverem sendo prejudicados, nos termos por nós já expostos, mas isso só será possível se tomar a cautela de avisar o dono do negócio, para que este assuma a direção do mesmo, ou nomeie procurador que o administre e o conclua" (ob. cit., p. 406).

alcançando, por razões óbvias, todo o universo de interesse pertencente ao *dominus*.

3. Responsabilidade pelo caso fortuito

O legislador impôs ao gestor que incorrer nas condutas vedadas implicitamente no artigo, além da responsabilidade por simples culpa, que é a regra, a obrigatoriedade de responder por aqueles danos decorrentes do caso fortuito, tal como fez naquela hipótese estudada no art. 862 do Código Civil, o que gerou motivo de elogios pela doutrina pátria[117].

Entretanto, para que ocorra a obrigação de indenizar na hipótese, deve-se configurar que os prejuízos decorrentes do caso fortuito tenham sido originados no momento em que se tenha exposto o negócio alheio em operações arriscadas, ou pelo abandono, parcial ou total, da coisa alheia, em benefício de interesses pessoais do gestor.

Se, contudo, os prejuízos proporcionados pelo caso fortuito não guardarem qualquer vínculo com a exposição em risco do negócio, nem mesmo pelo abandono da coisa, cremos que não se poderá atribuir tal ônus indenizatório ao gestor, aplicando-se, aqui, a mesma excludente de responsabilidade estabelecida ao final do art. 862 do Código Civil.

> **Art. 868. (...)**
> **Parágrafo único. Querendo o dono aproveitar-se da gestão, será obrigado a indenizar o gestor das despesas necessárias, que tiver feito, e dos prejuízos, que por motivo da gestão, houver sofrido.**

---

[117] "Compreende-se perfeitamente a razão do preceito, que determina a responsabilidade do gestor, ainda pelo caso fortuito, quando fizer operações arriscadas: a gestão visa a defender interesses alheios, na ausência ou impedimento do dono, pelo que, pela sua própria finalidade e natureza, não poderá a gestão ir além da prática de simples atos de administração, bitolada pela prudência que se deve exigir daquele que trata de negócios alheios" (J.M. Carvalho Santos, ob. cit., p. 405).

COMENTÁRIOS

1. Havendo proveito da gestão pelo titular

O parágrafo único do presente artigo é a primeira hipótese em que o legislador começa a fixar as obrigações do titular da coisa em face do gestor. Como vimos até o momento, várias são as responsabilidades e obrigações do gestor para com o dono da coisa, sendo certo que em algumas situações responderá até mesmo pelo caso fortuito. Entretanto, como se observa já no presente texto legal, haverá situações em que o titular também terá obrigatoriedades indenizatórias perante a pessoa do gestor.

Entretanto, a regra aqui tratada só se refere àquela situação em que o gestor, mesmo tendo atuado de forma contrária à proibição implicitamente estabelecida no *caput* do artigo (*haver especulado com a coisa alheia, expondo-a a riscos*), terá direito a uma indenização, desde que concorra para tanto, com a vontade do titular em aproveitar-se do fruto alcançado com a especulação[118].

O proveito a que se refere o texto legal leva a concluir que o titular acabou por ter um benefício direto ou indireto com a atividade desenvolvida pelo gestor, daí por que, aproveitando-se desta, terá que proceder às hipóteses do reembolso e indenização legalmente estabelecidos.

Acerca destas obrigações surge uma dúvida pertinente; seria possível ao titular deduzir do reembolso ou da indenização os prejuízos causados à coisa?

Diversos são os posicionamentos doutrinários acerca do tema, pois em decorrência da redação do parágrafo 1.º do art. 869 leva-se a crer que a indenização será apreciada pelas circunstâncias da ocasião em

---

[118] "(...) o legislador procura pôr freio à desenvoltura do gestor, que fica proibido de efetuar operações arriscadas, por exemplo, realização de contratos diferenciais, ainda que o *dominus* habitualmente se entregasse a tais negócios. Da mesma forma, se por causa dos próprios interesses, preterir os do dono. Numa e noutra hipótese, ele responderá pelos prejuízos, ainda que oriundos de caso fortuito. Não obstante, querendo o dono aproveitar-se da gestão, será obrigado a indenizar o gestor das despesas necessárias, que tiver feito, e dos prejuízos, que, por causa da gestão, houver sofrido" (Washington de Barros Monteiro, ob. cit., p. 287).

que ocorreram as despesas. Todavia, na presente hipótese, a qual é diferente daquela prevista no texto seguinte, cremos que estas obrigações deverão ser calculadas com a dedução dos eventuais prejuízos que o gestor houver proporcionado ao negócio ou à coisa, ou, em outras palavras, compensar-se-ão os benefícios agregados aos interesses do titular, com os prejuízos, limitando-se a indenização ou reembolso ao valor daqueles, sob pena de se imputar ao dono da coisa a obrigatoriedade de desembolsar valor maior ao que está efetivamente aproveitando do negócio arriscado levado a efeito pelo gestor.

2. Reembolso pelas despesas necessárias

Todavia, esta obrigação pecuniária devida pelo titular ao gestor não se baseará no resultado lucrativo obtido com a operação arriscada, mas resumir-se-á a apenas em um reembolso do valor despendido com a realização das despesas necessárias, ou, ainda, a uma indenização pelos prejuízos que a gestão vier a causar à pessoa do próprio gestor.

Sem dúvida a justiça da regra é de toda patente, pois, se o texto legal veda que o gestor exponha a coisa em negócios arriscados, imputando-lhe, inclusive, a severa responsabilidade de responder até mesmo pelos danos advindos do caso fortuito, e mesmo assim este descumpre o mandamento legal e especula com a coisa gerida, e obtém lucro em favor do titular, deve este, caso queira beneficiar-se do fruto gerado pela atitude, mesmo que ilegal, praticada por aquele, proceder, ao menos, ao reembolso das despesas que foram despendidas com o arriscado negócio.

Entretanto, não é toda e qualquer despesa que ensejará ao reembolso, mas somente aquela de cunho necessário, ou seja, cuja realização mostrar-se imprescindível para sujeição do negócio alheio à operação arriscada, e de que ora se aproveita o titular.

Quanto às despesas úteis, não serão reembolsadas na hipótese tratada nesse artigo, sendo tal diversidade de tratamento objeto de crítica pela doutrina[119].

---

[119] "Não fica o dono do negócio obrigado ainda a indenizar ao gestor as despesas úteis que tiver feito, ainda que felizes sejam os resultados da operação arriscada, pois a lei refere-se apenas às despesas necessárias, embora seja injusta essa solução legal, como bem salienta Clóvis, ao

3. Da indenização pelos prejuízos sofridos

O mesmo raciocínio deve ser desenvolvido naquelas situações em que o gestor, atento à regra de não poder abandonar a coisa gerida, acaba por prestigiá-la em detrimento de seus próprios interesses, vindo, em decorrência de sua preocupação com a coisa alheia, a produzir um resultado útil ao gestor, porém prejudicial ao seu próprio patrimônio.

Nesse caso, a justificativa da regra é ainda mais acentuada, pois é a forma de se amenizarem os danos ocasionados ao gestor, não com o intuito de premiá-lo, mas, sim, de meramente indenizá-lo, para que deixe de amargar prejuízos, tendo em vista que sua conduta de bem servir a terceiro, sem preocupar-se consigo próprio, deve ser, antes de tudo, prestigiada, pois se trata de prática *démodé* nos dias atuais.

Art. 869. Se o negócio for utilmente administrado, cumprirá ao dono as obrigações contraídas em seu nome, reembolsando ao gestor as despesas necessárias ou úteis que houver feito, com os juros legais, desde o desembolso, respondendo ainda pelos prejuízos que este houver sofrido por causa da gestão.

§ 1.º A utilidade, ou necessidade, da despesa, apreciar-se-á não pelo resultado obtido, mas segundo as circunstâncias da ocasião em que se fizerem.

§ 2.º Vigora o disposto neste artigo, ainda quando o gestor, em erro quanto ao dono do negócio, der a outra pessoa as contas da gestão.

Direito anterior: Art. 1.339. Se negócio for ultimamente administrado, cumprirá o dono as obrigações contraídas em seu nome, reembolsando ao gestor as despesas necessárias ou úteis que houver feito, com os juros legais, desde o desembolso.

---

considerá-la contrária ao preceito ético-jurídico, segundo o qual ninguém se deve locupletar à custa alheia" (J.M. Carvalho Santos, ob. cit., p. 407).

§ 1.º A utilidade, ou necessidade, da despesa apreciar-se-á, não pelo resultado obtido, mas segundo as circunstâncias da ocasião, em que se fizeram.

§ 2.º Vigora o disposto neste artigo, ainda quando o gestor, em erro quanto ao dono do negócio, der a outra pessoa as contas da gestão.

COMENTÁRIOS

1. Se o negócio for utilmente administrado, cumprirá ao dono da coisa

Trata-se o presente artigo de outra hipótese em que o legislador atribui responsabilidade ao titular da coisa gerida.

O texto em comento, a princípio, pode se confundir com a regra do parágrafo único do artigo anterior, porém, do mesmo se diverge, pois aqui se procura estabelecer as obrigações do titular ante uma administração útil e correta do gestor, já a regra anterior refere-se àquela situação de a gestão ter sido realizada por meio de operações tidas como arriscadas, motivo pelo qual as obrigações do titular mostram-se mais acentuadas na presente hipótese do que aquela existente na regra já analisada, conforme se verá adiante.

Antes, porém, de se analisarem as obrigações a que está sujeito o titular, devemos discorrer acerca da condição imposta pela lei para que isto ocorra, qual seja, a de que o negócio tenha sido utilmente administrado.

Essa condição imposta pela lei nos remete a uma discussão enfrentada pela doutrina, pois a quem caberá estabelecer se o negócio foi ou não utilmente administrado?

Washington de Barros Monteiro[120] assim analisa a questão:

> (...) não está no arbítrio do dono do negócio declarar se a administração do gestor foi, ou não, útil e necessária. A lei prefixa um critério para a respectiva aferição, as circunstâncias da

---
[120] Ob. cit., p. 288.

ocasião. Por exemplo: um advogado, com dinheiro seu, paga imposto devido pelo cliente; pratica ato de gestão em benefício deste, ficando assim com direito de reembolsar-se.

No mesmo sentido é o posicionamento de Clóvis Beviláqua[121], que, mesmo ressaltando a possibilidade de o titular desaprovar a gestão, quando esta for contrária aos seus interesses, entende que não poderá ele, arbitrariamente, e contra a evidência dos fatos, declarar que a gestão foi prejudicial e não útil.

Dentre aqueles que desaprovam o posicionamento retro, encontramos João Luis Alves[122]:

> Tanto pode, em regra, o dono do negócio desaprovar a gestão, como juiz único da circunstância de ser ou não contrária aos seus interesses, que o Código teve necessidade de tornar expressas as hipóteses em que não lhe seria lícita aquela desaprovação. São elas, a do art. 1.340[123], por declaração do respectivo texto, e a do art. 1.342[124], porque estabelece expressamente a obrigação de pagamento. Fora, pois, desses casos, pode sempre o dono do negócio desaprovar a gestão, ainda que lhe fosse útil.

Apesar das disposições em contrário, não há mesmo como delegar ao arbítrio do titular a definição quanto a administração útil da gestão, notadamente pelas obrigações que lhe serão imputadas, caso consinta pela utilidade da mesma. Se se concluir em sentido contrário, ou seja, que a decisão seria do próprio *dominus*, estar-se-ia abrindo uma brecha legal para que este se escusasse de cumprir com as obrigações contraídas perante terceiros pelo gestor, além do reembolso e do pagamento de eventual indenização a este.

---

[121] Apud J.M. Carvalho Santos, ob. cit., p. 408-409.
[122] Apud J.M. Carvalho Santos, ob. cit., p. 409.
[123] Art. 870 do Código Civil atual.
[124] Art. 872 do Código Civil atual.

Entendemos, pois, que, se de fato a definição da utilidade ficar submetida ao crivo do titular da coisa, estaríamos, em última análise, a permitir que este decidisse acerca da necessidade ou não de honrar os compromissos com terceiros, ou mesmo proceder a um reembolso ou indenização ao gestor, o que parece não ter sido a vontade do legislador quando da criação da norma em apreço.

Serpa Lopes[125], avançando um pouco mais no assunto, delega, ante a recusa do titular em reconhecer a gestão útil, ao Poder Judiciário a decisão acerca do tema. No mesmo sentido é a conclusão de Pontes de Miranda[126]:

> Se o negócio, em *lato sensu*, foi gestionado utilmente, *utiliter gestum*, é questão de fato. O ônus da prova compete ao gestor. Para se saber se foi útil a gestão – isto é, se foi proveitosa, pelo que acrescentou à esfera jurídica do dono do negócio, ou pelo que evitou que se perdesse, ou diminuísse – tem-se de examinar o bem ou o ato em que tinha interesse o dono do negócio, as circunstâncias em que se entendeu iniciar a gestão e nela se prosseguiu.

Tal posicionamento, a nosso ver, é de todo realmente esperado, pois, sendo certo que não será dado ao gestor ou terceiros lançar mão da autotutela para a defesa de seus direitos, inexistirá outro caminho além da busca da Prestação Jurisdicional para tal desiderato.

Assim, não há que falar na necessidade de consentimento pelo dono da coisa quanto à utilidade da gestão, uma vez que tal conclusão já é, desde logo, reconhecida pela lei, versando a hipótese, na verdade, de uma espécie de ratificação legal[127], em que a boa ou má administra-

---

[125] "A utilidade da administração não é uma circunstância dependente *ad nutum* da boa vontade do *dominus*. Se este não acordar em reconhecê-la, a sentença dirá então sobre essa utilidade, e, no caso afirmativo, torná-lo-á obrigado ou vinculado ao contrato celebrado pelo gestor" (Ob. cit., p. 48).

[126] Ob. cit., p. 221.

[127] "O que se deduz do texto é que, eis que a gestão tenha sido útil, se verifica, desde logo, uma ratificação legal, imposta ao *dominus*, e na ação *negotiorum gostorum* contrária encontra o gestor, um meio seguro para tornar efetivas as consequências daquela ratificação. Os dispositivos do

ção passa a ser estabelecida por um critério objetivo e não subjetivo ou arbitrário[128]. Contudo, deve ser ressalvado que, apesar da ratificação legal da utilidade da administração, nada está a impedir que o titular se manifeste contrário à gestão, consoante o posicionamento, há pouco citado, de Clóvis Beviláqua.

2. Os compromissos assumidos perante terceiros em nome do titular

Uma vez reconhecida a utilidade da gestão, uma das obrigações do titular será a de honrar os compromissos assumidos perante terceiros pelo gestor, ficando-lhe assegurado, entretanto, eventual direito de regresso em face da pessoa deste.

A obrigação aqui retratada apenas se mostrará devida se os compromissos houverem sido assumidos em nome do titular da coisa, pois, se, ao contrário, forem firmados pelo gestor em seu próprio nome, tornar-se-á este o responsável por tudo o que houver contratado com o terceiro, desobrigando-se aquele.

Serpa Lopes[129], baseando-se em Demongue e Demolombe, assim se manifesta acerca das hipóteses em que o gestor vier a contratar com terceiros em nome próprio:

> Nesta hipótese, o gestor se torna pessoalmente responsável por tudo quanto houver contratado com terceiro, portanto quem responde. Este nenhuma ação pode dispor contra o *dominus*, salvo o caso em que esteja ciente de pertencer o negócio a outrem, porquanto pode ser considerado, igualmente, como estando na gerência do negócio do *dominus*.

---

arts. 1.340 e 1.342 não contrariam essa conclusão, por isso que um limita-se a estabelecer presunção para os casos em que não se manifesta a vontade do gestor, enquanto o outro dispensa apenas a ratificação no caso do art. 1.343" (J.M. Carvalho Santos, ob. cit., p. 409-410). Observe-se que o mencionado autor refere-se ao Código Civil de 1916.

[128] "O que apenas se pode afirmar é que o ser boa ou má administração é uma noção que só se pode estabelecer por meio de um critério objetivo e não subjetivo e arbitrário" (Carvalho de Mendonça, apud J.M. Carvalho Santos, ob. cit., p. 311).

[129] Ob. cit., p. 48.

3. Reembolsar ao gestor as despesas necessárias e úteis que o mesmo houver feito

Não é dado ao titular da coisa se enriquecer às custas do gestor, motivo pelo qual, ante uma situação em que a gestão tenha sido utilmente administrada, nascerá a obrigatoriedade de aquele reembolsar a este o valor das despesas que despendeu durante a administração da coisa alheia.

É na verdade uma das obrigações que, com aquela em que o titular deverá assumir os compromissos feitos em seu nome pelo gestor e a de indenizar eventuais prejuízos deste, completam as responsabilidades previstas no artigo em apreço.

O valor que será objeto de reembolso não é extensivo a todas as despesas realizadas pelo gestor, mas somente aquelas de cunho necessário ou útil, conceituando-as como aquelas com as quais o negócio não poderia ser realizado sem que fossem efetivadas, e estas como as que concorrem para aumentar o proveito da coisa em favor do titular. Contudo, as despesas tidas como desnecessárias, e até mesmo as de caráter voluptuário, mesmo que tenham trazido benefícios ao dono da coisa, nos parece que não serão objeto de reembolso, o que contraria, a princípio, o posicionamento do nosso Código Civil, de que ninguém deve enriquecer-se às custas alheias[130], devendo, a nosso ver, utilizar-se na questão a mesma solução que o texto civilista dedica à solução da indenização do possuidor de boa e de má-fé[131].

Outra questão a ser também enfrentada é a seguinte: o gestor, ante a recusa do titular em lhe reembolsar o *quantum* despendido com as

---

[130] Art. 885. A restituição é devida, não só quando não tenha havido causa que justifique o enriquecimento, mas também se esta deixou de existir.

[131] Art. 242. Se para o melhoramento, ou aumento, empregou o devedor trabalho ou dispêndio, o caso se regulará pelas normas deste Código atinentes às benfeitorias realizadas pelo possuidor de boa-fé ou de má-fé.
Art. 1.219. O possuidor de boa-fé tem direito à indenização das benfeitorias necessárias e úteis, bem como quanto às voluptuárias, se não lhe forem pagas, a levantá-las, quando o puder sem detrimento da coisa, e poderá exercer o direito de retenção pelo valor das benfeitorias necessárias úteis.

despesas necessárias e úteis, poderá reter a entrega da coisa até o efetivo pagamento?

O art. 1.219 assegura ao possuidor de boa-fé o direito de retenção, caso o proprietário não proceda ao reembolso dos valores gastos com as benfeitorias necessárias e úteis.

O Código Civil suíço, em seu art. 422 (3), estabelece a possibilidade de retirada até mesmo na hipótese de a indenização ao gestor ser devida: "Se as despesas do gestor do negócio não devem ser indenizadas, terá ele o direito de retirada de acordo com as disposições sobre o enriquecimento ilícito".

Acreditamos, pois, que, apesar de a intromissão do gestor ser desprovida de autorização do titular, ao mesmo não se poderá atribuir o título de possuidor de má-fé, pois este elemento volitivo nem mesmo se coaduna com o instituto da gestão de negócios, em que a benevolência é característica marcante, razão pela qual, ante a inadimplência da obrigatoriedade do titular perante o gestor, poderá este se utilizar do texto pátrio acima citado.

4. Indenizar os prejuízos sofridos pelo gestor

Por fim, deverá ainda o titular indenizar o gestor pelos prejuízos que este venha a suportar aos seus próprios interesses, uma vez que primou pelos interesses do dono da coisa.

Esta hipótese é inovadora na regra, pois o Código anterior não a previa, sendo certo que estabelecia como responsabilidade do titular apenas as duas obrigações vistas acima.

Andou bem o legislador em estabelecer esta inovação, pois tal benefício já existia naquela hipótese do parágrafo único do art. 1.338[132], não havendo, pois, razão para não fazê-la neste caso, notadamente porque aqui o gestor, diverso do que observado naquele texto legal, realizou uma gestão útil ao titular da coisa, sem, contudo, tê-la exposto a negócios arriscados, ressaltando, como se observa, ainda mais a obrigatoriedade de se efetivar a indenização.

---

[132] Atual parágrafo único do art. 868 do Código Civil.

Art. 869. (...)

§ 1.º A utilidade, ou necessidade, da despesa, apreciar-se-á não pelo resultado obtido, mas segundo as circunstâncias da ocasião em que se fizerem.

COMENTÁRIOS

1. Da apreciação da necessidade ou utilidade da despesa

O presente parágrafo tem por fim esclarecer o momento em que se deverá aferir a necessidade ou a utilidade das despesas.

Pelo que se denota da redação aqui empregada, é de se concluir que a necessidade ou a utilidade da despesa deverá ser apreciada não pelo resultado obtido, mas segundo as circunstâncias da ocasião em que se fizeram, restando inócuo o fato de que ao tempo do reembolso das despesas tenham os atos necessários ou úteis desaparecido ou não.

Carvalho de Mendonça[133] bem esclarece o estudo em questão, sendo oportuno reproduzirmos suas conclusões:

> Eis por que o direito toma por critério, quanto à época em que deve ser qualificada útil a administração, o momento do início dela, embora um fato ou circunstância sobrevindos ulteriormente possam tornar ruinosa ou neutralizar a ação do gestor. Por outro, a utilidade da gestão não se caracteriza por seus efeitos permanentes, e sim pelo que racionalmente podia ser esperado dela.

E continua o citado autor:

> O acontecimento posterior e imprevisível no momento em que o negócio foi utilmente gerido e bem administrado não pode destruir a utilidade que normalmente era de esperar dos

---

[133] Apud J.M. Carvalho Santos, ob. cit., p. 411-412.

atos do gestor. Não é a utilidade real e palpável da intervenção deste que firma sua ação contra o dono; basta que o gestor tenha agido por uma forma que lhe parecesse necessária ou útil no momento em que interveio. Decidir de modo contrário, seria comprimir o altruísmo de quem voluntariamente se propõe a gerir negócios de outrem. Se, ao contrário, um ato tiver sido mal-inspirado desde o princípio; se se realizaram despesas suscetíveis de serem desde logo reputadas inúteis e improdutivas, impossível seria qualificar tais fatos como elementos de uma boa administração.

Igual posicionamento é encontrado na doutrina estrangeira, em especial na de Roberto de Ruggiero[134], para quem a aferição das vantagens deve ser tomada no momento em que teve lugar, e não ao êxito final, sendo suficiente uma utilidade inicial (*utilites coeptum*).

Art. 869. (...)
§ 2.º Vigora o disposto neste artigo, ainda quando o gestor, em erro quanto ao dono do negócio, der a outra pessoa as contas da gestão.

COMENTÁRIOS

1. Do erro quanto à pessoa do dono do negócio

O texto em apreço apenas assegura que, mesmo na hipótese de o gestor, por erro quanto à pessoa do real titular, ver a entregar a outrem a prestação de contas referentes à gestão, terá o dono da coisa que cumprir as determinações estabelecidas no artigo, qual seja a de honrar os

---

[134] "Para decidir-se se se verifica a *utilitas* da gestão, deve olhar-se, porém, ao momento em que teve lugar e não ao êxito final, isto é, é suficiente uma utilidade inicial (*utilites coeptum*), pois que, quando toda a vantagem se tenha depois perdido, não se pode dizer que o gestor não tenha tratado com vantagem do negócio alheio" (Ob. cit., p. 581-582).

negócios celebrados pelo gestor com terceiros, a reembolsar as despesas necessárias e úteis, além de indenizar os prejuízos proporcionados ao gestor durante a efetivação da gestão.

Apesar do parágrafo sob análise não mencionar expressamente, há de se concluir que, se houver por parte do gestor má-fé quanto a identificação do titular, agindo comissiva ou omissivamente com dolo, o texto legal não deverá ser aplicado, tendo em vista a regra geral do Código em não prestigiar atos jurídicos dotados de vício.

Art. 870. Aplica-se a disposição do artigo antecedente, quando a gestão se proponha a acudir a prejuízos iminentes, ou redunde em proveito do dono do negócio ou da coisa; mas a indenização ao gestor não excederá, em importância, as vantagens obtidas com a gestão.

Direito anterior: Art. 1.340. Aplica-se, outrossim, a disposição do artigo antecedente, quando a gestão se proponha acudir a prejuízos iminentes, ou redunde em proveito do dono do negócio, ou da coisa. Mas nunca a indenização ao gestor excederá em importância as vantagens obtidas com a gestão.

COMENTÁRIOS

1. Da obrigatoriedade de reembolsar ou indenizar o gestor

Além das situações já estudadas, previu o legislador ainda outra hipótese em que o titular, independentemente de consentir com a utilidade da administração, bem como de aprovar ou não a gestão, ficará obrigado a realizar um reembolso ou uma indenização ao gestor.

Aparentemente, a presente regra pode induzir a crer que estaria se repetindo a hipótese do art. 869, contudo deste se diverge faticamente, pois aqui haverá a necessidade de o titular indenizar o gestor independentemente de sua aprovação quanto à gestão, ao passo que no texto legal precedente a previsão legal recai na questão da ratificação legal no tocante à utilidade da gestão.

Portanto, em verdade, é correto afirmarmos que ambas as regras versam sobre ratificação legal, porém uma quanto à própria gestão em si, ao passo a que a outra refere-se apenas e tão somente à utilidade propiciada pela utilidade advinda da administração.

Oportuno esclarecer que o texto não está a impedir a manifestação do titular quanto à aprovação ou rejeição da gestão, mas, apenas, estabelece que a expressão que se derivar da vontade do dono da coisa e o resultado da ratificação não influenciará na obrigatoriedade do reembolso e da indenização, que serão devidos pelo simples fato de a gestão ter sido desencadeada para acudir situação de prejuízos iminentes, e, ainda, por ter propiciado proveito ao dono do negócio ou à própria coisa.

O Código Civil alemão[135], além do texto civilista francês[136], estabelece outras hipóteses em que a indenização também será devida, mesmo com a desaprovação do titular quanto à gestão.

2. Da gestão realizada para acudir prejuízos iminentes

A primeira das situações em que será devida a indenização, independentemente de haver ou não aprovação da gestão, é aquela em que a mesma tenha sido realizada com o intuito de se evitar a efetivação de prejuízos à pessoa do titular, ou à própria coisa gerida.

A presente hipótese, pela própria essência da gestão de negócios, certamente se mostrará presente em quase todas as situações desta espécie de administração, pois, não obstante ela não se iniciar apenas e tão somente para acudir prejuízos iminentes, é inegável que pela própria carga obrigacional que é imputada à pessoa do gestor apenas terá efetividade quando este agente se deparar com tal risco iminente, pois, do contrário, apenas em casos especialíssimos, também previstos em lei, deverá operar-se a gestão.

De qualquer forma, ante a não ratificação do titular da gestão levada a efeito, caberá ao gestor que pretender ser indenizado ou reem-

---

[135] Art. 679.
[136] Art. 2.031 (Obrigações do Interessado). "(...) Este dispositivo não se aplica aos atos de gestão realizados contra a proibição do interessado, a não ser que tal proibição seja contrária à lei, à ordem pública ou aos bons costumes."

bolsado provar a condição prevista no artigo, para que possa receber o que lhe couber.

3. Obtenção de benefícios ao dono ou à própria coisa

Nesta outra hipótese, se a gestão também trouxer benefícios à coisa ou ao seu dono, obrigará este a efetuar a indenização ou reembolso previsto no artigo.

A assertiva acima terá aplicabilidade, tal como a anterior, mesmo que o dono da coisa reprove a administração levada a efeito pelo gestor. Nesta regra, a utilidade da gestão em favor do titular ou da coisa será aferida pelo resultado. Assim, se este for negativo, não haverá que falar em indenização ou reembolso segundo este artigo; entretanto, se positivo o desfecho, com aumento patrimonial em favor do titular, ficará evidente o proveito, surgindo a obrigatoriedade ao dono da coisa.

Haverá situações fáticas em que a aferição do resultado será simples e evidente, porém, ante uma hipótese de difícil apuração, ganhará destaque a prova, cabendo tal ônus, como já argumentado, à pessoa do gestor.

4. Do limite para indenizar

Não obstante a obrigatoriedade do titular proceder ao pagamento de uma indenização ao gestor, esta não se dará de forma a reembolsá-lo na totalidade de seus gastos, mas sim até o limite dos benefícios proporcionados à coisa ou ao seu dono.

A regra mostra-se de toda adequada, pois, sendo certo que no caso legal a gestão não foi sequer aprovada pelo titular, não seria justo obrigar este a indenizar além do que efetivamente se beneficiou.

É bem verdade que tal conclusão poderá imputar ao gestor um prejuízo, uma vez que pode ter este empregado muito mais do que efetivamente propiciou ao titular aproveitar, todavia não se pode ignorar que a regra aqui tratada versa sobre aquela hipótese em que a ratificação da gestão se deu por força de lei, e não por vontade do próprio dono da coisa.

Assim, se adotássemos posicionamento contrário, no sentido de obrigar o dono da coisa a proceder à indenização até os gastos efetivos do gestor, estar-se-ia obrigando-o a arcar com despesas levadas a efeito sem que tenha dado consentimento ou aprovação, e que, ainda, tenha lucrado o equivalente.

Ademais, fato que não pode ser esquecido é que a simples regra de se indenizar apenas e até o limite do que foi efetivamente aproveitado pelo titular já afasta, por si só, a possibilidade de locupletamento ilícito deste em face do gestor[137], respeitando-se, assim, as regras gerais de equidade dominante em nosso Código[138].

Art. 871. Quando alguém, na ausência do indivíduo obrigado a alimentos, por ele os prestar a quem se devem, poder-lhes-á reaver do devedor a importância, ainda que este não ratifique o ato.

Direito anterior: Art. 1.341. Quando alguém, na ausência do indivíduo abrigado a alimentos, por ele os prestar a quem se devem, poder-lhes-á reaver do devedor a importância, ainda que este não ratifique o ato.

COMENTÁRIOS

1. Do enquadramento da hipótese à gestão de negócios

Trata a regra daquela hipótese em que um terceiro, ante a ausência do alimentante, paga alimentos ao alimentado, ficando, em decorrência

---

[137] "A indenização devida ao gestor, como se vê, não poderá ultrapassar o valor das vantagens obtidas com a gestão, pois só até esse limite se locupletaria o dono com a diminuição do patrimônio do gestor. Além desse limite seria injusto obrigá-lo por atos praticados sem sua ciência ou consentimento" (João Luiz Alves, apud J.M. Carvalho Santos, ob. cit., p. 414).

[138] "O dono não pode considerar inútil a gestão quando visou a evitar prejuízos iminentes e redundou em seu proveito, não devendo todavia reembolsar ao gestor despesas superiores às vantagens obtidas com a gestão. São normas gerais de equidade que correspondem aos princípios dominantes em nosso Código Civil" (Arnoldo Wald, ob. cit., p. 458).

disto, com o direito de reaver o que desembolsou, mesmo que o devedor não consinta com o ato praticado.

Na verdade, esta possibilidade fática foge à ideia de gestão até agora estudada, sendo certo que, em razão disto, é vista pela doutrina pátria como situações afins à gestão de negócios e que se regulam por suas disposições.

Orlando Gomes[139] chega até mesmo a negar-lhe o caráter de gestão de negócios, quando afirma:

> (...) quem pelo ausente prestar alimentos a quem este os deve, embora possa reaver do devedor as importâncias despendidas, não terá praticado gestão de negócios propriamente dita. Considera-se útil, contudo, e independentemente da vontade do interessado, a gestão indispensável ao cumprimento do dever de solidariedade, ou obrigação de prestar alimentos.

E continua o citado autor:

> O emprego de dinheiro que aumente o preço da coisa alheia ou de que resulte proveito para o seu dono não é gestão de negócios, embora possa, quem o empregou, exigir reembolso de *actio de in rem verso*. Contudo, o chamado emprego útil avizinha-se da gestão de negócios.

Parece-nos que razão assiste ao eminente doutrinador, pois não há como atribuir à simples ação de se pagar dívida alheia o caráter de gestão de negócios, mesmo que tal atitude seja praticada com o propósito de se evitarem prejuízos ao alimentante.

Ademais, o fato de a situação guardar certa semelhança com o instituto da gestão, notadamente no que se refere ao direito de reembolso pelo suposto gestor, até mesmo que para o ato deixe de concorrer, a concordância do devedor titular não nos é o bastante para classificar tal hipótese como gestão de negócios.

---

[139] Ob. cit., p. 389-390.

Dizemos isso porque há dispositivo legal no próprio Código que permite a todo aquele que paga uma dívida de terceiros, independentemente da origem em que ela se funda, de se reembolsar, não havendo a necessidade de se aplicarem as regras da gestão para tanto. É o caso, por exemplo, do art. 305[140], em que o terceiro não interessado que proceder ao pagamento da dívida de outrem terá lhe assegurado o direito ao reembolso do que pagou desde que o faça em nome próprio, e não em nome do próprio devedor.

Contudo, não obstante as discussões doutrinárias acerca do tema de ser ou não esta hipótese uma espécie de gestão, a verdade é que ela restou mantida na redação deste novo Código, devendo, portanto, ser analisada[141].

2. Aquele que prestar alimentos na ausência daquele que está obrigado a fazê-lo terá direito ao reembolso, mesmo sem ratificação do ato

Caso terceiro venha a pagar alimentos, cujo titular, mesmo estando obrigado a tanto, por estar ausente, deixa de fazê-lo, terá direito ao reembolso, independentemente do consentimento do alimentando com o ato.

Para a aplicabilidade da regra em apreço deve-se atentar para a existência dos seguintes requisitos: a) a obrigatoriedade em prestar os alimentos; b) serem os mesmos exigidos na data em que se for pagar e no valor devido; c) estar ausente o alimentando; d) que se faça o pagamento em nome do próprio gestor.

Quanto à obrigatoriedade dos alimentos, não devem pairar dúvidas acerca deste ônus imposto ao alimentante. Assim, os alimentos a que se

---

[140] Art. 305. O terceiro não interessado, que paga a dívida em seu próprio nome, tem direito a reembolsar-se do que pagar; mas não se sub-roga nos direitos do credor.

[141] O anteprojeto do Código Civil elaborado por Caio Mário da Silva Pereira não dispunha da questão como a forma que acabou por ser mantida no anteprojeto de Miguel Reale. A sugestão preterida apenas fazia referência à prestação em apreço como uma matéria de *iure constituendo*: "Art. 678. Considera-se útil, independentemente da apuração da vontade do interessado, a gestão indispensável ao cumprimento de dever de solidariedade social, ou obrigação de prestar alimentos".

refere o artigo devem derivar de lei, ou por força de sentença, inexistindo qualquer margem de discricionariedade do gestor quanto à possibilidade de realizar pagamento fora destas hipóteses. Neste sentido é o posicionamento de Serpa Lopes[142], para quem a obrigação alimentar deve ser "reconhecida por força de sentença transitada em julgado ou decorrente da própria lei", como se sucede nas obrigações emanadas do pátrio poder.

De fato, mostra-se obrigatória a presença de tal requisito, pois, caso contrário, correria riscos o alimentante no sentido de ter que reembolsar obrigação alimentar ainda não fixada, porém já paga pelo gestor.

Assim, em resumo, caberá àquele que efetuar o pagamento observar a situação fática para verificar se a dívida é legalmente líquida, certa e exigível, sob pena de não se poder reembolsar o que pagou.

Outro ponto a ser observado, que ressalta inclusive óbvio, é que, se tiverem sido estabelecidos o prazo de pagamento e o *quantum* dos alimentos, o reembolso apenas será devido pelo alimentante, na data do vencimento da obrigação e no seu exato valor, acrescido, entretanto, das correções devidas. Não poderá o gestor reembolsar-se, se pagar dívida ainda não vencida, antes de se operar o vencimento[143], bem como pleitear reembolso, correção e juros da quantia que pagou acima do valor que já se encontrava previamente estabelecido.

Alia-se aos requisitos já analisados aquele em que o alimentante deverá estar ausente quando do vencimento da prestação alimentar.

Washington de Barros Monteiro[144] assim ensina a questão: "a ausência, a que se refere o texto, é a estada da pessoa obrigada em lugar

---

[142] "No primeiro caso, é necessária a sentença, pois a dívida alimentar depende da apreciação das necessidades do alimentário e da resistência financeira do alimentante. Não é pelo simples fato de ser um colateral do 2.º grau, pura e simplesmente, que se poderá ter justificado o crédito de reembolso do gestor, pois a obrigação depende, para sua existência, de uma sentença judicial. Em outras hipóteses, ao contrário, a obrigação alimentar resulta de um fato reconhecido pela lei, como determinador, por si só, daquela obrigação. Tal sucede, nas relações entre pais e filhos, na vigência do pátrio poder, e a do marido em face da mulher, vigente a sociedade conjugal. Assim, aquele que, na ausência do pai do menor, lhe provê o sustento, tem o direito de reaver a importância despendida para um tal fim" (Serpa Lopes, ob. cit., p. 46).

[143] Art. 305. (...) Parágrafo único. Se pagar antes de vencida a dívida, só terá direito ao reembolso no vencimento.

[144] Ob. cit., p. 288-289.

incerto e não sabido, bem como o seu impedimento ou afastamento, de tal sorte que, sem a intervenção do gestor, a obrigação alimentar ficaria sem execução". O citado autor, inclusive, cita em sua obra várias decisões judiciais no sentido de reconhecer a narrativa *supra*[145].

Resta analisar ainda o requisito de que o pagamento deve ser efetuado em nome do próprio gestor, pois, caso faça a quitação em nome do próprio devedor, entender-se-á que está atuando com o simples intuito de bem fazer, sem, contudo, buscar o reembolso.

Ressalta-se a importância deste requisito, tendo em vista o parágrafo único do artigo subsequente[146], bem como o dispositivo legal que trata da hipótese do terceiro não interessado, que paga a dívida de outrem em nome próprio ou em nome do devedor[147].

Assim, se o gestor pagar a dívida em nome próprio, assegurado estará o reembolso, uma vez que não estaria atuando apenas no sentido de bem fazer, mas sim atendendo a uma situação emergencial, porém com o intuito de receber o que efetivamente despendeu. Já na segunda hipótese, se pagar os alimentos, porém o faz em nome do próprio devedor, entender-se-á que atuou com o propósito de caridade, para qual, inclusive, não será dado o direito de repetir[148].

Por fim, deve ser informado que a ratificação do ato pelo alimentante, desde que atendidos os requisitos há pouco analisados, será desnecessária, sendo certo que o reembolso deverá se operar com a concordância ou não do titular da obrigação alimentícia.

---

[145] *RT* 121/161, RT 242/575 e *RT* 255/191.

[146] "Parágrafo único. Cessa o disposto neste artigo e no antecedente, em se provando que o gestor fez essas despesas com o simples intento de bem-fazer."

[147] Art. 305. O terceiro não interessado, que paga a dívida em seu próprio nome, tem direito a reembolsar-se do que pagar; mas não se sub-roga nos direitos do credor.

[148] "A obrigação de prestar alimentos interessa de perto à ordem social. Por isso mesmo é tratada com muito rigor. E como a sociedade tem interesse em que tal obrigação não seja burlada, admite o Código possa qualquer estranho vir em socorro do alimentário, dada a ausência do indivíduo obrigado a prestar alimentos, garantindo-lhe o direito de reaver as importâncias que despender com isso. O essencial é que o gestor, em casos tais, tenha a intenção de substituir o ausente obrigado, pois de outra forma o seu ato será de mera caridade, cessando o direito de repetir" (J.M. Carvalho Santos, ob. cit., p. 415).

Art. 872. Nas despesas do enterro, proporcionadas aos usos locais e à condição do falecido, feitas por terceiros, podem ser cobradas da pessoa que teria a obrigação de alimentar a que veio a falecer, ainda mesmo que esta não tenha deixado bens.

Parágrafo único. Cessa o disposto neste artigo e no antecedente, em se provando que o gestor fez essas despesas com o simples intento de bem-fazer.

Direito anterior: Art. 1.342. As despesas do enterro, proporcionadas aos usos locais e à condição do falecido, feitas por terceiro, podem ser cobradas da pessoa que teria obrigação de alimentar a que veio a falecer, ainda mesmo que esta não tenha deixado bens.

Parágrafo único. Cessa o disposto neste artigo e no antecedente, em se provando que o gestor fez essas despesas com o simples intento de bem fazer.

COMENTÁRIOS

1. Da vinculação desta regra à gestão de negócios

A presente regra, tal como a anterior, a nosso ver, não se trata de uma gestão de negócio propriamente dita, razão pela qual, e com o objetivo de evitar a repetição desnecessária de todo o já argumento no artigo anterior, remetemos o leitor àquele texto legal.

No mais, passemos a comentar apenas as peculiaridades da regra em apreço.

2. Do pagamento das despesas do enterro feitas por terceiro

Trata a hipótese, naquela situação em que alguém, vindo a óbito, e não havendo no momento do sepultamento nenhum familiar apto a custear as despesas do enterro, da possibilidade de outrem realizá-las, ficando assegurado a este o direito de reembolso perante aqueles que possuíam a obrigação de alimentar o *de cujus*.

O primeiro ponto a ser ressaltado é saber se a lei assegura apenas o reembolso do valor do sepultamento, ou também outras despesas correlatas?

Cremos que o texto é claro ao afirmar quais despesas poderão ser reembolsadas. A expressão *proporcionadas ao uso local* e *à condição do falecido* nos leva a afirmar que apenas serão suportadas pelos responsáveis as despesas que forem realizadas, primeiro, pelas condições financeiras do morto, e, segundo, pelo hábito do local do sepultamento.

A conjugação de tais expressões será inevitável para se concluir se as despesas do enterro serão ou não reembolsadas, pois a dissociação de tais parâmetros poderá levar a abusos, para os quais a lei seguramente não há de dar guarita. Assim, se em uma coletividade qualquer é hábito que o enterro seja precedido de um determinado cerimonial, poderá o gestor custeá-lo, desde que a situação financeira do *de cujus* estivesse a propiciar tal dispêndio. O mesmo se diga quanto à qualidade e tipo da urna funerária utilizada, e do túmulo onde ocorrerá o sepultamento, que deverão, de igual forma, respeitar os parâmetros norteadores das despesas.

3. Caberá ao responsável em alimentar o *de cujus* efetuar o reembolso das despesas do enterro

Uma vez efetivado o enterro, e sendo este custeado por terceiro, caberá àquele que possuía a responsabilidade de alimentar o falecido a obrigação de proceder ao reembolso das despesas com o enterro.

Deve ser argumentado que o fato de a lei atribuir àquele que teria a obrigação de alimentar o falecido não deve ser interpretado como se estivesse de fato a pagar alimentos, bastando, para tanto, que tenha a obrigação de efetivá-los, caso o falecido deles viesse precisar.

A obrigatoriedade em proceder ao reembolso das despesas deverá ser realizada, mesmo que o *de cujus* não tenha deixado bens ou direitos capazes de, posteriormente, indenizar os que suportarem o reembolso ao gestor.

Art. 872. (...)
Parágrafo único. Cessa o disposto neste artigo e no antecedente, em se provando que o gestor fez essas despesas com o simples intento de bem-fazer.

COMENTÁRIOS

1. Hipótese de isenção na obrigatoriedade de reembolsar o gestor

Como se observa, apenas será devido o reembolso se ficar provado que o gestor não efetuou o pagamento do enterro com o intuito único de bem-fazer.

Estabelece o legislador que o gestor apenas poderá ser reembolsado das despesas do enterro, se não as tiver feito com o intuito de benevolência. Assim, caberá aos responsáveis pelo reembolso provarem que a atitude do gestor era somente no sentido de bem-fazer, uma vez que a doação não é ato presumível.

Neste sentido é o posicionamento de J.M. Carvalho Santos[149]:

> Se o gestor fêz as despesas aludidas no texto supra e no artigo antecedente, com o simples intento de fazer bem, cessa a obrigação do responsável pelos alimentos, não só quanto à repetição da importância despendida com estes, como com os funerais. Essa prova precisa ser feita por quem alega o fato, mesmo porque não se presume a doação e, em última análise, o ato de beneficência praticado equivale a uma doação.

Como já argumentado no artigo antecedente, cremos que, para o gestor não se expor a tal risco, bastará que atue com terceiro não interessado, pagando as despesas do enterro em nome próprio, e não em

---

[149] Ob. cit., p. 418.

nome do *de cujus* ou mesmo dos responsáveis pelo reembolso, fazendo aplicar aqui a regra do art. 305 do Código[150].

Art. 873. A ratificação pura e simples do dono do negócio retroage ao dia do começo da gestão, e produz todos os efeitos do mandado.

Direito anterior: Art. 1.343. A ratificação pura e simples do dono do negócio retroage ao dia do começo da gestão, e produz todos os efeitos do mandato.

COMENTÁRIOS

1. A ratificação da gestão pelo dono do negócio

Como já tivemos a oportunidade de estudar, a gestão de negócio tem início por meio de um ato voluntário do gestor, que se efetiva pela intromissão deste em negócio alheio, sem que o titular lhe tenha dado consentimento para assim agir.

De igual forma, vimos também que o gestor deve comunicar, tão logo possível, o início de sua gestão ao dono da coisa.

Pois bem, após tomar conhecimento da gestão, seja por meio da comunicação levada a efeito pelo gestor, seja por meios próprios, deverá o dono da coisa se manifestar acerca da aprovação ou não da mesma, sendo certo que, caso venha a consentir, estaremos diante da ratificação, objeto do artigo em apreço.

O significado do termo ratificação esclarece ser ele um ato de se "confirmar automaticamente", "corroborar" ou "confirmar".

---

[150] Art. 305. O terceiro não interessado, que paga a dívida em seu próprio nome, tem direito a reembolsar-se do que pagar; mas não se sub-roga nos direitos do credor.

Para Orlando Gomes[151] a

> (...) ratificação é, na excelente definição de Pacchioni, a declaração unilateral de vontade mediante a qual a pessoa em nome da qual foi concluído um contrato por simples gestor de negócios dá, *ex post facto*, a necessária autorização representativa.

Serpa Lopes[152], baseando-se em Barassi, conceitua a ratificação como:

> (...) uma declaração unilateral de vontade por força da qual uma pessoa torna seu negócio jurídico que com carência de poder ou por ter sido ele ultrapassado, outra pessoa o concluiu em seu nome. A característica da ratificação consiste em que, mediante um posterior consentimento, o negócio jurídico adquire o aspecto que teria tido inicialmente, se desde aquele momento ele houvesse sido manifestado. É um dos melhores expedientes para que aquele em cujo interesse foi praticado um negócio ou um ato jurídico sem o seu querer devidamente manifestado encontre um recurso hábil a tornar seu aquele ato praticado por outrem.

Ainda nas palavras do citado autor, tem a ratificação o poder de transformar um ato de *excesso de poder* em um ato *perfeitamente legítimo e incontestável*.

De fato, operando-se a ratificação, o que pode vir a ocorrer a qualquer tempo, durante ou depois de efetivada a gestão, os atos do gestor, que até então estavam sendo praticados de forma unilateral e sem a autorização do titular, assumem a mesma posição jurídica do mandato.

A ratificação não é um ato solene, tendo em vista que a lei não lhe estabeleceu uma forma obrigatória para se realizar. Assim, pode ser

---

[151] Ob. cit., p. 388.
[152] Ob. cit., p. 48.

expressa ou tácita, verbal ou escrita, por documento público ou privado. Contudo, apesar de esta forma livre outorgada negativamente pela lei, deverá a ratificação conter um mínimo de elementos aptos a produzirem o efeito a que se destinam[153].

2. Dos efeitos da ratificação para a gestão

Uma vez operando-se a ratificação, seu alcance retroage à data em que se teve início a gestão, que passará, após, produzir todos os efeitos como se fosse um mandato, ou seja, a ser um ato jurídico bilateral[154].

Sendo a ratificação a aprovação pelo titular de todos os atos realizados pelo gestor, caberá àquele se responsabilizar pelos atos praticados por este, inclusive as operações realizadas perante terceiros.

Acerca dos efeitos da ratificação perante terceiros, cabe ainda fazer a distinção entre os terceiros que negociaram diretamente com o titular da coisa e aqueles cujas tratativas foram realizadas com a pessoa do gestor, notadamente quando o ato do titular conflitar com o do gestor.

Para melhor elucidar a questão, adotaremos o exemplo utilizado por J.M. Carvalho Santos[155]: "o gestor vendeu um dos imóveis do *dominus* e algum tempo depois este hipoteca ou vende este mesmo imóvel a uma outra pessoa".

Como se observa, haverá, sem dúvida, conflito entre os atos praticados pelo gestor e aquele praticado pelo titular da coisa, de tal forma que um excluirá o outro. Nesta situação, havendo a ratificação, qual ato deverá prevalecer? Aquele praticado pelo gestor ou o desencadeado pelo dono da coisa?

---

[153] "Faz-se preciso esclarecer, entretanto, que, em muitos casos, é imprescindível a ratificação expressa e por escritura pública, o que se verifica nos casos em que esta é da substância do ato. Se se trata de ratificação feita por instrumento particular, é essencial que tenha data certa, para valer contra terceiros, pelo que deve ser registrada, de conformidade com a exigência do art. 135" (J.M. Carvalho Santos, ob. cit., p. 420). Observe-se que o mencionado autor refere-se ao Código Civil de 1916.

[154] "Em relação ao gestor, a ratificação transforma-o em um mandatário, e, daí por diante, investido nessa qualidade, pode demandar o *dominus* por todas as obrigações próprias a um mandante ao mesmo tempo que perante ele responde como um mandatário" (Serpa Lopes, ob. cit., p. 51).

[155] Ob. cit., p. 421.

O citado autor nos dá uma resposta que parece ser a mais adequada, razão pela qual a reproduzimos aqui:

> Realmente, ou o dono do negócio conhecia a venda feita pelo gestor, quando hipotecou ou vendeu o mesmo imóvel a um outro, ou não a conhecia. No primeiro caso, vendendo ou hipotecando aquele imóvel, ele praticou um ato que desautorizou a gestão e excluiu qualquer ratificação; no segundo caso, ele praticou um ato no pleno exercício de seu direito de propriedade. E concluindo a segunda alienação, por sua incompatibilidade com a primeira, criou um obstáculo à ratificação. A boa-fé obriga-o, de resto, a executar aquilo que contratou pessoalmente, e o impede de ratificar o ato de seu gestor[156].

Art. 874. Se o dono do negócio, ou da coisa, desaprovar a gestão, considerando-a contrária aos seus interesses, vigorará o disposto nos arts. 862 e 863, salvo o estabelecido nos arts. 869 e 870.

Direito anterior: Art. 1.344. Se o dono do negócio, ou da coisa, desaprovar a gestão, por contrária aos seus interesses, vigorará o disposto nos arts. 1.332 e 1.333, salvo o estatuído no art. 1.340.

COMENTÁRIOS

1. Da desaprovação da gestão

Como nos reportamos no artigo anterior, caberá ao dono do negócio manifestar-se acerca da aprovação ou não da gestão levada a efeito pelo gestor. Caso consentir com ela, deverá ratificá-la, sendo certo que tal ato retroagirá à data em que se tiver dado início a administração.

---

[156] Ob. cit., p. 421.

Entretanto, se, ao contrário, o titular vier a desaprovar a gestão por ser ela contrária aos seus interesses, responderá o gestor até pelos casos fortuitos, aplicando-se, no mais, a regra dos arts. 862 e 863 deste Código.

Contudo, como já dito, bem adverte Serpa Lopes[157], caberá ao titular demonstrar que de fato o negócio foi administrado de forma contrária aos seus interesses, pois, se o admitíssemos sem a necessária produção de prova, estar-se-ia não só a permitir que o dono da coisa de abstivesse de indenizar o gestor com uma simples conclusão voluntária, como, e principalmente, abrindo margem perigosa para se imputar a este as penalidades previstas na lei.

Por fim, não é demais lembrar que haverá situações em que a reprovação da gestão pelo titular deixará de ser aplicada, pois vigorará a ratificação legal, como é o caso das hipóteses previstas nos arts. 869 e 870 deste Código, ou seja, quando o negócio for utilmente administrado ou quando a gestão for empreendida para se acudir prejuízo eminente.

Art. 875. Se os negócios alheios forem conexos ao do gestor, de tal arte que se não possam gerir separadamente, haver-se-á o gestor por sócio daquele cujos interesses agenciar de envolta com os seus.

Parágrafo único. No caso deste artigo, aquele em cujo benefício interveio o gestor só é obrigado na razão das vantagens que lograr.

Direito anterior: Art. 1.345. Se os negócios alheios forem conexos aos do gestor, de tal arte que se não possam gerir separadamente, haver-se-á o gestor por sócio daquele, cujos interesses agenciar de volta com os seus.

Parágrafo único. Neste caso aquele em cujo benefício interveio o gestor, só é obrigado na razão das vantagens que lograr.

---

[157] Ob. cit., p. 52.

COMENTÁRIOS

1. Negócio gerido por conexão ao do gestor

A regra em apreço trata daquela hipótese em que o negócio pertencente ao gestor, por estar em conexão com o do *dominus*, impede sua atuação exclusiva naquele que é de sua propriedade, de tal forma que seus atos produzidos perante a parte ou quinhão da coisa alheia serão tidos como uma gestão.

Verifica-se aqui a impossibilidade de se desvencilhar uma coisa da outra, de tal forma que não há como o gestor praticar ato de proprietário em seu negócio, sem, contudo, intervir no negócio alheio, motivo pelo qual há justificativa para tal previsão legal, considerada uma gestão obrigatoriamente comum.

A regra sob análise em nada deve ser confundida com aquela prevista no art. 867, pois não se trata aqui de substituição de gestor nem mesmo da gestão exercida em conjunta por dois gestores, mas, sim, da atuação de um único gestor, em negócios conexos, de sua propriedade e de propriedade do *dominus*, em que a atuação apartada é impossível de se concretizar.

Assim, uma vez consumada tal situação, aplicar-se-ão as regras inerentes ao contrato de sociedade.

J.M. Carvalho Santos[158] descarta a possibilidade de se aproximar a regra do artigo em apreço ao contrato de sociedade, afirmando que há apenas uma analogia, existindo, na verdade, uma comunhão entre os negócios.

O citado autor aponta o seguinte posicionamento de Clóvis Beviláqua acerca da questão:

> Há, em tal caso, analogia com o contrato de sociedade; mas, em rigor, o que se dá é comunhão, porque, na sociedade, os lucros e as perdas são comuns, e na gestão de interesses em

---

[158] "Não se estabelece, em rigor, um contrato de sociedade, como poderia parecer à primeira vista. Verifica-se apenas uma analogia, pois, em verdade, o que existe é comunhão" (ob. cit., p. 423).

cujo benefício interveio o gestor, só é obrigado na razão das vantagens que lograr[159].

Serpa Lopes[160] utiliza-se, a título de exemplo, daquela situação em que "um condômino que se ausenta, surgindo uma situação em que impreterivelmente ele terá que atingir, com sua atividade, no interesse do ausente".

Clóvis Beviláqua[161], por sua vez, discorda da equiparação dessa regra como um ato de condomínio:

> Não se considera gestão de negócio ato do condômino autorizado por lei, como quando o proprietário confinante constrói parede, cerca, muro ou valado na linha divisória do seu prédio (arts. 588 e 642-645[162]). O condômino que administra a coisa comum, sem oposição dos outros, presume-se mandatário (art. 640[163]); não é o gestor de negócios.

Entendemos que a regra em apreço não deve ser confundida com a situação da sociedade, tampouco com a figura do condomínio, uma vez que, se assim fosse, não haveria a necessidade de vir regulada no capítulo dedicado à gestão de negócios, razão pela qual deve ser vista como uma nova hipótese de gestão, aplicando-se as regras destas, notadamente a previsão estabelecida no parágrafo único deste artigo.

Art. 875. (...)
Parágrafo único. No caso deste artigo, aquele em cujo benefício interveio o gestor só é obrigado na razão das vantagens que lograr.

---

[159] Ob. cit., p. 423.
[160] Ob. cit., p. 53.
[161] Apud J.M. Carvalho Santos, ob. cit., p. 424.
[162] Arts. 1.297 e 1.327 a 1.330 deste Código Civil.
[163] Art. 1.324 deste Código Civil.

COMENTÁRIOS

1. Da obrigação do dono da coisa

A previsão do parágrafo único atua no sentido de limitar o valor da responsabilidade do titular, devendo este responder proporcionalmente às vantagens que efetivar da gestão.

Como se observa, a redação dada a este parágrafo afasta qualquer possibilidade de se tratar a figura em apreço como uma sociedade ou condomínio, pois, se assim fosse, haveria o titular de responder também pelos prejuízos ocasionados pela gestão, e não apenas por aquilo que lhe trouxe vantagens[164].

---

[164] "Esta restrição, como ficou explicado acima, exclui a possibilidade de ser o gestor considerado como um verdadeiro sócio, pois se o fosse teria de responder, também, pelas perdas e ônus, proporcionais à parte que lhe coubesse no negócio, o que não se verifica diante do texto claro que comentamos" (J.M. Carvalho Santos, ob. cit., p. 424).

CAPÍTULO III
DO PAGAMENTO INDEVIDO

Art. 876. Todo aquele que recebeu o que lhe não era devido fica obrigado a restituir; obrigação que incumbe àquele que recebe dívida condicional antes de cumprida a condição.

Direito anterior: Art. 964. Todo aquele que recebeu o que lhe não era devido fica obrigado a restituir.

A mesma obrigação incumbe ao que recebe dívida condicional antes de cumprida a condição.

COMENTÁRIOS

1. Do pagamento indevido

Nos dias atuais, pode-se ter como pacífico o posicionamento no sentido de que o pagamento indevido tem como base a regra de que a ninguém é dado receber o que não lhe pertence, e, ainda, que não deva haver locupletamento desmotivado, ou lastreado em causa tida como injusta, o que o transforma em uma fonte específica de obrigações, sendo uma espécie do gênero enriquecimento sem causa[165].

O pagamento indevido encontra sua raiz histórica no direito romano, destacando-se, para tanto, as chamadas *condictiones sine causa*. Tais *condicitiones*, apesar de não receberem uma sistematização perfei-

---

[165] "Aquele que indevidamente recebe um pagamento, sem justa causa, tem o dever de restituir, não tolerando o ordenamento positivo o locupletamento indevido de alguém em detrimento de outrem" (STJ, REsp 345.295, rel. Min. Sálvio de Figueiredo Teixeira, *DJ* 29.04.2002).

ta dos romanos, eram assim conhecidas por estes: *condictio indebito, condictio ob rem, condictio ob causam finitam* e *condictio ob turpem causam*[166].

A *condictio indebito* consistia naquela situação em que alguém pagava algo, acreditando ser devedor, quando nada devia. A *condictio ob rem* era observada naquela situação em que se efetuava o pagamento de obrigação, cuja causa ou condição não se verificava. Já a *condictio ob causam finitam* referia-se àquela situação em que se prestava a obrigação, fundada em causa perecida. E, por fim, a *condictio ob turpem causam*, quando o objeto da obrigação tinha por fim ato ilícito ou imoral. Em todas estas situações era possível efetuar a repetição.

Assim, podemos conceituar o pagamento indevido como uma modalidade peculiar do enriquecimento sem causa, ligado à ideia da falta de justificativa a um desequilíbrio patrimonial, ocasionada pela forma anormal com que se figurou uma determinada quitação.

2. Dos requisitos do pagamento indevido

Para que se opere o pagamento indevido será necessário que se concorram para o ato determinados requisitos, que, se não observados, deixará de ser aplicada a regra em apreço. São eles: a) o pagamento; b) a ausência de causa jurídica ou a falta de um vínculo a justificar o pagamento; c) o erro; d) a ausência de previsão legal impedindo-o.

O pagamento, no sentido técnico da palavra, é uma das formas de se efetuar a quitação de uma obrigação a título oneroso[167], quer seja a entrega de uma coisa ou soma, com o ânimo de se quitar[168]. Por meio de sua efetivação, o devedor evita a mora e exonera-se da dívida.

---

[166] Orlando Gomes. *Obrigações*. 15. ed. Rio de Janeiro: Forense, 2002. p. 247-248.
[167] "Não se poderia, de fato, conceber pagamento indevido, ou repetição de pagamento, sem que este se tivesse efetuado, isto é, realizada a prestação a título de pagamento, visando a extinguir a obrigação. Se a prestação for realizada a outro título, *v.g.*, como doação não pode ser exigida a repetição. É a conclusão lógica e natural, nunca posta em dúvida por ninguém" (J.M. Carvalho Santos, ob. cit., p. 392).
[168] "Consoante já o dissemos, esse pagamento deve revestir-se do *animus solvendi*. Todavia essa exigência não se encontra livre de objeções, pois, enquanto alguns autores pretendem o pagamento não só subordinado ao elemento material (*praestatio*) como ao intencional (*solvendi causa*), o qual deverá existir no momento de sua realização; outros, ao contrário, julgam dis-

Contudo, haverá situações em que o pagamento, total ou parcial, vem a ser realizado de forma indevida pelo *solvens*, devendo o *accipiens* devolver ou desfazer o que recebera injustificadamente, retornando as coisas ao *statu quo ante*.

Todavia, oportuno esclarecer que o fato de o pagamento ser indevido não significará afirmar que ele será fruto de algo ilícito, pois para a sua caracterização o elemento ilicitude é totalmente desnecessário. Há, inclusive, situações em que, mesmo praticado sob a pecha do ilícito, o ato será mantido e a repetição indevida, tal como se observa, por exemplo, naquela hipótese prevista no art. 883 deste Código, o qual teremos a oportunidade de comentarmos mais adiante.

Haverá situações ainda em que o pagamento não precisará ser materialmente realizado, como ocorre, por exemplo, com os créditos em conta corrente. Nesta situação poder-se-á operacionalizar a repetição do indébito, mesmo não havendo pagamento materialmente realizado pelo *solvens*[169].

Em todas as hipóteses em que o pagamento indevido se efetivar mediante a entrega, ou crédito em conta corrente, de determinada soma em dinheiro, deverá esta ser corrigida monetariamente antes de ser repetida, tomando-se como base a data em que se efetivou o recebimento pelo *accipiens*. Nesse sentido é a jurisprudência do Superior Tribunal de Justiça[170].

O segundo requisito do pagamento indevido é que este tenha ocorrido, sem que se verificasse uma causa jurídica ou a manutenção de vínculo anteriormente existente. Em outras palavras, não há razão a justificar o pagamento efetivado, motivo pelo qual, o *accipiens* acaba por receber algo que não deveria, devendo, pois, efetuar a repetição.

---

pensável o elemento objetivo, tendo em vista precipuamente o caráter objetivo da repetição do indevido, simples aspecto da teoria do enriquecimento sem causa" (Serpa Lopes, ob. cit., p. 92-93).

[169] J.M. Carvalho Santos, ob. cit., p. 392.
[170] "Em caso de restituição de quantia indevidamente paga, a correção monetária do débito deve retroagir à data do recebimento pelo réu do valor, evitando-se o enriquecimento sem causa" (STJ, REsp 100.749-BA, rel. Min. Aldir Passarinho Junior, *DJ* 22.05.2000).

Caio Mário da Silva Pereira[171] esclarece que o pagamento será indevido "desde que a *solutio* não seja justificada como tal, e falta então a razão de ter o *solvens* efetuado a prestação na qualidade de pagamento".

J.M. Carvalho Santos[172] enumera as razões em que o pagamento será tido como indevido:

> Quatro são os casos do pagamento indevido: a) quando a obrigação já estava extinta; b) quando dependia de condição suspensiva para nascer; c) quando, embora válida, o *accipiens* não era o verdadeiro credor; d) quando, embora válida, o *solvens* não era o verdadeiro devedor, embora o *accipiens* fosse o verdadeiro credor.

Já o terceiro requisito consiste no erro do *solvens* quanto à causa ou objeto do pagamento (indébito objetivo), bem como quanto às pessoas (indébito subjetivo).

O nosso Código Civil, como boa parte do direito moderno, baseando-se na ideia romana, tem como elemento essencial para a ocorrência do pagamento indevido que a prestação tenha sido efetivada por erro do *solvens*. Todavia, há situações em que a legislação pátria permite a repetição, mesmo inexistindo este vício de consentimento, como se verá nos estudos dos próximos artigos.

Por fim, resta analisar o último requisito, qual seja, de que para a existência da obrigatoriedade de repetir do *accipiens* não concorra disposição legal em contrário. Nosso Código enumera algumas situações em que, mesmo ocorrendo, a princípio, hipóteses tidas como passíveis de repetição, se proíbe sua aplicação, como ocorre nos arts. 880, 882 e 883, aos quais teceremos maiores comentários quando da análise individualizada de cada um.

---

[171] *Instituições de direito civil*. Rio de Janeiro: Forense, 2001. p. 189.
[172] Ob. cit., p. 393.

3. Todo aquele que recebeu o que lhe não era devido fica obrigado a restituir

Como já foi dito, ocorrendo a hipótese de pagamento indevido, ficará assegurado àquele que pagou receber de volta a coisa dada em pagamento, cabendo, em contrapartida, àquele que a recebeu efetuar a necessária devolução.

Assim, podemos afirmar que os sujeitos no pagamento indevido serão, no mínimo, dois, um que pagou indevidamente a prestação (*solvens*), sendo ou não o titular do débito, e aquele que a recebeu indevidamente (*accipiens*), e que, nesta condição, deverá proceder à devolução, independentemente de ser ou não o real credor.

A regra parece fácil e sem maiores complicações, todavia situações fáticas podem levar a algumas dificuldades de interpretação, ou mesmo de definição quanto a estes sujeitos.

A primeira à qual nos reportaremos versa sobre uma situação em que o pagamento indevido é feito a um *accipiens* desprovido de capacidade de exercício. Nesta hipótese, caberá ou não ao *solvens* pleitear a repetição? Inicialmente, deve ser dito, para que não se confunda o sentido do exemplo ora enfrentado, que o pagamento se tornou indevido não pela incapacidade do *accipiens*, mas, sim, por outro fato qualquer, por exemplo, quando a dívida já estiver paga ou a condição não ter sido realizada.

O Código Civil italiano, em seu art. 2.039[173], traz regra expressa acerca do tema, determinando que o incapaz, mesmo que atuando de má-fé, ficará obrigado a restituir, porém, dentro dos limites daquilo que o pagamento for revertido em seu favor.

O nosso Código, apesar de ter sido silente quando das tratativas do pagamento indevido, bem reportou a questão dos efeitos do pagamento realizado a incapaz em seu Título III, Capítulo I, Seção II, motivo pelo qual acreditamos que a incapacidade não atuará no sentido de impedir a repetição, contanto que o *solvens* demonstre que efetivamente o objeto

---

[173] Art. 2.039. O incapaz que recebeu o indevido, mesmo de má-fé, só fica obrigado nos limites em que o recebido contribuiu para vantagem sua.

do pagamento foi revertido em prol do *accipiens* incapaz, aplicando-se aqui, então, a regra prevista em nosso Código para definir como válido o pagamento feito a um incapaz[174].

Ainda, podemos nos deparar com uma situação em que o pagamento venha a ser feito a alguém que o *accipiens* acreditava ser o credor, mas que, contudo, não o era. Neste caso, como de resto em todos aqueles em que se venha a praticar a quitação à pessoa diversa do real credor, a devolução deverá ser realizada por quem efetivamente a recebeu, pouco importando se a titularidade do crédito competia a outrem.

Mostra-se oportuno arguir a situação do credor putativo, o qual somente estará sujeito à repetição se o pagamento for feito de má-fé, uma vez que lei civil reputa como válido o pagamento efetivado por meio deste[175]. O mesmo se diga quanto ao credor presumido[176], que se apresenta como portador da quitação. Nestas duas hipóteses, não sendo reportados válidos os pagamentos efetuados às vistas da lei civil, caberá ao credor putativo ou presumido efetuar a repetição em favor do *solvens*, devendo igual desfecho ser observado quando receber mais do que era realmente devido.

Resta, por fim, analisar aquela situação em que o pagamento indevido venha a ser efetivado na pessoa de terceiro, devidamente constituído pelo *accipiens* como seu representante. Não obstante as divergências doutrinárias que cercam essa questão[177], entendemos que a responsabilidade pela restituição ficará sempre a cargo do mandante, exceção

---

[174] Art. 310. Não vale o pagamento cientemente feito ao credor incapaz de quitar, se o devedor não provar que em benefício dele efetivamente reverteu.

[175] Art. 309. O pagamento feito de boa-fé ao credor putativo é válido, ainda provado depois que não era credor.

[176] Art. 311. Considera-se autorizado a receber o pagamento o portador da quitação, salvo se as circunstâncias contrariarem a presunção daí resultante.

[177] Tratando-se de mandato convencional, é preciso distinguir: se o mandato era especial, para receber uma dívida determinada, não é possível haver dúvida, por isso que o procurador com poderes especiais é um representante legal do mandante; se o mandato, porém, era geral, para receber toda e qualquer quantia, as opiniões se divergem. Na opinião de uns, aquele que pagou indevidamente, em tais casos, deve agir contra o mandatário e não contra o mandante (cfr. Pothier); enquanto outros, com melhores razões, sustentam que, em regra, ainda nessa hipótese, a ação deve ser intentada contra o mandante (cfr. Demolombe), a menos que o mandante não esteja incurso em culpa, capaz de desobrigar o mandante (cfr. Labori).

feita àquela situação em que o mandatário agir fora dos limites que lhe foram traçados pelo mandato, e este excesso fosse de todo percebível pelo *solvens*. Não há como imaginarmos em sentido contrário, pois é regra do mandato que o mandante ficará obrigado com aqueles que seu constituído vier a contratar, mesmo este tendo agido de forma contrária às instruções que lhe foram outorgadas[178].

4. Aquele que recebe dívida condicional antes de cumprida a condição

Como tivemos a oportunidade de comentar há pouco, todo aquele que receber algo que não lhe é devido deverá proceder à restituição. Estabelece o Código que em igual conduta deverá incorrer também quem receber dívida condicional antes de cumprida a condição, merecendo tal previsão elogios por parte da doutrina[179].

O art. 332 do Código estabelece que as obrigações condicionais devem ser cumpridas na data em que se verificar a ocorrência da condição. Logo, é possível concluir que naquelas obrigações, cujo objeto implique a realização de uma condição, apenas será exigível a quitação, no momento em que se verificar tal ocorrência. Assim, se o pagamento efetivou-se antes da verificação da condição, caberá ao *accipiens* proceder à devolução do que indevidamente recebeu.

Tratando a presente regra como um caso especial de indébito, Caio Mário da Silva Pereira[180] assim escreve:

---

[178] Art. 679. Ainda que o mandatário contrarie as instruções do mandante, se não exceder os limites do mandato, ficará o mandante obrigado para com aqueles com quem o seu procurador contratou; mas terá contra este ação pelas perdas e danos resultantes da inobservância das instruções.

[179] "Com base em tais razões a lei impõe, a quem recebeu o que não lhe era devido, a obrigação de restituir. É regra do art. 876 do Código Civil. No Código de 1916, o art. 964 continha a regra igual. Ela se desdobrava em outra alínea, para afirmar um crédito que já estava implícito na anterior. Com efeito, dispunha esta alínea que do mesmo modo será devida a devolução quando a obrigação for condicional e não houver ocorrido o implemento da condição. Ora, isto é evidente, pois, como a prestação só é exigível após a ocorrência de evento futuro e incerto, ela não pode ser reclamada antes de tal circunstância. E o pagamento porventura efetuado então, não sendo devido, deve ser restituído. Daí o aplauso do art. 876 do Código de 2002" (Silvio Rodrigues, ob. cit., p. 410).

[180] Ob. cit., p. 190.

É de princípio que, subordinando-se o ato a condição suspensiva, enquanto esta se não realiza, não terá adquirido o direito a que ele visa. Ora, condicional a dívida, o credor não tem mais que uma expectativa – *spes debitum iri* – que se poderá ou não transformar em direito e o devedor não tem uma obrigação efetiva de solver. Se, que paga em erro, pois que, conforme ocorra ou não a condição, o débito poderá ou não ocorrer. Daí da consequência: o que recebe dívida condicional fica obrigado a restituir.

O citado autor traz à luz ainda aquela situação em que a obrigação com data certa de vencimento tem seu pagamento antecipado pelo devedor. Nesta situação nos parece acertada a conclusão de que não poderá o *solvens* pleitear a repetição, pois se entende que este renunciou ao lapso temporal que lhe assistia, pagando a dívida antes da data aprazada, não podendo, portanto, alegar enriquecimento indevido do *accipiens*[181].

5. Do pagamento indevido de tributos

Passemos a tratar aqui daquela hipótese em que a repetição[182] repousa sobre o pagamento indevido de tributos.

Em verdade, esta matéria tem aplicabilidade no direito tributário, contudo pode despertar interesse no estudo sob análise, razão pela qual achamos por bem tecer algumas linhas sobre o assunto.

O Código Tributário Nacional, em seu art. 165, estabelece a possibilidade de se efetuar a repetição do pagamento tributário indevido, definindo em seus três incisos as situações aptas a permitir a restituição

---

[181] "O mesmo não se dirá se a *solutio* tem por objeto uma obrigação a termo, antes que seja este atingido. É que a dívida já existe, e sua exigibilidade não depende de um evento incerto, porém, de um prazo, a que é lícito ao devedor renunciar sem que possa alegar se beneficie o credor de um evento incerto, porém de um prazo, a que é lícito ao devedor renunciar sem que possa alegar se beneficie o credor de um enriquecimento indevido" (ob. cit., p. 190).

[182] "Nos casos de pagamento indevido, a Lei n.º 8.383/1991 art. 66, § 2.º, faculta ao contribuinte optar pelo pedido de restituição ou compensação" (STJ, REsp 229.219, rel. Min. Milton Luiz Pereira, *DJ* 01.07.2002).

(erro de direito ou de fato, erro material e a cassação ou revogação de decisão condenatória)[183].

O que se mostra necessário arguir no presente momento é a diversidade de tratamento que deve ser efetivada quanto à repetição civil da tributária, notadamente no que se refere à necessidade de se provar o erro ante a efetivação do pagamento.

Já dissemos há pouco que o erro é um dos requisitos do pagamento indevido civil, contudo tal dispositivo já não poderá ser exigido do contribuinte que vier a pagar obrigação tributária, pois aqui falta a voluntariedade típica e marcante das relações de direito privado.

É cediço na doutrina[184] que tal exigência não seria adequada no indébito tributário, pois aqui faltaria a voluntariedade do contribuinte, pois este paga o tributo em decorrência de lei (Princípio da Legalidade Tributária), logo a compulsoriedade normativa inibe qualquer manifestação da vontade do *solvens*, não havendo que falar na necessidade de demonstrar o erro (elemento volitivo), quando o sujeito passivo da obrigação tributária apenas cumpre a obrigação que lhe foi imposta por determinação legal.

---

[183] Art. 165. O sujeito passivo tem direito, independentemente de prévio protesto, à restituição total ou parcial do tributo, seja qual for a modalidade do seu pagamento, ressalvado o disposto no § 4.º do art. 162, nos seguintes casos: I – cobrança ou pagamento espontâneo de tributo indevido ou maior que o devido em face da legislação tributária aplicável, ou da natureza ou circunstâncias materiais do fato gerador efetivamente ocorrido; II – erro na edificação do sujeito passivo, na determinação da alíquota aplicável, no cálculo do montante do débito ou na elaboração ou conferência de qualquer documento relativo ao pagamento; III – reforma, anulação, revogação ou rescisão de decisão condenatória.

[184] "De acordo com o art. 165 do CTN, o sujeito passivo tem direito à restituição do tributo que houver pago indevidamente. Esse direito independe de prévio protesto, não sendo, portanto, necessário que ao pagar o sujeito passivo tenha declarado que o fazia 'sob protesto'. O tributo decorre de lei e não da vontade, sendo por isso irrelevante o fato de haver sido pago voluntariamente. Na verdade o pagamento do tributo só é voluntário no sentido da inocorrência de atos objetivando compelir alguém a fazê-lo. Mas é óbvio que o devedor do tributo não tem alternativas. Está obrigado por lei a fazer o pagamento. Estes esclarecimentos são interessantes porque no Direito Civil há regra expressa dizendo que quem paga voluntariamente só terá direito à restituição se provar que o fez por erro. Aliás, essa regra chegou a ser invocada pelo Fisco para não restituir tributos, mas a tese foi repelida pelos tribunais e hoje, diante do CTN, dúvida não pode mais haver quanto ao direito à restituição" (Hugo de Brito Machado. *Curso de direito tributário*. São Paulo: Malheiros, 1998. p. 137).

Art. 877. Àquele que voluntariamente pagou o indevido incumbe a prova de tê-lo feito por erro.

Direito anterior: Art. 965. Ao que voluntariamente pagou o indevido incumbe a prova de tê-lo feito por erro.

COMENTÁRIOS

1. Àquele que voluntariamente pagou o indevido

Quem paga indevidamente é o *solvens*, que nesta qualidade terá direito a repetir. No entanto, o texto legal usa a expressão "voluntariamente", o que pode nos levar à conclusão de que apenas terá direito ao indébito aquele que efetuar o pagamento de forma voluntária, excluindo-se daí os que o efetivarem de forma involuntária.

É óbvio, contudo, que esta não foi a intenção do legislador, até porque nem haveria razões lógicas e legais que justifiquem tal pensamento, pois, se a lei assegura até mesmo aos que pagarem equivocadamente, mas de forma voluntária, o débito, por razões claras que não deixariam ao abandono aqueles que efetivassem a quitação de forma involuntária.

Na verdade, a questão deve ser interpretada quanto à necessidade de se provar o erro concernente ao pagamento indevido. Apenas estarão obrigados a provar o citado vício de vontade aqueles que adimpliram, de forma voluntária, ciente e espontânea. Por tal razão, foi dito há pouco que o erro seria um dos elementos formadores do pagamento indevido.

Assim, quando se verificar que o pagamento veio a se operar de forma involuntária, ficará o *solvens* destituído da obrigação de provar o erro para habilitar-se à repetição.

Se a involuntariedade derivar de ato coercitivo, com emprego de violência, acreditamos, como também parte da doutrina[185], que o ato

---

[185] "Se o pagamento ocorrer involuntariamente, cumpre distinguir se houve coação e, em caso afirmativo, deve o legislador negar efeito a um ato que se consolidou na violência, quer esta provenha do *accipiens*, quer de terceiros. Se o *solvens* foi forçado a pagar, sua vontade não se manifes-

deverá ser objeto de anulação, pois se encontra eivado de vícios de consentimento, não podendo, desta forma, fazer nascer, modificar ou extinguir direitos.

2. Das pessoas com direito a repetir

A priori, qualquer pessoa, física ou jurídica, que venha a praticar pagamento indevido terá direito à repetição. Vimos anteriormente que terão direito a repetir os que pagarem voluntariamente, bem como os que o fizerem de forma involuntária. Entretanto, algumas dúvidas surgem quando nos deparamos com situações em que o adimplemento se efetiva por pessoa diversa do devedor.

O pagamento devido, ou indevido, pode ser realizado pelo próprio devedor, por outra pessoa regularmente constituída por ele, visando este fim, ou por terceiro interessado e, ainda, por terceiro não interessado.

Quando o pagamento indevido for realizado pelo próprio devedor, não há dúvidas de que caberá a este o direito à repetição.

Entretanto, no caso de o pagamento indevido ter sido efetivado por intermédio de um procurador regularmente constituído pelo devedor, a questão merece análise mais acurada. Entendemos que a hipótese deve ser desmembrada em duas situações distintas, uma vez que, a nosso ver, diversa deverá ser a conclusão: a primeira seria aquela situação em que o mandato outorgado expressamente determinava a realização do pagamento da forma como efetivada pelo mandatário, seja quanto ao valor ou pessoa do credor; na segunda, o mandato era geral e não específico, não trazendo qualquer definição quanto à forma que deveria ser seguida pelo mandatário.

Na primeira hipótese, entendemos que inexistem razões ao mandatário para pleitear a repetição, uma vez que não deverá responder perante o mandante (real devedor) pelo pagamento indevido, tendo em

---

tou livre e, conseguinte, tem direito à repetição. Entretanto, casos há em que falta à violência o característico da gravidade, capaz de identificar o vício da vontade; ou, como diz Espínola, com estribo em Planiol e Von Tuhr, 'em alguns casos o *solvens* foi constrangido a efetuar o pagamento indevido, sem que o constrangimento atinja o grau de coação'. Ora a seu ver, não seria justo recusar ao *solvens*, em tal situação, a *conditio indebiti*" (Silvio Rodrigues, ob. cit., p. 411).

vista que cumpriu exatamente os termos do mandato que lhe foi confiado, sendo certo que, se erro houve quanto ao adimplemento irregular por ele realizado, tal fato ocorreu por culpa do próprio mandante, que estabeleceu forma equivocada aos termos da quitação. Diverso seria o desfecho, se o mandatário houvesse se distanciado do regramento existente na procuração. Nesta situação, entendemos que o mandatário passaria a ter legitimidade para pleitear a repetição, sendo certo, inclusive, que deverá responder junto ao mandante-devedor pelos seus atos irregularmente praticados[186].

Quando o mandato for genérico, o mandatário deverá agir com maior cautela, pois, em última análise, foi delegado a ele o direito de escolher a forma que seria a adequada para se efetivar a quitação. Daí, se vier a optar de maneira equivocada, realizando o adimplemento em quantia acima daquela realmente devida, ou a quem efetivamente não fosse o credor, ficará obrigado a indenizar o mandante-devedor pelo seu ato culposo, razão pela qual, de igual forma, também poderá buscar a repetição junto ao *accipiens*[187].

Aos terceiros interessados que efetivarem o pagamento de forma indevida, sem maiores dúvidas, será assegurado o direito de repetir, pois, para se verem no direito de buscar a sub-rogação junto ao devedor, precisarão provar que o pagamento foi válido a ponto de exonerar este da obrigação, sob pena de não se operar a sub-rogação. Assim, se o fiador fizer o pagamento ao credor da obrigação contraída pelo devedor-afiançado, apenas se sub-rogará se a quitação perante o *accipiens* for tida como válida, motivo pelo qual, e ante a existência de uma situação fática de pagamento indevido pelo fiador, será assegurada a este a repetição.

Na hipótese de o pagamento ser efetivado por terceiro não interessado, oportuno que façamos a análise sob duas situações distintas, não

---

[186] Art. 665. O mandatário que exceder os poderes do mandato, ou proceder contra eles, será considerado mero gestor de negócios, enquanto o mandante lhe não ratificar os atos.

[187] Art. 667. O mandatário é obrigado a aplicar toda sua diligência habitual na execução do mandato, e a indenizar qualquer prejuízo causado por culpa sua ou daquele a quem substabelecer, sem autorização, poderes que devia exercer pessoalmente. (...)

obstante entendermos que a conclusão será basicamente uniforme em ambas.

Ante a primeira delas, quando o pagamento indevido for efetivado por terceiro não interessado, mas em nome do devedor, apesar de este não ter assegurado a sub-rogação, nem mesmo o reembolso, entendemos que poderá repetir por dois motivos: a um, porque não terá obtido sucesso no seu desejo de quitar a dívida do devedor; a dois, porque estaria o *accipiens* a se locupletar indevidamente, uma vez que teria recebido algo que não lhe era devido. Deve ser ainda argumentado aqui que o próprio devedor também poderia pleitear a repetição em apreço, tendo em vista que a quitação da dívida, apesar de ter sido paga por terceiro não interessado, foi dada em seu próprio nome.

O mesmo raciocínio deve ser, em parte, desenvolvido naquela hipótese de o pagamento indevido ter sido efetivado pelo terceiro não interessado, mas em seu nome próprio, e não do devedor. Aqui, além do direito de reembolso que por si só já lhe assegurara a lei[188], devem ainda ser somados os argumentos de que somente este poderá mesmo repetir, uma vez que a quitação é dada em seu próprio nome. Assim, se entendermos que ficaria vedado ao terceiro não interessado repetir, a ninguém mais seria assegurada tal conduta, estando ante esta situação o direito a chancelar o enriquecimento indevido do *accipiens*, o que certamente não é vontade da lei.

Há posição doutrinária no sentido de defender, ainda, a possibilidade de terceiro não interessado repetir, mesmo naquela hipótese de este ter efetuado pagamento ao *accipiens* com bem pertencente ao próprio devedor[189]. Salvo melhor juízo, apesar de concordarmos com tal afirmativa, entendemos que a fundamentação para permitir que o terceiro não interessado atue na repetição não são as justificativas acima expostas,

---

[188] Art. 305. O terceiro não interessado, que paga a dívida em seu próprio nome, tem direito a reembolsar-se do que pagar; mas não se sub-roga nos direitos do credor. (...)

[189] "Admite-se que o terceiro não interessado tenha direito a intentar essa ação de repetição ainda mesmo que tenha dado em pagamento uma coisa de propriedade do devedor, que desejava beneficiar. O devedor, sem dúvida, tem direito à ação contra ele por ter disposto de uma coisa sua sem mandato, mas não se lhe pode recusar, por sua vez, o direito de ir contra o *accipiens* para reavê-la. Daí a vantagem de se lhe conceder diretamente a ação, evitando maiores complicações" (J.M. Carvalho Santos, ob. cit., p. 402).

mas sim aquela que discorremos quanto ao pagamento efetivado por mandatário, ou seja, o direito de este repetir estará atrelado à obrigação que terá, ou não, de indenizar o mandante.

3. Incumbe a prova de tê-lo feito por erro

Segundo Serpa Lopes[190], o dispositivo legal em apreço é "a consagração do erro do *solvens*, como elemento integrante da repetição pelo pagamento indevido".

De fato, o nosso Código, em decorrência do forte apego ao direito romano, sobreleva a necessidade de o *solvens* provar seu erro[191], pois naquelas situações em que atuou voluntariamente a presunção legal é no sentido de que o pagamento se realizou de forma consciente e por vontade própria do *solvens*, não havendo outra razão a justificar a repetição, senão o equívoco em que este laborou quando da quitação.

Entretanto, Clóvis Beviláqua, citado por Serpa Lopes[192], não se apega de forma absoluta a esta conclusão, reconhecendo que haverá hipóteses em que o erro poderá ser afastado plenamente, ou, ainda, ceder lugar para outros vícios de consentimento, como o dolo e a coação.

---

[190] Ob. cit., p. 94.

[191] "O pagamento indevido é o que se faz voluntariamente, por erro. Convencido de que deve, o *solvens* paga. Uma vez que o *accipiens* verdadeiramente não é credor, terá recebido indevidamente, ainda que de boa-fé. É claro, pois, que não deve ficar com o que lhe não pertence. Se não devolve espontaneamente, pode ser compelido a fazê-lo, e para obrigá-lo à restituição, aquele que indevidamente pagou tem a ação de repetição. Nesta ação deverá o *solvens* provar que pagou por erro ou coação o que não devia. Importa, fundamentalmente, a prova do erro. Não basta que prove ter pago dívida inexistente ou não vencida, se condicional. É preciso que tenha feito o pagamento na suposição falsa de que era devido. Necessário, em suma, que tenha pago por erro. O ônus da prova incumbe ao autor da ação de repetição, isto é, a quem alega ter pago indevidamente. Não é difícil provar, porque quem prova ter pago sem preexistir obrigação tem a seu favor a presunção de quem pagou por erro" (Orlando Gomes, ob. cit., p. 248).

[192] "Todavia, Clóvis não se apega extremamente ao critério romano. Admite exceções ao princípio da exigência do requisito do erro do *solvens*, indicando casos onde é ele afastado, e, mais ainda, em que se permite a introdução de outros elementos de igual teor, como a coação, nos caos de pagamento indevido efetuado ao Estado, por ocasião da cobrança de impostos ilegais, princípio reiteradamente e de um modo pacífico aplicado pela nossa jurisprudência que jamais recusa a repetição, em tais circunstâncias" (Ob. cit., p. 95).

De igual forma é a doutrina de J.M. Carvalho Santos[193], que enumera várias situações em que a lei permite a repetição mesmo estando o ato desprovido de erro, como, também, outras, em que, não obstante estar presente tal elemento volitivo, a restituição não se efetivará.

De fato, há situações em que a lei permitirá a repetição, independentemente da prova do erro, como naquelas situações em que o pagamento ocorrer de modo involuntário, bem como inibirá a restituição mesmo presente o equívoco do *solvens*, como se observa, por exemplo, na hipótese de pagamento de dívida prescrita. Contudo, resta saber se tais exceções seriam bastantes o suficiente para se negar o erro como requisito do pagamento indevido.

A posição adotada por Serpa Lopes[194], fundamentada na concepção eclética de C. Capitante e H. de Page, parece bastante aceitável, à medida que estes passam a ver o erro como um meio de prova do indevido, de modo a excluir qualquer outro elemento probatório, e não como um requisito ou condição intrínseca do exercício da ação de repetição do indébito. Em outras palavras, estando presente o erro, dispensado estará o *solvens* de provar o indébito por qualquer outro modo, porém caso não se prove o erro, poder-se-á buscar a repetição por outros meios probatórios possíveis.

---

[193] Em várias hipóteses, porém, a ausência do erro não impede a repetição do indébito, porém, a lei presume o pagamento sem causa... Em outros casos, mesmo que haja erro, a lei não concede a repetição do indébito" (Ob. cit., p. 395-396).

[194] "Por isso, preferimos a compensação eclética de C. Capitant com a adaptação que lhe faz H. De Page, e que assim pode ser resumida: a) não se duvida que o pagamento indevido pressupõe sempre, de fato e na psicologia do *solvens*, um pagamento efetuado por erro; mas o âmago do problema não assenta neste ponto, e sim no de saber se este estado psicológico de erro deve sempre ser provado como condição distinta separada e suplementar, isto é, independentemente da prova do indevido pura e simplesmente; b) normal e racionalmente, a única prova a ser ministrada pelo autor na *repetitio*, em torno do fato do pagamento, é a do *indebitum*, do indevido, porquanto, a partir do momento da positivação desse indevido, está caracterizado um enriquecimento sem causa; c) a prova do erro servirá, então, para demonstrar ter o *solvens* realizado esse pagamento sem que, para tanto, houvesse qualquer causa justificativa, pois que, repetidas vezes, a prova do indevido resulta das próprias circunstâncias, como no caso de se pagar uma soma além da efetivamente devida, onde não só inequivocamente falta toda e qualquer ideia de liberalidade como ainda razão para se exigir a prova do erro; d) por esses motivos, o erro intervém, na composição do pagamento indevido, não como uma condição *intrínseca* do exercício da ação de repetição, senão como um meio de provar o indevido, de modo a se excluir qualquer outro elemento probatório" (Ob. cit., p. 96).

Art. 878. Aos frutos, acessões, benfeitorias e deteriorações sobrevindas à coisa dada em pagamento indevido, aplica-se o disposto neste Código sobre o possuidor de boa-fé ou de má-fé, conforme o caso.

Direito anterior: Art. 966. Aos frutos, acessões, benfeitorias e deteriorações sobrevindas a coisa dada em pagamento indevido, aplica-se o disposto nos arts. 510 a 519.

COMENTÁRIOS

1. Da aplicação da boa e má-fé no pagamento indevido

A regra deste artigo nos traz a distinção de tratamento que será adotada diante da situação do *accipiens* que agir de boa-fé, bem como aquele que atuar de má-fé. Tal distinção é importante, pois implicará a fixação da titularidade sobre os frutos, acessões, benfeitorias, bem como a responsabilidade por eventuais deteriorações advindas à coisa a ser restituída.

O legislador, em vez de fixar novas regras acerca do *status* como deverá ser restituída a coisa dada em pagamento considerado indevido, optou por adotar aqui as regras gerais estabelecidas no Código quanto ao possuidor de boa e de má-fé[195], dando, assim, especial importância ao *animus* do *accipiens*, bem como a natureza da prestação.

Por tal motivo, mostra-se adequado que comentemos de forma individualizada cada uma das situações, analisando primeiro a do *accipiens* de boa-fé e, após, o de má-fé.

2. Do *accipiens* de boa-fé

Esta situação se caracteriza por aquele que, recebendo pagamento indevido, deverá proceder à restituição, porém encontra-se investida de

---

[195] Arts. 1.214 a 1.222.

boa-fé a coisa. Analisemos a questão dos direitos e obrigações sob a ótica dos frutos, benfeitorias e acréscimos, perecimento e deterioração, bem como as respectivas indenizações daí derivadas.

Como bem ensina Conselheiro Lafayette Pereira boa-fé[196], os frutos, em regra, pertencem ao proprietário, contudo tal afirmativa comporta exceção em favor do possuído de boa-fé.

O *accipiens* de boa-fé terá direito aos percebidos, sejam eles naturais, industriais ou civis[197]. Já os pendentes não lhe pertencerão, tais como aqueles que foram colhidos com antecipação, fazendo jus, entretanto, quanto a ambos, ao reembolso das despesas de produção e custeio[198].

---

[196] "Os frutos pertencem ao proprietário da coisa que os produz. Aquele, pois, que sem consentimento do dono ou sem um direito preexistente se apropria dos frutos da coisa de terceiro, é obrigado a restituí-los. Este princípio sofre uma notável derrogação em favor do possuidor de boa-fé: de direito ele faz seus todos os frutos que percebe da coisa alheia. Os frutos pendentes se consideram partes da coisa e lhe seguem a condição jurídica, mas desde o momento em que se separam dela, constituem objetos distintos, suscetíveis de receberem destino diverso. Por consideração à boa-fé do possuidor que descansa na convicção de que a coisa lhe pertence e como tal a guarda, defende, cultiva e melhora, a lei lhe atribui a propriedade de todos os frutos percebidos, tanto dos consumidos como dos existentes em ser (*extantes*) sem impor-lhe a obrigação de restituir o valor. Assim que o possuidor de boa-fé, pelo que respeita à percepção dos frutos, é equiparado ao proprietário. A citada disposição se funda em uma razão de equidade. De um lado está o domínio do senhor da coisa: do outro a boa-fé do possuidor. A lei mantém o domínio, que deixa salvo a quem de direito, e protege a boa-fé do possuidor contra o imprevisto, adjudicando-lhe os frutos percebidos" (*Direito das coisas*. Rio de Janeiro: Freitas Bastos, 1956. p. 159-161).

[197] "I frutti, naturali e civili, constituiscono precisamente uma categoria autonoma e unitaria di beni. L'elaborazione della categoria autônoma e unitária dei frutti si deve allá dottrina tedesca del secolo scorso Che, svincolatasi dalla teoria orgânica o naturalística, era giunta a ravvisare nel concetto di reddito la chiave per coglierne uma nozione generale. I frutti vennero propriamente definiti come dei proventi Che uma cosa dà senza pregiudizio della sua sostanza, in conformità della sua destinazione econômica. Questa nozione, basata sull'idea di reddito, è stata sostanzialmente accolta dalla moderna dottrina. Oltre allá distinzione tra frutti naturali e frutti civili, altre distinzioni sono segnalate dalla dottrina. Nell'ambito dei frutti naturali si prla di frutti pendenti, Che sono i frutti maturi o in via di maturazione ma non ancora separati, e frutti separati, ossia i frutti staccati dalla cosa madre. Maturi sono i frutti naturali pronti per essereseparati in conformità della loro destinazione econômica e i frutti civili dovuti per ogni giorno di godimento dell'altrui cosa fruttifera o capitale. La maturazione dei frutti naturali rileva in tema di espropriazione forzata e di donazione ai nascituri. Frutti percenti sono i frutti naturali appresi dal possessore della cosa madre e i frutti civili in pagamento dal possessore della cosa madre o del capitale. Percipiendi sono i frutti Che il possessore della cosa o del capitale avrebbe potuto diligentemente recavrne. Consumati sono i frutti utilizzati o alineati" (C. Massimo Bianca. *Dirritto civile*, 6. La Proprietà, Milano: Ristampa, 1999. p. 94-97).

[198] "Os frutos são pendentes, enquanto ainda unidos à coisa que os produz – são, então, parte da coisa; separados, quando já se processou o fato físico da separação; colhidos, ou percebidos, se já se apanharam com o destino de serem usados. Se já estão em poder do dono da coisa, ou do

No que se refere ao direito pelas benfeitorias e acréscimos levados à coisa, caberá ao *accipiens* de boa-fé o reembolso pelas despesas necessárias e úteis, inclusive com direito de retenção, bem como as voluptuárias, podendo, quanto a esta, caso não adimplidas, levantá-las, desde que não importe em destruição da própria coisa. Quando do reembolso das despesas, deverá o *solvens* indenizar o *accipiens* pelo valor atual das benfeitorias.

Quanto ao perecimento ou deterioração da coisa a ser restituída, deve-se aplicar a regra estatuída no art. 1.217, cumulada com aquelas previstas nos arts. 238 e seguintes deste Código.

Assim, se a coisa a ser restituída vier a se perder, deverá ser observado se o *accipiens* de boa-fé atuou com ou sem culpa no evento. Na primeira hipótese, responderá pelo valor equivalente da coisa, acrescido, se o caso, de perdas e danos. Se, contudo, o perecimento ocorreu sem que houvesse culpa, sofrerá o *solvens* a perda, e a obrigação se resolverá[199].

De igual forma, na hipótese de deterioração da coisa a ser restituída, deverá o intérprete se atentar ao elemento culpa do *accipiens*, de tal forma que, se este houver atuado desprovido de culpa, recebê-la-á o *solvens*, tal qual se ache, sem direito a qualquer indenização. Entretanto, se concorrer aquele com culpa no episódio, responderá a este pelo valor equivalente, mais perdas e danos, se o caso[200].

---

possuidor, dizem-se consumidos; se ainda não foram consumidos, dizem-se *extantes*, do verbo *extar*, que é português, usado pelos clássicos, inclusive Antonio Vieira, e vem de *exsto* latino (ex-sto). São percipiendos os frutos que, devendo ou podendo ser percebidos, ainda não o foram. Os frutos pendentes são parte da coisa. Por isso é que os frutos dos bens imóveis, durante a pendência, são bens imóveis: não porque o sejam como frutos, e sim como parte do todo, que é bem imóvel. A madurez não faz cessar a pendência. Frutos, maduros, enquanto não caem, ou alguém, ou algum animal não os apanha, são frutos pendentes. Vendido o prédio, vendidos estão os frutos pendentes. Os frutos pendentes ao tempo em que cessar a boa-fé (do possuidor) devem ser restituídos, depois de deduzidas as despesas de produção e custeio. Devem ser também restituídos os frutos colhidos com antecipação" (Pontes de Miranda. *Tratado de direito privado*. Campinas: Bookseller, 2001. t. 11, p. 130-131).

[199] Art. 238. Se a obrigação for de restituir coisa certa, e esta, sem culpa do devedor, se perder antes da tradição, sofrerá o credor a perda, e a obrigação se resolverá, ressalvados os seus direitos até o dia da perda.

[200] Art. 240. Se a coisa restituível se deteriorar sem culpa do devedor, recebê-la-á o credor, tal qual se ache, sem direito a indenização; se por culpa do devedor, observar-se-á o disposto no art. 239.

Aqui nos reservamos de fazer uma crítica à parte final do art. 240 do Código, quando este estabelece que, se houver culpa do devedor, *observar-se-á o disposto no art. 239*, ou seja, responderá o culpado pelo equivalente, mais perdas e danos. Entendemos, com a *devida venia*, que melhor seria se o legislador houvesse remetido a solução do problema ao art. 236, e não ao art. 239, porque naquele será facultado ao credor receber a coisa no estado em que ela se encontra, ou exigir o equivalente à mesma, e, em qualquer das duas opções, pleitear ainda eventuais perdas e danos, tal como ocorria no Código Civil anterior[201].

Ora, se em ambos os artigos a matéria versa sobre restituição, não parece ser adequado privar o credor de optar pela coisa, mesmo que deteriorada, conforme se verifica da redação do art. 239, pois poderá haver caso concreto em que o bem, ainda que deteriorado, despertará interesse ao credor, por exemplo, naquela situação em que a coisa, mesmo que deteriorada, ainda faz com que o credor mantenha sobre ela relevante interesse sentimental. Nesta hipótese, ante a redação do art. 239, parece-nos que ele não teria a opção existente no art. 236, restando-lhe apenas a indenização pelo equivalente, mais perdas e danos, ficando o bem deteriorado, pelo que se presume nas mãos do devedor.

Resta, por fim, esclarecer que, quanto à indenização pelas melhorias e acréscimos incidentes sobre a coisa a ser restituída, o *solvens* apenas incorrerá na obrigação de indenizar o *accipiens* caso este tenha concorrido com o emprego de trabalho ou dispêndio financeiro para tanto, caso contrário, ou seja, na hipótese de os melhoramentos e acréscimos terem ocorrido sem ônus a este, lucrará aquele com tais benefícios, sem que tenha que pagar qualquer indenização. A título de exemplo, podemos citar a simples valorização pecuniária de mercado de um veículo – coisa a ser restituída –, sem que, contudo, tenha concorrido o possuidor de boa-fé com tal valorização[202].

---

[201] Art. 871. Se a coisa restituível se deteriorar sem culpa do devedor, recebê-la-á tal qual se ache, o credor, sem direito a indenização; se por culpa do devedor, observar-se-á o disposto no art. 867. Art. 867. Sendo culpado o devedor, poderá o credor exigir o equivalente, ou aceitar a coisa no estado em que se acha, com direito a reclamar, em um ou em outro caso, indenização das perdas e danos.

[202] Art. 241. Se, no caso do art. 238, sobrevier melhoramento ou acréscimo à coisa, sem despesa ou trabalho do devedor, lucrará o credor, desobrigado de indenização.

3. Do *accipiens* de má-fé

Agora analisaremos a situação daquele que deverá proceder à restituição, porém está a atuar de má-fé na coisa.

Quanto aos frutos, o *accipiens* de má-fé não terá direito a nenhum deles, quer sejam colhidos ou percebidos, independentemente de a espécie ser natural, industrial ou civil, respondendo, ainda, pelos frutos que deixou, por sua culpa, de perceber. No entanto, fará jus ao reembolso das despesas de produção e custeio que houver suportado[203].

No que se refere ao direito pelas benfeitorias e acréscimos levados à coisa, caberá ao *accipiens* de má-fé o reembolso apenas das despesas necessárias, não lhe assistindo, inclusive, qualquer direito de retenção quanto a estas, bem como de levantar as voluptuárias, independentemente de isso vir ou não a causar a destruição da própria coisa. Quando do reembolso das despesas necessárias, deverá o *solvens* escolher se fará a indenização do *accipiens* pelo valor atual ou pelo valor do custo das mesmas.

Quanto ao perecimento ou deterioração da coisa a ser restituída, deve-se aplicar a regra estatuída no art. 1.218, respondendo o *accipiens* de má-fé pela perda ou deterioração da coisa, atuando com ou sem culpa, respondendo, ainda, pelos eventos acidentais, salvo se provar que tal fato teria ocorrido mesmo se a coisa estivesse nas mãos do *solvens*.

Aqui, tal como no tópico da boa-fé, apenas terá cabimento o pagamento de indenização pelas melhorias necessárias inseridas à coisa, se, para tanto, concorreu o *accipiens* com o emprego de trabalho ou dispêndio financeiro, devendo, na hipótese positiva de pagamento da indenização, haver compensação com os danos ocasionados à coisa.

Art. 879. Se aquele que indevidamente recebeu um imóvel o tiver alienado em boa-fé, por título oneroso, responde somen-

---

[203] "O possuidor de má-fé responde por todos os frutos colhidos e percebidos, bem como pelos que, por culpa sua, deixou de perceber, desde o momento em que se constitui de má-fé; tem direito, porém, às despesas de produção e custeio" (Pontes de Miranda, ob. cit., p. 131).

te pela quantia recebida; mas, se agiu de má-fé, além do valor do imóvel, responde por perdas e danos.

Parágrafo único. Se o imóvel foi alienado por título gratuito, ou se, alienado por título oneroso, o terceiro adquirente agiu de má-fé, cabe ao que pagou por erro o direito de reivindicação.

Direito anterior: Art. 968. Se, aquele, que indevidamente recebeu um imóvel, o tiver alienado em boa-fé, por título oneroso, responde somente pelo preço recebido; mas, se obrou de má-fé, além do valor do imóvel, responde por perda e danos.

Parágrafo único. Se o imóvel se alheou por título gratuito, ou se, alheando-se por título oneroso, obrou de má-fé o terceiro adquirente, cabe ao que pagou por erro o direito de reivindicação.

COMENTÁRIOS

1. Quando o pagamento indevido consistir na entrega de um bem imóvel

A regra ora comentada refere-se àquela situação em que o objeto do pagamento indevido seja um bem imóvel. Optou o legislador por dar atenção especial a esta espécie de pagamento, não a tratando em conjunto com aquela a qual acabamos de comentar no artigo anterior.

O *caput* do artigo nos traz duas situações diferentes, uma em que o bem imóvel dado no pagamento indevido vem a ser alienado a terceiro pelo *accipiens*, a título oneroso e de boa-fé, e outra, quando a venda se dá também por meio de título oneroso, contudo dotada de má-fé.

Para cada situação estabeleceu a lei regramento diverso para a ocorrência da indenização que o *accipiens* deverá suportar perante o *solvens*, motivo pelo qual é melhor que as tratemos em tópicos distintos.

2. Alienação do imóvel a terceiro, a título oneroso, com boa-fé do *accipiens*

Nesta hipótese, inexistindo a má-fé do *accipiens*, deverá este responder ao *solvens* apenas pela quantia que apurou com a venda do bem, ficando desobrigado de pagar outros acréscimos, a qualquer título, salvo a correção monetária do valor, se o caso.

Cabe aqui citar exemplo elucidado por J.M. Carvalho Santos[204], que consiste naquela hipótese em que a venda venha a ser realizada na modalidade a prazo, estando o *accipiens*, quando da obrigatoriedade de repetir, apenas com o título de crédito nas mãos, e não efetivamente o numerário a ser obtido em futuro pagamento. Nesta situação, poderá este entregar o título ao *solvens* e assim se exonerar da repetição? Entendemos que o citado autor encontrou uma saída adequada, quando responde a indagação acima no sentido de que apenas será possível a exoneração se o *solvens* concordar com tal substituição, tendo em vista que este é credor do *accipiens*, e não do terceiro devedor.

Em verdade, no exemplo acima, *o solvens* tem direito a uma indenização no exato valor da venda do imóvel, pouco importando ter sido ele negociado à vista ou a prazo com o terceiro adquirente. Desta forma, pode-se afirmar que nessa situação estaria o *accipiens* tentando quitar sua obrigação por meio de uma dação em pagamento, uma vez que está a buscar a quitação de sua obrigação por forma diversa daquela originalmente estabelecida pela lei, razão pela qual a concordância do *solvens* torna-se requisito indispensável a permitir tal substituição de prestação[205].

Importante destacar que no estudo do *caput* deste artigo não se cogita da figura do terceiro interessado, nem mesmo se sua conduta está ou não eivada de boa ou má-fé na transação entabulada com o *accipiens*, sendo certo que tal observação será apenas elemento de destaque na regra inserida no parágrafo único.

---

[204] "Admite-se em doutrina que, se o *accipiens*, vendedor de boa-fé, não chegou a receber o preço da venda, ficará liberado se remeter ao *solvens* o título de seu crédito (cfr. Larobière, ob. cit., n. 4). Em casos tais, a nosso ver, é preciso distinguir: isso só será possível se o *solvens* aceitar o título, porque, em verdade, ele é credor não do adquirente, mas, sim, do *accipiens*, não podendo, por conseguinte, ser considerado como pago ao receber o título de responsabilidade de outro" (Ob. cit., p. 420).

[205] Art. 356. O credor pode consentir em receber prestação diversa da que lhe é devida.

3. Alienação do imóvel a terceiro, a título oneroso, com má-fé do *accipiens*

Aqui a situação obrigacional do *accipiens* será agravada, uma vez que a alienação efetivada por ele ocorreu de má-fé, devendo responder pelo valor efetivo do imóvel, mais perdas e danos.

Como já tivemos a oportunidade de estudar quando dos comentários ao artigo anterior, o legislador civilista sempre buscou punir a atuação dotada de má-fé, agravando, o quanto possível, a situação obrigacional do agente, cuja conduta venha a ser motivada por este elemento volitivo funesto.

Na hipótese legal em apreço não foi diferente, pois o *accipiens* que alienar bem imóvel objeto de pagamento indevido ficará obrigado a proceder à indenização com base no valor do mesmo, e não na quantia alcançada com a venda do bem. Assim, certamente partindo do princípio que o atuar de má-fé não pode ser prestigiado, mas sim repelido das relações jurídicas, se a venda vier a ser efetivada por um preço abaixo do praticado pelo mercado, não poderá o *accipiens* exonerar-se entregando apenas o valor arrecadado com a venda, tal como se houvesse alienado de boa-fé, devendo, portanto, completar o preço, tomando como base a avaliação de mercado do imóvel vendido[206].

Quanto ao valor a ser indenizado, devemos ainda acrescentar que, se o *accipiens* procedeu à venda por um valor superior àquele que efetivamente o imóvel valia, deverá repetir todo o montante em favor do *solvens*, e não apenas o preço praticado pelo mercado quando da alienação, sendo certo que esta diferença a maior será tida como fruto da coisa, dela, portanto, não fazendo jus o alienante de má-fé, como já tivemos a oportunidade de comentar[207].

---

[206] "Se agiu de má-fé, mas o adquirente estava de boa-fé, ainda assim a alienação *a non domino* prevalece, mas ao alienante, além de responder pelo valor do imóvel, deve pagar perdas e danos. A situação difere não apenas pela agravação da responsabilidade decorrente do dever de indenizar, mas também porque não responde simplesmente pelo preço recebido, senão, ainda, pelo valor do imóvel" (Caio Mário da Silva Pereira, ob. cit., p. 249).

[207] Art. 1.216. O possuidor de má-fé responde por todos os frutos colhidos e percebidos, bem como pelos que, por culpa sua, deixou de perceber, desde o momento em que se constituiu de má-fé; tem direito às despesas da produção e custeio.

A obrigação do *accipiens* é ainda ampliada pela redação deste artigo, quando o legislador impõe a ele a obrigação de arcar com as perdas e danos. Dessa forma, os demais interesses e vantagens que o imóvel poderia ter proporcionado ao *solvens* deverão ser resolvidos no campo das perdas e danos, independentemente de o *accipiens* ter ou não lucrado com a utilização do bem imóvel[208], devendo, contudo, ser objeto de prova pelo interessado, tal como, de resto, a própria atuação de má-fé na alienação.

Por fim, resta ainda argumentado que a má-fé que se exige no presente texto legal é aquela observada quando da alienação da coisa, pouco importando que, quando do recebimento do pagamento indevido, o *accipiens* teria agido de boa-fé. Ora, o fato de o ato ter sido iniciado com boa-fé não exoneraria este de arcar com as gravidades impostas pela venda efetivada de má-fé, até porque a lei fala em *alienado*, e não recebido de boa-fé.

Art. 879. (...)
Parágrafo único. Se o imóvel foi alienado por título gratuito, ou se, alienado por título oneroso, o terceiro adquirente agiu de má-fé, cabe ao que pagou por erro o direito de reivindicação.

COMENTÁRIOS

1. Das hipóteses de reivindicação do bem imóvel

Trata a regra agora daquela situação em que o bem imóvel, objeto de pagamento indevido, vem a ser alienado a terceiro, por título gratui-

---

[208] "O *accipiens* fica obrigado, igualmente, a ressarcir todas as perdas e danos. Pouco importa que o patrimônio do *accipiens* nada tenha lucrado com a prestação recebida, por ser improdutiva, ou por se ter deteriorado por caso fortuito. Em qualquer hipótese, ele responderá pelas perdas e danos sofridos pelo *solvens*, ficando obrigado, portanto, a restituir por inteiro o interesse que o imóvel poderia ter produzido, ou os frutos colhidos – cfr. DEMOGUE, ob. cit., v. 3.º, n. 114; LAURENT, ob. cit., v. 20, n. 373; GIORGI, ob. cit., n. 128" (J.M. Carvalho Santos, ob. cit., p. 420-421).

to, ou a título oneroso, com má-fé do adquirente, ficando assegurado ao *solvens*, tanto em uma quanto em outra, reivindicar a coisa.

Aqui nos parece adequado o estudo individualizado das duas situações acima demonstradas, ou seja, da alienação a título gratuito e a alienação a título oneroso, com má-fé do terceiro adquirente.

2. Da alienação a título gratuito do imóvel

Nesta hipótese, o *accipiens* transfere o bem a terceiro, contudo o faz a título gratuito. Aqui será possível ao *solvens* pleitear a reivindicação do imóvel das mãos do adquirente, bastando, para tanto, provar primeiro o erro quando do pagamento indevido ao *accipiens*, e, após, a gratuidade do ato alienatório.

Há nessa regra um conflito entre o interesse do *solvens*, que consiste em evitar um dano, com o do terceiro adquirente, cujo objetivo é ao aumento patrimonial, sendo certo que acabou o legislador, acertadamente, por optar pela tutela do primeiro[209].

Quanto à boa ou má-fé do terceiro, diverso do que pode levar a crer a redação do parágrafo único, será necessária sua apuração na presente hipótese, pois, apesar de a reivindicação do *solvens* ser indiscutível, restará apurar eventuais obrigações derivadas das benfeitorias e melhorias levadas à coisa, bem como dos frutos dela derivados, aplicando-se, aqui, a mesma sistemática comentada no artigo anterior.

Portanto, passamos a analisar situações hipotéticas em que haja boa ou má-fé do terceiro.

A primeira seria aquela situação em que o terceiro adquirente agiu com boa-fé na transferência gratuita. Aqui, fará jus, dentro do lapso temporal em que exerceu a posse sobre a coisa, aos frutos naturais, civis e industriais percebidos, com reembolso das despesas de custeio. De igual forma, também terá direito a uma indenização pelas benfeitorias

---

[209] "Nesse caso, o conflito entre o interesse do terceiro adquirente e do *solvens* se propõe em termos diversos, porque, enquanto o *solvens* procura evitar um prejuízo (*certat de damno vitando*), o terceiro procurar alcançar um lucro, isto é, quer obter o aumento de seu patrimônio (*certat de lucro captando*). Ora, frequentemente, quando o legislador tem de decidir entre o interesse de *qui certat de lucro captando*, em face do interesse de *qui certat de damno vitando*, é o deste último que ele prefere" (Silvio Rodrigues, ob. cit., p. 414).

úteis, necessárias e voluptuárias, podendo, quanto às duas primeiras, exercer o direito de retenção, e, quanto às últimas, levantá-las, desde que não ocasione o perecimento da coisa.

A segunda hipótese seria aquela em que o terceiro age com má-fé. Nessa situação fática não lhe será assegurado qualquer dos frutos oriundos da coisa, respondendo, inclusive, pelos frutos que deixou de perceber. No entanto, terá direito a um reembolso por eventuais gastos de custeio, bem como a receber uma indenização pelas despesas necessárias levadas à coisa, sem, contudo, direito de retenção quanto a esta, ficando-lhe, vedado, ainda, o levantamento das despesas voluptuárias.

De todo válido citar que nesta hipótese de venda a título gratuito, independentemente da boa ou má-fé do terceiro, este não terá assegurado o direito de evicção em face do *accipiens*, consoante interpretação, *a contrario sensu*, da regra inserida no art. 447[210].

3. Da alienação a título oneroso com má-fé do adquirente

Se a venda do bem imóvel ocorreu na modalidade onerosa, e o terceiro adquirente atuou com má-fé, no ato, ficará assegurado ao *solvens* o direito de reivindicar a coisa imóvel.

À exceção do direito ao reembolso das despesas de produção e custeio que houver suportado, bem como da indenização pelas despesas necessárias levadas à coisa imóvel, desprovido de retenção, nenhum outro será assegurado ao terceiro adquirente de má-fé.

Não caberá, ainda, direito de evicção do terceiro de má-fé contra o *accipiens*, tendo em vista que a lei não admite ao adquirente demandar pela evicção, se sabia que a coisa era alheia ou litigiosa, consoante expressa proibição lançada no art. 457[211] deste Código.

---

[210] Art. 447. Nos contratos onerosos, o alienante responde pela evicção. Subsiste esta garantia ainda que a aquisição se tenha realizado em hasta pública.

[211] Art. 457. Não pode o adquirente demandar pela evicção, se sabia que a coisa era alheia ou litigiosa.

Art. 880. Fica isento de restituir pagamento indevido aquele que, recebendo-o como parte de dívida verdadeira, inutilizou o título, deixou prescrever a pretensão ou abriu mão das garantias que asseguravam seu direito; mas aquele que pagou dispõe de ação regressiva contra o verdadeiro devedor e seu fiador.

Direito anterior: Art. 969. Fica isento de restituir pagamento indevido aquele que, recebendo-o por conta de dívida verdadeira, inutilizou o título, deixou prescrever a ação ou abriu mão das garantias que asseguravam seu direito; mas o que pagou dispõe de ação regressiva contra o verdadeiro devedor e seu fiador.

COMENTÁRIOS

1. Fica isento de restituir o pagamento indevido

A regra em apreço, juntamente àquelas previstas nos arts. 882 e 883 deste Código, não conferem o direito de restituição ao *solvens*.

No presente artigo, caso venha o *accipiens* receber indevidamente dívida verdadeira, e, em decorrência disto, proceder a inutilização do título garantidor da dívida, não restará possível a repetição. De igual forma, se, em decorrência da quitação da dívida, deixá-la prescrever ou renunciar às garantias que existiam sobre ela, também ficará vedado ao *solvens* proceder à restituição.

Washington de Barros Monteiro assim escreve acerca do assunto:

> Natural que assim aconteça. Se alguém, de boa-fé, recebe pagamento de dívida verdadeira, efetuado por quem se julga devedor, não mais tem razão para conservar-lhe o título comprobatório ou preocupar-se com a dívida. Torna-se plausível, portanto, que inutilize o primeiro ou se quede inativo, permitindo de tal arte se consume a prescrição em curso. Seria injusto, ante essa eventualidade, sujeitá-lo a restituição[212].

---

[212] Ob. cit., p. 271.

Em todas as situações elencadas no artigo não poderá ocorrer a repetição, tendo aqui o Código tutelado o interesse do *accipiens* em detrimento daquele do *solvens*[213]. Todavia, apesar de o texto legal nada mencionar a respeito, dúvidas não há de que o *accipiens* deverá atuar de boa-fé em qualquer das hipóteses, caso contrário, ou seja, se laborar de má-fé, a restituição será devida, passando-se a aplicar, então, as regras já analisadas nos artigos anteriores[214].

2. Da inutilização do título

Dentre as três hipóteses há pouco citadas merece especial atenção aquela referente à inutilização do título, motivo pelo qual houvemos por bem comentá-la à parte.

A regra estabelece que não haverá restituição naquela hipótese em que o *accipiens* vier a inutilizar o título, em decorrência do pagamento indevido levado a efeito pelo *solvens*.

Importante destacar que o título mencionado no texto legal será aquele representativo do crédito em si, e não meramente um termo de quitação da dívida. A título de elucidação, podemos citar como exemplo o contrato. Entendemos que a regra deva ser assim interpretada, pois a destruição da quitação, porém, remanescendo o contrato, não impossibilitará o *accipiens* de se voltar, *a posteriori*, contra o real devedor, mo-

---

[213] "O credor que ao receber pagamento de outrem que não seu devedor o fez por conta de dívida verdadeira e inutilizou o título que a representava, não pode ser compelido a repetir. Em rigor recebeu o indevido, pois quem pagou nada lhe devia. Entretanto, inutilizando o título (o que constituía um comportamento normal e ordinário), desmuniu-se da prova de seu direito, perdendo, talvez, a possibilidade de o fazer valer contra o verdadeiro devedor. Tendo, portanto, de escolher entre o interesse do *solvens* que pagou por erro e do *accipiens*, cujo comportamento *não* mereceu censura, prefere o legislador o deste último e lhe permite conservar o que recebeu" (Silvio Rodrigues, ob. cit., p. 416).

[214] "Só num caso a boa-fé pode fazer desaparecer de todo o direito de restituição, isto é, quando em consequência do pagamento o *acipiente* que era realmente credor, mas não do *solvens*, se tenha privado de boa-fé do título e das cautelas, se tenha privado de boa-fé do título e das cautelas que lhe eram relativas. Neste caso não se podendo razoavelmente fazer cair as consequências do erro sobre o *acipiente*, mantém-se firme o pagamento, mas para restabelecer o equilíbrio dá-se ao *solvens* ação de regresso contra o verdadeiro devedor, que de contrário injustamente se enriqueceria" (Roberto de Ruggiero, ob. cit., p. 585-586).

tivo pelo qual inexistiriam razões lógicas a impedir a restituição àquele que pagou em erro.

Ademais, para a aplicabilidade deste artigo, é imprescindível que o título tenha sido inutilizado, no momento do pagamento ou depois[215], quer seja por destruição ou perdimento, implicando o desaparecimento por completo e definitivo da prova representativa da dívida[216].

A definitividade da inutilização é medida que se impõe na questão porque o título, mesmo que desaparecido em um primeiro momento, se for localizado um tempo depois, habilitado estará o *solvens* para pleitear a restituição, salvo se tiver ocorrido a prescrição da dívida em apreço ou a renúncia das garantias pelo *accipiens*.

Questão prática e que merece uma melhor análise consiste naquela situação em que o *solvens* paga a dívida de outrem em nome próprio, na qualidade de terceiro não interessado, e, algum tempo depois, ao tentar obter o reembolso, verifica que o real devedor veio a se tornar insolvente. É de indagar se poderá o terceiro não interessado arrependido, que pagou em nome próprio dívida alheia, e, ainda, perdurando o título, arguir erro no pagamento em busca da restituição, remetendo o *accipiens* para a cobrança da dívida.

A resposta deve ser negativa, porque o ânimo do sujeito que pagou, desde o início, nunca foi o de um devedor, mas, sim, de terceiro não interessado, motivo pelo qual, a alegação de erro mostra-se inaceitável na hipótese. A mesma regra deve ser aplicada ao terceiro não interessado que paga a dívida em nome do próprio devedor.

Ainda no campo dos exemplos práticos, resta analisar aquela situação em que *solvens*, atuando com erro, paga a dívida, e, somente após o transcurso de um longo tempo, vem a pleitear a restituição, quando,

---

[215] Se o desaparecimento do título for observado antes do pagamento, não deverá o *solvens* fazê-lo, consoante a regra do art. 321 deste Código, *verbis*: "Nos débitos, cuja quitação consista na devolução do título, perdido este, poderá o devedor exigir, retendo o pagamento, declaração do credor que inutilize o título desaparecido".

[216] "Exige-se como essencial para o credor se livrar da obrigação de repetir o pagamento recebido, que o título tenha sido utilizado. Pouco importa, porém, que a inutilização tenha sido feita no momento do pagamento, ou depois (cfr. LABROMBIÈRE, ob. cit., n. 9; DEMOLOMBE, cit., v. 31, n. 319)" (J.M. Carvalho Santos, ob. cit., p. 425).

então, o real devedor já se encontra em insolvência, perdurando, entretanto, o título. Diante desta hipótese, poderá ocorrer a restituição?

Neste caso devemos já de início apurarmos se, dentro do lapso temporal transcorrido do pagamento até a arguição da restituição, não teria ocorrido a prescrição do crédito. Em caso afirmativo, não terá direito o terceiro, mesmo remanescendo o título, de repetir o que pagou. O mesmo se diga se houve renúncia de garantias pelo *accipiens*.

Se, contudo, não se verificar a prescrição, bem como se inexistiu renúncia das garantias, ainda assim estaria assegurada ao *solvens* a obtenção da restituição?

Não obstante o silêncio da lei a respeito, concluímos que tal postura seria inadmissível, pois o erro verificado no caso foi único e exclusivamente de responsabilidade do *solvens*, de tal forma que não se poderia admitir que o *accipiens* viesse a sofrer um prejuízo, sem que tenha contribuído para tanto.

É verdade que a lei impôs como requisitos impeditivos de repetir apenas a inexistência do título, a prescrição ou a renúncia às garantias, porém é inegável que a vontade do legislador não é a de que o credor, antes ou depois do pagamento, tenha seus direitos prejudicados diretamente por qualquer consequência do erro do *solvens*, força, portanto, concluir, que a restituição não deverá ser operada no exemplo, salvo se restar provada que a insolvência do real devedor já era observada desde a data da realização do pagamento indevido.

3. Mas o que pagou terá direito a ação regressiva contra o devedor e fiador

Ocorrendo qualquer das hipóteses, ficará o *accipiens* desobrigado de restituir. Contudo, assegura a lei que o *solvens* atue regressivamente contra o real devedor e seu respectivo fiador da dívida por ele indevidamente paga.

A regra atua com muita justeza, pois, sendo o pagamento indevido uma das espécies do gênero enriquecimento sem causa, não seria adequado impedir o *solvens* de repetir, e, ao mesmo tempo, assegurar um favorecimento sem causa ao real devedor que se beneficiou do adimplemento. Assim, apesar da restrição quanto à repetição pelo *accipiens*, terá direito aquele a uma ação regressiva, sem sub-rogação[217], quanto a este, visando o ressarcimento pelos prejuízos sofridos.

Tal situação, na prática, poderá gerar algumas confusões, tendo em vista a semelhança que tal caso tem com a regra em que terceiro não interessado paga dívida de outrem em nome do devedor. Assim, para que se possa dissociar-se de tais fatos, caberá ao *solvens* provar que pagou em erro dívida que acreditava ser sua, e não com o ânimo de quitar obrigação de terceiro. Tal distinção será providencial, pois na primeira hipótese poderá pleitear regressivamente a uma indenização, porém, na segunda, nada lhe será assegurado, consoante se observa, *a contrario sensu*, do disposto no art. 305 deste Código.

Art. 881. Se o pagamento indevido tiver consistido no desempenho de obrigação de fazer ou para eximir-se da obrigação de não fazer, aquele que recebeu a prestação fica na obrigação de indenizar o que a cumpriu, na medida do lucro obtido.

Direito anterior: Sem correspondente no CC/1916.

COMENTÁRIOS

1. Do pagamento indevido nas obrigações de fazer ou de não fazer

Nestas modalidades obrigacionais, aquele que vier a receber indevidamente o pagamento (indébito subjetivo) ficará obrigado a restituir em favor daquele que efetivamente praticou ou se absteve de praticar a tarefa.

Trata-se de regra nova introduzida por este Código, no sentido de regulamentar a questão das obrigações de fazer ou não fazer, dentro do tópico pagamento indevido.

---

[217] O Código Civil italiano permite a sub-rogação na parte final do art. 2.036: Quando a repetição não for admitida, sub-rogar-se-á aquele que pagou nos direitos do credor.

É de notar que o artigo não delega ao real credor o direito de repetir o indébito, prática esta assegurada apenas ao *solvens*. Entretanto, assegura-lhe o direito de pleitear uma indenização junto ao *accipiens*.

A medida é adequada, pois, caso fosse negado ao real credor tal direito indenizatório, teria este que ficar na espera de uma providência do *solvens*, o que tornaria tal prática injusta, em especial pelos esforços despendidos pelo mesmo no desempenho da tarefa.

2. Na medida do lucro obtido

Determina a regra em comento que a indenização a que terá direito o real credor deverá ser limitada ao valor do lucro obtido pelo *accipiens*.

Isto implica afirmar que o valor do pagamento a ser realizado deverá ser baseado no lucro auferido pelo *accipiens*, independentemente da valorização atribuída à atividade comissiva ou omissiva desenvolvida pelo real credor.

Não obstante a limitação pecuniária acima, nada impede que o real credor venha a cobrar do *solvens* eventual diferença observada entre o valor do pagamento indevido com o preço pelos serviços prestados ou abstidos.

Entendemos, ainda, que, se o *solvens* obtiver a restituição do *accipiens*, exonerar-se-á este, não havendo que falar em indenização ao real credor, que poderá buscar o pagamento junto à pessoa daquele que veio a se beneficiar com as obrigações de fazer ou não fazer, resolvendo-se a questão no campo do inadimplemento obrigacional.

Tal desfecho parece lógico, uma vez que não haveria razão de o *solvens* se negar a fazer o pagamento ao real credor, pois, se obteve a restituição, e, ao mesmo tempo, o benefício da obrigação de fazer ou não fazer, deverá adimplir com sua parte no vínculo obrigacional, quitando o preço devido.

Art. 882. Não se pode repetir o que se pagou para solver dívida prescrita, ou cumprir obrigação judicialmente inexigível.

Direito anterior: Art. 970. Não se pode repetir o que se pagou para solver dívida prescrita, ou cumprir obrigação natural.

COMENTÁRIOS

1. Pagamento de dívida prescrita

A presente regra, tal como aquela do art. 880, trata das hipóteses em que a restituição não será devida.

Aquele que pagar dívida prescrita não terá direito de restituir. Não podemos considerar a quitação de dívida prescrita como uma espécie de pagamento indevido, pois para a caracterização deste é de se presumir um enriquecimento por parte do *accipiens* e um empobrecimento do *solvens*[218]. Em verdade, mesmo com a prescrição, o devedor continuará moralmente obrigado a pagar a dívida como se ela não estivesse prescrita.

Uma dívida alcançada pela prescrição não pode ser equiparada a um compromisso indevido ou inexistente. Trata-se de obrigação verdadeira e existente para o direito civil, sendo certo que apenas não mais permite ao seu titular ativo que exerça o direito processual de cobrança, isto por não tê-lo feito dentro de um prazo fixado pela lei. Não há a perda do direito, mas sim da faculdade de exercício deste direito.

Na presente hipótese, a restituição será indevida, mesmo que o *solvens* tenha efetuado o pagamento de dívida prescrita ignorando tal condição. Como muito bem citado na doutrina[219], o devedor, quando da

---

[218] "Quem paga obrigação judicialmente inexigível não faz liberalidade, mas cumpre dever a que, em seu íntimo, se achava vinculado. Portanto, não sofre empobrecimento injusto. Quem recebe essa obrigação, por outro lado, não experimenta enriquecimento, pois, embora inexigível judicialmente seu crédito, o recebimento do mesmo apenas reequilibra um patrimônio que, de outro modo, estaria desfalcado. Não havendo empobrecimento injusto do *solvens*, nem enriquecimento indevido do *accipiens*, não há como se admitir a ação de repetição que, como já mostrei, nada mais é do que a modalidade da ação *in rem verso*" (Silvio Rodrigues, ob. cit., p. 417).

[219] "Aquele que solve dívida prescrita não pode repetir o pagamento. O débito é verdadeiro, mas a inércia do credor deixou que ele se desguarnecesse do tegumento protetor, e, por isso, tornou-se inexigível. O devedor, ao solvê-lo, nem incide em erro quanto à existência da obrigação nem se engana quanto ao seu objeto. A paz social lhe permita recusar solvê-la. A equidade, entretanto,

quitação da obrigação prescrita, não incorre em erro quanto à existência ou o objeto desta (indébito objetivo), tampouco equivoca-se quanto à pessoa do *accipiens* (indébito subjetivo), apenas paga dívida juridicamente não reclamável.

Em sede tributária, contudo, tende-se a concluir em sentido contrário, tendo em vista a existência de posicionamentos doutrinários reconhecendo o direito de repetição ao contribuinte que vier a pagar dívida tributária prescrita, uma vez que *a prescrição extingue a ação e, de forma indireta, o próprio direito*[220].

2. Obrigação judicialmente inexigível

Além do pagamento de dívida prescrita, elenca também o artigo aquela hipótese do pagamento de obrigações consideradas judicialmente inexigíveis.

O Código anterior utilizava-se, em vez de obrigação judicialmente inexigível, da expressão obrigação natural[221]. J.M. Carvalho Santos[222], citando Clóvis Beviláqua, a conceitua como "aquela que é desprovida

---

não tolera que seu pagamento seja repetido, uma vez que estaria a própria equidade natural a aconselhar ao devedor que efetuasse o pagamento. Vem então o direito, e dá corpo ao mandamento da equidade, negando ao *solvens* a repetição do que pagou em solução da dívida prescrita" (Caio Mário da Silva Pereira, ob. cit., p. 193).

[220] "No Direito Civil, a prescrição extingue a ação, sem atingir o direito. 'O direito subsiste, impotente, como uma pistola sem gatilho', na saborosa expressão do mestre Aliomar Baleeiro. Para o CTN, no entanto, a prescrição extingue a ação e, de forma indireta, o próprio direito. Essa observação, que pode parecer meramente acadêmica, tem, pelo contrário, grande alcance prático, escreve Hugo de Brito Machado. Se a prescrição atingisse apenas a ação para cobrança, mas não o próprio crédito tributário, a Fazenda Pública, embora sem ação para cobrar seus créditos depois de cinco anos definitivamente constituídos, poderia recusar o fornecimento de certidões negativas aos respectivos sujeitos passivos. Mas, como a prescrição extingue o crédito tributário, tal recusa obviamente não se justifica" (Manoel Álvares. *Código Tributário Nacional comentado*. São Paulo: RT, 1999. p. 669).

[221] "Denomina-se obrigação natural aquela que não prove o credor de meio jurídicos de constranger o devedor ao seu cumprimento. São exemplos tradicionais de obrigações naturais as dívidas prescritas e as advindas de jogos e apostas. Atualmente, as obrigações naturais não conservam o mesmo significado da *obligatio naturalis* romana e da doutrina que a desenvolveu" (Nelson Nery Junior e Rosa Maria de Andrade Nery. *Novo Código Civil e legislação extravagante anotados*. São Paulo: RT, 2002. p. 312).

[222] Ob. cit., p. 431.

de ação, não fornecendo a lei meios para se exigir o seu cumprimento. São as que consistem, em suma, no cumprimento de um dever moral".

Aqui, tal como foi dito acerca das dívidas prescritas, não há que falar em pagamento indevido, uma vez não se observar o enriquecimento do *accipiens* e o empobrecimento injusto do *solvens*.

Com a redação utilizada por este Código, ficou ainda mais fácil a compreensão da matéria, uma vez que o direito do credor existe, porém a lei não lhe fornece meios aptos a permitir com que faça a cobrança judicial do mesmo. Todavia, se o devedor faz o pagamento, mesmo desconhecendo a inexistência de meio material ou processual a permitir o exercício do direito, não poderá reaver o que pagou, pois se trata de um movimento de consciência, no sentido de privilegiar o caráter moral e social inerente ao ato que se quitou.

> **Art. 883.** Não terá direito à repetição aquele que deu alguma coisa para obter fim ilícito, imoral, ou proibido por lei.
>
> **Parágrafo único.** No caso deste artigo, o que se deu reverterá em favor de estabelecimento local de beneficência, a critério do juiz.
>
> **Direito anterior:** Art. 971. Não terá direito a repetição aquele que deu alguma coisa para obter fim ilícito, imoral, ou proibido por lei.

COMENTÁRIOS

1. Não terá repetição o solvente que pagar com fim torpe

A presente regra veda a ocorrência da repetição naquelas situações em que o pagamento é efetivado visando um fim ilícito, imoral ou proibido por lei.

Este dispositivo legal encontra suas raízes na regra *nemo propriam turpitudinem allegans*, ou seja, de que ninguém poderá ser atendido invocando a própria torpeza.

No direito romano para aplicação da regra, fazia-se a distinção da situação de acordo com o ânimo dos sujeitos perante o ato ilícito, imoral ou contrário à lei. Desse modo, ante o caso concreto, analisar-se-ia a atitude do *accipiens* e do *solvens*, para, após, concluir pela ocorrência ou não da restituição.

Quando a ação desonesta era praticada apenas pelo acipiente, sem a participação, comissiva ou omissiva, do solvente, ficava assegurado a este a restituição daquilo que indevidamente havia sido entregue. Todavia, se para a prática do ato concorresse também o *solvens*, a restituição não mais era cabível[223]. Assim, podemos afirmar, na verdade, que na época romana a ação do *accipiens* e do *solvens* era o elemento determinante para a ocorrência ou não da restituição daquilo que viesse a ser pago indevidamente.

No direito atual, a regra é outra, pois a restituição apenas não se realizará se for o solvente o agente torpe, pouco importando o modo de atuação do acipiente[224]. O nosso Código, seguindo essa tendência, estabelece como fator decisivo na questão a atuação do *solvens*. Tal situação já se observa da própria redação do artigo em comento, quando estabelece que *não terá direito à repetição aquele que* der alguma coisa para obter fim ilícito, imoral ou proibido por lei. Quedou-se o texto legal quanto à conduta do *accipiens*, pois nada prescreve acerca do agir da pessoa que recebe o pagamento torpe[225].

---

[223] "As fontes romanas distinguiam quando o procedimento torpe era apenas do *accipiens*, do caso em que dele participava o *solvens*. Se apenas o *acipiente* agia desonestamente, cabia a *restitutio*, amparada pela *conditio ob turpem causam*, pois a equidade não tolera que alguém retenha o que recebeu em tais condições; 'quod si turpis causa accipientis fuerit, etiam res secuta sit, repeti potest'. Mas se o solvente também procedia torpemente, e dava algo com finalidade ilícita ou imoral, não tinha ação de repetição: 'ubi autem et dantis et accipientis turpitudo versatur, non posse repeti dixinus; veluti si pecúnia detur ut male iudicetur'. Esta repetição deve ser recusada, por não encontrar o solvente amparo na equidade, para a sua pretensão de reaver o indébito, o que já nosso Freitas afirmava" (Caio Mário da Silva Pereira, ob. cit., p. 193).

[224] "É indiferente que o *acipiente* seja ou não conivente na torpeza: em qualquer hipótese quem praticou o ato desonesto ou ilícito não pode contar com o auxílio do Direito" (J.M. Carvalho Santos, ob. cit., p. 435).

[225] "Ora, o Código, no artigo *supra*, veda a repetição quando a torpeza é praticada por quem dá alguma coisa para obter um fim imoral, ilícito ou desonesto, não impedindo, portanto, a repetição se não houve torpeza da parte de quem faz, mas, sim, da parte de quem recebe o pagamento" (J.M. Carvalho Santos, ob. cit., p. 436).

Conforme ensina Washington de Barros Monteiro[226], mesmo naquela hipótese em que o acipiente esteja conivente com o agir do solvente, não será permitida a restituição em favor deste. Tal situação fática, na época romana, era resolvida com o confisco da coisa dada a favor do Estado.

2. Do objetivo da proibição em repetir

Quis o legislador no presente artigo, como de resto se observa em todo o Código, inibir a desonestidade, evitando chancelar a prática de atos tidos como ilícitos e torpes.

De fato, merece aplausos a regra em apreço, uma vez que não há como aceitarmos a ideia de que alguém, por razões imorais ou torpes, proceda à entrega de determinada coisa a outrem, e depois, obtendo ou não sucesso quanto a seus objetivos escusos, venha a se valer da norma legal, até então vilipendiada e ignorada, para buscar a restituição da coisa dada ao acipiente.

A doutrina[227] é unânime em afirmar que a presente norma reflete a imagem da moralidade que o legislador procurou elencar ao longo de todo o Código, com o que concordamos, afinal, não seria adequado que o ordenamento jurídico acolhesse a restituição daquele que entrega coisa com fim ilícito ou imoral, pois, se assim agisse, estaria a chancelar uma conduta nefasta praticada pelo *solvens*, em flagrante violação aos interesses da ordem pública, bem como da regra *nemo auditur propriam turpitudinem allegans*.

---

[226] "Embora conivente o *accipiens* com o *solvens*, para obtenção do escopo imoral, ainda assim não subsiste o direito à repetição. Aliás, no direito romano, divergia a solução: se o primeiro conhecia a torpeza, tinha lugar a repetição; se a ignorava, descabia esta; se ambos a conheciam, confiscava-se a prestação em favor do erário público, como no antigo direito português" (Ob. cit., p. 272).

[227] "Isso decorre de que o ordenamento jurídico se recusa a dar sanção a atos que representam um agravo à sua estrutura, que ferem a moral e os bons costumes. Se o pagamento efetuado procurou alcançar fim ilícito ou torpe, a lei fecha as portas dos pretórios ao *solvens*, que não pode, desse modo, reclamar repetição do que pagou indevidamente" (Silvio Rodrigues, ob. cit., p. 418).

Art. 883. (...)
Parágrafo único. No caso deste artigo, o que se deu reverterá em favor de estabelecimento local de beneficência, a critério do juiz.

COMENTÁRIOS

1. Da destinação da coisa dada para obter fim torpe

O presente parágrafo único foi introduzido neste Código, sendo certo que inexistia igual dispositivo no texto civilista anterior.

Trata de dispositivo legal, cujo objetivo é ditar a destinação a ser dada à coisa entregue ao acipiente com propósitos ilícitos, imorais ou contrários à lei.

A proibição em repetir, quando o *solvens* age com o propósito de obter fins torpes, já era restrição existente desde o Código anterior. A inovação ora observada refere-se ao fato de que o acipiente, mesmo não sendo obrigado pela lei a restituir a coisa recebida, de igual forma, também não lucrará com ela.

Estabelece o parágrafo sob análise que, ante a situação de um pagamento ser realizado por motivo torpe, a coisa, de fato, não retornará às mãos do solvente, contudo, de igual forma, também não permanecerá na posse do acipiente, havendo seu deslocamento à esfera de terceiros (entidade beneficente).

A justeza da norma é ímpar, pois a forma anterior não era de fato adequada, pois restava por primar a pessoa do acipiente, mesmo naquelas hipóteses em que este concorria, também de forma torpe, para a prática do ato.

Aqui, mesmo com certas particularidades, nos parece que o legislador pátrio adotou, em termos, o velho sistema romano, bem como o sistema alemão[228], que, diante da hipótese em que haja conivência entre

---

[228] "Em mais de uma oportunidade, deixamos acentuada a moralizadora preocupação do legislador pátrio, que jamais condescende com o ilícito e o desonesto. Sob esse ponto de vista, porém,

os sujeitos *solvens* e *accipiens*, fica não só vedada a restituição, como ambos perdem a coisa.

2. A quem caberá a coisa dada

Ao final do presente parágrafo, se estabelece que a reversão será realizada à entidade beneficente a critério do juiz.

Pela redação é possível concluir que apenas ocorrerá a reversão se o *solvens* vier a juízo reclamar aquilo que entregou para obter fim ilícito, caso contrário, a questão não chegará ao Poder Judiciário, e, como tal, inexistirá possibilidade de se justificar a atuação judicial, restando frustrada a possibilidade prevista no texto.

Apesar da liberdade concedida ao arbítrio do magistrado quanto à escolha da entidade a ser beneficiada, determina a lei que deverá ser uma daquelas do próprio local, logo, a efetivação da reversão somente poderá ocorrer entre os órgãos beneficentes localizados dentro da circunscrição onde veio a ocorrer a entrega da coisa a ser revertida.

Na prática, contudo, acreditamos que deverão os juízes dispensar à questão o mesmo tratamento que hoje vem sendo utilizado nas condenações criminais, em que se estabelece uma escala de entidades beneficentes, que, à medida das ocorrências, vão recebendo a prestação de serviços de sentenciados, bem como cestas básicas, naquelas condenações de pequeno valor ou oriundas de transações penais.

---

o Código Civil alemão mostra-se ainda mais satisfatório, porquanto prescreve o confisco da prestação. Essa, aliás, a solução preconizada pelos clássicos, bem como a entrega a terceiro" (Washington de Barros Monteiro, ob. cit., p. 272).

CAPÍTULO IV
DO ENRIQUECIMENTO SEM CAUSA

Art. 884. Aquele que, sem justa causa, se enriquecer à custa de outrem, será obrigado a restituir o indevidamente auferido, feita a atualização dos valores monetários.

Parágrafo único. Se o enriquecimento tiver por objeto coisa determinada, quem a recebeu é obrigado a restituí-la, e, se a coisa não mais subsistir, a restituição se fará pelo valor do bem na época em que foi exigido.

Direito anterior: Sem correspondente no CC/1916.

COMENTÁRIOS

1. Do enriquecimento sem causa

O presente dispositivo legal vem ao encontro dos anseios há tempos demonstrado pela doutrina[229], no sentido da necessidade de o legislador pátrio dispensar tratamento autônomo e independente ao instituto do enriquecimento sem causa.

---

[229] "Conforme afirmei no capítulo anterior, o Código de 1916 não consagrava regra genérica sobre o enriquecimento sem causa, havendo apenas disciplinado, sistematicamente, o pagamento indevido, que é espécie do gênero enriquecimento sem causa. Esse princípio que veda o enriquecimento indevido é de grande ancianidade e já o encontramos consolidado por Justiniano no Digesto (Livro 50, Tít. 17, p. 206), nestes termos: *Naturae aequum est, neminem cum alterius detrimento et injuria, fieri locupletionem*, que traduzido livremente: é da natureza da equidade que ninguém pode locupletar-se com o empobrecimento injusto de outrem" (Silvio Rodrigues, ob. cit., p. 419-421).

O Código Civil anterior, apesar de não regular a matéria de forma particularizada, permitia a aplicação dos seus princípios norteadores não só mediante o pagamento indevido, que, como já argumentado, se trata de uma espécie do gênero enriquecimento sem causa, como, de igual forma, também o vislumbrava em diversos outros artigos[230].

A título de exemplo, podemos citar algumas das hipóteses previstas no Código de 1916[231], nos arts. 513, 613, 936, 1.339, entre inúmeros outros. Em algumas situações, permitia-se até mesmo que o julgador viesse a se utilizar da analogia e dos princípios gerais de direito como forma de inibir o enriquecimento sem causa[232].

O enriquecimento sem causa não é uma criação do direito moderno, pois, não obstante as sensíveis contribuições que a doutrina contemporânea, ao longo dos anos, proporcionou à aplicabilidade deste instituto, teve ele sua origem fundamentada nas chamadas *condictiones* romanas[233], por meio das quais deveria aquele que se locupletasse com a coisa alheia restituí-la ao seu dono[234].

---

[230] "A lacuna não deve, entretanto, ser interpretada como rejeição do princípio segundo o qual deve restituir a vantagem patrimonial quem obteve injustificadamente. Se é certa a inexistência de norma genérica proibitiva do enriquecimento sem causa, também é inquestionável a vigência de regras particulares que o proíbem nos casos mais comuns" (Orlando Gomes, ob. cit., p. 250).

[231] Art. 513. O possuidor de má-fé responde por todos os frutos colhidos e percebidos, bem como pelos que, por culpa sua, deixou de perceber, desde momento em que se constituiu de má-fé, tem direito, porém, as despesas da produção e custeio. Art. 613. Aos prejudicados nas hipóteses dos dois artigos precedentes, menos a última do art. 612, § 1.º, concernente à especificação irredutível obtida em má-fé, se ressarcirá o dano, que sofrerem. Art. 936. Não vale, porém, o pagamento cientemente feito ao credor incapaz de quitar, se o devedor não provar que em benefício dele efetivamente reverteu. Art. 1.339. Se o negócio for utilmente administrado, cumprirá ao dono as obrigações contraídas em seu nome, reembolsando ao gestor as despesas necessárias ou úteis que houver feito, com os juros legais, desde o desembolso.

[232] "(...) se é verdade que o nosso Código não considerou expressamente o enriquecimento sem causa como uma causa geradora de obrigação, com caráter e figura especial, não menos verdade é que o princípio do não enriquecimento à custa alheia constitui um dos princípios gerais de Direito, que devem ser invocados, nos termos do art. 7.º da Introdução ao Código Civil, sempre que houver omissão da lei" (J.M. Carvalho Santos, ob. cit., p. 378).

[233] José Carlos Moreira Alves. *Direito romano*. 5. ed. Rio de Janeiro: Forense, v. II, p. 251-257.

[234] "Sobre o alicerce, das *condictiones*, que não receberam na dogmática romana uma sistematização perfeita, os modernos construíram a teoria do enriquecimento sem causa. Descabe, portanto, razão aos que sustentam tratar-se aqui de uma construção original de nosso tempo. Aos juristas modernos coube o trabalho sem dúvida profícuo de formular-lhes a doutrinação geral. Mas não se pode recusar à ciência jurídica dos romanos a ter vislumbrado e enunciado os conceitos fundamentais" (Caio Mário da Silva Pereira, ob. cit., p. 184).

2. Do conceito e dos princípios do enriquecimento sem causa

A conceituação do instituto pode assim ser definida: consiste em um acréscimo injustificado de um patrimônio como sacrifício da perda do elemento de outro, sem que para tal deslocamento tenha havido uma causa justificada, produzindo, em consequência, um desequilíbrio patrimonial. Em razão desse mesmo desequilíbrio, surge o problema de dois patrimônios interligados por esse duplo fenômeno: o enriquecimento, de um lado; o empobrecimento, de outro.

Tarefa mais complicada é definir qual o princípio ou fundamento do enriquecimento sem causa, notadamente pela existência de várias correntes doutrinárias divergentes que tentam esclarecer de forma definitiva o assunto.

Alguns entendem que a transmissão injustificável de certos elementos de um patrimônio para outro seria o traço característico do enriquecimento sem causa[235], contudo tal corrente enfrenta sérias críticas, à medida que se observa a possibilidade de ocorrência de situações em que a ação de locupletamento terá cabimento, sem que para tanto tenha concorrido qualquer transmissão patrimonial, como se verifica, por exemplo, nas prestações de fato, ou quando alguém fornece valiosa informação[236].

Já outra corrente tem o princípio do enriquecimento como uma espécie de gestão de negócios[237]. Entendemos que esta corrente não pode de fato subsistir, pois na maioria das situações fáticas em que se admite o locupletamento não há que se falar em qualquer ato de gestão por qualquer das partes envolvidas[238], como se observa, *v.g.*, em julgado

---

[235] Aubry et Rau, apud J.M. Carvalho Santos, ob. cit., p. 379.
[236] "Qualquer proveito, ensina Giorgi, seja aumento de patrimônio, seja o evitar despesas ou perdas, constitui locupletamento no significado da palavra, verdade incontestável que bem revela não poder será aceita a doutrina de que Aubry et Rau se fizeram adeptos" (J.M. Carvalho Santos, ob. cit., p. 379).
[237] Laurent, *Droit Civil*, t. XX, n. 333 e ss.; Demolombe, *Cours de Cód. Napoléon*, t. XXXI, n. 48, p. 44 e ss.; Larombière, *Théore et pratique des obligations*, t. 5, n. 55 e ss. (Apud J.M. Carvalho Santos, ob. cit., p. 380).
[238] "O locupletamento, em verdade, não depende de gestão alguma. Pode-se verificar, o que acontece na maioria dos casos, sem que ato algum de gestão tenha sido praticado" (J.M. Carvalho Santos, ob. cit., p. 380).

do Superior Tribunal de Justiça[239], onde se afastou o enriquecimento sem causa de um contratante contra outro por motivo de valorização de moeda estrangeira em face da moeda nacional.

Sob a ótica da teoria da responsabilidade civil ou de um dever moral[240] é o posicionamento de outra corrente[241]. Aqui também não deve se encaixar o princípio do enriquecimento sem causa, pois, para a existência da responsabilidade civil ou dever moral, exige-se uma ação do agente, porém é inegável que em algumas situações poderemos nos deparar com uma situação de locupletamento, sem que, contudo, tenha o locupletador praticado qualquer atitude[242].

Por derradeiro, há quem interprete o enriquecimento sem causa como um ato ilícito[243], todavia não se pode admitir que o locupletamento será sempre fruto de um ato ilícito, se, por muitas vezes, é possível observá-lo, sem que o agente enriquecido tenha sequer tomado ciência do enriquecimento[244].

As discussões doutrinárias retrocitadas, em maior ou menor grau de plausibilidade, em verdade, acabam por não se distanciar, contudo,

---

[239] "A abrupta e forte desvalorização do real frente ao dólar americano constitui evento objetivo e inesperado apto a ensejar a revisão de cláusula contratual, de modo a evitar o enriquecimento sem causa de um contratante em detrimento do outro" (STJ, REsp 430.393, rel. Min. Antônio de Pádua Ribeiro, *DJ* 05.08.2002).

[240] "Aquele que indevidamente recebe um pagamento, sem justa causa, tem o dever de restituir, uma vez que o ordenamento jurídico positivo não tolera o locupletamento indevido de alguém em detrimento de outrem. Essa proibição, aliás, também repousa na moral (a propósito, Georges Ripert, *A regra moral nas obrigações civis*, Saraiva, 3. ed., 1937, p. 14)" (STJ, REsp 383.536, rel. Min. Sálvio de Figueiredo Teixeira, *DJ* 29.04.2002).

[241] Ripert e Teisseire (apud J.M. Carvalho Santos, ob. cit., p. 381-382).

[242] "Esta teoria é, porém, inadmissível, porque o fato ilícito supõe, necessariamente, da parte de quem o praticou, uma atividade intencional, tendente a lesar os direitos ou interesses de outrem, que é quase sempre uma pessoa determinada. Ora, no locupletamento, pode não haver intenção alguma dolosa ou culposa; a atitude do locupletador pode ser alheia até sem o ter desejado ou previsto. Doutro lado, a indenização de perdas e danos tem uma amplitude de que não é suscetível a restituição do locupletamento" (Cunha Gonçalves, apud J.M. Carvalho Santos, ob. cit., p. 381-382).

[243] M. Planiol, *Traité de Droit Civil*, 7. ed., Paris, 1917, II, n. 937, apud Serpa Lopes, ob. cit., p. 57-58.

[244] "Ora, impossível é acolher semelhante concepção dada a razão precípua do enriquecimento indevido poder ocorrer sem ter havido da parte do enriquecido a consciência desse enriquecimento. Além disso, considerado o enriquecimento como um ato delituoso, não se poderia compreender a limitação do campo de sua reparação, como sucede na prática" (Serpa Lopes, ob. cit., p. 58).

da resultante de dois axiomas jurídicos: "dar a cada um o que é seu" e que "não se deve lesionar ninguém". Assim, na esteira do raciocínio desenvolvido por J.M. Carvalho Santos, entendemos que o fundamento do princípio do não locupletamento sem causa repousa sob a ótica da regra da equidade, em que a ninguém é dado enriquecer injustamente à custa de outrem: *jure naturae aequum est, neminem cum alterius detrimento et injuria locupletatiorem fieri*[245].

3. Das condições do enriquecimento sem causa

Não obstante algumas divergências encontradas na doutrina, podem assim ser definidas as condições da ação de locupletamento sem causa: a) o enriquecimento do réu; b) o empobrecimento sem culpa do autor; c) o nexo de causalidade entre o empobrecimento e o enriquecimento; d) a ausência de causa; e) a subsidiariedade da ação de locupletamento.

A maneira como nosso legislador dispôs a matéria do enriquecimento sem causa neste e nos dois próximos artigos nos permitirá comentar cada uma dessas condições em particular, razão pela qual achamos por bem reservarmos os comentários em cada um dos artigos pertinentes.

4. Aquele que, sem justa causa, se enriquecer à custa de outrem

Para que se caracterize o enriquecimento sem causa, será necessário, de plano, verificar o enriquecimento do réu[246].

---

[245] "A equidade, a nosso ver, é o fundamento do princípio do não locupletamento à causa de outrem. Vale o mesmo que dizer que Cunha Gonçalves está com a razão, quando assevera que para justificar a ação do não locupletamento nenhuma teoria é precisa além dos princípios clássicos da justiça e do Direito a que aludiu, porquanto esses princípios nada mais traduzem do que regras de equidade. Realmente, a ação de *in rem verso* deve ser admitida de uma maneira geral, como sanção da regra de equidade de que não é permitido a ninguém enriquecer injustamente à custa de outrem" (Ob. cit., p. 382-383).

[246] "A correção monetária, simples atualização do valor da moeda, corrida pela inflação, devendo ser aplicada, sob pena de enriquecimento sem causa de parte do devedor" (STJ, REsp 323.306 -SP, rel. Min. Milton Luiz Pereira, *DJ* 01.07.2002).

O enriquecimento do réu, primeira das condições, consiste em uma vantagem apreciável em pecúnia, seja ou não ela de cunho patrimonial, podendo, inclusive, ser de caráter intelectual ou moral. Assim, podemos afirmar que haverá enriquecimento quando houver a aquisição de um bem aferível em dinheiro, mas também, se ocorrer uma remissão de dívida, por exemplo, exonerando-se o autor de um ônus financeiro de que era titular passivo[247].

Comporta aqui também analisarmos a segunda condição da ação de locupletamento, que consiste no empobrecimento do autor, ou por ter sofrido uma perda de seu ativo, ou por ter deixado de receber algo que a ele seria incorporado, ou, ainda, naquela hipótese em que sofre acréscimos no seu passivo. Contudo, não poderá o autor ter concorrido com culpa para o empobrecimento, tendo em vista que, pelo direito comum, poderá vir a responder por seu ato culposo, o que ocasionará uma redução, senão um aniquilamento total, de eventual direito que houver contra o enriquecido[248].

Necessário que entre o empobrecimento e o enriquecimento haja um nexo de causalidade, ligando um ao outro, de tal forma que se possa afirmar que a redução ativa ou o acréscimo no passivo do autor tenha sido ocasionado pelo aumento no ativo ou redução no passivo do réu. Caso não verificado o liame necessário, no sentido de provar que ambas as situações derivaram do mesmo fato, será impossível remanejar a ação de locupletamento. Daí Serpa Lopes concluir que:

> Resulta daí a necessidade de uma correlação ou correspondência entre aqueles dois elementos – o empobrecimento e o enriquecimento. A vantagem de um deve resultar, como

---

[247] "A razão verdadeira e última da restituição está pois no injusto enriquecimento que se produziria no patrimônio de um à custa de outro, se este não tivesse uma ação para obter a restituição" (Roberto de Ruggiero, ob. cit., p. 584).

[248] "O direito de exercitar a ação *in rem verso* pelo empobrecido pode sofrer restrições se o enriquecimento por ele empobrecimento não imputável a um ato culposo do empobrecido.Resulta daí a possibilidade de uma interpretação da culpa na ação de *in rem verso*" (Serpa Lopes, ob, cit., p. 83).

casualidade eficiente recíproca, da desvantagem do outro patrimônio[249].

Outra condição da ação de locupletamento é que para o enriquecimento e o respectivo empobrecimento não concorreu nenhuma causa legal ou contratual, sendo certo que não só nome do instituto, enriquecimento sem causa, reclama tal conclusão, como o próprio texto em comento determina que o enriquecimento seja ocasionado *sem justa causa*.

Se o enriquecimento sobrevier de um ato regulado por lei, por exemplo, quando o devedor se beneficia da prescrição fixada pela lei, ou quando, em uma relação contratual de risco, uma das partes contratantes tem um ganho em face da outra, não se observará o locupletamento injusto.

5. Será obrigado a restituir o indevidamente auferido, com atualização dos valores monetários

Assegura aqui o legislador que o empobrecido terá direito a ver-se restituído no *quantum* indevidamente auferido pelo enriquecido, devendo os valores monetários ser devidamente atualizados[250].

Resta saber se a atualização a que se refere o texto implicará a computação de juros, ou somente a correção monetária. Entendemos que, ante a ausência de previsão legal da cobrança de perdas e danos pelo empobrecido, nos parece ser possível que este proceda à cobrança da restituição acrescida de juros legais, caso contrário, a correção mo-

---

[249] "A noção de enriquecimento sem causa, além de exigir, de um lado, a existência de um enriquecimento, e, de outro, a de um empobrecimento, impõe, ainda, um terceiro elemento: a união desses dois elementos vinculados por uma relação de causa e efeito. Consequentemente, se o empobrecimento do enriquecedor não houver resultado de ato próprio seu, senão de um puro evento fortuito, como sucede no caso do aluvião, não há como falar de indenização, dado que, em síntese, o empobrecido, isto é, o que perdeu a coisa, não pode ser considerado como sendo um enriquecedor, no sentido técnico da palavra" (ob. cit., p. 73).

[250] "A correção monetária tem como termo *a quo* a data em que o pagamento deveria ter sido efetuado posto ser mera atualização, mercê de vedar o enriquecimento sem causa" (STJ, REsp 389.332, rel. Min. Luiz Fux, *DJ* 29.04.2002).

netária por si só não afugentará as perdas que o ato injusto imputará ao autor da ação de locupletamento.

> Art. 884. (...)
> Parágrafo único. Se o enriquecimento tiver por objeto coisa determinada, quem a recebeu é obrigado a restituí-la, e, se a coisa não mais subsistir, a restituição se fará pelo valor do bem na época em que foi exigido.

COMENTÁRIOS

1. Se a restituição tiver como objeto coisa determinada

Este parágrafo único estabelece que, se a restituição tiver como objeto coisa determinada, será esta devolvida ao empobrecido.

Contudo, deixou o texto legal de esclarecer como ficará a questão das benfeitorias levadas à coisa ou os frutos dela oriundos, durante o lapso de tempo em que ela esteve sob a posse do enriquecido. Assim, ante a ausência de disposição legal no texto sob análise, devem-se a aplicar aqui as mesmas regras reservadas neste Código aos possuidores de boa ou má-fé.

Quanto aos frutos, se o enriquecido estiver de boa-fé, terá direito aos percebidos, sejam eles naturais, industriais ou civis. Já os pendentes não lhe pertencerão, tais como aqueles colhidos com antecipação, fazendo jus, entretanto, quanto a ambos, ao reembolso das despesas de produção e custeio. Se estiver atuando de má-fé, não terá direito a nenhum dos frutos, respondendo, até mesmo, pelos frutos que deixou, por sua culpa, de perceber. Todavia, fará jus ao reembolso das despesas de produção e custeio que houver suportado.

No tocante ao direito pelas benfeitorias e acréscimos levados à coisa, ao enriquecido de boa-fé ficará assegurado o reembolso pelas despesas necessárias e úteis, pelo valor atual das benfeitorias, inclusive com direito de retenção, bem como as voluptuárias, podendo, quanto a esta, caso não adimplidas, levantá-las, desde que não importe em destruição da própria coisa. Se o enriquecido houver atuado de má-fé, fará jus apenas às benfeitorias necessárias, pelo valor atual ou pelo valor do custo das mesmas, cabendo a escolha ao empobrecido, contudo não lhe será assegurado qualquer direito de retenção quanto a estas, bem como de levantar as voluptuárias, independentemente de isso vir ou não a causar a destruição da própria coisa.

2. Se houver perda da coisa a ser restituída

Estabeleceu o texto em comento que, se a coisa a ser restituída vier a se perder, independentemente de ser ela fungível ou infungível, caberá ao enriquecido fazer a restituição pelo valor equivalente da coisa, tomando como base a época em que foi ela exigida.

Apesar da previsão legal, entendemos que teria sido melhor que o legislador houvesse regulado a questão do perecimento da coisa da mesma maneira que fez nos arts. 238, 878 e 1.217 e seguintes deste Código. Até porque, por não ter estabelecido regra específica quanto à hipótese de deterioração da coisa a ser restituída pelo enriquecido, a utilização destas previsões legais nos parece inevitável, ante a ausência de dispositivo a permitir o deslinde desta última situação analisada.

Para evitarmos a repetição desnecessária dos comentários dos textos legais acima referidos, remetemos o leitor aos comentários que reportamos nos arts. 878 e 879 deste Código, em que a questão já restou analisada.

Art. 885. A restituição é devida, não só quando não tenha havido causa que justifique o enriquecimento, mas também se esta deixou de existir.

Direito anterior: Sem correspondente no CC/1916.

COMENTÁRIOS

1. A restituição será devida mesmo se a causa deixar de existir

Como já tivemos a oportunidade de comentar, uma das condições para a ação de locupletamento é a ausência de causa, legal ou contratual, a justificar o enriquecimento do réu e o empobrecimento do autor. O presente artigo trata daquela hipótese em que a inexistência de causa venha a ser verificada em um segundo momento, em outras palavras, a causa que existia inicialmente deixou de existir.

Entendemos que a regra em apreço apenas terá aplicabilidade no que se refere às causas derivadas de contrato, sendo certo que, vindo este a ser cancelado, já não mais existirá a situação original, podendo o empobrecido demandar em face do enriquecido[251].

No que se refere à causa estabelecida por lei, vindo esta a ser revogada por outra, em cujo conteúdo não se dá guarida à causa tutelada na norma anterior, haverá o desaparecimento da causa legal e, consequentemente, surgirá o direito de restituição em favor do empobrecido. A título de exemplo, suponhamos que entre em vigor uma nova lei ampliando o prazo prescricional de um determinado direito já tido na lei anterior como prescrito. Tão logo da entrada em vigor da lei posterior, poderá o titular do direito cobrar o seu crédito junto ao inadimplente.

---

[251] "Quem recebe é obrigado a restituir para reintegrar o patrimônio do *solvens*, o qual se depauperou sem causa, tal como sem causa se enriqueceu o do *accipiens*. Dá-se por isso ao primeiro uma ação contra o segundo, a chamada *condictio indebiti*, que não é, em direito romano, mais do que uma espécie das várias *condictiones sine causa*, com as quais se pretende eliminar um enriquecimento injusto: a *cond. ob causam datorum*, na qual se pressupõe um fato futuro que vem a faltar, tendo-se dado qualquer coisa em virtude de uma contraprestação que depois não se faz; a *cond. ob causam finitam*, na qual a referência é a um fato passado, tendo-se feito uma prestação com base numa relação jurídica que cessou; a *cond. indebiti* quando a prestação se refere ao presente, tendo-se dado para pagar uma obrigação que não existe; e a *cond. ob turpem vel injustam causam* quando a causa pela qual se deu é reprovada pelo direito ou contrária aos bons costumes" (Roberto de Ruggiero, ob. cit., p. 583-584).

Art. 886. Não caberá a restituição por enriquecimento, se a lei conferir ao lesado outros meios para se ressarcir do prejuízo sofrido.

Direito anterior: Sem correspondente no CC/1916.

COMENTÁRIOS

1. Da ação de locupletamento sem causa

Trata a presente regra da subsidiariedade da ação de locupletamento perante as demais tutelas jurídicas de ressarcimento previstas no ordenamento jurídico.

Silvio Rodrigues[252] assim escreve:

> Aubry e Rau formularam o princípio que a doutrina e a jurisprudência têm, reiteradamente, acolhido. Tal princípio se estriba na razão lógica de que, se outra ação é proporcionada pelo ordenamento jurídico às partes, não há razão para elas preferirem a de *in rem verso*, que nem sempre lhes pode dar integral indenização. Aliás, para que recorrer a um meio indireto quando a lei fornece um meio direto? Daí se falar no caráter subsidiário dessa ação.

Este caráter subsidiário da ação de locupletamento é a última condição para a caracterização do enriquecimento sem causa. Tal pressuposto vem expresso neste artigo, no sentido de que a ação de locupletamento apenas será remanejada se outros meios não houver se estabelecido para se ressarcir do prejuízo sofrido. Assim, denota-se ser a presente ação de fato subsidiária, à medida que apenas será utilizada ante a au-

---

[252] Ob. cit., p. 424.

sência de outros dispositivos previstos na lei a permitir ao empobrecido o ressarcimento de seus prejuízos[253].

Oportuno esclarecermos que a ação de locupletamento sem causa não deve ser confundida com aquela prevista no art. 61 da Lei do Cheque, como de igual forma, também, inexistem motivos a justificar sua equiparação à ação de cobrança. Trata-se de uma nova espécie de pretensão, fundamentada especificamente na regra do enriquecimento sem causa, independentemente de haver ou não responsabilidade civil ou prescrição de algum título de crédito.

Apesar de seu caráter subsidiário, tem a ação de locupletamento vida própria e regras peculiares, inclusive quanto ao prazo para o seu exercício, tendo o inciso IV, § 3.º, do art. 206 deste Código[254] fixado o prazo prescricional em três anos, contados da data em que ocorrer o enriquecimento sem causa.

---

[253] "A ação de enriquecimento cabe toda vez que, havendo direito de pedir a restituição de bem obtido sem causa justificativa da aquisição, o prejudicado não dispõe de outra ação para exercê-lo. Tem, portanto, caráter subsidiário. Só se justifica nas hipóteses em que não haja outro meio para obter a reparação do direito lesado. A esta conclusão, aceita pela maioria dos escritores, chegou o direito italiano no qual não cabe, quando o prejudicado pode obter por meio de outra ação, indenização do dano sofrido. Se não fora assim, todas as ações seriam absorvidas pela de *in rem verso*, convertido o princípio condenatório do enriquecimento sem causa numa panaceia" (Orlando Gomes, ob. cit., p. 252).

[254] Art. 206. Prescreve: (...) § 3.º Em 3 (três) anos: (...) IV – a pretensão de ressarcimento de enriquecimento sem causa.

TÍTULO VIII
DOS TÍTULOS DE CRÉDITO

COMENTÁRIOS

1. A codificação

A questão da codificação do direito é tema de debates acalorados ao longo dos últimos séculos.

Já no século XVIII reclamavam os estudiosos da necessidade de unificação do direito civil em função da indesejada atomização das regras legais, que chegava o ponto de se verificar, até mesmo, no seio de um Estado ou de uma jurisdição.

Essa "colcha de retalhos" acabava por gerar insegurança jurídica e exigir dos operadores do direito de outrora máxima ponderação e cautela na interpretação e aplicação das normas aplicáveis.

O desenvolvimento do comércio e a ampliação das formas de negócios no século XVIII exigiam uma certa uniformização das múltiplas legislações existentes à época.

Essa tendência veio a se confirmar na virada daquele século, com a introdução, em 1804, do Código de Napoleão, que, aproveitando-se da base instalada e estruturada do direito privado romano, pano de fundo possibilitador da concretização do desiderato unitário, removeu de uma só vez a fragmentada legislação, lançando-a ao nada por força da centralização formal do direito civil.

Essa nova orientação – *direito codificado* – ecoou em outras jurisdições, como a alemã e a suíça, e no Brasil também se fez presente já em 1850, com a edição do Código Comercial.

Entretanto, a dinâmica dos negócios e da economia conspira contra tudo aquilo que se estratifica. Transformação é a força motriz do Estado e da sociedade. E o direito, como fonte de segurança social, deve corresponder a essa realidade, atualizando-se.

Destarte, nos anos que se seguiram ao *boom* da codificação, a mutação operada nas relações sociais e econômicas foi de tal grandeza que o ajustamento do direito às novas realidades do século XX se operou por meio da jurisprudência e da introdução de leis extravagantes e especiais no sistema normativo, deslocadas, portanto, da codificação existente.

Se, por um lado, o direito, dessa forma, se mantinha, de certo modo, em linha com os avanços da sociedade, por outro demonstrava a face perversa da codificação: inaptidão para acompanhar as transformações das relações sociais. É esse, por certo, o calcanhar de aquiles do direito. É aí onde pesam as críticas daqueles que não entendem, ou, mais ainda, repudiam o lento movimento evolutivo do direito.

De fato, a jurisprudência, ao realçar seu papel de adaptadora da norma ao caso concreto, não raro operava reparos na norma legal codificada, atingindo, às vezes, o próprio espírito do código.

Ademais, a concretizada unidade do direito mostrou-se não se prestar a normatizar os fatos e os atos atípicos oriundos do dinamismo do comércio, da evolução tecnológica e do particularismo e complexidade das novas modalidades negociais.

Daí voltar a lume, no século XX, a debatida questão da codificação, pregando alguns autores o exaurimento do processo de codificação e a agilidade e contemporaneidade das leis extravagantes, enquanto outros sustentavam a necessidade de mera revisão ou reforma do código, que poderia ser total ou parcial.

A funcionalidade do código foi posta à prova, sustentando uns seu envelhecimento e a total inutilidade em sua reforma, dado o descompasso histórico do seu alinhamento com a ágil evolução das relações, enquanto outros, menos resistentes, ressaltavam sua valia científica, e daí ponderarem por uma reforma, total ou parcial, caracterizando-se esta última pela edição de leis esparsas que viessem a modificar pontualmente determinados institutos em razão da especificidade das novas modalidades de relação jurídica.

O debate travado em várias jurisdições não passou despercebido no Brasil, quando da elaboração do anteprojeto do novo Código Civil.

Alguns estudiosos se bateram radicalmente contra qualquer tentativa de reforma plena do Código Civil de 1916. Alguns, mais razoáveis, sustentaram a validade da codificação, se dirigida, exclusivamente, a retratar uma unidade de normas gerais que embasariam e norteariam a interpretação e a aplicação da rede de leis extravagantes e especiais que a elas se sujeitariam.

Outros, como Rubens Requião, admitiam a codificação, mas propugnavam por uma codificação mais racional sob a forma dualista, *verbis:*

> Muito mais razoável e funcional seria se permanecêssemos no sistema de codificação dualista, como nos projetos de 1965, inspirado no modelo suíço, de um Código Civil e de um Código de Obrigações, e não com o incômodo sistema colado dos italianos...
> A evolução atual do Direito, é necessário que se tome tento, tem desaconselhado os sistemas unificados. Por isso ponderamos que a ciência jurídica de nosso país seria melhor servida se se limitasse, o futuro Código Civil, à Parte Geral, ao Direito de Família, ao Direito das Coisas e ao Direito das Sucessões. As Obrigações, estas sim, unificadas, sem distinção entre obrigações civis e comerciais como hoje ocorre, teriam um Código especial. A mercantilização das obrigações civis, como já observara o Prof. Inglez de Souza, no Projeto de 1912, não comporta o dualismo das regras obrigacionais. Lei especial, de natureza geral, disciplinaria as sociedades comerciais, inclusive as anônimas, num sistema moderno e global, bem como um diploma específico se destinaria à regulação moderna de todos os títulos de crédito, com base na legislação uniforme internacional.
> Assim, as céleres transformações das sociedades comerciais e dos títulos de crédito não afetariam a permanente inteireza dos Códigos.
> Tem-se sustentado, entretanto, e disso fez eco a Comissão Revisora, que o pensamento jurídico nacional propende, tra-

dicional e historicamente, para a unificação, dita, impropriamente do Direito Privado. É verdade que desde o "Esboço" de Teixeira de Freitas, nos meados do século passado, como o "Projeto", de 1912, de Inglez de Souza, a unificação dos códigos tem sido preferida. Não contestamos esse fato histórico.

O que desejamos contestar, entretanto, é que, se assim foi outrora, os tempos modernos não só ditam, como impõem, a fragmentação legislativa. A codificação foi um ideal de síntese, bem própria do idealismo do século passado, compatível com uma sociedade aparentemente estática e imóvel, de que foi Stuart Mill um dos mais convencidos enunciadores.

A sofreguidão do processo e as transformações sociais rápidas, quando não violentas, atingindo a fundo as instituições jurídicas, fazem com que a unificação seja uma vã e ilusória pretensão.

Com efeito, dois exemplos de unificação apenas se apresentam aos nossos olhos: a Suíça, no século passado, unificou o Direito das Obrigações, tão somente; a arrogância e o orgulho fascista, na Itália, impôs o Código Civil unificado, de 1942, abrangendo não só os preceitos de Direito Comercial como também os de Direito do Trabalho. Mas essa unificação se explicava pela preocupação ideológica e política do regime fascista, que via no comerciante um personagem ultrapassado do "decadente" mundo capitalista, sendo substituído pela figura da empresa, na qual se sobressai a participação do elemento trabalho. A unificação do direito privado ali, portanto, foi ditada por uma intenção declaradamente política e ideológica, sem natureza científica. O exemplo, porém, não prosperou.

Nas duas últimas décadas, a renovação legislativa no mundo ocidental não seguiu o inútil critério formal da unificação. Tomemos, ao léu, alguns sugestivos exemplos, que merecem, estes sim, ser seguidos: a Alemanha Ocidental, em 1965, manteve a codificação dualista, reelaborando em lei especial modelar as sociedades anônimas revendo fragmentariamente outros institutos de direito privado; a França refez, inteiramente, em 1966, o direito societário, com sua moderna "Lei de Reforma das Sociedades Comerciais", e Portugal sancionou seu novo Código Civil e se adianta em estudos para rever o vetusto Código Comercial. Entre nossos vizinhos sul-americanos, apontamos a Argentina, que refez, há poucos anos atrás, seu Código Civil, sem revogá-lo, e promulgou uma Lei Geral das Sociedades Comerciais; na Colômbia, em 1971, surgiu com novo Código do Comércio, e o México se revela com excelente Lei Geral dos Títulos de Crédito e uma Lei Geral de Sociedades Comerciais.

Seria ocioso, e fastidioso, prosseguir nesta amostragem.

Na verdade, Sr. Presidente, a unificação dos Códigos já surgiu, entre nós, natimorta. O Projeto, em várias oportunidades, se descarta da unificação e, mesmo da codificação, remetente a regulação de certos institutos para "a lei especial", sem motivos de ordem técnica e regulamentar. Mas o que é mais grave e sintomático é que governos anteriores recomendaram à Comissão Revisora que fosse adotado o sistema unificado, e agora vem o mesmo governo, com absoluta franqueza, determinar que se retire do Projeto a regulação das sociedades anônimas. Por que apenas as sociedades anônimas e não também todas as sociedades comerciais?[1].

Contudo, restou vencedor o entendimento capitaneado pelo Professor Miguel Reale no sentido da unidade do direito baseada, contudo, em "uma atitude de natureza mais **operacional**, do que **conceitual**", como realçado na Exposição de Motivos do Anteprojeto de Código Civil, *verbis*:

> Se é sempre difícil atingir esse ideal de unidade sistemática, tal dificuldade cresce de monta nas épocas de crise e de trans-

---

[1] Projeto de Código Civil. *RDM*, n. 17, p. 135-136.

formações sociais profundas. Poder-se-ia considerar a nossa época pouco propícia à codificação, tantas e tamanhas são as forças que atuam neste nosso mundo em contínua mudança, renovando-se, desse modo, a polêmica suscitada por Savigny no início do século passado. Tenho para mim, todavia, que a obra codificada, de conformidade com a penetrante advertência de Hegel, é a mais significativa expressão da cultura de um povo, sendo elemento básico essencial ao alcance do equilíbrio e da objetividade espiritual da comunidade.

As dificuldades e os riscos inerentes ao projeto de um Código sentiu-os profundamente o preclaro Clóvis Beviláqua, ao assumir sobre os ombros a responsabilidade de seu monumental trabalho, que ele prudentemente situou no ponto de confluência das duas forças de cujo equilíbrio depende a solidez das construções sociais: a conservação e a inovação, as tradições nacionais e as teorias das escolas, o elemento estável que já se adaptou ao caráter e ao modo de sentir de nosso povo, a maneira pela qual ele estabelece e procura resolver os agros problemas da vida e o elemento progressivo insuflado pela doutrina científica. E ainda advertia o Mestre: Mas, por isso mesmo que o Direito evolui, o legislador tem necessidade de harmonizar os dois princípios divergentes (o que se amarra ao passado e o que propende para o futuro), para acomodar a lei a novas formas de relações e para assumir discretamente a atitude de educador de sua nação, guiando cautelosamente a evolução que se acusa no horizonte...

O que importa é ter olhos atentos ao futuro, sem o temor do futuro breve ou longo que possa ter a obra realizada. Códigos definidos e intocáveis não os há, nem haveria vantagem em tê-los, pois a sua imobilidade significaria a perda do que há de mais profundo no ser do homem, que é o seu desejo perene de perfectibilidade. Um Código não é, em verdade, algo de estático ou cristalizado, destinado a embaraçar caminhos, a travar iniciativas, a provocar paradas ou retrocessos: põe-se antes como um balanço global das soluções normativas e dos modelos informadores da experiência vivida de uma Nação, a fim de que ela, graças à visão atualizada do conjunto, possa com segurança prosseguir em sua caminhada.

Pois bem, essa compreensão dinâmica e propulsora do que deva ser um Código implica uma atividade de natureza mais operacional, do que conceitual, no sentido de se preferir sempre configurar os modelos jurídicos com amplitude de repertório, de modo a possibilitar a sua adaptação às esperadas mudanças sociais, graças ao trabalho criador da Hermenêutica, que nenhum jurista bem informado há de considerar tarefa passiva e subordinada. Foi meu cuidado, ao realizar a revisão e coordenação das distintas partes do Código, verificar esse sentido plástico e operacional das normas, conforme inicialmente assente como pressuposto metodológico comum, fazendo, para tal fim, as modificações e acréscimos que o conforto dos textos revela[2].

2. Títulos de crédito no novo Código Civil

A indagação crítica que se faz o estudioso, ao se deparar com o Título VIII, Parte Especial do Livro I, do Código Civil, é quanto à conveniência e à necessidade de se fixarem no ordenamento civil codificado os princípios gerais de um instituto comercial extremamente dinâmico e particularizado como são os títulos de crédito. Afinal, é o mercado, com suas peculiaridades e necessidades, que cria e incentiva o implemento de títulos voltados a suprir determinada carência operacional. Seria aconselhável, pois, construir no Código Civil um ordenamento legal padrão para reger instrumento dos mais livres e criativos do universo jurídico?

Sem entrarmos na celeuma, podemos inferir que a unificação das obrigações mercantis e civis em único sistema legal, apesar das críticas veementes de Rubens Requião, é questão de ordem conceitual já deci-

---

[2] *Código Civil Anteprojeto*. Brasília: Senado Federal, Subsecretaria de Edições Técnicas, 1989. v. 5, t. 1, p. 13-15.

dida pelo legislador nacional e que se encontra em linha com a prática de outras jurisdições, como a italiana, no que toca ao seu Código Civil de 1942[3].

Aliás, como ressalta Ascarelli, não se devem, porém, considerar os títulos de crédito isoladamente, no sistema do direito. Ao contrário, cumpre estudá-los nas conexões que têm com institutos mais gerais, e somente por esse meio é possível, de um lado, esclarecer alguns dos problemas que lhe são peculiares e, de outro, fertilizar o terreno da teoria geral do direito com os princípios já consagrados em matéria de títulos de crédito[4].

Quanto à construção de uma teoria geral para os títulos de crédito, por certo o legislador optou novamente pela corrente italiana, capitaneada por Vivante e Ascarelli, que defendia a importância de uma conceituação mais genérica que pudesse manter a unidade básica no tocante aos princípios maiores e fundamentais e que, sem ferir a criatividade e a exigência dos mercados, garantisse um mínimo de coerência e segurança na criação e emissão dos vários títulos de crédito.

É o próprio Ascarelli quem explica:

> Cabe principalmente a Vivante o mérito de haver tentado construir uma teoria unitária do título de crédito, fixando os caracteres comuns dos títulos ao portador, à ordem e nominativos. A despeito do ceticismo de alguns escritores [citava o jurista Mossa], e embora convenha acautelarmo-nos da tendência a estender, sem maior exame, a todos os títulos de crédito normas que são peculiares apenas a alguns (por exemplo, os cambiários), impõe-se a construção de uma teoria geral. Nessa construção, é necessário procurar atingir alguns princípios comuns a todos os títulos de crédito, sejam nominativos, à ordem ou ao portador. A possibilidade,

---

[3] Conforme ressalta Antônio Mercado Junior, "segundo tudo indica, o Anteprojeto ao disciplinar os Títulos de Crédito seguiu o modelo do Código Civil italiano de 1942" (Observações sobre o Anteprojeto de Código Civil, quanto à matéria dos Títulos de Crédito, constante da Parte Especial, Livro I, Título VIII. *RDM*, n. 9, p. 114).

[4] *Teoria geral dos títulos de crédito*. São Paulo: Saraiva, 1943. p. 3-4.

reconhecida em todos os sistemas, de um título poder, indiferentemente, ser à ordem ou ao portador (por ex., cheque, conhecimento marítimo) e nominativo ou ao portador (por ex. ações e debêntures de sociedades comerciais) e, ainda mais, a possibilidade de conversão de um título ao portador em nominativo ou vice-versa, demonstram a existência de princípios gerais, independentes da diversidade na disciplina da circulação (nominativa, à ordem ou ao portador) do título. Consequentemente, devemos evitar estabelecer princípios fundamentais diferentes, quanto à natureza do direito, tendo em vista apenas a diferença existente entre títulos ao portador, à ordem ou nominativos[5].

A adoção de requisitos mínimos para títulos de crédito, com a ressalva de disposições previstas em leis especiais, foi um dos objetivos do autor do Anteprojeto do Código Civil na parte que toca aos títulos de crédito.

Como assinala Mauro Brandão Lopes, em Exposição Complementar:

> (...) a intenção do Anteprojeto não foi reunir simplesmente o que é comum aos diversos títulos regulados em leis especiais (...); foi fixar os requisitos mínimos para todos os títulos de crédito, inclusive para títulos de crédito inominados, que a prática venha a criar, deixando assim aberta a porta às necessidades econômicas e jurídicas do futuro[6].

O outro objetivo declarado do Anteprojeto foi permitir a livre criação de títulos *atípicos ou inominados*.

Com a adoção desse objetivo, o Anteprojeto consagra a liberdade na criação de títulos não previstos em leis especiais. Essa liberdade posiciona o direito mais próximo da realidade e menos a reboque da

---

[5] Op. cit. p. 25.
[6] *Código Civil Anteprojeto*. Brasília: Senado Federal, Subsecretaria de Edições Técnicas, 1989. v. 5, t. 2, p. 57.

economia. Essa liberdade possibilita uma linha direta, um contato *on line* com os avanços e a criatividade do mercado.

Atentou-se, assim, para a tendência atual e irreversível, verificada sobretudo no campo empresarial, de tornar mais céleres e fáceis a assunção e a circulação de direitos e obrigações...[7]

Destarte, a par dos títulos de crédito nominados e regidos por legislação específica, teremos os títulos atípicos, que deverão, por certo, amoldar-se às regras gerais mínimas que autorizam sua criação e lhe conferem segurança na circulação.

Tais títulos, nas palavras de Brandão Lopes, encontrarão seu apoio e seu corretivo no Título VIII; apoio, porque terão maior força jurídica do que os créditos de direito não cambiário, embora menor força do que os títulos regulados em leis especiais, como a letra de câmbio e a nota promissória; corretivo, porque evitar-se-ão títulos sem requisitos mínimos de segurança, os quais ficarão desautorizados pelo Código Civil[8].

Percebam que a clara intenção do legislador foi criar uma categoria intermediária de títulos de crédito em que se situam aqueles atípicos ou inominados. Intermediária em função das vantagens que lhes asseguram. Perante os créditos não cambiários, deterão maiores vantagens os títulos atípicos, mas, em confronto com os títulos já regulados, suas vantagens são inferiores, como, aliás, deixa evidente o Título VIII em várias passagens, *v.g.*, o endossante não se torna, automaticamente, devedor solidário; não é autorizado o aval parcial; tais títulos não se prestam a protesto e a ação executiva.

Poucas das normas que sintetizam o Título VIII têm sua origem na Convenção de Genebra.

No entanto, de outro lado, os títulos atípicos apresentam as características básicas de todos os títulos de crédito: são literais, circulam autonomamente, e todos os signatários (exceto, regra geral, os endossantes) são devedores solidários; neles o direito de regresso é básico, podendo aquele que paga recobrar dos coobrigados anteriores; o ter-

---

[7] Mauro Rodrigues Penteado. Títulos de crédito no projeto de Código Civil. *RDM*, n. 100, p. 34.
[8] Exposição complementar, op. cit., p. 58.

ceiro portador de boa-fé está a salvo de exceções oponíveis ao anterior portador[9].

A liberdade na criação de títulos de crédito se, por um lado, é imperativo da moderna economia, por outro, leva o legislador a adotar certa cautela na edição normativa, dado que seus efeitos se projetam para o futuro, para o desconhecido. O cerceamento, de certo modo, não se irradia *stricto sensu* na criação ou na emissão, mas em aspectos pontuais das demais responsabilidades e obrigações.

3. Teorias das obrigações cambiárias

Como sói acontecer, são várias as correntes ou teorias atinentes às obrigações cambiárias. Para os que defendem a *teoria contratualista*, sustentam que, na criação de um título de crédito, formalizam emitente e tomador um contrato cambiário que se distingue da relação fundamental. Por não ser mero documento probatório, o título de crédito constituiria direito novo, originário e autônomo.

Contudo, a teoria contratualista sofre críticas fundamentais indefensáveis aos seus entusiastas. Ora, a se aceitar tal tese com a circulação do título, seu detentor não estaria adquirindo direito originário, e, sim, derivado, dada a natureza contratual do instrumento. Os vícios e as defesas próprias do devedor poderiam assim ser opostas, pois a circulação contratual perfaz-se pela via da cessão.

Desenvolvida por Karl Einert, ganhou corpo ao longo do século XIX a *teoria da declaração unilateral da vontade*, fundamentada basicamente na premissa de que a letra para o comerciante serve como instrumento jurídico de grande dimensão, pois equipara-se em seu negócio ao próprio papel-moeda. Assim, não seria o título mero instrumento probatório da relação comercial; ao contrário, encerraria uma declaração unilateral de pagamento de determinada quantia endereçada ao anonimato, ou seja, a qualquer terceiro que de boa-fé viesse a deter o título. Projeta-se, pois, para o público em geral que, ao adquiri-lo, se

---

[9] Mauro Brandão Lopes. Exposição complementar, op. cit., p. 59.

limita a confiar no que no título se menciona e, dele ao dispor, receberá o crédito nele estampado.

Por ser mera declaração unilateral de vontade, permite a circulação autônoma e cada transferência possibilita constituir para o adquirente direito novo e originário.

Como consequência da teoria da declaração unilateral da vontade, surgiu uma vertente que veio reforçar os aspectos jurídicos que envolvem a circulação do título com a criativa *teoria da aparência*. O título vale pelo que nele consta escrito e formalizado. Entre o que no título se menciona e o interesse ou a verdade de quem o declarou, prevalece o primeiro. Vale o que está escrito!

Com a aparência, a circulação do título ganha força, confiança e segurança em benefício do credor de boa-fé.

Por força, também, da teoria da declaração unilateral de vontade, surgiram *as teorias da criação e da emissão*[10]. A teoria da *criação* se manifesta na Alemanha com Becker, que advoga que a obrigação cambiária nasce no momento em que o emitente subscreve o título.

Todavia, a *eficácia* dessa obrigação cambiária fica subordinada à condição suspensiva de o título entrar em circulação, não importando o motivo, e por essa razão o subscritor do título se obriga, mesmo que essa circulação ocorra sem a sua vontade ou contra a sua vontade[11].

Ao contrário, a teoria da *emissão* pressupõe que a circulação do título tenha sido iniciada voluntariamente pelo próprio subscritor.

O Brasil aderiu à corrente da *declaração unilateral da vontade* com a edição, em 1908, do primoroso Decreto 2.044. Até então aplicava-se aos títulos de crédito a teoria contratualista do Código Comercial (art. 366[12]), que exigia suficiência de fundos como condição para a criação da letra.

Com o Decreto 2.044 essa exigência prévia se mostra desnecessária, as obrigações cambiais tornam-se autônomas e independentes e

---

[10] Na linha de Fran Martins, registro que tendo a adotar como *criação* o ato de preencher e assinar o título e como *emissão* a colocação do título em circulação.
[11] Luiz Emygdio F. da Rosa Jr. *Títulos de crédito*. Rio de Janeiro: Renovar, 2000. p. 88.
[12] Artigo revogado pela Lei 10.406/2002, atual Código Civil.

o possuidor de boa-fé é considerado o legítimo proprietário da letra, mesmo em caso de aquisição *a non domino*.

O antigo Código Civil reforçou a posição doutrinária do Decreto 2.044, ao lançar o capítulo dos títulos ao portador no Título VI – Das Obrigações por Declaração Unilateral da Vontade.

Contudo, titubeou o revogado Código Civil quanto à absorção da teoria da criação. Em um primeiro momento, vislumbra-se essa inclinação do legislador ao dispor, no seu art. 1.506, que "a obrigação do emissor subsiste, ainda que o título tenha entrado em circulação contra a sua vontade".

Entretanto, com a leitura dos arts. 1.509 e 1.510, infere-se que o Código Civil de 1916 também apoiou a corrente doutrinária da emissão, dado que a pessoa injustamente desapossada do título pode impedir, mediante intervenção judicial, que o legítimo detentor (não importa se a aquisição se deu de boa-fé) receba a importância do capital (art. 1.509); do mesmo modo, reforçando a tese da emissão, o art. 1.510 presumia ser dono aquele cujo nome se acha inscrito no título, podendo, portanto, reivindicá-lo de quem quer que injustamente o detenha.

Essa indefinição – *criação* ou *emissão* – se tornou na realidade um tempero a alguns excessos da teoria da criação e se manteve, de certo modo, na própria uniformização do instituto, por meio da Lei Uniforme de Genebra, e no atual Código Civil (arts. 905, parágrafo único, e 909).

Quanto à natureza jurídica dos títulos de crédito, o presente Código Civil oferece uma visão mais específica ao tratar dos negócios unilaterais, no Livro I, Título VII, e dos Títulos de Crédito, no Título VIII.

Essa sistematização não significa um abandono da teoria da declaração unilateral de vontade do subscritor, que é a premissa conceitual consagrada por seu autor, mas, antes, uma necessidade legislativa de dedicar um título específico para instituto tão importante e peculiar do direito comercial.

A questão da natureza jurídica da obrigação cambiária é de tal ordem fundamental que o autor do Anteprojeto fez constar registro expresso da reafirmação dessa teoria no que toca ao novo ordenamento cambiário.

4. Histórico dos títulos de crédito

O título de crédito, sem dúvida, é uma das principais estrelas do direito comercial, e por certo a sua mais pujante criação.

Se nos perguntassem qual a contribuição do direito comercial na formação da economia moderna, assinala Ascarelli, outra não poderíamos talvez apontar que mais tipicamente tenha influído nessa economia do que o instituto dos títulos de crédito. A vida econômica moderna seria incompreensível sem a densa rede de títulos de crédito; as inversões técnicas teriam falta dos meios jurídicos para a sua adequada realização social; as relações comerciais tomariam necessariamente outro aspecto. Graças aos títulos de crédito pôde o mundo moderno mobilizar as próprias riquezas; graças a eles o direito consegue vencer tempo-espaço, transportando, com a maior facilidade, representado nestes títulos, bem distantes, e materializando, no presente, as possíveis riquezas futuras[13].

Sua importância traduz-se na capacidade de aglutinar riquezas e fazer com que circulem sob a forma de crédito.

Seu surgimento se deve às necessidades mercantis dos mercadores italianos por força do incremento comercial na Idade Média.

Antes disso, não era possível pensar em qualquer avanço na direção do instituto, pois o direito romano não continha previsão quanto a cessão, dada a antiga cultura de a obrigação do devedor recair na própria pessoa do devedor.

Mais tarde, com a *Lex Papiria* a garantia física do devedor foi substituída pela do seu patrimônio, mas, mesmo assim, continuava extremamente formal a transferência de créditos.

Com a intensificação do comércio e a variedade de moedas, a criatividade dos negociantes se pôs à prova.

Surgiram os cambistas, que passaram a centralizar nas feiras mercantis a troca das várias moedas existentes.

Como forma de se prevenir contra os riscos de trafegar com moedas entre cidades para fazer frente aos seus interesses nas feiras, surge

---

[13] Op. cit., p. 3.

o câmbio trajectício pelo qual um banqueiro retinha certa quantidade de moedas do comerciante e se obrigava a entregar-lhe em outra cidade, mediante o pagamento de uma comissão.

Desse modo, no ato da entrega das moedas o banqueiro transferia ao mercador um documento de reconhecimento da dívida, denominado *cautio*, e outro endereçado a seu correspondente nas feiras (*littera cambii*), em que determinava o pagamento correspondente ao mercador.

Esse sistema operacional e legal sofreu evoluções ao longo do tempo, até o aparecimento, na Alemanha, no ano de 1848, da Ordenação Geral do Direito Cambiário, que codificou as regras da cambial, separando-as do ordenamento comum.

Em síntese, como registra Léon Dabin, o sistema adotado pela Ordenação: (i) trata a letra de câmbio como instrumento de circulação no interesse do comércio; (ii) o título corresponde a uma obrigação literal e autônoma, valendo por si mesmo, independentemente da relação causal; (iii) o título pode circular por via de endosso, adquirindo o cessionário direito novo, autônomo e originário, tornando-se o terceiro de boa-fé invulnerável às exceções pessoais do devedor; (iv) o título é considerado bem móvel, protegendo, assim, o portador de boa-fé; e (v) a letra circula desvinculada de sua causa, consagrando, assim, a abstração cambiária[14].

Os títulos de crédito, pela agilidade e segurança que conferem aos portadores, propiciam uma rápida e eficaz circulação das riquezas, permitindo sua maior utilidade e disposição. Têm, pois, clara função de mobilização de recursos.

Por isso é costume dizer que os títulos de crédito multiplicam o capital, dada a sua peculiar forma de circulação, em que várias pessoas deles se utilizam. Disseminam a riqueza, atraindo o capital improdutivo ou subutilizado, conferindo, consequentemente, poder de compra a quem não detém os recursos necessários a sua concretização.

O crédito, como "alargamento da troca", tem no instituto jurídico seu principal aliado.

---

[14] Apud Luiz Emygdio F. da Rosa Jr., op. cit., p. 41.

É com o título de crédito que se realiza a tão falada função creditícia: *troca de um valor presente e atual por outro de valor futuro e ausente*.

Permite ao detentor utilizar *imediatamente* em seus negócios prestação que somente se concretizaria no futuro.

A confiança e o tempo, com certeza, são elementos implícitos ao crédito. *Creditum, credere* significa acreditar, crer. Essa confiança deita raízes no devedor.

Em face da forte conotação econômica do título de crédito e dos seus elementos implícitos, fez-se forçosa ao legislador a construção de um ordenamento rígido e objetivo, de forma a assegurar plena segurança jurídica na sua criação e emissão.

Entretanto, dadas as peculiaridades dos títulos objeto da sistematização constante do novo Código Civil (títulos atípicos), não encontraremos algumas das fortes características normativas que formam o arcabouço jurídico dos títulos de crédito típicos ou nominados.

CAPÍTULO I
DISPOSIÇÕES GERAIS

Art. 887. O título de crédito, documento necessário ao exercício do direito literal e autônomo nele contido, somente produz efeito quando preencha os requisitos da lei.

Direito anterior: Sem correspondente no CC/1916.

COMENTÁRIOS

1. A dicção "nele contido"

O Código adota a clássica e consagrada definição de Vivante para títulos de crédito com a única nuance de utilizar a expressão "nele contido", em vez de "nele mencionado", como arduamente defendeu Vivante.

Para ele, o direito não se incorpora no título, mas nele, apenas, se retrata; isso porque, simplesmente, o extravio do título não faz desaparecer o direito. Basta a emissão de uma triplicata. Desse modo, comprova o mestre existir o direito sem a cártula. O direito permanece válido, *vivo* e atual, mesmo na hipótese de perda ou caducidade do título. O documento é, assim, instrumento físico de legitimação do titular, sendo, pois, necessário para que este possa exercer o direito que nele é mencionado.

Daí por que Vivante sempre combateu a interpretação de que o direito se agrega ou se incorpora no documento.

Conquanto correto o posicionamento de Vivante, a verdade é que a doutrina apreciou mais a expressão "nele contido", dada a "imagem plástica" que o elemento da incorporação refletia e a pouca valia prática da rígida posição de Vivante.

In casu, o legislador brasileiro, mesmo advertido, optou deliberadamente pelo retrato da incorporação, deixando de lado expressões meramente acadêmicas.

2. Literalidade

O direito mencionado ou contido no título é *literal*, porque sua existência extrai-se daquilo que efetivamente conste do título. Vale o que está escrito, nem mais, nem menos. O conteúdo do título é a exata expressão de sua existência e efeitos.

Parafraseando o brocardo processualístico, o que não está no título [nos autos] não está no mundo.

Logo, o direito do credor e a obrigação do devedor extraem-se, unicamente, do teor do documento e nele encontram seus limites.

A declaração lançada no documento constitui o direito cambiário cujo teor (*literalidade*) deve ser protegido, pois visa produzir efeitos de direito perante pessoas indeterminadas.

Segundo Ascarelli, a literalidade age em duas direções, que podem dizer-se positiva e negativa, isto é, tanto contra como a favor do subscritor, o que é natural, tratando-se, em substância, da delimitação do direito mencionado no título, de acordo com o teor do documento.

O subscritor, portanto, não pode, afora o caso de *exceptio doli*, opor nenhuma exceção decorrente de uma convenção não constante do próprio título, a não ser ao portador que tenha participado dela; o portador, por seu turno, não pode ter, no exercício do direito, pretensões mais amplas que as permitidas pelo teor do documento, ou socorrer-se de elementos extracartulares, a não ser invocando uma distinta convenção entre ele e o devedor[15].

3. Autonomia

O direito mencionado no título é *autônomo*, pois resulta de uma declaração unilateral de vontade distinta daquela relação subjacente.

---

[15] Op. cit., p. 52.

O direito cartular é autônomo em relação à causa que lhe deu origem e com ela não se mistura, tampouco se subordina.

A autonomia é predicado acolhido pelo ordenamento jurídico após lenta evolução e por força das circunstâncias da circulação dos títulos de crédito.

A segurança e a agilização exigidas pela circulação do crédito não comportavam a aplicação das normas atinentes à cessão de crédito.

Assim, com as práticas do comércio os títulos de crédito transformam-se de meros instrumentos probatórios da relação fundamental em documento constitutivo de direito próprio, originário e autônomo em relação à causa que lhe deu origem.

Dessa forma, a obrigação do comprador de pagar o produto que adquiriu do fornecedor não se confunde com aquela constante do título, visto que constitui direito cartular autônomo.

As obrigações assumidas por cada obrigado são independentes entre si. É na relação entre devedor e terceiro de boa-fé que se verifica em sua plenitude o princípio da autonomia. Denota-se, com nitidez, a independência dos vários possuidores em relação a cada um dos demais.

Jurisprudência

> Comercial e processual civil. Compra e venda imobiliária. Cheques de pagamento. Endosso a terceiro de boa-fé. Negócio subjacente. Autonomia da cártula. Reconhecimento em acórdão do STJ. Posterior rescisão do negócio imobiliário. Ação movida exclusivamente contra vendedor. Sentença passada em julgado que decretou o desfazimento do contrato e a nulidade dos cheques. Inoponibilidade contra o portador dos títulos de crédito. Parte estranha à ação de rescisão. Embargos à arrematação. Improcedência. CPC, art. 746.
> I. Reconhecidos pelo STJ, em julgamento de embargos à execução, que os cheques endossados a terceiros de boa-fé

constituíam títulos autônomos em relação ao compromisso de compra e venda em que era comprador o emitente das cártulas, impossível opor-se à cobrança que prosseguiu então, embargos à arrematação calcados em sentença proferida posteriormente à penhora, em ação de rescisão do aludido contrato.

II. Errônea a aplicação do art. 746 do CPC, eis que a decisão singular que desfez o compromisso e declarou nulos os cheques emitidos pelo comprador-executado, por que movida exclusivamente contra o vendedor, não tem efeito contra o exequente, portador dos cheques, que não integrou a lide.

III. Recurso especial conhecido e provido, para julgar improcedentes o embargos à arrematação, ressalvado o direito de regresso do recorridos contra o vendedor do imóvel, que endossou os cheques recebidos ao terceiro de boa-fé (STJ, 4.ª Turma, REsp 50607/MT, Rel. Min. Aldir Passarinho Junior, j. 04.11.1999, *DJ* 06.12.1999, p. 93).

4. Inoponibilidade da exceção

A autonomia das obrigações cambiárias tem por viés a *inoponibilidade da exceção* pessoal ao terceiro de boa-fé. Ao adquirente de má-fé, por suposto, não se aplica essa regra marcante do direito cambiário.

Por força desse preceito, a incapacidade ou a falsificação da assinatura do emitente, por exemplo, não poderá ser posta ao terceiro de boa-fé que não seja parte direta na relação questionada. O direito dele é próprio e independente, a ponto de eventual nulidade da obrigação fundamental não o atingir (cf. art. 899, § 2.º, e art. 915, Código Civil).

O interesse social na circulação do crédito impõe ao legislador garantir e dar segurança ao terceiro de boa-fé. Assim, àquele que não participou da relação anterior o direito deve assegurar plena segurança jurídica, de modo a evitar ser surpreendido indevidamente por um ato ou fato do qual não participou ou sequer teve conhecimento, exceto se adequadamente alertado. Por exemplo, se o título emitido estiver claramente (ou seja, se nele constar escrito) "vinculado ao contrato xyz"[16].

Súmula 258, STJ

A nota promissória vinculada a contrato de abertura de crédito não goza de autonomia em razão da iliquidez do título que a originou.

Jurisprudência

Comercial nota promissória. Endosso-mandato. Vinculação a contrato de compra e venda. Inadimplemento do endossante. Exceções oponíveis.
No endosso-mandato, o emitente da nota promissória pode invocar contra o endossatário as exceções oponíveis ao endossante. **A quitação da nota promissória vinculada a contrato de venda e compra é mero instrumento representativo do preço ajustado e para pagamento a prazo, estando a sua quitação condicionada às condições contratuais firmadas pelo emitente e pelo credor originário, perdendo ela, assim, a autonomia, a abstração e a independência que, em regra, caracterizam estes títulos.** Recurso não conhecido (grifos nossos) (STJ, 4.ª Turma, REsp 50633/PE, Rel. Min. Cesar Asfor Rocha, j. 03.09.1996, *RT* 736/163).

5. Cartularidade

O título é *documento necessário,* pois seu pagamento se dá contra sua apresentação. O exercício do direito mencionado no título depende

---

[16] Não obstante a corrente que inadmite esse tipo de vinculação, por mitigar o princípio da autonomia e por violar as regras formais cartulares, o que a levaria a ser considerada cláusula não escrita, fato é que prevalece na doutrina e na jurisprudência, inclusive do Superior Tribunal de Justiça, o entendimento de que tal ressalva não desnatura a cártula e cria, para o obrigado, o direito de exceção.

da sua apresentação, em original. Daí os juristas assentarem como um dos princípios a *cartularidade*.

Se o direito se extrai do documento cartular, é o título instrumento necessário para legitimar seu titular ao exercício do direito nele mencionado.

6. Independência e abstração

A doutrina, uníssona, admite que os títulos de crédito, regra geral, possuem os atributos da *literalidade, cartularidade e autonomia*, não obstante sua circulação se dê pela forma *à ordem, nominativa ou ao portador*.

Os títulos abstratos (*v.g.*, letra de câmbio; nota promissória) possuem mais outros dois atributos: a *independência* e a *abstração*.

A *independência* determina a autossuficiência do título. Este depende de si mesmo sem necessidade de remissão a outro documento. Pela *independência* o título é bastante ao exercício do direito.

Por exemplo, o detentor de uma nota promissória não precisa se reportar ou anexar outro documento para que esteja legitimado a exigir o cumprimento da prestação nela indicada. Ao contrário, o detentor de uma cédula de crédito rural deverá, como condição de sua legitimação legal, suportar o exercício de seu direito não somente com a apresentação do título, mas também com a do respectivo *orçamento*, dado que à cédula não se aplica o atributo da *independência*.

A *abstração* sublima a emissão dos títulos de crédito. Sua existência independe de causa. A cártula existe e circula sem relação com qualquer negócio jurídico. Circula livre e solta de vínculos causais.

Esse belo e puro princípio não operará efeitos, pois, nos casos das duplicatas mercantis ou de serviços, pois sua criação se encontra amarrada imperativamente a uma compra e venda mercantil ou a uma prestação de serviços.

Jurisprudência

Comercial e processual civil. Execução. Cédula de crédito industrial. Título de crédito despido do atributo da abstração.

Causa debendi. Relevância. Simulação. Alegação de ofensa aos arts. 102, II, e 104 do CCB. Impossibilidade de apreciação na via do especial. Acórdão recorrido embasado na prova dos autos. Súmula 07/STJ. Incidência. Dissídio jurisprudencial desconfigurado.

I – Nas obrigações cambiais, a causa que lhes deu origem não constitui meio de defesa. Neste ponto se diferenciam os títulos de crédito abstratos dos causais. Nestes, a sua eficácia é nenhuma se o negócio jurídico subjacente inexistir ou for ilícito. Naqueles, esses mesmos vícios não impedem que a obrigação cartular produza seus efeitos.

II – Em sendo a cédula de crédito industrial um título causal, pode o obrigado invocar como defesa, além das exceções estritamente cambiais, as fundadas em direito pessoal seu contra a outra parte, para demonstrar que a obrigação carece de causa ou que esta é viciosa. Não é exequível a cédula industrial, cujo financiamento é aplicado em finalidade diversa daquela prevista na lei de regência.

III – Inviável, *in casu*, aferir a possibilidade de ter havido simulação, se, para tanto, torna-se necessário incursionar-se pelo campo fático-probatório dos autos.

IV – Não há como configurar a divergência jurisprudencial, quando o acórdão recorrido aprecia a controvérsia, trazendo a lume os elementos de prova coligados no processo. Aplicação da Súmula 07/STJ.

V – Recurso especial não conhecido (grifos nossos) (STJ, 3.ª Turma, REsp 162032/RS, Rel. Min. Waldemar Zveiter, j. 26.10.1999, *RSTJ* 130/264).

7. Rigor cambiário

A regra em comento encerra o princípio da legalidade ou tipicidade. Admite a livre criação dos títulos atípicos, mas delimita sua expressão como título de crédito ao cumprimento dos requisitos formais mínimos. Se não os preenche, título de crédito não é. Pode ter a aparência, conter indícios, mas não estará no mundo jurídico atinente aos títulos de crédito[17].

Para que produza os efeitos de um título de crédito, é imperativo que o documento preencha os requisitos da lei.

Tão forçoso que o art. 899, § 2.º, do Código Civil somente exonera o avalista de sua responsabilidade, se a nulidade da obrigação decorra de vício de *forma*.

É, assim, o *formalismo* fator preponderante para a existência do título e sem ele não terão eficácia os demais princípios próprios dos títulos de crédito[18].

A forma é, pois, requisito preliminar de validade do título. O ato unilateral de vontade retratado em um título de crédito de nada servirá se não estiver plenamente revestido das formalidades mínimas exigidas pela lei, para lhe conferir essa expressão.

Faltando-lhe tais requisitos, serão nulas, para fins cambiários, as declarações que vierem a ser lançadas no documento. O instrumento poderá ser de utilidade legal, mas não projetará os efeitos cambiários às relações jurídicas nele contidas.

Nas palavras de Pontes de Miranda,

> (...) a vontade cambiária só é válida se a forma essencial foi observada... Eivado o ato unitário da cambial, isto é, a cambial como todo, nula é toda ela, e nulo cada um dos atos singulares nela praticados, mas nulos como atos cambiários[19].

---

[17] Vale, de certo modo, a crítica formulada por Newton de Lucca, ao registrar que as expressões "documento necessário ao exercício literal e autônomo nele contido", como aposto do sujeito da frase – o título de crédito –, indicam ser possível a existência de títulos de crédito (isto é, documentos necessários ao exercício do direito literal e autônomo neles contido) que não produzam efeito como tal, por não preencherem algum requisito legal (cf. Paulo Armínio Tavares Buechele. Os títulos de crédito no Projeto de Código Civil Brasileiro. *RDM*, n. 78, p. 69).

[18] Fran Martins, op. cit., p. 15.

[19] *Tratado de direito cambiário*. Campinas: Bookseller,, 2000. v. I, p. 136.

Esse formalismo, ou *rigor cambiário*, visa proteger o portador de boa-fé, aquele sujeito indeterminado a quem se dirige o título de crédito. Funciona como garantia de trato não complexo, uma vez que se verifica pela simples conferência dos requisitos legais. Ao documento em que faltar um dos requisitos formais não hão de ser aplicadas as regras de direito cambiário. A certeza cambiariforme extrai-se de sua própria aparência, cuja análise é rápida e simples, como requer a dinâmica do comércio.

Outrossim, esse formalismo já é da tradição do sistema cambiário brasileiro e vem retratado na Lei Uniforme de Genebra (LUG), cujo art. 2.º dispõe que "o escrito a que faltar algum dos requisitos indicados no artigo anterior não produzirá efeito como letra...".

8. Grau de eficácia

Como visto, não preenchidos os requisitos legais, o documento não produzirá os almejados efeitos cambiariformes. Estará desprovido de eficácia cambial.

Contudo, alguma utilidade legal pode ser extraída do documento, pois sua criação prender-se-á a alguma relação jurídica.

Constando formalmente perfeitos os atos nele praticados, servirá o documento, ao menos, como instrumento probatório de obrigações advindas da relação subjacente.

A criação viciada do documento impede que seus efeitos atinjam o patamar cambiário, mas não de alcançar outros efeitos, menos nobres, de direito. O grau e a extensão da eficácia entre um simples documento e um título de crédito são distintos e temperados, mas ambos os atos jurídicos encerram essa qualidade, isto é, eficácia.

Nas palavras de Ascarelli:

> (...) o fenômeno da conversão dos negócios jurídicos assenta exatamente na possibilidade de que a mesma declaração de vontade, embora não podendo alcançar determinados efeitos, possa, no entanto, alcançar efeitos menos importantes. Mais que de conversão do "negócio" dever-se-ia falar em "conversão da efi-

cácia do documento", pois este, embora inválido qual documento constitutivo de uma nova obrigação, fica, no entanto, válido qual documento probatório do negócio fundamental[20].

Art. 888. A omissão de qualquer requisito legal que tire ao escrito a sua validade como título de crédito não implica a invalidade do negócio jurídico que lhe deu origem.

Direito anterior: Sem correspondente no CC/1916.

COMENTÁRIOS

Este artigo deita relação com o contido na norma precedente. De fato, tais dispositivos seguem o modelo do art. 899 do Projeto de Código de Obrigações de 1965, com a mera diferença de que no referido Projeto este artigo não passava de parágrafo único do dispositivo anterior.

Extrai-se dessa regra que a sublimação da forma não chega a ponto de invalidar o negócio subjacente.

O formalismo somente impressiona as relações cambiárias. O rigor cambiário há de registrar sua inflexibilidade nos títulos de crédito. O escrito só é válido como título de crédito, se nele não se omitir o requisito legal mínimo. Se dele não constar o requisito essencial, o rigor cambiário repele-o como título de crédito, mas unicamente como título de crédito.

Esse repúdio que a rigidez formal exige não deita efeitos além do direito cambiário.

O culto à forma enlaça e atinge, tão somente, a validade do documento como título de crédito, não afetando a validade do negócio jurídico que lhe deu origem.

Esse art. 888 eleva a regra legal, o que os estudiosos encontrariam implícito no sistema jurídico dos títulos de crédito. A invalidade

---

[20] Op. cit., p. 33.

do documento como título de crédito não tem o condão de invalidá-lo, também, como *instrumento de início de prova* da relação que lhe é fonte inspiradora.

Nesse sentido, o detentor do documento não poderá valer-se dos princípios e direitos atinentes ao títulos cambiais, mas, por seu turno, poderá dele utilizar-se como meio de prova a embasar o cumprimento da obrigação que lhe é subjacente.

Entretanto, deverá trazer a lume a relação fundamental e enfrentar como qualquer mortal as exceções do devedor, pois não lhe é assegurado servir-se do pressuposto da inoponibilidade, em razão do vício de forma do instrumento.

Art. 889. Deve o título de crédito conter a data da emissão, a indicação precisa dos direitos que confere e a assinatura do emitente.

§ 1.º É à vista o título de crédito que não contenha indicação de vencimento.

§ 2.º Considera-se lugar de emissão e de pagamento, quando não indicado no título, o domicílio do emitente.

§ 3.º O título poderá ser emitido a partir dos caracteres criados em computador ou meio técnico equivalente e que constem da escrituração do emitente, observados os requisitos mínimos previstos neste artigo.

Direito anterior: Sem correspondente no CC/1916.

COMENTÁRIOS

1. Requisitos formais

Expressa essa norma os chamados *requisitos essenciais* que o documento deve conter para ser erigido à categoria dos títulos de crédito e, assim, valer-se dos princípios e direitos que lhes são próprios[21].

---

[21] Informa Mauro Penteado (op. cit., p. 36) que "as objeções endereçadas a esse aspecto do Projeto têm certa pertinência no ponto em que afirmam que tanto a definição quanto a tipologia são aptos

As exigências formais essenciais expostas no art. 1.º da LUG demonstram que a norma em exame foi menos exigente quanto aos requisitos imperativos. Enquanto esta registra três requisitos, a LUG impõe oito para as letras de câmbio e sete para as notas promissórias.

Os requisitos do título previsto neste artigo são os chamados requisitos formais, objetivos ou extrínsecos. No entanto, também existem os requisitos intrínsecos ao ato jurídico, que se relacionam à capacidade, ao consentimento, à declaração de vontade e à licitude do objeto.

Contudo, como salienta Luiz Emygdio da Rosa Jr.,

> (...) a legislação cambiária amortece os efeitos pelo não atendimento dos requisitos intrínsecos, não só em razão dos princípios da autonomia e da independência, como também porque, em determinadas situações, adota a teoria da aparência, visando a proteger o terceiro adquirente do título de crédito, para não prejudicar a sua circulação[22].

De fato, o nosso Código Civil não exige do portador a verificação da autenticidade das assinaturas constantes do título (art. 911, parágrafo único) e impõe ao avalista responder pelo seu aval, ainda que nula a obrigação daquele a quem se equipara (art. 899, § 2.º).

No que toca aos requisitos extrínsecos essenciais, devem ser eles lançados no título, sob pena de ineficácia do documento como título de crédito. Constituem condições essenciais a data da emissão, a indicação precisa dos direitos que confere e a assinatura do emitente.

---

a albergar documentos que não são títulos de crédito, ou seja, os títulos e comprovantes de legitimação, também designados títulos impróprios. O autor do Projeto considerou-as improcedentes, sustentando que a questão fica resolvida com a aplicação conjunta dos arts. 889 e 891 [atuais 887 e 889], embora reconhecesse que o último dispositivo permite a criação de documento que confira apenas direitos de legitimação, com o que teríamos um título de crédito atípico ou inominado, mas impróprio, ou seja, que não se encaixa de todo na definição do art. 889 [atual 887]. O IBDCC também rejeitou proposta para inclusão da não aplicação das regras dos títulos de crédito atípicos aos títulos impróprios, por força do mesmo entendimento sustentado pelo autor do Projeto".

[22] Op. cit., p. 114.

Apesar de a doutrina distinguir o ato de "criação" do título do ato de "emissão", parece que o legislador desprezou essa dicotomia e adotou a palavra *emissão* para ambos os efeitos[23].

2. Data de emissão: imperativo legal

A *data de emissão* pode ser lançada por extenso ou em algarismos. O legislador, ao não especificar a forma de expressar a data de emissão, demonstrou despreocupação com esse aspecto e a deixou ao livre-arbítrio do emitente ou, até mesmo, do possuidor da cártula, porque, apesar de se tratar de requisito essencial, ele pode ser suprido pelo lançamento *a posteriori* efetivado pelo detentor do título[24]. Este, contudo, ao preencher o título de crédito incompleto, deve fazê-lo na estrita conformidade com os ajustes realizados, conforme dispõe o art. 891 do Código.

Ao contrário do que sustentou Margarinos Torres[25], a data de emissão não inclui necessariamente o lugar. São requisitos distintos com *rationale* e finalística diversas. Tanto que o Código Civil trata a data como elemento compulsório e o lugar de emissão, como acidental.

A importância do lançamento da data de emissão como imperativo legal está na repercussão dos efeitos que dela, como marco, advirão. A capacidade do emitente e a existência de outorga e de poderes àquele que assina como mandatário depreendem-se e dependem do momento em que o título de crédito foi emitido (*rectius*: criado) (cf. art. 915). A fixação da data também se demonstra relevante para averiguar se o título foi criado dentro ou fora do termo legal da falência.

---

[23] Enquanto a *criação* delimita o ato de impressão, fazimento do título e do preenchimento de seus pressupostos cambiais, a *emissão* exterioriza sua entrega para circulação.

[24] Ilustres autores sustentam que somente o dia e o ano podem ser expressos em algarismos e que o mês deve vir por extenso, já que não comporta substituição por algarismos. Discordamos dessa rigidez de pensamento, pois a praxe cotidiana demonstra que nenhum prejuízo traz às relações cambiais o mês ser lançado em algarismos.

[25] *Nota promissória*. Rio de Janeiro: Grande Livraria Leite Ribeiro, 1921. p. 219. Essa afirmativa de Margarinos Torres deve ter por base a antiga Lei sobre o Cheque (Lei 2.591, de 1912), cujo art. 2.º (c) declarava que o cheque deveria conter "a data, compreendendo, o lugar, dia, mês e ano da emissão".

Jurisprudência

Processual civil. Execução. Nota promissória. Data de emissão ou inexistência do nome do beneficiário.
I – **Sua ausência importa em descaracterização do título.**
II – Portador do título pode preencher o claro, mas há de fazê-lo até o ajuizamento da ação; **de contrário, ocorre carência de execução por falta de título executivo regular. Lei Uniforme, artigos 76 e 77. Ineficácia do título.**
III – Recurso não conhecido (grifos nossos) (STJ, 3.ª Turma, REsp 137769/MG, Rel. Min. Waldemar Zveiter, j. 19.11.1998, *DJ* 05.04.1999, p. 124).

NOTA PROMISSÓRIA.

Embora persista a faculdade de o portador inserir, na nota promissória ou na letra de câmbio, a data de sua emissão, quando um ou outro não a contiver, não poderá lançar neles data posterior à da emissão real, com o fito de atender ao prazo de registro a que se refere o art. 2.º do Decreto-lei 427, de 22 de janeiro de 1969. Tal procedimento será em fraude à lei.
Recurso extraordinário conhecido, mas não provido (STF, 2.ª Turma, RE 85.356/RS, Rel. Min. Moreira Alves, j. 17.08.1976, *RTJ* 80/663).

Execução. Nota promissória. Data de emissão. Requisito essencial. Precedentes. Rigor formal. Morte do emitente antes da emissão. Impossibilidade material. Recurso provido.
I – A jurisprudência das Turmas que compõem a Seção de Direito Privado deste Superior Tribunal de Justiça firmou-se no sentido de que a data de emissão da nota promissória configura requisito essencial à sua validade como título executivo.

II – A par do rigor cambiário, que confere segurança às partes e às relações jurídicas, não se pode descurar das evidências do caso concreto.

III – Comprovada a autenticidade da assinatura do emitente e tendo ele falecido antes da data de emissão do título, é materialmente impossível que essa data corresponda à realidade.

IV – Ausente o prequestionamento, torna-se inviável o acesso à instância especial, nos termos do Enunciado n.º 282 da súmula STF (STJ, 4.ª Turma, REsp 162336/SP, Rel. Min. Sálvio de Figueiredo Teixeira, j. 08.02.2000, *JSTS* 17/291).

Nota promissória. Falta de preenchimento da data e do lugar de emissão.
Em face dos arts. 75 e 76, combinados com os arts. 10 e 77 (este, porque determina a aplicação do anterior às notas promissórias), da Lei Uniforme, a falta de preenchimento da data de emissão do título lhe acarreta apenas a ineficácia, e, não, a nulidade. Preenchido, o título se torna eficaz.
Recurso extraordinário conhecido, mas não provido (STF, 2.ª Turma, RE 86.372/CE, Rel. Min. Moreira Alves, j. 03.12.1976, *RTJ* 81/970).

Preenchida a nota promissória emitida em branco, e levada a registro no prazo de 15 dias da data da emissão do título, tem ela força executiva.
Inocorrente a fraude prevalece o registro feito.
RE não conhecido (Supremo Tribunal Federal, Tribunal Pleno, RE 88.681/SP, Rel. Min. Cordeiro Guerra, j. 01.03.1978, *RTJ* 87/1.045).

3. Direitos contidos no título

Deve o título conter *a indicação precisa dos direitos que confere*. Essa é mais uma das vontades cambiais necessárias a que o título se complete. O direito cambiário nasce da vontade originária do seu emitente. É ele quem deve lançar o direito que encerra o título. Para o emitente, uma dívida ou uma obrigação. Para o terceiro portador, um direito.

A formalidade, a aparência e a autonomia impõem seja precisa a indicação da obrigação de que o portador do título irá, ao final, exigir o cumprimento.

Destarte, a prestação mencionada no título deve restar definida, certa e clara, para que nenhuma lacuna ou imprecisão redunde em obstáculo ao exercício do direito do credor.

Do mesmo modo como ocorre com a data de emissão, a indicação do direito conferido pelo título pode ser completada posteriormente à sua emissão. Não é, pois, mister que o direito seja retratado no título no momento em que o emitente o assine.

Na realidade, pode existir um interesse legítimo na postergação do lançamento cartular da obrigação do emitente.

A dinâmica dos negócios não raro encontra obstáculos nas formalidades legais. Estas, frequentemente, impõem um compasso de espera às etapas que determinam a conclusão do negócio.

Desse modo, motivos justos podem imprimir razão à emissão de títulos de crédito incompletos, inclusive no que toca à própria indicação dos direitos que confere. Entretanto, como determina o art. 891 do Código, o título de crédito deve ser preenchido de conformidade com os ajustes realizados.

Note que o referido art. 891 se dirige basicamente ao terceiro portador do título, pois aquele a quem o emitente o entrega poderá, e deverá, averiguar a exatidão da declaração cambiária original.

4. Firma do emitente

Deve o título de crédito conter a *assinatura do emitente*. É este o terceiro e último requisito essencial fixado pelo Código, para que se considere completo o título de crédito.

A assinatura é elemento essencial da declaração cambiária, pois é a ele, emitente, que se imputará, afinal, o cumprimento da obrigação.

Contendo o título de crédito uma declaração unilateral de vontade que encerra, consequentemente, uma obrigação, por óbvio que nele tem de constar a pessoa de quem se deve exigir seu cumprimento. E essa pessoa, o emitente, se identifica pela sua assinatura, elemento garantidor do direito indicado no título. Com a assinatura aperfeiçoa-se o ato cambial. Sem ela, título de crédito não é.

A declaração cambiária se completa com a assinatura, não estando dependente de reconhecimento cartorial ou de testemunhas.

O Código não considera o lugar, no documento, onde deve constar a assinatura do emitente. Contudo, é razoável instruí-lo para que a lance em espaço cartular que corresponda ao contexto da declaração de vontade. Normalmente, abaixo do conteúdo que expressa o direito cartular.

Jurisprudência

Comercial e processual. Cédula de crédito industrial. Correção monetária. Incidência após o vencimento. Capitalização. Juros. Inadimplência. Prequestionamento. Ausência. Súmulas 282 e 356, STF. Título de crédito. Executoriedade. CPC. art. 585, VII. Correção monetária. Março/1990. BTNF.

I. Não se conhecem de questões que não foram objetivamente versadas no acórdão recorrido, para as quais não houve a necessária provocação mediante embargos declaratórios, atraindo a incidência das Súmulas 282 e 356, STF.

II. Aos títulos de crédito, assim reconhecidos em lei, dispensa-se a formalidade exigida aos contratos particulares, de assinatura de duas testemunhas, para que adquiram executoriedade.

III. Segundo o entendimento pacífico da Egrégia Segunda Seção, no mês de março de 1990, a correção monetária de débitos com cédulas industriais deve ser calculada pelo percentual de variação do BTNF, no percentual de 41,28%. Ressalva do ponto de vista do relator.

IV. Recurso especial conhecido em parte e desprovido (grifos nossos) (STJ, 4.ª Turma, REsp 215265/GO, Rel. Min. Aldir Passarinho Junior, j. 02.08.2001, *DJ* 04.02.2002, p. 369).

5. Capacidade do emitente

Outrossim, o título de crédito também pode ser firmado por quem detenha capacidade legal.

Se a emissora for pessoa jurídica, a assinatura deve ser aposta por aquele(s) que o estatuto autoriza expressamente. Nesses casos, recomenda-se a análise mais detalhada da carta que rege a sociedade, pois pode ser que exija, como condição de validade, a aprovação do Conselho de Administração, ou mesmo da Diretoria, como órgão extraordinário de deliberação colegiada, ou dos seus quotistas ou acionistas.

Ressalte-se que o art. 1.015, parágrafo único, do Código Civil admite a oposição a terceiros de excesso praticado por administradores, se a limitação de poderes estiver inscrita ou averbada no registro próprio da sociedade. Em outras palavras, o Código reconhece a *teoria publicista*, desobrigando a sociedade quando o administrador exceder poderes claramente expressos nos atos societários cujo arquivamento tenha sido diligenciado.

6. Autenticidade da assinatura

Registre-se que qualquer defeito da assinatura também se sana, com respeito ao devedor, pela sua confissão em juízo[26].

Por outro lado, cabe também ressaltar o entendimento de Margarinos Torres de que

> (...) vale a assinatura lançada em um escrito particular com auxílio de outra pessoa, se tal auxílio foi prestado a contento de quem assim aceitava a sua responsabilidade no contrato, conforme prova conveniente como é a prova testemunhal e a

---

[26] Margarinos Torres, op. cit., p. 176.

presunção deduzida da publicidade do ato. Consoantemente, a paralisia parcial, o estado nervoso, a doença física, não afetando o espírito, não importam em incapacidade[27].

Por seu turno, assevera Saraiva que

(...) devemos julgar cambialmente vinculado o emitente que assina, não com seu nome civil, mas com o pseudônimo que adotou e pelo qual é conhecido. Além de não ser justo que ele tire proveito da própria fraude, o elemento indispensável à responsabilidade é a inexistência de dúvida sobre a identidade da pessoa[28].

Para Werter Faria,

(...) a declaração autêntica poderá consistir, (a) na assinatura em cruz ou na impressão digital, certificados por autoridade pública, (b) na assinatura a rogo, perante testemunhas, e autenticada, (c) na declaração redigida e assinada por oficial público, reprodutiva de vontade oralmente expressa[29].

Caso a assinatura lançada como do emitente seja falsa, ou se faltar capacidade jurídica ao emitente, ou, ainda, se aquele que assinou em nome e por conta do emitente não tiver mandato conferido adequadamente, a pessoa indicada como emitente não responde como devedor da obrigação cartular (cf. art. 915).

Entretanto, as demais assinaturas lançadas no título garantirão o cumprimento da obrigação cambiária, nos exatos limites da declaração (cf. art. 914).

---

[27] Ibidem, p. 176-177.
[28] Apud Margarinos Torres, op. cit., p. 177. O próprio Margarinos Torres, Fran Martins, Luiz Emygdio da Rosa Jr. e Lauro Muniz Barreto acompanham esse entendimento.
[29] Apud Luiz Emygdio da Rosa Jr., op. cit., p. 132.

7. Firma por procuração

Questão sensível diz respeito à possibilidade de a assinatura poder ser lançada por mandato, com base em cláusula contratual autorizativa de criação do título. Regra geral, a jurisprudência do Superior Tribunal de Justiça tem se posicionado de forma contrária a essa possibilidade[30].

Não obstante, aceitamos tal possibilidade na medida em que a cláusula autorizadora não venha contemplada em contrato de adesão (melhor, ainda, se não resultante, também, de relação de consumo) e que não caracterize conflito de interesse, ato de afetação da vontade ou arbítrio de uma das partes.

São estreitíssimas, pois, as oportunidades para essa prática, cuja validade deverá ser apreciada caso a caso, e cuja segurança passará pelo sinalagma da relação e, muito provavelmente, pela não circulação do título.

Art. 889. (...)
§ 1.º É à vista o título de crédito que não contenha indicação de vencimento.

COMENTÁRIOS

A época do vencimento marca o termo do giro da cambial e determina a efetividade da prestação da soma de dinheiro que ela exprime. É, pois, o fim da vida da cambial como título de crédito[31].

A data do vencimento deve ser do conhecimento do portador do título e não deve gerar dúvidas.

Essa data é disposição de vontade do emitente. Entretanto, se ele não a fixar, o cumprimento da obrigação dar-se-á no momento em que o credor apresentar o título ao devedor. O vencimento será, pois, à vista,

---

[30] Cf. Pedro A. Batista Martins, Cambial: ineficácia do permissivo contratual de saque pelo credor. *Livro de Estudos Jurídicos,* IEJ, n. 3, 1991.
[31] Paulo de Lacerda, op. cit., p. 62.

por força de previsão legal. Essa presunção legal segue a tradição da LUG, nos termos do seu art. 2.º.

Por sinal, não vemos, em princípio, impedimento a que o vencimento da obrigação seja fixado pelo devedor nos moldes permitidos pela LUG, ou seja, dia determinado ou a certo termo da data.

Do mesmo modo, como admitido pelos doutrinadores para os demais títulos de crédito, admite-se que o título tenha vencimento vinculado a datas conhecidas como "Dia do Trabalho" ou "Natal".

Fran Martins chega a admitir como vencimento o *fim do mês*, pois será considerado o último dia do mês[32].

O vencimento não pode, portanto, ser indeterminado.

Art. 889. (...)
§ 2.º Considera-se lugar de emissão e de pagamento, quando não indicado no título, o domicílio do emitente.

COMENTÁRIOS

1. Lugar de emissão

A rigor, o *lugar de emissão* determina a lei que regulará as formalidades do ato jurídico.

Contudo, devendo a obrigação ser cumprida no Brasil, a forma essencial sujeitar-se-á ao crivo de validade da legislação brasileira, admitidas as peculiaridades da lei estrangeira quanto aos requisitos extrínsecos do ato, nos termos do art. 9.º, § 1.º, da Lei de Introdução às Normas do Direito Brasileiro (LINDB).

A capacidade do emitente, requisito intrínseco do ato, regula-se pela lei de seu domicílio (art. 7.º, LINDB).

Trata-se, fundamentalmente, de um requisito importante nas relações jurídicas internacionais, configurando-se elemento acidental do título de crédito, convertendo-se a inexistência de indicação na presunção de ter sido emitido no lugar do domicílio do emitente.

---

[32] Op. cit., p. 127.

2. Lugar do pagamento

O *lugar de pagamento* do título, apesar de ser tido como elemento acidental da cártula, não pode permanecer sem indicação, dado que complementa a declaração cartular.

É preciso que o portador do título de crédito saiba onde deverá apresentá-lo para o exercício do seu direito.

Essa indicação poderá, até mesmo, servir para o credor determinar o juízo competente para a propositura da ação de cobrança.

Daí por que a lei, desde logo, dirime a questão; caso não conste do título, o lugar do pagamento será o do domicílio do emitente.

Por outro lado, creio não ser impertinente admitir a fixação de mais de um local de pagamento, ficando a critério do portador a escolha do lugar em que lhe seja mais conveniente apresentar o título para cumprimento da prestação nele indicada.

Art. 889. (...)
§ 3.º O título poderá ser emitido a partir dos caracteres criados em computador ou meio técnico equivalente e que constem da escrituração do emitente, observados os requisitos mínimos previstos neste artigo.

COMENTÁRIOS

1. Evolução necessária

Essa regra, que não constava do Projeto original, foi inserida por força de emenda legislativa apresentada no transcurso do ano de 1997. Reflete a preocupação do jurista perante as fragilidades e o rigorismo dos conceitos e das normas legais atinentes ao direito cambiário, quando confrontados com as frequentes e instantâneas alterações dos hábitos cotidianos impostos à sociedade pela velocidade dos avanços tecnológicos.

Na realidade é no estudo dos títulos de crédito em que a angústia desse choque de costume desponta flagrante e direto. Afinal, sempre se vinculou a existência do título a sua retratação física *em papel*, em face das características do aval, do endosso e do protesto.

Entretanto, os tempos mudam e, com eles, a visão do jurista. Nada na vida comercial é estático. Ao contrário, a mercancia repudia tudo aquilo que não se move, que se mantém inflexível aos ventos da modernidade. Sobremaneira os direitos, quando os querem vincular, eternamente, à existência física de um documento; quando a lei ou o jurista somente apoiam sua validade e efeitos, se o direito estiver *imobilizado* em um *pedaço de papel*.

O comércio, sem dúvida, não suporta a apatia do jurista que enxerga o direito com a luz voltada para a popa. Se o direito comercial precisa ser repensado com a frequência da dinâmica dos negócios, quanto mais o instituto dos títulos de crédito. Quanto mais, ainda, a forma de expressá-lo materialmente, que não será por certo, nos dias de hoje, unicamente, em uma folha de papel.

Aliás, com razão acentua **Gilberto Peña de Castro** que em nenhuma parte foi dito que o documento, suporte da letra de câmbio, deva ser, necessariamente, um pedaço de papel[33].

Daí por que os usos e costumes vêm exigindo mudanças na sistemática jurídica, como demonstrado por **Mauro Penteado**, autor da emenda em referência, ao registrar que

> (...) nas operações de desconto e cobrança da duplicata, muitas empresas já não vêm criando o título (que é de emissão facultativa), limitando-se ao procedimento simplificado de emissão da nota fiscal-fatura (Lei 5.474/1968, art. 1 c.c. art. 19, § 7.º, do Convênio, de 1970), por computador, cujos caracteres são transmitidos à instituição financeira, pelo sistema *on line* ou através de "disquetes", visando a remessa do aviso de cobrança ao sacado.

A preocupação fincava-se, à época, ao fato de o inadimplemento do sacado gerar a necessidade de criação extemporânea da duplicata;

---

[33] Nota cf. Newton de Lucca. *A cambial*: extrato. São Paulo: RT, 1985. p. 74.

isto é, o comerciante via-se forçado a criar o título posteriormente à data da emissão da nota fiscal-fatura, porém nele lançando a mesma data constante da nota fiscal-fatura[34].

Por essa e por outras, a necessidade de mudanças nas regras legais, de forma a possibilitar ao direito acompanhar e balizar os fenômenos da vida econômica.

A desmaterialização dos títulos de crédito exige do intérprete e do aplicador do direito postura mais aberta e reflexiva quanto aos princípios estruturados há anos pelo próprio jurista, de forma a encaixá-los à nova realidade. De que os títulos de crédito se livrarão do papel como documento não temos dúvida (aliás, já é uma verdade); resta, pois, adaptá-los a esse momento.

E foi o que fez o Código Civil, apesar de timidamente, cabendo às leis extravagantes evoluírem em seus detalhamentos, pois, como bem observou Mauro Penteado[35],

> (...) colidiria com as premissas gerais do Projeto [dispor em caráter geral sobre os títulos de crédito inominados] a pretensão de disciplinar por inteiro o fenômeno, ainda não de todo sedimentado; mas a sua regulação parcial, no que já tem de estável e em experimentado na prática, servirá de ponto de partida para uma futura elaboração mais completa.

De fato, aos poucos essa elaboração vai acontecer, como se viu no caso da Lei 9.492/1997, que autoriza o protesto por indicação de duplicatas criadas em meio magnético ou em gravações eletrônicas de dados (art. 8.º, parágrafo único).

Aliás, o próprio processo de execução já dispensa a apresentação de duplicata, quando protestada por indicação e acompanhada do comprovante de entrega da mercadoria.

O legislador, não olvidando os avanços que a prática impõe aos títulos de crédito, já nos idos de 1977, por exemplo, admitiu a presunção

---

[34] Justificação da Emenda, *Diário do Senado*, Suplemento A, nov. 1997.
[35] Justificação da Emenda, op. cit.

de declaração cartular ao instituir o *aceite presumido* (Lei 6.458, art. 7.º). Em consequência, desnecessário o aceite expresso quando a triplicata, protestada, estiver acompanhada do comprovante de entrega da mercadoria, e não houver recusa do aceite encaminhada pelo devedor.

Vê-se, pois, que o legislador tem trabalhado em busca da evolução dos conceitos que cercam e viabilizam o direito comercial. E, da mesma forma, o jurista. Newton de Lucca, por exemplo, sugere a possibilidade de o aval vir a ser declarado em documento apartado do título de crédito. Apesar de estranho aos nossos princípios jurídicos, o aval em separado tem inspiração germânica e foi, inclusive, objeto de reserva por países como a França, no ato de assunção da LUG. São suas as palavras:

> Imaginemos, por um instante, que o "estado atual de nosso Direito" a que se referiu Cabrillac venha a ser alterado, seja por uma legislação especial que confira ao borderô a qualidade de incorporar créditos transcritos em fitas magnéticas, seja pelo desenvolvimento doutrinário e jurisprudencial no sentido de considerar o "documento eletrônico" um meio eficaz de se provar uma relação jurídica em juízo. Parece-nos que, em tal caso, o instituto do aval por ato separado poderia ser considerado interessante naquelas hipóteses em que o sacador levasse a desconto a sua LCR-fita magnética, avalizando em favor do banqueiro todos os saques nela contidos[36].

Vê-se que passos já foram dados pelos operadores do direito no sentido do rompimento de certos tabus jurídicos. Outros avanços ainda terão de ser galgados e o serão, visto que a criatividade do jurista não deve ser subestimada, haja vista a própria instituição *Títulos de Crédito*, mérito personalíssimo dele e que o Direito não cansa de enaltecer. E, quanto mais nos depararmos com as novas e incessantes tecnologias,

---

[36] Op. cit., p. 90-91. Escreveram também sobre o tema: Gustavo Tavares Borba. A desmaterialização dos títulos de crédito. *Revista de Direito Renovar*, n. 14, p. 85 e ss., mar.-ago 1999; Fábio Ulhoa Coelho. *Curso de direito comercial*. São Paulo: Saraiva, 2010. v. 1, p. 378; e Paulo Salvador Frontini. Títulos de crédito e títulos circulatórios: que futuro a informática lhes reserva?. *RT,* n. 730, ago. 1996.

mais instados seremos a repensar e evoluir os padrões vigentes, em busca da efetiva desmaterialização dos títulos de crédito, cercada, obviamente, das garantias de que os agentes do comércio não podem abrir mão[37].

Essa norma do Código Civil se insere nesse contexto e deverá ser interpretada com muita flexibilidade pelo exegeta, visto que se lança como marco de um início de mudança nos conceitos jurídicos atinentes ao direito cambiário.

2. Emissão por caracteres

Para que a emissão do título seja efetivada sob a forma de caracteres criados em computador ou meio técnico equivalente, é preciso que haja registro dele na escrituração do emitente. Afinal, a escrituração servirá, em última análise, como meio de prova da existência dos direitos e obrigações indicados no título.

Sua validade está subordinada ao registro de seus dados na escrituração da sociedade emitente. Segundo determina a norma em comento, esses dados devem conter, no mínimo, os requisitos previstos neste art. 889. Assim, deverão constar da escrituração a data de emissão e os direitos que o título confere.

Quanto à assinatura do emitente, requisito mínimo exigido pela lei, queremos crer que o comando da norma não pretendeu inovar e exigir a assinatura dos representantes legais na própria escrituração da empresa. Quando muito, podemos admitir a assinatura do contador responsável como prova da existência e validade daquele lançamento.

Art. 890. Consideram-se não escritas no título as cláusulas de juros, a proibitiva de endosso, a excludente de responsabilidade pelo pagamento ou por despesas, a que dispense a obser-

---

[37] Ressalte-se que hoje, nos Estados Unidos e, ao que parece, no Canadá, já funcionam varas judiciais virtuais, onde a tutela jurisdicional se processa pela informática, sem arquivo em papel, salvo raras exceções.

vância de termos e formalidades prescritas e a que, além dos limites fixados em lei, exclua ou restrinja direitos e obrigações.

Direito anterior: Sem correspondente no CC/1916.

COMENTÁRIOS

1. Apego aos requisitos formais

Esse artigo repete *ipsis litteris* o contido no art. 44 do Decreto 2.044, de 1908. Como visto anteriormente, o título de crédito é documento extremamente formal, não por mero apego às formas, mas, acima de tudo, em função de sua vocação à circulação. Visando pessoas indeterminadas, é na rigidez da forma que os títulos de crédito procuram conferir a segurança desejada pelos terceiros que participarão da relação cambial.

Assim, deverão os títulos conter, necessariamente, os requisitos obrigatórios, traduzindo-se, pois, em cláusulas não escritas aquelas mencionadas nesse art. 890.

Essas cláusulas não influem de modo algum nas relações cambiárias, nem benéfica, nem nocivamente; de maneira que nem a cambial ou a declaração cambiária se anula ou sofre, nem o obrigado, a quem onerariam ou favoreceriam, fica mais onerado ou favorecido. A lei passa uma esponja sobre elas e as apaga por completo: não existem nas relações cambiárias[38].

Registre-se, entrementes, que há declarações cartulares não essenciais e que, nem por isso, parte da doutrina e do Judiciário tem deixado de assegurar-lhes validade e efeitos de direito, como é o caso daquela que lança no título sua vinculação ao contrato que lhe é subjacente. Tal disposição cartular, apesar de desnaturar o título de crédito, dada a anulação de princípios que lhe é peculiar, protege interesse do emitente

---

[38] Paulo de Lacerda, op. cit., p. 378-379.

que se vê, muitas vezes, impingido a emitir o título como única forma de concluir o negócio originário.

2. Vedação aos juros

A LUG admitiu a cláusula de juros somente quando a letra fosse emitida para pagamento à vista ou a um certo termo de vista. Ainda assim, a taxa de juros deverá vir expressa no documento, sob pena de se considerar como não escrita.

Para os títulos de crédito inominados, contudo, a lei de regência reprime qualquer vinculação da obrigação a juros. No entanto, nem por isso, tal estipulação retirará da cártula sua validade e eficácia para os fins cambiais, pois essa declaração cartular, não obstante contrária à lei, não influirá, de modo algum, nos efeitos legais que se extraem do documento. Afinal, a cláusula de juros será vista pelo devedor e pelo julgador, obrigatoriamente, como mera disposição em branco, como regra não escrita, um *nada* em termos jurídicos.

Entretanto, nada impede que o negócio subjacente reflita estipulação de juros que, para esse fim, há de ser válida e deverá produzir todos os efeitos a ela atinentes.

3. Endosso: proibido proibir

Aos títulos de crédito atípicos está proibido proibir o endosso. Essa disposição legal não se coaduna em nada com o disposto no art. 914, *caput,* do Código Civil, que dispõe:

> Ressalvada cláusula expressa em contrário, constante do endosso, não responde o endossante pelo cumprimento da prestação constante do título.

O legislador, deliberadamente, inverteu o princípio da responsabilidade dos endossantes pela obrigação constante do documento. Em face disso, soa até mesmo conflitante essa proibição lançada no art. 890 com o contido no referido art. 914, pois o princípio que rege os títulos atípicos é justamente o da irresponsabilidade dos endossantes, salvo disposição expressa em contrário.

Ora, quando a LUG autoriza o endossante a inserir cláusula proibindo novo endosso, ela está, na prática, indo ao encontro do que prevê o retrocitado art. 914, isto é, tornando o endossante que declarou expressamente a proibição irresponsável pela obrigação perante os portadores posteriores, caso o endossatário venha a descumprir a determinação cambial, endossando novamente o título.

Parece-nos que a faculdade de se declarar proibido novo endosso deveria ser mantida como regra geral, pois pode o endossante pretender responder normalmente pela obrigação tão somente ao endossatário, e não aos demais portadores que porventura venham a fazer parte da cadeia de transferência cartular. Nesses casos, a figura dessa declaração cambial – *proibido o endosso* – atenderia o interesse das partes.

Art. 891. O título de crédito, incompleto ao tempo da emissão, deve ser preenchido de conformidade com os ajustes realizados.

Parágrafo único. O descumprimento dos ajustes previstos neste artigo pelos que deles participaram, não constitui motivo de oposição ao terceiro portador, salvo se este, ao adquirir o título, tiver agido de má-fé.

Direito anterior: Sem correspondente no CC/1916.

COMENTÁRIOS

1. Superado o antigo debate

O art. 891 e seu parágrafo único têm o mesmo comando jurídico expresso no art. 10 da LUG. Para os títulos de crédito atípicos ou inominados não importa mais a antiga discussão da aplicabilidade em nosso sistema legal do art. 10 da LUG ou do art. 3.º do Decreto 2.044/1908, por força da reserva feita pelo Brasil quando da ratificação da LUG. Com o novo ordenamento legal, ficam os títulos inominados a salvo dessa vetusta controvérsia: vale o contido no art. 891 do Código Civil, o qual, em última instância, equivale ao compreendido no art. 10 da LUG[39].

2. Título incompleto ou em branco: circulação

Regra geral, a doutrina se dirige aos títulos a que falta preenchimento de requisitos obrigatórios com certa flexibilidade terminológica. Ora os denomina de títulos incompletos, ora de títulos em branco. Para muitos tais palavras correspondem a um mesmo fato jurídico. Seriam expressões sinônimas. Entretanto, alguns juristas mais detalhistas detectam uma pequena nuance a diferenciar a aplicação dos dois termos. *Incompleto* será o título de crédito ao qual restar ausente um dos seus componentes necessários, por força de um esquecimento ou de um acidente alheio à vontade do emitente; enquanto *em branco* será considerado o título cuja condição obrigatória deixar de ser inserida por vontade manifesta do emitente.

O título de crédito deve conter todos os requisitos essenciais para que produza efeito cambiário. É o que se extrai do art. 887 c/c o art. 889 do Código Civil. *A contrario sensu* admite o ordenamento legal a circulação e, assim, a existência de título de crédito incompleto, que é aquele a que falta elemento cogente.

O título de crédito incompleto, criado pelo emitente, circula com plena validade, mas sua eficácia como cambial fica a depender de uma condição: o preenchimento dos requisitos essenciais faltantes.

A lei não condena, pois, a emissão e a circulação do título incompleto; ao contrário, admite e confere validade às sucessivas transferências.

Contudo, para que seja exigida e imposta a obrigação cambiária ao devedor, é preciso que esteja completo, ou seja, esteja passado em

---

[39] Ao tempo da ratificação da LUG, o Brasil se utilizou da reserva prevista no Anexo II e, dessa forma, afastou a incidência do art. 10 dessa Convenção. Dessarte, pregava parte da doutrina a vigência do art. 3.º do Decreto 2.044/1908. Contudo, outra parte da doutrina sempre entendeu que a reserva, para produzir efeitos legais em nossa jurisdição, deveria vir acompanhada de lei ordinária nesse sentido.

preto. Assim, para o pronunciamento do direito cartular é imperativo legal – *conditio iuris* – a coexistência de todos os elementos essenciais. É justamente no momento em que se exige a prestação indicada no título que se aperfeiçoam os princípios da *literalidade* e da *aparência*.

3. Preenchimento do título incompleto

A questão do momento e de quem detém o direito de preencher os elementos faltantes já foi bastante debatida pela doutrina, que restou convencida de que qualquer um, a qualquer tempo (até o momento do exercício do direito cartular), é titular desse direito.

Como registrou Ascarelli, tanto a doutrina que sustenta a teoria geral do *documento em branco* quanto aquela que advoga a *teoria da cambial* entendem ser possível

> (...) que os vários requisitos do título sejam apostos, não só em momentos diversos, mas também por pessoas distintas e, por isso, depois que o título tenha entrado na circulação[40].

Não obstante, Ascarelli demonstra certa insegurança na adoção plena desse entendimento no que tange aos títulos causais. São suas as palavras:

> Não creio, no entanto, que a mesma resposta afirmativa possa ser dada quanto aos títulos causais. Veremos, realmente, que estes se caracterizam pela sua referência a uma determinada e típica relação fundamental e essa circunstância, parece-me, exclui que o seu preenchimento possa verificar-se juridicamente por obra de pessoas diversas[41].

Ao deixar de especificar quem pode preencher o título incompleto, a lei admitiu, por certo, que qualquer portador de boa-fé pode fazê-lo,

---

[40] Op. cit., p. 34.
[41] Ibidem.

porque, ao emitir título incompleto, o emitente abdicou do seu direito de preenchimento em favor do terceiro portador de boa-fé.

O direito do possuidor do título cambiário em branco e a enchê-lo é elemento do direito ao título como título cambiário. Autônomo, portanto, como esse. É peculiar ao direito cambiário não só a autonomia das obrigações, como também a dos direitos cambiários. Quem tem posse legítima, de boa-fé, *tem direito a encher*[42].

Nos termos da Súmula 387 do Supremo Tribunal Federal:

> A cambial emitida ou aceita com omissões, ou em branco, pode ser completada pelo credor de boa-fé antes da cobrança ou do protesto.

Registre-se, por oportuno, que, segundo ensinamento da doutrina, o preenchimento dos requisitos essenciais por diversas pessoas pressupõe, ao menos, a existência de uma assinatura no título, seja ela do emitente, de um endossador ou do avalista.

4. Momento do preenchimento

Como sumulado pelo STF, o preenchimento do título deve ser efetivado até o momento da cobrança ou do protesto. Sem embargo, Pontes de Miranda assinala que a doutrina assente no direito alemão e no direito uniforme admite que o preenchimento se proceda no curso da lide executiva ou ordinária, quando a parte reclamar ou o juiz apontar. Essa prática, segundo ele, "deve prevalecer no direito brasileiro". Destarte, duas opções teria o credor: pedir desistência do feito para se completar o título e, após, instruí-lo em nova demanda ou requerer ao juiz o desentranhamento para se encher o título; ou, até mesmo, enchê-lo nos próprios autos via escrivão. O princípio da economia permitiria esse entendimento[43].

---

[42] Pontes de Miranda, op. cit., p. 221.
[43] Op. cit., p. 223.

Registre-se que nenhum partícipe da relação cartular está obrigado a recebê-la em branco. Esse direito lhe é assegurado plenamente se a cártula não contemplar todos os requisitos essenciais. O negócio referente ao título incompleto pode não ter seguimento, se a parte subordinar a conclusão das tratativas ao enchimento do título. Este é um direito conferido àquele que está por participar da relação cartular.

Em suma, de tudo isso resulta: a) que é lícito o fato da emissão e giro da cambial incompleta; b) que também é ato lícito o do lançamento dos requisitos essenciais posteriormente à emissão; c) que o emissor e todos os portadores da cambial incompleta que não a preenchem sabem que os sucessivos portadores têm a faculdade de fazê-lo e, assim, sofrem o risco relativamente aos portadores de boa-fé[44].

Art. 891. (...)
Parágrafo único. O descumprimento dos ajustes previstos neste artigo pelos que dele participaram não constitui motivo de oposição ao terceiro portador, salvo se este, ao adquirir o título, tiver agido de má-fé.

COMENTÁRIOS

Por certo os títulos de crédito se prendem a um ajuste ou a uma relação jurídica qualquer. Os títulos causais exprimem um negócio subjacente de conhecimento ou, ao menos, passível de conhecimento por parte do terceiro portador do título. Assim, a duplicata pressupõe uma compra e venda mercantil ou uma prestação de serviços, enquanto o conhecimento de depósito se vincula à existência de um contrato de depósito. Já os títulos abstratos retratam uma infinita gama de relações de difícil percepção pelos sucessivos portadores.

No entanto, o fato é que todos os títulos pressupõem uma tratativa que lhes é fundamental. Daí a regra de esse parágrafo único impor que

---

[44] Paulo de Lacerda, op. cit., p. 39.

o completamento dos títulos em branco seja executado em plena consonância com o que foi pactuado. Caso contrário, será abusivo o preenchimento. O direito conferido pelo ordenamento, a qualquer portador, de preencher o documento incompleto não é absoluto, pois repele qualquer abuso no exercício desse direito.

Destarte, o exercício abusivo no preenchimento do título, verificado quando feito em desacordo com os ajustes realizados, é oponível ao terceiro portador do título. Contudo, essa oposição não há de produzir efeitos ao simples comando da vontade e do interesse do devedor; esta se concretiza, somente, caso arguida perante o portador de má-fé.

Quanto a esse detentor, o princípio da aparência do título é apenas relativo. Outrossim, o direito não tolera a má-fé que também se estende àquele que, ciente do vício do título, por abuso em seu preenchimento, mesmo assim, e talvez por esse fato mesmo, participa da relação cartular, recebendo o documento para futuro exercício indevido do direito nele mencionado.

Contudo, dado o próprio princípio da aparência, cabe ao emitente do título a prova da emissão incompleta e do exercício abusivo no preenchimento do documento. A existência do título, *per se*, gera a inversão do ônus da prova. No entanto, o direito à oposição somente se verifica se o portador for terceiro de má-fé. A lei protege o portador de boa-fé e a ele assegura o direito de exigir o cumprimento da obrigação cartular, não obstante oposições válidas que o credor tenha o direito de arguir. Só que essa arguição não terá eco legal se aquele que pleiteia o direito cartular for terceiro alheio aos fatos que resultam da oposição do devedor.

Como reza a norma em comento, o descumprimento dos ajustes realizados pelos que dele participaram não constitui motivo de oposição ao terceiro portador de boa-fé. Esse dispositivo realça as teorias da autonomia, da literalidade e da aparência, em linha, pois, com o disposto no art. 887 do Código Civil.

Disto resulta: a) que a má-fé do portador não se dá somente quando foi ele próprio quem lançou os requisitos essenciais que faltavam, bastando que se tenha conluiado com quem quer que haja lançado ou que tenha ciência do lançamento doloso ou fraudulento anterior; b) que a alegação de má-fé só prejudica o portador culpado; c) que, para o portador de boa-fé, as indicações desses requisitos, tal como se acharem lançados na cambial, são sempre perfeitas e produzem os efeitos de direito, recaindo os prejuízos resultantes sobre os obrigados cambiários que se arriscaram a emitir, aceitar, endossar ou prestar o seu aval a uma cambial nessas condições e sobre os diretamente culpados no lançamento de má-fé[45].

Jurisprudência

Juros. Instituição integrante do Sistema Financeiro Nacional. Inaplicabilidade da limitação estabelecida pela "Lei de Usura". Nota promissória. Emissão em branco. **Embora admissível, em tese, seja o título firmado em branco, para preenchimento pelo portador, não se deve tolerar imposição do credor que importe ficar com a faculdade de preenchê-lo como lhe parecer adequado** (grifos nossos) (STJ, 3.ª Turma, REsp 157392/RS, Rel. Min. Eduardo Ribeiro, j. 14.03.2000, *DJ* 22.05.2000, p. 106).

Art. 892. Aquele que, sem ter poderes, ou excedendo os que tem, lança a sua assinatura em títulos de crédito, como mandatário ou representante de outrem, fica pessoalmente obrigado, e, pagando o título, tem ele os mesmos direitos que teria o suposto mandante ou representado.

Direito anterior: Sem correspondente no CC/1916.

COMENTÁRIOS

O presente dispositivo legal replica o conteúdo da regra contida no art. 8.º da LUG e no art. 46 da Lei 2.044/1908. No direito cambiário não

---

[45] Paulo de Lacerda, op. cit., p. 39.

existe declaração cartular sem efeito jurídico. A assinatura constante do documento gera uma obrigação para aquele que a lançou. No entanto, cumprida a obrigação cartular, adquire essa pessoa o mesmo direito que teria o suposto mandante ou representado.

O direito cambiário não perdoa o desavisado ou o negligente; a toda manifestação cartular nasce uma obrigação. Tal rigidez, que em muitas ocasiões pode perpetrar aparentes injustiças, se legitima em função da indeterminação na emissão do título. Protege-se o terceiro de boa-fé em razão da característica peculiar aos títulos de crédito: a *circulação*.

O legislador houve por bem emprestar significados distintos aos termos *mandato* e *representação*, apesar de este último, por vezes, se identificar como gênero.

Para os fins e efeitos dessa norma do Código Civil, o *mandato* traduz-se na concretização da manifestação da vontade por intermédio de outrem, com poderes conferidos expressamente por manifestação da vontade negocial, via procuração.

O mandato deve discriminar os poderes conferidos pelo mandante ao mandatário, por encerrar a relação cambiária uma natureza de caráter especial e não ordinária[46].

Já a *representação* importa na assunção de obrigação cartular por alguém em nome e por conta de outrem, por força de determinação legal.

Evidencia-se, como exemplo, a representação das sociedades concretizada nas pessoas indicadas para comporem os órgãos sociais, cujos poderes se encontram determinados nos atos societários.

---

[46] Nos termos do Código Civil: Art. 660. O mandato pode ser especial a um ou mais negócios determinadamente, ou geral a todos os do mandante.
Art. 661. O mandato em termos gerais só confere poderes de administração.
§ 1.º Para alienar, hipotecar, transigir, ou praticar outros quaisquer atos que exorbitem da administração ordinária, depende a procuração de poderes especiais e expressos.
§ 2.º O poder de transigir não importa o de firmar compromisso.
Art. 662. Os atos praticados por quem não tenha mandato, ou o tenha sem poderes suficientes, são ineficazes em relação àquele em cujo nome foram praticados, salvo se este os ratificar.
Parágrafo único. A ratificação há de ser expressa, ou resultar de ato inequívoco, e retroagirá à data do ato.

Abrange ainda a representação, para o propósito deste art. 892, a *assistência* prestada pelo pai ao filho menor, pelo curador aos curatelados (*v.g.*, loucos; pródigos) e pelo tutor aos tutelados (*v.g.*, menores sem pais vivos ou por força da perda do pátrio poder).

Nos termos do art. 892, aquele que, sem ter poderes, ou excedendo o que tem, lança a sua assinatura em título de crédito, como mandatário ou representante de outrem, fica pessoalmente obrigado.

Assim, o pai que devia assistir o filho na declaração cambiária, ainda que com autorização judicial, intervém no título, sem que pessoalmente intervenha o filho, se obriga cambiariamente, sem que o filho se obrigue. Se ele intervém com o filho, dizendo ter autorização judicial, sem a ter, também se obriga, porque a autorização judicial é permissão a ele em proteção do filho, e não permissão ao filho... Acontece o mesmo com o tutor, ou com o curador do pródigo, quando cabe àquele ou a este assistir, e não representar; pois, falte a declaração do menor, ou a do pródigo, ou a autorização judicial, se obriga o tutor, ou o curador, e não o menor ou o pródigo[47].

O mesmo ocorre com o mandatário que assinou em nome do mandante, sem poderes para tal ou com extrapolação destes, e com aquele diretor ou gerente que assina em nome da sociedade em desconformidade com o que dispõe o estatuto ou o contrato social.

Não importa perquirir se o ato foi praticado com culpa do mandatário ou do representante. A responsabilização nasce da sua declaração cartular.

Mesmo que a manifestação de vontade tenha sido lançada em boa-fé, ou que o equívoco na interpretação dos poderes seja resultado de mero lapso ou descuido, mantém-se íntegra a sua declaração para fins dos deveres cambiários.

Contudo, essa responsabilidade é discutível se aquele que recebeu o título tinha conhecimento da ausência dos poderes ou do excesso destes no ato da declaração. Parece-nos que nesse caso o portador não seria terceiro de boa-fé, exceto se o representante tivesse a ele assegurado a futura ratificação do ato por quem de direito.

---

[47] Pontes de Miranda, op. cit., p. 124.

Nesse particular, o art. 1.015, parágrafo único, do Código Civil determina que a sociedade não responde pelos atos indevidamente praticados pelos seus representantes, em claro apoio à teoria da publicidade dos atos.

Por fim, saliente-se que os pretensos mandatários e representantes, apesar de responderem pessoalmente, o fazem como se mandantes ou representados fossem, pois, a rigor, seria com estes que os terceiros manteriam a relação jurídica.

Se assim é, pensamos que a responsabilidade patrimonial dos pseudorrepresentantes e mandatários deverá *limitar-se* ao conjunto dos ativos disponíveis de propriedade daqueles a quem substituíram na relação cambiária, por força da ausência ou do excesso de mandato ou da representação.

Outrossim, eventual regresso desses pretensos mandatários e representantes contra os ditos mandantes e representados deverá ser debatido sob o crivo de regras outras que não aquelas referentes aos títulos de crédito. A essa questão aplicar-se-ão as normas do direito comum.

O momento de verificar a capacidade do declarante é aquele em que a manifestação da vontade cartular se consuma. É, pois, no ato do lançamento da assinatura no documento cartular, para fins de sua circulação. A ratificação dos poderes em nada modifica essa assertiva, pois produzirá efeitos *ex tunc*.

A vinculação da manifestação unilateral à circulação faz-se precisar, pois pode o incapaz criar um título, mas só emiti-lo no momento de sua capacidade plena. Para o detentor de boa-fé a capacidade restará investigada no momento em que recebeu o título, ou seja, no ato da entrada em circulação do documento.

A prova da incapacidade para a prática do ato cartular caberá àquele que vier a argui-la. Esse ônus probante dele não se afasta, pois é a quem busca a desconstituição da declaração cartular que assiste o vício. O título de crédito, *per se*, é prova natural do direito do seu portador. A literalidade e a aparência agem em prol daquele que detém o documento. Sua desconstituição depende dos elementos probatórios apresentados por aquele que argui o vício da declaração e, assim, a nulidade da obrigação.

Em contrapartida à obrigação pessoal que assumem o mandatário e o representante que atuam em descompasso com os poderes a eles conferidos, a lei lhes confere os mesmos direitos que teriam os pretensos mandante e representado.

Pagando a obrigação oriunda da cártula, assumem o mandatário e o representante a posição jurídica que teriam aqueles que indevidamente representaram, com os *mesmos* direitos cambiários.

Podem, dessa forma, opor as mesmas exceções que oporiam os verdadeiros declarantes, pois foi com estes, em tese, que os terceiros de boa-fé contrataram. Logo, são os direitos daqueles que se queria obrigar que passam a titularidade dos representantes e mandatários que cumpriram, a contragosto, com a obrigação cambial. É isso o que determinam a lei e a *rationale* cambiária.

Art. 893. A transferência do título de crédito implica a de todos os direitos que lhe são inerentes.

Direito anterior: Sem correspondente no CC/1916.

COMENTÁRIOS

O art. 8.º da Lei 2.044/1908 estabelece que o endosso *transmite a propriedade* da letra de câmbio. Já o art. 14 da LUG afirma que o endosso *transmite os direitos* emergentes da letra. O art. 893 preferiu utilizar-se de uma expressão mais ampla como *transferência* (o título pode ser transferido por outra forma que não o endosso) e de outra, talvez mais técnica, como *direitos*. Não há dúvida de que o título encerra uma propriedade e, por consequência, como afirma Ascarelli[48], é uma

---

[48] Op. cit., p. 374.

coisa e, portanto, pode ser objeto de direitos reais. É o que ocorre com o *warrant,* como veremos nos comentários ao artigo seguinte. Não obstante, seja como propriedade ou direito, a verdade é que o endosso ou a transferência do título implica a aquisição pelo novo portador de tudo aquilo que consubstancia o direito cartular.

Afirma Mercado Junior[49] que

> (...) a origem desse dispositivo vem do art. 1.995 do Código italiano. Dessa forma, como antes assinalado, pretendeu o legislador assegurar, com essa norma, não somente a transferência do direito ao recebimento do valor lançado na cártula com a sua criação, como também todos os demais que lhe são inerentes, como a execução da garantia, a inoponibilidade das exceções, ao recebimento de dividendos e tantos outros que se possam extrair do direito cartular.

A teleologia dessa regra legal encontra amparo na segurança que se pretende imprimir aos direitos cambiais. Reforça a confiança na circulação dos títulos, assegurando, consequentemente, eficiência à dinâmica das relações comerciais. Prestigia a simplicidade do ato e a rapidez que os negócios exigem. A simples transferência do documento implica a de todos os direitos que lhe são inerentes. Nada mais, nada menos; contudo, encerra tudo aquilo que o adquirente necessita para o exercício futuro de seus direitos.

Art. 894. O portador de título representativo de mercadoria tem direito de transferi-lo, de conformidade com as normas que regulam a sua circulação, ou de receber aquela independentemente de quaisquer formalidades, além da entrega do título devidamente quitado.

Direito anterior: Sem correspondente no CC/1916.

---

[49] Op. cit., p. 121.

COMENTÁRIOS

1. Vinculação de título representativo

Trata esse artigo de matéria conhecida do direito cambiário. Os títulos representativos vinculam-se a mercadorias em trânsito ou em depósito. Expressam, pois, mercadorias predeterminadas e específicas. Daí a alusão a títulos representativos; tais títulos *representam* mercadorias previamente discriminadas.

São, por sua própria natureza, títulos causais vinculados que estão a um bem específico. Sua circulação não consubstancia em si uma transferência de crédito, mas, sim, a transferência da titularidade de uma mercadoria. Com a circulação do título transfere-se o direito sobre a mercadoria em trânsito ou em depósito.

Caracterizam-se, assim, os títulos representativos pelo fato de, representando mercadorias ou bens, darem aos seus possuidores o poder de exercer certos direitos sobre os mesmos, quer transferindo-os, com o título que os representa, para terceiros, quer constituindo direitos reais sobre esses bens[50].

2. Título representativo: tipos

Atualmente, os típicos títulos representativos são o conhecimento de depósito, o *warrant* e o conhecimento de frete.

O conhecimento de depósito é emitido pelos armazéns gerais em contrapartida à entrega da mercadoria, para guarda e conservação do estabelecimento. Nele constarão discriminados a espécie, a quantidade e os demais dados referentes à mercadoria dada em depósito.

Tais títulos têm como relação subjacente o contrato de depósito, seja de mercadorias importadas, produtos minerais, agrícolas ou outros mais.

Esse documento certifica a entrega e o depósito da mercadoria e se presta à circulação pelo seu detentor. Com a circulação transfere-se,

---

[50] Fran Martins, op. cit., v. II, p. 300.

também, a titularidade da mercadoria. Assim, a apresentação do conhecimento de depósito ao depositário implica a liberação por este dos bens especificados no documento e que se encontram sob a guarda do armazém geral.

Tem, pois, o portador do título representativo de mercadoria o direito de receber o bem depositado no estabelecimento do criador do título, mediante a entrega do documento representativo e o pagamento das despesas oriundas do depósito.

Pode, ainda, o armazém geral, a par do conhecimento de depósito, criar e entregar ao depositante dos bens o chamado *warrant*. Tanto o conhecimento de depósito quanto o *warrant* são títulos transferíveis por endosso; contudo, encerram naturezas distintas. Enquanto o primeiro, como dito, expressa a propriedade das mercadorias depositadas, o segundo confere ao endossatário penhor sobre ditas mercadorias.

Tais títulos podem circular conjunta ou destacadamente. Neste último caso, o valor da dívida objeto do penhor do título deve constar anotado no verso do conhecimento de depósito, para que, no momento da apresentação deste ao depositante, para fins de recebimento das mercadorias, seja retido pelo armazém geral, em contrapartida, o montante da dívida mencionada no *warrant* (i.e. valor do *warrant*), que deverá ser repassado ao legitimado que apresentar o dito documento.

Com efeito, a transferência do *warrant* resulta de uma obrigação assumida pelo endossante junto ao endossatário e que é garantida pelo penhor da mercadoria depositada.

Com o endosso do *warrant* transferem-se o crédito constante do título (i.e. valor da obrigação anteriormente assumida) e a sua garantia para o caso de inadimplemento, ou seja, o direito real de penhor sobre os bens guardados em depósito.

Ressalte-se que o penhor representado pelo *warrant* é atípico, pois sua constituição não se concretiza com a efetiva transferência da posse da mercadoria, como reza o art. 1.431 do Código Civil. Basta, para sua efetivação, a simples transferência do *warrant*. Com essa operação a penhora se aperfeiçoa, não obstante a tradição da mercadoria, que, por sua vez, continua, e deverá continuar, sob a guarda do depositário.

3. Conhecimento de transporte

O conhecimento de transporte (de frete ou cargo) é título circulável por endosso e criado pelo transportador para entrega ao dono da mercadoria transportada como prova da existência dessa obrigação.

Com efeito, o conhecimento de transporte deve especificar, entre outros, o bem a transportar, o local de entrega e o seu destinatário.

Preenchidos os requisitos legais, o título se presta à circulação, resultando seu endosso, consequentemente, na transferência da mercadoria ao endossatário.

Outrossim, como assinala Ascarelli,

> (...) a mercadoria, perecida depois do embarque, perece por conta do comprador, qualquer que ele seja, porque este, com o contrato, assumiu justamente esse risco. A possibilidade prática desse resultado deriva, por sua vez, do seguro, do qual o comprador se torna beneficiário...[51].

4. Direito sobre os bens

O direito ao recebimento das mercadorias representadas no título será efetivado independentemente de qualquer formalidade. É o que determina a norma legal.

Bastam a apresentação do título e o pagamento das taxas de depósito para que se aperfeiçoe o direito do portador do título ao recebimento dos bens entregues ao depositário para sua guarda e conservação.

Esse preceito se coaduna com o espírito irritualista que rege as relações mercantis. Exigências outras que não as mínimas necessárias a conferir segurança na entrega das mercadorias objeto dos documentos que as representam podem, e devem, ser rechaçadas por abuso de direito expressamente condenado por essa regra legal do Código Civil.

---

[51] Op. cit., p. 452.

Art. 895. Enquanto o título de crédito estiver em circulação, só ele poderá ser dado em garantia, ou ser objeto de medidas judiciais, e não, separadamente, os direitos ou mercadorias que representa.

Direito anterior: Sem correspondente no CC/1916.

COMENTÁRIOS

Com a emissão do título representativo, este se destaca da mercadoria que representa e dos direitos que sobre ela se operam. A partir daí, a cártula ganha vida própria e passa a circular independentemente da mercadoria que, pela natureza da operação, deve manter-se sob a guarda e a conservação de um terceiro, o criador do título.

Tratando-se de título causal representativo de uma mercadoria, cuja circulação é da sua própria natureza, é imperativo para sua segura transferência que o bem que representa esteja imune de qualquer ataque que possa repercutir negativamente nas transações efetivadas com o título. Afinal, o que circula é o título, e não os bens a que ele se refere, posto que se mantém em depósito.

Em outras palavras, os gêneros, bens e mercadorias detidos por alguém, por conta de outrem, devem estar a salvo de embargo, penhora, sequestro ou qualquer outro embaraço que possa prejudicar sua livre e plena disposição.

É o que reza a norma legal em apreço, em clara harmonia com os pressupostos do direito cambiário, erigidos com o fim de assegurar a confiabilidade na circulação do documento, uma vez que voltada ao terceiro de boa-fé.

Seria inviável colocar em circulação um título representativo em que o bem nele especificado pudesse, diretamente, ser objeto de medidas constritivas ao arrepio do seu legítimo possuidor.

Daí a razão de ser desse comando legal. Qualquer medida judicial objetivando a mercadoria ou qualquer relação negocial visando dita mercadoria deve ter sempre e unicamente por objeto o título que a representa. E somente ele, dado que a mercadoria, em si, é inalcançável por ações judiciais ou pactos extrajudiciais, encerrando, consequentemente, verdadeiro *direito de imunidade*.

Assim, ao possuidor de título representativo é vedado dar em penhor diretamente os bens discriminados no documento, mas não os títulos que lhes são consectários; o mesmo embaraço acontece com aqueles que buscam direitos na justiça, pois medidas cautelares ou coercitivas devem recair, exclusivamente, nos títulos, e não nas mercadorias que eles representam.

Essa imposição legal favorece a circulação do título, ao proteger de ataques os bens nele mencionados. Afinal, aquele a quem assiste uma pretensão poderá obtê-la por meio do título, pois este encerra a propriedade da coisa, não obstante sua circulação e a inocorrência da tradição física do bem, pois esta se presume quando o transmitente cede ao adquirente direito à restituição da coisa que se encontra em poder de terceiro, *ex vi* art. 1.267 do Código Civil.

A confiança e a segurança dos títulos representativos impostas pelo legislador, ao estabelecer a norma contida nesse art. 895, devem, por outro lado, para sua eficácia, encontrar regras do mesmo feitio endereçadas àqueles que detêm o bem por conta do legítimo possuidor do título.

E aqui nos parece que houve um cochilo do legislador, pois, ao trabalhar os títulos atípicos e, por isso, admitir a plena e livre criação de títulos de crédito, não estendeu ao depositário ou ao transportador, detentores *nomine alieno* que são, comandos legais gerais, de todo inflexíveis na proteção dos bens e direitos daqueles que são, na verdade, os legítimos proprietários dos bens, por força da posse dos títulos que os representam. Essa aparente displicência talvez se justifique em razão da existência da tipificação criminal que impõe a pena de prisão ao depositário infiel, em conformidade com os ditames constitucionais.

Por fim, é de razoável cautela para as relações cambiárias que se formarem com a transferência do título representativo que as mercadorias objeto das transferências estejam protegidas contra incêndio, furto ou roubo, mediante seguro.

Art. 896. O título de crédito não pode ser reivindicado do portador que o adquiriu de boa-fé e na conformidade das normas que disciplinam a sua circulação.

Direito anterior: Sem correspondente no CC/1916.

COMENTÁRIOS

Nos termos do art. 16 da LUG, o detentor de uma letra será considerado portador legítimo, se justificar o seu direito por uma série ininterrupta de endossos. Ainda no mesmo artigo, se uma pessoa foi, por qualquer maneira, desapossada de uma letra, o portador dela, desde que justifique o seu direito, não é obrigado a restituí-la, salvo se a adquiriu de má-fé.

O mesmo se depreende do art. 39 da Lei 2.044/1908, quando estabelece que o possuidor é considerado legítimo proprietário da letra ao portador e da letra em branco e, em seu último parágrafo, quando determina que o possuidor, somente no caso de má-fé na aquisição, pode ser obrigado a abrir mão da letra de câmbio.

Não é novidade, pois, a norma expressa nesse art. 896. Ao contrário, segue a tradição brasileira do direito cambiário de prestigiar a boa-fé e a inoponibilidade das exceções.

É dono legítimo do título aquele que o possuir de boa-fé. Basta, para se caracterizar a propriedade do título, deter o documento, e não tê-lo adquirido de má-fé. Com efeito, insensato pensar em reivindicar o título de crédito, se seu possuidor não o porta de má-fé.

A lei tutela a boa-fé e, por isso, garante àquele que assim detém o título liberdade e legitimação para o pleno exercício dos direitos nele contidos, sem que sofra reivindicação por parte de terceiros.

A eficácia dessa tutela da boa-fé poderá, contudo, ser questionada nos casos de aquisição *a non domino,* ou seja, por ausência de legitimidade daquele que transferiu o título ao portador.

Essa questão foi muito contestada no passado em razão de o antigo Código Civil mitigar o princípio da boa-fé nos casos em que o título, apesar de detido por alguém legitimado, tivesse sido extraviado, furtado ou roubado. Nessas hipóteses, o proprietário desapossado injustamente do título ao portador poderia reavê-lo da pessoa que o detivesse (art. 521). Essa previsão legal não consta expressamente do atual Código; entretanto, foi mantida aquela que confere ao proprietário a faculdade de usar, gozar e dispor da coisa, e o *direito de reavê-la do poder de quem quer que injustamente a possua ou a detenha* (art. 1.228 – art. 524 do Código Civil anterior).

Desse modo, aquele que tiver sido desapossado irregularmente do título buscará reavê-lo com supedâneo no art. 1.228 do Código Civil, sem embargo de o possuidor de boa-fé alegar em seu proveito a regra contida nesse art. 896, que encerra, sem sombra de dúvida, o que há de melhor na doutrina e na própria sistemática dos títulos de crédito: a plena proteção da boa-fé[52].

A má-fé, na dicção de De Plácido e Silva, deriva do baixo latim *malefatius*, que tem mau destino ou má sorte. Decorre, pois, do conhecimento do mal, que se encerra no ato executado, ou do vício contido na coisa, que se quer mostrar como perfeita, sabendo-se que não o é[53].

A má-fé vicia o ato jurídico, tornando-o um vazio; dele não se extrai nada de útil para quem o praticou. Apenas se presta para que o prejudicado possa recompor seus direitos violados.

Inexiste presunção de má-fé. Deve, pois, ser provada por aquele que a argui. Pode, sim, ser comprovada mediante a apresentação de vários indícios a formarem a presunção. Contudo, uma coisa é presumi-la existente e outra, bem diferente, é prová-la por presunção. Isso porque a prova dos atos dolosos e de má-fé, cuja prática pressupõe a manifesta vontade na consumação do ilícito, deve, por isso mesmo, ser flexibilizada e admitida sua constatação mediante a demonstração de certas presunções, uma vez que a prova contundente, inequívoca, é de extrema dificuldade de obtenção, em razão, obviamente, da malícia, do

---

[52] Note que, no capítulo dedicado aos títulos de crédito ao portador, o art. 909 estabelece que "O proprietário, que perder ou extraviar título, ou for injustamente desapossado dele, poderá obter novo título em juízo, bem como impedir sejam pagos a outrem capital e rendimentos".

[53] *Vocabulário jurídico*. Rio de Janeiro: Forense, 1975. v. III, p. 971.

ardil e da própria sofisticação utilizados pelos infratores para acobertar o ato antijurídico.

São hipóteses de má-fé a ilícita aquisição do título ou o preenchimento de título incompleto em desconformidade com os ajustes realizados.

Em suma, considera-se legítimo detentor do título de crédito aquele que de boa-fé o adquirir na qualidade de *tomador* (normalmente, o primeiro titular a quem se indica o pagamento), *endossatário* (com série regular e ininterrupta de endossos – art. 911), *portador* (de título ao portador – art. 905 ou de título à ordem, caso o último endosso seja em branco – art. 911), *cessionário* (pela aquisição por meio diverso do endosso – art. 919) e *sucessor* (a título singular ou universal). Pode-se, eventualmente, incluir nessa lista o *sub-rogado*, aquele que voluntariamente intervém na relação e paga a dívida de outrem.

Art. 897. O pagamento de título de crédito que contenha obrigação de pagar soma determinada pode ser garantido por aval.
Parágrafo único. É vedado o aval parcial.

Direito anterior: Sem correspondente no CC/1916.

COMENTÁRIOS

1. O aval

No rastro da Lei 2.044/1908 (art. 14) e da LUG (art. 30), o atual ordenamento mantém a tradição do nosso direito cambiário, ao permitir, expressamente, a outorga de aval a obrigações indicadas nos títulos atípicos ou inominados. Entretanto, atentem para um detalhe: conforme referido na Exposição Complementar atinente a esse Título VIII do Código Civil, "o aval só é possível se o título contém obrigação de pagar soma determinada; assim, não cabe aval nos demais títulos atípicos"[54].

---

[54] Mauro Brandão Lopes, op. cit., p. 60.

O aval é instituto bem antigo, divergindo a doutrina quanto ao exato momento do seu surgimento. Ao que consta, o aval se apresentou primeiramente no século XIII, quando os banqueiros, em contrapartida à entrega do dinheiro pelo comerciante, emitiam e entregavam a este um documento em que constava a obrigação de pagar ao portador de tal documento (*littera*) uma quantia que equivalia àquela entregue ao banqueiro, deduzidas as taxas.

Normalmente os comerciantes se utilizavam dessa praxe para maior segurança nas muitas viagens que precisavam fazer para concluir as mercancias e aproveitavam para apresentar os títulos emitidos pelo banqueiro durante as feiras medievais, local dos negócios dos comerciantes de então.

Nessas feiras os correspondentes bancários entregavam a moeda ao comerciante contra a apresentação da *littera*.

De outro lado, a mesma incerteza demonstra a doutrina quanto à origem do nome *aval;* enquanto uns afirmam advir do francês *à valoir*, outros entendem resultar do latim *valere*. Não bastasse, ainda outros estudiosos apontam como fonte a palavra italiana *a valle*[55].

O aval é garantia cambiária autônoma, solidária, resultante de manifestação unilateral e voluntária da vontade do avalista. Não é obrigatória, podendo, pois, existir e produzir a relação cambial todos os efeitos de direito, mesmo na ausência dessa garantia.

O avalista se equipara à pessoa cujo nome indicar (art. 899), mas sua obrigação é autônoma daquela do avalizado. Equipara-se, nos termos da lei, unicamente para fins de *posicionamento jurídico* na cadeia da relação cambial. Pagando a obrigação do endossante-avalizado, assume o avalista a mesma posição do endossante ao qual se equipara. No entanto, sua obrigação é autônoma, pois, mesmo nula a obrigação do avalizado, subsiste, ainda assim, a responsabilidade do avalista, salvo vício de forma (art. 899, § 2.º). A rigor, o avalista não pode arguir defesa que seria do avalizado para esquivar-se do pagamento assumido e garantido pelo aval.

---

[55] Cf. Fran Martins, op. cit., p. 208.

O aval é ato unilateral, pois depende puramente da vontade do avalista. Não se sujeita necessariamente a uma causa em si, podendo ser prestado mesmo contra a vontade do avalizado. Entretanto, a manifestação há que ser espontânea, voluntária, pois, caso contrário, seria anulável por vício de vontade.

É o aval instituto eminentemente cambiário, pois se presta a garantir as obrigações da espécie, aperfeiçoando-se, tão somente, se efetivado no corpo do próprio título, a teor do contido no art. 898[56].

Registre-se que a doutrina é amplamente favorável à vinculação de aval à obrigação futura. Mesmo antes de constituída a obrigação, esta pode ser garantida por aval. É o chamado *aval antecipado*, que, para alguns, se aperfeiçoa mesmo sem o nascimento da obrigação do avalizado[57], enquanto, para outros, sua eficácia fica a depender do surgimento da declaração do avalizado.

Do mesmo modo, pode haver aval ainda quando incompleto o título. Como sustenta Paulo de Lacerda,

> (...) a cambial incompleta, cuja substância ainda não reúne todos os elementos formais indispensáveis à sua perfeição, pode receber o aval; mas contanto que em tempo se mostre revestida dos requisitos necessários à sua existência como tal[58].

2. Aval e fiança

Distingue-se o aval do instituto da fiança por várias razões, dentre as quais: não admite benefício de ordem ou subsidiariedade; não é obrigação acessória e é prestado em benefício de pessoa indeterminada, dada a essência circulatória dos títulos de crédito; ao contrário da fiança, que pode sujeitar-se a um evento, o aval deve ser prestado de forma incondicional; enquanto a fiança não se presume, a simples assinatura

---

[56] Essa é a praxe do nosso direito desde que o Brasil deixou de adotar a reserva prevista no art. 4.º do Anexo da LUG.

[57] O avalista garante a obrigação constante do título, e não a obrigação do avalizado; não existe assinatura sem repercussão jurídica; é vedado condicionar a obrigação.

[58] Op. cit., p. 142.

aposta no anverso do título, desde que não seja a do emitente ou subscritor, é suficiente para lhe conferir efeitos de aval.

Ainda mais, como realça Margarinos Torres, diversamente do que ocorre com a fiança,

> (...) a responsabilidade do aval não se limita ao tempo de vida do avalista; passa também aos herdeiros e sucessores, nos mesmos termos obrigados perante o credor cambial, cada um, dentro das forças da herança, pela totalidade do débito, salvo entre eles a proporcionalidade dessa obrigação[59].

3. Aval: poderes para firmar

O aval pode ser prestado por pessoa física ou jurídica, mas aquele que o presta representando terceiros deve deter poderes especiais para tal fim, ou não excedê-los, sob pena de tornar-se pessoalmente responsável (art. 892, Código Civil).

Até a edição do Código Civil de 2002, quando prestado o aval por pessoa casada, não era necessária a obtenção da outorga uxória para que a garantia produzisse seus normais efeitos de direito, como diversamente ocorria com a fiança. Nesse caso o aval era válido e eficaz e aproveitava todo o patrimônio do casal, se restasse comprovado que a garantia havia resultado em benefício do casal.

A prova do benefício cabia ao outro cônjuge, se o aval fosse prestado na condição de diretor ou gerente de sociedade, pois, nesses casos, havia a presunção de que a garantia dada à pessoa jurídica favorecia, indiretamente, o próprio casal.

Nas demais hipóteses em que o aval se caracterizava pela liberalidade do garantidor, o ônus probante assentava-se na pessoa do credor.

Ocorre que, hoje, essa sistemática se alterou com o comando contido no art. 1.647, III, do Código Civil, que exige a autorização do outro cônjuge, exceto se o regime do casamento for o da separação absoluta.

---

[59] Op. cit., p. 304.

Nada impede que o aval seja prestado por quem já se obrigou, ou virá a se obrigar cambiariamente. Entretanto, é de se supor que em determinadas hipóteses essa garantia pode ser inócua. Por exemplo, se vier a ser dada pelo responsável final.

O que dá aval sem ser capaz (desde que a incapacidade não seja absoluta ou por interdição), dizendo-se tal, responde, no dizer de Pontes de Miranda. Não é preciso que se lhe prove malícia, nem locupletamento. O fundamento da responsabilidade é prevalecer a proteção à generalidade, *em tais casos*, contra a proteção ao incapaz ou ao que precisa de autorização[60].

Aspecto relevante e novo deve ser observado quando da obtenção de garantia cartular por aval: será necessária a autorização do outro cônjuge, por força do contido no art. 1.647, III, do Código Civil, exceto se o regime vigente para a relação matrimonial for da separação absoluta.

Essa novidade legislativa vai de encontro ao princípio da celeridade que abraça a circulação dos títulos de crédito e é a força motriz do comércio e dos negócios em todos os tempos.

Note que essa regra de cunho imperativo se aplicará a todos os títulos em que o aval possa ser lançado, pois diz com os direitos dos cônjuges.

Até então a jurisprudência vinha mantendo-se em posição ponderada, admitindo que a mulher embargasse da execução do título de crédito, de modo a demonstrar a ausência de qualquer benefício material na assunção do aval pelo marido.

Agora, com a introdução dessa norma cogente, é possível que a tendência jurisprudencial seja no sentido de tornar nula a garantia pessoal se não houver consentimento do outro cônjuge, nos mesmos moldes adotados para as fianças contratadas sem outorga uxória.

4. Aval é gratuito?

Registre-se, por fim, que o aval pode ser oneroso ou gratuito. Nada impede que o garantidor, para se obrigar por aval, exija uma contra-

---

[60] Op. cit., p. 370.

partida do avalizado. Esse negócio, contudo, em nada importa para as relações cambiais, pois é pacto subjacente que somente diz respeito ao avalista e ao avalizado.

Art. 897. (...)
Parágrafo único. É vedado o aval parcial.

COMENTÁRIOS

Por força da previsão legal que vedava a cláusula restritiva ou excludente de responsabilidade, estabelecida no art. 44 da Lei 2.044/1908, por longo tempo a doutrina entendeu ser vedado o aval parcial para letras de câmbio e notas promissórias. Ou o aval era dado para cobrir o todo da obrigação cambial ou não era admitido.

Essa prática foi alterada com a entrada em vigor da LUG, que passou a admitir que o pagamento do título, no todo ou em parte, fosse garantido por aval[61].

Agora, ao menos para os títulos atípicos ou inominados, a mesma vedação faz-se presente e de maneira muita clara e objetiva. O legislador fez questão de não deixar dúvida quanto a essa proibição, ao destacar a restrição, e só essa, em parágrafo único ao art. 897. *É vedado o aval parcial.*

Não importa se a conveniência das relações cambiais deseje admitir um pedaço que seja de garantia. Não importa se a regra geral para os títulos inominados é a da irresponsabilidade do endossante (art. 914) e que, assim, seria de admitir sempre bem-vindo qualquer reforço de garantia, mesmo que a título parcial. Não importa que o aval, no mais das vezes, seja ato de liberalidade e declaração cambiária não essencial, e, por isso mesmo, justo seria que o avalista pudesse limitar o valor de sua garantia.

---

[61] Segundo atesta Luiz Emygdio (op. cit., p. 284), o aval parcial foi aprovado na Convenção de Genebra por dez votos contra nove, o que mostra a divergência sobre a sua admissibilidade.

Nada disso sensibilizou o legislador, porque, no seu entender, infelizmente, "a proibição de aval parcial, além de corresponder à natureza formal dos títulos de crédito, tem por fim evitar possíveis danos, ao tornar-se suscetível de dúvida a extensão da garantia dada mediante aval. Este deve ser sempre preciso"[62].

Com efeito, as obrigações constantes de títulos atípicos ou inominados somente podem ser garantidas por aval se este for integral; se cobrir a totalidade da obrigação, nunca parte dela.

O eventual aval lançado equivocadamente de forma limitada ou parcial não há de produzir qualquer efeito legal, devendo ser considerado disposição não escrita, nos moldes do que ocorre com o aval que é posteriormente cancelado (art. 898, § 2.º).

Contudo, o aval dado por valor superior não é nulo, segundo Asquini,

> (...) mas a sua eficácia fica limitada ao valor da obrigação avalizada porque, caso contrário, o avalista estaria modificando a manifestação de vontade do sacador da letra de câmbio que fixou um limite de assunção das obrigações cambiárias[63].

Jurisprudência

> Comercial. Avalista. Ao avalista, não obstante a autonomia do seu vínculo, cabe a imputação do pagamento parcial ou total do débito, se diretamente chamado a honrar o aval por inteiro, não obstante achar-se a dívida comprovada quitada em parte pelo avalizado. É oponível pelo avalista contra o credor, a defesa consistente em quitação, parcial ou total, como o teria feito o avalizado. O avalista tem direito de ação de consignação, do saldo devido, se chamado judicialmen-

---

[62] Citação de Miguel Reale transcrita por Josaphat Marinho ao justificar a não supressão desse parágrafo único, proposta pela Emenda 60 (Diário do Senado Federal, op. cit., p. 00079).
[63] Apud Luiz Emygdio da Rosa Jr., op. cit., p. 284.

te a pagar dívida parcialmente quitada, assim obstando enriquecimento sem causa do credor. RE que se não conhece (STF, 1.ª Turma, RE 94691/RJ, Rel. Min. Clovis Ramalhete, j. 17.11.1981, *RTJ* 100/1374).

Art. 898. O aval deve ser dado no verso ou no anverso do próprio título.

§ 1.º Para a validade do aval, dado no anverso do título, é suficiente a simples assinatura do avalista.

§ 2.º Considera-se não escrito o aval cancelado.

Direito anterior: Sem correspondente no CC/1916.

COMENTÁRIOS

Essa regra segue claramente o modelo utilizado pela Lei 2.044/1908, cujo art. 14 determinava que, "para a validade do aval, é suficiente a simples assinatura do próprio punho do avalista ou do mandatário especial, no verso ou no anverso da letra"[64].

Como se denota, o ordenamento geral aplicável aos títulos atípicos ou inominados não se preocupou em concentrar a declaração de aval em determinado espaço do documento de crédito; ao contrário, deixou ao sabor dos interessados a escolha do local da aposição da assinatura do avalista. Pode ser ela expressa no verso ou no anverso.

Essa flexibilidade conferida pelo legislador se aperfeiçoa logicamente, quando conciliada com o disposto no art. 899 do Código Civil. Nesse momento percebe-se que toda assinatura aposta como aval, seja no verso ou no anverso do título, produzirá efeitos de direito, pois, se não expressamente indicada a pessoa do avalizado, a lei o equipara ao emitente ou ao devedor final.

---

[64] A LUG trata da matéria em seu art. 31, *verbis*: "O aval é escrito na própria letra ou numa folha anexa".

Daí a atuação certamente *blazée* do legislador no trato dessa declaração; para ele tanto faz como tanto fez se a assinatura do avalista venha aposta no verso ou no anverso do título, pois de uma certeza ela não escapa: produzirá, necessariamente, seus regulares efeitos de direito.

Nesse sentido, assevera Pontes de Miranda:

> (...) sempre que da aparência do título cambiário se tem como avalizada alguma obrigação não é admitida prova em contrário... Se assim não fora, admitir-se-ia prova contra a aparência do título cambiário, ou com elementos estranhos a ele, como a prova testemunhal ou de documentos (Tribunal de Justiça de São Paulo, 2 de julho de 1918). A presunção da lei é absoluta[65].

A liberdade é ampla, mas limitada ao contorno físico do título, seja no verso ou no anverso. Não vale, pois, o aval dado em folha separada, uma vez que a informalidade na colocação do aval não chegou a ponto de admiti-la fora do contexto cartular. Nos termos da lei, "o aval *deve* ser dado no verso ou no anverso do *próprio título*".

Afinal, o título de crédito vale por si só e, consequentemente, pelo que nele consta mencionado. Aí está mais uma das facetas da aplicação dos princípios da aparência e da literalidade. Com efeito, como bem assinala Paulo de Lacerda, "se o ato não aparece no título não é cambiário; porque não deixa vestígios nele..."[66].

Jurisprudência

Nota promissória. Aval.

Não é desarrazoada – até porque encontra apoio na doutrina e na jurisprudência nacional e estrangeira – a interpretação de que, mesmo em face do art. 31 da Lei Uniforme de Gene-

---

[65] Op. cit., p. 368-369.
[66] Op. cit., p. 149.

bra, é de considerar-se como sendo a de avalista a assinatura simplesmente lançada no verso do título cambial, sem que haja margem a qualquer dúvida de que se trata, realmente, de avalista. Aplicação da Súmula 400. Inexistência, no caso, de negativa de vigência dos artigos 128 e 586 do CPC. Inexistência, também, quanto à não admissão da investigação da *causa debendi* pelo avalista, de negativa de vigência dos artigos 17 e 32 da Lei Uniforme de Genebra. Ademais, o dissídio de jurisprudência a esse propósito não foi demonstrado. Recurso Extraordinário não conhecido (STF, 2.ª Turma, RE 93058/PR, Rel. Min. Moreira Alves, j. 30.09.1980, *RTJ* 115/210).

Cambial. Nota promissória. Aval. Assinatura no verso. Lei Uniforme de Genebra.

Se resulta dos autos que a assinatura no verso da nota promissória ocorreu como manifestação de oferecimento de aval, não é de considerar-se ineficaz tal garantia por não ter sido ela precedida da expressão: "bom para aval" ou outra equivalente, como prevê a Lei Uniforme de Genebra, no seu artigo 31. Constando no anverso da cártula, abaixo do vocábulo "avalistas", a observação "vide verso", e no verso havendo a assinatura do executado, que é diretor da firma, e nem negando ele que após sua assinatura na condição de avalista, não há como fugir do compromisso assumido. Aval reconhecido. Acórdão incensurável. Recurso extraordinário não conhecido (STF, 2.ª Turma, RE 92877/PR, Rel. Min. Aldir Passarinho, j. 14.10.1983, *RTJ* 110/189).

Art. 898. (...)
§ 1.º Para a validade do aval dado no anverso do título, é suficiente a simples assinatura do avalista.

COMENTÁRIOS

Essa norma deve ser interpretada de forma sistemática com o comando contido no art. 899 do Código Civil. Se assim não for, poder-se-á concluir, *a contrario sensu*, que o aval aposto no verso do título, sem indicação da pessoa avalizada, não é válido.

Ora, não é essa a repercussão jurídica conferida a essa norma legal, quando combinada com a disposição do referido art. 899. Tampouco não é esse o entendimento que se pode dela extrair, quando visualizados os princípios que regem os títulos de crédito, regra geral. Neles não há assinatura desprovida de efeitos legais. Se a pessoa que firmou o documento não é o emitente ou o subscritor, ou o endossante, será o avalista por presunção legal.

Assinando no anverso, pouca importância tem, se não declara a quem presta a garantia, pois, se é lá – no anverso – onde consta e deve constar a assinatura do emitente ou a de quem o corresponda, é ele, emitente, que a pessoa estará avalizando, por força do princípio da aparência.

O terceiro de boa-fé não pode ficar ao sabor da indiferença, negligência ou mesmo lapso daquele que apõe sua assinatura no documento. Cabe a este, sim, precaver-se, indicando a pessoa do avalizado ao qual pretende equiparar-se para fins cambiários (*aval em preto*). Não o fazendo, o aval é tido como passado *em branco,* conferindo a lei destinação própria, em consonância com os pressupostos que regem os títulos de crédito.

Como se extrai desse parágrafo primeiro, basta a *simples assinatura* do avalista no anverso do documento para a plena validade e eficácia do aval.

Art. 898. (...)
§ 2.º Considera-se não escrito o aval cancelado.

COMENTÁRIOS

O avalista tem o direito de arrependimento assegurado por lei. Como previa o art. 44, § 1.º, da Lei 2.044/1908, o aval pode ser cancelado depois de ter sido prestado. Se cancelado, não mais produz quaisquer efeitos jurídicos.

Esse cancelamento em nada se assemelha àquele especificado no art. 24, parágrafo único, da lei retromencionada. Nesta hipótese, o avalista risca seu aval por força do pagamento efetuado a avalista ou a endossador posterior. Tal modalidade de cancelamento pressupõe, portanto, o integral cumprimento da obrigação pelo garantidor.

No caso do § 2.º do art. 898, o avalista, após firmar a declaração cambial, arrepende-se e risca o seu nome, de modo a tornar ineficaz a garantia. Ele pode assim agir em vista da proteção legal assegurada pelo comando normativo.

No entanto, queremos crer que o exercício desse direito encontra certas limitações no tempo. Nesse diapasão, parece justo admitirmos que, após a circulação do título, restará preclusa a oportunidade de se cancelar o aval, haja vista que esse ato negativo interferiria na esfera de direito de terceiros que confiaram naquele reforço obrigacional (ou, mesmo, como simples obrigação de pagar, dado que nos títulos atípicos o endossador não é necessariamente garante da prestação constante do título) e, nessa certeza, lançaram suas declarações cambiais com um conforto maior material.

Se assim é, parece-nos que o correto seria admitirmos a ineficácia do cancelamento efetuado após a circulação do título por força do direito que emerge da relação de terceiros, e nela se integra, que se basearam no aval existente para assumirem a posição cambiária. A literalidade da obrigação constituída pelo aval e sua inarredável aparência nesse caso não podem ser afastadas por um ato extemporâneo do então garantidor, sob pena de tratarmos essa declaração cambial como ato condicional.

Destarte, um tanto quanto exagerada a adoção do entendimento defendido por Margarinos Torres, J. M. Whitaker e, ao que parece, também por Luiz Emygdio da Rosa Jr., de que o terceiro prejudicado com o cancelamento, mesmo que abusivo, deve buscar reparação civil por via de ação ordinária[67].

---

[67] Luiz Emygdio da Rosa Jr., op. cit., p. 322.

Ao contrário, somos de opinião de que deve ser declarado sem efeito o cancelamento, mantendo-se a relação cambial em sua plenitude, em apoio à segurança na circulação do documento e à proteção do terceiro de boa-fé.

Art. 899. O avalista equipara-se àquele cujo nome indicar; na falta de indicação, ao emitente ou devedor final.

§ 1.º Pagando o título, tem o avalista ação de regresso contra o seu avalizado e demais coobrigados anteriores.

§ 2.º Subsiste a responsabilidade do avalista, ainda que nula a obrigação daquele a quem se equipara, a menos que a nulidade decorra de vício de forma.

Direito anterior: Sem correspondente no CC/1916.

COMENTÁRIOS

O avalista tem sempre a oportunidade de declinar a pessoa do avalizado. O aval encerra uma manifestação de vontade do avalista e, para que seu ato seja completo, deve ele indicar a quem presta o aval. Em outras palavras, cabe ao avalista apontar a pessoa à qual se equipara para fins cambiários.

A obrigação que assume é a de cumprir a prestação constante do título, mas, na hipótese de vir a ser chamado a honrar dita obrigação, restará ao avalista ocupar a posição daquele a quem indicou garantir a obrigação.

Contudo, deixando de expressar no título a pessoa do avalizado, o aval, apesar de incompleto, não deixará de ser válido e de produzir efeitos de direito. A lei supre essa omissão, revertendo o aval para o emitente ou o devedor final[68].

---

[68] O art. 31 da LUG estabelece que "o aval deve indicar a pessoa por quem se dá. Na falta de indicação entender-se-á pelo sacador".

A sistemática da lei, com efeito, é simples e objetiva: incompleto o aval, este se presta a garantir o cumprimento da obrigação pelo último responsável na cadeia das relações cambiárias, isto é, o emitente ou o devedor final.

Com isso, a lei reforça o cumprimento da prestação constante do título e facilita sua circulação, dada a maior segurança na solvabilidade da obrigação.

Assim, será em preto, ou completo, o aval dado com a expressa indicação do avalizado; de outro lado, será em branco, ou incompleto, o aval prestado sem a menção da pessoa do avalizado, que recairá na figura do emitente ou do devedor final, por força de presunção legal.

De ressaltar que essa presunção, no entender da doutrina, é considerada *pleno jure*, e não *juris tantum*.

No direito português, Maraoco e Souza manifesta-se decisivo, argumentando que considerar *juris tantum* a presunção legal é inutilizar o fim da lei, que procurou assim evitar questões e equívocos[69].

O mesmo ocorre na Itália, cuja legislação foi fonte de inspiração do legislador brasileiro.

Para Vidari,

> Contro questa presunzione l'avallante noné ammesso a provare il contrario; se egli vuol sottrarsi alle conseguenze rigorose del proprio silenzio, parli chiaro, come ne ha il devere[70].

Havendo mais de um avalista equiparado ou garantindo o mesmo avalizado, entende-se que os avais são simultâneos. Com efeito, cada um dos avalistas se equipara ao mesmo avalizado. Pagando o avalista, pode ele ingressar com ação cambiária contra seu avalizado e obrigados anteriores. No entanto, contra os demais avalistas simultâneos somente

---

[69] Apud Margarinos Torres, op. cit., p. 312.
[70] Ibidem, João Eunápio Borges, ao se reportar à doutrina italiana nesse particular, confirma, com suporte em Vivante, Vidari e Bonelli, ser absoluta a presunção prevista na lei para os casos de aval em branco (*Do aval*. 4. ed. Rio de Janeiro: Forense, 1975. p. 130-133).

pode cobrar a quota que cabe a cada um deles, pois, nesses casos, a relação é de direito comum, regida pelo art. 283 do Código Civil, *verbis*:

> O devedor que satisfez a dívida por inteiro tem direito a exigir de cada um dos codevedores a sua quota, dividindo-se igualmente por todos a do insolvente, se o houver; presumindo-se iguais, no débito, as partes de todos os codevedores.

No dizer de Luiz Emygdio da Rosa Jr.,

> A solidariedade entre obrigados do mesmo grau não tem natureza cambiária, mas simultânea, de direito comum, enquanto a solidariedade entre obrigados de grau diverso tem natureza diversa[71].

O aval a um avalista é considerado aval sucessivo. A lei não veda que a garantia seja dada a outro garantidor. Nesse caso, contudo, não é o avalista obrigado do mesmo grau que o seu avalizado, pois as obrigações que assumem são autônomas.

O avalista se equipara ao avalizado para fins de exercício dos direitos que emergem da posição do seu equiparado na relação cambial. Não assumem, na hipótese, a figura de coobrigados, mas, sim, de obrigados distintos, uma vez que as obrigações são independentes. Daí a ação que vier a intentar será de natureza cambiária, e não resultante do direito comum, como é no caso de aval simultâneo.

Discutiu-se muito na doutrina a repercussão jurídica de avais prestados por mais de uma pessoa sem a identificação daquele que pretendiam avalizar. São os chamados avais superpostos em branco[72].

No caso dos títulos de crédito atípicos ou inominados, a questão já nasce morta, em vista do que dispõe o artigo que ora se comenta. Não

---

[71] Op. cit., p. 286. Segundo o mesmo autor, os obrigados cambiários são considerados do mesmo grau quando cossignatários de uma mesma obrigação, como dois ou mais emitentes, sacadores, endossantes ou avalistas. Obrigados de *grau diverso* são aqueles que assumem obrigações autônomas, como emitente, sacador, aceitante, endossante e avalista (ibidem).

[72] Súmula STF 189 – Avais em branco e superpostos consideram-se simultâneos e não sucessivos.

há possibilidade de dúvida nesse aspecto: inexistindo indicação clara de quem seja o avalizado, a lei presume que o aval é prestado ao emitente ou ao devedor final.

Se vários avais foram dados sem a identificação do garantido, serão eles simultâneos em benefício do principal e último devedor. A doutrina, como vimos acima, se inclina fortemente em caracterizar dita presunção legal como absoluta.

Jurisprudência

> Comercial. Aval. Avalista simultâneo e não Sucessivo (Súmula 189).
> Pagando a dívida cambial, fica legalmente sub-rogado no crédito (Código Civil, art. 985, III) podendo a cada uma dos demais avalistas simultâneos cobrar a respectiva quota, em processo de execução por título extrajudicial (STF, 2.ª Turma, RE 92674/SP, Rel. Min. Decio Miranda, j. 05.05.1981, *RTJ* 97/1329).

Art. 899. (...)
§ 1.º Pagando o título, tem o avalista ação de regresso contra seu avalizado e demais coobrigados anteriores.

COMENTÁRIOS

Em linha com a LUG[73], esse artigo garante o direito de o avalista que paga o título ingressar com ação de regresso contra seu avalizado e demais coobrigados anteriores.

---

[73] Art. 32, parte final. "Se o dador do aval paga a letra, fica sub-rogado nos direitos emergentes da letra contra a pessoa a favor de quem foi dado o aval e contra os obrigados para com esta em virtude da letra."

O aval é ato autônomo e independente e tem por finalidade assegurar o cumprimento da prestação constante do título de crédito. Daí por que, pago o título, detém o avalista a faculdade de exercer seu direito de regresso contra aqueles que lhe são anteriores, como o próprio avalizado.

E nessa ação de regresso hão de ser aplicadas as normas cambiárias, pois os direitos que o avalista adquire, ao pagar o montante mencionado no título, são direitos de natureza cambiária.

Assim, ao pagar o título, o avalista, ao mesmo tempo em que libera a responsabilidade daqueles que seriam coobrigados posteriores, adquire o direito de exigir do seu avalizado e daqueles coobrigados que lhe são anteriores, com base no direito cambiário, o pagamento expresso no documento, acrescido dos consectários legais.

Jurisprudência

Aval. Coavalista. Direito a receber do outro a metade do que pagou, pelo compromisso. Art. 32 da Lei Uniforme de Genebra. Resulta do art. 32 da Lei Uniforme de Genebra que se o dador do aval paga a letra. Fica sub-rogado nos direitos emergentes do título contra a pessoa a favor de quem foi dado e contra os demais coavalistas. A sub-rogação é legal, independendo, portanto, de ter sido convencionada. É este o entendimento que tem sido adotado pelo Supremo Tribunal Federal. E não cabe perquirir sobre a *causa debendi* (STF, 2.ª Turma, RE 75297/RS, Rel. Min. Aldir Passarinho, j. 16.11.1982, *RTJ* 111/315).

Art. 899. (...)

§ 2.º Subsiste a responsabilidade do avalista, ainda que nula a obrigação daquele a quem se equipara, a menos que a nulidade decorra de vício de forma.

COMENTÁRIOS

Reflete esse dispositivo a regra introduzida em nosso sistema legal pelo art. 32 da LUG[74]. Ou, mais que isso, reflete a essência das relações cambiais: autonomia e independência. Encerra, consequentemente, a regra da inoponibilidade das exceções.

Nenhuma importância têm as relações de credor ou devedor que porventura, extracambialmente, existam entre avalista e avalizado. As obrigações cambiárias são autônomas e independentes e, como a obrigação do avalista *depende* da do avalizado, uma vez assumida, adquire autonomia, tornando-se, por isso, *independente* daquela. Por isso, sendo nula a obrigação do avalizado, persiste a do avalista, a não ser que a nulidade resulte de vício de forma[75].

Mesmo aparentemente injusta a disposição legal de impor responsabilidade ao avalista por garantia prestada à obrigação nula, o regime dos títulos de crédito atém-se a um arcabouço jurídico rígido, como forma de viabilizar a circulação segura do crédito e de conferir segurança àquela pessoa indeterminada que será o detentor do documento creditício.

Não obstante esse claro objetivo da lei, que se encontra em plena harmonia com os princípios que regem o direito cambiário, na verdade, essa autonomia das obrigações cambiais e, por conseguinte, o pressuposto da inoponibilidade das exceções vêm sendo abrandados pela jurisprudência pátria, preocupada que está, justamente, com as graves injustiças que essa regra pode causar, se levada ao pé da letra.

Com efeito, os tribunais superiores e, mais precisamente, o Superior Tribunal de Justiça têm mitigado a aplicação dessa regra e, assim, admitido a oposição pelo avalista de exceção pessoal do avalizado, nas hipóteses em que o título não tenha entrado em circulação.

Obviamente, se o título tiver circulado com a mera finalidade de superar esse óbice jurisprudencial, o terceiro portador do título que o re-

---

[74] O dador de aval é responsável da mesma maneira que a pessoa por ele afiançada. A sua obrigação mantém-se, mesmo no caso de a obrigação que ele garantiu ser nula por qualquer razão que não seja um vício de forma. (...)
[75] Fran Martins, op. cit., p. 225.

cebe nessas circunstâncias e para objetivo antijurídico deverá ser caracterizado como terceiro de má-fé e, assim, contra ele poderá o avalista opor as mesmas exceções que oporia se o título não tivesse circulado.

Jurisprudência

Aval. Autonomia. Oponibilidade de exceções.
Não pode o avalista opor exceções fundadas em fato que só ao avalizado diga respeito, como o de ter-lhe sido deferida concordata. Entretanto, se o título não circulou, ser-lhe-á dado fazê-lo quanto ao que se refira à própria existência do débito. Se a dívida, pertinente à relação que deu causa à criação do título, desapareceu ou não chegou a existir, poderá o avalizado fundar-se nisso para recusar o pagamento
(STJ, 3.ª Turma, REsp 162332/SP, Rel. Min. Eduardo Ribeiro. j. 29.06.2000, *RT* 784/191).

Nota promissória vinculada a contrato de abertura de crédito. Execução. Autonomia e liquidez. Ausência.
Direito comercial e processo civil. Ação de embargos do devedor à execução. Nota promissória vinculada a contrato de abertura de crédito. Ausência de autonomia e liquidez. Avalista. Ausência de circulação do título. Âmbito de defesa. Nota promissória que não é sacada como promessa de pagamento, mas como garantia de contrato de abertura de crédito, a que foi vinculada, tem sua natureza cambial desnaturada, subtraída a sua autonomia. Afigura-se possível ao avalista de nota promissória que não circulou invocar, excepcionalmente, como matéria de defesa em embargos à execução, a ausência de liquidez da obrigação originária (Ac. un. da 3.ª T. do STJ, REsp 329.581/SP, Rel. Min. Nancy Andrighi, j. 06.09.2001).

A única exceção à subsistência da responsabilidade do avalista é aquela em que a nulidade se origine de um vício de forma. Não é qualquer vício que afastará a responsabilidade do avalista. Há de ser a ausência de um elemento essencial ou a absoluta inconformidade do documento, para que o título reste nulo e abra, assim, as portas da oponibilidade das exceções para o avalista.

O direito de oposição pelo avalista surge em razão da descaracterização do título, que, ao conter vício de forma, deixa de ser título de crédito para se transformar em um documento qualquer – talvez início de prova –, o que redunda na automática supressão do aval. Não se conformando a cártula com as formas exigidas para a validade do título de crédito, o aval pretensamente prestado nesse pedaço de papel desaparece, dada a desnaturação daquele documento como título de crédito.

Art. 900. O aval posterior ao vencimento produz os mesmos efeitos do anteriormente dado.

Direito anterior: Sem correspondente no CC/1916.

COMENTÁRIOS

Historicamente o nosso direito positivo não tratou especificamente das consequências jurídicas de um aval que viesse a ser dado posteriormente ao vencimento. Somente se ateve a essa questão da declaração prestada após o vencimento no caso de endosso de letra de câmbio (art. 20 da LUG) e de cheque (art. 27 da Lei 7.357/1985). Em ambos os casos o endosso póstumo equivale a cessão civil de direitos.

A ausência de disposição expressa a respeito do aval posterior ao vencimento levou os doutrinadores a buscar a solução com base nos demais preceitos e princípios de direito.

Destarte, para alguns como Saraiva, Lacerda, Margarinos Torres, João Arruda, Whitaker e Silva Pinto, o aval prestado após o vencimento da dívida não produziria efeitos cambiais, mas unicamente de fiança[76].

---

[76] Cf. Eunápio Borges, op. cit., p. 156-157.

Já Eunápio Borges, Carvalho de Mendonça, Alfredo Russell e Gonçalves de Oliveira não atribuíam efeito algum ao aval póstumo, pois tal firma (de aval), lançada depois do vencimento, ou será aval ou não será coisa nenhuma, para quem, com os olhos no nosso direito cambial, sabe distinguir *aval* de *fiança*, abstendo-se, como deve, de ver naquele uma espécie de fiança qualificada pelo rigor cambial[77].

Diante dessa antiga celeuma foi sábio o legislador do Código Civil, ao deixar consignadas expressamente a validade e a eficácia do aval lançado em título cujo vencimento já tenha ocorrido.

Desse modo, o aval prestado posteriormente ao vencimento do título equipara-se àquele anteriormente dado. Nesse sentido, produz os mesmos efeitos daquele que lhe é anterior. É essa a dicção da regra legal, apesar das dúvidas que irá gerar por sua imprecisão.

Por exemplo, na hipótese em que o aval posterior ao vencimento seja o primeiro e o único aval prestado no título, não terá o intérprete como compará-lo àquele "anteriormente dado". Que efeitos esse aval irá produzir, se inexiste paradigma para esse fim?

Queremos crer, nesse momento, que a melhor interpretação deverá ser no sentido de conferir plenos efeitos legais ao aval posterior, pois nos parece que foi essa a intenção do legislador e a própria *mens legis*. Apesar da inadequada redação, afigura-se-nos que a lei procurou resolver antiga discussão doutrinária, conferindo plena eficácia ao aval prestado mesmo após o vencimento do título.

Art. 901. Fica validamente desonerado o devedor que paga título de crédito ao legítimo portador, no vencimento, sem oposição, salvo se agiu de má-fé.

Parágrafo único. Pagando, pode o devedor exigir do credor, além da entrega do título, quitação regular.

Direito anterior: Sem correspondente no CC/1916.

---

[77] Ibidem.

COMENTÁRIOS

A data de vencimento é um dos elementos que deve constar do título de crédito.

Não é elemento essencial, mas, se no documento nada se registra quanto ao momento em que o pagamento deve ser efetivado pelo devedor, a lei supre essa omissão, determinando que a obrigação seja cumprida à vista do documento, ou seja, no momento em que o portador apresente o título de crédito ao devedor.

Vê-se, pois, que o vencimento é matéria sujeita a manifestação de vontade do criador do título, naturalmente vinculada ao negócio que lhe é subjacente. Na ausência de manifestação expressa no título de crédito, a lei cambial supre a vontade do devedor.

Entretanto, não podemos esquecer que o vencimento pode também aperfeiçoar-se por disposição de normas de direito comum que determinam a antecipação desse momento em virtude de fatos imponíveis ao devedor, como a falência[78].

Até a data do vencimento da obrigação cambial, o portador desta não tem o direito de exigir o cumprimento da prestação mencionada no título. Detém ele um documento creditício de obrigação não vencida e, por isso, inexigível, não importando se seu cumprimento está ou não garantido por avais e/ou endossos. É o portador titular de um direito de realização futura, esteja reforçado ou não pelas garantias que as declarações no título encerrem. Somente com o vencimento nasce a obrigação, pois aí, sim, exigível a prestação; operando-se essa condição, surge também a pretensão do portador do título.

O dia reservado para o pagamento ou cumprimento da obrigação é marco relevante na vida da cambial, pois a partir dessa data pode-se operar a modificação das regras legais a ela aplicáveis, deixando de se valer do direito cambiário para se submeter às normas de direito comum. Não é, entretanto, o caso do aval dado após o vencimento, uma vez que nessas hipóteses o art. 900 do Código Civil ressalva sua eficá-

---

[78] O art. 25 da antiga Lei de Falências previa que "A falência produz o vencimento antecipado de todas as dívidas do falido...".

cia cambial. O mesmo ocorre com o endosso posterior ao pagamento, nos termos do art. 920 do Código Civil.

O vencimento deve ser (a) preciso, (b) possível, (c) um só e (d) único para toda a soma cambial. O vencimento da cambial a prazo deve ser *preciso,* isto é, certo, fixo, não podendo depender senão de um termo puro e simples. O vencimento deve ser *possível*; isto é, o termo a que ele estiver sujeito há que se conformar com o calendário e com a ordem natural das coisas. O vencimento deve ser *um*; isto é, a cambial não é susceptível de dois ou mais vencimentos, seja lá qual forma se os exprima. O vencimento deve ser *único* para toda a soma do pagamento; isto é, há de determinar a exigibilidade total da prestação de dinheiro que a cambial exprime[79].

O local de pagamento deve vir contido no próprio título. Não é elemento essencial, pois na sua ausência a lei determina sua indicação: o domicílio do emitente (art. 889, § 2.º, Código Civil).

É de natureza *quérable* a obrigação oriunda do título de crédito; cabe ao seu possuidor apresentá-lo ao devedor, no local indicado no corpo do documento ou, na sua falta, no domicílio do emitente[80].

Normalmente o título é apresentado ao emitente ou devedor final para cumprimento da prestação, que, não efetivado, gera a oportunidade de cobrança dos demais coobrigados. Entretanto, para que a apresentação se faça validamente, é preciso que o título esteja completo.

Sendo o título apresentado à ordem, caberá ao devedor averiguar a regularidade da série de endossos (art. 911, parágrafo único, Código Civil) e também, se em preto, a comprovação da identidade do endossatário. Se em branco o endosso, a posse do documento pelo apresentante confere legitimidade para requerer o pagamento. Contudo, é conveniente ao devedor exigir do portador a transformação, em preto, do endosso para salvaguarda de seus direitos ou, ao menos, a quitação regular, nos moldes do parágrafo único deste art. 901.

---

[79] Paulo de Lacerda, op. cit., p. 203, 204, 206, 208 e 209.
[80] Essa natureza *quérable* aos poucos tem sido alterada por força da prática de encaminhar boletos de cobrança, ao emitente, em substituição ao ato formal da apresentação do título perante o devedor. Daí dizerem que nesses casos a obrigação passa a ser de natureza *portable*.

São, portanto, duas as exigências para que o endossatário se legitime: a) ser o último de uma série regular de endossos e, assim, se há ruptura, ou interrupção, na série ou ordem dos endossos, falta-lhe esse requisito; b) ter a posse da letra de câmbio [do título][81].

Sendo a letra de câmbio [o título] ao portador, o pagante cessa as suas indagações e nenhuma justificação pode pedir ao apresentante, pois o fato nu da posse do título por parte deste, não importa quem ele seja, dá o direito pleno a receber o pagamento[82].

O pagamento feito pelo emitente ou devedor final ou seus avalistas exonera de responsabilidade eventuais coobrigados declarados no título.

Pagando o título, o endossante tem ação de regresso contra os coobrigados anteriores, liberando de qualquer obrigação, consequentemente, os coobrigados que lhe são posteriores na cadeia de endosso refletida no título.

O Código Civil não especificou os casos passíveis de oposição, como fez o art. 23 da Lei 2.044/1908. Assim sendo, não existe, em princípio, restrição às hipóteses de oposição.

A oposição é o meio legal para que o interessado requeira a suspensão do pagamento ao devedor ou, ao menos, alerte-o do fato de haver dúvida quanto ao legítimo credor.

É necessário, pois, que o oponente demonstre o seu próprio e inequívoco interesse ou o de outrem a quem represente. Se o pagamento ficasse à mercê da oposição de qualquer um que pretendesse embaraçá-lo, a cambial sofreria gravemente em um dos seus mais belos predicados, que é a certeza da prestação[83].

O oponente será sempre algum terceiro, legítimo interessado, que, mediante uma notificação judicial ou extrajudicial, interfere na relação cambial, de modo a obstar o cumprimento da prestação mencionada no título por força, necessariamente, de um justo interesse ameaçado.

---

[81] Pontes de Miranda, op. cit., p. 461.
[82] Paulo de Lacerda, op. cit., p. 246. Essa afirmativa, contudo, não me parece deva ser levada às últimas consequências, visto que o devedor tem o direito de se precaver, a fim de efetuar o pagamento ao *legítimo* portador do título.
[83] Paulo de Lacerda, op. cit., p. 262.

A oposição deve ser efetivada, preferencialmente, antes da data do vencimento do título ou, ao menos, antes do seu pagamento.

Constituem motivos de oposição, entre outros, o extravio do título, a falência ou a incapacidade do portador.

Feita a oposição, estará o devedor na incômoda situação de análise subjetiva do interesse do opoente, pois, pago o saldo do título e provado adiante o direito deste, o devedor constitui-se em pagante de má-fé.

Nesses casos, recomendável que o devedor, na dúvida a quem deva cumprir a prestação cambial, a faça por meio do juízo para liberá-lo do impasse e de potencial responsabilidade pelo mau pagamento.

Outrossim, saliente-se que a redação deste art. 901 pode levar o intérprete a entender que o devedor somente se desonera validamente do pagamento se, na oportunidade, não houver qualquer oposição de terceiro.

Negativo. O devedor pode-se liberar validamente da obrigação cambial, mesmo ciente da oposição que terceiros fazem contra o pagamento. Basta, para esse fim, que os motivos objeto da oposição não tenham sido suficientes a garantir o sucesso da pretensão.

Registre-se que a oposição feita após o pagamento nenhum efeito de direito irá operar. Ao pagante não poderá ser imputada má-fé, mesmo que as alegações do interessado tenham procedência, uma vez que a oposição a destempo não impede o pagamento do título, se feito em boa-fé, pois de nada vale para o devedor, sendo essa pretensa oposição um ato vazio, eis que desprovido de qualquer eficácia para os fins propostos.

Art. 901. (...)
Parágrafo único. Pagando, pode o devedor exigir do credor, além da entrega do título, quitação regular.

COMENTÁRIOS

O pagamento pode se dar parcial ou integralmente. Feito na sua totalidade, estará o portador obrigado a entregar o título ao pagante, para que este o retire de circulação. Ademais, poderá também o devedor exigir do portador quitação formal da obrigação, passada no próprio título ou em documento apartado.

O credor não tem o direito de questionar ou de não atender a essas solicitações do devedor, pois este é quem tem a faculdade de exigir ou não a entrega do título e a quitação apartada. Solicitada pelo devedor, tem o credor a obrigação de atender, nos exatos termos. Caso contrário, em hipótese alguma, a falta de pagamento poderá ser imputada ao devedor. A mora, sem dúvida, é do credor.

A posse do título em mãos do antigo devedor gera presunção do pagamento do título, mas essa presunção é *juris tantum,* pois qualquer coobrigado pode provar a má-fé do devedor. Por isso parece importante precaução a obtenção de regular quitação, a par da posse do título para retirá-lo do giro e, quiçá, evitar que o detentor dele se utilize para exigir de outros pagamentos indevidos.

Diversamente ocorrerá quando o pagamento não for integral. Nesses casos, não há de operar a tradição do título para o pagante, em razão da manutenção dos direitos do portador de exigir de outro coobrigado o pagamento do montante pendente. Obviamente, para o exercício desse direito, deverá o portador apresentar o original do título ao coobrigado eleito para cumprimento da prestação cartular remanescente. Por essa razão deve o título permanecer na posse do credor cuja obrigação tenha sido satisfeita parcialmente.

Entretanto, o devedor que concorreu com o pagamento parcial não ficará desprotegido, pois tem o direito de obter, além da quitação em separado, outra declaração a ser chancelada no próprio título (art. 902, § 2.º, Código Civil).

A omissão da quitação parcial passada no próprio título não impede que qualquer pagante possa opor-se à exigência de pagamento integral feita pelo credor cambiário, desde que consiga exibir a quitação dada em separado; contra quem recebeu o pagamento é bastante qualquer uma das quitações, tanto aquela em separado como no título. Essa omissão, porém, pode ser utilmente alegada por terceiro de boa-fé, que tenha adquirido o título sem a quitação nele devidamente lançada. O lançamento da quitação parcial na própria cambial é exigido pela lei, principalmente em ressalva da boa-fé de terceiros, que não devem ficar à mercê da negligência ou má-fé do portador e do devedor: fácil seria mesmo o conluio do devedor com o credor anterior, que, passando uma quitação em separado e com antedata, prejudicaria o credor atual. Se o devedor não exigiu a quitação parcial lançada na própria cambial e o portador transfere o título a terceiro sem declarar o pagamento parcial recebido, o devedor deve pagar a soma integral ao novo credor, indenizando-se sobre aquele outro a quem havia feito já pagamento parcial[84].

Art. 902. Não é o credor obrigado a receber o pagamento antes do vencimento do título, e aquele que paga, antes do vencimento, fica responsável pela validade do pagamento.

§ 1.º No vencimento, não pode o credor recusar pagamento, ainda que parcial.

§ 2.º No caso de pagamento parcial, em que se não opera a tradição do título, além da quitação em separado, outra deverá ser firmada no próprio título.

Direito anterior: Sem correspondente no CC/1916.

COMENTÁRIOS

A regra é bastante clara e objetiva: o credor não é obrigado a receber o pagamento antecipadamente. Quem o faz responde por esse ato. É essa a tradição brasileira desde a edição da Lei 2.044/1908 até a presente data[85].

Com efeito, antes do vencimento do título pode o devedor intentar várias medidas de cunho liberatório que nenhuma eficácia produzirão.

---

[84] Paulo de Lacerda, op. cit., p. 255-256.
[85] Segundo a dicção do art. 22 da Lei 2.044/1908, "O portador não é obrigado a receber o pagamento antes do vencimento da letra. Aquele que paga uma letra, antes do respectivo vencimento, fica responsável pela validade desse pagamento". No mesmo diapasão o art. 40 da LUG, "O portador de uma letra não pode ser obrigado a receber o pagamento dela antes do vencimento. O sacado que paga uma letra antes do vencimento fá-lo sob sua responsabilidade. (...)".

Pode notificar o credor para receber a quantia expressa no documento; pode buscar a via do depósito da quantia, almejando cumprir a prestação antecipadamente. Nenhuma dessas ações gerará qualquer efeito de direito, se o credor não se manifestar favoravelmente. A lei nesse particular é clara e objetiva: *não é o credor obrigado a receber o pagamento antes do vencimento do título.*

Diga-se, a bem da verdade, que a aceitação ou não da pretensão de pagamento antecipado é ato discricionário do credor, para o qual descabe qualquer justificativa. A resposta do credor à intenção do devedor pode ser seca, lacônica, vazia ou, até mesmo, não existir, que em nada modificará o direito do credor; ou melhor, em nada alterará o dever do devedor de saldar a dívida na data do vencimento.

O pagamento antecipado equivale à mera proposta formulada pelo devedor que não obriga o credor, salvo se com ela concordou.

Contudo, a recíproca também é verdadeira; o devedor não pode ser instado a pagar a dívida antes do seu efetivo vencimento. O direito que toca lá também toca aqui. O princípio se aplica a ambas as partes. Daí por que há de existir, forçosamente, o concurso das vontades do devedor e do credor para que se aperfeiçoe o vencimento antecipado da obrigação estampada no título de crédito.

No entanto, uma nuance sobressai desse ato jurídico: o pagamento feito antecipadamente pelo devedor não o libera, de todo, da obrigação. Permanecerá ele responsável pela validade do pagamento.

Tanto no direito brasileiro quanto no direito uniforme, o obrigado, que antecipadamente paga, não pode invocar a regra de liberação, ainda que o faça em boa-fé. O fundamento disso está em que toda antecipação de pagamento é contra os hábitos; e pode ser nociva a direitos de outrem, principalmente do que se venha evidenciar como legítimo possuidor do título[86].

O risco da antecipação recai na pessoa do devedor, mesmo tendo agido prudentemente na busca e análise de algum vício ou erro; mesmo tendo agido com extraordinária diligência.

---

[86] Pontes de Miranda, op. cit., p. 476-477.

Se após o pagamento ele se defronta com o fato de que pagou ao falido, a ilegítimo possuidor, a um incapaz, etc., o credor restará exonerado de responsabilidades, sujeitando-se o devedor que antecipou o pagamento a pagar duas vezes.

Daí ser sempre prudente o devedor aguardar o momento do vencimento da obrigação, pois até lá podem surgir novidades e oposições que lhe eram desconhecidas até então.

Art. 902. (...)
§ 1.º No vencimento, não pode o credor recusar pagamento, ainda que parcial.

COMENTÁRIOS

Trata-se de uma regra universal do direito cambiário já incorporada ao nosso sistema legal pelo comando do art. 39 da LUG.

O credor resta sem qualquer direito de recusar o pagamento parcial oferecido pelo devedor. Não pode, e não deve, recusar qualquer pagamento, pois eventual faculdade implicaria interferência no direito dos demais partícipes da relação cambial.

O pagamento é feito no proveito do credor, mas, não esqueçamos, também redunda em benefício dos demais coobrigados. Afinal, eles também podem ser garantes do cumprimento da prestação mencionada no título de crédito.

O credor pode até sentir-se lesado, moral e materialmente, com o pagamento parcial, assim como não se satisfazer com o ato do devedor, mas daí a se negar a receber o valor oferecido a pagamento pelo devedor vai uma enorme distância, que se imbrica no direito dos terceiros cambialmente vinculados.

Não obstante a vedação legal de o credor recusar pagamento parcial, caso ele assim o faça, em desconformidade com os ditames da lei, responderá na justa medida do capital recusado.

Apesar de alguma divergência doutrinária quanto à eventual possibilidade de recusa pelo credor em casos específicos[87], cremos que esse dispositivo legal não comporta exceção.

Não vislumbramos, de antemão, alguma situação em que ao credor fosse dado o direito de recusa do pagamento parcial, exceto quando não mais houver coobrigados na relação de direito cambiário. Nessas hipóteses, esvazia-se o sentido finalístico do comando legal, mitigando sua impositividade. Entretanto, mesmo assim supomos não ser do interesse do credor a recusa, pois tal postura em nada lhe aproveita, uma vez que a quitação passada ao devedor abrangerá, necessária e exclusivamente, tão só a parcela efetivamente paga.

Art. 902. (...)
§ 2.º No caso de pagamento parcial, em que se não opera a tradição do título, além da quitação em separado, outra deverá ser firmada no próprio título.

COMENTÁRIOS

Seguindo a linha do dispositivo que impõe ao credor a obrigação de receber pagamento parcial do débito objeto do título, esse artigo repete norma universal e tradicional do direito brasileiro. Em caso de pagamento parcial, a quitação far-se-á no próprio título, além de outra passada em documento apartado. É o mesmo que determina o art. 39 da LUG e o que dispunha o art. 22, § 2.º, da Lei 2.044/1908.

Esse comando legal se dirige ao devedor e ao credor; a este último com caráter impositivo, enquanto ao primeiro em sinal de alerta e recomendação.

O devedor tem o direito de exigir que o credor lance no bojo do título a quitação pelo valor parcialmente pago. O credor não pode negar-se a perpetuar esse ato jurídico. Ele está obrigado a fazê-lo na presença

---

[87] Cf. Pontes de Miranda, op. cit., p. 485, e Fran Martins, op. cit., p. 254.

ou à vista do devedor. Caso não faça, o devedor pode dele compulsoriamente exigir. E, caso o devedor assim não aja, corre o risco de vir a ser cobrado novo pagamento por outro coobrigado que, de boa-fé, detém a posse do título.

Somente a quitação efetivada no título de crédito produz efeito *erga omnes* em proveito do devedor. Não importa para o detentor de boa-fé a quitação passada em documento apartado. Essa prova é de restrita eficácia, pois admitida somente entre as próprias partes. Prevalecem os princípios da literalidade e da aparência.

A quitação lançada no título é de vital importância, dado que nos casos de pagamento parcial não se opera a tradição do documento. O título de crédito permanece em poder do credor para que possibilite o exercício do direito de haver cumprido a prestação nele lançada. Obviamente, o cumprimento há de resumir-se à prestação que se encontra em aberto, ou seja, a diferença entre o valor do título e a parcela paga. Daí a preocupação do legislador em determinar que, além da quitação dada em documento separado, deve exigir-se também, para se evitarem fraudes, que outra quitação seja aposta no título.

Na eventualidade de o devedor não possuir nenhuma das duas quitações caberá provar o pagamento por meio de cópia do cheque, perícia contábil e todos os demais meios de provas admitidos, exceto a testemunhal, que, historicamente, não vem sendo permitida pela jurisprudência ao longo do tempo, como nos dá conta a seguinte decisão do ano de 1914:

> O pagamento parcial da nota promissória, não havendo recibo em separado nem no próprio título, só a confissão do devedor faria aquela prova: não podendo no caso ser admitida a prova testemunhal, já por causa da natureza do título, já pelo montante da soma que excede o limite legal em que tal prova é admitida[88].

---

[88] Apud Margarinos Torres, op. cit., p. 464.

Art. 903. Salvo disposição diversa em lei especial, regem-se os títulos de crédito pelo disposto neste Código.

Direito anterior: Sem correspondente no CC/1916.

COMENTÁRIOS

Como ficou claro na Exposição de Motivos e na que lhe foi complementar,

> (...) a intenção no Anteprojeto não foi reunir simplesmente o que é comum aos diversos títulos regulados em leis especiais...; foi fixar os requisitos mínimos para todos os títulos de crédito, inclusive para títulos de crédito inominados, que a prática venha a criar, deixando assim aberta a porta às necessidades econômicas e jurídicas do futuro.

Vê-se, pois, que o objetivo do Código foi estabelecer preceitos gerais de aplicação a qualquer título de crédito que não se sujeite a legislação de caráter especial e, também, a qualquer título de crédito atípico ou inominado que os usos e costumes venham a criar.

Na prática esse Título VIII do Código Civil se lança para o futuro, para as inovações e criações que no campo comercial são constantes e extremamente frutíferas.

Isso porque já constam razoavelmente assentadas no direito positivo as relações jurídicas que norteiam os títulos de crédito que circulam em nossa jurisdição. Com efeito, vinculam-se expressamente a normas específicas a Nota Promissória, a Letra de Câmbio, a Duplicata, o Cheque, os Títulos de Crédito Industrial, Rural, à Exportação, Comercial, Bancário e tantos outros já objeto de preocupação do legislador, o que nos leva a inferir que as regras gerais previstas nesse Código atenderão, especialmente, os títulos que ainda estão por vir, fruto do excitado e ansioso espírito dos homens de negócios, do seu empreendedorismo e do dinamismo da nossa economia.

Como referido na Exposição Complementar,

> A questão fundamental, que foi preciso responder, não é jurídica: é de política legislativa. Devemos restringir os títulos de crédito aos especialmente regulados em lei especial?... Ou devemos, regulando os títulos atípicos, incrementar a tendência inegável do mundo econômico de criar novos instrumentos de crédito em resposta a novas necessidades? Adotada esta última posição, a regulamentação do Anteprojeto é sadia; ela virá facilitar o aparecimento de tais novos instrumentos, que, tomando na prática contornos suficientemente nítidos, poderão então ser mais detalhadamente regulamentados por leis especiais, inclusive para cercear aspectos nocivos.

CAPÍTULO II
DO TÍTULO AO PORTADOR

Art. 904. A transferência de título ao portador se faz por simples tradição.

Direito anterior: Sem correspondente no CC/1916.

COMENTÁRIOS

A existência de título ao portador é tema de intenso debate na doutrina que se reflete, sem dúvida, na postura titubeante adotada pelo legislador ao longo do tempo.

As vantagens opõem-se diametralmente às desvantagens, sopesando na determinação legislativa as circunstâncias do momento e a intensidade das críticas.

De início, o nosso Código Comercial mostrou-se contrário à circulação dos títulos de crédito sob a forma ao portador. Seu art. 354, inciso V, proibia a emissão de títulos ao portador e combinava tal vedação com cominação de índole penal: multa e pena de prisão ao infrator (Lei 177-A, de 15.09.1893, art. 3.º).

No ano de 1906, a parte do Código Comercial que tratava dos títulos de crédito é submetida a uma modificação pelo Projeto de Lei 397, de autoria do Deputado Justiniano de Serpa[89]. No entanto, o referido Projeto mantém vivas as críticas anteriores e por isso não altera a proibição de circulação de títulos ao portador.

---

[89] Cf. Saraiva, op. cit., p. 73 e ss.

Entretanto, essa perspectiva não passa despercebida da análise dos demais deputados e, por força de um substitutivo elaborado pela Comissão de Constituição e Justiça da Câmara dos Deputados, tendo como relator o Deputado João Luiz Alves, com intuito de tornar mais eficaz a reforma pretendida, o tema voltou à tona com enfoque mais favorável às vantagens que o instituto gera.

E assim instável têm se postado o legislador e a própria doutrina, tal qual um pêndulo na sua intensa busca pelo equilíbrio. E hoje, com o ordenamento geral introduzido pelo Código Civil, o legislador deixa ao sabor da realidade do momento a oportunidade da definição da existência e condições de validade na criação e emissão dos títulos ao portador, nos termos do art. 907 do Código Civil, que supõe a promulgação de lei especial nesse sentido, sob pena de nulidade.

O título ao portador traduz-se em uma característica negativa quanto a sua literalidade: nele não se insere o nome do transmitente. Ao contrário, sua ocultação é da própria natureza desses títulos. O giro da cártula perfaz-se sem a identificação da pessoa do transmitente, que, dessa forma, se exonera das obrigações cambiárias. Se a intervenção no processo de circulação do título não deixa rastros formais capazes de identificar a pessoa que deteve a posse do documento, quanto a esta nada se pode fazer ou exigir, de modo a lhe imputar deveres ou obrigações de caráter cambiário.

A ocultação do transmitente é da natureza e essência dos títulos da espécie. É parte do negócio ao portador, e o risco, por lhe ser decorrente, acompanha esse pressuposto. Em outras palavras, todo negócio ao portador embute uma parcela maior de risco.

O credor corre o risco de um extravio que mais facilmente beneficiaria o possuidor *a non domino*, dado que a circulação se calca, sobremaneira, na legitimação do possuidor.

Já o devedor, sob esse ângulo jurídico, estaria mais seguro, pois a posse do título (*legitimação ativa*) confere poder liberatório ao credor de boa-fé. Aplica-se o princípio "possesso di buona fede vale titolo".

Explica-se a viabilidade de existência de títulos ao portador pela premissa de que os títulos de crédito, por suposto, nascem para circular ou, melhor, têm por função precípua a circulação do crédito, da riqueza nele incorporada.

Aquele que põe em circulação o título não pode afirmar quem será o seu credor, pois com a criação e emissão o documento tem por destinatário pessoa indeterminada.

De fato, como salienta Fran Martins, quando emite um título de crédito, o emitente não se obriga apenas com o beneficiário imediato, pois esses títulos são destinados à circulação. E, enquanto circulam, os direitos incorporados no documento vão se transmitindo, cada legítimo proprietário do título considerado o sujeito ativo desses direitos. De tal forma, ao criar e emitir um título, o sacador não sabe, de fato, a favor de quem está obrigando-se, apesar de, em muitos casos, conhecer a primeira pessoa que será beneficiária da prestação, no caso o *tomador*[90].

Se esse princípio de direito cambiário vale para os títulos à ordem e nominativos, também se aplica aos títulos ao portador. E, sendo indeterminada a pessoa do último credor ou, ainda, podendo o título à ordem ser transformado ou mesmo emitido *em branco*, por certo justificável a existência de títulos ao portador.

Dado o elemento de caráter negativo – ausência do nome do possuidor – que marca o título ao portador, nele sobressai o princípio da incorporação. Como salientou Ascarelli, "são talvez os títulos ao portador aqueles em que é mais evidente o fenômeno comumente chamado de incorporação"[91].

O direito nele mencionado pode ser exercido por quem seja possuidor do título ao portador. A transferência por simples tradição de tais títulos facilita a função da legitimação.

Nos títulos à ordem, o legitimado é aquele que detém o documento, demonstrando a cadeia regular de endossos, enquanto, nos títulos nominativos, o legítimo possuidor perante o emissor é aquele que comprova a série regular e ininterrupta de endossos e a existência do termo de transferência registrado junto ao emitente.

---

[90] Op. cit., p. 22.
[91] Op. cit., p. 218.

Já nos títulos ao portador a transferência se dá por mera tradição ou simples entrega do documento a outrem, donde a legitimação se opera mediante a simples apresentação do documento ao devedor.

A simplicidade na circulação dos títulos ao portador recomenda sua utilização àqueles emitidos em série, de forma a agilizar o investimento e o desinvestimento pretendidos em várias modalidades de negócios.

A transferência do direito por simples tradição é um grande facilitador e, mesmo, um incentivador da transação.

E a segurança jurídica encontra respaldo quando refletimos sobre os efeitos desse ato translativo da titularidade do direito "incorporado" no documento.

Como acentua Messineo, a tradição opera efeito *erga omnes,* pois vale contra todos, como também produz efeito *ope legis,* por estar em conformidade com a lei; sem ter que notificar o devedor cartular, sabe-se que, em virtude da lei de circulação, o emissor terá que cumprir sua obrigação, quiçá em mãos de um sujeito distinto daquele primeiro tomador do título[92].

Salienta Asquini que o título de crédito ao portador não deve confundir-se com o simples título de legitimação ao portador, também chamado de título impróprio. São suas as palavras:

> Vi è in questi e in quelli la funzione di legittimazione; ma i titoli impropri, anche se destinati alla circolazione, legittimano con diversa intensità (passiva, attiva; attiva e passiva) ad esercitare solo quel particolare diritto nascente dal rapporto fondamentale che há dato luogo alla loro emissione e dal sucessivo rapporto di cessione; mentre il titolo di credito al portatore distacca dal rapporto fondamentale un diritto **letterale** e lo fa circolare **autonomamente** com il documento, svincolandosi dalle regole della cessione. Inoltre col titolo al portatore il diritto circola non solo agli effette della legittimazione, in connessione col possesso del documento,

---

[92] Apud Bonfanti e Garrone, op. cit., p. 81.

ma anche agli effetti della **titolarità** in connessione com la proprietà del documento[93].

Art. 905. O possuidor de título ao portador tem direito à prestação nele indicada, mediante a sua simples apresentação ao devedor.

Parágrafo único. A prestação é devida ainda que o título tenha entrado em circulação contra a vontade do emitente.

Direito anterior: Art. 1.505. O detentor de um título ao portador, quando dele autorizado a dispor, pode reclamar o respectivo subscritor ou emissor a prestação devida. O subscritor, ou emissor, porém, exonera-se, pagando a qualquer detentor, esteja ou não autorizado a dispor do título.
Art. 1.506. A obrigação do emissor subsiste, ainda que o título tenha entrado em circulação contra a sua vontade.

COMENTÁRIOS

O possuidor do título é o legitimado a exercer o direito mencionado na cártula. O exercício desse direito lhe é conferido pela posse do documento que se traduz na legitimação. A posse, como vimos no artigo precedente, se dá pela simples tradição do título. Vale o princípio da aparência.

Se é certo afirmar que o devedor se vale da legitimação para se liberar plenamente da sua obrigação, por outro lado essa mesma legitimação não lhe confere, automática e inquestionavelmente, o direito imediato e compulsório à prestação constante do documento cartular.

A legitimação é, sim, condição prévia ao exercício do direito cambiário, mas sua existência não assegura, incontinenti, o cumprimento da obrigação pelo devedor, como inadequadamente determina o comando legal do art. 905 do Código Civil.

---

[93] *Corso di diritto commerciale*: titoli di credito. Milano: Cedam, 1966. p. 112.

Esse dispositivo há de ser interpretado *cum grano salis,* pois é evidente que o devedor pode negar-se a cumprir a prestação objeto do título não somente em virtude de exceção fundada em direito pessoal ou em nulidade de sua obrigação (art. 906), como também em razão de notificação recebida do efetivo titular do direito cambiário, por força de perda, extravio ou injustificado desapossamento do título (art. 909).

Daí por que o Código Civil italiano, fonte do nosso ordenamento legal, preferiu adotar uma redação mais técnica ao dispor sobre a mesma matéria, *verbis*: "O possuidor do título ao portador é legitimado ao exercício do direito nele mencionado, mediante a apresentação do título"[94].

A legitimação oferece, justamente, ao legitimado a possibilidade de valer como titular do direito, de obter, como se costuma dizer, a investidura, isto é, a possibilidade do exercício do direito, incumbindo, então, a quem a negar a demonstração de que o legitimado não é titular[95].

A sistemática legal põe nos ombros do devedor o ônus probante e facilita, consequentemente, o exercício do direito pelo portador do título. Mesmo porque, ao exigir do possuidor a prova de sua efetiva legitimação, estaríamos muitas vezes perante a produção de prova negativa, repudiada pelo direito.

Nas palavras de Ascarelli:

> Evita-se, com isso [princípio da legitimação], a necessidade de uma prova que seria frequentemente diabólica e, assim, se admite que para o exercício do direito baste uma simples investidura, dependente de condições relativamente simples e cujo preenchimento é de fácil averiguação[96].

A legitimação não se confunde com o direito em si referido na cártula. A lei, ao simplificar o exercício do direito dos títulos ao portador, não deixou de manter viva a diferença entre os dois institutos.

---

[94] Cf. Mercado Junior, op. cit., p. 126.
[95] Ascarelli, op. cit., p. 224.
[96] Ibidem.

A simplificação se dá pela indeterminação da pessoa a quem se dirigem os títulos de crédito e, em especial, os de circulação ao portador. Seria assaz complexa a determinação do sujeito legitimado ao exercício do direito cartular, não fosse a predefinição legal pela simples investidura. A posse é o ato que legitima o possuidor dos títulos ao portador a requerer o cumprimento da prestação.

A posse implica a presunção da titularidade do direito. Essa presunção legal advém do fato de que nos títulos de crédito os direitos *corporificam-se* na cártula. Esta é tratada como *coisa* (*res*) e, por isso, aquele que a possui presume-se titular dos direitos nela mencionados.

Detendo o título em seu poder, está o possuidor legitimado a requerer o cumprimento da prestação, pois a legitimação preenche exatamente esse objetivo, em virtude de tal qualidade que lhe é atribuída. Contudo, como vimos, a legitimação não tem caráter absoluto no sentido de assegurar ao legitimado, compulsoriamente, a obtenção da prestação cartular. Essa faceta radical não é típica da legitimação, pois ela há de encontrar limites na própria existência do direito (*v.g.*, nulidade da obrigação) ou na sua efetiva titularidade, quando comprovada por terceiro.

Art. 905. (...)
Parágrafo único. A prestação é devida ainda que o título tenha entrado em circulação contra a vontade do emitente.

COMENTÁRIOS

O título de crédito encerra-se em si mesmo. É autossuficiente, pois nele o próprio direito se contém. A prestação tem sua existência, alcance e eficácia exauridos na cártula. Cumpridas as formalidades essenciais, o título de crédito é literal e autônomo e o direito que dele se extrai é exatamente aquilo que nele se encontra indicado. Nem mais nem menos.

Os contornos jurídicos que cercam o instituto são, e devem ser, rígidos, pois só assim se poderá assegurar sua plena e tranquila utilização. A segurança jurídica é de vital importância para firmar a própria existência e validade do título, uma vez que se destina à circulação. Endereça-se, ademais, a pessoas indeterminadas, ao ambiente difuso da coletividade, que, por isso mesmo, merece toda a proteção necessária à segura circulação da riqueza.

Essa segurança jurídica imposta pelos princípios e regras do direito cambiário protege a circulação dos títulos e, dessa forma, reforça a sua assimilação, favorecendo a transferência de recursos dormentes para o setor produtivo.

Entretanto, não raro veremos que tal rigidez conceitual impõe determinados fardos e encargos àqueles que intervêm na cadeia circulatória dos títulos de crédito, em especial naqueles emitidos ao portador.

É o caso do dispositivo legal em questão. Tendo o título entrado em circulação, independentemente da vontade de seu emissor ou criador, este deverá honrar a prestação nele mencionada, salvo má-fé comprovada pelo devedor.

Essa regra está em linha com o sistema legal em que se estrutura o direito cambiário. Aqui é extremado o princípio da aparência, visto que a dinâmica do comércio e da circulação dos títulos de crédito repudia qualquer formalidade que embarace sua execução e eficácia. Tanto que a autenticidade das assinaturas cartulares é desprezada pelo ordenamento cambiário (cf. art. 911, parágrafo único, Código Civil e art. 7.º da LUG).

Ao entrar em circulação o título, a lei volta seu comando para proteger o adquirente de boa-fé, pessoa indeterminada que não conhecia, tampouco tinha o dever de conhecer, a eventual indesejada e involuntária transferência anterior do documento de que se tornou possuidor. Devidamente investido do título, tem o possuidor todo o direito de haver do devedor a prestação nele corporificada.

Ao devedor, criador ou emissor da cártula, caberá tomar as medidas legais contra o culpado pela entrada indevida em circulação e buscar, por meio de publicações de avisos em jornais e notificações, resguardar preventivamente seu direito, restando a eficácia de tais medidas, contudo, pendente de posterior análise, caso a caso, dada a incisividade do comando constante do art. 905, parágrafo único.

Essa é uma das desvantagens do título ao portador que impõe sobrecautela aos seus possuidores, de modo a evitarem problemas como extravio, desapossamento ou a própria circulação contra a vontade do emitente.

Art. 906. O devedor só poderá opor ao portador exceção fundada em direito pessoal, ou em nulidade de sua obrigação.

Direito anterior: Art. 1.507. Ao portador de boa-fé, o subscritor, ou emissor, não poderá opor outra defesa, além da que assente em nulidade interna ou externa do título, ou em direito pessoal ao emissor, ou subscritor, contra o portador.

COMENTÁRIOS

1. Oposição restrita

Estamos em sede excepcional e, por isso, de interpretação restritiva de direitos. O devedor *só* poderá opor ao portador exceção fundada *em direito pessoal ou em nulidade de sua obrigação*.

O caráter excepcional da defesa no âmbito do direito cambiário é elemento coadjuvante dos princípios que cercam e norteiam o instituto dos títulos de crédito.

A literalidade, a aparência e a autonomia são pressupostos fundamentais à própria existência e eficácia desses verdadeiros instrumentos de crédito. A segurança na execução da prestação mencionada no documento, substrato de sua circulação indeterminada, exige uma restrição e uma prévia determinação das defesas passíveis de oposição pelo devedor.

A fixação e a delimitação desse direito assegurado ao devedor são peça de resistência do direito cartular e da confiabilidade que permeia o instituto. Entretanto, sendo certo que o título se dirige à coletividade, a pessoas indeterminadas e, pois, à circulação de riquezas, são a essas figuras, terceiros de boa-fé portadores da cártula, que o ordenamento primariamente visa proteger.

O caráter "misterioso" da circulação impõe essa prevalência registrada no sistema normativo. Aquele terceiro, alheio ao giro da cártula que antecedeu a sua posse e a eventuais vicissitudes oriundas das relações jurídicas que lhe deram causa, merece, efetivamente, uma atenção especial traduzida na proteção que a lei confere aos possuidores de boa-fé, pressuposto que norteia a imposição de restrições às defesas passíveis de oposição pelo devedor ao credor da obrigação.

Sob esse enfoque podemos afirmar que o ônus da prova cabe ao devedor; a obrigação consta lançada no título e asseguradas sua veracidade e eficácia pela literalidade, aparência e autonomia das declarações cartulares. A presunção milita em favor do portador do título. Desse modo, a desconstituição da obrigação cambiária, fato extraordinário nesse ramo do direito, impõe ao devedor-oponente o ônus probatório.

Jurisprudência

Execução ajuizada por portador de cheque, terceiro de boa-fé. Embargos do devedor oferecidos pelo emitente, alegando descumprimento do negócio subjacente, rejeitados pela sentença e acolhidos em segundo grau de jurisdição.
O cheque é título literal e abstrato. Exceções pessoas ligadas ao negócio subjacente, somente podem ser opostas a quem tenha participado do negócio. Endossado o cheque a terceiro de boa-fé, questões ligadas à *causa debendi* originária não podem ser manifestadas contra o terceiro legítimo portador do título. Lei 7.357/1985, arts. 13 e 25.
Recurso especial conhecido e provido, para o restabelecimento da sentença de improcedência dos embargos (STJ, 4.ª Turma, REsp 2814/MT, Rel. Min. Athos Carneiro, j. 19.06.1990, *RT* 661/188).

2. Endosso e tradição: exceções

As exceções conferidas por lei ao devedor, na defesa de seus interesses ameaçados pela exigibilidade da prestação posta pelo portador do título, diferem na medida em que o título circule por endosso ou por tradição. No primeiro caso, temos os títulos à ordem e, por tabela, também os nominativos, enquanto, no segundo caso, os títulos ao portador.

As exceções deferidas pela lei aos devedores de títulos endossáveis constam elencadas no art. 915 deste Código Civil. Já aquelas passíveis de oposição ao detentor de títulos ao portador estão previstas nesse art. 906.

Conquanto *aparentemente* mais abrangentes as exceções permitidas aos devedores de títulos endossáveis, temos que o alcance do conteúdo terminológico da exceção fundada na *nulidade da obrigação*, aplicável aos títulos ao portador, restará por equiparar ambos os casos, isto é, transferência por endosso e por tradição. Nas duas modalidades de títulos as exceções permitidas ao devedor se equivalem, indubitavelmente, pois as hipóteses jurídicas que se extraem da arguição de *nulidade da obrigação* contemplam exatamente aquelas elencadas como defesa dos devedores de títulos à ordem.

3. Rigor cambiário: mitigação

As exceções calcadas em defesa de natureza pessoal são tradições do direito cambiário tão arraigadas que inatingíveis pelo não menos prestigiado princípio da autonomia. Este encontra limites justamente na esfera da relação direta e pessoal havida entre adquirente e aquele que transfere a titularidade do documento (*accipiens/tradens*). Aqui, falam mais alto as razões de direito que fundamentaram a transferência. O direito iça a patamar maior a importância do negócio subjacente, pois nessa específica relação jurídica – *tradens/accipiens* – o fundamento que deu causa ao negócio de direito cambiário interessa diretamente às partes envolvidas sem qualquer efeito nas demais relações cambiais. Por essa razão, e em prestígio da economia processual e da própria justiça, passa também a interessar ao mundo jurídico.

Dado o caráter estritamente pessoal de tais defesas – *in personam* –, não seria razoável e justo que a disputa pelo cumprimento ou não da prestação cartular seguisse a mesma rigidez imposta, quando esteja em jogo interesse de terceiro portador de boa-fé. O rigor cambiário sofre correta mitigação, quando posta em julgamento relação direta e particular com reflexo limitado à esfera pessoal dos envolvidos, cujos efeitos, consequentemente, são indiferentes às preocupações do direito cambiário. Por passar ao largo dos comandos relevantes que cercam e norteiam as regras cambiárias, o legislador as mitigou ou mesmo desconsiderou, em prol da efetividade do processo e da garantia de um justo acesso à justiça.

As defesas fundadas em direito pessoal manifestam-se normalmente como exceções de direito comum, mas nada as desautoriza de sê-las, também, de direito cambiário. Podem ser opostas todas as defesas pessoais, tanto as de direito comum como as de direito cambiário.

4. Obrigação nula

A outra exceção permitida ao devedor de opor ao possuidor de título ao portador é aquela referente à nulidade de sua obrigação. Apesar de sucinto o teor da norma, seu comando legal tem alcance amplo.

A nulidade pode ser vista sob vários ângulos e com eles o intérprete há de conviver.

Nesse diapasão, será nula a obrigação quando o título contiver vício de natureza extrínseca ou intrínseca.

A forma é elemento caríssimo ao direito cambiário. O título de crédito vale por si só. É literal e nele, e somente nele, lança-se o direito do portador. Esse direito é autônomo e a cártula legitima seu titular ao exercício do direito nela mencionado.

A omissão de qualquer requisito legal, de índole essencial, tira ao escrito a sua validade como título de crédito.

Daí por que ausente requisito formal – extrínseco – cogente, o título não produz efeitos de direito cambiário, sendo, pois, nula a obrigação do devedor lançada em tal documento.

Da mesma maneira devemos encarar os vícios intrínsecos de forma. A falsidade da assinatura do devedor, o defeito de capacidade ou de representação são hipóteses de vício ou defeito de forma do título, todas de natureza intrínseca.

Esses defeitos, sem dúvida, afetam a própria declaração cambial e, em seus efeitos de direito, atingem a esfera da obrigação contida na cártula. Destarte, também sob esse ângulo os vícios intrínsecos podem ser objeto de defesa pelo devedor de título ao portador.

Por fim, dentre outras hipóteses de nulidade da obrigação do devedor, não podemos deixar de manifestar o entendimento de que a falta de requisito necessário ao exercício da ação, expresso como defesa do devedor nos títulos à ordem, há de ser permitida e aplicada aos títulos ao portador, à vista de tratar-se basicamente de fundamento que produz efeitos no campo processual, e não tanto na estrita esfera do direito cambiário.

A prescrição da ação cambial e o não vencimento da obrigação, por exemplo, são temas que ao devedor de obrigação ao portador serão facultados abordar, legitimamente, em sede de discussão judicial.

Art. 907. É nulo o título ao portador emitido sem autorização de lei especial.

Direito anterior: Art. 1.511. É nulo o título, em que o signatário, ou emissor, se obrigue, sem autorização de lei federal, a pagar ao portador quantia certa em dinheiro.

Parágrafo único. Esta disposição não se aplica às obrigações emitidas pelos Estados ou pelos Municípios, as quais continuarão a ser regidas por lei especial.

COMENTÁRIOS

Encontramos nessa regra legal a limitação à tão decantada liberdade de criação dos títulos de crédito, em especial a dos títulos atípicos. O princípio é o da liberdade na sua criação e circulação, salvo quando emitido sob a forma ao portador.

Neste caso a precedência de uma lei autorizadora é condição essencial de sua validade jurídica. Não encontrando preenchida essa condição prévia, o título assim criado não deparará qualquer respaldo que lhe garanta validade e eficácia no mundo jurídico.

De certa forma, essa limitação na criação de títulos ao portador segue a histórica tradição de nosso ordenamento legal.

Já o Código Civil de 1916 estabelecia, em seu art. 1.511, ser "nulo o título, em que o signatário, ou emissor, se obrigue, sem autorização de lei federal, a pagar ao portador quantia certa em dinheiro".

Tal prática também foi condenada pelo legislador penal, ao tipificá-la como crime, nos termos do art. 292 do Código Penal:

> Emissão de título ao portador sem permissão legal
>
> Art. 292. Emitir, sem permissão legal, nota, bilhete, ficha, vale ou título que contenha promessa de pagamento em dinheiro ao portador ou a que falte indicação do nome da pessoa a quem deva ser pago:
> Pena – detenção, de um a seis meses, ou multa.
> Parágrafo único. Quem recebe ou utiliza como dinheiro qualquer dos documentos referidos neste artigo incorre na pena de detenção, de 15 dias a três meses, ou multa.

Contudo, a prática brasileira, em linha principalmente com a nossa melhor fonte legislativa – a italiana –, foi sempre no sentido de coibir a emissão de títulos ao portador, sem a precedência de autorização legal expressa, *quando o direito nele mencionado dissesse respeito à prestação de ordem pecuniária.*

Consubstanciasse o título obrigação de pagamento em dinheiro, imperativa a autorização estatal, sob pena de sua invalidade e ineficácia.

Como esclarece Asquini,

> In massima i titoli al portatore possono quanto al contenuto incorporare diritti di ogni natura: di credito, di disposizio-

ne, di partecipazione, e sono di libera emissione. Solamente l'emissione di titoli al portatore portanti l'obbligazione di pagare una somma di denaro è ammessa limitatamente ai casi stabiliti dalla legge (art. 2004); ciò per impedire che si creino dei titoli idonei a fungere da moneta fiduciaria e quindi a influire sulla circolazione della moneta vera e propria[97].

Essa restrição legislativa tem a clara preocupação de evitar que, mediante a criação de títulos ao portador, o particular possa imprimir uma espécie de concorrência com o papel-moeda, de emissão exclusiva do Estado.

A tutela jurídica nesse particular volta-se para o Estado e a sua coletividade, que poderiam restar desamparados, caso não houvesse restrição à emissão de títulos ao portador com obrigação de pagamento em dinheiro, em direta intervenção particular no meio monetário, sobremodo nos momentos de crise financeira.

Entretanto, o comando do art. 907 do Código Civil modifica nossa tradição cambiária e amplia a imperatividade de regra permissiva para todos os títulos de crédito ao portador, esteja nele registrada obrigação de pagar ou prestação de qualquer outra espécie. Sendo ao portador, a emissão do título depende de autorização por lei especial, sob pena de nulidade.

Essa nova tendência vai ao encontro dos anseios de combate a fraudes e sonegações fiscais verificadas com a introdução da Lei 8.021, de 12.04.1990, que dispõe sobre a identificação dos contribuintes para fins fiscais.

Surgida no bojo do Plano Collor (início do governo Fernando Collor de Mello), referida lei veda o pagamento ou o resgate de qualquer título ou aplicação, bem como de seus rendimentos ou ganhos, a beneficiários não identificados, e proíbe a emissão de títulos ao portador ou nominativos-endossáveis.

---

[97] Op. cit., p. 112.

Segundo registra Saraiva:

> A suspeição, que pesava sobre as cambiais ao portador, tinha, em parte, a sua explicação no abuso de **vales fixas** denominadas **burrusqués**, expedidos, principalmente, por companhias que, pela falta de moeda divisionária, lançavam mão desse recurso para pagamento de seus empregados. Eram papeluchos sem autenticidade, sem valor, e cujos dizeres não passavam desta fórmula: "**vale este 100 réis**", ou quantia superior, mas sempre módica. Foi este abuso que determinou a providência da lei de 1893, a qual aliás reproduz o texto da lei de 1860, que não corrigiu o mal.

Essas razões, bastante ponderadas e justas, por certo não conseguirão evitar as vozes dos opositores dessa limitação na criação de títulos ao portador, ademais no momento em que o pêndulo se põe totalmente contrário a qualquer espécie de obrigação ao portador, e não somente àquelas atinentes a pagamento em dinheiro.

Sem dúvida, a vigência do novo Código Civil acirrará as discussões doutrinárias ao redor do tema.

O abuso do crédito que uma emissão em massa pode gerar e sua indesejada função como substitutivo monetário são algumas das ponderações apresentadas pelos adversários das cártulas ao portador.

Por outro lado, seus defensores reversamente registram grandes vantagens e discorrem sobre o princípio soberano da liberdade das convenções e o incontestável serviço que as cambiais ao portador prestam à expansão do crédito pela facilidade e rapidez da circulação[98].

Daí por que o Deputado João Luiz Alves, relator na Comissão de Constituição e Justiça da Câmara dos Deputados do Projeto de Lei 397, no ano de 1907, já afirmava que "os inconvenientes que se apontam contra os títulos ao portador são, como bem salientam Saraiva e Inglez de Souza, sobrepujados pelas imensas vantagens que dele resultam"[99].

---

[98] Saraiva, op. cit., p. 183.
[99] Apud Saraiva, op. cit., p. 83.

Sustentam ainda os entusiastas dos títulos ao portador, com certa dose de razão, a inconsistência na vedação desses títulos, quando se permite o endosso em branco, que transforma o título endossável em ao portador[100].

E é no sentido da defesa de tais documentos cartulares que Saraiva sustenta o princípio da autonomia da vontade como fonte inseparável do ato de criação e emissão dos títulos de crédito, inclusive daqueles que circulam sob a forma ao portador. Segundo o ilustre jurista,

> As cambiais ao portador circulam pelo acordo dos interessados, que simplesmente consultam o interesse próprio, e a solvência dos responsáveis. O prejuízo acidental é contingência inevitável nas operações mercantis, das quais é inseparável o elemento aleatório[101].

Ao menos no que tange às prestações cambiais que não digam respeito a pagamento em dinheiro, sem dúvida será objeto de críticas a disposição codificada em questão que impõe o vício da nulidade à generalidade dos títulos de crédito a ela sujeitos, salvo se emitidos com base em lei especial autorizadora.

Art. 908. O possuidor de título dilacerado, porém identificável, tem direito a obter do emitente a substituição do anterior, mediante a restituição do primeiro e o pagamento das despesas.

Direito anterior: Sem correspondente no CC/1916.

---

[100] Contra essa crítica registre-se que, nos casos dos títulos endossáveis em branco, de certo modo existem assinaturas daqueles que declaram a obrigação cambial e que, mesmo para Saraiva, defensor dos títulos ao portador (*ibidem*), o perigo do título fictício diminui, se não desaparece, por causa dos obstáculos à falsificação das firmas do sacador, do aceitante e dos endossadores.

[101] Op. cit., p. 186.

COMENTÁRIOS

1. Importância da cártula

O título de crédito vale por si mesmo; é documento necessário ao exercício literal e autônomo nele contido. A cártula, dessa forma, representa a expressão do direito e da legitimação ao seu exercício. Sem ela nada existe no mundo do direito cambiário.

Por essas razões, evidente a preocupação do legislador em assegurar ao possuidor de título dilacerado o direito de restaurá-lo para fins jurídicos.

Para tal, o documento há de ser razoavelmente indentificável e, do mesmo modo, imprestável para sua idônea circulação. É o que afirma a doutrina. Martorano, apoiado em Partesotti, admite que

> L'art. 2005 c.c. contempla, per i titoli al portatore, lípotesi del "deterioramento", individuata dal concorso del dato positivo della "sicura identificabilità" e da quello, negativo, della "inidoneità alla circolazione"[102].

Nesse sentido, a deterioração há de ser de tal sorte que ainda reste ao seu possuidor a possibilidade de identificação do título. Ao emitente devem ser razoavelmente demonstrados traços físicos ou jurídicos que permitam a reconstrução da cártula. É esse o dado *positivo* contido no comando legal do art. 908 do Código Civil.

A dilaceração do documento tem seu limite na legitimidade daquilo que ainda o identifica como o título de crédito objeto da substituição. Transposto esse limite, entramos no plano da *perda* do documento, cujos efeitos de direito se encontram sujeitos ao disposto no art. 909 deste Código Civil.

---

[102] Op. cit., p. 109.

Como salienta Partesotti,

> Il primo dato [positivo] va inteso come "leggibilità" del documento, ossia persistente possibilità di ricostruire, dal suo esame, i termini dell'impegno cartolare, e vale a tracciare la linea di confine rispetto all'ipotesi in cui il degrado materiale abbia raggiunto un livello di gravità tale da fare, per così dire, regredire il titolo alla fase iniziale della sua vita, quando cioè era ancora una **cartula** priva di ogni rilevanza sul piano obbligatorio. In tal caso si realizza una sorta de "distruzione in senso giuridico" del documento, che andrà regolata nei termini previsti per la "distruzione in senso fisico", gravando quindi il portatore dell'onere di dimostrare che il documento illeggibile integrava gli estremi di un titolo al portatore di un determinato contenuto[103].

De outro lado, no plano *negativo*, a dilaceração objeto do exercício do direito de substituição da cártula há de ser demonstrada pela impossibilidade ou inidoneidade na circulação do documento, dada sua imprestabilidade como prova de sua existência e validade como efetivo título de crédito. A inidoneidade na circulação da cártula revela o seu comprometimento físico e gera consequências no plano do direito cambiário (*comprometimento jurídico*) suficientes a tornar seu possuidor elegível a obter do emitente a substituição do título anterior, mediante, obviamente, a restituição do documento dilacerado e o pagamento das despesas, pois, se culpa houve, por certo não foi do emitente.

Desse modo, não deve, e não pode, o emitente ser perturbado por força de sua posição jurídica para que substitua o título emitido, se ainda for capaz de extrair de sua literalidade os elementos que o identifiquem com a prestação cartular, de tal modo que sua circulação preencha condições mínimas razoáveis de segurança jurídica.

Repetimos: o direito à substituição encontra limites na conjunção dos fatos de ser insegura a circulação do título e de ainda restar dele

---

[103] Ibidem.

fragmento capaz de identificá-lo como o título ao portador objeto da substituição.

2. Recuperação do título

A substituição do título pode ser feita voluntariamente pelo seu emitente, caso se sinta confortável com a legitimidade do pleito e as ponderações postas pelo possuidor do título. Será, portanto, plenamente válida e eficaz a substituição efetivada por forma extrajudicial, pois a pretensão do possuidor pode, sim, ser atendida espontaneamente pelo emitente do título. O processo judicial, na hipótese, não é o caminho único passível de ser trilhado pelo prejudicado como meio de obtenção da tutela pretendida, como ocorre em alguns casos de ações de natureza constitutiva ou declaratória.

Contudo, não satisfeita consensualmente a pretensão, restará ao detentor da cártula dilacerada acionar o Poder Judiciário para a efetividade do direito contemplado no art. 908 do Código Civil.

Nesse particular, a lei adjetiva expressamente viabiliza a tutela do direito material, nos termos do disposto no art. 912 do Código de Processo Civil, *verbis*: "Ocorrendo destruição parcial, o portador, exibindo o que restar do título, pedirá a citação do devedor para em dez dias substituí-lo ou contestar a ação".

Trata-se de ação que busca a condenação da parte em obrigação de fazer; os sujeitos dessa ação são o emitente ou subscritor (passivo) e o possuidor do título dilacerado (ativo). Não há sentido em citação de terceiros, pois o conflito restringe-se ao detentor do título imprestável e ao seu emitente ou subscritor.

Atente-se o operador do direito que o elemento pretendido pela lei adjetiva – **o que restar do título** – deve ser interpretado *cum grano salis*, de modo a evitarmos potenciais atentados ao direito cambiário.

A regra do artigo processual há de encontrar seu alcance exegético no comando do art. 908 da lei material. O que restar do documento deve ser encarado como fragmento físico capaz de razoavelmente *identificar* o direito mencionado no título dilacerado.

E isto porque um delicado problema está envolvido nessa situação: apresentando, por exemplo, um fragmento inexpressivo do título, o autor não exclui, apenas com isso, a possibilidade de o restante da cártula estar circulando, ou talvez em mãos do próprio autor mal-intencionado. É visível aí o perigo de que a reinstrumentação resulte em verdadeira *duplicação* do título e, pois, da obrigação[104].

Quanto aos efeitos da prova da dilaceração do título, existe uma singela nuance entre a destruição parcial do conteúdo escrito do título e a destruição parcial do suporte físico do documento.

É o que ressalta Adroaldo Furtado Fabrício, *verbis*:

> Se a danificação ou destruição só se limita ao **conteúdo verbal da cártula**, isto é, aos dizeres ou símbolos grafados sobre o suporte (descoloração, obliteração, raspagem, encobrimento etc.), a produção da prova de destruição parcial se faz pela simples exibição do título. Toda a dúvida que possa gerar debate entre as partes e merecer resolução judicial estará no plano da **valoração** das provas: tratar-se-ia somente de discutir e resolver se aquela descoloração, encobrimento ou o que seja caracteriza ou não a destruição parcial, justificadora da recartulação. O fato em si, que é objeto da prova, estará presente na cártula mesma... Diversa é a situação quando se tenha perdido ou irremediavelmente consumido uma parte do suporte, como no caso do título parcialmente queimado ou dissolvido. Então, o **começo de prova** representado pelo fragmento restante, ou pelos fragmentos restantes, terá de ser complementado – se há contestação quanto aos fatos – por outros meios de convicção que demonstrem ao juiz a anterior existência da parte faltante, o teor do que nela se continha e o **fato mesmo da destruição dessa parte**[105].

3. Oposição do emitente

Aparentemente, não vemos restrições aos argumentos de defesa do emitente. Parece-nos que ele tem o direito de opor as exceções e os ar-

---

[104] Adroaldo Furtado Fabrício. *Comentários ao Código de Processo Civil*. Rio de Janeiro: Forense, 1980. v. VIII, t. III, p. 372.
[105] Op. cit., p. 375-376.

gumentos que disponha para embasar sua contestação, visando rejeitar a condenação na obrigação de *facere*.

Obviamente, a primeira oposição situa-se na falta do requisito legal a legitimar a pretensão do autor: o título não é imprestável para os fins e propósitos do direito cambiário; apesar de certo defeito em seu suporte físico ou em sua literalidade, tal fato não é suficiente a tornar insegura ou inidônea a circulação do documento como título de crédito.

Entretanto, pensamos que não só essa, como outras tantas defesas, podem ser postas pelo emitente em contestação ao pedido de substituição do título: a própria inexistência do título ou a sua inconsistência com as declarações cartulares pretendidas pelo possuidor, o cumprimento da prestação ou a prescrição do direito nele contido, a existência de vícios de nulidade e defesas de ordem pessoal do emitente perante o possuidor do título e autor da ação de cunho condenatório.

Art. 909. O proprietário, que perder ou extraviar título, ou for injustamente desapossado dele, poderá obter novo título em juízo, bem como impedir que sejam pagos a outrem capital e rendimentos.

Parágrafo único. O pagamento, feito antes de ter ciência da ação referida neste artigo, exonera o devedor, salvo se se provar que ele tinha conhecimento do fato.

Direito anterior: Art. 1.509. A pessoa injustamente desposada de títulos ao portador, só mediante intervenção judicial poderá impedir que ao ilegítimo detentor se pague a importância do capital, ou seu interesse.

COMENTÁRIOS

1. O título e o crédito

É nesse particular que se faz presente a nuance jurídica defendida por Vivante, ao conceituar o título de crédito. Para o mestre italiano o direito literal e autônomo não se encontra *contido* no documento, e, sim, *nele mencionado*.

Não se entende *contido* na cártula justamente porque, assim fosse, como coisa móvel que é, também o direito deveria seguir o caminho natural resultante do extravio ou da perda do título, isto é, sucumbiria o direito do então possuidor do título como consequência natural que a extinção da coisa acarreta. Se o direito está *contido* na cártula, sua perda geraria, consequentemente, a perda do crédito *literalmente contido*. **Res perit domino**.

Entretanto, não é isso o que ocorre com os títulos de crédito *perdidos*. Tanto é que nosso legislador, desde os idos do Código Civil de 1916 e do Código de Processo Civil de 1939 aos atuais Códigos Civil e de Processo Civil, mantém-se atento a esse fato injurídico e confere ao efetivo titular o direito de reaver a cártula da pessoa que a detiver.

Por essa razão manteve Vivante enérgica defesa de sua tese traduzida no clássico conceito que consagrou aos títulos de crédito: documento necessário ao exercício literal e autônomo *nele mencionado*.

2. Perda, extravio e desapossamento

Os títulos ao portador têm como contrapartida das suas decantadas vantagens a maior vulnerabilidade da sua posse. Seus detentores, sem dúvida, estão bem mais sujeitos a atos de desapossamento do que aqueles titulares de títulos à ordem ou nominativos. Situa-se aí, possivelmente, sua maior desvantagem.

Não é à toa que o legislador procurou cercar do mais amplo espectro as hipóteses assecuratórias do direito à *renovação* do título pelo detentor usurpado.

Nos casos de *perda, extravio ou injusto desapossamento*, poderá o proprietário obter novo título em juízo. São situações jurídicas de razoável dimensão que asseguram àquele que se viu usurpado da posse da cártula a oportunidade de requerer, e de obter, sua substituição por outro título que lhe garanta os mesmos direitos.

As hipóteses de *renovação* do título lançadas nesse art. 909 são amplas o suficiente a contemplar os atos intencionais de terceiros (*de-

sapossamento), os atos involuntários de terceiros (*extravio*) e culpa do próprio detentor do título ou de alguém normalmente de sua confiança (*perda*).

O extravio tem por causa a culpa de terceiros, por exemplo, o caso do porteiro que entrega o documento no apartamento equivocado ou do carteiro que junta involuntariamente o título a correspondências endereçadas a outro domicílio.

A perda é gerada por uma dose de culpa do próprio detentor ou de alguém de sua confiança e deve ser encarada com a amplitude de alcance necessária a abraçar vários fatos jurídicos, inclusive os casos de destruição total do título de crédito.

O desapossamento advém de ato voluntário de terceiro e não precisa necessariamente resultar de ato criminoso. Também nessa hipótese o comando legal há de ser interpretado com a amplitude pretendida pela norma. Segundo Pontes de Miranda, o desapossamento se perpetua "quer tenha havido violência, dolo, erro, quer tenha havido abuso da posse por parte de outrem, e.g., abuso de autorização"[106].

Aduz a norma legal ao desapossamento *injustificado*, permitindo-se, *a contrario sensu*, o desapossamento *justificado*.

Nesse particular, como ressalta Adroaldo Furtado Fabrício,

> (...) a "injustiça" de que se cogita é do desapossamento em si, visto objetivamente. Não cabe indagar, de resto, da possível "justiça" da posse do detentor contra o qual se volta o desapossado e que talvez tenha adquirido o título de boa-fé. Como se tem destacado, o "desapossamento injusto" tem de ser encarado do ângulo de vista daquele que o sofre[107].

Desse modo, se não era desejo ou intenção do possuidor transferir o título, vendo-se desapossado dele, é seu direito inafastável vindicá-lo de quem o detém[108].

---

[106] Apud Adroaldo Furtado Fabrício, op. cit., p. 306.
[107] Ibidem.
[108] Apesar de nossa lei adjetiva se utilizar do termo *reivindicação*, parte da doutrina enxerga nele algumas objeções técnicas procurando, por isso, valer-se da expressão *vindicar* por sua maior

Por último, parece-nos que esse direito à *renovação* não há de ser obtido *somente* pela via judicial, podendo sê-lo também, se com isso estiver seguro o emitente, por meios extrajudiciais. Não será comum essa prática, com certeza, mas não é por essa razão que devemos desde já afastar sua oportunidade.

Do mesmo modo, os atos paralelos de proteção dos interesses do desapossado poderão ser efetivados por medidas acautelatórias extrajudiciais.

Nesse sentido, deverá operar efeitos de direito a notificação, visando dar conhecimento a terceiros da situação enfrentada pelo proprietário do título, com as ressalvas de direito e responsabilidades, inclusive para impedir o pagamento a outrem do capital e rendimentos objeto do título de crédito.

3. Recuperação do título

Aquele que tiver perdido título ao portador ou dele houver sido injustificadamente desapossado poderá reivindicá-lo da pessoa que o detiver ou requerer-lhe a anulação e substituição. É o que reza o art. 907 do CPC.

A ação de reivindicação ou vindicação (como preferem alguns) supõe a *existência* do título em mãos de pessoa determinada. Postula-se, nessa hipótese, a recuperação da posse da pessoa que o detiver. Nesse particular a doutrina não se harmoniza quanto à necessidade de se caracterizar ou não a má-fé do demandado. Os puristas do direito cambiário entendem que a recuperação da posse somente é viável se demonstrada a má-fé do detentor do título, por força dos pressupostos rígidos que cercam e norteiam a circulação do crédito.

A ação de anulação e substituição visa desconstituir o título, por força da sua perda ou extravio, para que o efetivo titular possa substituí

---

amplitude conceitual. Enquanto a reivindicação pressupõe discussão entre o proprietário e o possuidor, a vindicação melhor se assentaria ao direito cambiário, pois a "reivindicação" pelo desapossado em face do possuidor de boa-fé, nesse particular, enfrentaria grave entrave técnico. Assim, em um cenário onde existem posse de boa-fé e de má-fé, posse em garantia, posse em depósito, posse de usufrutuário, o termo *vindicação,* para essa corrente doutrinária, melhor refletiria o direito daquele que se vê desapossado do título de reavê-lo da pessoa que o detém.

-lo por outro com idênticas características e, assim, reaver sua posse. Declara-se a caducidade do antigo título, para que possa ser revitalizado em novo documento o direito nele mencionado. A desconstituição da eficácia do título perdido é condição natural para sua recartulação.

Legitima-se para a propositura dessas ações aquele que detinha a posse do título e dela se viu desapossado, seja pela perda, extravio ou por ato de terceiro. Também o sucessor se encontra legitimado para a propositura dessas demandas.

Na ação de reivindicação é competente o foro do domicílio do demandado, nos termos do art. 94 do CPC.

Já a ação de anulação e substituição de título ao portador deve ser proposta no domicílio do devedor (i.e. subscritor ou emissor), por força da regra específica constante do art. 100, inciso III, do CPC.

Art. 909. (...)
Parágrafo único. O pagamento, feito antes de ter ciência da ação referida neste artigo, exonera o devedor, salvo se se provar que ele tinha conhecimento do fato.

COMENTÁRIOS

O pagamento é forma de desoneração da obrigação assumida. Os princípios cartulares conspiram, nesse particular, em favor do devedor. A posse do título é suficiente a legitimar seu detentor a exigir o cumprimento da prestação nele mencionada.

A apresentação do título obriga o devedor ao cumprimento da obrigação. Sendo ao portador, a simples posse comprova o direito do detentor. Não tem o devedor que se preocupar com formalidades ou condicionantes, como acontece nos casos de cumprimento de prestação referida em títulos à ordem.

Aqui a simples apresentação do título ao devedor gera o direito à prestação nele indicada (art. 905). Isso porque a transferência do título ao portador e, consequentemente, do direito nele incorporado se faz por mera tradição.

É nos títulos ao portador onde o princípio da aparência se irradia com mais intensidade. Ela é a base da velocidade na circulação desses títulos.

A mitigação das formalidades na circulação dos títulos ao portador reforça a imperatividade na inflexibilização do pressuposto da aparência, por ser este princípio a pedra angular na proteção dos direitos do credor e do devedor.

Neste último caso, o do devedor, seu direito opera-se na medida em que se liberta adequadamente da sua obrigação, se cumpri-la junto àquele que lhe apresentou o título. Nenhuma indagação cabe ao devedor fazer àquele que detém a posse da cártula, senão cumprir a prestação nela indicada.

Contudo, uma única ressalva ao fiel cumprimento de sua obrigação lhe impõe o direito: não restará exonerado o devedor que faz o pagamento àquele que lhe apresenta a cártula, quando já tiver sido intimado da propositura das demandas judiciais ou tiver ciência dos fatos que levaram o prejudicado à busca da tutela jurisdicional.

Dessa forma, o devedor somente se exonera de sua obrigação cartular, caso pague o valor lançado no título, sem que tenha tido, até aquele momento, conhecimento da controvérsia existente quanto à posse do título ao portador.

CAPÍTULO III
DO TÍTULO À ORDEM

Art. 910. O endosso deve ser lançado pelo endossante no verso ou anverso do próprio título.

§ 1.º Pode o endossante designar o endossatário, e para validade do endosso, dado no verso do título, é suficiente a simples assinatura do endossante.

§ 2.º A transferência por endosso completa-se com a tradição do título.

§ 3.º Considera-se não escrito o endosso cancelado, total ou parcialmente.

Direito anterior: Sem correspondente no CC/1916.

COMENTÁRIOS

1. Endosso e circulação

Segundo a lição de Saraiva,

> (...) o endosso, que habilita a cambial para a circulação rápida, permite que ela funcione como meio de pagamento, e represente melhor o papel da moeda. A evolução do endosso lutou com a obstinada resistência do banqueiro, ferido no interesse que auferia pelo monopólio do comércio das letras mundiais, e pela especulação sobre a taxa de câmbio[109].

---

[109] *A cambial*. Rio de Janeiro: José Kofino, 1947. v. I, p. 239.

Com a marcante evolução da sistemática do endosso, os comerciantes se sentiram seguros para aumentar os prazos dos títulos de crédito, à vista do reforço da garantia que o instituto encerra. E, ademais, como salienta Saraiva[110], no momento em que o comerciante pôde desvencilhar-se do banqueiro nas operações de câmbio, o título acabou por expressar o valor em mercadorias e não mais unicamente em dinheiro.

Sem a interferência do banqueiro, o título passou a ter um giro próprio e mais dinâmico, com vantagens análogas às da moeda, especialmente com a introdução do endosso em branco, espécie de circulação esta que os banqueiros tentaram impedir, mas foram desprezados pela praxe mercantil.

A circulação dos títulos de crédito, caracteristicamente, se aperfeiçoa pelo endosso passado de portador em portador.

A circulação, na visão pragmática de Tondo, distingue-se em várias categorias, a saber:

1) Circulação em sentido *próprio* e *impróprio*. A primeira é aquela em que se funda o direito cambiário que imprime toda a força jurídica para que o endosso cumpra essa função. A segunda é a circulação que se faz com base no direito comum, no caso, a cessão de créditos;
2) Circulação *regular*, caracterizada pelo endosso e tradição do legítimo portador, e *anômala*, quando *a non domino*;
3) Circulação *livre* e *limitada*, respectivamente, com proibição de endosso ou cláusula não à ordem[111].

Segundo Vivante, o endosso é um escrito acessório, inseparável do título pelo qual o credor cambial coloca outro credor em seu lugar[112].

---

[110] Ibidem.
[111] Apud Mario Alberto Bonfanti e José Alberto Garrone. *De los titulos de credito*. Buenos Aires: Abeledo-Perrot, 1976. p. 319.
[112] Apud Saraiva, op. cit., p. 248.

Para Soprano, o endosso é

> (...) como **representación** sobre el título de la transmisión de la titularidad del derecho representado por una figura cartular activa a outra figura[113].

Na perspectiva de De Semo, o endosso equivale a

> (...) una declaración cambiaria unilateral y accesoria **que se perfecciona con la entrega del título**, incondicionado, integral, asimilable a una nueva letra de cambio, que tiene por finalidad y efecto transmitir la posesión de la letra tomando el adquirente un derecho autónomo y vinculando, en forma solidaria con los otros deudores, al endosante por la aceptación y por el pago[114].

No amplo ensinamento de Giorgi,

> (...) aos olhos do jurista, endosso cambial é o contrato de transmissão do título, celebrado mediante o consentimento explícito do endossador e a aceitação tácita do endossatário; para o comerciante e para o economista, é a declaração lançada pelo endossador nas costas da cambial, que contém a ordem de pagamento em favor do endossatário, subscrita pelo endossador, e acompanhada da tradição da cambial ao mesmo endossatário, que a recebe e que passa a ser o portador[115].

Segundo o entendimento de Whitaker,

> (...) o endosso é uma forma particular de alienação de coisa móvel. O endossatário sucede o endossante na propriedade do

---

[113] Apud Bonfanti e Garrone, op. cit., p. 321.
[114] Ibidem.
[115] Saraiva, op. cit., p. 249.

título, mas não lhe sucede na relação jurídica em virtude da qual o mesmo endossante adquiriu a referida propriedade[116].

2. Endosso e cessão

O endosso não se confunde com a cessão de créditos. A uma, porque a cessão transfere ao cessionário os direitos do cedente, enquanto o endosso transfere, exclusivamente, os direitos mencionados no título. A duas, porque a cessão se opera por meio de outro instrumento contratual, enquanto o endosso se aperfeiçoa, necessariamente, no próprio título de crédito. A três, porque a cessão é ato bilateral, enquanto o endosso, como declaração cambial, é ato unilateral, não obstante a bilateralidade do negócio subjacente.

3. Endosso: liberdade na sua aposição

O endosso deve ser lançado no título, como determina categoricamente o art. 910 do Código Civil. Somente se declarado no título, produzirá o endosso os efeitos cambiais de praxe. Essa formalidade essencial se limita ao espaço físico do documento. A celeridade e a dinâmica do comércio reclamam essa providência.

É contrária ao giro da cambial a transferência do título por documento público ou privado separado. Mais ainda, é contrária aos princípios da aparência e da literalidade. O título de crédito vale pelo que nele se contém; essa é a máxima que há de ser perseguida. E foi justamente isso que fez o legislador.

Imperativo, pois, que a circulação do título por endosso seja declarada no bojo do documento. Essa é a exigência que fez o legislador em linha com a sistemática e os preceitos que norteiam o direito cartular.

No entanto, o legislador não restringiu a aposição do endosso a determinado local ou espaço do título. A discricionariedade é toda do endossador; tanto pode ser lançado no verso como no anverso do docu-

---

[116] *Letra de câmbio*. São Paulo: RT, 1963. p. 128.

mento[117]. Se passado no verso, contudo, sua validade depende *apenas* da assinatura do endossador, *ex vi* art. 910, § 1.º.

Historicamente, o lançamento do endosso sempre se fez apropriado no verso do título. O anverso é o local onde tradicionalmente se declara o aval. Tanto que a palavra endosso origina-se de *in dosso*, no dorso ou verso.

Contudo, pode o endosso ser declarado tanto no verso quanto no anverso. Se lançado no anverso, além da assinatura do endossador, deverá ele registrar uma expressão que indique a intenção de endossar, *v.g.*, "por endosso", "endosso à". Essa formalidade é exigida pelo legislador como medida de precaução para evitar seja o endosso confundido com o aval. O mesmo ocorre em relação ao aval, quando o art. 898, § 1.º, determina que para a validade do aval, dado no anverso do título, é suficiente a simples assinatura do avalista.

Art. 910. (...)

§ 1.º Pode o endossante designar o endossatário, e para a validade do endosso, dado no verso do título, é suficiente a simples assinatura do endossante.

COMENTÁRIOS

1. Endosso no anverso do título

Como dito pouco antes, caso o endosso seja declarado no anverso, deverá ele vir acompanhado da indicação "por endosso", "endosso à" ou algo que lhe seja semelhante, de modo a identificar o ato pretendido

---

[117] De acordo com o art. 8.º da Lei 2.044/1908, "O endosso transmite a propriedade da letra de câmbio. Para a validade do endosso, é suficiente a simples assinatura do próprio punho do endossador ou do mandatário especial, no verso da letra. O endossatário pode completar este endosso". Já o art. 13 da LUG estabelece que "o endosso deve ser escrito na letra ou numa folha ligada a esta (anexo). Deve ser assinado pelo endossante. O endosso pode não designar o beneficiário, ou consistir simplesmente na assinatura do endossante (endosso em branco). Neste último caso, o endosso para ser válido deve ser escrito no verso da letra ou na folha anexa".

pelo endossante e, assim, esquivar-se da equiparação ao aval, costumeiramente lançado no anverso do título.

A lei expressa que a *validade* do endosso dado no verso do título depende somente da assinatura do endossante.

Se assim é, poderíamos interpretar, *a contrario sensu*, que o endosso dado no anverso da cártula seria inválido se somente fosse lançada a assinatura do endossante. Em outras palavras, o endosso passado no anverso *somente* seria válido se, *além* da assinatura do endossador, *também* constasse a expressão "por endosso".

Entretanto, não nos parece ser essa a melhor interpretação para o comando legal à vista dos preceitos que cercam o direito cambiário. O intuito da lei é evitar confusão ou equiparação de uma obrigação a outra (i.e. aval), mas não o de tornar o endosso inválido. Afinal, não existe declaração cambiária sem valor jurídico. Toda e qualquer declaração posta no título produz algum efeito de direito, que será extraído, de toda forma, seja do teor cartular (em consonância com a literalidade e a aparência), seja da simples presunção legal.

Desse modo, lançada a assinatura do endossante no anverso do título, sem que venha acompanhada de expressão que identifique o endosso, a questão deverá ser dirimida à luz do posicionamento da assinatura, podendo, em casos específicos, ser entendida com aval.

Nesse particular, a diferenciação entre endossadores e avalistas, na opinião de Paulo de Lacerda:

> Pode ser fácil: basta atender à natureza da obrigação de cada um e procurar no título os vestígios, sem os quais nada se resolve na cambial. Para que haja endosso é indispensável que o ato signifique a transmissão ou mandato de transmissão do título. Daí, só quem é tomador da emissão, ou adquirente ou mandatário do adquirente das transmissões sucessivas, é que pode endossá-lo. E para resolver se o ato é transmissivo, procura-se o nexo cambiário que liga a cambial ao signatário. Se é indicado como tomador, essa indicação une o título a este, como proprietário, o qual, se assina no dorso, endossa; se é endossatário, o endosso anterior lhe transmitiu o título,

se possui o título mediante endosso em branco, essa mesma posse lhe dá qualidade de legítimo portador. Pelo contrário, se o ato não é transmissivo, isto é, se o signatário não tinha ligação cambiária com o título de modo a poder transferi-lo, mas o ato da assinatura é isolado, vem de fora, sem conexidade na cadeia da circulação cambiária, o aval se evidencia[118].

2. Tipos de endosso

Ao mencionar que o endossante *pode* designar o endossatário, a lei permitiu, claramente, dois tipos de endosso: *em preto* e *em branco*.

O endosso *em preto* é aquele que o endossante registra no título o nome do endossatário. O endosso em preto faz o título circular nominalmente e se verifica pela cadeia de nomes que se sucedem até o portador do título.

Esse tipo de endosso, quando declarada a responsabilidade do endossante (art. 914, Código Civil), aumenta a confiança e a segurança na circulação do crédito, dado o maior número de responsáveis cambiais.

O endosso *em branco* é aquele que circula sem o nome do endossatário lançado no título. Por muito tempo os banqueiros criticaram e combateram essa modalidade de circulação com receio da equiparação a papel-moeda e a ausência da interferência bancária no giro dessa cambial. No entanto, os usos e costumes falaram mais alto, a ponto de apenas uma voz se fazer ouvir contra o endosso em branco nas Conferências de Leipzig, como atesta Saraiva, ao passo que os outros delegados o sustentaram como uma necessidade palpitante do comércio, que reclamava toda a liberdade para a circulação rápida de tais títulos, cuja proibição legal não tolheria os abusos.

Como ainda salienta Saraiva,

> (...) a cambial endossada em branco tem a mobilidade do título ao portador. Além da vantagem de impulsionar a circulação do título, a simplicidade da sua forma facilita extra-

---

[118] Op. cit., p. 87.

ordinariamente as operações, e elimina o inconveniente do cancelamento quando não levada a efeito determinada transação[119].

Deixando de constar o nome do endossatário, o título gira ao portador, mas não se transforma, por esse fato, em *título ao portador*. Sua circulação se opera ao portador, mas o título permanece como à ordem e desse modo há de produzir seus efeitos, podendo a qualquer momento voltar a circular nominativamente, quer dizer, com o nome do endossatário (circulação em preto)[120].

Nas palavras de Lorenzo Mossa:

> La girata in bianco, senza indicazione del giratario, fa circolare el titolo al portatore. Anche se la intera circolazione si compie in bianco od al portatore, la tratta rimane, nel suo fondamento, titolo all'ordine, che non può emetersi, infatti, al portatore. La circolazione in bianco od al portatore, consente il ritorno alla circolazione all'ordine. La legittimazione del portatore è, tuttavia, nella girata in bianco, la stessa legittimazione del titolo al portatore, ma condizionata alla natura

---

[119] Op. cit., p. 261-262.
[120] Cabe registrar a controvérsia existente quanto à possibilidade de se cambiar o endosso *em branco* em endosso *ao portador*. Sustenta Whitaker (op. cit., p. 138) ser totalmente inválida tal pretensão, pois tais modalidades de circulação têm características próprias e força legislativa. Nas suas palavras, "Tampouco se poderia sustentar que o endosso ao portador seja equivalente ao endosso em branco: o endosso ao portador é nulo – e assim se tem entendido na Inglaterra, onde existe, como entre nós, a letra ao portador, pela razão justíssima que não se deve admitir que a natureza de um título seja tão profundamente alterada, sem o consentimento expresso daquele que o emitiu". Nessa linha de raciocínio poder-se-ia aditar que, nos tempos atuais, a emissão e, consequentemente, a circulação de um título ao portador dependem, necessariamente, de autorização constante de lei especial (art. 907, Código Civil). Note-se, contudo, que a evolução das regras internacionais passou a equiparar o endosso *ao portador* ao endosso *em branco*, como ocorre com a LUG, em seu art. 12, e, também, com a Lei Uniforme sobre o Cheque, em seu art. 15. Contrariamente ao entendimento de Whitaker, posiciona-se Margarinos Torres (op. cit., p. 248) para quem "A cláusula *ao portador*, no endosso, ao contrário do que ocorre na emissão, não anula o título nem compromete o próprio ato: ao título não afeta por ser ato de endossador, nem afeta o próprio endosso porque, na emissão, a nulidade provém da proibição legal, que aqui é implicitamente derrogada com a permissão do endosso em branco, que não precisa ser completado para que valha e legitime o portador".

all'ordine sino alla girata, od almeno al punto iniziae della girata in bianco[121].

Registre-se, ademais, que o giro feito em branco não vincula os endossatários que dele participaram às consequências e efeitos específicos do direito cambiário, pois não há, para esse fim, declaração alguma cartular.

Submetem-se as partes ao regime extracambiário resultante do direito comum pelo fato de que estas, ao fazer circular o título sem qualquer declaração cartular, se tornaram ocultas na relação cambial, não podendo ser atingidas pelas obrigações dela originadas, tampouco valer-se dos direitos inerentes ao ordenamento jurídico cambiário.

Como afirma Bolaffio, "as relações intermédias, porque não existem *in actu, non sunt de hoc mundo*"[122].

O princípio da literalidade e da formalidade que acompanha o direito cartular despreza, para seus efeitos legais, tudo aquilo que nele não se contém. Passando de portador em portador, pela simples tradição, tais relações não deixam qualquer rastro no título e, por isso, serão expressão das regras extracambiárias.

3. Transferência e vantagens do endosso em branco

Pelo endosso em branco, adquirida a propriedade da cambial, o portador pode transferi-la: a) pela tradição manual; b) por novo endosso em branco; c) pelo lançamento do novo endossatário no endosso em branco; d) pelo lançamento do seu nome no endosso em branco, e subsequentemente transferência da propriedade do título por endosso completo, ou por novo endosso em branco[123].

São vantagens da circulação por endosso em branco a celeridade da circulação, a possibilidade de o portador não garantir o crédito expresso no título e a ausência de vestígios da circulação. Todavia, como tudo na vida, esse tipo de circulação traz a desvantagem de a perda ou

---

[121] *La cambiale secondo la nuova legge*. Parte II. Milano: Editrice Libraria, 1937. p. 495.
[122] Apud Saraiva, op. cit., p. 265.
[123] Saraiva, op. cit., p. 262.

o furto possibilitar a reentrada do título em circulação, causando graves inconvenientes ao antigo portador, que terá de buscar provar tal fato, cabendo-lhe enfrentar um obstáculo extremamente difícil, ou mesmo intransponível: o adquirente de boa-fé.

4. Domicílio do endossador e data

A lei não exige que conste ao lado do endosso o domicílio do endossador, tampouco a data do endosso.

O domicílio poderia ser de interesse na relação cambial caso os títulos atípicos fossem objeto de protesto. Não é o caso.

Já a menção à data do lançamento do endosso é tema superado na doutrina há décadas.

Quando em discussão o projeto do atual código do comércio italiano, Vidari pugnou pela exigência do requisito da data para facilitar a solução de questões atinentes à intervenção do elemento da fraude e à incapacidade jurídica do endossador. Não vingou o alvitre, porque contrariava o interesse do portador, e o conceito moderno da cambial que reclama toda a liberdade, e a maior simplicidade de forma para a transmissibilidade do título[124].

Art. 910. (...)
§ 2.º **A transferência por endosso completa-se com a tradição do título.**

COMENTÁRIOS

Não basta o simples endosso para conferir direitos cambiários ao endossatário. O efeito da declaração cambiária contida no endosso depende, para sua eficácia, da entrega do título ao endossatário.

---

[124] Saraiva, op. cit., p. 264.

O *possuidor* do título é, até prova em contrário, o legitimado para exercer em toda a plenitude o direito que a cártula encerra. Somente aquele que detém fisicamente o título pode exigir o cumprimento da prestação cambiária.

Daí dizer que a cambial é *real*; sem a sua posse não se autoriza qualquer pretensão de direito cambiário.

O portador pode ter preenchido todas as formalidades atinentes ao endosso, visando a transferência do título, mas, se não o entregou ao endossatário, a transferência não se aperfeiçoa, configurando mera expectativa sem qualquer efeito jurídico, pois o endossador pode mesmo cancelar tal endosso, invalidando-o para todos os fins de direito.

Nos termos do § 2.º do art. 910 do Código Civil, o endosso cancelado é considerado como não escrito.

Daí por que a transferência do título de crédito opera-se com o endosso *e* a tradição da cártula ao endossatário.

O devedor, por seu turno, tem amplo direito de subordinar o cumprimento da prestação à apresentação do título. Sem a apresentação e o recebimento do título de crédito, em original, não está o devedor obrigado a cumprir sua parte. A ele não se poderá imputar qualquer penalidade pelo pretenso descumprimento. Dessarte, a mora, se existir, resultará do descumprimento dessa contrapartida básica exigível pelo devedor e, por isso, há de ser imputada ao (pseudo) credor.

Com o endosso e a tradição da cártula, o endossatário recebe todos os direitos e garantias que o título contenha e que dele se possa extrair. Ele adquire direito autônomo e literal que não se confunde com aquele detido pelo endossador.

Com a tradição surge um direito novo nas mãos do endossatário. Direito originário que não se macula por vícios decorrentes das outras relações cambiárias; muito menos com aquelas exceções ou vícios resultantes do negócio subjacente. Sucumbe, apenas, aos vícios de forma e às suas próprias obrigações.

O direito do endossatário tem completa independência dos vícios intrínsecos e prejuízos pessoais do endossador, pois o endosso não transfere os *direitos* do endossador, mas, sim, o *título cambial* e os direitos que lhe são inerentes; assim o endossatário de boa-fé pode ter melhor direito que o endossador, e nesse efeito é que o endosso se distingue da cessão[125].

Art. 910. (...)
§ 3.º Considera-se não escrito o endosso cancelado, total ou parcialmente.

COMENTÁRIOS

1. Responsabilidade e legitimação

Esse dispositivo tem sua origem no art. 44, § 1.º, da Lei 2.044/1908, *verbis*: "Para os efeitos cambiais, o endosso ou o aval cancelado é considerado não escrito".

Dessa regra legal se retira o entendimento de que o endosso é ato jurídico passível de *revogação*. Esse direito à revogação que redunda no cancelamento do ato, que é pré-requisito (junto à tradição) à transferência dos títulos à ordem, cabe ser exercido por quem tenha legitimidade para tal.

Como afirma Bonelli,

> (...) o cancelamento feito sem direito equivale a uma **falsificação**; faltaria então ao **falsificador** a legitimação material, e o devedor, ciente do falso, pode recusar-lhe o pagamento. Mas para os sucessivos possuidores **de boa-fé** isto é indiferente, da mesma forma que quando na série exista algum endosso falso[126].

Nesse sentido, responde o portador que venha a riscar o nome do endossatário para tornar o endosso em branco e, assim, se prevalecer

---

[125] Margarinos Torres, op. cit., p. 235.
[126] Apud Margarinos Torres, op. cit., p. 267.

dos direitos cartulares. O mesmo acontece com a ocorrência de outros atos antijurídicos da espécie que o portador possa perpetrar com o intuito de se legitimar ao exercício do direito cambiário.

Logo, como se absorve da exegese da referida norma, a permissão legal de se cancelar o endosso já declarado endereça-se àquele que detenha não somente o interesse jurídico, mas, sobretudo, que seja titular insofismável desse direito.

Nesse diapasão, podemos afirmar que o próprio endossador, antes da tradição do título, pode, sem dúvida, arrepender-se do endosso passado na cártula e, dessa forma, riscá-lo de modo a torná-lo sem efeito de pleno direito.

Já o cancelamento, pelo endossador, de endosso anteriormente dado por força da reaquisição do título em giro posterior, conquanto admitido por Margarinos Torres[127], entendemos deva ser bastante ponderado, pois pode afetar direitos de outros partícipes da relação cambial. Com efeito, será lícito ao endossante riscar o seu endosso e aqueles que lhe são posteriores, no caso de ter efetuado o pagamento objeto da cártula. No entanto, não lhe será lícito cancelar endosso por ele lançado em giro anterior, enquanto circulável e ainda exigível a obrigação, pois nesse caso poderá violar direitos de endossantes que lhe são anteriores e que teriam naquele endosso um reforço da garantia cambial.

2. Cancelamento

A lei não especifica o modo como se operacionaliza o cancelamento do endosso. É assim o portador livre para manifestar a revogação da vontade antes emitida por meio que entenda ser o mais eficaz para tal efeito.

Várias são as maneiras de se efetivar o cancelamento, desde riscar o endosso até usar expressões que denotem essa intenção, como um carimbo ou um escrito "cancelado" cruzado sobre o endosso.

O importante é que esse ato seja perpetrado de forma inequívoca na visão dos terceiros que vierem a deter a posse da cártula.

---

[127] Op. cit., p. 267.

Art. 911. Considera-se legítimo possuidor o portador do título à ordem com série regular e ininterrupta de endossos, ainda que o último seja em branco.

Parágrafo único. Aquele que paga o título está obrigado a verificar a regularidade da série de endossos, mas não a autenticidade das assinaturas.

Direito anterior: Sem correspondente no CC/1916.

COMENTÁRIOS

O contido nesse artigo contempla o mesmo regramento já incorporado ao nosso sistema legal com a ratificação da LUG. Segundo seu art. 16,

> O detentor de uma letra é considerado portador legítimo se justifica o seu direito por uma série ininterrupta de endossos, mesmo se o último for em branco. Os endossos riscados consideram-se, para este efeito, como não escritos. (...).

Adquire o portador *legitimação* para o exercício do direito literal e autônomo mencionado no título pela combinação de uma série regular e ininterrupta de endossos.

A *legitimação* importa no direito de o portador de boa-fé exigir a prestação objeto do título de crédito.

A legitimação assegura esse direito mesmo no caso de aquisição *a non domino*. A perda do documento pelo antigo portador não deve prejudicar o atual detentor, que se encontrará protegido, exceto se comprovada a má-fé. Nesse caso, a prova da alegada má-fé cabe ao autor da ação judicial, o antigo portador que se viu desapossado da cártula, porque a simples posse do título é elemento suficiente ao direito cambiário para se presumir a boa-fé.

Outrossim, a legitimação do portador lhe assegura o benefício legal da inoponibilidade das exceções, corolário que é do princípio da autonomia. Nesse sentido, o devedor, além das exceções fundadas nas relações pessoais que tiver com o portador, só poderá opor a este as exceções relativas à forma do título e ao seu conteúdo literal, à falsidade da própria assinatura, a defeito de capacidade ou de representação no momento da subscrição, e à falta de requisito necessário ao exercício da ação, *ex vi* art. 915 do Código Civil.

A série regular e ininterrupta de endosso consubstancia a chamada *cadeia de endossos,* que se inicia por manifestação de vontade do tomador ou do beneficiário do título de crédito.

Segundo Luiz Emygdio da Rosa Jr.,

> (...) a cadeia de endossos deve ser examinada sob quatro aspectos: a) legitimação do portador; b) pagamento feito pelo devedor; c) aquisição *a non domino*; d) cancelamento de endosso[128].

Com efeito, como antes mencionado, a série regular e ininterrupta de endossos confere legitimação ao portador da cártula. Não é suficiente a comprovação, pelo portador, de ser ele, efetivamente, o último possuidor do título; a lei exige mais, exige a prova adicional da regularidade e ininterrupção da cadeia de endossos.

Do mesmo modo que o possuidor somente se legitima pela prova da cadeia de endossos antes referida, o devedor que paga ao portador, sem observar esse comando legal, sujeita-se a pagar novamente. Aquele que paga mal paga duas vezes.

Como já salientado anteriormente, aperfeiçoando-se a cadeia de endossos em conformidade com a regra legal, o possuidor de boa-fé não pode ser prejudicado por aquisição *a non domino,* ainda que o último endosso seja em branco.

O endosso não transfere direito derivado, tampouco direito do endossador. O endosso *cria* direito novo, originário e, por isso, autônomo. O prejuízo pelo desapossamento do título recai na pessoa do próprio

---

[128] Op. cit., p. 237.

prejudicado, a quem o direito cartular impõe o ônus da prova e o encargo de buscar a reparação.

Por fim, para efeito de se chancelar a legitimação, deverá o portador analisar, na cadeia de endossos, os eventuais cancelamentos, pois, como bem esclarece Luiz Emygdio da Rosa Jr., "o cancelamento do endosso pode não interromper a cadeia de endossos, interrompê-la ou restabelecer a série de endossos que estava interrompida"[129].

Nesse sentido, o cancelamento do endosso não prejudica a cadeia de endossos, quando for precedido por um endosso em branco que poderá legitimar a posse pelo portador. O cancelamento interrompe a cadeia de endossos quando recair no endosso feito pelo primeiro portador, o beneficiário ou o tomador do título. Restabelece-se a cadeia quando o endosso cancelado for em preto, mas vier precedido por outro em branco e o portador transferir por tradição ao novo possuidor.

Art. 911. (...)
Parágrafo único. Aquele que paga o título está obrigado a verificar a regularidade da série de endossos, mas não a autenticidade das assinaturas.

COMENTÁRIOS

A dinâmica do comércio e a especificidade do direito cambiário exigem daquele que paga, somente, a verificação da regularidade da série de endossos.

É essa a tradição dos títulos de crédito, que, por sua atualidade, não deveria ser, como não o foi, alterada na regulação dos títulos atípicos ou inominados.

Já no início do século passado, mais precisamente em 1908, a Lei 2.044 trazia a determinação de que "quem paga não está obrigado a verificar a autenticidade dos endossos" (art. 40). A mesma tradição foi

---

[129] Op. cit., p. 244.

mantida pela LUG, que dispõe em seu art. 40 que "(...) [aquele que paga] é obrigado a verificar a regularidade da sucessão dos endossos mas não a assinatura dos endossantes".

Essa realidade histórica tem sentimento em princípio muito caro ao direito cambiário: a aparência. Tivesse o devedor de verificar a autenticidade das assinaturas, com certeza traria uma grande insegurança ao giro da cambial, como ainda criaria grave obstáculo para aquilo que é da essência e finalística dos títulos de crédito: a circulabilidade.

Daí por que optou-se por assegurar a legitimação ao portador e, consequentemente, liberar o devedor da obrigação, mediante a prévia e simples análise da regularidade da série de endossos.

No dizer de Bonfante e Garrone,

> (...) mediante este criterio se buscó, por todos los medios y aún ponderando los peligros que la solución implicaba, enfatizar el carácter circulatorio de los títulos de crédito, haciendo privar a la legitimación aparente por sobre todas las otras notas de los instrumentos negociables[130].

Desse modo, o devedor terá todo o direito de negar pagamento ao portador quando este não demonstre ser legítimo possuidor, nos exatos termos do contido no *caput* deste artigo; da mesma maneira que o devedor estará por completo liberado da obrigação se efetuado o pagamento ao legítimo possuidor, não obstante a existência de endosso cuja assinatura seja inautêntica.

Art. 912. Considera-se não escrita no endosso qualquer condição a que o subordine o endossante.
Parágrafo único. É nulo o endosso parcial.

Direito anterior: Sem correspondente no CC/1916.

---

[130] Op. cit., p. 344.

COMENTÁRIOS

1. Rigor e efeitos do endosso

O endosso é manifestação unilateral da vontade do portador de transferir a um terceiro a posse do título. Aperfeiçoa-se essa manifestação com a tradição.

Com o endosso transferem-se ao novo portador todos os direitos decorrentes da cártula. A natureza dessa manifestação não comporta qualquer condicionante. Ela deve ser pura e simples. Objetiva, e nunca indireta.

O endosso é ato jurídico unilateral puro; deve, por isso, produzir todos os efeitos que lhe são atinentes. Seu escopo não se presta a reticências, a especulações; enfim, não se subordina a *qualquer condição*.

Ou bem se quer, com o endosso, transferir a plenitude dos direitos mencionados na cártula, em sua inteireza, sem o implemento prévio de qualquer condição, ou bem não se quer transferir o título. Entretanto, se não se quer, que não se condicione o endosso, pois, se assim o fizer o endossante, dessa cláusula nenhuma valia poderá extrair.

Sendo cláusula não escrita, não se impõe no mundo jurídico. É declaração natimorta para o direito cambiário. O que não está escrito – por força legal – não está no mundo. E, se assim é, não há de produzir qualquer efeito de direito.

O endosso deve ser puro e simples. Qualquer condição a que ele seja subordinado se considera como não escrito, já afirmava o ordenamento legal contemplado na LUG (art. 12).

A condição lançada com o endosso é indiferente para o direito cambiário. Ela não vulnera o escopo cartular, pois não lhe toca intrínseca ou extrinsecamente. Não afeta a literalidade da cambial por não corresponder a uma declaração válida.

É esse o comando imperativo da lei. O endosso pode até mesmo ser cancelado, mas, nunca, condicionado. O cancelamento é medida que não influi no curso da cártula. Já a condição, se admitida pelo legislador, poderia, sim, obstruir o curso do giro cambial.

Como se verificar o implemento da condição, se a cártula se encontra em mãos de portador sem vínculo algum com o endossante que condicionou a transferência do título? E, se essa condição não se concretizar, como restarão o direito e a própria posse do terceiro detentor do título?

Daí a inteligência do dispositivo em apreço: ou bem se concretizam liminarmente e em sua inteireza os efeitos decorrentes do endosso, ou bem não se transfere o título, ao menos até que a condição pretendida pelo portador-endossador se verifique plenamente. Entretanto, transferido o título por endosso condicional, a condição, qualquer que seja, não há de produzir efeito algum de direito, pois a lei a taxa como declaração não escrita. Declaração inexistente no mundo das relações jurídicas.

2. Declaração condicional

O que a lei não admite é a imposição de condição para a validade do endosso. E tal condição não se confunde com assunção de responsabilidade.

Essa última é autorizada, e até mesmo desejada como reforço do cumprimento da obrigação cartular. A regra geral para os títulos de crédito endereçada pelo ordenamento do Código Civil é a da irresponsabilidade do endossante pelo cumprimento da prestação constante do documento.

Contudo, ao endossante é permitido lançar cláusula responsabilizando-se pela obrigação decorrente do título. É o que dispõe o art. 914 do Código Civil.

Essa cláusula pode acompanhar o endosso e, assim feito, valerá como declaração cambial. Ao contrário da cláusula de endosso condicional, aquela na qual o endossante assume a responsabilidade pelo cumprimento da prestação cartular é declaração direta e objetiva e se aperfeiçoa automaticamente sem qualquer sujeição a eventos futuros e incertos.

Art. 912. (...)
Parágrafo único. É nulo o endosso parcial.

COMENTÁRIOS

Essa regra legal é aceita pela maioria esmagadora dos doutrinadores nacionais e estrangeiros e já vinha consagrada na Lei 2.044/1908 (art. 8.º) e na LUG (art. 12).

Conquanto, em tese, poderia admitir-se o endosso parcial, que se operacionalizaria mediante a emissão de tantas duplicatas da cambial quantos fossem os endossos parciais, na prática, os seus poucos defensores acabam por concordar com as dificuldades que tal fato traria à circulação do título de crédito.

Com efeito, o endosso parcial atinge em seu seio o direito cartular, que reclama prestação una, indivisível, declarada em um único instrumento legal.

Sendo à vista o vencimento do título, o devedor se veria em situação extremamente delicada e sobrecarregada, dada a incerteza quanto à apresentação para pagamento das várias duplicatas extraídas em função dos endossos parciais.

Ademais, como harmonizar o direito que o devedor tem de subordinar o cumprimento de sua obrigação à apresentação do título em original, quando, para se operacionalizar o endosso parcial, é necessária a extração de cópias?

Ao que parece, andou com correção e ponderação o nosso legislador, ao adotar o marcante sentimento de que o endosso parcial confronta com os princípios que dão contorno ao direito cambiário e, por isso, com eles não se coaduna, ou melhor, não se concilia, à vista do trauma que ocasiona ao exercício da pretensão cambiária.

Se assim é, nada melhor do que determinar a nulidade do endosso declarado parcialmente.

Art. 913. O endossatário de endosso em branco pode mudá-lo para endosso em preto, completando-o com o seu nome ou o de terceiro; pode endossar novamente o título, em branco ou em preto; ou pode transferi-lo sem novo endosso.

Direito anterior: Sem correspondente no CC/1916.

COMENTÁRIOS

Como visto anteriormente nos comentários ao art. 910, § 1.º, o Código Civil assimilou e, por isso, autorizou a circulação de título por endosso em branco.

Esse tipo de transferência agiliza a circulação ao se efetivar por mera *traditio*. Por outro lado, propicia também maior liberdade e otimização do negócio subjacente ao possibilitar a confidencialidade ou a ocultação da rota percorrida pela cártula.

A lei, para tal fim, autoriza a prática de determinados atos e valida a ausência de outros, em linha com a liberdade no ato circulatório.

Se o endossatário, ao receber o título com o endosso em branco, lança nele o seu próprio nome, transforma-o em endosso em preto. Dessa forma, anula o objetivo que o endosso em branco encerrava. Nas palavras de José de Oliveira Ascensão, "desaparece traço de ter havido um endosso em branco"[131].

Passa assim a ser endossatário, e, no momento seguinte de nova transferência, não há como escapar ao registro como endossador.

Se o preenchimento do endosso em branco é feito pelo endossatário contemplando nome de terceiro, aquele não surge na relação cambiária, pois da literalidade do documento não se extrairá qualquer menção a esse partícipe oculto.

O endossatário pode também endossar novamente o título, em branco ou em preto.

Se o faz em branco, o endossatário (agora endossante) se declara peça da relação cambiária e se torna coobrigado, se nesses termos lançou seu endosso.

Ao passo que, se endossa em preto, registra, para fins de direito cambiário, não só seu nome, como também o do endossatário. O endosso é pleno.

Mais radicalmente, o portador de endosso em branco pode transferi-lo sem novo endosso. Ou seja, o portador não preenche o espaço deixado em branco por quem lhe transferiu o título, tampouco lança seu nome

---

[131] *Direito comercial*: títulos de crédito. Lisboa: Faculdade de Direito de Lisboa, 1992. v. III, p. 151.

para dar continuidade na circulação do crédito. O título é por ele transferido sem qualquer manifestação expressa na cártula. Apesar de ter recebido do endossador todos os direitos inerentes ao título, não aparece em momento algum na cadeia cambiária. O título circula pela forma ao portador e mesmo assim há de produzir efeitos, pois o possuidor de título à ordem, com série ininterrupta e regular de endossos, é considerado legítimo possuidor, ainda que o último seja em branco (art. 911, Código Civil).

Saliente-se que essas disposições se encontram em linha com o art. 14 da LUG.

Reitere-se, por fim, que o instituto do endosso em branco se assemelha aos títulos ao portador, mas com eles não se confunde, como já afirmamos no bojo dos comentários ao art. 910, § 1.º, do Código Civil.

Não obstante circular por endosso em branco, o título foi emitido e permanece à ordem e isso se confirma com a convolação do endosso em branco em endosso em preto, o que pode ser feito a qualquer tempo pelo portador.

Contudo, enquanto isso não ocorrer, a letra é um título ao portador? Pinto Coelho responde negativamente. O adquirente do título não se torna credor pelo fato da posse; para se tornar credor, precisa preencher o endosso a seu favor "ou praticar um ato que suponha e revele a qualidade de endossado". Sem isso, os possuidores sucessivos do título não chegaram a adquirir a qualidade de credores[132].

Art. 914. Ressalvada cláusula expressa em contrário, constante do endosso, não responde o endossante pelo cumprimento da prestação constante do título.

§ 1.º Assumindo responsabilidade pelo pagamento, o endossante se torna devedor solidário.

§ 2.º Pagando o título, tem o endossante ação de regresso contra os coobrigados anteriores.

Direito anterior: Sem correspondente no CC/1916.

---

[132] Oliveira Ascensão, op. cit., p. 153.

COMENTÁRIOS

Não há dúvida de que o texto legal muda de "ponta-cabeça" o princípio devidamente arraigado no direito cambiário, qual seja, o de que, além de meio de transferência do direito decorrente do título, o endosso introduz novo obrigado à prestação cartular, operando, assim, maior segurança à circulação do título; afinal, a regra geral bastante difundida é a de que os endossantes se tornam, automaticamente, com a declaração cambial, coobrigados pelo cumprimento da prestação.

Essa responsabilidade adicional foi intencionalmente retirada do ordenamento que rege os títulos atípicos ou inominados, conforme deixou expresso o Prof. Mauro Brandão Lopes, em sua já citada Exposição Complementar, *verbis*:

> Afinal, não têm os títulos de crédito atípicos as mesmas vantagens que têm os regulados por leis especiais: em contraposição a estes últimos, os atípicos não acumulam, por meio dos sucessivos endossos, devedores solidários, porque os endossantes em regra não se vinculam ao pagamento; e não são os atípicos passíveis de protesto, nem têm ação executiva[133].

Em sentido diametralmente oposto ao que dispõe a LUG, a norma que opera o Código Civil é a da irresponsabilidade do endossador, salvo, contudo, vontade manifesta em sentido contrário.

Não se aplica, pois, ao título de crédito regido pelo ordenamento do Código Civil o dogma da solidariedade cambial – todos os signa-

---

[133] Op. cit., p. 59. Note que, quando da Proposta de Emenda 61, formulada ao relator no Senado, Senador Josaphat Marinho, este assim justificou a não adoção do princípio geral: "Como salientado no parecer à Emenda 59, o Supremo Tribunal fixou orientação no sentido de que a Convenção de Genebra tem aplicação no direito brasileiro, porém não se superpõe às leis nacionais, que prevalecem, no caso de conflito. Nada obsta, pois, à renovação do direito nacional, como no Projeto".

tários do título se obrigam pelo pagamento – erigido por Jorge Lobo como uma das "dez regras de ouro" do direito cambial[134].

No que toca aos títulos inominados, o legislador optou por restringir o endosso à sua função primária de ato jurídico voltado exclusivamente a declarar a transferência do direito inerente ao documento. Obviamente, o negócio subjacente pode levar o endossante a firmar sua responsabilidade cambial, mas essa declaração há de ser expressa e inequívoca, pois será interpretada restritivamente, à vista da exceção que a encerra.

Apesar de causar certa estranheza a adoção da irresponsabilidade daquele que endossa os títulos regrados pelo nosso Código Civil, a verdade é que tal fato não é desconhecido do nosso sistema legal.

Como relembra o Prof. Theóphilo de Azeredo Santos, o Decreto 19.473/1930, ao dispor sobre os conhecimentos de transporte de mercadorias, estabelece que o endossador apenas responde pela legitimidade do conhecimento e existência da mercadoria (art. 6.º).

Por seu turno, o endossatário ou o portador de nota promissória rural ou duplicata rural, atesta o ilustre professor, não tem direito de regresso contra o primeiro endossador e seu avalista, porque o Decreto-lei 167/1967 procurou proteger "o produtor rural e suas cooperativas, que venderam seus produtos e negociaram em bancos comerciais seus títulos"; a finalística, no caso, é "o estímulo à atividade já sujeita a riscos e dificuldades, normalmente superiores aos dos demais negócios".

O mesmo ocorre com os endossadores de Cédula de Produto Rural que somente respondem pela existência da obrigação[135].

Art. 914. (...)
§ 1.º Assumindo a responsabilidade pelo pagamento, o endossante se torna devedor solidário.

---

[134] As dez regras de ouro dos títulos de crédito. *Revista de Direito Renovar*, n. 17, p. 71, maio-ago. 2000.
[135] Endossador não responsável pelo título de crédito, publicação Sindicato dos Bancos do Estado do Rio de Janeiro – *SBERJ*, n. 664, jun. 1998.

COMENTÁRIOS

1. Coobrigação

Enquanto a responsabilidade automática do endossatário pelo cumprimento da obrigação cartular é regra de *exceção* em sede dos títulos inominados, nos demais títulos é princípio *geral* expresso no direito positivo e já incorporado ao inconsciente dos seus operadores.

Nos termos da Lei 2.044/1908, "(...) O signatário da declaração cambial fica por ela vinculado e solidariamente responsável pelo aceite e pelo pagamento da letra (...)" (art. 43). No que tange à LUG, seu art. 15 estabelece que "O endossante, salvo cláusula em contrário, é garante tanto da aceitação como do pagamento da letra. (...)".

Esse histórico pressuposto da coobrigação do endossante, incorporado em nosso ordenamento legal desde o início do século XX, não foi recepcionado pelo legislador civilista de 2002. Preferiu-se adotar a regra da *irresponsabilidade*, salvo manifestação expressa em contrário. Assim, tratando-se de títulos atípicos ou inominados, para que surja validamente a garantia do endossante, este deve lançar declaração de responsabilidade no próprio título com o ato de transferência. Caso contrário, o endosso não assimila essa função extra de garantia do cumprimento da prestação cartular.

Entretanto, feita a declaração de assunção de responsabilidade, essa produzirá eficácia incontinenti, exceto no caso de ser cancelado o endosso. Nessa hipótese, tanto o endosso quanto a cláusula de responsabilidade que lhe é decorrente serão considerados como *não escritos*, por força do art. 910, § 3.º, do Código Civil.

2. Dupla função do endosso

O efeito próprio do endosso traduz-se, particularmente, na declaração de transferência do título que se aperfeiçoa com a *traditio*. Com o lançamento pelo endossante da declaração de responsabilidade, tal efeito ganha um novo e relevante elemento, que se incorporará à cártula como um reforço ao cumprimento da obrigação nela mencionada.

Dessa declaração se irradia, pois, uma eficácia de natureza positiva em favor daquele portador que veio a deter o título posteriormente ao endosso assim lançado. É dupla, pois, a função do endosso aperfeiçoado com a assunção de responsabilidade. Transfere a titularidade da cártula e assegura novo coobrigado à prestação constante do documento. Deste endossante e coobrigado qualquer um dos portadores do título que lhe sejam posteriores poderá exigir o cumprimento da obrigação cartular.

Assumindo o endossante a responsabilidade pelo pagamento, torna-se ele devedor solidário. Significa que passa o endossante a responder, por vontade unilateral, pelo débito integral da soma cambiária.

Essa solidariedade não se confunde com aquela de direito comum, pois, enquanto esta admite a divisão em quota-parte entre os coobrigados solidários, a solidariedade do direito cambiário importa no pagamento, e no recebimento pelo coobrigado que pagou, da *totalidade da dívida* constante do título.

O portador do título exerce direito autônomo, o que induz ao entendimento corrente de que o endosso corresponde à criação de um direito novo; agregado a este, uma declaração de assunção de responsabilidade cria-se; em consequência, uma nova obrigação de pagamento. Obrigação esta incontinenti, incondicional e idêntica à prestação objeto do título de crédito.

Essa nuance cambiária imprime segurança e proteção à circulação do título, em proveito dos seus partícipes e do giro creditício. Há, com efeito, melhoria na expectativa do portador da cártula quanto à solvência do débito, à vista do incremento do número de obrigados cambiais. Ao emitente do título, principal devedor, agregam-se todos os demais endossantes que se dispuserem a admitir sua solidariedade.

Essa responsabilidade solidária decorrente das declarações cambiárias comporta distinção quanto ao sujeito da declaração e à posição que este ocupa no circuito da cadeia cambiária.

Como salienta Mossa,

> Vi è una solidarietà cambiaria all'esterno, ed una all'interno, che si differenziano essenzialmente per la limitazione dei soggetti e per l'ordine. È naturale che uno stesso fatto decisivo

per il vincolo solidale, come il pagamento, operi diversamente all'interno, secondo l'ordine. Il pagamento dell'accettante, o suo avallante, debitori diretti, estingue perfettamente il vincolo cambiario. Il pagamento di uno obbligato di regresso, non estingue che il vincolo dei successivi obbligati. Una serie di rapporti concentrici è imperniata sulla cambiale: l'ordine nel loro succedersi, spiega chiaramente l'effetto, circoscritto all'interno, del vincolo solidale[136].

Art. 914. (...)
§ 2.º Pagando o título, tem o endossante ação de regresso contra os coobrigados anteriores.

COMENTÁRIOS

1. Obrigado principal e coobrigado

Assumida pelo endossante a responsabilidade pelo pagamento da prestação cartular, surgem duas categorias de obrigados cambiais: obrigado principal e de regresso.

Com efeito, a posição detida pelo devedor no título dirá a categoria que se incluirá e, assim, os efeitos que dela o portador e o próprio devedor poderão extrair.

Obrigado principal é o emitente do título. A este cabe o cumprimento da dívida cambial. A criação e a circulação do título foi obra da vontade unilateral do emitente que se obrigou pelo seu pagamento, espontânea e livremente, desde o momento *zero*. O portador, ao deter o título, fia-se no emitente como última instância de exigência do cumprimento da obrigação cambial. Ao devedor principal cabe *zerar* a obrigação constante da cártula. Por sinal, somente ele é capaz de exonerar de responsabilidade todos os demais coobrigados do título.

---

[136] Op. cit., v. II, p. 524.

Mais ainda, somente o pagamento efetuado pelo devedor principal extingue por inteiro as relações cambiárias refletidas no título de crédito. Seu pagamento representa a plena satisfação da obrigação lançada na cambial e, por isso, dá por findas as relações jurídicas que o título carrega.

O avalista e o endossante que assumem a responsabilidade pelo pagamento do débito são coobrigados cambiais. São acionados pela via do regresso e, pagando o título, têm eles ação de regresso contra os demais coobrigados que lhe são anteriores. Não detêm direito de ação contra os que lhe são posteriores, pois quanto a estes são sujeitos passivos da obrigação constante da cártula.

No dizer de Mossa,

> La confluenza degli obblighi di regresso in un solo e puro obbligo di pagamento, chiarisce la situazionae giuridica dei suoi titolari. Tutti i possessori della cambiale sono creditori del regresso, nell'ordine di retorno; il loro diritto si fonda sulla legittimazione per il possesso della cambiale[137].

Jurisprudência

Duplicata. Protesto. Litisconsórcio passivo necessário. Limites da lide. Sucumbência. Embargos de declaração.
1. Não há litisconsórcio necessário da empresa emitente-endossante da lide entre o banco endossatário e a empresa sacada, ressalvado o direito de regresso do banco.
2. A decisão consolidada no Tribunal de origem, que ressalvou o direito de regresso do endossatário contra a endossante, desobrigando do pagamento a sacada, com a consequente sustação do protesto do título, não está fora dos limites do pedido.

---

[137] Op. cit., Parte II, p. 587.

3. A resistência do banco, que pugnou tenazmente pela improcedência do pedido, justifica a condenação na verba de sucumbência.
4. Os embargos de declaração apresentados para desafiar questões próprias não podem ser considerados protelatórios.
5. Recurso especial conhecido e provido, em parte (STJ, 3.ª Turma, REsp 102439/MG, Rel. Min. Carlos Alberto Menezes Direito, j. 03.12.1999, *RSTJ* 133/230).

2. Relação cambiária

O coobrigado é devedor solidário; nesses termos, pagando o título, torna-se consequentemente seu legítimo portador. Com efeito, passa a deter o poder de acionar todos, alguns ou um dos coobrigados que lhe são anteriores na relação cambiária, sem que esteja obrigado a preservar a ordem pela qual tais devedores se obrigaram.

Acionado o devedor principal e pago por este o débito, nada mais há o que fazer quanto às relações que daquele título se originaram. Extinta está a obrigação cambial.

Contudo, exigida a obrigação de outro obrigado, e por ele cumprida, a situação se repete, cabendo a este o direito de acionar todos, alguns ou apenas um dos obrigados que lhe são anteriores na cadeia da relação cambial.

É esse o sistema do regresso, aliado ao fato de que as obrigações cambiais, uma vez assumidas, têm caráter solidário, em proveito do portador e da agilidade e da segurança no giro da cártula. A dinâmica que o instituto do regresso imprime aos coobrigados termina por levá-los ao devedor principal para o ressarcimento do total da obrigação.

Sustenta Oliveira Ascensão que

> (...) a afirmação da solidariedade entre os obrigados cambiários por via de regresso é incorreta. Eles não são devedores solidários; são apenas garantes. Por isso, podem ressarcir-se totalmente junto de outros obrigados. Se fossem devedores

solidários, teriam de arcar definitivamente com a sua parte na dívida[138].

Não nos parece que tal entendimento esteja afinado com a doutrina e com o próprio direito positivo; afinal, a lei determina que o endossante que assume a responsabilidade pelo pagamento se torna devedor solidário.

Na realidade, o ordenamento cambiário impõe uma dicotomia ao instituto da solidariedade, a depender da sede jurídica em que venha a ser pronunciada: no campo do direito comum ou do direito cambiário. Essa dicotomia – solidariedade de direito comum e solidariedade de direito cambiário – importa em nuances que a distinguem em seus efeitos jurídicos.

A solidariedade de direito comum, por exemplo, se caracteriza quando na mesma obrigação concorre mais de um credor, ou mais de um devedor (art. 264, Código Civil). Já na solidariedade cambial existe uma gama de obrigações na mesma proporção do número de signatário que assume a obrigação do pagamento; para cada signatário, uma obrigação distinta.

Por outro lado, na solidariedade de direito comum prevalece o benefício da divisão e o pagamento por um dos devedores extingue a obrigação por ser esta *única* para *todos* os envolvidos. De outro modo, na solidariedade cambiária inexiste o beneplácito da divisão e somente o pagamento efetivado pelo devedor principal acarreta a extinção da obrigação.

Art. 915. O devedor, além das exceções fundadas nas relações pessoais que tiver com o portador, só poderá opor a este as exceções relativas à forma do título e ao seu conteúdo literal, à falsidade da própria assinatura, a defeito de capacidade ou de representação no momento da subscrição, e à falta de requisito necessário ao exercício da ação.

Direito anterior: Sem correspondente no CC/1916.

---

[138] Op. cit., p. 224.

COMENTÁRIOS

1. Limite às exceções no direito cambiário

As restrições impostas pela lei como defesa dos devedores em ação cambial estão em linha com a sistemática do direito cambiário. As defesas devem ser limitadas e resumir-se a matérias de relevo jurídico.

A rigidez do direito cambiário impõe tais restrições. O art. 51 da Lei 2.044/1908 determina que, "Na ação cambial, somente é admissível defesa fundada no direito pessoal do réu contra o autor, em defeito de forma do título e na falta de requisito necessário ao exercício do direito de ação".

No que toca à LUG, seu art. 17 estabelece que

> As pessoas acionadas em virtude de uma letra não podem opor ao portador exceções fundadas sobre as relações pessoais delas com o sacador ou com os portadores anteriores, a menos que o portador ao adquirir a letra tenha procedido conscientemente em detrimento do devedor.

A mesma LUG, em seu art. 7.º, também confere a possibilidade de exceção ao portador da cártula, nos casos em que o título contenha assinatura de pessoas incapazes de se obrigarem, assinaturas falsas ou de pessoas que por qualquer razão não poderiam obrigar as pessoas que assinaram a cártula, ou em nome das quais ela foi assinada.

Pelas regras retrotranscritas confirma-se a limitação legal imposta pelo ordenamento do direito cambiário em prol dos princípios da literalidade, da autonomia e da abstração dos títulos de crédito. Esse modelo restritivo foi seguido pelo Código Civil no que tange aos títulos atípicos ou inominados.

As defesas cambiárias foram classificadas pelos italianos em *in rem* ou *in personam*, sendo as primeiras oponíveis a qualquer portador, enquanto as segundas somente a determinado credor.

Contudo, sendo a defesa *in rem* ou *in personam*, o fato concreto é que seu objetivo visa desconstituir a obrigação que se encontra lançada no título com toda a aparência de exigibilidade material. E, para tal fim, caberá ao devedor opor as exceções ou os fatos que determinam a desconstituição do direito literal e autônomo que é assegurado ao portador em toda a sua extensão, ao menos até o ponto em que a aparência venha a ser subvertida.

E, para que essa desconstituição se concretize, incumbe ao devedor arguir as exceções dentre aquelas que a lei expressamente elenca, e *somente* elas, e, também, provar a verdade do alegado, já que a presunção de veracidade milita em favor do portador do título por força dos princípios da literalidade e da aparência, tão caros ao direito cambiário.

2. Exceções *in personam*

Exceções fundadas nas relações pessoais que o devedor tiver com o portador do título dizem respeito aos fundamentos jurídicos de direito comum, extracambiários. São as defesas *in personam* e que se notabilizam por serem estranhas ao direito cambiário[139]. Daí somente poderem ser opostas pelo emitente, pelo endossante ou pelo avalista em uma relação direta e personalista que tenha com o portador do título.

Não se aplica, pois, ao avalista que pretende valer-se da nulidade da obrigação avalizada para se exonerar do aval prestado no título. Nesse caso, a defesa somente é possível de ser arguida pelo próprio obrigado, e não obliquamente por aquele que tão somente se equipara ao obrigado, como é o caso da relação avalista/avalizado.

São defesas de índole estritamente pessoal, individualizada e egoísta que não importam, necessariamente, ao direito cambiário, mas que este autoriza sua oposição, em caráter extraordinário, por interessar ao réu na sua exclusiva e direta relação com aquele que está a lhe exigir o cumprimento da obrigação. São, pois, exceções cuja existência não se generaliza, atingindo única e exclusivamente, em favor excepcional do direito cambiário, as relações particulares, íntimas e, por isso, reserva-

---

[139] Quais sejam essas defesas, não no-lo diz o direito especial: são todas defesas, diretas ou indiretas, nascidas de relações jurídicas extrajacentes, sem que se exclua, *a priori*, a possibilidade de serem, algumas delas, de direito cambiário, porque a relação subjacente, justacente ou sobrejacente pode ser de direito cambiário (Pontes de Miranda, op. cit., p. 332).

das ao interesse pessoal havido entre portador e devedor, em liame uno e umbilical.

O intuito da lei [ao autorizar as exceções pessoais] é resguardar, na medida do possível, os interesses do réu. Ela afasta a perspectiva das sentenças baseadas unicamente no rigor cambiário, quando, agitando-se a questão entre as próprias partes pessoalmente interessadas e reciprocamente comprometidas, esse mesmo rigor perde sua razão máxima de ser, que é o crédito que a cambial deve inspirar a bem da sua circulação e, pois, aos terceiros[140].

São exemplos de defesas pessoais a condição ou o contrato não cumprido, a novação, compensação, má-fé, erro, dolo e coação; por certo, contudo, as exceções pessoais são tantas quantas são as inúmeras e intrincadas relações jurídicas que entrelaçam os interesses das partes. Com efeito, será também oponível como defesa pessoal o preenchimento do título incompleto em desconformidade com os ajustes pactuados (art. 891, Código Civil).

3. Exceções quanto à forma e conteúdo do título

As exceções relativas à forma do título e ao seu conteúdo literal dizem respeito aos defeitos extrínsecos da cártula. São defesas de índole eminentemente cambiária, pois voltadas à defesa daquele elemento tão caro ao direito dos títulos de crédito: o rigor cambial.

O título de crédito deve preencher os requisitos que lhe são imperativos. A forma é sublime, soberana, e dela ninguém pode descuidar-se. A ausência de um de seus requisitos essenciais é suficiente a eivar de nulidade o título. Afinal, o título vale por si só e pelo que nele se contém. É nesse princípio que se fiam os terceiros a quem o título e o crédito são dirigidos. Daí a importância da forma do título e do conteúdo literal que dele se extrai. A aparência é elevada a pedestal intangível. Com efeito, a forma do título deve conformar-se com os rigores cambiais e o seu conteúdo deve ser o mais objetivo, direto e conciso possível, de modo a se evitarem confusões, imperfeições ou contradições.

---

[140] Paulo de Lacerda, op. cit., p. 392.

Não obedecendo o título aos rigores formais e literais do direito cambiário, será objeto de exceção por sua descaracterização perante as normas cambiais. Essa exceção é de natureza *in rem*, própria do direito cambiário e pode ser oposta a qualquer portador, tenha ou não relação com o devedor.

4. Falsidade, defeito de capacidade ou representação

As exceções relacionadas à falsidade da própria assinatura, a defeito de capacidade ou de representação no momento da subscrição derivam do defeito de forma do título, sob o seu ângulo intrínseco. Afetam, sem dúvida, um dos elementos essenciais da cártula: a declaração cambial. Esses fatos antijurídicos atingem o âmago do direito cartular ao dizerem respeito à obrigação nele mencionada. Sendo inválida a declaração lançada no título, não há que se exigir do pretenso devedor o cumprimento da prestação cambial.

A pessoa que não prestou qualquer declaração no título, que não tinha capacidade civil para a execução desse ato jurídico ou que não outorgou poderes a outrem para a prática de tal declaração não pode nem deve responder pelo cumprimento da obrigação. A ele essa pretensão não lhe atinge, à vista de não ter havido constituição válida da obrigação cambial. Consequentemente, pode ser afastada pela arguição da exceção própria. Tais defesas são oponíveis *erga omnes*.

A incapacidade aproveita ao devedor, se ela existia ao tempo em que apôs a declaração assumindo a obrigação.

A incapacidade, a falsidade e a representação inadequada deverão ser abordadas sob a égide das normas de direito comum que norteiam a matéria e não podem ser invocadas, senão quando disserem respeito exclusivo aos pretensos devedores, sendo, pois, inadmissível que a falta de capacidade ou de representação e a falsidade da assinatura de um, alguns ou de todos os demais coobrigados aproveitem àquele de quem o pagamento está sendo demandado.

Por fim, cabe ressaltar que as exceções relativas a defeito de capacidade ou de representação e à falsidade da assinatura podem ser opostas por quaisquer daqueles que venham a prestar declaração cambial. Assim, tanto é válida a defesa se arguida pelo emitente, avalista, endossante ou aceitante. A menção à *subscrição* é ampla o suficiente a envolver todas as pessoas que venham a lançar suas assinaturas na cártula de crédito.

5. Exceção de cunho processual

A falta de requisito necessário ao exercício do direito de ação, apesar de se extrair das regras e declarações cambiárias, diz mais com o processo, com o direito adjetivo, meio de realização do direito de conteúdo material. É uma exceção de natureza processual e é lá no processo de cobrança da prestação onde se examinarão os pressupostos válidos e essenciais que condicionam o exercício do direito de ação. Se é requisito ao *exercício da ação*, sua essência é eminentemente processual.

Como exemplos dessa exceção temos a prescrição da ação cambial, o não vencimento do título, a ilegitimidade do portador da cártula e a ausência do original do documento.

Art. 916. As exceções, fundadas em relação do devedor com os portadores precedentes, somente poderão ser opostas ao portador, se este, ao adquirir o título, tiver agido de má-fé.

Direito anterior: Sem correspondente no CC/1916.

COMENTÁRIOS

1. Boa-fé e má-fé

A boa-fé encarna uma complexidade de princípios e valores que a levam a um conceito aberto e dependente da realidade fática para sua efetiva compreensão e determinação. Reflete a honestidade, a ética e a lealdade como comandos axiológicos nas relações humanas e jurídicas.

Como assinala Delia Matilde Ferreira Rubio,

> (...) la buona fe es un elemento de la vida de relación, pero no se incorpora al Derecho tal cual se da en la realidad, sino que recibe una carga o un plus que resulta de las precisiones técnicas necesarias. Una vez ingresado al campo jurídico, el concepto de buena fe es un concepto jurídico indeterminado, en la terminologia de Engisch, pero aun siendo un concepto jurídico, tiene un sustrato real y, más aún, su carácter de "indeterminado" impone el recurso a la realidad para salvar esa indeterminación[141].

A boa-fé é preceito universal e se mistura com os próprios princípios gerais de direito. Reflete os soberanos valores jurídicos e, por isso, se aplica aos vários ramos do direito, pois com este se amálgama. É imanente ao direito, à vista que todas as normas jurídicas hão de contemplar em seu íntimo certo grau ético, moral e de equidade.

Com efeito, a boa-fé deve presidir todas as etapas do negócio jurídico: pré-contratual; contratual; execução; pós-contratual. A sincera intenção, sem maldade ou subterfúgios de índole, remete o agente aos parâmetros que comportam a proteção do ato pela boa-fé.

Daí asseverar Rodolfo Sacco que "La conseguenza della buona fede è la inefficacia del vizio ignorato; indi la validità dell'atto d'acquisto"[142].

A má-fé vicia o ato jurídico levando-o a sua inutilidade. O direito repudia a má-fé e a fulmina com o raio da nulidade. A conduta social e jurídica não se harmoniza com a farsa, a malícia e a deslealdade. Todo ato praticado com má-fé é antijurídico por natureza e, por isso, há de ser desfeito e tornado inoperante para qualquer fim.

---

[141] *La buena fe*: el principio general en el derecho civil. Madrid: Montecorvo, 1984. p. 80.

[142] *La buona fede nella teoria dei fatti giuridici di diritto privato*. Torino: Giappichelli, 1949. p. 171. Segundo Ramella, a boa-fé é sempre subjetiva, e consiste na ignorância natural ou legítima de vícios ocultos. No interesse da circulação, a lei presume a boa-fé do portador, sempre que a aparência do título seja regular (apud Margarinos Torres, op. cit., p. 610).

A má-fé é tratada pelo direito cambiário como um vácuo, em que desaparece a proteção da generalidade, que é como espécie de censura às defesas: por esse vácuo, diante do qual o Estado legislador cruza os braços, entra, emergentemente, tudo o que a abstração absoluta havia posto de parte; a má-fé torna oponíveis as defesas pessoais, por meio de ideia que corresponde à objeção de dolo[143].

A má-fé consiste na ciência que tem alguém em como é ilegítimo o ato que comete. Assim, quem achou uma letra de câmbio ao portador ou endossada em branco pratica ato de má-fé se, em vez de entregá-la ao dono, dela se apropria ou transfere a outrem; quem possui uma letra de câmbio passada em diferentes vias, em vez de endossá-la a um só endossatário, entregando-lhe todas as vias, o faz a diversos, causando a circulação anormal do título[144].

Age de má-fé aquele portador que adquire o título ciente do abuso no seu preenchimento e, talvez por isso mesmo, busque exigir do devedor o cumprimento da prestação (art. 891, parágrafo único, Código Civil). Age de má-fé aquele que paga o título ciente de que o portador não é legítimo possuidor (art. 901, Código Civil). Age também de má-fé aquele que, aliando-se ao endossante, se torna portador do título para afastar a oportunidade de o devedor opor as exceções pessoais que teria contra o endossante.

2. Presunção de boa-fé

A posse do título presume a boa-fé do portador. Considera-se legítimo possuidor o portador do título à ordem com série regular e ininterrupta de endossos, ainda que o último seja em branco.

A má-fé deverá ser provada por quem a alegou; a má-fé não é da natureza daqueles fatos que se presume: deve ser provada.

Para viciar o ato, é necessário que a má-fé seja: a) concomitante, isto é, que exista no momento em que o ato se pratica; b) na pessoa contra quem é arguida, isto é, que exista precisamente na pessoa contra

---

[143] Pontes de Miranda, op. cit., p. 332.
[144] Paulo de Lacerda, op. cit., p. 393.

a qual se alega, não bastando que exista naquela com quem essa mesma pessoa praticou o ato[145].

Por fim, sustenta Ramella que

> (...) não importa em má-fé o conhecimento, pelo portador atual, de que o seu endossador haja, embora em boa-fé e sem culpa, adquirido o título de alguém que o tenha achado, ou furtado, ou que dele não pudesse dispor. Esse endossador, pela sua boa-fé, adquiriu legítima propriedade, que devia extinguir a anterior. Pouco importa assim a boa-fé do possuidor atual, que está protegido pela aquisição regular de seu imediato antecessor[146].

Art. 917. A cláusula constitutiva de mandato, lançada no endosso, confere ao endossatário o exercício dos direitos inerentes ao título, salvo restrição expressamente estatuída.

§ 1.º O endossatário de endosso-mandato só pode endossar novamente o título na qualidade de procurador, com os mesmos poderes que recebeu.

§ 2.º Com a morte ou a superveniente incapacidade do endossante, não perde eficácia o endosso-mandato.

§ 3.º Pode o devedor opor ao endossatário de endosso-mandato somente as exceções que tiver contra o endossante.

Direito anterior: Sem correspondente no CC/1916.

COMENTÁRIOS

1. Cláusula de mandato

O endosso-mandato é tradição no nosso sistema de direito cambiário e tem por finalidade desobstruir a burocracia da atividade empresarial[147].

---

[145] Paulo de Lacerda, op. cit., p. 394.
[146] Apud Margarinos Torres, op. cit., p. 610.
[147] Segundo o art. 8.º, § 1.º, da Lei 2.044/1908, "A cláusula por procuração, lançada no endosso, indica o mandato com todos os poderes, salvo o caso de restrição, que deve ser expressa no mesmo

Nas palavras de Fran Martins,

> (...) o endosso-mandato visa a facilitar a prática de atos que só poderiam ser realizados pelo proprietário do título, e neste sentido presta inumeráveis benefícios ao comércio, pois, entre outros casos, evita o deslocamento do endossante de um lugar para outro, às vezes impossível[148].

De acordo com Luiz Emygdio da Rosa Jr.,

> (...) as empresas que, em decorrência de seus negócios jurídicos, são portadoras de grande volume de títulos, podem realizar endosso-mandato em favor de bancos, que se encarregam de promover a sua cobrança, creditando os valores recebidos nas suas contas bancárias. Caso essas empresas optassem por proceder diretamente à cobrança dos títulos de crédito emitidos em seu favor, teriam de possuir departamento próprio, com o consequente ônus financeiro relativo a pagamento de salários e encargos sociais[149].

Em linha com a agilidade e a dinâmica dos negócios que impulsionam o movimento liberalizante, deformalizado e irritual na seara comercial, a cláusula constitutiva de mandato para o exercício de direitos relativos aos títulos de crédito não precisa ser lançada em documento separado com a transcrição dos poderes outorgados pelo mandante ao mandatário.

A fórmula é simples e objetiva, como merece e requer a prática comercial. Para sua validade basta a mera declaração "por mandato", "por procuração", "endosso-mandato", ou qualquer outra que lhe seja

---

endosso". Nos termos da LUG, art. 18, "Quando o endosso contém a menção 'valor a cobrar', 'para cobrança', 'por procuração', ou qualquer outra menção que indique um simples mandato, o portador pode exercer todos os direitos emergentes da letra, mas só pode endossá-la na qualidade de procurador".

[148] Op. cit., p. 168-169.
[149] Op. cit., p. 252-253.

equiparada. Nada mais. Nem mesmo é necessária a discriminação dos exatos e precisos poderes outorgados ao mandatário.

É suficiente a assinatura do mandante com um dos dizeres acima, e somente isso. Os poderes no endosso-mandato são amplos para o exercício dos direitos inerentes ao título. É o que determina a lei. Na ausência de restrições *expressamente lançadas na própria cártula*, por força dos princípios da literalidade e da aparência, o mandatário detém os poderes inerentes ao exercício dos direitos cartulares, podendo, portanto, entre outros, substabelecer por meio de novo endosso, exigir o pagamento e dar quitação, notificar e acionar quem de direito; enfim, é o responsável para praticar tudo aquilo que se faça necessário ao fiel cumprimento dos poderes outorgados, automaticamente, pelo endosso-mandato[150].

Saliente-se que o § 1.º deste artigo desautoriza o endossatário-mandatário a endossar o título com efeito translativo e, aparentemente, estabelece que o endosso como procurador se faça com a outorga dos mesmos poderes que recebeu, o que impediria o substabelecimento de poderes mais restritos aos detidos pelo endossante.

Na relação mandante/mandatário aplicar-se-ão os deveres, obrigações e direitos constantes do ordenamento do mandato[151]. As demais relações reger-se-ão pelas regras de direito cambiário, pois esses vínculos são realizados pelo endossatário-mandatário em nome do endossante-mandante e no exercício dos direitos inerentes ao título de crédito.

---

[150] Ao contrário de Paulo de Lacerda e José Maria Whitaker, entende Luiz Emygdio da Rosa Jr. existirem atos que não podem ser praticados pelo endossatário-mandatário sem a prévia e expressa autorização do mandante, por exorbitarem da generalidade dos poderes por ele conferidos. Nesse sentido, a prática de atos de renúncia, alienação, oneração, transação, novação, concessão de abatimento, prorrogação do prazo de vencimento do título e de cancelamento da assinatura de qualquer coobrigado (Código Comercial, art. 145) estaria fora do alcance dos poderes automáticos advindos da cláusula de endosso-mandato (op. cit., p. 255). No tocante à manifestação de Paulo de Lacerda, cf. op. cit., p. 98. Vale também conferir a opinião de Pontes de Miranda (op. cit., p. 349), para quem "nos poderes conferidos supõem-se os de exercer os direitos subjetivos e as pretensões processuais relativas ao título, tais como as ações de enriquecimento, as de anulação (amortização), as de reivindicações e de posse. Não, porém, a ação causal, porque essa é regulada por outros princípios e permanece exclusivamente com o endossante".

[151] Para Luiz Emygdio da Rosa Jr. (op. cit., p. 253) o endosso-mandato está sujeito às regras do mandato mercantil.

Por outro lado, diverge a doutrina quanto à possibilidade de o endosso-mandato indicar ou não o nome do mandatário. Para alguns, o endosso-mandato pode ser nominativo (em preto) ou em branco. Para Bonfanti e Garrone, "esse mandato por endoso en procuración es un acto formal, pero podrá ser nominativo, en blanco, o al portador; la ley no establece cortapisa alguna"[152].

O mesmo entendem José Maria Whitaker e Jorge N. Williams, ao contrário de Luiz Emygdio da Rosa Jr.[153].

2. Mandato: manifestação de vontade

Pretendendo que o endosso se dê a título de mandato, é preciso muita atenção do endossante para que essa vontade conste clara e expressa no título, pois, caso contrário, poderá ser tido como endosso translativo.

A jurisprudência tem admitido flexibilização nos casos de equívocos dessa natureza, quando o título não entra em circulação, permanecendo, assim, na posse daquele que seria o endossatário-mandatário. Ao contrário, se mesmo equivocadamente o documento passa às mãos de terceiros, o rigor cambiário e o pressuposto da aparência levarão a considerar tal endosso como próprio a transferir os direitos mencionados no título[154].

Por outro lado, pode ocorrer também que o endossante transmita o título por meio de endosso próprio, desejando com tal ato o objetivo de esquivar-se de aparecer como portador e credor da prestação objeto da cártula. É o chamado endosso fiduciário, cujo objeto, não explícito, é a simples cobrança do crédito.

Em princípio, o endosso fiduciário não é proibido, tampouco ilegal, mas pode, eventualmente, encobrir uma fraude no sentido de vedar ao devedor a oposição das exceções que teria, caso o real credor não se tivesse escondido atrás do aparente titular dos direitos de endossatário[155].

---

[152] Op. cit., p. 350.
[153] Op. cit., p. 254.
[154] Cf. decisões judiciais citadas por Luiz Emygdio da Rosa Jr., op. cit., p. 256.
[155] Daí por que somos menos incisivos que Luiz Emygdio da Rosa Jr., quando afirma que "o endosso fiduciário não caracteriza fraude à lei nem consubstancia ânimo doloso para prejudicar terceiros porque baseado na fidúcia".

Jurisprudência

Comercial e processual civil. Duplicata. Ação de anulação. Endosso-mandato. Ilegitimidade passiva do endossatário. Litisconsórcio inexistente.

I. Como o endosso-mandato de duplicata não transfere a propriedade da cambial ao banco endossatário, indevida sua inclusão na lide como litisconsorte passivo do endossante, em demanda em que se postula exclusivamente a anulação de título sem aceite e sem causa jurídica.
II. Precedentes.
III. Recurso especial conhecido e provido (STJ, 4.ª Turma, REsp 38879/MG, Rel. Min. Aldir Passarinho Junior, j. 06.08.2002, *DJ* 16.09.2002, p. 187).

Endosso-mandato.
O endossatário, tratando-se de endosso-mandato, age em nome do endossante. Não deve figurar, em nome próprio, em ação de sustação de protesto ou de anulação do título (STJ, 3.ª Turma, REsp 149365/MG, Rel. Min. Eduardo Ribeiro, j. 16.03.2000, *DJ* 15.05.2000, p. 157).

Art. 917. (...)
§ 1.º O endossatário de endosso-mandato só pode endossar novamente o título na qualidade de procurador, com os mesmos poderes que recebeu.

COMENTÁRIOS

1. Peculiaridades do endosso-mandato

O *endosso-mandato* ou *endosso-procuração* difere, na essência, substancialmente das demais espécies de endosso, pois, enquanto este, seja *em preto* ou *em branco*, transfere todos os direitos emergentes do título, o endosso-mandato transfere ao endossatário tão somente o *exercício* de tais direitos. Daí a razão de aqueles endossos serem qualificados como *endosso-translativo*; afinal, transmitem efetivamente ao endossatário os direitos inerentes à cártula.

O endossatário-mandatário recebe o documento de crédito com o fim de exercer e preservar os direitos mencionados no título, em nome do seu titular, o endossante-mandante. Recebe a posse do título e a legitimidade para exigir os direitos dele emergentes. E o faz como se fosse o próprio titular dos direitos. Nada mais. Detém a legitimidade para o exercício dos direitos outorgados na procuração e o dever de preservar e zelar pelo bem jurídico cuja posse lhe foi transferida pelo endossante-mandatário[156].

2. Transmissão dos direitos por endosso-mandato

Assinale-se que o exercício dos direitos inerentes ao título condiciona-se à posse do título pelo endossatário-mandatário; enquanto a tradição da cártula não se efetivar, o endosso-mandato não se aperfeiçoa. As condições formais exigidas para o endosso-procuração podem até mesmo estar preenchidas e acabadas, mas, sem a posse do título pelo endossatário-mandatário, tal endosso não se concretizou para os fins e efeitos de direito. Até porque, como sabemos, o endosso-procuração transfere apenas a posse do título e com isso legitima seu possuidor a exercer os direitos decorrentes do documento, em proveito do seu efetivo titular.

De outro modo, até que a tradição se complete, o endosso pode ser cancelado e, assim, será considerado como não escrito, por força do art. 910, § 3.º, do Código Civil.

---

[156] Ressalta Fran Martins que "Esse *endosso-mandato* ou *endosso-procuração* é, na realidade, um falso endosso pois nem transmite os direitos emergentes do título nem transfere a propriedade da letra, mas simplesmente a sua posse" (op. cit., p. 168).

3. Endosso translativo por mandato

O endossatário de endosso-mandato pode, por lei, endossar novamente o título. Contudo, só o faz na qualidade de procurador com os mesmos poderes que recebeu.

É, pois, vedado ao endossatário-mandatário endossar o título em nome e por conta do endossador-mandante. Esse poder não pode ser outorgado ao endossatário de endosso-procuração. Somente o próprio titular dos direitos cartulares é legitimado para esse fim.

A lei claramente veda o endosso translativo por intermédio de procurador. Este, quando endossa, o faz, necessariamente e por força legal imperativa, na qualidade de procurador, dado que não detém os direitos emergentes do título, mas, unicamente, o exercício dos direitos que aproveitam e preservam o crédito do titular (art. 917, Código Civil).

Note-se que a lei vai mais além, ao estabelecer que o endossatário de endosso-mandato só pode endossar novamente o título na qualidade de procurador, *com os mesmos poderes que recebeu*. Significa que deverá substabelecer ao novo mandatário os mesmos poderes recebidos daquele que lhe endossou por procuração. É o que parece impor a norma legal sob forte crítica de Fran Martins[157] que

> (...) [não vê] razão para não poderem ser restringidos os poderes que o endossatário de um endosso-mandato recebeu do endossante primitivo, ao fazer um novo endosso. O que ele não pode, reendossando a letra, é ultrapassar os poderes recebidos ou fazer um endosso translativo da letra, pois não tem a propriedade da mesma. Mas restringir os poderes que recebeu do endossante primitivo isso, a nosso ver, pode corretamente ser feito.

A reação do ilustre comercialista pode ter sentido jurídico, mas parece que o legislador se voltou primeiramente para a prática do instituto dos títulos de crédito e enxergou dificuldades em admitir dois procura-

---

[157] Op. cit., p. 170.

dores com poderes distintos, sendo ambos dependentes do original do título para o exercício do direito que lhe é inerente.

Art. 917. (...)
§ 2.º Com a morte ou a superveniente incapacidade do endossante, não perde eficácia o endosso-mandato.

COMENTÁRIOS

Essa previsão legal é uma exceção ao princípio que impera no nosso ordenamento jurídico. Tanto o Código Comercial (art.157[158]) quanto o atual Código Civil (art. 682) determinam a cessação dos efeitos do mandato por morte ou incapacidade do mandante.

O direito dos títulos de crédito, por suas peculiaridades, se opõe a essa regra geral para preservar a eficácia do mandato conferido por endosso, mesmo com a morte ou a superveniente incapacidade do endossante.

A LUG estabelece o mesmo em seu art. 18. No direito cambiário o princípio da literalidade fala mais alto, máxime o total desprezo pelos fatos e atos jurídicos extracartulares.

A segurança na circulação e no aperfeiçoamento das obrigações cartulares não comporta a intromissão na relação cambial de aspectos e situações ocorridas fora do contexto literal do título e que poderia induzir em erro os obrigados, como seria o caso do devedor que liquida a obrigação junto a um mandatário, desconhecendo o falecimento ou a superveniente incapacidade do mandante.

De fato, a morte do endossatário-mandatário é causa de extinção do mandato, bem como a renúncia por ele informada ao mandante, acompanhada da devolução do título. Com efeito, a simples posse pelo mandante do título de crédito configura a renúncia do mandato pelo endossatário-mandatário, pois, como sabemos, a tradição do título pelo

---

[158] Artigo revogado pela Lei 10.406/2002, atual Código Civil.

mandante é o elemento condicionante capaz de aperfeiçoar, na plenitude, a declaração do endosso-mandato lançada na cártula.

Art. 917. (...)
§ 3.º Pode o devedor opor ao endossatário de endosso-mandato somente as exceções que tiver contra o endossante.

COMENTÁRIOS

Demandado o devedor pelo endossatário de endosso-procuração, somente será admitida a arguição de exceções que o devedor tenha contra o endossante, e nunca aquelas que porventura tenha contra o mandatário.

O endossatário de endosso-mandato apenas exerce o direito de exigir o crédito, mas quem o detém é o endossante. O mandatário não é parte na relação cartular, sendo mero agente do endossante para o fim de preservar e exercer os direitos inerentes ao título.

E o faz em nome e no proveito do titular dos direitos que emergem do título, quer dizer, do endossante que lançou o endosso-procuração. Nesse sentido, como já estabelece o art. 18 da LUG, os coobrigados somente podem invocar contra o portador (mandatário) as exceções que eram oponíveis ao endossante.

O mesmo ocorre no caso de haver novo endosso pelo mandatário; sendo tal endosso na qualidade de procurador, com os mesmos poderes que recebeu, a teor do art. 917, § 1.º, do Código Civil, as defesas que concernem exclusivamente a este outro mandatário, do mesmo modo, não poderão ser opostas pelo devedor, uma vez que está adstrito às exceções que digam respeito ao endossante primitivo, parte originária da relação de direito cambiário e, por isso, efetivo titular dos direitos mencionados no título.

Art. 918. A cláusula constitutiva de penhor, lançada no endosso, confere ao endossatário o exercício dos direitos inerentes ao título.

§ 1.º O endossatário de endosso-penhor só pode endossar novamente o título na qualidade de procurador.

§ 2.º Não pode o devedor opor ao endossatário de endosso-penhor as exceções que tinha contra o endossante, salvo se aquele tiver agido de má-fé.

Direito anterior: Sem correspondente no CC/1916.

COMENTÁRIOS

1. Caução do título

O endosso-caução não veio refletido na Lei 2.044/1908, apesar de uma boa parte da doutrina, já àquela época, autorizar sua existência e eficácia de direito. Essa omissão restou, contudo, superada na LUG, com a introdução desse instituto por meio de seu art. 19. O mesmo acontece, agora, com os títulos atípicos, dada a expressa permissão legal de se caucionarem tais títulos em garantia de dívida de seu titular.

Trata-se, sem dúvida, de endosso impróprio e não translativo de direitos cambiários, como também ocorre com o endosso-procuração.

A causa subjacente ao endosso-penhor é a obrigação assumida pelo titular dos direitos cartulares perante o endossatário ou credor pignoratício. Com o endosso, o endossante confere ao credor pignoratício o exercício dos direitos inerentes ao título, em garantia do cumprimento da obrigação extracartular. Reforça, assim, a solvência da obrigação subjacente por meio bastante simples de garantia. Basta a menção "endosso em penhor", "endosso em garantia", "valor em garantia", "valor em penhor", "endosso caução", ou qualquer outra declaração cartular que indique a constituição de penhor.

2. Necessária entrega do título

O penhor recai verdadeiramente sobre os direitos cambiários, e não sobre a letra na sua materialidade, embora nos termos gerais seja necessária a entrega da letra[159].

---

[159] Oliveira Ascensão, op. cit., p. 156.

Como dito nos comentários ao endosso-mandato, não basta a simples declaração de endosso-penhor para que se complete o endosso. A declaração pode estar completa e acabada, mas é imperativo ao seu aperfeiçoamento que essa declaração venha acompanhada da entrega do título ao credor pignoratício. Sem a tradição, o penhor do título não se aperfeiçoa, até porque, antes da entrega do documento ao endossatário, tem o endossador a faculdade de cancelar o endosso.

Ademais, como o endosso-penhor é dado ao endossatário para garantir uma obrigação que lhe é subjacente, o mais relevante dos direitos a ser exercido pelo credor pignoratício é o de cobrança e exigência do crédito emergente do documento e, para isso, precisa ele deter a posse dos originais dos competentes títulos. Sem essa posse como poderá o endossatário receber do devedor o crédito constante do título?

Mormente, sem a posse dos títulos o credor pignoratício não poderia dar curso ao contido no art. 277 do Código Comercial[160], *verbis*:

> Se a coisa empenhada consistir em títulos de crédito, o credor que os tiver em penhor entende-se sub-rogado pelo devedor para praticar todos os atos que sejam necessários para conservar a validade dos mesmos títulos, e os direitos do devedor, ao qual ficará responsável por qualquer omissão que possa ter nesta parte. O credor pignoratício é igualmente competente para cobrar o principal e créditos do título ou papel de crédito empenhado na sua mão, sem ser necessário que apresente poderes gerais ou especiais do devedor.

Contudo, na posse dos títulos, o credor pignoratício é tratado pelo ordenamento legal como depositário da coisa recebida, devendo, pois, empregar toda a diligência na conservação e guarda da coisa empenhada, respondendo pelos danos de que for culpado (cf. art. 1.435, do atual Código Civil e art. 276, Código Comercial[161]).

---

[160] Artigo revogado pela Lei 10.406/2001, atual Código Civil.
[161] Artigo revogado pela Lei 10.406/2002, atual Código Civil.

Art. 918. (...)

§ 1.º O endossatário de endosso-penhor só pode endossar novamente o título na qualidade de procurador.

COMENTÁRIOS

O credor pignoratício não é o titular dos direitos emergentes do título, mas simples legitimado a exercê-los, por força da cláusula constitutiva de penhor.

Como tal, não pode transferir o título e os direitos nele mencionados, pois lhe é vedado transferir aquilo que não detém.

O credor pignoratício não pode obrigar o endossante, pois é este o titular dos direitos de crédito; consequentemente, somente ele, o endossante, pode dispor livremente de tais direitos. O credor que detiver a coisa empenhada entende-se sub-rogado pelo devedor para praticar todos os atos necessários para conservar a validade dos títulos e os direitos do devedor, ao qual ficará responsável por qualquer omissão que possa ter nesta parte (art. 277, Código Comercial).

A posse dos títulos, portanto, lhe é transferida pelo endossante para o estrito fim de exercer os direitos nele contidos e, assim, ter satisfeita a obrigação extracartular que o endossante assumiu.

Daí por que os poderes do endossatário de endosso-penhor voltam-se e resumem-se àqueles necessários à satisfação do crédito oriundo do título dado em garantia.

Tem efeito limitado, sem dúvida, a cláusula de penhor. Aliás, o credor pignoratício que por qualquer modo alhear ou negociar a coisa dada em penhor ou garantia, sem para isso ser autorizado por condição ou consentimento por escrito do devedor, incorrerá nas penas do crime de estelionato (art. 279, Código Comercial).

Nesse sentido, não cabe ao endossatário a oportunidade de negociar a transferência do título a terceiro, exceto na qualidade de procurador, via endosso-mandato, de modo que o mandatário possa auxiliá-lo no exercício dos direitos inerentes ao título e, assim, tenha satisfeito o crédito cambiário em proveito do titular desse direito e do credor pignoratício.

A cláusula de penhor cria um mandato condicional para que o endossatário a tenha [a cambial] pelo proprietário até que lhe seja paga a outra dívida. O título dado em garantia continua a ser propriedade do endossador[162].

Art. 918. (...)
§ 2.º Não pode o devedor opor ao endossatário de endosso-penhor as exceções que tinha contra o endossante, salvo se aquele tiver agido de má-fé.

COMENTÁRIOS

Ponto interessante esse das exceções pessoais no que tange à relação entre credor pignoratício e devedor. Se voltarmos ao endosso-mandato, relembraremos que o devedor somente pode opor as exceções que tenha contra o endossante-mandante, e não aquelas que porventura tenha contra o endossatário de endosso-procuração.

No caso do endosso-penhor a situação se inverte: o devedor somente pode opor as exceções que tenha contra o endossatário de endosso-penhor, e não aquelas que teria contra o endossante.

Isso porque o endossatário de endosso-mandato age em nome e por conta do endossante. O direito exigido do devedor é direito do mandante, agindo o mandatário como mero executor dos interesses do titular do direito.

Essa situação jurídica já não acontece quando há endosso-penhor, pois o credor pignoratício assume, como consequência desse ato, uma posição própria na relação cambial, como credor do crédito constante do título.

---

[162] Margarinos Torres, op. cit., p. 286.

O endossatário nesses casos de penhor não age como simples mandatário do direito de terceiros, mas, sim, com interesse próprio na qualidade de credor da prestação cartular. Ele busca direito próprio e, por isso, afirma a doutrina, é titular de direito autônomo, imune às exceções que o devedor tenha perante terceiros.

O endossatário de endosso-penhor não é *proprietário* do título de crédito, mas, com a entrega da coisa em garantia, passa a ser titular dos direitos inerentes ao título. Daí a razão de o devedor não poder opor ao endossatário as defesas que tenha contra o endossante. Exceto, obviamente, se o endosso em garantia se operou com o fim de prejudicar o devedor, caso em que o endossatário será considerado portador de má-fé e, assim, não restará incólume àquelas exceções e defesas do devedor.

Havendo concerto entre o endossante e o endossatário para perpetrarem a burla de direitos do devedor, a má-fé estará configurada e o devedor retomará o *status quo ante*.

Art. 919. A aquisição de título à ordem, por meio diverso de endosso, tem efeito de cessão civil.

Direito anterior: Sem correspondente no CC/1916.

COMENTÁRIOS

1. Dívida sanada

O legislador inovou ao deixar consignada na lei geral a regra incidente às hipóteses de aquisição de título à ordem por meio diverso de endosso. A LUG não se manifesta a respeito dessa problemática.

Sendo o endosso o meio translativo dos direitos cambiários decorrentes de título à ordem, qual o correto tratamento a aplicar aos efeitos jurídicos advindos de aquisição dessa espécie de título por via de transferência distinta daquela que lhe é própria?

O assunto sempre foi objeto de alta indagação e, como sói acontecer na seara legal, carente de unanimidade.

Não se harmoniza a doutrina quanto às regras e princípios de direito aplicáveis, por exemplo, às aquisições de título de crédito por sucessão *mortis causa* ou por transferência de estabelecimento. Manteriam os adquirentes do título, nesses casos, direito cambiário dele decorrente ou a eles se aplicariam as normas da cessão civil? A se adotar o primeiro entendimento, como administrar juridicamente o princípio da literalidade perante a quebra da cadeia de endossos?

Pinto Coelho considera fora de dúvida que se transmite a posse da letra e que os herdeiros sucedem no crédito na mesma representado. E Vaz Serra acrescenta que o herdeiro pode endossar o título, e cita Staub/Stranz, que dispensam a necessidade de provar na letra a sucessão jurídica[163].

Já Oliveira Ascensão adverte que

> (...) uma coisa será admitir que possa [o sucessor] exercer direitos cambiários, e nomeadamente apresentar a letra a pagamento, outra poder quebrar a série ininterrupta de endossos, o que será ainda mais difícil de justificar[164].

No entender de José Maria Whitaker, suportado, ao que parece, em Vivante, Kuntze e Ascarelli, se

> (...) se trata de sucessão, por herança ou legado, ou de fusão de duas ou mais sociedades, não se interrompe a série de endossos, porque a personalidade do defunto, ou da sociedade desaparecida, é continuada no herdeiro ou legatário, ou na sociedade sucessora; mas se hipótese é de sucessão singular, cessão, doação, penhora, arrematação em praça pública, a transferência terá somente os efeitos de cessão e o cessionário não poderá legitimar-se cambialmente, salvo se existir

---

[163] Oliveira Ascensão, op. cit., p. 159.
[164] Ibidem.

um endosso em branco, que ele possa completar em seu próprio benefício[165].

A regra em comento procurou sanar as dúvidas e divergências: a aquisição de título à ordem, por meio diverso do endosso, tem efeito de cessão civil.

Destarte, pretendendo o adquirente escapar às malhas do ordenamento civil, deve buscar obter do transmitente, no possível, título formalmente endossado, seja em preto ou em branco.

2. Efeitos de natureza civil

Impondo os efeitos da cessão civil ao portador de título à ordem que o adquiriu por outro meio que não o endosso, a norma legal retira desse detentor a oportunidade de se valer das regras do direito cambiário. Não é ele endossatário do título, e, sim, mero cessionário, e dessa forma deve ser tratado.

Com efeito, o ato da transferência não se opera por manifestação unilateral de vontade, típica do endosso, mas por ato de caráter bilateral.

O direito desse portador não é autônomo, tampouco originário; seu direito é derivado, o que importa em *recepcionar* direito alheio, o direito daquele que lhe transfere o título com os defeitos e idiossincrasias que lhe são decorrentes. Ao possuidor-cessionário poderão ser opostas todas as exceções que seriam permitidas arguirem ao cedente.

Não havendo declaração formal de transferência no título, recomendável que o adquirente notifique o devedor de modo a dar-lhe ciência da posse do título e de ele buscar obter, desde logo, as exceções que porventura tenha contra o cedente.

Seriam esses, geralmente, os efeitos a que se subordina o adquirente de título à ordem, por meio diverso do endosso, sendo certo, entretanto, que a ausência de garantia da solvência do devedor, típica das cessões civis, também é a regra no tocante aos títulos de crédito sujeitos

---

[165] Op. cit., p. 160.

ao ordenamento do Código Civil, o que, com certeza, minimiza o impacto jurídico que a transferência extracambiária causa.

Art. 920. O endosso posterior ao vencimento produz os mesmos efeitos do anterior.

Direito anterior: Sem correspondente no CC/1916.

COMENTÁRIOS

O vencimento do título não é obstáculo para a continuação do giro da cártula. A circulabilidade não é reprimida pelo advento do termo de cumprimento da prestação. O endosso posterior ao vencimento produz os mesmos efeitos do anterior. Quer isso dizer que a substância dos efeitos se mantém inatingível pelo endosso efetivado após o prazo de vencimento do documento.

O endosso póstumo equipara-se ao endosso anterior ao vencimento do título. Nada muda para fins do direito cambiário. Continua tudo como dantes. O endossatário, ao receber a cártula por endosso póstumo, adquire direito originário e autônomo fruto de declaração unilateral de vontade. O direito transmitido, por via de consequência, é direito novo que repudia qualquer exceção do devedor que não seja proveniente de sua relação pessoal com o endossatário. Em suma, o endosso póstumo dos títulos submetidos ao ordenamento do Código Civil não afeta sua circulabilidade tampouco desnatura sua essência cambiária. O título sobrevive e mantém íntegros seus efeitos cambiários, mesmo se transferido após seu vencimento.

Essa regra é novidade do direito cambial, que sempre se preocupou em descaracterizar os efeitos cambiários, quando o endosso se faz após o vencimento. O endosso nesses casos era tratado como *impróprio* ou *irregular* e, por isso, gerava efeitos meramente civis.

Era o que dispunha a Lei 2.044/1908 ao endosso posterior ao termo da obrigação (art. 8.º, § 2.º) e a LUG, ao endosso efetuado após o protesto por falta de pagamento, ou feito depois de expirado o prazo fixado para se fazer o protesto (art. 20).

O protesto é o ato pelo qual o portador registra fato jurídico marcante na vida do direito cartular, qual seja, a falta de cumprimento da obrigação mencionada no título. Por outro lado, assegura ao credor o direito de regresso contra os coobrigados.

Com o protesto evidencia-se o termo final do título de crédito e, consequentemente, cessa a vida da cambial. Vencido o título, vence-se a cambial e, também, naturalmente, interrompem-se seus efeitos de direito cambiário.

Contudo, no campo dos títulos de crédito objeto do sistema legal expresso no Código Civil, a eficácia cambiária não cessa com o vencimento do título, pois o direito nele indicado continua ativo, ainda após seu termo, para fins cambiários, mesmo porque os títulos inominados ou atípicos, normalmente, não são passíveis de protesto ou de ação executiva, e a regra geral é a da irresponsabilidade do endossante.

Assim, a manutenção dos efeitos cambiários do documento endossado postumamente é um *plus* assegurado aos títulos da espécie e que não macula o sistema legal dos títulos típicos ou nominados, dadas as suas diferenças conceituais e legais.

Com efeito, a vida útil cambiária do título não sofre solução de continuidade em razão da declaração de endosso posterior ao vencimento da prestação.

CAPÍTULO IV
DO TÍTULO NOMINATIVO

Art. 921. É título nominativo o emitido em favor de pessoa cujo nome conste no registro do emitente.

Direito anterior: Sem correspondente no CC/1916.

COMENTÁRIOS

1. Modalidade de transferência do título

Cada categoria de título de crédito elencada no Código Civil (quanto ao giro) – à ordem, ao portador e nominativo – abraça uma forma distinta de circulação, posta à disposição do comércio para dela valer-se da maneira que lhe seja mais benéfica ou adequada aos seus interesses de momento.

No título nominativo o comerciante encontrará uma circulação mais *travada* do que aquela própria dos títulos ao portador. Nesse caso, a segurança sobrepõe-se à agilidade e à celeridade no giro da cártula.

Enquanto nas demais modalidades circulatórias o título se transfere com mais rapidez e menos burocracias, aos nominativos impõe-se maior cautela na legitimação do portador. Tal fato se verifica por força da averbação do nome do possuidor nos registros do emitente.

Essa previsão de ulterior fonte documental, que responde a uma exigência organizacional do emitente e que encontra uma variada expressão na disciplina dos diversos títulos nominativos, não se perfaz sem reflexo no plano circulatório[166].

---

[166] Martorano, op. cit., p. 147.

Com efeito, a transferência efetiva do título nominativo não pressupõe tão somente a posse da cártula; sua eficácia fica a depender do preenchimento de mais uma condição, qual seja, a averbação do nome do seu detentor nos registros do emitente ou devedor.

A legitimação ativa, entendida como o direito do credor de exigir o cumprimento da prestação indicada na cártula, opera seus efeitos perante o devedor, *caso* tenha o portador e beneficiário da obrigação obtido o registro de seu nome junto ao devedor.

No dizer de Martorano, apoiado em Angelici,

> La possibilità di "prendere" tale iscrizione è ancorata, dalla legge, ad una serie di condizioni che, implicando in ogni caso il possesso del titolo da parte dell'acquirente, si qualificano come una vera e propria situazione di **prelegittimazione**[167].

Por outro ângulo, mas com o mesmo enfoque teleológico, sustenta Asquini que o registro do nome do portador do título perante o emitente certifica a transferência da cártula em favor de determinada pessoa e, como tal, *integra a tradição*[168].

Esse *facere* do emitente como condição de eficácia da legitimação do portador levou Messineo a admitir que a transferência de um título nominativo implica uma novação subjetiva ativa, por troca de credor. Essa novação corresponderia a uma *delegação de crédito ativa* na qual o devedor se libera de sua obrigação perante o credor originário (delegante), permanecendo como único credor o delegado, ou seja, o novo detentor do título[169].

2. Natureza causal dos títulos nominativos

Pode-se afirmar que os títulos nominativos normalmente são emitidos em função de um negócio específico que lhes é subjacente. São, pois, em princípio, títulos causais e, por isso, encaixam-se na espécie

---

[167] Op. cit., p. 148.
[168] Op. cit., p. 124.
[169] Apud Bonfanti e Garrone, op. cit., p. 88.

de títulos impróprios. Não configuram, via de consequência, uma operação pura de crédito destacada de vínculos, como ocorre com a nota promissória e a letra de câmbio, em que predomina a plena confiança dos partícipes da relação cambial.

Apesar dos nexos de causalidade, sua circulação opera-se com supedâneo nas regras de proteção que se aplicam aos demais títulos de crédito. Como assinala Fran Martins,

> (...) a sua proliferação é muito grande, com o crescente desenvolvimento das atividades econômicas, e estão eles garantidos por muitos dos princípios dos títulos de crédito próprios[170].

Contudo, dada a sua natureza causal, verifica-se nos títulos nominativos menor ênfase de efeitos dos princípios da *literalidade*, uma vez que a obrigação cartular se reporta ao negócio subjacente, e da *autonomia*, pois no caso o adquirente se vincula à causa que deu lugar à criação do título.

De fato, os princípios da literalidade e da autonomia operam efeitos atenuados, mas isso não significa que não produzem qualquer efeito, porque a posição do terceiro possuidor de boa-fé está sempre ao abrigo de todas as exceções extracartulares que se originam das relações operadas entre os possuidores precedentes, quando não estejam vinculadas à *causa típica* da relação mencionada no título[171].

Daí, também, a assertiva de Oliveira Ascensão:

> Os verdadeiros títulos nominativos são, como todos os títulos de crédito, caracterizados pela autonomia. Por isso, o comprador de acções nominativas não tem o seu direito sujeito aos vícios que poderiam atingir a aquisição do direito pelo titular anterior, nem lhe são oponíveis as excepções pessoais que àquele se poderiam dirigir. Nem a transmissão

---

[170] Op. cit., p. 30.
[171] Asquini, op. cit., p. 122.

do direito está sujeita ao formalismo da cessão de crédito, mas sim aos requisitos de transmissão próprios dos títulos nominativos[172].

Art. 922. Transfere-se o título nominativo mediante termo, em registro do emitente, assinado pelo proprietário e pelo adquirente.

Direito anterior: Sem correspondente no CC/1916.

COMENTÁRIOS

1. *Transfert*

É com o registro no livro do emitente que se completa juridicamente a transferência do título nominativo. É o *transfert* condição imperativa a assegurar a legitimidade ativa do detentor do título. Sem o registro junto ao emitente, o portador do título não está legitimado a exigir do devedor o cumprimento da prestação.

Pode-se ver no *transfert* uma *conditio juris*, a cuja verificação fica subordinada a eficácia da transferência da posse e que não age retroativamente[173].

O *transfert* é, pois, ato essencial que complementa a tradição da cártula e exonera o devedor da obrigação com o primitivo titular do direito cartular, vinculando-o ao novo credor.

É ato de iniciativa do adquirente, a quem caberá implementá-lo no momento em que desejar. Se assim quiser. Significa que o ato de transferência do título pode ficar restrito à relação proprietário/adquirente, sem que seja dada publicidade ao emitente e a terceiros.

---

[172] Op. cit., p. 47.
[173] Ascarelli, op. cit., p. 315.

Nesse caso, o giro da cártula produzirá todos os seus efeitos de direito *inter partes* com a peculiar característica de que não contemplará o elemento *legitimação*, dado que não obrigará o emitente.

Contudo, o adquirente tem, a qualquer tempo, o direito de exigir do emitente a alteração em seu livro, para que nele seja lavrado o *transfert* e passe a constar o seu nome como titular do direito mencionado no título. Com isso, implementa-se e completa-se a última condição de eficácia da transferência da cártula e do direito nela contido.

Nos termos apresentados por Bonfanti e Garrone,

> Esa inscripción [transfert] produce los efectos siguientes: 1.º) los derechos correspondientes sólo pueden ser ejercitados por la persona registrada en el libor; 2.º) el nuevo titular queda indemne contra las excepciones oponibles por el emisor, fundadas en el contrato por él celebrado con el primer beneficiario del título[174].

2. Efeitos do registro

Indaga-se se o registro deve ser considerado constitutivo para efeitos de transmissão. Segundo Oliveira Ascensão, não é esse o entendimento generalizado. Na realidade, a propriedade do título se transfere por mero efeito de contrato, sendo o averbamento necessário para produzir efeitos em relação ao emitente e a terceiros. Tal resulta, efetivamente, dos princípios gerais sobre registro[175].

De fato, o *transfert* complementa a tradição, mas não atribui ao detentor direito algum de natureza material. O efeito patrimonial extrai-se da relação pessoal entre proprietário e adquirente. Estando ela perfeita e acabada, terá o adquirente o direito de exigir do devedor a averbação da transferência, para fins de publicidade do ato. Ao emitente não lhe é dado o direito de questionar ou interferir na relação contratual que deu

---

[174] Op. cit., p. 90.
[175] Op. cit., p. 45.

causa à transferência do título, tão somente a possibilidade de averiguar *ad cautelam* as formalidades relativas à autenticidade do ato.

3. Formalidades e responsabilidade

A necessidade da assinatura do proprietário do título no livro de registro de transferência de título nominativo do emitente, conforme mencionado na norma em apreço, parece não deva ser levada *ao pé da letra*.

Com efeito, o emitente detém o direito-dever de averiguar a autenticidade do ato de transferência da cártula. Cabe a ele analisar a regularidade da série de endossos e exigir do endossatário que comprove a autenticidade da assinatura do endossante.

Quer a lei que o emitente investigue as formalidades extrínsecas da transferência, de modo a atestar a autenticidade do ato, tal qual um registro cartorário.

Desse modo, nem sempre será imperioso proceder-se ao registro mediante a assinatura do proprietário. Situações legais existirão em que bastará a simples assinatura do adquirente nos registros do emitente, acompanhada pela análise do emitente quanto à autenticidade da assinatura do primitivo proprietário no ato de transferência, seja este um contrato particular ou o próprio título.

A assinatura do proprietário, regra geral, não é uma *conditio juris* ao implemento do *transfert* pelo emitente.

4. Tradição do título: condição para a averbação?

Questiona-se a necessidade de tradição da cártula para se averbar a transferência.

Segundo Ascarelli,

> Para que seja obrigado a executar o **transfert**, é necessário que se tenha realizado a transferência do título, e essa transferência deve constar de um documento autêntico **ou** da tradição do certificado com um endosso autenticado (grifamos)[176].

---

[176] Op. cit., p. 316.

Na mesma linha assinala Oliveira Ascensão que

> A entrega [do título] não será ainda necessária para a transmissão, por os títulos não serem ao portador e o princípio geral ser o de que a propriedade se transmite por mero efeito do contrato[177].

Entretanto, não foi essa a firme opinião de Antônio Mercado Jr., ao tecer comentários ao então Anteprojeto de Código Civil, ao asseverar sobre a imperatividade da tradição como condição para a concretização da transferência do título. São suas as palavras:

> Quanto a essa necessidade [tradição], nos títulos ao portador, à ordem e nominativos endossáveis, cremos não possa haver dúvida. E a que acaso existisse, com relação ao título nominativo, se desfaria, a nosso ver, ante o disposto no Anteprojeto, em seus arts. 1.177, pars. 1.º e 3.º, e 1.182[178].

Art. 923. O título nominativo também pode ser transferido por endosso que contenha o nome do endossatário.

§ 1.º A transferência mediante endosso só tem eficácia perante o emitente, uma vez feita a competente averbação em seu

---

[177] Op. cit., p. 46.
[178] Op. cit., p. 128-129 e 132.
Cremos que as referências feitas por Mercado Jr. eram aquelas constantes da Subseção "Da Propriedade e Circulação das Ações", do antigo Anteprojeto, *verbis:*
"Art. 1.177. As ações transferem-se:
(...)
§ 1.º A transferência de ações nominativas ou endossáveis será inscrita em nome do adquirente e averbada, respectivamente, à margem da inscrição do alienante, ou no título ou certificado das ações transferidas, se o adquirente não preferir a emissão de novo em substituição.
(...)
§ 3.º Ficarão arquivados na sociedade os instrumentos concernentes à transferência de ações e os títulos ou certificados substituídos.
(...)
Art. 1.182. Em caso de perda ou extravio de título ou certificado de ações, cabe ao acionista, ao endossatário, ou aos seus sucessores, promover, na forma da lei processual, o procedimento de recuperação para obter a expedição de novo, em substituição".

registro, podendo o emitente exigir do endossatário que comprove a autenticidade da assinatura do endossante.

§ 2.º O endossatário, legitimado por série regular e ininterrupta de endossos, tem o direito de obter a averbação no registro do emitente, comprovada a autenticidade das assinaturas de todos os endossantes.

§ 3.º Caso o título original contenha o nome do primitivo proprietário, tem direito o adquirente a obter do emitente novo título, em seu nome, devendo a emissão do novo título constar no registro do emitente.

Direito anterior: Sem correspondente no CC/1916.

COMENTÁRIOS

1. Necessária diferenciação

A lei buscou facilitar a circulação dos títulos nominativos, ao viabilizar sua transferência por mero endosso. Essa modalidade de giro vai ao encontro da dinâmica dos negócios e deverá ser de grande utilidade prática na vida dos títulos de crédito sujeitos ao ordenamento civilista.

Contudo, não se deve confundir esse endosso com aquele objeto dos títulos à ordem, pois uma nuance jurídica os distingue, qual seja, a eficácia da transferência dos títulos à ordem se completa, plenamente, com o endosso e a *traditio* da cártula. Tal não acontece com os títulos nominativos, cuja eficácia da transferência fica sempre a depender da anotação competente no livro do emitente.

Até que o endossatário obtenha a averbação junto ao devedor, o endosso produzirá efeitos tão somente na relação endossante/endossatário, não atribuindo ao endossatário, portanto, o direito à prestação indicada no título. A circulação por endosso opera eficácia *interpartes*, mas sua efetiva transferência de direito, para fins da *plenitude* dos direitos cambiários, somente se concretiza com o registro no livro do emitente. Em outras palavras, a *legitimação* condiciona-se, por força de lei, ao *transfert* de responsabilidade do emitente.

Nas palavras de Asquini,

> Per tanto **inter partes**, in concorso com la tradizione del titolo e con un valido negozio di trasferimento, la girata è condizione per il transferimento della proprietà del titolo; nei rapporti coi terzi, in concorso con l'acquisto del possesso di buona fede, è condizione per l'acquisto della proprietà del titolo anche **a non domino**[179].

2. Circulação por endosso em branco

É da própria natureza dos títulos nominativos sua circulação *personalizada*. Regra geral, devem conter o nome do adquirente do título, seja para fins fiscais, seja para maior segurança no seu giro perante as precauções que as relações e o negócio do emitente exigem.

É o que parece determinar o comando legal contido no art. 923 do Código Civil.

No entanto, dúvidas hão de se levantar quanto à possibilidade de circulação de tais títulos por endosso *em branco*.

Na realidade, essa prática poderá ser utilizada para formalizar transferência de títulos nominativos, sem que o emitente tenha conhecimento ou mesmo responsabilidade sobre tal fato. Afinal, sua diligência e sua prudência limitam-se a averiguar se o endossatário está legitimado por série regular e ininterrupta de endossos (cf. art. 923, § 2.º, Código Civil).

Mesmo porque o lançamento do nome do último possuidor em cártula circulada *em branco*, no momento da solicitação da averbação de sua titularidade junto ao emitente, redunda na *ocultação* de vestígios da anterior circulação por endosso *em branco*.

Outrossim, pode-se arguir em favor da tese da circulação *em branco* o fato de a própria regra contida no art. 923, § 3.º, do Código Civil

---

[179] Op. cit., p. 129.

titubear na questão da imperatividade da anotação no título do nome do endossatário, ao abrir a possibilidade de o título original não conter o nome do primitivo proprietário, *verbis*: "**Caso** o título original contenha o nome do primitivo proprietário, tem direito o adquirente de obter do emitente novo título..." (grifamos).

Art. 923. (...)
§ 1.º A transferência mediante endosso só tem eficácia perante o emitente, uma vez feita a competente averbação em seu registro, podendo o emitente exigir do endossatário que comprove a autenticidade da assinatura do endossante.

COMENTÁRIOS

1. Completude do endosso

Estamos no campo da *legitimação*. A eficácia da transferência, vista sob o ângulo do *conjunto* do direito cambiário, somente se aperfeiçoa com a sua competente averbação no registro do emitente.

Até o momento do *transfert* a relação do endossatário opera seus devidos direitos exclusivamente perante o endossante. Até então, não integra o cenário jurídico maior das relações com terceiros e emitente. Restringe-se a relação, por força volitiva ou de interregno no exercício do direito de averbação, às idiossincrasias oriundas do ato *inter partes*.

Contudo, com o endosso e a tradição do título, passa o endossatário, automaticamente, a deter o direito de exigir do emitente a averbação do seu nome no livro de registro, para que dele conste como novo proprietário do título e, assim, se legitime a requerer o cumprimento da prestação correspondente.

Com efeito, é essencial ao exercício do direito indicado na cártula que o endossatário obtenha a anotação nos registros do emitente. É este o último passo necessário para assegurar ao possuidor a plena eficácia da propriedade do título.

No dizer de Asquini,

> Sia ben chiaro quindi che la girata non rende perfetto il trasferimento del titolo di fronte all'emittente neppure agli effetti della legittmazione; ma mette il giratario nella condizione di esigere dall'emitente che collabori a rendere possibile la legittimazione di esso giratario, procedendo alla annotazione del trasferimento a suo nome sul titolo e sul registro. È solo con l'adempimento di queste formalità che l'acquirente è posto in grado di esercitare il diritto e che l'emitente è tenuto a riconoscere per creditore chi gli è indicato come tale dalle risultanze del titolo e del suo registro. La concordanza del possesso con tali risultanze è condizione generale della legittimazione del portatore di un titolo nominativo[180].

2. A prova do endosso

A lei impõe ao adquirente do título a comprovação da autenticidade da assinatura do endossante. Essa comprovação pode dar-se por qualquer forma permitida em direito, inclusive por declaração da pessoa competente integrante da pessoa jurídica que endossou o título.

Também pode ser levada a efeito por notário público, recomendavelmente em instrumento apartado que ateste a autenticidade da assinatura do endossante no respectivo título.

O emitente pode exigir tal certeza do endossatário, de modo a obter o conforto jurídico necessário à inscrição do novo adquirente e, consequentemente, à liberação do primitivo proprietário.

Contudo, esse direito do emitente se estende até o limite da razoabilidade, sendo-lhe defeso exacerbar as exigências probatórias, sob pena de incorrer em abuso de direito.

Note-se que o direito do emitente se limita às formalidades extrínsecas do ato, não podendo ele imiscuir-se nas questões de fundo que

---

[180] Op. cit., p. 129.

deram origem à transferência do título. O direito à obtenção do *transfert* é exercitável, mesmo nos casos *a non domino*[181].

> Art. 923. (...)
> § 2.º O endossatário, legitimado por série regular e ininterrupta de endossos, tem o direito de obter a averbação no registro do emitente, comprovada a autenticidade das assinaturas de todos os endossantes.

COMENTÁRIOS

1. A questão da legitimação

Estamos diante do dilema da prova, tema muitas vezes angustiante e de todo polêmico para o direito comercial. A titularidade daquele que postula o direito há de ser conveniente e preliminarmente comprovada como condição de legitimidade ao exercício da pretensão objeto de seu direito subjetivo.

A legitimidade do postulante, a validade, a existência e a eficácia do direito formam um conjunto de condicionantes ao efetivo exercício da tutela jurídica.

A questão da titularidade, por sinal, é uma constante no cotidiano do cidadão. A posse da identidade legitima-o a praticar uma série de atos corriqueiros sem a qual não estaria legitimado.

O simples acesso a determinados locais, como prédios públicos, depende de legitimação. Diversos são os atos dependentes de senha, de cartão de acesso etc., tão frequentes em nossa moderna realidade, sem falar naqueles sujeitos a apresentação de passaporte e cartões de identificação (*v.g.*, CPF, carteira de motorista).

De fato, a complexidade das relações sociais vai multiplicando as hipóteses em que é necessário lançar mão da legitimação. O direito privado e, especialmente, o direito comercial encontram-se constante-

---

[181] Cf. tb. Asquini, op. cit., p. 129, e Bonfanti e Garrone, op. cit., p. 91.

mente diante desse problema. A legitimação oferece, justamente, ao legitimado a possibilidade de valer como titular do direito, de obter, como se costuma dizer, a investidura, isto é, a possibilidade do exercício do direito, incumbindo, então, a quem a negar, a demonstração de que o legitimado não é titular. Evita-se, com isso, a necessidade de uma prova que seria frequentemente diabólica e, assim, se admite que para o exercício do direito baste uma simples investidura, dependente de condições relativamente simples, cujo preenchimento é de fácil averiguação[182].

Em sede de títulos de crédito, as condições de legitimação se distinguem tanto quanto sejam as modalidades de circulação da cártula. Se *ao portador*, legitimado é o possuidor do título. Se *à ordem*, a série regular e ininterrupta de endossos condiciona a legitimação do detentor da cártula. Se *nominativo*, para efeitos de emitente, a legitimação depende da averbação no livro competente[183].

Ressalte-se que a legitimação produz efeitos relativos na vida jurídica. Presta-se a informar a aptidão de específica pessoa a postular o direito indicado no documento.

Como dito anteriormente, assegura ao legitimado "a possibilidade de valer como titular do direito". Significa que a investidura não opera efeitos no campo da validade, da existência ou da eficácia do direito, tampouco afasta a contraprova pelo efetivo titular do direito. Neste último caso, invertido estará o ônus probante em desfavor daquele que procura desqualificar a investidura.

2. A prova do legitimado

Não basta ao endossatário provar a série regular e ininterrupta de endossos; a lei também exige seja comprovada a autenticidade das assinaturas de todos os endossantes[184].

---

[182] Ascarelli, op. cit., p. 224.
[183] Carnelutti, Ferri e Valeri defendem a divisão ente *legitimação nominal*, aplicável aos títulos nominativos e à ordem, e *legitimação real*, aplicável aos documentos ao portador. Cf. Ascarelli, op. cit., p. 226, nota 1.
[184] Registre-se a incoerência desse dispositivo com o contido no parágrafo anterior. Enquanto neste se exige a autenticidade, no outro se estipulou a *possibilidade* de vir a ser exigida dita autenticidade, ficando à discricionariedade do emitente.

Com efeito, essa exigência legal demonstra a rigidez com que o legislador tratou o tema da legitimação dos possuidores de títulos nominativos atípicos. Diferencia-se do ordenamento relativo aos cheques, em que cabe ao sacado, unicamente, averiguar a regularidade da série de endossos, mas não a autenticidade das assinaturas dos endossantes, *ex vi* art. 39, Lei 7.357/1985.

Não basta ao detentor do título, para efeito de legitimação, demonstrar que detém adequadamente a posse do documento. É preciso mais. Deve comprovar, também, que as transferências anteriores foram executadas pelas pessoas nominadas no título.

Se, por um lado, essa rigidez legal dificulta ou até mesmo impede a circulação do título por meio de assinaturas falsas de endossantes ou por pessoas incapazes, enfim, obstaculiza o giro *a non domino*, por outro lado, burocratiza a transferência da cártula e, assim, desacelera a dinâmica dos negócios vinculados a títulos nominativos endossáveis.

Art. 923. (...)
§ 3.º Caso o título original contenha o nome do primitivo proprietário, tem direito o adquirente a obter do emitente novo título, em seu nome, devendo a emissão do novo título constar no registro do emitente.

COMENTÁRIOS

A primeira indagação que surge da leitura desse dispositivo diz com a *possibilidade* de no título nominativo constar ou não o nome do seu possuidor.

A doutrina tem afirmado ser imperativo o registro no documento do nome de seu legitimado. É da própria natureza dos títulos de crédito nominativo.

Seria o lançamento do nome de seu detentor, inclusive, condição para o *transfert* pelo emitente.

Entretanto, deixou o legislador *porta entreaberta* no comando legal a suscitar especulações por parte dos operadores do direito.

Não é sem razão a observação posta por Mercado Jr. quando da análise, anos atrás, do então Anteprojeto de Código Civil:

> Não compreendemos a razão do requisito, posto no par. 3.º, para a obtenção, pelo adquirente do título endossável (ou nominativo endossável), de novo título em seu nome: a indicação no título original, do nome do primitivo proprietário. Salvo erro de nossa parte, o Título original sempre terá o nome do primitivo proprietário[185].

Outrossim, desejando o adquirente obter título novo, em seu nome, deverá o emitente *criá-lo* e entregá-lo ao titular, em substituição do antigo título.

Nesse caso, a emissão (*rectius*: criação) de novo documento está condicionada à apresentação e entrega ao emitente do título que se busca substituir.

Ao emitente caberá então cancelar o título antigo e lançar no livro de registro de transferência de títulos nominativos a existência de título novo e o cancelamento do título substituído. Esses atos de registro são de responsabilidade do emitente e visam proteger terceiros de boa-fé; daí por que eventual negligência ou falha do emitente na averbação dos referidos atos jurídicos o colocará em posição de responsável pelos danos ou prejuízos que delas se originarem.

Art. 924. Ressalvada proibição legal, pode o título nominativo ser transformado em à ordem ou ao portador, a pedido do proprietário e à sua custa.

Direito anterior: Sem correspondente no CC/1916.

---

[185] Op. cit., p. 132.

COMENTÁRIOS

Esse dispositivo vai ao encontro da irrigidez que informa o direito comercial. A conversão da forma dos títulos é, de antemão, autorizada pelo ordenamento legal.

Com efeito, os títulos nominativos podem, a qualquer tempo, e desde já, ser convertidos na forma à ordem. Quanto a esta modalidade de circulação, não existe restrição expressa, como ocorre com os títulos ao portador. Para estes sua existência se sujeita a um sistema *negativo*: somente é possível sua criação se a lei especial assim autorizar (cf. art. 907, Código Civil).

Desse modo, temos que, apesar da liberdade assegurada pelo legislador quanto à conversão dos títulos nominativos, fato é que, enquanto o giro à ordem comporta, tradicionalmente, um elemento *positivo* de poder jurídico, o giro ao portador, historicamente, subsume-se a uma hipótese *negativa* de agir.

Ademais, se é certo que o possuidor do título pode solicitar sua conversão em à ordem ou ao portador, certo também é que tal direito pode ser suprimido pelo emitente, no momento de criação do título.

A norma exposta no art. 924 do Código Civil não é de cunho cogente; ao contrário, contém um comando flexível, de liberdade e, assim, de submissão à vontade daquele que cria e põe o título em circulação.

Assevera Vivante que "o possuidor é dono da obra do emitente"[186], o que significa que a criação do documento é obra do desejo e interesse do seu criador e que, da forma como foi contemplada a sua criação, passa a ser de propriedade e disposição do seu possuidor.

A criação é ato de vontade do emitente. É ele quem fixa e limita os direitos e as obrigações oriundas do título às quais se vincula o possuidor. O direito que o legitimado irá e poderá exercer perante o emitente é aquele originado da manifestação unilateral de vontade do emitente e sua vontade pode ser a de vedar a conversão dos títulos nominativos.

---

[186] Apud Bonfanti e Garrone, op. cit., p. 87.

Art. 925. Fica desonerado de responsabilidade o emitente que de boa-fé fizer a transferência pelos modos indicados nos artigos antecedentes.

Direito anterior: Sem correspondente no CC/1916.

COMENTÁRIOS

1. Efeitos do *transfert*

A transferência objeto do art. 925 do Código Civil é aquela que complementa a circulação da cártula. O registro pelo emitente – *transfert* – integra e *fecha* a cadeia de legitimação daquele que detém a posse do documento.

O *transfert* legitima o possuidor a exigir do devedor o cumprimento da prestação, mas o ato de registro por parte do emitente não tem o condão de afirmar, *jure et jure*, a qualidade do legitimado de *titular* do direito cambiário.

O *transfert* inverte o ônus da prova, mas não afasta, em absoluto, a possibilidade de um terceiro perquirir, em face do possuidor, a titularidade do direito mencionado no título.

Perante essa limitada produção de efeitos que a averbação do nome do proprietário do título opera devemos analisar a extensão da responsabilidade do *transfert* efetivado por emitente de boa-fé.

Com efeito, a averbação da transferência deve ser precedida por uma análise da cadeia de endossos (regular e ininterrupta) e da autenticidade das assinaturas dos endossantes. Isto se o giro se perpetrou via endosso.

Se a transferência se deu por meio direto e simples, em uma relação única entre o proprietário e o adquirente, basta a aposição das assinaturas de ambas as partes no livro de registro do emitente, com as cautelas normais de averiguação da regularidade na constituição do ato.

Adotadas essas cautelas básicas por parte do emitente, estará ele a salvo de responsabilidades futuras pelos efeitos que o *transfert* vier a produzir no patrimônio jurídico de um terceiro. No entanto, essa desoneração somente o alcança, se tiver agido de boa-fé. É esse o princípio que rege as relações contratuais e, especialmente, aquelas atinentes aos títulos de crédito.

2. Responsabilidade do emitente

Indaga-se quanto à gradação da omissão ou falta do emitente na análise das condições prévias ao registro em seu livro de transferência, para fins de apuração da sua responsabilidade.

Cremos que a culpa do emitente advém de falha imperdoável ou de injustificável omissão no trato das condições que sujeitam a constituição do ato de averbação.

O emitente atua como ente registrário e há de aplicar nessa tarefa as cautelas primárias de verificação da regularidade da(s) transferência(s). O registro não é ato principal da atividade do emitente, possivelmente tarefa extraordinária, dele não se podendo exigir além das básicas precauções que qualquer pessoa adotaria em posição similar.

A responsabilidade do emitente erige do descumprimento de dever elementar, de imperdoável falha na condução dos procedimentos que condicionam o ato jurídico.

Desonera-se o emitente, se sua culpa for comprovadamente *leve* ou *levíssima*. Responde perante o terceiro prejudicado por *culpa grave*.

Oportuno indagar, ainda: como fica a responsabilidade do emitente que registra a transferência ciente de que entre os possuidores anteriores um deles havia adquirido o título *a non domino*?

Essa questão parece pouco provável de acontecer, ao menos em sede de títulos inominados, uma vez que a autenticidade das assinaturas dos endossantes é uma constante no giro, se não uma condição intermediária a preocupar todos os adquirentes, visto que ao final da linha a certificação condicionará o *transfert*.

Por certo o legislador procurou impedir ou obstaculizar a existência de vícios no negócio de transmissão da cártula, impondo ao emitente a análise das assinaturas dos endossantes.

Contudo, caso, por alguma circunstância peculiar, o giro se faça regularmente com a intervenção de uma aquisição intermediária *a non domino*, o emitente de boa-fé que mesmo assim averbar a transferência fica desonerado de responsabilidade.

É o que sustentam os doutrinadores Valeri, Bonelli e Bracco, com o apoio de Ascarelli, que assim resume a questão:

> Costuma-se responder que a boa-fé do possuidor intermédio sana a má-fé do sucessivo, isto é, a boa-fé é um requisito para a aquisição **a non domino**, mas não para a aquisição **a domino**[187].

Por certo esse é um dos temas de grande repercussão e polêmica, podendo-se discutir se a boa-fé se macula ou não em face do conhecimento advindo de circunstâncias casuais ou pessoais, mas nunca se originado de expresso ofício judicial ou, em princípio, se formalizada a ciência do fato via notificação do prejudicado ao emitente.

Art. 926. Qualquer negócio ou medida judicial, que tenha por objeto o título, só produz efeito perante o emitente ou terceiros, uma vez feita a competente averbação no registro do emitente.

Direito anterior: Sem correspondente no CC/1916.

COMENTÁRIOS

A própria lei esclarece as razões para o possuidor registrar a transferência do título nominativo junto ao emitente: fazer valer seus direitos perante terceiros e o emitente do documento.

---

[187] Apesar de a citação se referir às relações de endossos ou transferências, há de se aplicar, com certeza, às hipóteses de averbação no livro do emitente. Segundo esse entendimento, a boa-fé é um requisito necessário apenas nas aquisições diretamente feitas *a non domino*, e não um requisito obrigatório para adquirir a propriedade de um bem entrado irregularmente em circulação. Op. cit., p. 319.

Essa é a função precípua do *transfert*; sem a averbação a transferência e seus efeitos restringir-se-ão à esfera jurídica da relação proprietário/adquirente. Apesar de deter o título, ao portador restará obstado o exercício do direito à prestação pela ausência da investidura que somente o *transfert* assegura.

Isso porque a *legitimação* e, por consequência, a investidura no direito subjetivo são condições *sine qua non* a possibilitar ao possuidor exigir o cumprimento da prestação cartular.

Para a incorporação desse direito ao seu patrimônio jurídico é imperativo que o detentor da cártula averbe a transferência junto ao emitente.

A averbação assegura ao possuidor a legitimidade (investidura) para exercer a pretensão de direito cartular.

Daí por que a averbação produz, nos termos da lei, efeitos *erga omnes*. Quer dizer, gera eficácia perante terceiros e o emitente.

Diga-se, ademais, que a lei não deixa margem a dúvidas: *qualquer negócio ou medida judicial que tenha por objeto o título fica a depender da efetiva averbação no registro do emitente*, para que produza qualquer efeito de direito perante terceiros e o emitente.

Seja lá qual for o negócio jurídico que deu azo à transferência, seus pretendidos efeitos, quanto ao emitente e a terceiros, *condicionam-se*, cogentemente, ao prévio registro no livro competente do emitente.

A lei não faz distinções ou estabelece gradações quanto ao negócio subjacente e seus efeitos perante aqueles que não integram a relação causal. Certamente, não importa a natureza do negócio existente entre proprietário/adquirente. A lei é objetiva e radical quanto à eficácia *erga omnes* da transferência: depende do registro no livro competente do emitente.

Trata-se de tradicional dogma mantido em evidência pela recente lei civilista.

O *transfert* é uma *conditio juris* a cuja verificação fica subordinada a eficácia da transferência da posse[188].

---

[188] Ascarelli, op. cit., p. 315.

Entendida, contudo, essa subordinação da eficácia na relação do adquirente com terceiros e emitentes, e não daquela com o antigo proprietário.

Havendo disputa judicial quanto à posse da cártula e à titularidade do direito, seja qual for a índole da controvérsia ou o meio processual adotado, os efeitos provenientes dessa controvérsia somente alcançam os terceiros e o emitente se constar averbada no registro do emitente.

Quer isso dizer que qualquer ato omissivo ou comissivo do emitente ou de terceiros que tenha por objeto o título questionado judicialmente, ou nele produza efeito, somente há de refletir qualquer responsabilidade em tais pessoas, se a disputa travada nos tribunais tiver sido levada à averbação junto ao emitente.

Essa averbação, notadamente, deverá ser lavrada por força de ofício do juízo requerido pela parte interessada. Seja com o trânsito em julgado da ação judicial ou no início do processo judicial, como forma instrumental de prevenir ou resguardar futuro direito.

Entretanto, uma questão se impõe, de antemão, quanto ao aparente radicalismo do comando legal contido no art. 926 do Código Civil: na ausência de ordem judicial determinando a averbação da controvérsia, mas perante o emitente a uma notificação regular do interessado dando-lhe ciência da existência de controvérsia envolvendo o título e da potencial e futura ação judicial, estaria ele a salvo de responsabilidades quanto a atos jurídicos que venha a praticar tendo por objeto o referido título?

Sem embargos de nuances que cada caso concreto há de comportar, cremos que o emitente que receba uma notificação da espécie se coloca em uma posição bastante delicada e frágil, na hipótese de dar curso a algum ato jurídico que possa agravar ou prejudicar o direito da pessoa que lhe notificou, informando das questões controversas.

Isso porque a notificação da disputa sobre o título retira do emitente o argumento do desconhecimento dos fatos envolvendo a posse do documento e a sua titularidade e, por conseguinte, a sua boa-fé.

TÍTULO IX
DA RESPONSABILIDADE CIVIL

1. Da obrigação de indenizar

1.1 A responsabilidade civil e os novos danos (danos provocados por alimentos geneticamente modificados, por ondas eletromagnéticas, *bullying* e *stalking*)

A transformação da responsabilidade civil[1] nas últimas décadas em nosso país é inegável. O motivo primacial dessa mudança sucedeu, em um primeiro momento, com o advento da Constituição Federal de 1988. Em seguida, o Código de Defesa do Consumidor instituiu como regra a responsabilidade objetiva e, posteriormente, o Código Civil de 2002 estabeleceu dois regimes de responsabilidade civil (subjetivo e objetivo), fazendo com que a maioria das hipóteses de responsabilidade civil fosse tratada sem a análise da culpa.

Os três diplomas mencionados enalteceram a pessoa humana, sua dignidade e proteção. De uma posição eminentemente patrimonialista do Código Civil de 1916, preocupada fundamentalmente com a circulação de riquezas e o desenvolvimento econômico, o ordenamento jurídico, sem abandonar a noção desenvolvimentista, passou a privilegiar um comportamento honesto, ético, correto, protetivo da pessoa humana e do meio ambiente, baseado no aspecto humanístico, na chamada *justiça protetiva* (*iustitia protectiva*), que privilegia uma vida digna, centrada

---

[1] Responsabilidade, do latim *respondere*, de *spondeo*, é resultado da obrigação no direito romano arcaico, direito *quiritário*, na época da Realeza, período compreendido entre as origens de Roma e 510 a.C., em que o devedor, nos contratos verbais, se vinculava ao credor, por meio de uma indagação e resposta: *Spondesne mihi dare Centum? Spondeo* (Prometes dar-me um cento? Prometo), conforme Álvaro Villaça Azevedo. *Teoria geral das obrigações*: responsabilidade civil. 10. ed. São Paulo: Atlas, 2004. p. 276.

no princípio *neminem laedere*, na ideia, portanto, de não lesar outrem e na prevenção de danos.

Na noção tradicional de responsabilidade civil, a punição do ofensor[2], em um contexto em que se exigia o ressarcimento dos prejuízos pela conduta culposa do agente, com evidente enfoque moral, estava condicionada à efetiva demonstração de um ato ilícito, ou seja, um comportamento contrário ao direito que provocasse um dano. O ponto central nessa clássica visão da responsabilidade civil estava na pessoa daquele que praticava o evento danoso, agindo com culpa, e não na pessoa do lesado. Ao ofensor, assim, era imposta normalmente insuficiente sanção, ou seja, a mera volta ao estado anterior, quando possível, por seu comportamento ser contrário ao direito. Em outras palavras, sua liberdade individual estava vinculada à responsabilidade por seus atos que, bem de ver, não deveriam prejudicar outras pessoas.

Para que o ato realizado com imprudência, imperícia ou negligência do lesante possibilitasse a efetiva reparação do dano suportado pelo ofendido, duas outras fases eram indispensáveis para que o agente fosse compelido a reparar o dano: a demonstração da existência deste e o nexo de causalidade.

Fato importante que desencadeou a evolução na responsabilidade civil foi a transformação de atos negociais em atividade empresária, pois constatou-se que na sociedade moderna, na maioria das situações, a conduta culposa era dispensável para a configuração do dever de reparar o dano. Destarte, embora lícito, em razão do risco da atividade ou disposição legal, a reparação da ofensa era necessária.

Assim, ocorreu a mudança de um sistema centrado quase que exclusivamente na culpa (responsabilidade subjetiva), que passou a abarcar a responsabilização sem culpa, diante de disposição legal ou pelo risco da atividade (responsabilidade objetiva), na maioria dos casos. Posto leis extravagantes, sob a égide do Código Civil de 1916, já regulassem algumas poucas situações de responsabilidade objetiva, somente a partir da Constituição Federal de 1988 é que realmente se in-

---

[2] Ripert George. *A regra moral nas obrigações civis*. Tradução de Osório de Oliveira. Campinas: Bookseller, 2000: "O que na realidade visa a condenação não é a satisfação da vítima, mas a punição do autor".

tensificaram os casos de responsabilidade sem culpa, tais como aqueles previstos no Código de Defesa do Consumidor, que adotou como regra a responsabilidade objetiva do fornecedor de produtos ou serviços.

O Código Civil atual, embora tenha mantido a responsabilidade subjetiva em seu art. 927, *caput*, previu, no parágrafo único desse mesmo dispositivo, a responsabilidade objetiva, fundada, como dissemos, nos casos especificados em lei e no risco da atividade. Todavia, qual atividade no mundo capitalista não é de risco? Qual atividade não representa algum grau de risco? Somente as atividades perigosas? Essas e outras indagações serão aqui tratadas no exame dos arts. 927 a 954.

Com efeito, toda essa mudança de rumo na responsabilidade civil, que no século XIX estava centrada na culpa do ofensor e no século XX passou a ter uma posição diversa, baseada na ideia de solidariedade, tendo como centro a figura da vítima, passa a ter, atualmente, um rumo baseado na busca pela segurança, calcada nos princípios da prevenção e da precaução de danos.

Esse novo aspecto da responsabilidade civil foi delineado diante da real dificuldade na demonstração da culpa do ofensor e em muitos casos o obstáculo de comprovação do nexo de causalidade entre a ação ou omissão do agente e o dano suportado pela vítima. Isso fazia com que uma gama imensa de casos ficasse sem a devida reparação do prejuízo sofrido pelo lesado, em razão da complexidade de se provar o liame entre dano e ação ou omissão do ofensor.

Esse verdadeiro impasse fez com que a jurisprudência e a doutrina adotassem soluções para uma busca incessante de conforto à vítima, privilegiando-a, visto que não mais se poderiam conceber vítimas desamparadas, abandonadas à própria sorte, pelo único motivo de ser árdua a tarefa probatória do nexo de causalidade. Para tanto, tem-se adotado, em algumas situações, o entendimento de que o nexo causal pode ser presumido nessa busca de proteger a pessoa lesada e determinar a reparação do prejuízo pelo provável ofensor.

Na realidade, toda essa transformação vem ao encontro da interpretação que tem sido realizada do texto constitucional, a partir da prevalência do princípio da dignidade da pessoa humana, que se instrumentaliza por meio dos princípios da igualdade e da solidariedade, no dever de prevenção aos eventos danosos, assim como por intermédio da relação direta desses preceitos constitucionais com o princípio *neminem laedere* (a ninguém lesar), que deriva do ideal de Justiça, do respeito ao próximo e por tudo aquilo que o cerca (arts. 186 e 927 do Código Civil), ao lado da exigência de uma conduta correta, honesta, justa, equânime, segundo a boa-fé objetiva (art. 422 do Código Civil).

Portanto, da noção de retribuição do dano causado passou-se à reparação fundada na *justiça distributiva*, em um verdadeiro caminho de solidariedade para a reparação do dano, fato esse aliado à busca na prevenção de danos. Com isso, tem-se operado a flexibilização do nexo de causalidade, além da construção, em especial na área do Direito Ambiental, de mecanismos para a responsabilização do causador de danos ao meio ambiente, mesmo que, em certas situações, impraticável a prova do nexo causal[3].

Toda essa mudança de rumo da responsabilidade civil alcança não apenas os seus pressupostos, mas seu ponto central, isto é, a busca incessante pelo conforto ao lesado, com a consequente reparação da lesão. O ofendido, nessa nova visão, passa a ser a figura primacial da responsabilidade civil.

As rápidas transformações sociais, políticas e econômicas que o mundo passa geram um desafio ainda maior na reparação de danos causados por atos ou atividades ilícitas ou lícitas, lesões essas antigas com nova roupagem ou verdadeiros novos danos, tais como danos à saúde provocados por alimentos geneticamente modificados, por ondas eletromagnéticas, além dos danos causados por *bullying* e *stalking*.

Há dúvidas, no meio científico, sobre uma vasta gama de atividades que teriam ou não potencial lesivo à saúde, com consequências desastrosas para a população, se comprovados futuramente os malefícios

---

[3] Na lesão ao meio ambiente natural, em razão do argumento de que a obrigação é *propter rem*, independentemente da prova da relação direta entre a ação ou omissão e o dano existente, responde civilmente o proprietário do bem por violação ao meio ambiente, mesmo na hipótese de não ter dado causa ao prejuízo, levado a efeito pelo proprietário anterior (STJ, 2.ª Turma, REsp 1251697/PR, Rel. Min. Mauro Campbell Marques, j. 12.04.2012, *DJe* 17.04.2012). Na ementa, decidiu-se que: "Esta Corte Superior possui entendimento pacífico no sentido de que a responsabilidade civil pela reparação dos danos ambientais adere à propriedade, como obrigação *propter rem*, sendo possível cobrar também do atual proprietário condutas derivadas de danos provocados pelos proprietários antigos".

dessas práticas. Não se sabe, com precisão, se a utilização de alimentos geneticamente modificados[4] causa danos à saúde e ao meio ambiente.

A questão já é objeto de debates há muito tempo. No entanto, mais recentemente, um estudo publicado pela revista *Food and Chemical Toxicology*[5] constatou, em animais, graves danos à saúde, com resultados alarmantes.

Como o direito deve enfrentar esse tema? Tem de aguardar provas irrefutáveis da ciência, esperar o possível dano ocorrer para, então, proibir a comercialização dos alimentos geneticamente modificados? Aguardar uma lesão difusa ou, com fundamento no princípio da precaução, excluir o cultivo e comercialização desses alimentos? Estar-se-ia diante de um enorme prejuízo à economia do País, com reflexos sociais de grande magnitude? Na hipótese de dano à saúde, seriam responsáveis os fornecedores e o Estado, que permitiu essa atividade? Seria o caso de risco do desenvolvimento? (v. comentários ao art. 931).

Tema análogo diz respeito aos danos provocados por ondas eletromagnéticas, que estão relacionadas à tecnologia que desenvolveu muitos emissores de radiação, tais como torres de alta tensão, antenas de rádio e televisão, redes de transmissão de energia e, mais recentemente, antenas de telefonia celular, entre outras. Essas ondas são classificadas de acordo com o valor de sua frequência. Sendo assim, pensava-se que apenas as radiações do tipo *ionizante*, por exemplo, as dos aparelhos de *raio-X*, seriam danosas à saúde, enquanto as do tipo *não ionizante*, como celulares, não trariam maiores consequências lesivas. Há, contudo, dúvida acerca dessas questões[6], pois atualmente não se descarta o

---

[4] A Lei 11.105/2005, que revogou a Lei 8.974/1995, define o que são organismos geneticamente modificados (OGM), em seu art. 3.º, V, considerando-os como "o organismo cujo material genético – ADN/ARN – tenha sido modificado por qualquer técnica de engenharia genética".

[5] Disponível em: <www.journals.elsevier.com/food-and-chemical-toxicology/>.

[6] A Agência Internacional de Pesquisa sobre Câncer (IARC), órgão da Organização Mundial da Saúde (OMS), anunciou, em 2011, que o uso de telefones celulares pode causar um tipo de tumor maligno no cérebro chamado glioma. É a primeira vez que um órgão mundial de saúde admite publicamente a associação entre os dois fatores (Disponível em: <http://veja.abril.com.br/noticia/saude/oms-afirma-que-uso-de-celular-pode-estar-relacionado-a-cancer-no-cerebro>).

real risco de danos à saúde, mesmo tratando-se de radiações do tipo *não ionizante*[7].

Nos dois casos com potencial de danos à saúde (lesões provocadas por alimentos geneticamente modificados e danos por ondas eletromagnéticas), a dúvida central está na aplicação dos princípios da *prevenção* ou da *precaução*.

O *princípio da prevenção* tem sido aplicado às demandas que envolvem questões relacionadas ao meio ambiente (art. 225 da Constituição Federal), na hipótese de certeza de lesão, cientificamente comprovada, motivo pelo qual, de maneira preventiva, pleiteia-se a cessação da atividade que, certamente, acarretará um prejuízo[8]. Há, ainda, entendimento de que, mesmo que haja dúvida quanto à efetivação do dano ambiental, incerteza essa demonstrada cientificamente, mediante argumentos plausíveis, possibilitaria o emprego do denominado *princípio da precaução*[9].

Nossos tribunais têm admitido os dois princípios[10], e a solução para possíveis lesões dessa magnitude está na adoção de um ou outro princípio.

Há outros danos, antigos com nova roupagem, que merecem uma análise, mesmo que sintética. Os danos provocados por *bullying* têm

---

[7] V. Roberta Catalano. *Esposizione alle onde elettromagnetiche e tutela della persona*. Napoli: Jovene, 2005. p. 157 e s.

[8] V. sobre o tema Celso Antonio Pacheco Fiorillo. *Curso de direito ambiental brasileiro*. 12. ed. São Paulo: Saraiva, 2011. p. 117-123. V., ainda, José Renato Nalini. *Ética ambiental*. 2. ed. São Paulo: Millennium, 2003. p. 24-29.

[9] Paulo Afonso Leme Machado. *Direito ambiental brasileiro*. São Paulo: Malheiros, 2001. p. 55. V., ainda, sobre o tema Teresa Ancona Lopez. *Princípio da precaução e evolução da responsabilidade civil*. São Paulo: Quartier Latin, 2010.

[10] Neste aresto, na Ementa, assim ficou decidido: O princípio da precaução, consagrado formalmente pela Conferência das Nações Unidas sobre o Meio Ambiente e o Desenvolvimento – Rio 92 (ratificada pelo Brasil), a ausência de certezas científicas não pode ser argumento utilizado para postergar a adoção de medidas eficazes para a proteção ambiental. Na dúvida, prevalece a defesa do meio ambiente (STJ, 2.ª Turma, REsp 1285463/SP, Rel. Min. Humberto Martins, j. 28.02.2012, *DJe* 06.03.2012).
Na Ementa, há a seguinte assertiva: "O poder de polícia deve ser garantido por meio de medidas eficazes, não por meio de mero apostilamento do produto – que inviabiliza a prévia avaliação pelos setores competentes do lançamento no mercado de quantidade considerável de agrotóxicos – até para melhor atender o sistema jurídico de proteção ao meio ambiente, o qual se guia pelos princípios da prevenção e da precaução" (STJ, 2.ª Turma, REsp 1153500/DF, Rel. Min. Mauro Campbell Marques, j. 07.12.2010, *DJe* 03.02.2011).

sido enfrentados em várias decisões de nossos tribunais[11], que é tão vetusto quanto os estabelecimentos de ensino, mas que, atualmente, tem uma nova característica, com tecnologia apurada e grande extensão lesiva.

---

[11] Ementa: Apelação cível. Responsabilidade civil. Ação de indenização por danos extrapatrimoniais. Apelido dado em razão de problema congênito da autora por professora de escola municipal. Responsabilidade civil do estado configurada. Art. 37, § 6.º, CF/1988. Ato ilícito e *bullying*. Danos extrapatrimoniais verificados. *Quantum* indenizatório majorado. Honorários advocatícios mantidos. Correção monetária e juros de mora. Lei 11.960/2009. Responsabilidade extracontratual do Estado. A Administração Pública responde objetivamente pelos danos advindos dos atos comissivos realizados pelos agentes públicos, nesta condição, contra terceiros, nos termos do art. 37, § 6.º, da Constituição da República. Configurada hipótese de responsabilidade extracontratual do Estado pelo evento danoso, porquanto devidamente comprovado nos autos, bem como o nexo de causalidade com a atuação comissiva do ente público demandado. Ato ilícito e a prática de *bullying*. O princípio da dignidade humana constitui-se em fundamento do Estado Democrático de Direito, nos termos do art. 1.º, III, CF. Em relação às crianças e adolescentes a materialização deste princípio ocorre por meio da proteção integral, consagrada no art. 227 da CF e no próprio texto da Lei 8.069/1990. O direito ao respeito engloba a inviolabilidade da integridade física, psíquica e moral das crianças e adolescentes. O *bullying* configura-se como ato ilícito que causa lesão à dignidade da pessoa humana. O Estado, por meio dos seus agentes públicos, especialmente membros do magistério público, devem adotar práticas funcionais direcionadas para resguardar a integridade das crianças e adolescentes. Caso em que configurada a ilicitude no agir do agente público, pois, na condição de professora de escola pública municipal, deu apelido à autora com base em problema congênito (inclinação lateral irreversível do pescoço), sendo que seus colegas de turma também passaram a chamá-la da mesma forma. Tal situação gerou abalo psicológico a ponto da autora não querer mais frequentar as aulas. Configurado, pois, o ato ilícito, em razão de conduta comissiva do ente público estadual. Danos extrapatrimoniais e quantificação da indenização. A configuração do dano extrapatrimonial, na hipótese, é evidente e inerente à própria ofensa; ou seja, trata-se de dano *in re ipsa*, que dispensa prova acerca da sua efetiva ocorrência. A indenização por danos extrapatrimoniais deve ser suficiente para atenuar as consequências das ofensas aos bens jurídicos tutelados, não significando, por outro lado, um enriquecimento sem causa, bem como deve ter o efeito de punir o responsável de forma a dissuadi-lo da prática de nova conduta. Majoração do *quantum* indenizatório, considerando as peculiaridades do caso concreto. Correção monetária e juros de mora. Aplicação do art. 1.º-F da Lei 9.494/1997. Redação dada pela Lei 11.960/2009. A Lei 11.960/2009, de 30.06.2009, alterou o texto do art. 1.º-F da Lei 9.494/1997, que passou a dispor que nas condenações impostas à Fazenda Pública, independentemente de sua natureza e para fins de atualização monetária, remuneração do capital e compensação da mora, haverá a incidência uma única vez, até o efetivo pagamento, dos índices oficiais de remuneração básica e juros aplicados à caderneta de poupança. Logo, a contar da vigência da nova lei, a atualização monetária e a compensação da mora sofrerão atualização na forma do artigo citado, ou seja, de "uma única vez" e pelos "índices oficiais de remuneração básica e juros aplicados à caderneta de poupança". Termo inicial dos juros de mora. Os juros de mora devem incidir desde a data da decisão que concedeu, majorou ou reduziu a indenização por danos extrapatrimoniais. Honorários advocatícios. Deve ser mantido o valor fixado na sentença a título de honorários advocatícios em favor do procurador do autor, pois remunera adequadamente o trabalho desenvolvido pelo profissional, na esteira do entendimento manifestado por este Colegiado. Apelo do réu desprovido. Apelo da autora provido (TJRG, 9.ª Câmara Cível, Ap. Cível 70049350127, Rel. Des. Leonel Pires Ohlweiler, j. 29.08.2012).

O termo inglês *bully* tem o significado de valentão, mandão, brigão e representa o conjunto de atitudes agressivas, intencionais e realizadas de maneira repetitiva, adotadas por um ou mais alunos, diante de outro, que é a vítima, todos crianças ou adolescentes, causando a esta última sofrimento[12], angústia e dor. São, na realidade, intimidações, perseguições, difamações, entre outras condutas, sem que existam razões para tanto, o que leva o ofendido a sofrer danos graves, que interferem sobremaneira em sua autoestima.

A ofensa pode ser física ou psicológica, realizada em flagrante desequilíbrio de poder entre o agressor ou agressores e o ofendido, lesão essa que pode ser presencial ou pelos meios de comunicação virtual (*e-mail*, torpedo, celular, *facebook, orkut, twitter* etc.).

A responsabilização dos pais do agressor pelos danos provocados à vítima está fundada no art. 932 do Código Civil, enquanto a do estabelecimento de ensino, no art. 14 do Código de Defesa do Consumidor. Essa responsabilização depende do lugar onde a lesão acontece. Se na escola, a responsabilidade será desta, desde que haja prova da lesão e demonstração do nexo de causalidade, visto que a responsabilidade é objetiva e, portanto, independe de culpa. Caso a prática do *bullying*[13] ocorra fora do estabelecimento de ensino ou se se tratar de *cyberbullying*, isto é, o uso de tecnologias de informação e comunicação para o evento danoso, também fora do ambiente escolar, a responsabilidade será dos pais do menor ofensor. Uma vez provado o ilícito praticado pelo menor, a responsabilidade dos pais será também objetiva (v. comentários ao art. 932). Nada impede, também, que a responsabilidade seja de ambos (estabelecimento de ensino e pais), pois há que se verifi-

---

[12] Ementa: Reparação de danos. *Bullying*. Menor de idade agredido, tendo sua cabeça introduzida dentro de vaso sanitário, com a descarga acionada. Reconhecimento de situação vexatória e humilhante, apta a caracterizar o dano moral, independente de qualquer outro tipo de comprovação. Fatos ocorridos dentro do estabelecimento de ensino, em sanitário fechado. Ausência de fiscalização suficiente, o que gera a responsabilidade da escola pelo ocorrido. Sentença mantida. Recurso improvido (TJSP, 37.ª Câmara de Direito Privado, Ap. Cível 001221-08.2009.8.26.0220, Rel. Des. Luís Fernando Lodi, j. 25.08.2011).

[13] Há relação entre o *bullying* e *mobbing*, embora sejam fenômenos diversos. Em inglês, *to mob* significa incomodar. Trata-se de dano consistente de assédio moral no trabalho.

car a maneira pela qual o ato lesivo foi praticado[14], o que pode resultar em danos materiais, morais e à imagem da vítima.

Stalking é outra espécie de lesão, também antiga, que, diante das novas formas de comunicação, adquire uma nova dimensão mais abrangente e grave. Tem o significado, em inglês, de perseguição, ato de perseguir, identificado na psiquiatria forense. O ofensor (*stalker*) é a pessoa que molesta de maneira incessante a vítima, mediante atos de intimidação e perseguição (social e psicológica) que, repetidos, causam angústia, medo ou depressão. É o *caçador à espreita* a imagem que mais de adéqua ao lesante.

Esse tipo de lesão relacional consiste na intromissão, na esfera pessoal do lesado, violando os direitos da personalidade, entre eles a vida privada e a intimidade. Essa verdadeira perseguição da vítima se opera pelo ato de segui-la constantemente ou, ainda, utilizando-se de toda a tecnologia da comunicação (*cyberstalking*), molestando-a virtualmente, em uma perseguição obsessiva (*obsessional following*). São exemplos situações que envolvem um relacionamento afetivo interrompido (ruptura de namoro, casamento ou união estável), relações entre pacientes e profissionais, normalmente da área da saúde, tais como médicos, psicólogos, assistentes sociais, e seus pacientes, que se sentem dependentes desses profissionais e passam a persegui-los, além do *stalking* familiar, decorrente de intimidações e perseguições entre parentes[15].

Em todas essas situações de *stalking* a vítima se depara com violência física, psicológica ou abuso do direito. Na seara penal não há um tipo específico, podendo, dependendo da situação, o ofendido se socorrer do art. 65 da Lei das Contravenções Penais (perturbação da tranquilidade), dispositivo esse que, em verdade, não se relaciona diretamente nem tem a extensão ou retrata a gravidade desse novo fenômeno, em razão do *modus operandi* tecnológico do ofensor.

Já na esfera do Direito Civil há vários dispositivos passíveis de aplicação, sempre dependendo dos atos praticados pelo lesante, consistentes na prática de um ato ilícito (CC, art. 186), violação aos direitos

---

[14] V. Marcello Adriano Mazzola. *I nuovi danni*. Milano: Cedam, 2008. p. 1.017 e s.
[15] Marcello Adriano Mazzola, ob. cit., p. 1047 e s.

da personalidade (CC, arts. 11/21), abuso do direito (CC, art. 187), que propiciam a reparação dos danos materiais, morais e à imagem.

No entanto, nem sempre é fácil a prova dos danos provocados pelo *stalking*, haja vista que, em certas situações, o agressor age no limite entre o lícito e o ilícito.

Há, portanto, vários desafios a serem enfrentados, em razão de novas tecnologias, novos alimentos geneticamente modificados, além de outros novos danos, muitos ainda sequer conhecidos, o que requer uma interpretação contemporânea dos dispositivos relativos à responsabilidade civil, em consonância com a sua função social[16].

1.2 O princípio *neminem laedere* e as funções da responsabilidade civil

Para o enfrentamento de questões atuais relacionadas à responsabilidade civil, é necessária uma análise de um princípio que se faz presente em vários dispositivos do Código Civil que, se interpretado à luz da Constituição Federal, possibilita uma antiga e, ao mesmo tempo, moderna maneira de enfrentar os desafios atuais. Trata-se do princípio *neminem laedere* ou mais precisamente *alterum non laedere* (não lesar a outrem).

Esse princípio consta do *Digesto*[17], que corresponde a uma das partes do *Corpus Juris Civilis* ou Código *Justinianeu*, do Imperador Justiniano, de 526 d.C., que compreende as *Institutas* ou *Instituições* (*Institutiones*)[18], o Código (*Codex*), consistente de uma coleção sistemática de leis e decretos imperiais, e as *Novelas* (*Novellae Constituitiones*), que eram novas leis imperiais. No *Digesto* 1.1.10.1, entre os três

---

[16] V., sobre função social, Arruda Alvim. *Comentários ao Código Civil brasileiro*: livro introdutório ao direito das coisas e o direito civil. Rio de Janeiro: Forense, 2009. v. XI, t. I, p. 260 e s.

[17] *Digesto*, do latim *digerere*, significa pôr em ordem. Trata-se de uma compilação de fragmentos de textos de jurisconsultos clássicos. O *Digesto* (*Digesta*), também era conhecido com o nome grego de *Pandectas* e foi promulgado em 15 de dezembro de 533.

[18] As *Institutas* serviam como um manual de Direito Romano aos estudantes de Direito de Constantinopla (*Institutas do Imperador Justiniano*. Tradução de J. Cretella e Agnes Cretella. 2. ed. São Paulo: RT, 2005).

preceitos do direito, Ulpiano estabelece o *neminem laedere* (*alterum non laedere*), não lesar a outrem, que é utilizado como fundamento para a teoria da responsabilidade civil: *Iuris praecepta sunt haec: honeste vivere*[19], *alterum non laedere, suum cuique tribuere*[20] – "Os preceitos do direito são estes: viver honestamente, não lesar a outrem, dar a cada um o que é seu"[21].

---

[19] O primeiro preceito de Ulpiano (*honeste vivere*) retrata justamente a moral estoica, que considera a honestidade um bem supremo. Para essa corrente filosófica, a virtude está acima de tudo e é imposta por todo o universo, haja vista que a natureza é dominada pela razão e esta regula a natureza do homem. Destarte, o que corresponde à razão prática e às concepções da ética é, simultaneamente, natural. Na Grécia antiga, um homem justo, correto, era aquele que cumpria com sua obrigação decorrente de um contrato. A noção de correção estava relacionada, num primeiro momento, ao respeito aos direitos da outra parte, com a realização daquilo que foi prometido, estipulado. Sobre essa ação justa, correta, exemplificada por Aristóteles em sua obra *Ética a Nicômaco*, V, 2.12, resultou na denominada *iustitia commutativa* (Helmut Coing. *Elementos fundamentais da filosofia do direito*. Tradução de Elisete Antoniuk. Porto Alegre: Fabris, 2002. p. 42-43 e 245).
No direito justinianeu, *honeste vivere* tem o significado não apenas de honestidade, mas uma noção bem mais ampla, que compreende a boa-fé (*bona fides*), a ideia de justiça e também de lealdade.

[20] O preceito *suum cuique tribuere* traz a ideia do justo e do injusto, enfatizada, entre outros, por Sócrates, Platão e especialmente por Aristóteles, e indica a *justiça distributiva* (*iustitia distributiva*), que trata da divisão de dignidades, das funções e das vantagens sociais, não com base na igualdade estrita, mas na ideia de proporcionalidade. A função da justiça que Ulpiano estabelece como a vontade constante e perpétua de atribuir a cada um o que cabe utiliza os outros dois preceitos apenas para caracterizar o elemento negativo da justiça (*neminem laedere*) e o elemento moral (*honeste vivere*), conforme preleciona France Farago. *A justiça*. Tradução de Maria José Pontieri. Barueri: Manole, 2004. p. 73.

[21] Posto façam parte do *Digesto*, a origem desses preceitos é grega. Em meados da República (510 a.C. até 27 a.C.), a conquista da Grécia pelos romanos fez com que estes absorvessem a cultura do período *helenista*, especialmente na retórica, didática, filosofia, oratória e literatura. Na filosofia, os destaques foram as lições trazidas com o Epicurismo, bem como o Estoicismo, que representou a comunhão de uma variada gama de pensadores por muitos séculos. Esta última corrente filosófica influenciou sobremaneira a cultura romana, em especial no período clássico. O Aristotelismo e o Estoicismo foram, sem dúvida, as doutrinas filosóficas que mais influenciaram o pensamento ocidental. A primeira corrente, com a teoria da justiça, teve influência direta na Antiguidade e na Idade Média. Da sua noção de ética surgem os sistemas filosóficos da Escolástica e o Tomismo, além de vários outros pensamentos filosóficos dos séculos XIX e XX. O Estoicismo, criado por Zenão e Cicio e difundido pelos filósofos Cleante de Axo, Crisipo de Soles e, posteriormente, Cícero e Sêneca, traduz a ideia de que a natureza é dominada pela razão e, desta forma, o natural também é racional. Portanto, o direito natural e o direito da razão coincidem e correspondem ao *Logos* e, assim, à essência do justo, o que leva ao ético.

O preceito *alterum non laedere*[22] ou *neminem laedere* ("não lesar a outrem") demonstra, com clareza, a filosofia de Epicuro[23], que considera o direito o resultado de um compromisso de utilidade, com o escopo de os homens não se prejudicarem uns aos outros. Trata-se de uma regra básica do direito natural[24]. Enquanto os estoicos determinavam como regra de vida a observância à razão e à natureza, assim como a virtude, o Epicurismo propõe a felicidade, no sentido de bem-estar individual e coletivo. Portanto, sua finalidade não guarda relação com o cálculo da justa parte que deve corresponder a cada um, mas o de não causar sofrimento a outrem, não lesar (*non laedere*), desde que haja reciprocidade[25].

Assim, a ideia de não ofender a outrem, considerado elemento negativo da justiça, idealizado muito antes do *Digesto*, nos mostra a exata noção do princípio *neminem laedere*, que indica verdadeiro limite, real empecilho à livre ação ou omissão que prejudique outrem, que abarca não apenas a noção de reparação do dano, mas, antes de tudo, sua prevenção.

Portanto, o princípio *neminem laedere*, além de atual, guarda correspondência com a dignidade da pessoa humana, haja vista que deriva da justiça e do respeito, consideração pelas pessoas, relacionada à proibição de violar a vida, o corpo ou ainda os direitos, de uma maneira geral, de outrem[26].

Se a função do direito, analisada como aqui a palavra função como tarefa, finalidade, é o estabelecimento de uma ordem de paz,

---

[22] Esta é a expressão mais adequada.

[23] O Epicurismo, difundido também por intermédio das obras de Cícero e Lucrécio, influenciou diretamente o *contratualismo* e o *utilitarismo* modernos, com Hobbes, Locke e Bentham. No direito atual há uma real tendência, cada vez mais latente, de não se desviar da busca do justo, não negá-lo, mas reduzi-lo, algumas vezes, ao útil, diante de sua mais fácil percepção, na busca do bem-estar (Michel Villey. *A formação do pensamento jurídico moderno*. Tradução de Claudia Berliner. São Paulo: Martins Fontes, 2005. p. 533-534).

[24] Custódio da Piedade U. Miranda, em sua obra *Teoria geral do direito privado*, Belo Horizonte: Del Rey, 2003, p. 16, esclarece que "(...) o direito natural não é o direito de uma ordem jurídica determinada, não é contingente nem mutável, não varia no tempo nem no espaço. Não é constituído de normas jurídicas editadas por um Estado, antes de princípios universais, imutáveis e perenes".

[25] Michel Villey, ob. cit., p. 524.

[26] Helmut Coing, ob. cit., p. 248.

liberdade, segurança social, cooperação e integração[27], a função atual da responsabilidade civil tem papel preponderante para que sejam alcançados esses objetivos.

A responsabilidade civil não mais possui apenas a função reparatória, mesmo porque há danos de tamanha complexidade, extensão e gravidade que a simples reparação, em alguns casos, se torna inócua, por exemplo, os danos ambientais, à saúde, entre outros. Por esse motivo, como sucede em todas as áreas do direito privado, há o que se denomina função social da responsabilidade civil, que consiste, além da reparação adequada, proporcional, mediante uma justa indenização, a prevenção de danos que, na realidade, tem como finalidade evitar, inibir o evento danoso. É o que preconiza, como vimos, o princípio *neminem laedere*.

1.3 Fundamento constitucional e infraconstitucional da responsabilidade civil. Prevenção e reparação de danos

No plano infraconstitucional há vários dispositivos que regulam a reparação de danos. No Código Civil, além dos arts. 927 a 954, tratam desse tema os arts. 186 e 187, entre outros. É inegável que nas relações de Direito Civil, nos dispositivos que versam sobre a responsabilidade civil, a maior preocupação sempre esteve diretamente relacionada à reparação dos danos e não sua prevenção, exceção feita ao art. 1.228, § 1.º, do Código Civil, que prevê: "O direito de propriedade deve ser exercido em consonância com as suas finalidades econômicas e sociais e de modo que sejam preservados, de conformidade com o estabelecido em lei especial, a flora, a fauna, as belezas naturais, o equilíbrio ecológico e o patrimônio histórico e artístico, bem como evitada a poluição do ar e das águas". Essa prevenção do meio ambiente pelo proprietário, como determina esse dispositivo, contudo, não se estende a outras áreas do Direito Civil, por exemplo, nas relações contratuais e responsabilidade civil, a menos que envolva questões ambientais.

---

[27] Norbert Horn. *Introdução à ciência do direito e à filosofia jurídica*. Tradução de Elisete Antoniuk. Porto Alegre: Fabris, 2005. p. 61-66.

No que se refere à violação aos direitos da personalidade, a prevenção do dano se opera por meio do art. 12 do Código Civil, ao estabelecer que a pessoa pode exigir que cesse a ameaça ou a lesão.

Nas relações de consumo, por outro lado, há disposição expressa quanto à prevenção e reparação de danos, consoante se verifica do art. 6.º, VI, do Código de Defesa do Consumidor (Lei 8.078/1990): "São direitos básicos do consumidor: (...) VI – a efetiva prevenção e reparação de danos patrimoniais e morais, individuais, coletivos e difusos". Essa prevenção refere-se à postura, em um primeiro momento, que os fornecedores devem ter para que o evento danoso não ocorra, evitando o prejuízo aos consumidores ou terceiros, com práticas preventivas[28]. Em um segundo momento, é do Poder Público essa incumbência, seja por intermédio de sanções administrativas (art. 55 do CDC) ou por meio da tutela jurisdicional (arts. 83 e 84 do CDC), sempre com a finalidade de evitar o dano[29].

No Estatuto da Criança e do Adolescente (Lei 8.069, de 13.07.1990) existe previsão legal quanto à prevenção de ocorrência de ameaça ou violação dos direitos da criança e do adolescente (art. 70), destinada a evitar a existência de prejuízos, assim como a imposição dos seguintes direitos: informação, cultura, lazer, esportes, diversões, espetáculos e produtos e serviços que respeitem sua condição peculiar de pessoa em desenvolvimento (art. 71), além de estabelecer a responsabilidade daqueles que não observarem essa prevenção (pessoas físicas e jurídicas).

Existe, ainda, uma gama de dispositivos que tratam do princípio da prevenção[30] e, em especial, da prevenção de danos, no Estatuto do Idoso (Lei 10.741/2003), entre eles o art. 4.º, § 1.º, que determi-

---

[28] Como exemplo, pode-se mencionar o *recall*, ou seja, o recolhimento de produtos defeituosos ou a substituição de peças inadequadas.

[29] José Geraldo Brito Filomeno. *Código Brasileiro de Defesa do Consumidor*. 8. ed. Rio de Janeiro: Forense Universitária, 2004. p. 140-141. V., ainda, Luiz Antonio Rizzatto Nunes. *Curso de direito do consumidor*. São Paulo: Saraiva, 2004. p. 711 e s.; e Cláudia Lima Marques, Antônio Herman V. Benjamin e Bruno Miragem. *Comentários ao Código de Defesa do Consumidor*. São Paulo: RT, 2004. p. 155.

[30] Arts. 5.º, 9.º, 10, 15 e 47.

na: "É dever de todos prevenir a ameaça ou violação aos direitos do idoso".

No texto constitucional também há vários artigos que tratam não apenas do dever de indenizar, mas também da prevenção de danos. O art. 5.º, V, estabelece o direito de resposta e a indenização por danos materiais, morais e à imagem. O inciso X desse mesmo dispositivo protege, efetivamente, alguns dos direitos da personalidade (intimidade, vida privada, honra e imagem) e a reparação de danos pela sua violação.

No que concerne à prevenção de danos praticados ao patrimônio cultural e sua eventual reparação, existe previsão expressa na Constituição Federal (art. 216, § 4.º). Há, ainda, outros artigos que tratam da reparação de danos, tais como o art. 21, XXIII, *d* (responsabilidade objetiva por danos nucleares); art. 37, § 6.º (responsabilidade civil objetiva do Estado); art. 136, § 1.º, II (responsabilidade civil da União pela ocupação temporária de bens e serviços públicos, na hipótese de calamidade pública); e art. 225, *caput* e § 3.º (danos causados ao meio ambiente e sua prevenção).

Na Constituição Federal existe, todavia, um dispositivo genérico, que tem aplicação, consequentemente, a qualquer situação, no plano constitucional ou infraconstitucional que, bem de ver, integra o princípio *neminem laedere* e vem sendo utilizado exclusivamente como *acesso à justiça*. Trata-se do art. 5.º, XXXV, que estabelece: "a lei não excluirá de apreciação do Poder Judiciário lesão ou ameaça a direito". Ao contemplar o direito de ação, destina-se, também, à reparação e prevenção de danos, com a determinação de que caberá ao Poder Judiciário apreciar a lesão e a ameaça a direito.

Portanto, como dissemos, a Constituição Federal recepcionou o princípio *neminem laedere* de maneira adequada, ampla e atual, motivo pelo qual o dever de reparação e prevenção a danos tem incidência no sistema constitucional e, como consequência lógica, em todos os subsistemas dele derivados (Código Civil, Código de Defesa do Consumidor, entre outros).

Com efeito, a reparação e a prevenção de danos são direitos fundamentais, e têm eficácia e efetividade nas relações de direito privado.

Contudo, não se trata de uma eficácia absoluta, mas realizada de maneira gradual ou de forma flexível[31], vale dizer, o que realmente importa é a solução adequada ao caso concreto, com a observância dos princípios e regras constitucionais e, ao mesmo tempo, o respeito à autonomia privada e à liberdade contratual. Ao determinar a reparação e a prevenção de danos, o texto constitucional determina que os efeitos dessa norma devem integrar as relações privadas.

Como inexiste um dispositivo específico no Código Civil que regule a prevenção de danos, o art. 5.º, n. XXXV, tem aplicação direta nessa imposição no sentido de preservar direitos, e não apenas reparar lesões.

Nas relações de Direito Civil, a prevenção de danos se opera de duas maneiras: por meio da tutela inibitória e do *valor* ou *fator de desestímulo*. A primeira (CPC, art. 461)[32] destina-se a impedir, de maneira imediata e definitiva, a violação de um direito[33]. Essa ação tem por finalidade a proibição de ato contrário ao estabelecido pelo ordenamento jurídico, ou ainda sua continuação ou repetição. Mediante essa ação previne-se a ameaça a direito ou lesão, assim como em qualquer situação em que, seja por meio de liminar ou antecipação de tutela, aquele ou aqueles que estiverem prestes a sofrer um dano obtêm a cessação do ato ou atividade capaz de gerar prejuízos. A segunda se perfaz por intermédio do que se denomina *valor de desestímulo*, instituto que guarda relação, mas é diverso do denominado *punitive damages*, quando da fixação da indenização, a qual é capaz de inibir o ofensor da prática danosa pela fixação de um valor que o desencoraje a voltar a praticar lesões, seja porque as ofensas são reiteradas, seja pelo menosprezo pela vítima (v. comentários ao art. 944).

Outro preceito constitucional (dignidade da pessoa humana) vem ao encontro da ideia de não lesar, quando protege uma vida digna (CF, art. 1.º, III), como um princípio que não autoriza a ofensa física ou

---

[31] Ingo Wolfgang Sarlet. A influência dos direitos fundamentais no direito privado: o caso brasileiro. In: António Pinto Monteiro; Jörg Neuner; Ingo Sarlet (Org.). *Direitos fundamentais e direito privado*: uma perspectiva de direito comparado. Coimbra: Almedina, 2007. p. 133.

[32] V. Arruda Alvim, Araken de Assis e Eduardo Arruda Alvim. *Comentários ao Código de Processo Civil*. Rio de Janeiro: GZ Editora, 2012. p. 639 e s.

[33] O art. 84 do CDC regula a tutela inibitória nas relações de consumo.

moral e protege a dignidade humana, ou seja, ultrapassa a proteção prevista no art. 5.º, *caput,* da Constituição Federal (inviolabilidade do direito à vida, à liberdade, à igualdade, à segurança e à propriedade), com o escopo de dar-lhe dignidade, respaldada no artigo subsequente (art. 6.º, *caput*), para propiciar uma vida com educação, saúde, trabalho, moradia, lazer, segurança, previdência social, proteção à maternidade, à infância e aos desamparados. E isso significa a antiga e, ao mesmo tempo, atual exigência do princípio *neminem laedere*.

O princípio da solidariedade (CF, art. 3.º, I) também possui um vínculo direto com a exigência de não lesar a outrem. A noção de solidariedade tem sua origem no Direito Civil e foi idealizada para corrigir os problemas advindos da pluralidade de credores ou devedores de uma mesma obrigação, passando, posteriormente, do direito privado para o direito social[34]. No âmbito das relações de Direito Civil, o princípio da solidariedade tem aplicação por meio da função social dos institutos de direito privado, como a propriedade e os contratos, sem nos olvidarmos do art. 5.º da Lei de Introdução às Normas do Direito Brasileiro (Decreto-lei 4.657, de 04.09.1942, alterado pela Lei 12.376/2010), que determina ao magistrado, na aplicação da lei, o dever de atender à sua finalidade social e às exigências do bem comum.

A ideia de solidariedade também guarda relação direta com a boa-fé objetiva (CC, art. 422, e CDC, art. 4.º, III), uma vez que ambos os princípios não se coadunam com um comportamento individualista que esteja distante da ideia de equilíbrio, equidade, proporção ou correção.

A solidariedade nas relações jurídicas é de fundamental importância, diante da natureza humana individualista, que se acentua cada vez mais, razão pela qual é indispensável sua imposição como valor e princípio constitucional, com a finalidade de tutelar os interesses da outra parte, débil ou prejudicada.

Dessa forma, a Constituição Federal recepcionou o princípio *neminem laedere* de maneira adequada, ampla e atual, motivo pelo qual

---

[34] Alain Supiot. *Homo juridicus*: ensaio sobre a função antropológica do direito. Tradução de Maria Ermantina de Almeida Prado Galvão. Rio de Janeiro: Martins Fontes, 2007. p. 261.

o dever de reparação e prevenção de danos tem incidência no sistema constitucional e, como consequência, em todos os subsistemas dele decorrentes.

1.4 Indústria das indenizações ou indústria das lesões?

A prevenção de danos opera-se, em verdade, com a fixação de valores indenizatórios que, efetivamente, inibam o ofensor à prática danosa. Não é, entretanto, o que se constata normalmente em nosso país. Criou-se a falsa ideia de uma *indústria das indenizações* que, em verdade, não existe, pois o que se constata é uma frequente e desmesurada violação de direitos por parte do Estado, dos fornecedores e particulares e, em vários casos, a fixação de valores indenizatórios insuficientes, desproporcionais, que, contrariamente ao princípio *neminem laedere*, incentivam, propiciam novas lesões.

Frequentemente grandes empresas deixam de investir na segurança ou qualidade de seus produtos ou serviços. O Estado normalmente presta um desserviço nas áreas em que atua, e os particulares, por vezes, estando na qualidade de devedores de determinada relação contratual ou extracontratual, deixam de cumprir o avençado ou de reparar imediatamente os danos que causaram, cientes dos valores muitas vezes irrisórios e tardios fixados nas eventuais ações de reparação. Ressalte-se "eventuais ações" porque, como é notório, apenas uma parcela ínfima de lesados procura o Poder Judiciário ou demais órgãos de proteção, seja porque as vítimas não têm condições ou interesse em gastar recursos com custas judiciais e extrajudiciais, além de honorários advocatícios, seja porque desalentados a gastarem precioso tempo de trabalho e lazer para não obterem uma efetiva resposta judicial em tempo hábil e monta suficiente.

Estamos, assim, diante de uma *indústria das lesões*, uma vez que seria impróprio um raciocínio exclusivamente indutivo (do particular para o geral), sob pena de generalizarmos essa atitude, ou seja, os pleitos indenizatórios indevidos. Embora estes existam, são, em verdade, poucos se comparados às lesões suportadas pela sociedade. Para essa situação (pleito indevido) há solução apropriada em nossa lei civil adjetiva, o que deveria resultar na improcedência do pedido, com aplicação das penas por litigância de má-fé[35].

Se compararmos o número de casos em que os pedidos de indenização são inapropriados, inadequados e ilegais, com o único intuito de enriquecimento injusto, e as verdadeiras lesões que todos nós sofremos constantemente, danos esses, como dissemos, diuturnamente perpetrados pelo Estado, fornecedores e outros particulares, constataremos que, se indústria existe, ela deve ser designada *indústria das lesões*.

Portanto, a asserção genérica de que entre nós os pleitos indenizatórios são exagerados e criados com a finalidade enriquecimento sem causa (v. comentários ao art. 944) é falaciosa, pois os valores hoje praticados pelo Judiciário estimulam a continuidade de lesões e constituem notório enriquecimento ilícito do causador do dano. Posto existam situações dessa natureza, inegavelmente a grande maioria dos pedidos atinentes a indenizações decorre da efetiva violação de direitos individuais, coletivos e difusos. As vítimas, assim, carecem da efetiva prevenção e reparação dos danos. Somente com a percepção desse fato será possível desmantelar a indústria das lesões hoje confortavelmente instalada em nosso país.

---

[35] V. Arruda Alvim, Araken de Assis e Eduardo Arruda Alvim, ob. cit., p. 45 e s.

CAPÍTULO I
DA OBRIGAÇÃO DE INDENIZAR

Art. 927. Aquele que, por ato ilícito (arts. 186 e 187), causar dano a outrem, fica obrigado a repará-lo.

Parágrafo único. Haverá obrigação de reparar o dano, independentemente de culpa, nos casos especificados em lei, ou quando a atividade normalmente desenvolvida pelo autor do dano implicar, por sua natureza, risco para os direitos de outrem[36].

---

[36] Enunciados das Jornadas de Direito Civil:
n. 38 – Art. 927: A responsabilidade fundada no risco da atividade, como prevista na segunda parte do parágrafo único do art. 927 do novo Código Civil, configura-se quando a atividade normalmente desenvolvida pelo autor do dano causar a pessoa determinada um ônus maior do que aos demais membros da coletividade.
n. 189 – Art. 927: Na responsabilidade civil por dano moral causado à pessoa jurídica, o fato lesivo, como dano eventual, deve ser devidamente demonstrado.
n. 377 – Art. 927: O art. 7.º, inc. XXVIII, da Constituição Federal não é impedimento para a aplicação do disposto no art. 927, parágrafo único, do Código Civil quando se tratar de atividade de risco.
n. 443 – Arts. 393 e 927: O caso fortuito e a força maior somente serão considerados como excludentes da responsabilidade civil quando o fato gerador do dano não for conexo à atividade desenvolvida.
n. 444 – Art. 927: A responsabilidade civil pela perda de chance não se limita à categoria de danos extrapatrimoniais, pois, conforme as circunstâncias do caso concreto, a chance perdida pode apresentar também a natureza jurídica de dano patrimonial. A chance deve ser séria e real, não ficando adstrita a percentuais aprioristicos.
n. 445 – Art. 927: O dano moral indenizável não pressupõe necessariamente a verificação de sentimentos humanos desagradáveis como dor ou sofrimento.
n. 446 – Art. 927: A responsabilidade civil prevista na segunda parte do parágrafo único do art. 927 do Código Civil deve levar em consideração não apenas a proteção da vítima e a atividade do ofensor, mas também a prevenção e o interesse da sociedade.
n. 447 – Art. 927: As agremiações esportivas são objetivamente responsáveis por danos causados a terceiros pelas torcidas organizadas, agindo nessa qualidade, quando, de qualquer modo, as financiem ou custeiem, direta ou indiretamente, total ou parcialmente.

Direito anterior: Art. 159. Aquele que, por ação ou omissão voluntária, negligência, ou imprudência, violar direito, ou causar prejuízo a outrem, fica obrigado a reparar o dano. (Vide Decreto do Poder Legislativo n.º 3.725, de 1919.)

A verificação da culpa e a avaliação da responsabilidade regulam-se pelo disposto neste Código, arts. 1.521 a 1.532 e 1.542 a 1.553.

COMENTÁRIOS

1. Responsabilidade subjetiva e responsabilidade objetiva. Risco da atividade e atividade de risco

O *caput* deste artigo estabelece que o dever de reparar o dano surge em razão da prática de ato ilícito, que é o ato contrário ao direito, um fato que o viola, o transgride[37]. O Código atual, diferentemente do anterior, inclui dois sistemas de responsabilidade civil: um sistema com base na culpa (teoria da culpa), que se caracteriza como um erro de conduta ou violação de uma norma predeterminada[38], denominado *responsabilidade civil subjetiva*[39], previsto nos arts. 186, 187 e 927,

---

n. 448 – Art. 927: A regra do art. 927, parágrafo único, segunda parte, do CC aplica-se sempre que a atividade normalmente desenvolvida, mesmo sem defeito e não essencialmente perigosa, induza, por sua natureza, risco especial e diferenciado aos direitos de outrem. São critérios de avaliação desse risco, entre outros, a estatística, a prova técnica e as máximas de experiência.

[37] Clóvis Beviláqua. *Código Civil dos Estados Unidos do Brasil commentado*. 3. ed. Rio de Janeiro: Livraria Francisco Alves, 1927. v. I, p. 417. No mesmo sentido, Francesco Galgano. *Istituizioni di diritto privato*. 6. ed. Padova: Cedam, 2010. p. 18.

[38] Caio Mário da Silva Pereira. *Instituições de direito civil*. Atualizador Regis Tichtner. 11. ed. Rio de Janeiro: Forense, 2003. v. III, p. 562.

[39] Com o advento da *Lex Aquilia*, que deu nome à responsabilidade extracontratual ou delitual (aquiliana), ocorreu a maior transformação na responsabilidade civil, com a origem, para alguns doutrinadores, do elemento *culpa* para a caracterização do delito (Rudolph von Ihering. *O espírito do direito romano*. Rio de Janeiro: Alba, 1943. v. 3, n. 56; e Leonardo A. Colombo. *Culpa aquiliana (cuasidelitos)*. 3. ed. Buenos Aires: La Ley, 1965. p. 94, entre outros). Em sentido contrário pode ser citado Emilio Betti, *Teoria generale delle obbligazioni*, Milano: Giuffrè, 1954, v. 3, p. 37, para quem a culpa não era elemento constitutivo do delito na *Lex Aquilia*. Além disso, por essa lei foram substituídas as penas fixas (indenização tarifária) por uma pena proporcional ao prejuízo causado. Essa lei romana surgiu de um plebiscito na República (século III a.C.) e regulamentou, de forma mais ampla, os danos passíveis de reparação, sem a aplicação a todas as espécies de danos, cabendo à jurisprudência, posteriormente, essa extensão (Eugène Petit. *Tra-*

caput, e outro com fundamento nas hipóteses legais em que se dispensa a culpa, e na *teoria do risco*, constante do parágrafo único do art. 927 (*responsabilidade civil objetiva*), em que não se perquire a culpa ou dolo do ofensor.

Na responsabilidade civil subjetiva, para que haja o dever de indenizar, há que se demonstrar o dano, a culpa, vale dizer, a imprudência, imperícia ou negligência do ofensor, e o nexo de causalidade entre o ato ou atividade e o dano.

A responsabilidade objetiva já existia no direito romano pré-clássico e clássico[40], embora não fosse essa a exata noção atual. Nesse período, o devedor somente respondia por dolo ou por custódia. Nesta última hipótese o devedor respondia pela mera ocorrência de dano ao credor, independentemente de dolo ou de culpa. Contudo, a ideia atual do tema foi desenvolvida em França, por Raymond Saleilles, primeira obra a alterar a visão de culpa e a estabelecer a noção de uma responsabilidade objetiva para determinadas situações, em especial nos acidentes de trabalho[41].

Após o advento do Código Civil de 2002, a maior parte da doutrina posicionou-se no sentido de que o sistema geral seria o da responsabilidade subjetiva e apenas subsidiariamente seria aplicada responsabilidade objetiva[42]. Posto correta essa percepção, há no art. 927 duas cláusulas gerais de responsabilidade civil: a primeira baseada na culpa

---

tado elementar de direito romano. Tradução de Jorge Luís Custódio Porto. Campinas: Russell, 2003. p. 614-615). Por essa lei as penas pecuniárias fixas dão lugar a uma pena proporcional ao dano causado. Cria-se, dessa forma, com a *Lex Aquilia* a noção de culpa como fundamento da responsabilidade civil. Se a pessoa agisse sem culpa estaria isenta de qualquer responsabilidade. Nesse último estágio do direito romano, são admitidos para reparação não somente os danos materiais, mas também os morais.

[40] O direito antigo ou pré-clássico é aquele compreendido entre as origens de Roma e a Lei *Aebutia*, de data incerta, aproximadamente entre 149 e 126 a.C. O direito clássico está compreendido dessa última data ao fim do reinado de Diocleciano, em 305 d.C. Dessa data até a morte de Justiniano, em 565 d.C., denomina-se período pós-clássico (José Carlos Moreira Alves. *Direito romano*. 13. ed. Rio de Janeiro: Forense, 2004. v. I, p. 68).

[41] Raymond Saleilles. *Les accidents de travail et la responsabilitè civile*: essai d'une théorie objective de La responsabilité délictuelle. Paris: Arthur Rousseau, 1897.

[42] V. Nelson Nery Junior e Rosa Maria de Andrade Nery. *Código Civil comentado*. 7. ed. São Paulo: RT, 2009. p. 785.

(*caput*) e a segunda (parágrafo único) centrada nos casos especificados em lei e no risco da atividade.

Entretanto, constata-se que a regra geral do Código de 1916 de uma responsabilidade civil subjetiva, seguida pelo *caput* do art. 927 do atual Código, não se traduz mais na maioria das hipóteses em que se busca a reparação de danos[43], pois basta a análise do sistema objetivo de responsabilidade civil que o Código de Defesa do Consumidor perfilhou, os casos que se referem a questões ambientais, o sistema objetivo do parágrafo único do artigo em comento e as exceções estabelecidas nos arts. 936 a 940 do Código Civil, entre outras, para concluirmos que a regra passou a ser a aplicação da responsabilidade objetiva.

Essa gama de hipóteses de responsabilidade sem culpa se alarga ainda mais se verificarmos se há ou não diferença entre atividade de risco e risco da atividade. No primeiro caso (atividade de risco), inspirado no art. 2.050 do Código Civil italiano, que trata de atividade perigosa, somente em situações de real perigo teria aplicação esse dispositivo. No segundo caso (risco da atividade), o maior número de situações estaria na seara da responsabilidade objetiva, visto que a atividade humana, por menos ofensiva que possa parecer, apresenta, *v.g.*, a venda de alimentos, bebidas, medicamentos, transportes, entre outros, que, bem de ver, em uma relação de consumo já integram o sistema da responsabilidade objetiva.

Portanto, no sistema de responsabilidade subjetiva, fundado na culpa, surge o dever de indenizar em razão da prática de um ato ilícito, pois no outro sistema, como dissemos, mesmo diante de um ato lícito que venha a causar uma lesão, exsurge o dever de indenizar, delineado nas hipóteses legais e em razão da teoria do risco.

Portanto, há dano sem ilícito e, como consequência, o dever de repará-lo. Por outro lado, não há que se falar em ato ilícito sem dano[44], na medida em que a lesão legitima a ação reparatória.

No sistema brasileiro pode-se afirmar que a responsabilidade civil é a obrigação de reparar, para o agente causador ou por imposição le-

---

[43] V. Giselda Maria F. Novaes Hironaka. *Responsabilidade pressuposta*. Belo Horizonte: Del Rey, 2005. p. 140.
[44] Guido Alpa. *La responsabilità civile*. Parte Generale. Milano: UTET, 2010. p. 119.

gal, os danos suportados pela vítima, sejam eles materiais, morais ou à imagem. Tem, portanto, o agente causador o dever de indenizar, ou seja, tornar o lesado indene (ileso), quando possível, com a sua restituição à situação anterior, vale dizer, antes do evento danoso. Na hipótese de impossibilidade dessa restituição, resta apenas a fixação de quantia em dinheiro (indenização pecuniária).

2. Pressupostos da responsabilidade civil

Como dissemos, sem dano não há responsabilidade, pois para que esta se configure é indispensável a existência de uma ação ou omissão qualificada juridicamente, vale dizer, a prática de um ato ilícito (responsabilidade subjetiva), no qual se constatará a existência de culpa ou dolo, ou um ato lícito (responsabilidade objetiva) em que não se examinará o fator culpa, diante de disposição legal ou em razão do risco da atividade[45]. Este é o primeiro pressuposto.

Não haverá responsabilidade civil se inexistir dano (segundo pressuposto), o que significa que a prevenção de danos não integra o rol dos pressupostos da responsabilidade civil, tampouco a ameaça a direitos, embora integrem a noção do princípio *neminem laedere*. Todavia, a simples ameaça a um direito poderia, eventualmente, acarretar prejuízos, por exemplo, a constatação e divulgação de que uma empresa estaria na iminência de causar um dano irreversível, por contaminação de uma área, em um local de preservação ambiental ou turístico. Esse simples fato seria o suficiente para configurar um dano moral individual ou coletivo, prescindindo da ocorrência de contaminação, pois a ameaça de dano teria efeito direto no turismo e na economia da região. Assim, o segundo pressuposto é a existência de um dano.

O terceiro pressuposto da responsabilidade civil é o nexo de causalidade, ou seja, para que exista o dever de reparar um dano é necessário que este seja consequência da ação ou omissão do agente, pressuposto esse que tem sido relativizado, como se constata na lesão ao meio am-

---

[45] Maria Helena Diniz. *Curso de direito civil brasileiro*: responsabilidade civil. 23. ed. São Paulo: Saraiva, 2009. p. 37.

biente natural, em razão do argumento de que a obrigação é *propter rem*[46], motivo pelo qual, independentemente da prova da relação direta entre a ação ou omissão e o dano existente, responde civilmente o proprietário do bem por violação ao meio ambiente, mesmo na hipótese de não ter dado causa ao prejuízo, levado a efeito pelo proprietário anterior ou anteriores.

O nexo causal é o vínculo que se estabelece entre o ato ou atividade comissiva ou omissiva qualificada juridicamente, ou seja, ilícita se tratar de responsabilidade subjetiva, ou lícita (atividade de risco) e, portanto, sem a necessidade de demonstração de culpa, e o resultado danoso. Por meio do nexo de causalidade permite-se constatar a causa e o efeito do ato ou atividade e, como consequência, chegar ao causador do dano. Embora seja clara essa relação de causa e feito para se responsabilizar uma pessoa, a dificuldade nasce de situações complexas na sociedade atual, tais como aquelas de causalidade múltipla, vale dizer, quando há várias circunstâncias que concorrem para o evento danoso[47], ou questões que envolvam danos coletivos e difusos, que é o caso de danos ambientais.

Há várias teorias que se propõem a solucionar, em várias situações, essa árdua tarefa de identificação do nexo de causalidade, diante do grande número de lesões que assistimos no plano nacional e mundial, com o fito de encontrar o causador (ou causadores) do dano, em uma sociedade cada vez mais complexa e individualista.

A primeira teoria, denominada *equivalência das condições* ou *conditio sine qua non*, preconiza que todas as condições de um dano se equivalem, isto é, qualquer causa que contribua para a produção do dano seria considerada causa para efeitos de responsabilização[48]. Trata-se de teoria que deve ser rechaçada por tornar ilimitado o dever de reparar, pois seria a hipótese de responsabilizar quem vendeu um pro-

---

[46] A obrigação *propter rem* (em razão da coisa) é aquela que recai sobre uma pessoa, diante de um determinado direito real. Trata-se de uma obrigação que se situa entre os direitos reais e pessoas.
[47] Sérgio Cavalieri Filho. *Programa de responsabilidade civil*. 8. ed. São Paulo: Atlas, 2009. p. 46.
[48] Inocêncio Galvão Telles. *Direito das obrigações*. 7. ed. Coimbra: Coimbra Editora, 1997. p. 399.

duto qualquer, utilizado como instrumento para a prática de uma lesão corporal.

A teoria da *última condição* ou da *causa próxima* somente considera como a efetiva causa a última condição antes da ocorrência do dano[49]. A crítica que se faz a essa teoria está no fato de que nem sempre a última etapa da cadeia causal pode ser a real causa do dano.

Outra teoria que procura esclarecer o nexo causal é a *teoria da condição eficiente*, que considera para a descoberta da causa do dano uma avaliação quantitativa da eficiência das várias condições do procedimento causal, para a constatação da mais importante[50], o que gera um critério altamente subjetivo e impróprio para uma teoria.

A *teoria do escopo da norma violada* sustenta que a obrigação de reparar o prejuízo causado é consectário de uma norma jurídica atinente à imputação de danos e o nexo causal somente pode ser realizado a partir da determinação do fim específico e do campo de ação de proteção da norma que indica essa consequência jurídica[51].

Pela *teoria do direto e imediato*, a ideia é a responsabilização do agente que, de forma direta e imediata, causou danos e, simultaneamente, repelir de sua obrigação as consequências danosas que estariam ligadas ao ato por um vínculo distante e não necessário[52].

A *teoria da causa adequada* considera como causa do dano a condição que, pela sua natureza e diante de certas circunstâncias do caso, seja adequada para produzi-lo. A causa, assim, deve ser relevante para gerar o dano, de acordo com as regras da experiência, as circunstâncias conhecidas do agente, ou passíveis de serem conhecidas por uma pes-

---

[49] Luís Manuel Teles de Menezes Leitão. *Direito das obrigações*. Coimbra: Almedina, 2000. v. I, p. 304. Como exemplo, cita Caitlin Sampaio Mulholland, *A responsabilidade civil por presunção de causalidade*, Rio de Janeiro: GZ Editora, 2009, p. 181, o seguinte caso: "Assim, se um indivíduo coloca veneno no medicamento de uma pessoa e, posteriormente, a enfermeira conduz-se no sentido de ministrar esse medicamento, causando a morte do paciente, esta conduta da enfermeira, por ser cronologicamente mais próxima do resultado dano, seria, por esta teoria, considerada como causa do dano, o que gera estranhamento para o direito".

[50] Ibidem, p. 304.

[51] Essa teoria tem sido admitida como a mais adequada para a configuração do nexo causal. Luís Manuel Teles de Menezes Leitão entende ser esta a melhor forma de determinação do nexo causal, ob. cit., p. 306.

[52] Caitlin Sampaio Mulholland, ob. cit., p. 166.

soa normal, no momento da prática do resultado danoso. Será considerado ofensor e, portanto, responsável pelo evento danoso aquele que realizou a conduta mais adequada a gerar o prejuízo. Essa análise da adequação é realizada após a concretização do resultado danoso, pois por meio desse exame é que se verifica se seria previsível a prática do fato que deu origem ao dano. É feito um juízo de previsibilidade, de probabilidade[53].

Não há, entre nós, a prevalência de uma teoria para a averiguação do nexo de causalidade. A jurisprudência de um único tribunal tem se valido de várias teorias para fundamentar o liame entre ação ou omissão e evento danoso[54].

---

[53] Inocêncio Galvão Telles, ob. cit., p. 404-408.

[54] "A responsabilização civil exige prova do liame causal, que se deve determinar com amparo no critério da *conditio sine qua non*, de sorte que apenas seja imputável o efeito a uma condição sem a qual o resultado não teria ocorrido" (TJSP, 11.ª Câmara de Direito Público, Apelação 990101904217, Rel. Ricardo Dip, j. 07.06.2010).

"Processual civil. Pretensão à anulação da sentença. A sentença está corretamente fundamentada. Atendeu a todos os requisitos previstos no art. 458 do Código de Processo Civil, e examinou as alegações expostas pelo réu. Não há, portanto, qualquer nulidade na decisão a ensejar a respectiva anulação. Pretensão ao reconhecimento da ilegitimidade passiva da preponente do réu. Embora não fosse o condutor do veículo empregado da ré, havia vínculo de subordinação entre o condutor e a empresa e, por esta razão, também a ré deve responder pelos danos causados no acidente de veículo, nos termos do art. 932, inc. III, do Código Civil. Preposto que causou o acidente após o encerramento do trabalho. A ré permitia que seu preposto mantivesse a posse do veículo após o fim do expediente. Não tomou as precauções necessárias em relação à guarda da coisa e, também por este fundamento, deve a ré responder pelos atos culposos praticados por seu preposto. Legitimidade passiva da preponente reconhecida. Preliminares afastadas. Agravo retido interposto pela ré contra a decisão que indeferiu a pretendida denunciação da lide à seguradora em ação de indenização decorrente de acidente de veículos. A questão foi anteriormente decidida pelo Magistrado e não houve, naquela oportunidade, a interposição do recurso cabível. Inconformado com a decisão, a ré reiterou o pedido, que foi novamente indeferido. A ré somente interpôs recurso contra esta última decisão. Intempestividade do recurso reconhecida. Agravo retido não conhecido. Ação de indenização decorrente de acidente de veículo. Morte do filho da autora. O réu, ao fazer a conversão à esquerda, interceptou a trajetória da motocicleta da vítima. O réu não tomou as providências estabelecidas no art. 38 do Código de Trânsito Brasileiro para realizar a conversão. A culpa, de acordo com a 'teoria da causalidade adequada', é de quem tem a melhor oportunidade de evitar o dano. Culpa do réu caracterizada. Não era necessária a prova de dependência econômica da autora em relação ao filho falecido para a concessão da pensão mensal, visto que ela é pessoa de poucos recursos. Precedente do STJ no sentido de que há presunção de dependência econômico-financeira da mãe em relação ao filho falecido nos casos de família com insuficiência de recursos. Pensão mensal corretamente concedida. Danos morais caracterizados. O acidente causou a morte do filho da autora, de modo que o abalo por ela sofrido é de ser caracterizado *in re ipsa*. Reparação corretamente fixada. Sentença mantida. Recursos de

Em verdade, toda essa transformação da responsabilidade civil, que inclui o estudo do nexo causal, vem ao encontro da interpretação que tem sido realizada do texto constitucional, pela doutrina e jurispru-

> apelação interpostos pelos réus não providos (TJSP, 26.ª Câmara de Direito Privado, Apelação 990102773183, Rel. Carlos Alberto Garbi, j. 28.09.2010).
> "Ação de indenização por dano material e moral. Acidente de veículo. Pagamento pela seguradora da causadora do evento. Alegação de prejuízo pela conduta da seguradora. Locação de veículo pelo autor durante o período de conserto. Ausência de prova de necessidade da locação. Ausência de prova do nexo causal entre a conduta da ré e o evento danoso. Código Civil que adotou a teoria dos danos diretos e imediatos em termos de responsabilidade civil. Dano moral não configurado. Recurso improvido" (TJSP, 32.ª Câmara de Direito Privado, Apelação 990092820630, Rel. Rui Coppola, j. 03.12.2009).
> "Agravo regimental em recurso especial. Direito do consumidor. Provedor. Mensagem de conteúdo ofensivo. Registro de número do IP. Dano moral. Não retirada em tempo razoável.
> 1. Na linha dos precedentes desta Corte, o provedor de conteúdo de internet não responde objetivamente pelo conteúdo inserido pelo usuário em sítio eletrônico, por não se tratar de risco inerente à sua atividade. Está obrigado, no entanto, a retirar imediatamente o conteúdo moralmente ofensivo, sob pena de responder solidariamente com o autor direto do dano. Precedentes.
> 2. No caso dos autos o Tribunal de origem entendeu que não houve a imediata exclusão do perfil fraudulento, porque a recorrida, por mais de uma vez, denunciou a ilegalidade perpetrada mediante os meios eletrônicos disponibilizados para esse fim pelo próprio provedor, sem obter qualquer resultado.
> 3. Agravo regimental a que se nega provimento" (STJ, 3.ª Turma, AgRg no REsp 1309891/MG, Rel. Min. Sidnei Beneti, j. 26.06.2012, *DJe* 29.06.2012).
> "Civil e processual civil. Responsabilidade civil. Transporte de pessoas. Caso fortuito. Culpa de terceiro. Limites. Aplicação do direito à espécie. Necessidade de reexame de prova. Impossibilidade.
> 1. A cláusula de incolumidade é ínsita ao contrato de transporte, implicando obrigação de resultado do transportador, consistente em levar o passageiro com conforto e segurança ao seu destino, excepcionando-se esse dever apenas nos casos em que ficar configurada alguma causa excludente da responsabilidade civil, notadamente o caso fortuito, a força maior ou a culpa exclusiva da vítima ou de terceiro.
> 2. O fato de um terceiro ser o causador do dano, por si só, não configura motivo suficiente para elidir a responsabilidade do transportador, sendo imprescindível aferir se a conduta danosa pode ser considerada independente (equiparando-se a caso fortuito externo) ou se é conexa à própria atividade econômica e aos riscos inerentes à sua exploração.
> 3. A culpa de terceiro somente romperá o nexo causal entre o dano e a conduta do transportador quando o modo de agir daquele puder ser equiparado a caso fortuito, isto é, quando for imprevisível e autônomo, sem origem ou relação com o comportamento da própria empresa.
> 4. Na hipótese em que o comportamento do preposto da transportadora é determinante para o acidente, havendo clara participação sua na cadeia de acontecimentos que leva à morte da vítima – disparos de arma de fogo efetuados logo após os passageiros apartarem briga entre o cobrador e o atirador –, o evento não pode ser equiparado a caso fortuito.
> 5. Quando a aplicação do direito à espécie reclamar o exame do acervo probatório dos autos, convirá o retorno dos autos à Corte de origem para a ultimação do procedimento de subsunção do fato à norma. Precedentes.
> 6. Recurso especial provido" (STJ, 3.ª Turma, REsp 1136885/SP, Rel. Min. Nancy Andrighi, j. 28.02.2012, *DJe* 07.03.2012).

dência, a partir da prevalência do princípio da dignidade da pessoa humana. Sendo assim, da ideia de retribuição do dano causado, passou-se à reparação fundada na justiça distributiva, em um verdadeiro caminho de solidariedade para a efetiva reparação do dano, vale dizer, a reparação integral do lesado.

Com isso, tem-se operado a flexibilização do nexo de causalidade, além da construção, em especial na área do direito ambiental, de mecanismos para a responsabilização do causador de danos ao meio ambiente, mesmo que, diante da complexidade da situação, seja difícil a prova efetiva do nexo causal[55]. Têm sido criados, pela doutrina e pela jurisprudência, mecanismos que realçam a figura da vítima e propiciam a esta a efetiva reparação do dano, em atendimento à solidariedade social e à função distributiva da responsabilidade civil. É o que se denomina *Derecho de Daños*[56].

Em situações específicas, tem-se admitido a presunção de causalidade, isto é, a presunção de fato do nexo causal. Essa causalidade presumida é realizada mediante análises probabilísticas (probabilidades estatística e lógica). Como exemplo dessa presunção de causalidade pode ser mencionado o caso, no direito norte-americano, de responsabilização do fornecedor pela cota de participação no mercado (*market share liability*). Trata-se do uso de um medicamento que, após vários anos no mercado, se constata ser lesivo à saúde. Como se poderia saber qual o fabricante responsável entre várias empresas e qual delas deveria responder pelo dano? A solução seria uma ação proposta em face de todos os fabricantes, na impossibilidade de identificação de um único (teoria da responsabilidade por cota de mercado). Seriam, portanto, todos presumidos causadores do dano[57].

---

[55] Parte da Ementa é a seguinte: "A jurisprudência do STJ está firmada no sentido de que a necessidade de reparação integral da lesão causada ao meio ambiente permite a cumulação de obrigações de fazer, de não fazer e de indenizar, que têm natureza *propter rem*. Precedentes: REsp 1.178.294/MG, Rel. Min. Mauro Campbell Marques, j. 10.08.2010; REsp 1.115.555/MG, Rel. Min. Arnaldo Esteves Lima, j. 15.02.2011; AgRg no REsp 1170532/MG, Rel. Min. Hamilton Carvalhido, j. 24.08.2010; REsp 605.323/MG, Rel. p/ Acórdão Min. Teori Albino Zavascki, j. 18.08.2005, entre outros" (STJ, 2.ª Turma, REsp 1248214/MG, Rel. Min. Herman Benjamin, j. 18.08.2011, *DJe* 13.04.2012).

[56] V. Luis Diez-Picazo. *Derecho de daños*. Madrid: Civitas, 2000.

[57] V. Caitlin Sampaio Mulholland, ob. cit., p. 235 e s.

3. Excludentes do nexo causal: culpa exclusiva da vítima, concorrência de culpas, culpa de terceiro e caso fortuito ou força maior

A *culpa exclusiva da vítima* exclui a responsabilidade daquele que causou o dano, uma vez que se rompe a causalidade e, como consequência, fica isento o agente da reparação do prejuízo. Todavia, é *conditio sine quo non* para essa eliminação do nexo causal o fato de o ofendido ter agido culposamente e de forma exclusiva para o *eventus damni*[58]. É mister que haja prova efetiva de que a vítima (e exclusivamente esta) provocou a lesão, fato esse cujo ônus probante pertence ao réu da ação[59].

Se ocorrer *concorrência de culpas*, isto é, se o agente e a vítima atuarem culposamente, a indenização a ser paga pelo primeiro em favor da segunda deverá ser arbitrada de forma mais atenuada, mais branda[60]. Os critérios para a fixação da indenização, ensina Maria Helena Diniz[61], são: a compensação das culpas, o da divisão proporcional dos prejuízos, o da gravidade da culpa de cada um e o do grau de participação na causação do resultado.

A terceira causa excludente de responsabilidade é a *culpa de terceiro*, pessoa que não é a vítima, tampouco o ofensor direto, mas o único responsável pelo dano. Em verdade, sem a participação desse terceiro, que pratica um ato ilícito, a lesão não teria sucedido. Para que exista a responsabilização exclusiva de terceiro, o lesante direto não poderá ter provocado a ofensa.

Cabe ao ofensor a prova do ato ilícito praticado por terceiro e seu resultado danoso, bem como sua participação no evento como simples meio utilizado por terceiro.

Questão enfrentada pelos tribunais refere-se à indagação se a culpa de terceiro elidiria o nexo causal se se tratar de responsabilidade objeti-

---

[58] José de Aguiar Dias. *Da responsabilidade civil*. 12. ed. 2.ª tiragem. Rio de Janeiro: Forense, 2012. p. 797-802.

[59] TJPR, 9.ª Câmara Cível, Ap 882401-5, Rel. Des. Renato Braga Bettega, j. 08.11.2012, *DJ* 30.11.2012.

[60] TJRJ, 3.ª Turma Cível, Ap 0005155-38.2010.8.19.0063, Rel. Des. Sebastião Bolelli, j. 24.12.2012.

[61] *Curso de direito civil brasileiro*: responsabilidade civil. 23. ed. São Paulo: Saraiva, 2009. p. 114.

va, como no caso de contrato de transporte de passageiros. Tem-se entendido que, se a responsabilidade é objetiva, como no caso da empresa transportadora, a indenização pelo dano deve ser paga por esta, sem prejuízo da ação de regresso contra o terceiro culpado[62].

A quarta causa excludente de nexo causal é o caso fortuito ou força maior. Fortuito, do latim *fortuitus*, casual, acidental, palavra que provém de *fors*, sorte. No Digesto (50.8.2.7) é definido caso fortuito como: *fortuitus casus est qui nullo humano consilio praevideri potest* (caso fortuito é aquele que não pode ser previsto por nenhuma providência humana). No Direito Romano existem vários textos que se referem ao caso fortuito (*casus, casus fortuitus*) e força maior (*vis, vis maior*). Os romanistas, desde a glosa até os dias de hoje, procuram encontrar a diferenciação entre esses institutos. Enquanto para alguns *casus fortuitus* seria o fato do homem, *v.g.*, uma guerra, invasão, e força maior estaria vinculada a fatos naturais como um raio; para outros, caso fortuito seria o evento da natureza imprevisível e a *vis maior* o fato humano irresistível[63].

Entre os civilistas pátrios também não há consenso, pois para alguns são expressões sinônimas ou irrelevante a sua diferenciação[64], enquanto para outros são institutos diversos, com efeitos diferentes[65].

---

[62] Súmula 187 do STF: "A responsabilidade contratual do transportador pelo acidente com o passageiro não é elidida por culpa de terceiro, contra o qual tem ação regressiva". "Esta Corte tem entendimento sólido segundo o qual, em se tratando de contrato de transporte oneroso, o fato de terceiro apto a afastar a responsabilidade objetiva da empresa transportadora é somente aquele totalmente divorciado dos riscos inerentes ao transporte" (STJ, 4.ª Turma, AgRg no Ag 1083789/MG, Rel. Min. Luís Felipe Salomão, j. 14.04.2009, *DJe* 27.04.2009).

[63] José Carlos Moreira Alves, ob. cit., v. II, p. 40. Eugène Petit, *Tratado elementar de direito romano*, Tradução de Jorge Luís Custódio Porto, Campinas: Russell, 2003, p. 622, não distingue caso fortuito de força maior. Preleciona o seguinte: "O caso fortuito é o acontecimento ao qual a vontade do devedor fica completamente alheia, e não pode lhe ser imputado. É um caso de força maior, *vis maior*, quando o homem é impotente para resistir, como os incêndios, as inundações, os ataques à mão armada".

[64] Arnoldo Wald. *Direito civil, direito das obrigações e teoria geral dos contratos*. 18. ed. São Paulo: Saraiva, 2009. p. 153; Caio Mário da Silva Pereira. *Instituições de direito civil*. Teoria geral das obrigações, 20. ed. Rio de Janeiro: Forense, 2003. v. II, p. 346-347; Orlando Gomes. *Obrigações*. 16. ed. Rio de Janeiro: Forense, 2004. p. 176; Paulo Lôbo. *Direito civil*: obrigações. 2. ed. São Paulo: Saraiva, 2011. p. 235; Carlos Roberto Gonçalves. *Direito civil brasileiro*: teoria geral das obrigações. 7. ed. São Paulo: Saraiva, 2010. v. 2, p. 374; Wilson Melo da Silva. *Da responsabilidade civil automobilística*. São Paulo: Saraiva, 1974. p. 62.

[65] Maria Helena Diniz, ob. cit., p. 117; Washington de Barros Monteiro. *Curso de direito civil*, direito das obrigações. 1.ª Parte. 32. ed. São Paulo: Saraiva, 2003. p. 317; Silvio Rodrigues.

O Código Civil trata desse tema no art. 393, nos mesmos moldes do Código anterior (art. 1.058), e também aparentemente não diferencia esses institutos. Entretanto, no art. 734 versa sobre a excludente de responsabilidade do transportador na hipótese de força maior, sem qualquer menção ao caso fortuito. Inegavelmente esse dispositivo vem ao encontro da teoria idealizada por Agostinho Alvim[66], segundo a qual o caso fortuito é um impedimento relacionado com a pessoa do devedor ou com a sua empresa (fortuito interno), e a força maior um acontecimento externo (fortuito externo).

De fato, em um sistema centrado na responsabilidade subjetiva, como o Código de 1916, não se fazia necessária a distinção entre caso fortuito e força maior, uma vez que ambos eram excludentes do nexo causal. Todavia, com o advento da Constituição Federal de 1988, do Código de Defesa do Consumidor e do atual Código Civil, em que a responsabilidade objetiva passou a abarcar a maior parte das situações atinentes à reparação dos danos, essa diferenciação passou a ser indispensável.

Nossos tribunais, seguindo essas noções de fortuito interno e externo, têm delimitado quando há força maior (fortuito externo), fato esse capaz, portanto, de excluir a responsabilidade e quando o fato é inerente à atividade da empresa e incapaz de excluir o nexo de causalidade (fortuito interno)[67], devendo, desta forma, responder objetivamente pelo dano.

Direito civil, parte geral. Das obrigações. São Paulo: Saraiva, 2002. v. 2, p. 239; Carlos Alberto Dabus Maluf. Do caso fortuito e da força maior. In: Rosa Maria de Andrade Nery; Rogério Donnini. *Responsabilidade civil*: estudos em homenagem ao professor Rui Geraldo Camargo Viana. São Paulo: RT, 2009. p. 81-102. O Superior Tribunal de Justiça, no REsp 258707/SP, 4.ª Turma, Rel. Min. Sálvio de Figueiredo Teixeira, j. 22.08.2000, DJ 25.09.2000, definiu caso fortuito e força maior da seguinte forma: "Segundo qualificada doutrina, que encontrou eco nesta Corte, caso fortuito é 'o acidente produzido por força física ininteligente, em condições que não podiam ser previstas pelas partes', enquanto a força maior é 'o fato de terceiro, que criou, para a inexecução da obrigação, um obstáculo, que a boa vontade do devedor não pode vencer, com a observação de que o traço que os caracteriza não é a imprevisibilidade, mas a inevitabilidade". V., a respeito, Rogério Ferraz Donnini. *A revisão dos contratos no Código Civil e no Código de Defesa do Consumidor*. 2. ed. São Paulo: Saraiva, 2001. p. 56-57.

[66] *Da inexecução das obrigações e suas consequências*. 5. ed. São Paulo: Saraiva, 1980. p. 330.

[67] Súmula 479 do STJ: "As instituições financeiras respondem objetivamente pelos danos gerados por fortuito interno relativo a fraudes e delitos praticados por terceiros no âmbito de operações bancárias".

Ao tratar desse tema, o Enunciado 443 da V Jornada de Direito Civil do CJF assim pontuou: "O caso fortuito e a força maior somente serão considerados como excludentes da responsabilidade civil quando o fato gerador do dano não for conexo à atividade desenvolvida".

4. Danos materiais, morais e à imagem

A palavra dano deriva do latim *damnum*, que provém de *demere* (tirar, diminuir), e tem o significado de diminuição do patrimônio de uma pessoa, redução de seus bens jurídicos, em razão de conduta de alguém (*ofensor*), que pode ser ilícita ou lícita (previsão legal ou risco da atividade), que resulta no efetivo prejuízo suportado pela vítima. É mister, portanto, que haja dano, seja ele material, moral ou à imagem, para que exista indenização.

A noção de dano é fundamental para que se possa estabelecer uma ideia precisa da responsabilidade civil. O dano, seja ele material ou imaterial (moral ou à imagem), é um dos pressupostos da responsabilidade civil, ao lado da existência de uma ação (comissiva ou omissiva) e o nexo de causalidade entre o dano e ação. O dano é, portanto, o consectário de um ato ilícito ou mesmo lícito, como dissemos. É, portanto, a diminuição de um bem jurídico.

O dano material importa na modificação desfavorável da situação patrimonial na esfera jurídica de uma pessoa. Trata-se de uma ofensa ou redução de determinados valores de ordem econômica. Sendo assim, na hipótese de um dano efetivo, passível de apreciação pecuniária, seja ele emergente (*damnum emergens* ou dano positivo), em razão de diminuição patrimonial, seja ele um dano negativo (*lucrum cessans*), diante da frustração de lucro, tem-se o dano material passível de reparação. É indispensável que o dano, para que seja ressarcível, se revista de *certeza* (tem de ser certo e não eventual ou hipotético) e *atualidade* (dano que existe ou já existiu)[68].

Não há controvérsias importantes na doutrina e jurisprudência quando o ato ou atividade lesiva atinge apenas o patrimônio da vítima,

---

[68] Caio Mário da Silva Pereira. *Responsabilidade civil*. 9. ed. Rio de Janeiro: Forense, 1999. p. 39-42.

resultando no denominado dano material ou patrimonial. O resultado da ofensa pode estar vinculado a um efeito imediato, no patrimônio atual do lesado, com a sua diminuição, ou, além desse efeito, o prejuízo lançar-se para o futuro. No primeiro caso, como vimos, essa lesão consiste no que se denomina dano emergente, enquanto no segundo, lucros cessantes. Portanto, o dano emergente nasce de maneira imediata da lesão suportada, causadora do prejuízo[69], e os lucros cessantes, por outro lado, dizem respeito aos benefícios que a coisa danificada ou perdida concederia ao ofendido, o que ele deixou de ganhar[70].

A construção doutrinária do dano material e sua reparação é bastante antiga e implica o binômio *lesão* e *reparação* a um bem material, com valoração pecuniária. Todavia, entendia-se que a dor, a angústia, a honra maculada, a humilhação, entre outros sentimentos, por serem insuscetíveis de uma avaliação econômica, seriam irreparáveis e protegidos apenas pelo Direito Penal. Essa corrente, denominada *negativista* da reparação, embora tivesse prevalecido na maior parte do século passado, sucumbiu com a Constituição Federal de 1988, que previu expressamente a possibilidade de reparação do dano moral, embora nosso Código Civil de 1916 já admitisse, implicitamente, o ressarcimento do dano moral. De registrar, todavia, que antes do texto constitucional nossos tribunais já admitiam a reparação do dano moral[71].

Foram várias as construções doutrinárias para distinguir o dano material do moral. Se o prejuízo, a lesão ao direito personalíssimo, repercutisse no patrimônio de alguém, o dano seria material ou patrimonial; se não produzisse qualquer efeito no patrimônio da pessoa, seria moral. Trata-se de uma caracterização *negativa* do dano, vale dizer, sua contraposição ao dano patrimonial[72].

---

[69] José de Aguiar Dias, ob. cit., p. 822-839.
[70] Francesco Galgano, ob. cit., p. 164.
[71] A jurisprudência, em um primeiro momento, admitia apenas o dano moral se concomitantemente existisse um dano material. A reparação do dano moral exclusivo, isto é, aquele desvinculado do material, somente passou a ser acolhido pouco tempo antes de nossa Lei Maior de 1988.
[72] Orlando Gomes, ob. cit., p. 63. Para esse autor, dentre os *direitos personalísimos,* podem ser citados a vida, a liberdade, a saúde, a honra, os direitos ao nome, à própria imagem e ao crédito comercial.

Por outro lado, há o entendimento que *patrimônio*, em uma visão mais moderna, abarcaria valores imateriais. Nesse caso, o sentido de patrimônio seria mais abrangente, não compreendendo apenas o conteúdo econômico, mas englobando valores de natureza ética, inclusive[73].

Wilson Melo da Silva, ao definir dano moral, trata do patrimônio ideal: "Danos morais são lesões sofridas pelo sujeito físico ou pessoa natural de direito em seu patrimônio ideal, entendendo-se por patrimônio ideal, em contraposição a patrimônio material, o conjunto de tudo aquilo que não seja suscetível de valor econômico"[74]. Assim, uma lesão ao patrimônio ideal de uma pessoa possibilitaria a reparação desse ato, por meio de uma indenização.

O dano moral tem sido relacionado à dor, angústia, sofrimento, tristeza, suportados por uma pessoa, ou como uma perturbação injusta no estado de ânimo de uma pessoa, determinado pela ofensa recebida. É o que se denomina *pecunia doloris*, ou o que os tedescos chamam de *Schmerzeusgelg*[75]. Contudo, esses sentimentos não representam o dano moral, mas sua consequência. Na realidade, a ofensa a um *direito da personalidade*[76] dá ensejo à reparação desse dano, denominado moral. Assim, se violados os direitos da personalidade, desde que seja comprovado o dano[77], a vítima pode requerer a sua reparação mediante a fixação de uma quantia para que sejam compensados a dor, a humilhação, a tristeza, enfim, o sofrimento suportado.

Portanto, a violação a esses direitos, uma vez comprovados o ato (comissivo ou omissivo) ou a atividade, o dano e o nexo de causalidade, resulta na possibilidade de reparação, mediante a fixação de uma indenização.

---

[73]   Yussef Said Cahali. *Dano moral.* 2. ed. São Paulo: RT, 1998. p. 20.
[74]   *O dano moral e sua reparação.* 2. ed. Rio de Janeiro: Forense, 1969. p. 13.
[75]   Guido Alpa. *Diritto alla Riservatezza e Calcolatori Elettronici.* Quaderni di diritto comparato, Banche dati telematica e diritti della persona. Padova: Cedam, 1984. p. 334.
[76]   Os *direitos da personalidade* foram definidos pelos juristas alemães do final do século XIX, designados pela expressão *personalitätsrechte.*
[77]   A comprovação da lesão é dispensada em algumas situações, tais como a publicação de imagem não autorizada pela pessoa, cadastro de inadimplentes, atraso de voo, diploma sem reconhecimento, credibilidade desviada, entre outras.

Entre os danos extrapatrimoniais está o direito de imagem, que possui proteção efetiva e expressa (CF, art. 5.º, V), ao contrário do que prescreviam as nossas Constituições anteriores[78].

A Constituição Federal fez um discrímen entre dano moral e dano à imagem. Se definirmos o dano moral como aquele que fere, viola um direito da personalidade, constataremos que o dano à imagem integra esse rol e, portanto, sua violação acarretaria, como consectário lógico, um dano moral. No entanto, o texto constitucional regula de maneira autônoma o dano à imagem, pois em uma dada situação podem estar configurados danos materiais, morais e à imagem, que devem ser analisados de forma autônoma e quantificados separadamente.

Dessarte, a título de indenização, para cada um desses danos deve ser arbitrado um valor. Nada obsta, também, que de um fato decorra apenas a violação à imagem de pessoa física ou jurídica, sem que se cogite de qualquer dano material ou moral. Da mesma forma, pode advir um dano exclusivamente moral ou ainda material, sem que se vislumbre qualquer indenização pelo dano à imagem[79].

Nossos Tribunais fixavam a indenização por dano à imagem como uma categoria de dano moral, sem qualquer diferenciação. Atualmente, há julgados que acolhem, de maneira cristalina, o que determina nossa Constituição Federal (art. 5.º, V), uma vez que a lesão à imagem de-

---

[78] A Constituição portuguesa, de 1976, no Título II, *Direitos, liberdades e garantias*, em seu art. 26.º, estabelece, também de forma expressa, a proteção à imagem: "A todos são reconhecidos os direitos à identidade pessoal, ao desenvolvimento da personalidade, à capacidade civil, à cidadania, ao bom nome e reputação, à imagem, à palavra, à reserva da intimidade da vida privada e familiar e à protecção legal contra quaisquer formas de discriminação". A Carta Magna espanhola (1978), a exemplo do que dispõe a portuguesa, também prevê, de forma autônoma e expressa, o direito à imagem, em seu art. 18. Em França, sua Constituição, de 04.10.1958, não trata diretamente do direito à imagem. No entretanto, embora inexista naquele país proteção constitucional, o Código Civil, em seu art. 9.º, garante esse direito por meio do respeito *de la vie privée*. O mesmo ocorre na Itália, onde somente o *Codice Civile*, de 1942, no art. 10, trata desse tema, da seguinte forma: "Abuso dell'immagine altrui. – Qualora l'immagine di una persona o dei genitori, del coniuge o dei figli sia stata esposta o publicata fuori dei casi in cui l'esposizione o la publicazione è dalla legge consentita, ovvero com pregiudizio al decoro o alla reputazione della persona stessa o dei detti coniuganti, l'autorità giudiziaria, su richiesta dell'interessato, può disporre che cessi l'abuso, salvo il risarcimento dei danni".

[79] Oduvaldo Donnini e Rogério Ferraz Donnini. *Imprensa livre, dano moral, dano à imagem, e sua quantificação à luz do novo Código Civil*. São Paulo: Método, 2002.

corre de sua simples utilização, sem autorização, ainda que não viole a honra, a vida privada e a intimidade do ofendido[80].

Na realidade, embora possa surgir um dano moral da exposição indevida da imagem de uma pessoa[81], nem sempre nasce um dano dessa natureza, haja vista que há imagens que não denigrem, de forma alguma, uma pessoa. Contudo, a simples exposição, sem a devida autorização, resulta em uma violação a esse direito. Assim, posto seja um dano extrapatrimonial, a imagem tem uma proteção autônoma em relação à honra, vida privada e intimidade.

Portanto, se transgredido o direito de imagem pelos meios de comunicação ou contra qualquer outra forma de divulgação, pode a pessoa lesada pleitear a devida reparação, a menos que tenha existido autorização ou o ato seja necessário à administração da justiça ou à manutenção da ordem pública.

O tratamento ao instituto *imagem* no Código Civil, pelo exposto, está desatualizado e contrário ao texto constitucional, pois a simples exposição da imagem de uma pessoa, sem a devida autorização, independentemente de atingir sua honra, boa fama ou respeitabilidade, gera o direito à indenização. De registrar que a parte final do art. 20 do Código Civil também contraria a Constituição Federal e a jurisprudência e doutrina dominantes, tendo em vista que a exposição da imagem de alguém, mesmo para fins institucionais, também possibilita ao ofendido a reparação desse dano, o que torna despicienda a expressão "(...) ou se se destinarem a fins comerciais".

Apesar desses argumentos, a Súmula 403 do STJ estabelece: "Independe de prova do prejuízo a indenização pela publicação não autorizada de imagem de pessoa com fins econômicos ou comerciais." Entretanto, basta a utilização indevida da imagem, vale dizer, a ausência de autorização, para possibilitar um pleito indenizatório, excepcionando-se os casos em que, mesmo sem autorização, há o uso

---

[80] STJ, 4.ª Turma, REsp 794586/RJ, Rel. Min. Raul Araújo, j. 15.03.2012, *DJe* 21.03.2012.

[81] A imagem divide-se em *imagem-retrato*, que é a que se refere o art. 5.º, X, da Constituição Federal, ou seja, a reprodução gráfica da figura humana como, *v.g.*, a fotografia, o desenho, o retrato, a filmagem etc., e a *imagem-atributo*, acolhida pelo texto constitucional, inserta no inciso V do art. 5.º, que é considerada o conjunto de atributos de uma pessoa (física ou jurídica), identificados no meio social (V. Oduvaldo Donnini e Rogério Donnini, ob. cit., p. 64-71).

devido da imagem, por exemplo, em situações que envolvam a segurança nacional, saúde pública, interesse histórico, pessoas públicas, entre outros[82]. Com muito mais gravidade o ato será examinado se, além da simples transgressão ao direito à imagem, esta prejudicar o nome, a boa fama e a respeitabilidade de alguém, assim como na hipótese de uso para fins comerciais. Todavia, mesmo que a utilização da imagem seja realizada para fins institucionais, consoante já mencionado, decorre desse ato o dever de indenizar do ofensor, se inexistiu autorização do ofendido[83].

Art. 928. O incapaz responde pelos prejuízos que causar, se as pessoas por ele responsáveis não tiverem obrigação de fazê-lo ou não dispuserem de meios suficientes.

Parágrafo único. A indenização prevista neste artigo, que deverá ser equitativa, não terá lugar se privar do necessário o incapaz ou as pessoas que dele dependem[84-85].

Direito anterior: Sem correspondente no CC/1916.

---

[82] Oduvaldo Donnini e Rogério Ferraz Donnini, ob. cit., p. 90-91.
[83] Oduvaldo Donnini e Rogério Ferraz Donnini, ob. cit., p. 63.
[84] Não há dispositivo correspondente no CC/1916.
[85] Enunciados das Jornadas de Direito Civil:
n. 39 – Art. 928: A impossibilidade de privação do necessário à pessoa, prevista no art. 928, traduz um dever de indenização equitativa, informado pelo princípio constitucional da proteção à dignidade da pessoa humana. Como consequência, também os pais, tutores e curadores serão beneficiados pelo limite humanitário do dever de indenizar, de modo que a passagem ao patrimônio do incapaz se dará não quando esgotados todos os recursos do responsável, mas se reduzidos estes ao montante necessário à manutenção de sua dignidade.
n. 40 – Art. 928: O incapaz responde pelos prejuízos que causar de maneira subsidiária ou excepcionalmente como devedor principal, na hipótese do ressarcimento devido pelos adolescentes que praticarem atos infracionais nos termos do art. 116 do Estatuto da Criança e do Adolescente, no âmbito das medidas socioeducativas ali previstas.
n. 41 – Art. 928: A única hipótese em que poderá haver responsabilidade solidária do menor de 18 anos com seus pais é ter sido emancipado nos termos do art. 5.º, parágrafo único, inc. I, do novo Código Civil.
n. 449 – Art. 928, parágrafo único: A indenização equitativa a que se refere o art. 928, parágrafo único, do Código Civil não é necessariamente reduzida sem prejuízo do Enunciado n. 39 da I Jornada de Direito Civil.

COMENTÁRIOS

Este dispositivo protege os incapazes, ao estabelecer que certas pessoas (pais, tutores e curadores – art. 932) são os responsáveis pelos danos provocados por seus filhos, tutelados e curatelados.

A tutela é um instituto de caráter material que tem por finalidade a substituição do poder familiar e, portanto, visa a proteção do menor não emancipado, proteção essa que se estende ao seu patrimônio, na hipótese de o menor ter pais que foram suspensos ou destituídos do poder familiar, bem como no caso de pais falecidos ou julgados ausentes. (CC, arts. 1.728/1.766).

A curatela é um *munus* público em que essa pessoa é designada para dirigir outra pessoa que é incapaz (CC, arts. 1.767 e 1.783) e seus bens, além de outras hipóteses previstas em lei, tais como o nascituro, o deficiente físico, o ausente (CC, arts. 22 e 1.770), entre outros.

O tutor e o curador têm direito de regresso contra o pupilo e o curatelado, respectivamente, se estes, sem se privarem do necessário à sua subsistência, puderem reembolsá-lo do valor proveniente da indenização paga a terceiro, diante do dano perpetrado (CC, arts. 934, 942 e 928, parágrafo único).

Os responsáveis, na realidade, agem em nome dos incapazes e respondem, com seu patrimônio, pelos prejuízos que estes causarem. O patrimônio do incapaz, em um primeiro momento, não é garantidor de eventual reparação, mas apenas o de seu responsável. Apenas na hipótese de o patrimônio do responsável ser insuficiente para a reparação do dano é que os bens do incapaz serão passíveis de execução. Mesmo assim, por força do parágrafo único do art. 928, a indenização deve ser equitativa e não pode privar o incapaz do necessário à sobrevivência ou as pessoas que dele dependem.

Trata-se de imposição destinada a resguardar uma vida digna do incapaz que, mesmo respondendo com seu patrimônio, não pode ter comprometido tudo o que possui em favor da parte lesada, pois é indispensável que lhe seja resguardado o mínimo necessário a uma sobrevivência com dignidade, nos termos do art. 1.º, III, da Constituição Federal.

A proteção ao incapaz constante do artigo em questão, em cumprimento ao determinado no texto constitucional, vincula, na realidade, a dignidade da pessoa humana, como um princípio que não autoriza a ofensa física ou moral e protege a vida digna, ultrapassando a proteção prevista no art. 5.º, *caput,* da Constituição Federal (inviolabilidade do direito à vida, à liberdade, à igualdade, à segurança e à propriedade), com a finalidade de dar-lhe dignidade, respaldada no artigo subsequente (art. 6.º, *caput*), para propiciar uma vida com educação, saúde, trabalho, moradia, lazer, segurança, previdência social, proteção à maternidade, à infância e aos desamparados.

Portanto, na hipótese de privação do incapaz do necessário, tornando sua vida ou das pessoas que dele dependem indigna, não será ele compelido a indenizar o ofendido[86]. Os responsáveis pelos filhos, tutelados e curatelados, diferentemente do Código Civil de 1916, respondem objetivamente, isto é, não mais se perquire a *culpa in vigilando* dessas pessoas que, na legislação anterior, lhes permitia, provando-se o exato cumprimento do dever de vigilância, a completa isenção no dever de reparar os danos. Essa alteração vem ao encontro de uma visão contemporânea da responsabilidade civil, que procura amparar o ofendido, não permitindo, assim, que situações de efetiva lesão não sejam contempladas com o dever de reparação.

Não se coaduna com o disposto nesse artigo a emancipação voluntária do menor com o escopo de elidir sua responsabilidade pela prática de ilícito, em razão de verdadeira fraude, pois, embora o então incapaz respondesse pelos danos provocados, a emancipação excluiria dos responsáveis o dever de reparação da lesão. A ineficácia da emancipação nesse caso possibilita à vítima a inclusão também dos responsáveis pelo

---

[86] Nesse sentido o Enunciado 39 da I Jornada de Direito Civil – Art. 928: "A impossibilidade de privação do necessário à pessoa, prevista no art. 928, traduz um dever de indenização equitativa, informado pelo princípio constitucional da proteção à dignidade da pessoa humana. Como consequência, também os pais, tutores e curadores serão beneficiados pelo limite humanitário do dever de indenizar, de modo que a passagem ao patrimônio do incapaz se dará não quando esgotados todos os recursos do responsável, mas quando reduzidos estes ao montante necessário à manutenção de sua dignidade". Na V Jornada de Direito Civil do Conselho da Justiça Federal, o Enunciado 449 ao art. 928, parágrafo único, assim estabelece: "A indenização equitativa a que se refere o art. 928, parágrafo único, do Código Civil não é necessariamente reduzida sem prejuízo do Enunciado n. 39 da I Jornada de Direito Civil".

incapaz no polo passivo da relação jurídica processual, diante da responsabilidade solidária entre o menor e seus responsáveis, estabelecida com o fito de ressarcimento dos prejuízos suportados pelo ofendido.

É necessário ressaltar que o disposto no parágrafo único deste artigo, quando prevê que não terá lugar a indenização se privar o incapaz ou as pessoas que dele dependam do necessário, não indica ausência de responsabilidade, mesmo porque a situação econômico-financeira pode se alterar e permitir, em um momento posterior, o pagamento da indenização[87].

Art. 929. Se a pessoa lesada, ou o dono da coisa, no caso do inciso II do art. 188, não forem culpados do perigo, assistir-lhes-á direito à indenização do prejuízo que sofreram[88].

Direito anterior: Art. 1.519. Se o dono da coisa, no caso do art. 160, n.º II, não for culpado do perigo, assistir-lhe-á direito à indenização do prejuízo que sofreu.

COMENTÁRIOS

Estatui o art. 188, II, do Código Civil que não constituem atos ilícitos a deterioração ou destruição da coisa alheia, ou a lesão à pessoa, para remover perigo iminente. Assim, o ato praticado em estado de necessidade não constitui ato ilícito. Esse mesmo dispositivo (art. 188, parágrafo único) reza que "o ato será legítimo somente quando as circunstâncias o tornarem absolutamente necessário, não excedendo os limites do indispensável para a remoção do perigo".

Dessa forma, configurado o estado de necessidade, ou seja, quando uma pessoa, para salvar a si mesmo ou terceiro de perigo grave ou iminente, pratica ato que ofende direito de outrem, o responsável pela

---

[87] TJSP, 8.ª Câmara de Direito Privado, Ap 00000030-03.2010.8.26.0449, Rel. Des. Salles Rossi, *DJ* 16.02.2011.
[88] CC/1916, art. 1.519, correspondência textual parcial.

lesão não está obrigado, em tese, a repará-lo. No entanto, se a pessoa lesada ou o dono da coisa destruída ou deteriorada não tiver dado causa ao prejuízo, é possível o pleito indenizatório contra aquele que causou o dano.

Assim, se uma pessoa, para evitar um dano iminente, em estado de necessidade, acaba por produzir uma lesão a outrem, mesmo não tendo culpa pelo ocorrido, terá de indenizar o ofendido, a menos que este tenha dado causa ao perigo. Portanto, se o condutor de um veículo desvia de buraco na pista e atinge, na contramão de direção, outro automóvel, provocando o acidente, responde pelo prejuízo causado, mesmo no caso de comprovação do estado de necessidade. Somente não responderia pela indenização se o lesado também concorresse para o evento danoso[89].

---

[89] "(...) 3. O condutor do veículo que, evitando buraco na pista de rolamento, atinge a contramão direcional, provocando acidente, responde pelos danos causados, ainda que tenha agido em estado de necessidade, uma vez que tal circunstância não elide a responsabilidade civil e, consequentemente, a obrigação de indenizar.
4. Não restando demonstrada a culpa do condutor do veículo da autora, que perdeu o controle da direção em decorrência da manobra indevida efetuada pelo condutor do veículo da ré, não há que se falar em culpa concorrente" (STJ, 4.ª Turma, AgRg no Ag 789883/MG, Rel. Min. Hélio Quaglia Barbosa, j. 15.05.2007, *DJ* 04.06.2007).
Ementa: "Civil. Ação de indenização por danos materiais e compensação por danos morais movida por mãe de jovem falecida em acidente de trânsito. Atropelamento à beira de estrada por ônibus que havia sido abalroado por caminhão, em ultrapassagem temerária deste. Fato ocorrido em 1990. Reconhecimento de culpa concorrente do motorista do ônibus. Discussão a respeito da possibilidade de indenização ainda quando reconhecido o estado de necessidade. Análise das relações intertemporais entre o Código Civil de 1916 e o Código Civil de 2002. Comparação entre os arts. 188, II, e 929 do CC/2002 e 159, 160, II, e 1.519 do CC/1916. Em análise soberana dos fatos e provas, o TJRS vislumbrou a ocorrência de culpa concorrente do motorista do ônibus. Tal ponto é impossível de ser revisto, em face da Súmula 7/STJ. O acórdão reconheceu dever de indenizar mesmo em face do estado de necessidade. Para tanto, fez menção expressa apenas a dispositivos do Código Civil de 2002, apesar de o acidente ter ocorrido em 1990. Não há, a rigor, nenhum óbice à referência a dispositivos do Código atualmente em vigor no julgamento de lides vinculadas ao CC/1916, quando é patente a similitude existente entre os dispositivos atuais e os revogados. O próprio STJ vem, costumeiramente, indicando as respectivas correspondências legislativas em seus acórdãos. Precedentes. Na presente hipótese, porém, alega-se a existência de diferenças substanciais na redação dos dispositivos referentes à reparação de danos causados em estado de necessidade. Nesse sentido, o CC/1916 teria previsto apenas a indenização por danos a coisas, enquanto o CC/2002 a teria previsto, também, para lesão à pessoa, como ocorre na hipótese. Não houve, porém, retroação de disciplina jurídica, pois o exame do CC/1916 indica que existe apenas uma diferença de sistematização da matéria entre os dois Códigos. Com efeito, o CC/1916 também previa a reparação da lesão a pessoa por 'crime justificável'; porém, o fazia apenas no art. 1.540, contido no Capítulo referente à liquidação das obrigações resultantes

Art. 930. No caso do inciso II do art. 188, se o perigo ocorrer por culpa de terceiro, contra este terá o autor do dano ação regressiva para haver a importância que tiver ressarcido ao lesado[90]**.**

Parágrafo único. A mesma ação competirá contra aquele em defesa de quem se causou o dano (art. 188, inciso I).

Direito anterior: Art. 1.520. Se o perigo ocorrer por culpa de terceiro, contra este ficará com ação regressiva, no caso do art. 160, n.º II, o autor do dano, para haver importância, que tiver ressarcido ao dono da coisa.

Parágrafo único. A mesma ação competirá contra aquele em defesa de quem se danificou a coisa (art. 160, n.º I).

COMENTÁRIOS

Este artigo possibilita ao causador do dano o direito de regresso em face do terceiro responsável pelo evento danoso. Portanto, o terceiro causador do dano, responsável pela situação de perigo, deverá ressarcir aquele que pagou ao lesado a indenização pelo dano suportado.

Posto a lei declare expressamente que o ato realizado em estado de necessidade seja lícito, não libera aquele que pratica o ato danoso de repará-lo, mas apenas concede a este o direito regressivo diante dos gastos suportados pelo pagamento da indenização.

---

de atos ilícitos. É essencial notar, para o correto deslinde da controvérsia, que a presente ação está sendo movida pela mãe da falecida, que pleiteia direito pessoal próprio em face da morte da filha. A diferença entre os Códigos, portanto, se limita à sistematização da matéria, porque o CC/2002 condensou as hipóteses de lesão à pessoa e a coisas no mesmo dispositivo (art. 188, II). Não há, portanto, óbice à citação exclusiva do CC/2002 no julgamento. Mesmo quando analisado isoladamente o art. 160, II, do CC/1916, a doutrina questionava a aparente inversão de valores do dispositivo, que parecia privilegiar a defesa do patrimônio em detrimento da pessoa. Pela via interpretativa, portanto, o resultado do julgamento seria o mesmo; o CC/2002 apenas adotou sistemática mais simples e, nessa condição, foi citado como reforço de argumentação, sem que houvesse qualquer desrespeito à aplicação da lei vigente ao tempo do fato. Recurso especial não conhecido" (STJ, 3.ª Turma, REsp 1030565/RS, Rel. Min. Nancy Andrighi, j. 05.11.2008, *DJe* 18.11.2008).

[90] CC/1916, art. 1.520, correspondência textual parcial.

Aquele, portanto, que dá causa ao estado de necessidade, provocando a situação de perigo (terceiro), cabe o pagamento da indenização[91]. Se porventura a vítima for a causadora do estado de necessidade, não caberá a ela qualquer indenização.

Há de se analisar situações dessa natureza para se verificar se tem ou não aplicação esse artigo quando, por exemplo, um veículo é simplesmente arremessado contra outro, por força de colisão provocada pelo efetivo causador do dano. Nesse caso, não há estado de necessidade do motorista cujo auto foi arremessado, pois sua conduta não integra

---

[91] Ementa: "Civil. Ação de indenização por danos materiais e compensação por danos morais movida por mãe de jovem falecida em acidente de trânsito. Atropelamento à beira de estrada por ônibus que havia sido abalroado por caminhão, em ultrapassagem temerária deste. Fato ocorrido em 1990. Reconhecimento de culpa concorrente do motorista do ônibus. Discussão a respeito da possibilidade de indenização ainda quando reconhecido o estado de necessidade. Análise das relações intertemporais entre o Código Civil de 1916 e o Código Civil de 2002. Comparação entre os arts. 188, II, e 929 do CC/2002 e 159, 160, II, e 1.519 do CC/1916. Em análise soberana dos fatos e provas, o TJRS vislumbrou a ocorrência de culpa concorrente do motorista do ônibus. Tal ponto é impossível de ser revisto, em face da Súmula 7/STJ. O acórdão reconheceu dever de indenizar mesmo em face do estado de necessidade. Para tanto, fez menção expressa apenas a dispositivos do Código Civil de 2002, apesar de o acidente ter ocorrido em 1990. Não há, a rigor, nenhum óbice à referência a dispositivos do Código atualmente em vigor no julgamento de lides vinculadas ao CC/16, quando é patente a similitude existente entre os dispositivos atuais e os revogados. O próprio STJ vem, costumeiramente, indicando as respectivas correspondências legislativas em seus acórdãos. Precedentes. Na presente hipótese, porém, alega-se a existência de diferenças substanciais na redação dos dispositivos referentes à reparação de danos causados em estado de necessidade. Nesse sentido, o CC/1916 teria previsto apenas a indenização por danos a coisas, enquanto que o CC/2002 a teria previsto, também, para lesão à pessoa, como ocorre na hipótese. Não houve, porém, retroação de disciplina jurídica, pois o exame do CC/1916 indica que existe apenas uma diferença de sistematização da matéria entre os dois Códigos. Com efeito, o CC/1916 também previa a reparação da lesão a pessoa por 'crime justificável'; porém, o fazia apenas no art. 1.540, contido no Capítulo referente à liquidação das obrigações resultantes de atos ilícitos. É essencial notar, para o correto deslinde da controvérsia, que a presente ação está sendo movida pela mãe da falecida, que pleiteia direito pessoal próprio em face da morte da filha. A diferença entre os Códigos, portanto, se limita à sistematização da matéria, porque o CC/2002 condensou as hipóteses de lesão à pessoa e a coisas no mesmo dispositivo (art. 188, II). Não há, portanto, óbice à citação exclusiva do CC/2002 no julgamento. Mesmo quando analisado isoladamente o art. 160, II, do CC/1916, a doutrina questionava a aparente inversão de valores do dispositivo, que parecia privilegiar a defesa do patrimônio em detrimento da pessoa. Pela via interpretativa, portanto, o resultado do julgamento seria o mesmo; o CC/2002 apenas adotou sistemática mais simples e, nessa condição, foi citado como reforço de argumentação, sem que houvesse qualquer desrespeito à aplicação da lei vigente ao tempo do fato. Recurso especial não conhecido" (STJ, 3.ª Turma, REsp 1030565/RS, Rel. Min. Nancy Andrighi, j. 05.11.2008, DJe 18.11.2008).

a relação causal, motivo pelo qual a ação de indenização dever ser proposta diretamente contra quem provocou o primeiro abalroamento[92].

No tocante ao direito de regresso, importa esclarecer que há duas formas para o seu exercício. A primeira, e mais comum, é a hipótese em que há ação judicial da vítima contra o autor do dano e este denuncia à lide ou chama ao processo[93] o terceiro causador do perigo, com o fito de, sendo obrigado a reparar o prejuízo da vítima, se valer dos próprios autos para executar em via regressiva o terceiro responsável pelo infortúnio. A segunda hipótese desafia propositura de ação de reparação de danos regressiva, para apuração da responsabilidade do terceiro pretensamente culpado pela situação de perigo do causador do dano, tudo no triênio legal (art. 206, § 3.º, V, CC), a contar do evento danoso (art. 189, CC)[94].

Art. 931. Ressalvados outros casos previstos em lei especial, os empresários individuais e as empresas respondem inde-

---

[92] STJ, 4.ª Turma, REsp 81.631, Min. Ruy Rosado, j. 05.03.1996, *DJU* 17.06.1996.
[93] V. Eduardo Arruda Alvim. *Direito processual civil*. 3. ed. São Paulo: RT, 2010. p. 250 e s.
[94] Ementa: Ação de indenização por danos materiais e morais. Colisão de caminhão com os fios de energia, que ocasionou a queda de poste de luz e, com isso, a avaria na parede e vidros na residência do autor. Cabos de energia que não estavam instalados na altura mínima permitida, fato que configura responsabilidade da companhia distribuidora de energia elétrica. Todavia, dever do causador direto dos danos em ressarcir os prejuízos causados, ressalvado o direito de regresso. Inteligência dos arts. 929 e 930 do CC. Infortúnio não passível de caracterizar dano moral. Recurso parcialmente provido. Em matéria de responsabilidade civil, no entanto, predomina o princípio da obrigatoriedade do causador direto em reparar o dano. A culpa de terceiro não exonera o autor direto do dano do dever jurídico de indenizar" (TJSC, Ap. Cív. 2011.003402-9, de Camboriú, Rel. Des. Maria do Rocio Luz Santa Ritta, j. 31.05.2011).
Ementa: "Civil. Responsabilidade civil. Acidente de trânsito. Culpa de terceiro. Obrigação do causador direto do dano de indenizar. Direito de regresso. Inteligência do art. 1.520 do Código Civil de 1916, simétrico ao art. 930 da nova codificação civil. A culpa de terceiro na produção do fato gerador do dano não exime o causador direto da obrigação ressarcitória, restando-lhe, todavia, o direito ao exercício de regresso, em ação adequada, contra a pessoa do terceiro originador do evento danoso, a teor da norma engastada no art. 1.520 do Código Civil de 1916, correspondente ao art. 930 da novel codificação civil" (TJSC, Ap. Cív. 1999.002887-9, de Braço do Norte, Rel. Des. Luiz Carlos Freyesleben, j. 20.03.2003).

pendentemente de culpa pelos danos causados pelos produtos postos em circulação[95-96].

Direito anterior: Sem correspondente no CC/1916.

COMENTÁRIOS

O artigo em comento não abarca as relações de consumo regidas pelo Código de Defesa do Consumidor, que estabeleceu a responsabilidade objetiva dos fornecedores de produtos ou serviços por danos provenientes de produtos defeituosos (CDC, art. 12). Assim, como não cabe ao Código Civil alterar a legislação consumerista, que se refere exclusivamente às relações existentes entre consumidores e fornecedores (CDC, arts. 1.º/3.º), esse dispositivo prevê a responsabilidade objetiva dos empresários individuais e empresas não em face do destinatário final da relação de consumo, ou seja, o consumidor, mas entre estes e qualquer um que tenha suportado uma lesão advinda do produto.

Dessa forma, em uma relação entre dois empresários (relação entre particulares), regulada, portanto, pelo Código Civil, há responsabilidade objetiva se o produto de um fornecedor causar dano àquele que o comercializa.

O artigo analisado interessa ser enfrentado sob a ótica do que se denomina *risco do desenvolvimento*[97]. Trata-se de expressão utilizada para o risco que não é conhecido pelo fornecedor no momento em que

---

[95] Não há dispositivo correspondente no CC/1916.
[96] Enunciados das Jornadas de Direito Civil:
n. 42 – Art. 931: O art. 931 amplia o conceito de fato do produto existente no art. 12 do Código de Defesa do Consumidor, imputando responsabilidade civil à empresa e aos empresários individuais vinculados à circulação dos produtos.
n. 43 – Art. 931: A responsabilidade civil pelo fato do produto, prevista no art. 931 do novo Código Civil, também inclui os riscos do desenvolvimento.
n. 190 – Art. 931: A regra do art. 931 do novo Código Civil não afasta as normas acerca da responsabilidade pelo fato do produto previstas no art. 12 do Código de Defesa do Consumidor, que continuam mais favoráveis ao consumidor lesado.
n. 378 – Art. 931: Aplica-se o art. 931 do Código Civil, haja ou não relação de consumo.
[97] *Development Risk, Risque du Developmente e Rischi di Sviluppo*, nas expressões inglesa, francesa e italiana.

foi colocado no mercado o produto ou serviço que, posteriormente, veio a causar danos. Essa expressão já é consagrada aqui e no exterior, embora não haja precisão quando relaciona desenvolvimento ao risco, ao passo que o desenvolvimento procura, normalmente, diminuir os riscos.

A intenção dessa teoria, adotada em vários países como excludente de responsabilidade civil (Reino Unido, Itália, Holanda, Bélgica, Dinamarca, Áustria, Suécia, Portugal), é eximir o produtor do dever de reparar danos se demonstrar que o estado dos conhecimentos técnicos e científicos (estado da arte) não permitia a verificação do defeito do produto ou serviço, no momento em que foi posto em circulação.

Em alguns países, a responsabilidade é ilimitada pelos riscos do desenvolvimento (Finlândia e Luxemburgo), enquanto em outros, embora tenham adotado como regra que o produtor não responde pelos riscos do desenvolvimento, estabeleceram exceções, tais como medicamentos, alimentos ou produtos alimentícios para o consumo humano (Espanha, França e Alemanha)[98].

Embora exista entendimento de que deva existir entre nós essa teoria, nossa legislação veda, de maneira clara, qualquer pretensão de eximir o fornecedor de produtos na hipótese de *risco do desenvolvimento*[99].

Com efeito, estar-se-ia diante de um capitalismo sem risco, se houvesse a possibilidade de lesar, mesmo que sem conhecimento do poder lesivo do produto ou serviço posteriormente à sua entrada em circula-

---

[98] V. Dissertação de Mestrado defendida na FADUSP por Guilherme Henrique Lima Reinig, intitulada *A Responsabilidade do produto pelos riscos do desenvolvimento no Brasil e no âmbito da União Europeia,* por mim examinada, sob a orientação da Prof. Dra. Teresa Ancona Lopez, 2010.

[99] Como exemplo, podem ser citados os danos provocados por ondas eletromagnéticas, que estão relacionados à tecnologia que desenvolveu muitos emissores de radiação, tais como torres de alta tensão, antenas de rádio e televisão, redes de transmissão de energia e, mais recentemente, antenas de telefonia celular, entre outras. Essas ondas são classificadas de acordo com o valor de sua frequência. Desta forma, embora existisse entendimento de que apenas as radiações do tipo ionizante, como a dos aparelhos de raio-X, seriam danosas à saúde, enquanto as do tipo não ionizante, como celulares, não trariam maiores consequências lesivas, a OMS (Organização Mundial de Saúde) não descarta o real risco de danos à saúde, mesmo tratando-se desse último tipo de radiação.

ção, e não responder pelos danos, sob o argumento de que o *state of the art* (estado da arte) não permitia a detecção do defeito.

A tese da permissão, entre nós, dessa teoria encontra resistência intransponível no art. 12 do Código de Defesa do Consumidor e no presente dispositivo.

Art. 932. São também responsáveis pela reparação civil:

I – os pais, pelos filhos menores que estiverem sob sua autoridade e em sua companhia;

II – o tutor e o curador, pelos pupilos e curatelados, que se acharem nas mesmas condições;

III – o empregador ou comitente, por seus empregados, serviçais e prepostos, no exercício do trabalho que lhes competir, ou em razão dele;

IV – os donos de hotéis, hospedarias, casas ou estabelecimentos onde se albergue por dinheiro, mesmo para fins de educação, pelos seus hóspedes, moradores e educandos;

V – os que gratuitamente houverem participado nos produtos do crime, até a concorrente quantia[100-101].

Direito anterior: Art. 1.521. São também responsáveis pela reparação civil:

I – Os pais, pelos filhos menores que estiverem sob seu poder e em sua companhia.

II – O tutor e curador, pelos pupilos e curatelados, que se acharem nas mesmas condições.

---

[100] CC/1916, art. 1.521, com correspondência textual.
[101] Enunciados das Jornadas de Direito Civil:
n. 191 – Art. 932: A instituição hospitalar privada responde, na forma do art. 932, III, do Código Civil, pelos atos culposos praticados por médicos integrantes de seu corpo clínico.
n. 450 – Art. 932, I: Considerando que a responsabilidade dos pais pelos atos danosos praticados pelos filhos menores é objetiva, e não por culpa presumida, ambos os genitores, no exercício do poder familiar, são, em regra, solidariamente responsáveis por tais atos, ainda que estejam separados, ressalvado o direito de regresso em caso de culpa exclusiva de um dos genitores.
n. 451 – Arts. 932 e 933: A responsabilidade civil por ato de terceiro funda-se na responsabilidade objetiva ou independente de culpa, estando superado o modelo de culpa presumida.

III – O patrão, amo ou comitente, por seus empregados, serviçais e prepostos, no exercício do trabalho que lhes competir, ou por ocasião deles (art. 1.522).

IV – Os donos de hotéis, hospedarias, casas ou estabelecimentos onde se albergue por dinheiro, mesmo para fins de educação, pelos seus hóspedes, moradores e educadores.

V – Os que gratuitamente houverem participado dos produtos do crime, até a concorrente quantia.

COMENTÁRIOS

Ao tratar da responsabilidade por fato de terceiro, também denominada indireta, este dispositivo repete o que previa o art. 1.521 do Código Civil de 1916, porém com consequências diversas, em razão do disposto no art. 933. Enquanto o Código anterior estabelecia o princípio da responsabilidade indireta na noção subjetiva de culpa, o texto atual está fundado na responsabilidade objetiva.

Portanto, não mais se discute a culpa dos pais, tutores, curadores, empregadores, entre outros, pelos atos ilícitos de seus filhos, pupilos, curatelados, empregados, pois a responsabilidade é objetiva e há solidariedade, visto que são responsáveis solidariamente com os causadores do dano as pessoas previstas neste artigo. Se o ato danoso for praticado por mais de um autor, todos serão solidariamente responsáveis e, como consequência, devem reparar o dano causado.

As pessoas constantes do art. 932 respondem, sem qualquer discussão a respeito da existência ou não de culpa, como dissemos, pelos danos provocados.

Houve, inegavelmente, uma evolução do sistema anterior para o atual, pois aquele (art. 1.521) era centrado na responsabilização dos pais pelos atos dos filhos e do patrão, amo ou comitente pelos seus empregados, serviçais e prepostos, apenas e tão somente se comprovada a sua culpa. O art. 1.523 do Código Civil anterior consagrava a ideia de que a ausência de vigilância era o fundamento para a responsabilização dessas pessoas. Sendo assim, apenas com a prova da falta de precaução, diligência ou vigilância necessárias é que se configurava a responsabilidade indireta.

Logo após o advento do Código de 1916 já era esse dispositivo considerado um retrocesso, uma vez que inviabilizava a reparação dos danos indiretos, haja vista ser uma exigência a prova da culpa demonstrada pela vítima, o que tornava, em regra, impraticável qualquer reparação do dano[102]. Sem dúvida alguma, a demonstração da culpa na escolha (*culpa in eligendo*) ou na vigilância (*culpa in vigilando*) de um empregado que causou, por exemplo, um ato danoso tornava inviável a reparação do dano, pois extremamente difícil seria a comprovação, por parte do lesado, dessa culpa do empregador.

Dessa forma, eventual ação reparatória de danos deveria ser proposta em face do empregado que, na maioria dos casos, não teria patrimônio suficiente para essa reparação.

Contrariamente ao disposto no art. 1.523 do Código Civil de 1916, a doutrina[103] e a jurisprudência[104] passaram a interpretar a responsabilidade indireta como se houvesse uma presunção de culpa, nos moldes do § 831 do Código Civil alemão (BGB).

Contudo, doutrina e jurisprudência, embora admitissem a presunção de culpa, passaram a considerá-la relativa, vale dizer, haveria uma possibilidade, posto que remota, de não se responsabilizar as pessoas indicadas naquele dispositivo. Existia, bem de ver, uma presunção *juris tantum*, considerando que, se fosse provado, *v.g.*, que o pai não havia descuidado da vigilância do filho menor, exercendo, pois, seu dever de vigilância de forma adequada, poderia ser isentado de qualquer responsabilidade.

Atualmente não há que falar em presunção de culpa na responsabilidade por fato de outrem, haja vista que a responsabilidade é objetiva. Houve, portanto, a mudança da teoria da culpa presumida para a teoria do risco, na medida em que no centro da responsabilidade civil deve estar a pessoa da vítima, o lesado, sem que os responsáveis possam se escusar da reparação dos danos (CC, art. 932).

---

[102] Caio Mário da Silva Pereira, ob. cit., p. 87.
[103] Silvio Rodrigues, *Direito civil*: responsabilidade civil, 19. ed. 2002, v. 4, p. 64.
[104] A jurisprudência caminhou na direção de considerar situações envolvendo a responsabilidade indireta como uma presunção de culpa. A Súmula 41 do Supremo Tribunal Federal previa: "É presumida a culpa do patrão ou comitente pelo ato culposo do empregado ou preposto". V. *RT* 651/94.

O inciso I do art. 932 trata da responsabilidade dos pais pelos filhos que estiverem sob sua autoridade e em sua companhia. Nesse dispositivo abandonou-se a expressão "sob seu poder" do Código anterior e optou-se pela "sob sua autoridade", mais precisa, pois o genitor que não estivesse na companhia do filho continuava a ter o "pátrio poder", hoje "poder familiar".

A atual redação é mais adequada, visto que "sob sua autoridade" indica que apenas aquele dos pais que exerce a autoridade sobre o menor pode ser responsável pelo evento danoso praticado por seu filho.

O STJ tem decidido que ambos os genitores, mesmo aquele que não detém a guarda do menor, são responsáveis pelos atos ilícitos por ele praticados. Todavia, há a possibilidade de se isentar o genitor que não possui a guarda do filho e não concorreu com culpa para a ocorrência do evento danoso[105].

Em regra, no entanto, a responsabilidade, como dissemos, é de ambos os genitores, podendo um deles se eximir apenas se demonstrada a efetiva ausência de relacionamento entre o genitor e o filho[106], em uma verdadeira ruptura do poder familiar. Mesmo assim, uma possível exclusão de um dos pais da relação jurídica processual por esse motivo não deve ter o condão de desamparar a vítima, em razão da impossibilidade econômico-financeira do genitor que restou responsável. Se isso suceder, mesmo diante da prova do esfacelamento da relação filho e genitor, responderá este pela indenização.

A responsabilidade dos pais pelos filhos menores é objetiva e solidária, como dissemos. Portanto, aquele que exerce o poder familiar responde pelos atos do filho menor que esteja sob a sua autoridade e em sua companhia. Os pais têm de exercer a devida vigilância dos filhos, pois possuem a incumbência de educá-los e proteger terceiros dos atos danosos que seus filhos possam praticar. Como consectário desse dever de vigilância dos pais, na hipótese de os filhos causarem um dano a outrem, pode a vítima propor ação de reparação de danos em face de qualquer dos genitores, contra ambos, ou, se ainda preferir, um litiscon-

---

[105] STJ, REsp 777.327/RS, Rel. Min. Massami Uyeda, j. 17.11.2009.
[106] STJ, AgRg no AREsp 220930/MG, Rel. Min. Sidnei Beneti, j. 09.10.2012.

sórcio passivo, o que provocará a inclusão do menor no polo passivo da relação jurídica processual. De registrar, no entanto, que a responsabilidade é subsidiária e mitigada, uma vez que responde ele apenas se os seus responsáveis não tiverem a obrigação de fazê-lo ou não tiverem meios suficientes (responsabilidade subsidiária).

Essa reparação também será equitativa, e não será permitida se privar do necessário o menor ou eventuais pessoas que dele dependam (responsabilidade mitigada), consoante prescrevem o art. 928 e seu parágrafo único.

Se o menor for emancipado pelos pais, nos termos do art. 5.º, parágrafo único, I, do Código Civil, serão eles subsidiária e solidariamente responsáveis pelos danos causados pelo filho, mas apenas nessa hipótese[107]. Nos outros casos de emancipação (casamento, exercício de emprego público efetivo, colação de grau em curso de ensino superior e pelo estabelecimento civil ou comercial, ou ainda pela existência de relação de emprego, desde que, em razão deles, o menor com dezesseis anos completos tenha economia própria), a responsabilidade será do filho.

O fato de os pais transferirem o dever de vigilância a outrem, por exemplo, quando deixam seu filho menor em um colégio, importa a transferência da responsabilidade pelos danos causados a terceiros, pois a responsabilidade, nesse caso, será da instituição de ensino, responsabilidade essa objetiva.

Além dos pais, nada impede que terceiros também respondam pela reparação dos danos provocados por menor, desde que tenha existido a delegação de guarda, *v.g.*, quando o incapaz se encontra, embora temporariamente, com os seus avós e estes, em *culpa in vigilando*, propiciam o *eventus damni*[108]. Nesse caso, integram o polo passivo da relação jurídica processual os genitores e os avós do menor.

O inciso II desse artigo prevê, a exemplo do que sucede no inciso I com relação aos pais, a responsabilidade dos tutores e curadores pelos

---

[107] *RT* 639/172.
[108] STJ, 4.ª Turma, REsp 1074937/MA, Rel. Min. Luís Felipe Salomão, j. 01.10.2009, *DJe* 19.10.2009.

atos dos pupilos ou curatelados, responsabilidade essa objetiva, *ex vi* do art. 933 do Código Civil.

A tutela ocorre na hipótese de falecimento dos pais ou ainda caso sejam estes declarados ausentes ou se decair o seu poder familiar, ocasião em que os filhos menores são postos em tutela (CC, art. 1.728). Já a curatela é um *munus* público em que uma pessoa (curador) tem de reger e defender um maior (curatelado), além de administrar os seus bens, diante de sua deficiência ou enfermidade mental, falta de discernimento para os atos da vida civil, impossibilidade duradoura de expressar a vontade, embriaguez habitual, vício em tóxicos, bem como no caso de excepcionais sem completo desenvolvimento mental, prodigalidade, nascituro ou enfermo ou no caso de portador de deficiência física (CC, arts. 1.767 e 1.779).

O inciso III do art. 932 do Código Civil estatui que o empregador ou comitente responde pelos atos dos empregados, serviçais ou prepostos, praticados no exercício do trabalho que lhes competir, ou em razão dele. Empregado ou serviçal é aquele que exerce um trabalho ou executa um serviço sob o comando de outrem, sob as ordens de outra pessoa, enquanto preposto é aquele que está vinculado a um contrato de preposição, contrato esse em que uma pessoa exerce, sob o comando e interesse de outrem, determinadas funções, liame esse sempre com subordinação[109].

---

[109] "Responsabilidade civil. Ato do preposto. Culpa reconhecida. Responsabilidade do empregador (art. 1.521, inciso III, CC/1916; art. 932, inciso III, CC/2002). Ato praticado fora do horário de serviço e contra as ordens do patrão. Irrelevância. Ação que se relaciona funcionalmente com o trabalho desempenhado. Morte do esposo e pai dos autores. Culpa concorrente. Indenizações por danos materiais e morais devidas.
1. A responsabilidade do empregador depende da apreciação quanto à responsabilidade antecedente do preposto no dano causado – que é subjetiva – e a responsabilidade consequente do preponente, que independe de culpa, observada a exigência de o preposto estar no exercício do trabalho ou o fato ter ocorrido em razão dele.
2. Tanto em casos regidos pelo Código Civil de 1916 quanto nos regidos pelo Código Civil de 2002, responde o empregador pelo ato ilícito do preposto se este, embora não estando efetivamente no exercício do labor que lhe foi confiado ou mesmo fora do horário de trabalho, vale-se das circunstâncias propiciadas pelo trabalho para agir, se de tais circunstâncias resultou facilitação ou auxílio, ainda que de forma incidental, local ou cronológica, à ação do empregado.
3. No caso, o preposto teve acesso à máquina retroescavadeira – que foi má utilizada para transportar a vítima em sua 'concha' – em razão da função de caseiro que desempenhava no sítio de

Como acontece nas outras hipóteses do dispositivo em comento, antes do advento do atual Código Civil, a responsabilidade estava baseada na culpa *in vigilando, in eligendo* ou ainda na culpa *in instruendo*. Sendo assim, se inexistissem a devida vigilância, eleição ou instrução adequadas, haveria responsabilidade dos empregadores ou comitentes. Entretanto, atualmente essa responsabilidade é objetiva, existindo a possibilidade da ação de regresso contra o empregado, serviçais e prepostos.

O inciso IV estabelece a responsabilidade dos donos de hotéis, hospedarias, casas ou estabelecimentos onde se albergue por dinheiro, mesmo para fins de educação, pelos seus hóspedes, moradores e educandos.

A responsabilidade do hoteleiro ou estalajadeiro é objetiva, motivo pelo qual responde pelos danos causados por seus hóspedes a outros hóspedes ou ainda a terceiros. Trata-se de risco da atividade. No que tange ao dano causado por um hóspede a terceiro, trata-se de situação mais difícil de ocorrer. Todavia, pode-se vislumbrar, por exemplo, o atropelamento nas dependências do hotel ou hospedaria, ou ainda brigas no interior desses estabelecimentos[110].

O hoteleiro, assim, tem a obrigação de zelar pelo comportamento de seus hóspedes e pela segurança do local. É o que dispõe o art. 649 do Código Civil, que responsabiliza os hospedeiros pelos furtos e roubos

---

propriedade dos empregadores, no qual a mencionada máquina estava depositada, ficando por isso evidenciado o liame funcional entre o ilícito e o trabalho prestado.

4. Ademais, a jurisprudência sólida da Casa entende ser civilmente responsável o proprietário de veículo automotor por danos gerados por quem lho tomou de forma consentida. Precedentes.

5. Pela aplicação da teoria da guarda da coisa, a condição de guardião é imputada a quem tem o comando intelectual da coisa, não obstante não ostentar o comando material ou mesmo na hipótese de a coisa estar sob a detenção de outrem, como o que ocorre frequentemente nas relações entre preposto e preponente.

6. Em razão da concorrência de culpas, fixa-se a indenização por danos morais no valor de R$ 20.000,00 (vinte mil reais), bem como pensionamento mensal em 1/3 do salário mínimo vigente à época de cada pagamento, sendo devido desde o evento danoso até a data em que a vítima completaria 65 (sessenta e cinco) anos de idade.

7. Recurso especial conhecido e provido (STJ, 4.ª Turma, REsp 1072577/PR, Rel. Min. Luis Felipe Salomão, j. 12.04.2012, *DJe* 26.04.2012).

[110] Carlos Roberto Gonçalves. *Direito civil brasileiro*: responsabilidade civil. 7. ed. São Paulo: Saraiva, 2012. p. 138.

que perpetrarem as pessoas empregadas ou admitidas nos seus estabelecimentos, com relação às bagagens dos hóspedes.

O Código de Defesa do Consumidor, em seu art. 14, *caput*, da mesma forma, dispõe que o fornecedor de serviços responde, independentemente da existência de culpa, pela reparação dos danos causados aos consumidores por defeitos relativos à prestação dos serviços.

Questão, no entanto, que ainda suscita alguma dúvida diz respeito à hipótese de assalto à mão armada, no interior de hotel, e à responsabilidade do hoteleiro pelo prejuízo dos hóspedes. Tradicionalmente entendia-se que se tratava de força maior[111], portanto um fortuito externo, o que excluiria a responsabilidade do hoteleiro, desde que comprovada a sua ausência de culpa, mais precisamente a falta de negligência para o evento danoso. Todavia, o entendimento dominante é o de que a responsabilidade é do hospedeiro se não foi dada a devida segurança aos hóspedes[112].

---

[111] Ementa: "Custódia de valores em cofre de hotel. Contrato de depósito voluntário. Responsabilidade civil do hoteleiro. Exclusão do dever de indenizar, com arrimo na excludente da força maior, em virtude de roubo à mão armada reconhecido pelas decisões de instância ordinária, soberanas no exame da prova. Inteligência dos arts. 1.285, inc. II, 1.277 e 1.278 do Código Civil. A decisão recorrida deu correta exegese às disposições legais questionadas. Por outro lado, não comprovou a recorrente o dissídio jurisprudencial alegado, nos termos do art. 322 do Regimento Interno do STF. Recurso extraordinário não conhecido" (STF, RE 94948/RJ, Rel. Min. Djaci Falcão, j. 23.05.1986).

[112] Ementa: "Indenizatória. Prestação de serviços. Hotel. Roubo ocorrido dentro do estabelecimento. Dever de cuidar e vigiar decorrente do contrato de hospedagem. Inexistência de força maior. Dano material comprovado parcialmente. Dano moral. Caracterização. Abalo proveniente de roubo e ameaça com arma de fogo. Falha na prestação dos serviços. Dano moral fixado em R$ 8.000,00. Litigância de má-fé. Inocorrência. Honorários advocatícios. Majoração. Pretensão da requerida prejudicada em razão da inversão da sucumbência. Apelo principal com provimento parcial. Apelo adesivo improvido. Dispositivo: dão provimento parcial ao recurso principal e negam provimento ao recurso adesivo" (TJSP, 19.ª Câmara de Direito Privado, Ap. 0007436-13.2010.8.26.0114/Campinas, Rel. Des. Ricardo Negrão, j. 12.03.2012). No mesmo sentido: "Ação de indenização por danos morais e materiais. Culpa do estabelecimento hoteleiro caracterizada. Recibo qualificado pelo uso de arma, assalto à mão armada, ocorrido no interior do hotel e que decorreu da conduta negligente do estabelecimento, que não atentou para a segurança de seus hóspedes. Prejuízos materiais demonstrados. Dano moral caracterizado. Recurso provido recurso adesivo. Pedido de majoração referente aos honorários advocatícios. Impossibilidade. Reforma da sentença. Pedido de majoração prejudicado. Recurso não conhecido" (TJSP, 16.ª Câmara de Direito Privado, Ap. 0045852-09.2007.8.26.000/SP, Rel. Des. Simões de Vergueiro, j. 28.02.2012).

Pode surgir dúvida, com a mudança de rumo da jurisprudência, a respeito de eventual ação regressiva proposta pelo hospedeiro em face do Estado, haja vista que a ausência de segurança, uma garantia constitucional, é inadmissível nos níveis que estamos a suportar, em todo o País, diante de um Poder Público ineficiente.

É difícil conceber, em um país sem conflitos étnicos, políticos ou religiosos, que há mais de duas décadas é uma plena democracia, sem que exista qualquer intenção de separatismos regionais, a enorme quantidade de crimes cometidos contra a vida e o patrimônio. No que se refere apenas aos homicídios, o número supera conflitos bélicos no resto do mundo.

Somente casos de homicídios, nos últimos 30 anos foi registrado um milhão e cem mil. Ressalte-se que apenas 13 cidades no País têm população superior a esse número de mortes[113]. No ano de 2010, ocorreram 50 mil crimes de homicídio no Brasil, ou seja, 137 mortes por dia. Não são computados, nesse índice, latrocínios, lesões corporais seguidas de mortes, entre outros delitos[114].

No tocante aos crimes contra o patrimônio, a situação da violência no Brasil não é menos catastrófica, pois são cediços o despreparo, o descaso e a do Poder Público na área de segurança, dado que não há uma polícia científica adequada, um serviço de inteligência apropriado, tampouco uma polícia preventiva eficiente. O Estado fornece, portanto, um serviço defeituoso, quando, ao abrigo do art. 3.º do Código de Defesa do Consumidor, figura como fornecedor desse serviço essencial à população. Da mesma forma, descumpre a Constituição Federal, quando esta impõe o direito à segurança (art. 6.º), além do art. 144, quando estabelece que a segurança pública é um dever o Estado, que deve preservar a ordem pública e a incolumidade das pessoas e do patrimônio.

O tratamento dado à responsabilidade civil do Estado, calcado nos ideais do século XIX e na doutrina desse período, é incompatível e inconcebível diante da estarrecedora e trágica situação que a sociedade

---

[113] São Paulo, Rio de Janeiro, Salvador, Brasília, Fortaleza, Belo Horizonte, Manaus, Curitiba, Recife, Porto Alegre, Belém, Goiânia e Guarulhos (IBGE – 2010).

[114] Disponível em: <http://www.juventude.gov.br/conjuve/noticias/2012/07/18-07-2012-assassinatos-entre-jovens-crescem-375-9-em-30-anos-aponta-pesquisa>.

suporta no campo da criminalidade, que há décadas não tem a devida atenção da União e dos Estados da Federação. Embora não se possa exigir do Poder Público uma utópica plena segurança, não se deve eximi-lo de responsabilidade em casos pontuais, que ferem o princípio do estado democrático de direito, com violação de direitos fundamentais, entre eles o direito à vida, a uma vida digna e ao patrimônio. São situações de prática delituosa reiterada (crimes contra a vida e o patrimônio) a uma região ou zona, sem que providências efetivas sejam tomadas, "arrastões" em praias, condomínios e restaurantes, entre outras[115].

Sendo assim, comprovando o hoteleiro que tomou todas as medidas acautelatórias, relativas à segurança de seus hóspedes, cabe ao Estado, se demonstrada sua constante ineficiência de proteção à população, responder pelos danos suportados pelo fornecedor.

O inciso V desse mesmo dispositivo responsabiliza os que gratuitamente houverem participado nos produtos do crime, até a concorrente quantia. Se uma pessoa participou gratuitamente nos produtos de um crime, embora não tenha participado do delito, obviamente tem de devolver o produto dessa participação até a concorrente quantia, sob pena de enriquecimento ilícito. Trata-se de locupletamento indevido, o que corresponde à *actio in rem verso*[116]. Permite-se à vítima propor ação contra quem, posto não tenha participado do crime, recebeu de maneira

---

[115] Há alguma esperança nessa mudança de rumo na responsabilidade civil do Estado. Um caso pode elucidar bem o inconformismo que passa a atingir os nossos tribunais. É o caso da "bala perdida" que atinge uma pessoa, causando-lhe a morte o grave ferimento, em conflitos entre criminosos e policiais que, anteriormente, se eximia de qualquer responsabilidade o Estado, diante da impossibilidade de prova de quem seria o projétil causador do dano. Atualmente, existem decisões do STJ responsabilizando o Poder Público. Eis parte da Ementa: "3. Ao efetuar incontáveis disparos em via pública, ainda que em virtude de perseguição policial, os agentes estatais colocaram em risco a segurança dos transeuntes, e, por isso, em casos assim, devem responder objetivamente pelos danos causados" (STJ, 2.ª Turma, REsp 1236412/ES, Rel. Min. Castro Meira, j. 02.02.2012, *DJe* 17.02.2012).

[116] A *actio in rem verso*, ou seja, a ação de repetição, tem como fundamento a ideia de equilíbrio, equidade. Destarte, não se admite a ninguém locupletar-se sem causa à custa de terceiro. Essa ação, de natureza pessoal, tem por escopo a restituição de bem adquirido sem justo motivo, desde que não haja outra ação para o lesado (*solvens*) reaver o que lhe é devido (CC, art. 886, como, *verbi gratia*, a ação de nulidade do negócio jurídico) pelo *accipiens* (aquele que obteve a riqueza indevida, ou seja, um aumento patrimonial impróprio ou omissão de despesa). V. Orlando Gomes, ob. cit., p. 205.

gratuita o produto deste. Há, no entanto, direito de regresso deste contra o autor do delito.

Art. 933. As pessoas indicadas nos incisos I a V do artigo antecedente, ainda que não haja culpa de sua parte, responderão pelos atos praticados pelos terceiros ali referidos[117-118].

Direito anterior: Art. 1.523. Excetuadas as do art. 1.521, n.º V, só serão responsáveis as pessoas enumeradas nesse e no art. 1.522, provando-se que elas concorreram para o dano por culpa, ou negligência de sua parte.

COMENTÁRIOS

Este artigo impõe às pessoas indicadas nos incisos I a V do dispositivo anterior (art. 932 – pais, tutor, curador, empregador ou comitente, donos de hotéis, hospedarias, casas ou estabelecimentos onde se albergue por dinheiro e os que gratuitamente houverem participado nos produtos do crime até a concorrente quantia) a responsabilidade objetiva pelos danos referidos nessa mesma norma[119].

---

[117] CC/1916, art. 1.523, com correspondência textual parcial.
[118] Enunciados das Jornadas de Direito Civil:
n. 451 – Arts. 932 e 933: A responsabilidade civil por ato de terceiro funda-se na responsabilidade objetiva ou independente de culpa, estando superado o modelo de culpa presumida.
Súmula do STJ:
STF (n. 341): "É presumida a culpa do patrão ou comitente pelo ato culposo do empregado ou preposto".
[119] Direito civil. Responsabilidade civil objetiva. Responsabilidade subsidiária. Tomador de serviço. Subordinação jurídica do prestador. Necessidade. Terceirização. Requisitos.
1. O tomador de serviço somente será objetivamente responsável pela reparação civil dos ilícitos praticados pelo prestador nas hipóteses em que estabelecer com este uma relação de subordinação da qual derive um vínculo de preposição.
2. A terceirização pressupõe a contratação de serviços especializados ligados à atividade-meio do tomador, ausentes a pessoalidade e a subordinação jurídica.
3. Na terceirização de serviços, os empregados da terceirizada não devem estar sujeitos ao poder de direção da terceirizante, sendo possível entrever, na perspectiva do tomador do serviço, a incompatibilidade entre terceirização e preposição, isto é, quem terceiriza não pode manter os funcionários da terceirizada sob sua subordinação jurídica.

Consoante mencionado anteriormente, essa regra altera o que previa o CC/1916, visto que, enquanto naquele sistema a responsabilidade por fato de terceiro tinha base, fundamento, na presunção de culpa, no atual sistema a responsabilidade é objetiva[120].

Art. 934. Aquele que ressarcir o dano causado por outrem pode reaver o que houver pago daquele por quem pagou, salvo se o causador do dano for descendente seu, absoluta ou relativamente incapaz[121-122].

Direito anterior: Art. 1.524. O que ressarcir o dano causado por outros, se este não for descendente seu, pode reaver, daquele por quem pagou, o que houver pago.

---

4. A subordinação jurídica se dá sempre frente à empresa prestadora do serviço, responsável pela admissão, demissão, transferência e comando de seus empregados. A subordinação técnica, por sua vez, pode ocorrer também frente ao tomador do serviço, que dá ordens técnicas de como pretende que o serviço seja realizado.
5. Recurso especial a que se nega provimento (STJ, 3.ª Turma, REsp 1171939/RJ, Rel. Min. Nancy Andrighi, j. 07.12.2010, *DJe* 15.12.2010).

[120] Recurso especial. Responsabilidade civil. Divulgação de obra literária na internet sem autorização e indicação de seu autor. Ato ilícito do preposto. Responsabilidade objetiva do empregador.
1. O empregador responde objetivamente pelos atos ilícitos de seus empregados e prepostos praticados no exercício do trabalho que lhes competir, ou em razão dele (arts. 932, III, e 933 do Código Civil).
2. Tendo o Tribunal de origem admitido que o preposto da instituição de ensino entregou obra literária de terceiro para disponibilização no sítio eletrônico daquela, sem autorização e indicação clara de seu verdadeiro autor, o reconhecimento da responsabilidade da instituição empregadora pelos danos causados é de rigor, ainda que não haja culpa de sua parte.
3. Ausente a comprovação dos danos materiais, afasta-se o pleito indenizatório.
4. Presentes os requisitos para a configuração dos danos morais, assegura-se justa reparação.
5. Recurso especial conhecido e parcialmente provido (STJ, 4.ª Turma, REsp 1201340/DF, Rel. Min. Maria Isabel Gallotti, j. 03.11.2011, *DJe* 02.08.2012).

[121] CC/1916, art. 1.524, com correspondência textual parcial.

[122] Enunciados das Jornadas de Direito Civil:
n. 44 – Art. 934: Na hipótese do art. 934, o empregador e o comitente somente poderão agir regressivamente contra o empregado ou preposto se estes tiverem causado dano com dolo ou culpa.
Súmula 188 do STF:
n. 188 – O segurador tem ação regressiva contra o causador do dano, pelo que efetivamente pagou, até ao limite previsto no contrato de seguro.

COMENTÁRIOS

Versa esse dispositivo sobre o direito de regresso. Aquele que repara um dano causado por terceiro, ou seja, paga a indenização, o responsável indireto, pode reaver do causador do prejuízo (responsável direto) o que pagou, exercendo, assim, seu direito de regresso[123], por meio da *actio in rem verso*[124].

Trata-se de ação regressiva e não indenizatória, pois o terceiro apenas procura reequilibrar seu patrimônio, sob pena de enriquecimento sem causa daquele que efetivamente causou o dano. Se, contudo, o terceiro for seu descendente, relativa ou absolutamente incapaz, inexistirá essa possibilidade. Dessa forma, se qualquer um dos genitores pagar uma indenização do ato danoso de filho menor, não poderá reaver esse valor. Este artigo vem ao encontro do princípio da solidariedade familiar, previsto no art. 3.º, inciso I, da Constituição Federal.

Art. 935. A responsabilidade civil é independente da criminal, não se podendo questionar mais sobre a existência do fato, ou sobre quem seja o seu autor, quando estas questões se acharem decididas no juízo criminal[125-126].

---

[123] Ementa: Cobrança. Boleto bancário. Recebimento. Instituição financeira. Terceirização do serviço. Falha. Responsabilidade. Direito de regresso. Art. 934 do Código Civil.
1. Se a instituição financeira opta por oferecer uma maior capilaridade nos pontos de atendimento, admitindo que outra instituição receba, em seu nome e em nome do cliente mandante, o boleto em loja conveniada, deve arcar com os ônus daí decorrentes, incluídos os defeitos verificados na prestação do serviço do terceiro. 2. Evidenciada a relação de consumo entre as partes, reconhece-se a responsabilidade da instituição financeira que não empreendeu os esforços necessários para liquidar o débito que fora pago a tempo e modo pelo sacado. 3. Nos termos do art. 934 do Código Civil de 2002, aquele que ressarcir o dano causado por outrem pode reaver o que houver pago daquele por quem pagou (TJMG, Apelação Cível 1.0433.08.262553-7/001, de Montes Claros, Rel. Des. Guilherme Luciano Baeta Nunes, j. 13.12.2011).

[124] Ulpiano, L. 1, § 1.º, D., *de in rem verso*.

[125] CC/1916, art. 1.525, com correspondência textual parcial.

[126] Enunciados das Jornadas de Direito Civil
n. 45 – Art. 935: No caso do art. 935, não mais se poderá questionar a existência do fato ou quem seja o seu autor se essas questões se acharem categoricamente decididas no juízo criminal.

Direito anterior: Art. 1.525. A responsabilidade civil é independente da criminal; não se poderá, porém, questionar mais sobre a existência do fato, ou quem seja o seu autor, quando essas questões se acharem decididas no crime.

COMENTÁRIOS

Há independência da responsabilidade civil em relação à criminal (*actio civilis ex delicto*). A responsabilidade civil independe da criminal, ou seja, se uma pessoa causa um dano a outrem, com reflexos na seara cível e criminal, o fato de o ofensor ser absolvido no crime não significa que a ação de reparação de danos, no juízo cível, não possa prosseguir. Ambas podem ter seu curso normal, nas duas esferas. Enquanto no cível se busca a reparação pecuniária do dano, no crime a finalidade é a de se fixar uma pena pela prática criminosa.

Todavia, não se poderá mais questionar sobre a existência do fato ou sua autoria se essas questões se encontrarem decididas no juízo criminal. Por outro lado, se essas questões (fato e autoria) não estiverem decididas no crime, nada obsta a continuidade ou propositura da ação de reparação no juízo cível[127].

Súmulas do STF e STJ:
n. 18 (STF) – Pela falta residual, não compreendida na absolvição pelo juízo criminal, é admissível a punição administrativa do servidor público.
n. 145 (STJ) – No transporte desinteressado, de simples cortesia, o transportador só será civilmente responsável por danos causados ao transportado quando incorrer em dolo ou culpa grave.

[127] Ementa: Direito civil. Responsabilidade civil. *Actio civilis ex delicto*. Indenização por acidente de trânsito. Extinção do processo cível em razão da sentença criminal absolutória que não negou a autoria e a materialidade do fato. Art. 1.525, CC. Arts. 65 a 67, CPP. Recurso provido. I – Sentença criminal que, em face da insuficiência de prova da culpabilidade do réu, o absolve sem negar a autoria e a materialidade do fato, não implica na extinção da ação de indenização por ato ilícito, ajuizada contra a preponente do motorista absolvido. II – A absolvição no crime, por ausência de culpa, não veda a *actio civilis ex delicto*. III – O que o art. 1.525 do Código Civil obsta é que se debata no juízo cível, para efeito de responsabilidade civil, a existência do fato e a sua autoria quando tais questões tiverem sido decididas no juízo criminal (STJ, 4.ª Turma, REsp 257827/SP, Recurso 2000/0043082-0, Rel. Min. Sálvio de Figueiredo Teixeira (1088), j. 13.09.2000, *DJ* 23.10.2000, p. 144; *JBCC* 185/561 e *RSTJ* 140/462).
Recurso especial. Acidente de trânsito. Ação de indenização julgada procedente. Decisão criminal absolutória. Culpa exclusiva da vítima. Art. 384, IV, do CPP. Ausência de repercussão no juízo cível. Inteligência dos arts. 1.525 do CC/1916 e 65 do CPP.

Portanto, mesmo que s responsabilidades penal e civil tenham seu nascedouro vinculado ao mesmo fato, cada uma das esferas se vale de critérios distintos para a obtenção ou não de condenação do responsável.

Como o dispositivo deixa claro, a responsabilidade civil não depende da criminal, assim como também são diferentes os graus de culpa exigidos nessas duas jurisdições. Destarte, embora todo ilícito penal seja um ilícito civil, a recíproca não é verdadeira[128]. O fato de existir absolvição na esfera penal por falta de prova, sem que a decisão declare a inexistência material do delito ou sua autoria, permite eventual condenação no âmbito cível.

Art. 936. O dono, ou detentor, do animal ressarcirá o dano por este causado, se não provar culpa da vítima ou força maior[129-130].

Direito anterior: Art. 1.527. O dono, ou detentor, do animal ressarcirá o dano por este causado, se não provar:

I – Que o guardava e vigiava com o cuidado preciso.

II – Que o animal foi provocado por outro.

III – Que houve imprudência do ofendido.

IV – Que o fato resultou de caso fortuito, ou força maior.

– Embora tanto a responsabilidade criminal quanto a civil tenham tido origem no mesmo fato, cada uma das jurisdições utiliza critérios diversos para verificação do ocorrido. A responsabilidade civil independe da criminal, sendo também de extensão diversa o grau de culpa exigido em ambas as esferas. Todo ilícito penal é também um ilícito civil, mas nem todo ilícito civil corresponde a um ilícito penal.

– A existência de decisão penal absolutória que, em seu dispositivo, deixa de condenar o preposto do recorrente por ausência de prova de ter o réu concorrido para a infração penal (art. 386, IV, do CPP) não impede o prosseguimento da ação civil de indenização.

– A decisão criminal que não declara a inexistência material do fato permite o prosseguimento da execução do julgado proferido na ação cível ajuizada por familiar da vítima do ato ilícito.

– Recurso especial não provido (STJ, 3.ª Turma, REsp 1117131/SC, Rel. Min. Nancy Andrighi, j. 01.06.2010, *DJe* 22.06.2010).

[128] STJ, 3.ª Turma, Rel. Min. Nancy Andrighi, j. 01.06.2010, *DJe* 22.06.2010.
[129] CC/1916, art. 1.527, com correspondência textual parcial.
[130] Enunciados das Jornadas de Direito Civil:
n. 452 – Art. 936: A responsabilidade civil do dono ou detentor de animal é objetiva, admitindo-se a excludente do fato exclusivo de terceiro.

COMENTÁRIOS

Se um animal causa danos a pessoas ou coisas, seu dono ou detentor será o responsável e deverá ressarcir o prejuízo causado[131]. Trata-se de culpa *in custodiendo*[132] ou *in vigilando*[133]. Utiliza-se a palavra culpa apenas para demonstrar a origem do instituto, visto que a responsabilidade é objetiva e, portanto, independe de culpa.

O detentor do animal é a pessoa que se responsabilizou pela sua guarda, aquele que se dispôs a cuidar do animal. Assim, o proprietário ou o detentor do animal responsabilizam-se pelos danos causados a terceiros, responsabilidade essa que se baseia na teoria do risco. Há, contudo, duas hipóteses de exoneração dessa responsabilidade: culpa da vítima e força maior (v. comentários ao art. 927).

O dispositivo que regula as relações de consumo segue nessa mesma direção, conforme se constata do art. 14 do Código de Defesa do Consumidor, que responsabiliza os prestadores de serviços, independentemente de culpa, pelo defeito na prestação dos serviços. É o que sucede com os danos causados aos usuários por animais nas rodovias, administradas por concessionárias ou permissionárias de serviço público. Como estas pertencem à categoria serviços em geral, constante desse dispositivo, respondem objetivamente pelos prejuízos nessas condições.

Há, contudo, entendimento contrário, ao se sustentar a responsabilidade subjetiva do Estado, em caso de omissão, quando deixa de fis-

---

[131] Ementa: Direito de vizinhança. Danos causados em plantação, em decorrência de invasão de animais. Cultivo de seringueiras danificado. Responsabilidade do proprietário das reses. Exegese do art. 936 do Código Civil. Responsabilidade do dono dos animais. Dever de indenizar. Ausência de causas excludentes da responsabilidade (caso fortuito, força maior e culpa exclusiva da vítima). Recurso improvido (TJSP, 33.ª Câmara, Seção de Direito Privado, Apelação 0000644-90.2008.8.26.0412.2, Apelação com Revisão 0000644-90.2008.8.26.0412, apelante: Adelino Gomes de Souza, apelado: Carlos Luiz Lima, origem: Vara Única da Comarca de Palestina, Voto n.º 12.501).

[132] Decorre a culpa *in custodiendo* da ausência de cuidado ou atenção sobre um objeto ou animal.

[133] A culpa *in vigilando* advém da falta de atenção com o procedimento de outra pessoa.

calizar rodovia estadual com trânsito constante de animais, ensejando a ocorrência do acidente[134].

Art. 937. O dono de edifício ou construção responde pelos danos que resultarem de sua ruína, se esta provier de falta de reparos, cuja necessidade fosse manifesta[135].

Direito anterior: Art. 1.528. O dono do edifício ou construção responde pelos danos que resultarem de sua ruína, se esta provier de falta de reparos, cuja necessidade fosse manifesta.

COMENTÁRIOS

A responsabilidade civil, nesse caso, é a denominada *pelo fato da coisa*, embora essa expressão seja inadequada, pois a coisa não seria capaz de fato[136], razão pela qual mais adequado seria o nome *responsabilidade pela guarda das coisas inanimadas*[137]. A expressão foi inspirada no Código Civil francês: *Responsabilitè du fait des choses*, e nos remete ao art. 1.384 desse diploma legal[138]. Independentemente da

---

[134] Responsabilidade subjetiva. Dever de fiscalização. Omissão inexistente. Sucumbência recíproca afastada.
1. Há responsabilidade subjetiva do Estado que, por omissão, deixa de fiscalizar rodovia estadual com trânsito frequente de animais, contribuindo para a ocorrência do acidente.
2. É inadmissível o recurso especial se a análise da pretensão da recorrente demanda o reexame de provas (Súmula 7/STJ).
3. Tendo o Tribunal *a quo* enfrentado e decidido as questões suscitadas pelas partes, com adequada fundamentação, não há omissão ou negativa de prestação jurisdicional.
4. Inexiste sucumbência recíproca se a condenação por danos morais tiver sido fixada em montante inferior ao pleiteado na inicial.
5. Recurso especial conhecido e não provido (STJ, 2.ª Turma, REsp 1173310/RJ, Rel. Min. Eliana Calmon, j. 16.03.2010, *DJe* 24.03.2010).

[135] CC/1916, art. 1.528, com correspondência textual.

[136] V. José de Aguiar Dias, ob. cit., p. 491-492.

[137] V. Caio Mário da Silva Pereira, ob. cit., p. 102.

[138] "Art. 1.384. On est responsable non seulement du dommage que l'on cause par son propre fait, mais encore de celui qui est causé par le fait des personnes dont on doit répondre, ou des choses que l'on a sous as garde.Toutefois, celui qui détient, à un titre quelconque, tout ou partie de l'immeuble ou des biens mobiliers dans lesquels un incendie a pris naissance ne sera

nomenclatura, dispõe o artigo *sub examine* sobre a responsabilidade do proprietário do edifício ou de construção já concluída, responsabilidade essa advinda da ruína da coisa. Esta, por sua vez, abrange as partes internas e externas da edificação que venham a causar danos a terceiros, por exemplo, desabamento do edifício, muros, pilares, queda de telhas, marquises, enfim qualquer ato danoso provocado pela falta de conservação, reparos no imóvel[139].

A responsabilidade do proprietário é, portanto, objetiva, embora na parte final este dispositivo ressalte a "falta de reparos", o que poderia levar o intérprete à conclusão de que seria a hipótese de prova da culpa e, assim, estaríamos diante de uma responsabilidade subjetiva.

Não nos parece a posição mais adequada aquela que pugna pela responsabilidade subjetiva, pois contraria a visão atual da responsabilidade civil, baseada na ideia de solidariedade e proteção (ou segurança). Se a ruína de um edifício causar danos a terceiros, caberá ao pro-

---

responsable, vis-à-vis des tiers, des dommages causés par cet incendie que s'il est prouvé qu'il doit être attribué à sa faute ou à la faute des personnes dont Il est responsable. Cette disposition ne s'applique pas aux rapports entre propriétaires et locataires, qui demeurent régis par les articles 1733 et 1734 du code civil. Le père et la mère, en tant qu'ils exercent l'autorité parentale, sont solidairement responsables du dommage causé par leurs enfants mineurs habitant avec eux. Les maîtres et les commettants, du dommage causé par leurs domestiques et préposés dans les fonctions auxquelles ils les ont employés; Les instituteurs et les artisans, du dommage causé par leurs élèves et apprentis pendant le temps qu'ils sont sous leur surveillance. La responsabilité ci-dessus a lieu, à moins que les père et mère et les artisans ne prouvent qu'ils n'ont pu empêcher le fait qui donnelieu à cette responsabilité. En ce qui concerne les instituteurs, les fautes, imprudences ou négligences invoquées contre eux comme ayant causé le fait dommageable, devront être prouvées, conformément au droit commun, par le demandeur, à l'instance."

[139] Ementa: Apelação cível. Responsabilidade civil. Danos morais. Queda de pedra de marquise de edifício. Responsabilidade objetiva. Dever de indenizar configurado. *Quantum* mantido. O fato de a autora ter sido atingida por queda de pedra de marquise, causadora de lesão corporal, por si só, já é situação hábil a ensejar abalo psicológico configurador do dano moral indenizável. O nexo causal entre a atuação ilícita dos requeridos e o dano também está estabelecido, uma vez que da conduta negligente daqueles decorreram as lesões corporais geradoras, por sua vez, do dano extrapatrimonial. Aplicáveis à hipótese em análise os arts. 927, *caput*, 937, 944 e 949 do Código Civil. Mantido o *quantum* indenizatório a título de danos morais em R$ 16.000,00, consideradas as peculiaridades do caso concreto. Honorários advocatícios mantidos. Apelos desprovidos (TJRS, 5.ª Câmara Cível, Apelação Cível 70029424520, Rel. Romeu Marques Ribeiro Filho, j. 22.06.2011).

prietário ressarcir os danos e, posteriormente, se for o caso, acionar o responsável técnico pela edificação[140].

Se se tratar de vício na construção do imóvel, mesmo assim o proprietário será responsabilizado, cabendo, todavia, ação de regresso contra o construtor.

Art. 938. Aquele que habitar prédio, ou parte dele, responde pelo dano proveniente das coisas que dele caírem ou forem lançadas em lugar indevido[141].

Direito anterior: Art. 1.529. Aquele que habitar uma casa, ou parte dela responde, pelo dano proveniente das coisas, que dela caírem ou forem lançadas em lugar indevido.

COMENTÁRIOS

Há responsabilidade daquele que habita um prédio, ou parte dele, podendo ser proprietário, locatário, usufrutuário ou comodatário, pelos danos provenientes de coisas sólidas (*dejectis*) ou líquidas (*effusis*) que forem dele lançadas ou caírem em local indevido. Essa responsabilidade é objetiva do morador pelos prejuízos causados a pessoas ou coisas e

---

[140] Ementa: Responsabilidade civil. Ação de indenização proposta por locatário. Incêndio em imóvel locado. Falta de manutenção das instalações elétricas do edifício. Inexistência de extintores de incêndio. Impossibilidade de averiguar-se sua causa em razão da alteração do local do infortúnio. Prova testemunhal. Nexo de causalidade demonstrado. Prejuízo material evidente. Dever de indenizar. Julgamento *citra petita* não caracterizado. Sentença mantida.
1. "Na realidade, a base da responsabilidade do proprietário não está rigorosamente na culpa. É resultante da relação de causa e efeito entre a ruína do edifício e a falta de conservação. É a responsabilidade fundada em presunção de causalidade. Essa presunção não é apenas *juris tantum* que se possa descartar mediante prova de conduta normal. Só cessa ante a prova, específica, de algum dos fatos taxativamente enumerados na lei" (Aguiar Dias). 2. "Respeitados os preceitos insculpidos nos artigos 128 e 460 do Código de Processo Civil e mantendo-se o *decisum* nos limites da pretensão retratada na peça vestibular, não há que se declarar nulidade da sentença" (TJSC, Apelação Cível 1998.000685-6/Itajaí, Rel. Des. Marcus Tulio Sartorato, j. 25.04.2003).

[141] CC/1916, art. 1.529, com correspondência textual.

tem origem no Direito Romano pós-clássico[142], consistente de um quase delito, que possibilitava, por meio da *actio de effusis et dejectis*, o ressarcimento dos prejuízos causados pelas coisas (líquidas ou sólidas) arremessadas em vias públicas ou privadas. Com isso, o pretor conseguia superar a dificuldade na identificação do autor que lançou a coisa, mas responsabilizava o morador da casa de onde a coisa era arremessada, defendendo, dessa forma, a *utilitas publica* de as pessoas transitarem *sine metu et periculo*[143].

É importante destacar que a responsabilidade aqui é de todos os que habitarem o prédio, vale dizer, da integralidade do condomínio, e não apenas daquele que efetivamente deu causa ao dano, sendo possível ou não a sua identificação. Trata-se da positivação da responsabilização indireta, cabendo apenas o direito de regresso por parte do condomínio contra o efetivo causador do dano, se possível individualizá-lo[144].

---

[142] Denomina-se Direito Romano pós-clássico o período compreendido entre 305 d.C. a 565 d.C. V. José Carlos Moreira Alves. *Direito romano*. 13. ed. Rio de Janeiro: Forense, 2004. v. I, p. 2.

[143] A. Santos Justo. *Direito romano privado – II* (Direito das obrigações). Boletim da Faculdade de Direito. 3. ed. Coimbra: Coimbra Editora, 2008. p. 138.

[144] Ementa: Indenizatória. Responsabilidade civil de condomínio. Arremesso de objeto. Danos materiais no imóvel vizinho. Ausência de identificação da autoria dos danos. Dever de reparar do condomínio. Inteligência do art. 938 do Código Civil. Recurso improvido (TJRS, Recurso Inominado 71002670024, de Erechim, Rel. Juíza Fernanda Carravetta Vilande, j. 13.10.2010).
Ementa: Reparação de danos. Condomínio. Responsabilidade. Arremesso de líquido corrosivo por morador. Imóvel situado ao lado. Estacionamento. Danos materiais nos veículos. Responsabilidade do condomínio, caso não seja identificado o autor dos danos. Aplicação do disposto no art. 938 do Código Civil. Danos morais não configurados. Sentença mantida. Recurso desprovido. Unânime (TJRS, Recurso Inominado 71002397768, de Porto Alegre, Rel. Juiz Jerson Moacir Gubert, j. 25.02.2010).
Ementa: Apelação cível. Indenização por danos morais e estéticos. Agravo retido. Ausência de requerimento na apelação. Não conhecimento. Deslocamento de bloco de granito da fachada do edifício. Denunciação da lide. Seguradora. Danos pessoais. A responsabilidade civil advém da ocorrência de um ato ilícito, capaz de ofender o direito alheio, causando lesão ao seu titular, exigindo, segundo a teoria subjetiva, regra geral adotada pelo ordenamento jurídico brasileiro, a caracterização da ação ou omissão, dolosa ou culposa, do agente, além do nexo causal entre o comportamento danoso e a alegada lesão.
A responsabilidade resultante de coisas líquidas ou sólidas que caírem em lugar indevido é objetiva, conforme estabelecido no artigo 1.529 do vetusto Código Civil, reeditado pela nova legislação, em seu artigo 938, não havendo que se falar em culpabilidade.
O Boletim de Ocorrência, o qual, por ser um documento elaborado por autoridade policial, goza da presunção de veracidade do que nele se contém, podendo revestir-se de grande importância, na ausência de outras provas. A lesão estética subsume-se ao dano moral, sem qualquer ofensa ao artigo 1.538 do Código Civil, porque afeta um interesse extrapatrimonial da vítima, ao que

Art. 939. O credor que demandar o devedor antes de vencida a dívida, fora dos casos em que a lei o permita, ficará obrigado a esperar o tempo que faltava para o vencimento, a descontar os juros correspondentes, embora estipulados, e a pagar as custas em dobro[145].

Direito anterior: Art. 1.530. O credor que demandar o devedor antes da vencida a dívida, fora dos casos em que a lei o permita, fica obrigado a esperar o tempo que faltava para o vencimento, a descontar os juros correspondentes, embora estipulados, e a pagar as custas em dobro.

COMENTÁRIOS

Trata-se da *petitio plus tempore*[146], a cobrança antecipada do débito ou cobrança *ante tempus*. O credor que demanda o devedor antes do vencimento da dívida age, em regra, de má-fé, motivo pelo qual tem de esperar o tempo que falta para o vencimento da dívida, bem como descontar os juros correspondentes estabelecidos e pagar em dobro as custas. Todavia, se demonstrar, de maneira cabal, que agiu com boa-fé, deverá pagar apenas as custas vencidas.

As sanções previstas neste dispositivo têm aplicação na cobrança judicial do débito. Não possui, assim, aplicação se a dívida for cobrada extrajudicialmente. Da mesma maneira, nas hipóteses em que a lei ou os contratantes fixam o vencimento da obrigação de forma antecipada (verificar art. 1.425), não há a aplicação deste artigo, visto que o débito já estaria vencido, o que propiciaria a devida cobrança.

---

se acrescenta que se converte ao dano patrimonial se houver repercussão sobre as possibilidades econômicas do ofendido.

A composição dos danos morais encontra-se abrangida na cobertura pelos danos pessoais em razão de que não se pode perder de vista que o contrato de seguro é de risco, vale dizer, a seguradora se expõe à obrigação de cobrir os danos causados ou suportados pelo segurado" (TJMG, Apelação Cível 437.385-3, da comarca de Juiz de Fora, Rel. Des. Antônio Sérvulo, j. 18.08.2004).

[145] CC/1916, art. 1.530, com correspondência textual.
[146] Ou *plus petitio tempore*, ato de exigir em juízo o cumprimento de uma obrigação anteriormente ao seu termo. Cobrança indevidamente antecipada.

Diferentemente dos dispositivos anteriores, a responsabilidade daquele que cobra antecipadamente uma dívida não é objetiva. Embora subjetiva a responsabilidade, há presunção de culpa, podendo, dessa forma, o credor provar que agiu segundo a boa-fé ou que, de fato, existiu motivo plausível para a antecipação da cobrança.

Art. 940. Aquele que demandar por dívida já paga, no todo ou em parte, sem ressalvar as quantias recebidas ou pedir mais do que for devido, ficará obrigado a pagar ao devedor, no primeiro caso, o dobro do que houver cobrado e, no segundo, o equivalente do que dele exigir, salvo se houver prescrição[147].

Direito anterior: Art. 1.531. Aquele que demandar por dívida já paga, no todo ou em parte, sem ressalvar as quantias recebidas, ou pedir mais do que for devido, ficará obrigado a pagar o devedor, no primeiro caso, o dobro do que houver cobrado e, no segundo, o equivalente do que lhe exigir, salvo se, por lhe estar prescrito o direito, decair da ação.

COMENTÁRIOS

O artigo examinado versa sobre a cobrança judicial indevida perpetrada com má-fé ou erro inescusável. A cobrança indevida prevê três modalidades: a) dívidas inexistentes; b) dívidas quitadas totalmente; c) dívidas quitadas parcialmente. Apesar de o verbete tratar expressamente de demandas por dívidas quitadas ou em valor maior, entendemos que também se integra à hipótese deste artigo a cobrança indevida de dívidas inexistentes (e não somente as quitadas), devendo o pretenso credor incauto ser apenado na dobra do que cobrou indevidamente.

A responsabilidade é subjetiva, mas com uma particularidade, pois compete ao credor a demonstração de que a sua cobrança colocada em dúvida pelo devedor não é de má-fé ou que seu erro seria escusável. Há, desse modo, uma presunção *juris tantum* contra o pretenso credor, que

---

[147] CC/1916, art. 1.531, com correspondência textual.

deverá demonstrar a ausência de má-fé ou erro justificável para que se desvie da penalidade do art. 940 do CC. O devedor deverá fazer prova apenas de eventual pagamento ou de que a cobrança é excessiva, mas não é possível lhe imputar o dever de provar má-fé da parte adversa. Isso porque a exigência de prova por parte do devedor das motivações ou circunstâncias próprias do credor, o que aliás é recorrente na nossa prática forense, inviabiliza a aplicação da penalidade na quase totalidade dos casos. Assim, contestada a cobrança pelo devedor por desconhecê-la, já estar quitada ou ser a maior, passa ao suposto credor o ônus de provar que a sua postulação não estava inquinada de má-fé ou que seu erro seria justificável.

Do mesmo modo, o fato de uma ação de cobrança ser julgada improcedente não significa que tenha aplicação esse artigo, assim como meros erros de cálculo não determinam a sua incidência. A finalidade desse artigo é evitar a cobrança inexistente, excessiva, abusiva (*re plus petitur*) de dívida já solvida em parte ou na sua totalidade. Portanto, se o credor demanda por dívida inexistente ou já paga, sem observar as importâncias recebidas, ou pedir mais do que for, efetivamente, devido, deverá pagar em dobro no primeiro caso e, no segundo, o equivalente do que exigir a mais do devedor, exceto se houver prescrição.

Ressalte-se que, mesmo logrando o credor demonstrar sua boa-fé e a escusabilidade do seu erro, não se furtará ao pagamento das verbas sucumbenciais, já que será vencido na demanda e o único que a ela deu causa, nos termos do art. 20 do Código de Processo Civil.

No tocante às hipóteses de incidência da penalidade deste art. 940, embora a maior parte da doutrina e a integralidade da jurisprudência mantenham o entendimento antigo[148], constante da Súmula 159 do STF, de que a boa-fé eximiria o cobrador que agiu sem a devida cautela da

---

[148] Agravo regimental. Recurso especial. Art. 1531 do Código Civil de 1916. Prova da má-fé. Exigência. S. 159/STF. S. 7/STJ. 1. A aplicação da sanção prevista no art. 1.531 do Código Civil de 1916 (mantida pelo art. 940 do CC/2002) – pagamento em dobro por dívida já paga – depende da demonstração de má-fé, dolo ou malícia, por parte do credor. Precedentes. 2. A reversão do entendimento exposto pelo Tribunal de origem, com a verificação da eventual má-fé da parte credora, exigiria, necessariamente, o reexame de matéria fático-probatória, o que é vedado em sede de recurso especial, nos termos da Súmula 7/STJ. 3. Agravo regimental a que se nega provimento (AgRg no REsp 601.004/SP, Rel. Min. Maria Isabel Gallotti, 4.ª Turma, j. 04.09.2012, DJe 14.09.2012).

penalidade, passando-se, a partir daí, a exigir que o devedor provasse a má-fé desse suposto credor, não é essa a nossa posição. A nosso ver, essa situação enseja a aplicação das penas do art. 940, a cobrança indevida realizada sem justificação plausível e que decorra da incúria do pretenso credor.

Atualmente, em razão do amplo acesso e exposição da informação, o manejo de processo judicial é extremamente sério e abala fortemente a vida de qualquer pessoa a ele vinculada, na condição de réu, principalmente daqueles que nada devem e que terão que contratar advogado, perder precioso tempo de trabalho e lazer, sob pressão e angústia, para reunir documentos ou concatenar fatos, assim como aguardar considerável período com evidente ansiedade até que a demanda termine com o reconhecimento da inexistência total ou parcial da dívida. Para se notar a gravidade, basta lembrar que o suposto devedor não poderá ter suas certidões negativas cíveis nem crédito nas Instituições Financeiras ou comércio em geral, para destacar o menos. Se o processo for executivo, estará diuturnamente apreensivo, com receio de mais dia ou menos dia ser atingido por constrições indevidas de valores em contas bancárias ou bens diversos[149].

Dessarte, há que se imputar a penalidade ao demandante de má-fé ou que agiu sem as cautelas de praxe e incorreu em erro inescusável, atingindo drástica e injustamente a esfera jurídica alheia. Não se pode fazer letra morta do art. 940 do Código Civil, que determina claramente exemplar punição contra quem maneja processo judicial pleiteando o que não tem direito a receber.

Ademais, neste artigo em comento não se pune apenas quem propõe uma nova demanda de forma injusta, mas também aquele que, sabendo ou devendo saber que o devedor pagou extrajudicialmente o que devia, prossegue indevidamente com a ação judicial. E isso pareceria absurdo se os exemplos práticos não fossem vários: a) quando a parte recebe o preço devido extrajudicialmente diretamente do devedor e não informa o seu advogado, com o intuito de não pagar os honorários

---

[149] Conforme destacada sustentação oral do advogado Hernani Zanin Júnior, em 25.10.2011, perante a 27.ª Câmara de Direito Privado do E. TJSP, Autos 0002339-50.2010.8.26.0011, em fase de recurso especial.

convencionais, o que faz com que a ação continue; b) quando há pluralidade de credores, podendo cada um deles receber em nome de todos, por convenção ou porque a obrigação era indivisível, mas, um deles recebendo e nada informando aos demais, estes continuam com a demanda mesmo depois de serem informados do pagamento; c) quando o inventariante primitivo recebe valores devidos ao Espólio e não leva o produto ao Inventário, fazendo com que o novo inventariante prossiga indevidamente com a ação judicial de cobrança já quitada, mesmo depois de informado do pagamento ao inventariante anterior, entre outros exemplos.

A cobrança tem de ser judicial para que tenha aplicação esse dispositivo. Se se tratar de relação de consumo, entretanto, mesmo que a cobrança seja extrajudicial, tem aplicação o art. 42 do Código de Defesa do Consumidor, não se admitindo igualmente os erros inescusáveis[150].

A propósito, o próprio Superior Tribunal de Justiça, em análise de um recurso especial oriundo do Estado de São Paulo, simplifica de forma peculiar o cumprimento do art. 940 do Código Civil para discorrer que sua aplicação "não depende da propositura de ação autônoma ou de que a parte a requeira em sede de reconvenção" (STJ, 4.ª Turma, REsp 661945/SP, Rel. Min. Luis Felipe Salomão, DJ 24.08.2010).

Art. 941. As penas previstas nos arts. 939 e 940 não se aplicarão quando o autor desistir da ação antes de contestada a

---

[150] Administrativo. Serviço de fornecimento de energia elétrica. Dever de informar. Responsabilidade da concessionária. Cobrança indevida. Erro inescusável. Devolução em dobro. Revisão. Pretensão de reexame de prova. Súmula 7/STJ. Repetição de indébito. Prazo prescricional. Código Civil. Vintenário (CC/1916) ou decenal (CC/2002). 1. O Tribunal de origem assentou, com base na situação fática do caso e em contrato avençado entre as partes, que não é exigível a cobrança de energia elétrica referente aos meses de janeiro e fevereiro de 2003. 2. Insuscetível de revisão, nesta via recursal, o referido entendimento, por demandar reapreciação de matéria fática. Incidência da Súmula 7 deste Tribunal. Agravo regimental improvido (AgRg no AREsp 47.931/RS, Rel. Min. Humberto Martins, 2.ª Turma, j. 02.02.2012, DJe 09.02.2012).

lide, salvo ao réu o direito de haver indenização por algum prejuízo que prove ter sofrido[151].

Direito anterior: Art. 1.532. Não se aplicarão as penas dos arts. 1.530 e 1.531, quando o autor desistir da ação antes de contestada a lide.

COMENTÁRIOS

As sanções previstas nos arts. 939 e 940, diante de cobrança de dívida ainda não exigível, cobrança de dívida já paga e cobrança a maior não terão aplicação quando o autor desistir da ação antes da apresentação de contestação. Faz-se mister ressaltar que as penas impostas pelos dispositivos acima são distintas daqueles previstos nos arts. 16 a 18 do Código de Processo Civil, que tratam da litigância de má-fé. Enquanto estas são de natureza processual e geral, vale dizer, têm aplicação a qualquer situação no processo, consoante se constata das hipóteses do art. 17 do Código de Processo Civil (dolo processual), aquelas se referem às sanções de direito material (CC, arts. 939 e 940), penas de ordem substantiva que têm por escopo punir o ato ilícito praticado pela cobrança indevida.

Destaque importante é acerca da indenização pelos prejuízos do devedor, que deverá ser provada no bojo da própria ação de cobrança indevida, sem a necessidade de reconvenção, ou por meio de pleito autônomo no quinquênio prescricional (CC, art. 206, § 5.º, inc. III). Aliás, não existiria sentido a possibilidade de aplicação nos próprios autos das referidas penas sem que, no mesmo feito e caso, o credor incauto, mas de boa-fé, tivesse se eximido das penalidades, ou também se possibilitasse a cobrança dos danos suportados pelo devedor, por exemplo, aqueles decorrentes da contratação de advogado, custos de acompanhamento processual e até mesmo por danos morais advindos de eventual negativação relacionada àquela cobrança indevida, entre outros.

---

[151] CC/1916, art. 1.532, com correspondência textual parcial.

Art. 942. Os bens do responsável pela ofensa ou violação do direito de outrem ficam sujeitos à reparação do dano causado; e, se a ofensa tiver mais de um autor, todos responderão solidariamente pela reparação.

Parágrafo único. São solidariamente responsáveis com os autores os coautores e as pessoas designadas no art. 932[152-153].

Direito anterior: Art. 1.518. Os bens do responsável pela ofensa ou violação do direito de outros ficam sujeitos à reparação do dano causado; e, se tiver mais de um autor a ofensa, todos responderão solidariamente pela reparação.

Parágrafo único. São solidariamente responsáveis como autores os cúmplices e as pessoas designadas do artigo 1.521.

COMENTÁRIOS

O artigo *sub examine*, a exemplo do que dispunha o Código anterior (art. 1.518), estabelece a sujeição dos bens do ofensor à reparação do dano por ele causado. Responde, assim, o lesante com seus bens pela violação de direito alheio, na hipótese de responsabilidade extracontratual. Se se tratar de responsabilidade contratual, o art. 391 do Código Civil repete essa regra. Trata-se de princípio de ordem pública, que vincula a reparação dos danos causados ao patrimônio do ofensor e se relaciona ao disposto no art. 5.º, LXVII, da Constituição Federal, que veda a prisão civil por dívida, exceto a do responsável pelo inadimplemento voluntário e inescusável de obrigação alimentícia e a do depositário infiel.

No entanto, o entendimento do Supremo Tribunal Federal de que era admitida a prisão civil do depositário infiel se modificou com a edi-

---

[152] CC/1916, art. 1.518, com correspondência textual.
[153] Enunciados das Jornadas de Direito Civil:
n. 453 – Art. 942: Na via regressiva, a indenização atribuída a cada agente será fixada proporcionalmente à sua contribuição para o evento danoso.
Súmula do STJ:
n. 221: "São civilmente responsáveis pelo ressarcimento de dano, decorrente de publicação pela imprensa, tanto o autor do escrito quanto o proprietário do veículo de divulgação".

ção da Súmula Vinculante 25, de 23.12.2009, que determina: "É ilícita a prisão civil de depositário infiel, qualquer que seja a modalidade do depósito". No mesmo sentido, a Súmula 419 do Superior Tribunal de Justiça[154]. Portanto, a única hipótese de prisão civil continua a ser o caso de descumprimento de pensão alimentícia.

Todavia, nem sempre houve o que se denomina *imputação civil dos danos*, isto é, essa responsabilização do devedor inadimplente ou aquele que viola direito de outrem apenas com seu patrimônio, mediante bens passíveis de penhora[155]. No direito romano pré-clássico[156], em um primeiro momento, o devedor estava sujeito fisicamente ao poder do credor na hipótese de não cumprimento da obrigação, o que possibilitava a este torná-lo escravo. Se lhe conviesse, poderia, ainda, vender ou até mesmo matar o devedor. É o que se denominava responsabilidade pessoal. Em um segundo momento, com o advento da Lei das XII Tábuas[157], posto existissem sanções de natureza grave ao devedor inadimplente, o enfoque primacial passava a ser a oportunidade de cumprimento da obrigação.

Posteriormente (326 a.C.), com o surgimento da *Lex Poetelia Papiria*, foi vetada a execução sobre a pessoa do devedor[158]. No entanto, continuou a ser admitida a prisão por dívida, que, em seguida, foi ame-

---

[154] "Descabe a prisão civil do depositário judicial infiel".
[155] Rosa Maria de Andrade Nery. *Noções preliminares de direito civil*. São Paulo: RT, 2002. p. 121.
[156] O direito antigo ou pré-clássico é aquele compreendido entre as origens de Roma e a Lei *Aebutia*, de data incerta, aproximadamente entre 149 e 126 a.C. O direito clássico está compreendido dessa última data ao fim do reinado de Diocleciano, em 305 d.C. Dessa data até a morte de Justiniano, em 565 d.C., denomina-se período pós-clássico (José Carlos Moreira Alves, ob. cit., p. 68).
[157] A Lei das XII Tábuas (451 a.C.) é o primeiro direito escrito dos romanos, e a diferença fundamental entre essa lei e outras disposições normativas antigas, tais como o Código de Hammurabi (aproximadamente 1780 a.C.) e a Lei ou Código de Manu (escrito entre os anos de 1300 e 800 a. C.), é que, enquanto estas são meras disposições legais relacionadas sem uma organização racional, aquela representa o princípio de um sistema jurídico, com normas de direito material e processual (Mario Tocci. Le Legge delle XII Tavole: la storia e la traduzione del texto. Disponível em: <www.filodiritto.com>).
[158] O vínculo então existente entre credor e devedor, antes dessa lei, era puramente material, isto é, o sujeito passivo (devedor) respondia com seu próprio corpo pelo débito. Somente após a Lex Poetelia Papiria é que passou a existir um vínculo jurídico, ou seja, um liame imaterial, respondendo o devedor, dessa maneira, não mais com seu corpo pela dívida, mas com seu patrimônio (José Carlos Moreira Alves, ob. cit., p. 10).

nizada caso o devedor possuísse bens, o que permitia a apreensão e ulterior venda destes para o respectivo pagamento ao credor, denominada *missio in possessionem*. Esse mesmo procedimento foi modificado com a *Lex Julia*, que passou a permitir ao devedor a realização da *cessio bonorum* (cessão de bens pelo devedor sem a intervenção do tribunal). Somente em 491 d.C. é que, por decisão de Zenão, a prisão por dívidas passou a ser cumprida em prisão criada pelo Estado, em substituição ao cárcere privado[159].

A prisão do devedor como sanção pelo inadimplemento de sua obrigação passou a ser relegada ao abandono, até que desapareceu por completo, existindo, assim, sua responsabilidade patrimonial[160], excetuando-se, nos dias atuais, em nossa lei civil substantiva, a hipótese de não pagamento de pensão alimentícia.

No tocante à prisão do depositário infiel, havia entendimento contrário quanto à aplicação dessa pena[161], em razão do Pacto de São José

---

[159] Luís Manuel Teles de Menezes Leitão, ob. cit., p. 53-54.

[160] Responsabilidade patrimonial, conforme ensina Franscesco Gazzoni, *Obbligazioni e Contratti*, Napoli: Ed. Scientifiche Italiane, 1993, p. 617: "Abolita la sanzione penale, il debitore inadempiente non è privato della propria libertà per i debiti assunti ma piuttosto risponde con il proprio patrimonio".

[161] *RT* 784/287: 2.º TACivSP: "Prisão civil. Inadmissibilidade. Incorporação e integração normativa, formal, pública e vinculante da Convenção Americana sobre Direitos Humanos, o Pacto de San José da Costa Rica. Preceito jurídico que derrogou todas as previsões legislativas de caráter de lei geral sobre a custódia por infidelidade depositária. Derrogação dos arts. 1.287 do CC e 885, parágrafo único, 902, § 1.º, e 904, parágrafo único, do CPC". Na mesma direção: Ementa: Direito processual. *Habeas corpus*. Prisão civil do depositário infiel. Pacto de San José da Costa Rica. Alteração de orientação da jurisprudência do STF. Concessão da ordem. 1. A matéria em julgamento neste *habeas corpus* envolve a temática da (in)admissibilidade da prisão civil do depositário infiel no ordenamento jurídico brasileiro no período posterior ao ingresso do Pacto de San José da Costa Rica no direito nacional. 2. Há o caráter especial do Pacto Internacional dos Direitos Civis Políticos (art. 11) e da Convenção Americana sobre Direitos Humanos – Pacto de San José da Costa Rica (art. 7.º, 7), ratificados, sem reserva, pelo Brasil, no ano de 1992. A esses diplomas internacionais sobre direitos humanos é reservado o lugar específico no ordenamento jurídico, estando abaixo da Constituição, porém acima da legislação interna. O *status* normativo supralegal dos tratados internacionais de direitos humanos subscritos pelo Brasil torna inaplicável a legislação infraconstitucional com ele conflitante, seja ela anterior ou posterior ao ato de ratificação. 3. Na atualidade a única hipótese de prisão civil, no Direito brasileiro, é a do devedor de alimentos. O art. 5.º, § 2.º, da Carta Magna expressamente estabeleceu que os direitos e garantias expressos no *caput* do mesmo dispositivo não excluem outros decorrentes do regime dos princípios por ela adotados, ou dos tratados internacionais em que a República Federativa do Brasil seja parte. O Pacto de San José da Costa Rica, entendido como um tratado internacional em matéria de direitos humanos, expressamente, só admite, no seu bojo, a possibilidade de prisão

da Costa Rica (art. 7.º, item 7, da Convenção Americana sobre Direitos Humanos), acolhido pelo Governo brasileiro, que resultou no Decreto 678/1992[162]. O Supremo Tribunal Federal entendia que a prisão do depositário infiel era permitida, sob o argumento de que o Pacto de São José da Costa Rica não havia derrogado o Decreto-lei 911/1969[163], posição essa que se modificou (STF, 2.ª Turma, HC 96772/SP, Rel. Min. Celso de Mello, j. 09.06.2009, *DJ* 21.08.2009; HC 130443/PI, *Habeas Corpus* 2009/0040173-0, Rel. Min. Eliana Calmon, 2.ª Turma, *DJ* 23.06.2009; HC 96180/SP, *Habeas Corpus* 2007/0290972-0, Min. Laurita Vaz (1120), 5.ª Turma, *DJe* 09.02.2009) e, como consequência, foi editada a Súmula Vinculante 25, de 23.12.2009, que determina: "É ilícita a prisão civil de depositário infiel, qualquer que seja a modalidade do depósito". No mesmo sentido, STJ, Súmula 419.

Assim, aquele que viola direito de outrem ou descumpre suas obrigações fica sujeito, como vimos, à apreensão de seus bens passíveis de penhora, para que haja a efetiva reparação do prejuízo causado. De registrar que nem todos os bens são passíveis de penhora, pois a lei exclui determinados bens dessa constrição judicial, tais como o bem de

---

civil do devedor de alimentos e, consequentemente, não admite mais a possibilidade de prisão civil do depositário infiel. 4. *Habeas corpus* concedido (STF, 2.ª Turma, HC 95967/MS, Rel. Min. Ellen Gracie, j. 11.11.2008, *DJe*-227, divulg. 27.11.2008, public. 28.11.2008).

[162] Estabelece o item 7 do art. 7.º: "Ninguém deve ser detido por dívidas. Este princípio não limita os mandados de autoridade judiciária competente expedidos em virtude de inadimplemento de obrigação alimentar". V. Gustavo Tepedino. *Temas de direito civil*. Rio de Janeiro: Renovar, 1999. p. 63-67.

[163] Ementa: *Habeas corpus*. Constitucional. Prisão civil. Ordem de prisão que tem como fundamento a condição de ser o paciente depositário judicial infiel: possibilidade. Precedentes. *Habeas corpus* indeferido. 1. A jurisprudência predominante deste Supremo Tribunal firmou-se no sentido da viabilidade da prisão civil do depositário judicial infiel. Precedentes. 2. *Habeas corpus* indeferido. Decisão – A Turma, por maioria de votos, indeferiu o pedido de *habeas corpus*, cassada a liminar; vencido o Ministro Marco Aurélio, Presidente. 1.ª Turma, 26.02.2008. Indexação (STF, 1.ª Turma HC 92257/SP Rel. Min. Cármen Lúcia, j. 26.02.2008, *DJe*-065, divulg. 10.04.2008, public. 11.04.2008, Ement. 02314-05/00872. Parte(s) pacte.(s): José Renato Bedo Elias, impte.(s): João Carlos de Lima Júnior e outro(a/s), coator(a/s)(es): STJ). Vide ementa e indexação parcial: Configuração, depósito judicial, obrigação-relação, direito público, juízo da execução, depositário. Possibilidade, prisão civil, decorrência, infidelidade. Voto vencido, Min. Marco Aurélio: Ausência, autoaplicabilidade, preceito constitucional, prisão, dívida. Limitação, prisão, inadimplemento, prestação alimentícia. Acórdãos no mesmo sentido: HC 92514/RS, j. 26.02.2008, 1.ª Turma, Min. Cármen Lúcia, N.PP-010, *DJe*-070, divulg. 17.04.2008, public. 18.04.2008, Ement. 02315-04/00837.

família (Lei 8.009/1990 e arts. 1.711 e 1.712 do Código Civil), além das hipóteses previstas no art. 649 do Código de Processo Civil.

A impenhorabilidade de determinados bens é uma proteção aos bens essenciais a uma vida digna. Se ocorresse o contrário, estar-se-ia diante da violação de direitos constantes do texto constitucional (arts. 1.º, III, e 6.º) e arts. 11 a 21 do Código Civil.

Na segunda parte do *caput* do artigo em questão está prevista a responsabilidade solidária dos coautores na reparação do dano, seja no caso de ação ou omissão que tenha provocado o *eventus damni*. A reparação do prejuízo ocorrerá se se tratar de ato ilícito, exigindo-se, dessa forma, o requisito da culpa dos autores, ou na hipótese de ato lícito, nos casos de responsabilidade objetiva (CC, art. 927, parágrafo único e legislação extravagante), diante do risco da atividade. Sendo assim, existindo mais de um causador do dano, todos respondem solidariamente pela reparação, podendo a vítima acionar todos os responsáveis ou apenas um deles[164].

O parágrafo único do artigo em tela estabelece a solidariedade entre os coautores, o que permite à vítima optar pela propositura da ação de reparação de danos em face de todos os coautores ou, se lhe convier, apenas contra aquele que tiver capacidade econômica que lhe garanta uma indenização integral.

---

[164] Responsabilidade civil. Dano moral. Adultério. Ação ajuizada pelo marido traído em face do cúmplice da ex-esposa. Ato ilícito. Inexistência. Ausência de violação de norma posta.
1. O cúmplice de cônjuge infiel não tem o dever de indenizar o traído, uma vez que o conceito de ilicitude está imbricado na violação de um dever legal ou contratual, do qual resulta dano para outrem, e não há no ordenamento jurídico pátrio norma de direito público ou privado que obrigue terceiros a velar pela fidelidade conjugal em casamento do qual não faz parte.
2. Não há como o Judiciário impor um "não fazer" ao cúmplice, decorrendo disso a impossibilidade de se indenizar o ato por inexistência de norma posta – legal e não moral – que assim determine. O réu é estranho à relação jurídica existente entre o autor e sua ex-esposa, relação da qual se origina o dever de fidelidade mencionado no art. 1.566, inciso I, do Código Civil de 2002.
3. De outra parte, não se reconhece solidariedade do réu por suposto ilícito praticado pela ex-esposa do autor, tendo em vista que o art. 942, *caput* e parágrafo único, do CC/2002 (art. 1.518 do CC/1916) somente tem aplicação quando o ato do coautor ou partícipe for, em si, ilícito, o que não se verifica na hipótese dos autos.
4. Recurso especial não conhecido (STJ, 4.ª Turma, REsp 1122547/MG, Rel. Min. Luis Felipe Salomão, j. 10.11.2009, *DJe* 27.11.2009).

O coautor acionado individualmente tem direito de regresso, depois de pagar a indenização, em relação aos demais coautores do prejuízo, o que lhe propiciará receber a cota-parte dos demais causadores do dano, *ex vi legis* (CC, art. 934). São também solidariamente responsáveis pelo dano as pessoas indicadas no art. 932 (v. comentário).

Art. 943. O direito de exigir reparação e a obrigação de prestá-la transmitem-se com a herança[165-166].

Direito anterior: Sem correspondente no CC/1916.

COMENTÁRIOS

O artigo em comento diz respeito à possibilidade de os herdeiros pleitearem reparação por dano material, moral ou à imagem suportado pelo autor da herança, pois o direito de ação é de caráter patrimonial e, por esse motivo, não se extingue com a morte e é transmissível aos sucessores em razão do óbito do seu titular, consoante se depreende do art. 12, *caput* e parágrafo único, do Código Civil[167].

---

[165] CC/1916, art. 1.526, com correspondência textual parcial.
[166] Enunciados das Jornadas de Direito Civil:
n. 454 – Art. 943: O direito de exigir reparação a que se refere o art. 943 do Código Civil abrange inclusive os danos morais, ainda que a ação não tenha sido iniciada pela vítima.
[167] Recurso especial do Estado de São Paulo: responsabilidade civil. Dano moral. Ofendido falecido. Legitimidade dos sucessores para propor ação de indenização. Transmissibilidade do direito à reparação.
1. Na hipótese dos autos, o filho dos recorridos, em abordagem policial, foi exposto a situação vexatória e a espancamento efetuado por policiais militares, o que lhe causou lesões corporais de natureza leve e danos de ordem moral. A ação penal transitou em julgado. Após, os genitores da vítima, quando esta já havia falecido por razões outras, propuseram ação de indenização contra o fato referido, visando à reparação do dano moral sofrido pelo filho.
2. A questão controvertida consiste em saber se os pais possuem legitimidade ativa *ad causam* para propor ação, postulando indenização por dano moral sofrido, em vida, pelo filho falecido.
3. É certo que esta Corte de Justiça possui orientação consolidada acerca do direito dos herdeiros em prosseguir em ação de reparação de danos morais ajuizada pelo próprio lesado, o qual, no curso do processo, vem a óbito. Todavia, em se tratando de ação proposta diretamente pelos herdeiros do ofendido, após seu falecimento, a jurisprudência do Superior Tribunal de Justiça

possui orientações divergentes. De um lado, há entendimento no sentido de que "na ação de indenização de danos morais, os herdeiros da vítima carecem de legitimidade ativa *ad causam*" (REsp 302.029/RJ, 3.ª Turma, Rel. Min. Nancy Andrighi, *DJ* de 1.º.10.2001); de outro, no sentido de que "os pais – na condição de herdeiros da vítima já falecida – estão legitimados, por terem interesse jurídico, para acionarem o Estado na busca de indenização por danos morais, sofridos por seu filho, em razão de atos administrativos praticados por agentes públicos (...)". Isso porque "o direito de ação por dano moral é de natureza patrimonial e, como tal, transmite-se aos sucessores da vítima (*RSTJ*, v. 71/183)" (REsp 324.886/PR, 1.ª Turma, Rel. Min. José Delgado, *DJ* 03.09.2001).

4. Interpretando-se sistematicamente os arts. 12, *caput* e parágrafo único, e 943 do Código Civil (antigo art. 1.526 do Código Civil de 1916), infere-se que o direito à indenização, ou seja, o direito de se exigir a reparação de dano, tanto de ordem material como moral, foi assegurado pelo Código Civil aos sucessores do lesado, transmitindo-se com a herança. Isso porque o direito que se sucede é o de ação, que possui natureza patrimonial, e não o direito moral em si, que é personalíssimo e, portanto, intransmissível.

5. José de Aguiar Dias leciona que não há princípio algum que se oponha à transmissibilidade da ação de reparação de danos, porquanto "a ação de indenização se transmite como qualquer outra ação ou direito aos sucessores da vítima. Não se distingue, tampouco, se a ação se funda em dano moral ou patrimonial. A ação que se transmite aos sucessores supõe o prejuízo causado em vida da vítima" (*Da responsabilidade civil*. 4. ed. Rio de Janeiro: Forense, 1960. v. II, p. 854).

6. Como bem salientou o Ministro Antônio de Pádua Ribeiro, no julgamento do REsp 11.735/PR (2.ª Turma, *DJ* 13.12.1993), "o direito de ação por dano moral é de natureza patrimonial e, como tal, transmite-se aos sucessores da vítima".

7. "O sofrimento, em si, é intransmissível. A dor não é 'bem' que componha o patrimônio transmissível do *de cujus*. Mas me parece de todo em todo transmissível, por direito hereditário, o direito de ação que a vítima, ainda viva, tinha contra o seu ofensor. Tal direito é de natureza patrimonial. Leon Mazeaud, em magistério publicado no *Recueil Critique Dalloz*, 1943, p. 46, esclarece: 'O herdeiro não sucede no sofrimento da vítima. Não seria razoável admitir-se que o sofrimento do ofendido se prolongasse ou se entendesse (deve ser estendesse) ao herdeiro e este, fazendo sua a dor do morto, demandasse o responsável, a fim de ser indenizado da dor alheia. Mas é irrecusável que o herdeiro sucede no direito de ação que o morto, quando ainda vivo, tinha contra o autor do dano.

Se o sofrimento é algo entranhadamente pessoal, o direito de ação de indenização do dano moral é de natureza patrimonial e, como tal, transmite-se aos sucessores'" (PORTO, Mário Moacyr. *Revista dos Tribunais*, v. 661, p. 7-10).

8. "O dano moral, que sempre decorre de uma agressão a bens integrantes da personalidade (honra, imagem, bom nome, dignidade etc.), só a vítima pode sofrer, e enquanto viva, porque a personalidade, não há dúvida, extingue-se com a morte. Mas o que se extingue – repita-se – é a personalidade, e não o dano consumado, nem o direito à indenização. Perpetrado o dano (moral ou material, não importa) contra a vítima quando ainda viva, o direito à indenização correspondente não se extingue com sua morte. E assim é porque a obrigação de indenizar o dano moral nasce no mesmo momento em que nasce a obrigação de indenizar o dano patrimonial – no momento em que o agente inicia a prática do ato ilícito e o bem juridicamente tutelado sofre a lesão. Neste aspecto não há distinção alguma entre o dano moral e patrimonial. Nesse mesmo momento, também, o correlativo direito à indenização, que tem natureza patrimonial, passa a integrar o patrimônio da vítima e, assim, se transmite aos herdeiros dos titulares da indenização" (CAVALIERI FILHO, Sérgio. *Programa de responsabilidade civil*. 7. ed. São Paulo: Atlas, 2007. p. 85-88).

No entanto, não se transmite com a morte a pensão vitalícia recebida pelo *de cujus*, em razão de responsabilização civil, visto que o objeto do pensionamento mensal é a reparação de um dano que se prolonga no tempo e a morte faz cessar os efeitos desse dano, não cabendo o recebimento desses valores pelos herdeiros[168]. Contudo, caso a morte imedia-

---

9. Ressalte-se, por oportuno, que, conforme explicitado na r. sentença e no v. acórdão recorrido, "o finado era solteiro e não deixou filhos, fato incontroverso comprovado pelo documento de fl. 14 (certidão de óbito), sendo os autores seus únicos herdeiros, legitimados, pois, a propor a demanda" (fl. 154). Ademais, foi salientado nos autos que a vítima sentiu-se lesada moral e fisicamente com o ato praticado pelos policiais militares e que a ação somente foi proposta após sua morte porque aguardava-se o trânsito em julgado da ação penal.

10. Com essas considerações doutrinárias e jurisprudenciais, pode-se concluir que, embora o dano moral seja intransmissível, o direito à indenização correspondente transmite-se *causa mortis*, na medida em que integra o patrimônio da vítima. Não se olvida que os herdeiros não sucedem na dor, no sofrimento, na angústia e no aborrecimento suportados pelo ofendido, tendo em vista que os sentimentos não constituem um "bem" capaz de integrar o patrimônio do *de cujus*.

Contudo, é devida a transmissão do direito patrimonial de exigir a reparação daí decorrente. Entende-se, assim, pela legitimidade ativa ad causam dos pais do ofendido, já falecido, para propor ação de indenização por danos morais, em virtude de ofensa moral por ele suportada.

11. Recurso especial do Estado de São Paulo conhecido, mas desprovido.

Recurso especial adesivo. *Quantum* indenizatório. Majoração.

1. A falta de indicação do dispositivo infraconstitucional tido por violado inviabiliza o conhecimento do recurso especial. Incidência da Súmula 284/STF.

2. É inviável a apreciação de recurso especial fundado em divergência jurisprudencial quando o recorrente não demonstra o suposto dissídio pretoriano nos termos previstos no art. 255, §§ 1.º, 2.º e 3.º, do RISTJ, e no art. 541, parágrafo único, do CPC.

3. Recurso especial adesivo não conhecido (STJ, 1.ª Turma, REsp 978.651/SP, Rel. Min. Denise Arruda, j. 17.02.2009, *DJe* 26.03.2009).

[168] Processual civil e responsabilidade civil do Estado. Acidente de trabalho. Perda da capacidade laboral. Obrigação de indenizar reconhecida em título judicial. Falecimento da beneficiária da pensão mensal. Transmissibilidade para os herdeiros. Impossibilidade.

1. Menor incapaz ajuizou ação declaratória em desfavor da ora recorrente – Companhia Imobiliária de Brasília Terracap – com o escopo de ver assegurado seu direito ao percebimento dos valores concernentes à pensão vitalícia, derivada de responsabilidade civil por acidente de trabalho, paga pela ré a sua falecida genitora com lastro em decisão judicial transitada em julgado.

2. No caso concreto, a indenização foi estipulada de modo a guardar inequívoca correspondência com a exata medida do dano suportado pela empregada, daí por que a perda total da capacidade laborativa foi compensada justamente com a pensão vitalícia equivalente ao salário percebido em momento anterior ao acidente laboral.

3. Não se pode solucionar litígio desse jaez sem levar em consideração que a pensão devida à empregada acidentada encontrava-se intrinsecamente vinculada à prorrogação no tempo do dano sofrido, sendo impositivo o pagamento a cada mês em que se constatasse novamente a permanência da incapacidade.

4. O prejuízo que originou a obrigação de reparar – isto é, a redução a zero da aptidão para o trabalho – simplesmente desapareceu com o falecimento da empregada, de onde deflui o consectário lógico de que não há razão para que pensão continue a ser paga, seja a quem for.

ta ou ulterior tenha relação com o dano e essa renda utilizada pelo autor da herança para a mantença de sua família, os sucessores continuarão a receber a renda mensal (v. comentários ao art. 948), que a depender da casuística poderá ou não ser vitalícia, pois deverá levar em conta aprova de dependência econômica e impossibilidade de subsistência dos herdeiros pelo esforço próprio e expectativa de vida do falecido e aferição se haveria alguma renda que este teria direito, mas em razão da morte anterior não obteve.

O dispositivo *sub examine* trata da possibilidade de os credores do *de cujus* pleitearem a reparação de danos contra seus herdeiros. Nessa hipótese de falecimento do causador dos danos materiais, morais ou à imagem, seus herdeiros serão responsáveis pela indenização da vítima, mas este dispositivo deve ser interpretado em consonância com o art. 1.792 do Código Civil, pois essa responsabilidade é limitada às forças da herança, isto é, embora haja a transmissão por sucessão *mortis causa*, o herdeiro não responde por encargos superiores às forças da herança. Há, bem de ver, vedação de herança negativa. Posteriormente à partilha, consoante especifica o art. 1.997 do Código Civil, cada herdeiro responderá apenas pela obrigação de indenizar proporcionalmente a parte da herança que lhe coube.

---

5. Em outras palavras, sobrevindo o evento morte, esvai-se definitivamente o dano até então suportado pela agora falecida e, por conseguinte, esgota-se o amparo jurídico ao percebimento da pensão, não subsistindo qualquer reparação exigível pelos herdeiros com base no art. 943 do Código Civil.

6. "A indenização por acidente do trabalho é paga mensalmente, não porque se configure uma indenização única cujo pagamento é deferido em prestações, mas porque o próprio dano, reconhecido na sentença, protrai-se no tempo. Vale dizer: a cada mês de trabalho sem uma das mãos, verifica-se o dano reconhecido na sentença e incide a obrigação, para o empregador, de repará-lo. Com o falecimento do acidentado, esse ciclo se interrompe a indenização não mais é devida" (REsp 997.056/RS, Rel. Min. Humberto Gomes de Barros, Rel. para acórdão Min. Nancy Andrighi, *DJe* 22.08.2008).

7. Recurso especial provido (STJ, 2.ª Turma, REsp 1320214/DF, Rel. Min. Castro Meira, j. 21.08.2012, *DJe* 29.08.2012).

CAPÍTULO II
DA INDENIZAÇÃO

**Art. 944. A indenização mede-se pela extensão do dano.
Parágrafo único. Se houver excessiva desproporção entre a gravidade da culpa e o dano, poderá o juiz reduzir, equitativamente, a indenização**[169-170].

---

[169] Não há dispositivo correspondente no CC/1916.
[170] Enunciados das Jornadas de Direito Civil:
n. 46 – Art. 944: A possibilidade de redução do montante da indenização em face do grau de culpa do agente, estabelecida no parágrafo único do art. 944 do novo Código Civil, deve ser interpretada restritivamente, por representar uma exceção ao princípio da reparação integral do dano[,] não se aplicando às hipóteses de responsabilidade objetiva. (Alterado pelo Enunciado 380 – IV Jornada.)
n. 379 – Art. 944: O art. 944, *caput*, do Código Civil não afasta a possibilidade de se reconhecer a função punitiva ou pedagógica da responsabilidade civil.
n. 380 – Art. 944: Atribui-se nova redação ao Enunciado n. 46 da I Jornada de Direito Civil, pela supressão da parte final: não se aplicando às hipóteses de responsabilidade objetiva.
n. 455 – Art. 944: Embora o reconhecimento dos danos morais se dê, em numerosos casos, independentemente de prova (*in re ipsa*), para a sua adequada quantificação, deve o juiz investigar, sempre que entender necessário, as circunstâncias do caso concreto, inclusive por intermédio da produção de depoimento pessoal e da prova testemunhal em audiência.
n. 456 – Art. 944: A expressão "dano" no art. 944 abrange não só os danos individuais, materiais ou imateriais, mas também os danos sociais, difusos, coletivos e individuais homogêneos a serem reclamados pelos legitimados para propor ações coletivas.
n. 457 – Art. 944: A redução equitativa da indenização tem caráter excepcional e somente será realizada quando a amplitude do dano extrapolar os efeitos razoavelmente imputáveis à conduta do agente.
n. 458 – Art. 944: O grau de culpa do ofensor, ou a sua eventual conduta intencional, deve ser levado em conta pelo juiz para a quantificação do dano moral.
Súmulas do STJ e STF:
STJ n. 37: "São cumuláveis as indenizações por dano material e dano moral oriundos do mesmo fato".
STJ n. 43: "Incide correção monetária sobre dívida por ato ilícito a partir da data do efetivo prejuízo".
STJ n. 54: "Os juros moratórios fluem a partir do evento danoso, em caso de responsabilidade extracontratual".
STJ n. 246: "O valor do seguro obrigatório deve ser deduzido da indenização judicialmente fixada".

Direito anterior: Sem correspondente no CC/1916.

COMENTÁRIOS

O *caput* deste artigo nos dá a dimensão da indenização, seja para mais ou para menos, vinculando-a à extensão da lesão. Com isso, busca-se a reparação integral do dano. De registrar a necessidade de proporcionalidade nas reparações de danos continuados ou que se consumam pela ocorrência de inúmeros eventos danosos e que cada um deles, por si só, já seria suficiente para imputação civil dos danos, como, para citar apenas um exemplo, nos casos de negativação indevida quando o lesante inscreve várias vezes o nome da vítima nos cadastros negativos. A ideia, portanto, com fundamento na *justiça protetiva* (*iustitia protectiva*), é a de zelar pela ampla reparação do lesado, sejam os danos materiais, morais ou à imagem.

Assim, de um único episódio podem advir todos esses danos e, como consequência, o dever, para o ofensor de indenizar, pois quanto mais numerosos os eventos danosos em determinado episódio, maior deverá ser o valor reparatório, sob pena de o Judiciário não responder suficientemente ao ditame desse dispositivo. Ao magistrado compete dissecar a relação continuativa em suas múltiplas intercorrências, apontar quais delas foram lesivas à esfera jurídica da vítima e fixar o valor reparatório atinente a cada uma dessas lesões.

Merece registro um exemplo real, na hipótese de um Banco credor de alienação fiduciária de automóvel, mesmo tendo recebido as prestações mensais do financiamento, cobrá-las indevidamente, inscrever cada uma delas nos órgãos de proteção ao crédito, postular

---

STJ n. 257: "A falta de pagamento do prêmio do seguro obrigatório de danos pessoais causados por veículos automotores de vias terrestres (DPVAT) não é motivo para a recusa do pagamento da indenização".

STJ n. 281: "A indenização por dano moral não está sujeita à tarifação prevista na Lei de Imprensa".

STJ n. 326: "Na ação de indenização por dano moral, a condenação em montante inferior ao postulado na inicial não implica sucumbência recíproca".

STF n. 491: "É indenizável o acidente que cause a morte de filho menor, ainda que não exerça trabalho remunerado".

STF n. 562: "Na indenização de danos materiais decorrentes de ato ilícito cabe a atualização de seu valor, utilizando-se, para esse fim, dentre outros critérios, dos índices de correção monetária".

judicialmente a busca e apreensão e, ainda, cumprir a liminar mediante arrombamento da residência do devedor (que ao final prova nada dever). Quais seriam os atos lesivos contra o devedor e o valor reparatório para cada um deles? A casuística demonstra que em relações complexas como essa não se individualiza cada evento danoso, pois saída comumente empregada pelos Tribunais é atribuir um único valor reparatório a toda a cadeia de atos lesivos, em cifra nunca superior à dezena de milhar, sob o argumento falacioso de que valor maior enriqueceria a vítima, quando o que se faz na realidade é enriquecer o infrator que não repara integralmente o dano, atitude essa que não observa o dever legal de que a indenização deve corresponder à extensão de cada um dos danos[171]. Essas lesões podem ser individuais, coletivas, difusas e individuais homogêneas[172].

O princípio do *restitutio in integrum* é a base desse dispositivo, pois, quando possível, o que se almeja é a volta ao estado anterior à lesão, com a efetiva reparação à vítima, em cumprimento à noção de solidariedade, estampada na Constituição Federal (art. 3.º, inc. I) e no princípio da proteção (art. 5.º, inc. XXXV), derivado da *iustitia protectiva*, que, além da solidariedade, impõe o dever de apreciação, pelo Poder Judiciário, de lesão ou ameaça a direito, integrando, assim, a visão contemporânea do princípio *neminem laedere*, uma verdadeira busca de segurança.

---

[171] TJSP, Ap. Cível 0002339-50.2010.8.26.0011, perante a 27.ª Câmara de Direito Privado, em fase de Recurso Especial.

[172] Art. 6.º do CDC: "São direitos básicos do consumidor: (...) VI – a efetiva prevenção e reparação de danos patrimoniais e morais, individuais, coletivos e difusos".
O Código de Defesa do Consumidor (Lei 8.078/1990) define os direitos difusos, coletivos e individuais homogêneos:
"Art. 81. A defesa dos interesses e direitos dos consumidores e das vítimas poderá ser exercida em juízo individualmente, ou a título coletivo.
Parágrafo único. A defesa coletiva será exercida quando se tratar de:
I – interesses ou direitos difusos, assim entendidos, para efeitos deste código, os transindividuais, de natureza indivisível, de que sejam titulares pessoas indeterminadas e ligadas por circunstâncias de fato;
II – interesses ou direitos coletivos, assim entendidos, para efeitos deste código, os transindividuais, de natureza indivisível de que seja titular grupo, categoria ou classe de pessoas ligadas entre si ou com a parte contrária por uma relação jurídica base;
III – interesses ou direitos individuais homogêneos, assim entendidos os decorrentes de origem comum".

O parágrafo único deste artigo, diferentemente do *caput*, representa verdadeiro atraso e descompasso com a realidade, se interpretado de maneira inadequada. Em primeiro lugar, para efeito de reparação de danos, pouco importa se a culpa é grave, leve ou levíssima, pois há muito a figura do ofensor não é a primacial na responsabilidade, substituída que foi pela pessoa do lesado, figura central, na atualidade, da responsabilidade civil. Em segundo lugar, para o Direito Civil, diferentemente do que sucede no Direito Penal, não existe relevância na perquirição acerca da intenção do agente, vale dizer, se o ato ou atividade foi doloso ou culposo na reparação do dano.

Assim, se a redação do parágrafo único estivesse em sintonia com o *caput* do artigo, com a ideia de reparação integral, e houvesse relevância a análise do grau de culpa, deveria permitir a redução ou o aumento equitativo da indenização.

Se não bastassem todos esses argumentos, há flagrante injustiça ao se responsabilizar, em parte, a vítima pelo dano, com a redução da indenização, visto que, se existe liberdade para a prática de ato, há de ter responsabilidade pelos danos perpetrados, independentemente do grau de culpa.

Na realidade, no momento da fixação da indenização, deve-se ter em mente a justa indenização, que deve ser proporcional, razoável, não deve levar o ofensor à miséria, tampouco enriquecer exageradamente a vítima. Para tanto, há critérios para essa quantificação dos danos morais[173], e o STJ tem realizado o controle dos valores arbitrados, o que é, em certo grau, preocupante, diante de dois motivos: primeiro, porque o arbitramento da reparação, nos termos do artigo em comento, deve ser feito em consideração às circunstâncias fáticas, como a realidade das

---

[173] A revogada Lei de Imprensa (Lei 5.250/1967) estabelecia critérios para o arbitramento dos danos morais que serviam e continuam a servir de parâmetro para qualquer outra situação. Destarte, para se determinar a importância atinente aos danos morais, tarefa sempre difícil, deve-se ter em conta o seguinte: "I – a natureza específica da ofensa sofrida; II – a intensidade real, concreta, efetiva, do sofrimento do ofendido; III – a repercussão da ofensa no meio social em que vive o ofendido; IV – a situação econômica do ofensor; V – a posição social do ofendido; VI – a capacidade e a possibilidade real e efetiva de o ofensor voltar a praticar e/ou vir a ser responsabilizado pelo mesmo fato danoso; VII – a prática anterior do ofensor relativa ao mesmo fato danoso; e VII – as práticas atenuantes realizadas pelo ofensor visando diminuir a dor do ofendido".
V. Oduvaldo Donnini e Rogério Ferraz Donnini, ob. cit., p. 147 e s.

partes e a extensão do dano e, por isso, dificilmente poderá ser dimensionada a lesão sem ignorar essa determinação legal, já que, nesse raciocínio, situações completamente distintas internamente poderiam receber o mesmo valor reparatório pela "aparência de similitude", como se idênticas fossem[174]. Segundo, porque a parametrização pelo Superior Tribunal de Justiça de valores indenizatórios cria sobre todo o Judiciário a cultura da "tabela", fazendo com que o magistrado de primeira ou segunda instância não avance sobre a investigação da extensão do dano, sob o argumento de que em situação supostamente análoga o STJ estaria fixando aquele determinado valor.

1. Prevenção de danos pelo *valor de desestímulo*

A doutrina e jurisprudência têm enfrentado uma questão tormentosa, pois constantemente nos deparamos com lesões em massa, praticadas por particulares, fornecedores, pelo Estado, danos esses que, pela extensão e gravidade, são difusos, ou ainda com danos que compensam a prática lesiva pelo agente, diante do valor indenizatório. Indaga-se, assim, se existiria maneira de punir os ofensores com uma indenização punitiva e se haveria dispositivo legal nesse sentido ou, pela inexistência de disposição legal, poderia ser aplicado entre nós o que se denomina *punitive damages* (indenização punitiva)[175].

A indenização punitiva ou função punitiva, desde que aplicada de maneira diversa daquela existente do direito norte-americano, pode e deve ser arbitrada entre nós. Preferimos, contudo, alterar essa designação (*punitive damages*) apenas com o fito de não confundi-la com o que aqui denominamos *valor de desestímulo*, talvez para evitar a antiga discussão acerca da ideia de punição no Direito Civil. Nada obsta, porém, que se adote o *nomen iuris punitive damages*.

---

[174] Uma pessoa que teve um corte na face poderia, a depender da argumentação, receber o mesmo valor que outra que tivesse ficado completamente desfigurada; um grande hospital poderia ser condenado no mesmo valor reparatório pela morte de um paciente que uma clínica de pequeno porte, entre muitas outras hipóteses.

[175] *Damages*, em inglês, significa indenização, enquanto *demage* tem o significado de dano. Portanto, *punitive damages* corresponde, em português, a *indenização punitiva*.

A maneira mais eficaz de prevenção de danos sucede com a fixação do *valor de desestímulo* quando do arbitramento da indenização. Diferentemente dos *punitive damages*, o *fator* ou *valor de desestímulo*, que poderia aqui também ser denominado como *função pedagógica* ou *efeito dissuasório*, não deve, em regra, exceder o valor compensatório, mas permite ao magistrado, de maneira proporcional e compatível com o *quantum* fixado a título de compensação pelo dano moral suportado, aumentar o valor da indenização a ponto de não mais estimular a prática do ato danoso pelo lesante.

Embora exista a ideia de punição[176] ou função punitiva na fixação do *valor de desestímulo*, não se pode afirmar que o nosso sistema tenha adotado os *punitive damages*, posto haja semelhança entre esses dois institutos, o que não impede o magistrado de arbitrar um valor a título de desestímulo pela prática reiterada do ofensor ou outra situação que demonstre menosprezo pela vítima.

A indenização punitiva no direito norte-americano não se coaduna com o ordenamento jurídico brasileiro, haja vista que valores desproporcionais e incompatíveis com a nossa realidade são, muitas vezes, arbitrados, resultando, assim, em um enriquecimento exagerado da vítima, o que contraria nosso ordenamento jurídico, além de desvirtuar o valor do desestímulo. Todavia, o oposto, vale dizer, indenizações insuficientes e irrisórias, também não pode ser a regra, como se constata em alguns casos. Hoje a jurisprudência nacional fixa para a hipótese de morte, a título de danos morais, normalmente, reparações em torno de 100 mil reais, e essa mesma importância é arbitrada para quem foi preso erroneamente. A cifra de 10 mil reais é comumente aplicada para o caso de negativa de cobertura por plano de saúde e 7 mil reais para inscrição indevida nos cadastros restritivos[177]. Sucede que esses valores, em hi-

---

[176] George Ripert, ob. cit., p. 339.
[177] Eis a tabela do STJ:

Evento	2.º grau	STJ	Processo
Recusa em cobrir tratamento médico-hospitalar (sem dano à saúde)	R$ 5 mil	R$ 20 mil	REsp 986947
Recusa em fornecer medicamento (sem dano à saúde)	R$ 100 mil	10 SM	REsp 801181
Cancelamento injustificado de voo	100 SM	R$ 8 mil	REsp 740968
Compra de veículo com defeito de fabricação; problema resolvido dentro da garantia	R$ 15 mil	não há dano	REsp 750735

pótese alguma, enriquecem os lesados. Embora a condenação não deva conduzir o ofensor à miséria ou ter o objetivo de alavancar socialmente a vítima, essas cifras, em vários casos, incentivam a atividade danosa. A prevenção de lesão se opera com a fixação de valores indenizatórios que, efetivamente, inibam o agente. Não é, contudo, o que se verifica, em regra, no Brasil. Divulga-se a falsa ideia de uma *indústria das indenizações* que, em verdade, não existe. Ao contrário. O que se constata é uma frequente e desmesurada violação de direitos por parte do Estado, dos fornecedores e nas relações de Direito Civil e, em vários casos, a fixação de valores indenizatórios insuficientes, desproporcionais e até mesmo irrisórios, que, contrariamente ao princípio *neminem laedere*, incentivam, propiciam novos eventos danosos. Muitas vezes, grandes empresas deixam de investir na segurança e qualidade de seus produtos ou serviços, cientes dos ínfimos valores fixados nas ações de indenização. Estamos, assim, diante de uma *indústria das lesões*, na medida em que lesar, em algumas situações, é compensador e enriquece injustamente, na verdade, o causador do dano.

Para a situação de pleito indenizatório indevido há solução apropriada e simples em nossa lei civil adjetiva, consistente na improcedência do pedido, com aplicação das penas por litigância de má-fé.

Posto existirem ações absolutamente descabidas, esse fato não justifica a asserção genérica de que entre nós são elas exageradas e propostas com a finalidade de enriquecimento injusto. Estar-se-ia diante de um raciocínio indutivo falacioso, pois, embora existam situações dessa natureza, inegavelmente a grande maioria dos pedidos relativos a indenizações resulta da efetiva violação de direitos patrimoniais ou da personalidade. Basta verificarmos quantas violações aos nossos direitos suportamos nos últimos anos e quantas ações propusemos, para

Evento	2.º grau	STJ	Processo
Inscrição indevida em cadastro de inadimplente	500 SM	R$ 10 mil	REsp 1105974
Revista íntima abusiva	não há dano	50 SM	REsp 856360
Omissão da esposa ao marido sobre a verdadeira paternidade biológica das filhas	R$ 200 mil	mantida	REsp 742137
Morte após cirurgia de amígdalas	R$ 400 mil	R$ 200 mil	Resp 1074251
Paciente em estado vegetativo por erro médico	R$ 360 mil	mantida	REsp 853854
Estupro em prédio público	R$ 52 mil	mantida	REsp 1060856
Publicação de notícia inverídica	R$ 90 mil	R$ 22.500	REsp 401358
Preso erroneamente	não há dano	R$ 100 mil	REsp 872630

se constatar que não há aumento de litigiosidade por esse motivo, mas danos em excesso[178]. É sabido que apenas uma parcela ínfima de lesados procura o Poder Judiciário ou demais órgãos de proteção, seja porque as vítimas não têm condições ou interesse em gastar recursos com custas judiciais e extrajudiciais, além de honorários advocatícios, seja porque desalentados a gastarem precioso tempo de trabalho e lazer para não obterem uma efetiva resposta judicial em tempo hábil e monta suficiente.

O princípio *neminem laedere*, conforme já examinado, é mais amplo que os dispositivos do Código Civil que estabelecem a reparação dos danos (CC, arts. 186, 187 e 927), haja vista que, embora regulem o dever de indenizar, não tratam da efetiva prevenção de prejuízos, parte essencial quando se ordena *a ninguém lesar*. A determinação de se abster da violação de direitos ou interesses nos dá a exata dimensão do princípio, que não apenas se ocupa da reparação de danos já causados, mas indica o dever geral de não lesar (*alterum non laedere*).

Portanto, no Direito Civil o princípio *neminem laedere*, no que concerne à ideia de prevenção, decorrente do texto constitucional (art. 5.º, XXXV) que, de forma cristalina, protege a ameaça a direito e resulta na prevenção de danos. Essa prevenção se opera por meio da tutela jurisdicional que busca proteger a ameaça a direito.

Nas relações de consumo há disposição expressa quanto à prevenção de danos, consoante se verifica do art. 6.º, VI, do Código de Defesa do Consumidor (Lei 8.078/1990): "São direitos básicos do consumidor: (...) VI – a efetiva prevenção e reparação de danos patrimoniais e morais, individuais, coletivos e difusos". Essa prevenção refere-se à postura, em um primeiro momento, que os fornecedores devem ter para que o evento danoso não ocorra, evitando, assim, que haja prejuízo aos consumidores ou terceiros, com práticas preventivas como o *recall* (recolhimento de produtos defeituosos ou a substituição de peças inadequadas). Em um segundo momento, é do Poder Público essa incumbência, seja por intermédio de sanções administrativas (art. 55 do CDC)

---

[178] V. Rogério Donnini. *Responsabilidade civil pós-contratual*. 3. ed. São Paulo: Saraiva, 2011. p. 46 e s.

ou por meio da tutela jurisdicional (arts. 83 e 84 do CDC), sempre com o escopo de evitar o dano.

Como ocorre nas relações de Direito Civil, a fixação de quantias nos pleitos indenizatórios, levando em consideração o denominado *valor* ou *fator de desestímulo*, previne a existência de novos danos.

O Superior Tribunal de Justiça vinha rechaçando a aplicação dos *punitive damages*[179], mas há julgados que o acolhem, majorando indenizações, aplicando o que denomina *função punitiva*. No Recurso Especial 1171826/RS, julgado em 17.05.2011, a Ministra Relatora Nancy Andrighi assim decidiu: "Em situações de serviços de relevância pública que resultam acidentes com vítima fatal, a jurisprudência do STJ baliza a indenização conforme a natureza do dano, a gravidade das consequências, a proporção da compensação em relação ao sofrimento e sua função punitiva".

2. Enriquecimento sem causa, valor de desestímulo e função social da responsabilidade civil

Tem sido constante a preocupação, na jurisprudência, no momento da fixação dos danos morais, com o enriquecimento sem causa do lesado, na hipótese de arbitramento da indenização em valores mais elevados.

O enriquecimento sem causa, previsto no Código Civil como um dos atos unilaterais, sucede quando uma pessoa, sem causa justificada, isto é, não há causa no momento em que o beneficiado recebe o proveito, enriquece à custa de outrem, devendo, assim, restituir o que

---

[179] "A aplicação irrestrita das *punitive damages* encontra óbice regulador no ordenamento jurídico pátrio que, anteriormente à entrada do Código Civil de 2002, vedava o enriquecimento sem causa como princípio informador do direito e após a novel codificação civilista, passou a prescrevê-la expressamente, mais especificamente, no art. 884 do Código Civil de 2002" (STJ, 4.ª Turma, AgRg no Ag 850273/BA, Rel. Min. Honildo Amaral de Mello Castro, j. 03.08.2010, *DJe* 24.08.2010).
"Na própria jurisprudência do STJ, tem-se coibido o uso dos danos morais como instrumento anglo-saxão de *punitive damages* (danos punitivos) ou *exemplary damages* (danos exemplares), com caráter de prevenção geral e de desestímulo de condutas ilícitas, além do valor dos prejuízos efetivamente suportados" (STJ, 1.ª Seção, EREsp 748868/RS, Rel. Min. Humberto Martins, j. 25.03.2009, *DJe* 06.04.2009).

foi injustamente obtido[180]. Com efeito, é necessária para se configurar esse instituto a existência de um enriquecimento, conseguido à custa de outrem, além da ausência de causa justificativa, motivadora, resultando em um locupletamento injusto, indevido[181].

O Código Civil regula o enriquecimento sem causa nos arts. 884 a 886 e determina que, se o enriquecimento se relacionar a coisa determinada, aquele que o recebeu deve restituí-la; se a coisa, por outro lado, não mais subsistir, a restituição será realizada pelo valor do bem, no momento em que foi exigido. Dispõe, ainda, que não será permitida a restituição por enriquecimento sem causa se a lei conferir ao ofendido outras formas de reparar o prejuízo.

Portanto, a finalidade desse instituto não se relaciona ao arbitramento da indenização por dano moral realizado de maneira proporcional, razoável, justa, tampouco na hipótese de fixação do valor de desestímulo, pois seu escopo é o de compelir aquele que enriqueceu injustamente a restituir o obtido, o que não ocorre para a vítima de um dano, exceto em situações desproporcionais, com indenizações exageradas e injustas.

Ao se arbitrarem os danos morais e estabelecer ainda uma quantia a título de *valor de desestímulo*, inexiste causa injustificada ou ausência de causa. Se há dano, existe *causa* para o arbitramento desse valor, em reconhecimento à finalidade social da responsabilidade e ao bem comum.

A noção de *causa* é objeto de estudo mais comum no âmbito contratual[182]. Ao se examinar a função do contrato, denominada *cau-*

---

[180] No direito alemão, ensina Jan Schapp, *Introdução ao direito civil*, Tradução de Maria da Glória Lacerda Rurack e Klaus-Peter Rurack, Porto Alegre: Fabris, 2006, p. 137: "O devedor do enriquecimento sem causa precisa ter obtido algo do credor do enriquecimento sem causa, no sentido mencionado no primeiro pressuposto da pretensão, 'através de prestação'. Prestação, no sentido do Direito do enriquecimento sem causa, é qualquer *acréscimo consciente e intencional de bens alheios*".

[181] Luís Manuel Teles de Menezes Leitão, ob. cit., p. 357. No mesmo sentido, Inocêncio Galvão Teles, ob. cit., p. 193 e s.

[182] Na realidade, muitos são os estudos na Filosofia e na Filosofia do Direito. Miguel Reale, *Filosofia do direito*, 20. ed., 8.ª tiragem, São Paulo: Saraiva, 2010, p. 179, preleciona: "Se os objetos psíquicos e físicos compõem uma mesma esfera de realidade, algo deve haver de comum entre eles capaz de disciplinar o acesso espiritual até às suas qualidades ou determinações. É o *princípio de causalidade* que nos possibilita atingir e explicar os *objetos naturais*, quer físicos, quer psíquicos, porque se distinguem como fenômenos que se processam, em geral, segundo nexos constantes de antecedente e consequente".

sa[183], busca-se a razão do negócio, vinculada ao seu conteúdo, sem, contudo, com ele se identificar. O conteúdo é um preceito de autonomia privada, em que os contraentes intencionam regular os seus interesses. Destarte, *causa* é a função econômico-social da avença[184].

Entretanto, o conceito de *causa* tem várias acepções[185], pois não há uma noção única. Interessa-nos aqui a ideia de causa na responsabilidade civil, a denominada *causa efficiens*, ou seja, a relação causa/causado, o dever para o ofensor de reparar o dano causado a outrem. O que se pretende é saber quem é o agente e a favor de qual pessoa (ofendido) a indenização é devida, bem como em que medida[186], em que valor.

O enriquecimento sem causa, também denominado enriquecimento ilícito[187], para subsistir, há que ser provada uma vantagem patrimonial sem causa, ou seja, que esse proveito não esteja embasado em dispositivo legal ou em negócio jurídico. Há, no ordenamento jurídico brasileiro, vários dispositivos que acolhem o aqui denominado *valor de desestímulo*, como se verá adiante.

Por outro lado, haverá evidente enriquecimento sem causa para o ofensor se este pratica reiteradamente a lesão, sabedor de que o valor, normalmente módico, fixado a título de indenização, compensa a prática danosa em série, em um verdadeiro cálculo atuarial. Não raro, os fornecedores fazem cálculos para saber se persistem ou não na reiterada

---

[183] No Digesto (D. 2,14,7,4), Ulpiano: "Quando não existe nenhuma causa, consta que não pode se constituir obrigação por convenção" (*Sed cum nulla subest causa, propter conventionem hic constat non posse constitui obligationem...*). No Direito Romano, a ideia de causa de um negócio jurídico é diversa dos motivos que levaram os contratantes a celebrar o contrato. A causa é determinada de maneira objetiva, pois é a função econômico-social que o direito objetivo concede a determinado negócio jurídico; o motivo, por vez, verifica-se de forma subjetiva, ou seja, busca-se saber que fatos levaram as partes a contratar (José Carlos Moreira Alves, ob. cit., p. 153). Assim, causa era a finalidade que o *ius civile* identificava como social e economicamente digno de proteção (A. Santos Justo, ob. cit., p. 25).

[184] Emilio Betti. *Teoria geral do negócio jurídico*. Tradução de Ricardo Rodrigues Gama. Campinas, 2003. t. I, p. 247 e s.

[185] Vicente Ráo. *Ato jurídico*. 4. ed. 2.ª tiragem. São Paulo: RT, 2006. p. 92.

[186] Nelson Nery Junior e Rosa Maria de Andrade Nery, ob. cit., p. 104.

[187] Sustento que enriquecimento sem causa e enriquecimento ilícito, ou ainda locupletamento ilícito, são expressões sinônimas. No entanto, há quem afirme a diferença entre ambos. Giovanni Ettore Nanni, *Enriquecimento sem causa*, São Paulo: Saraiva, 2004, p. 100-107, assevera que são institutos diversos, pois o enriquecimento ilícito seria exclusivamente de Direito Administrativo, enquanto o enriquecimento sem causa do Direito Civil, entre outras distinções.

prática de causar danos aos consumidores, tendo em vista o valor nas condenações sofridas por danos morais. Se baixas essas cifras e considerando que muitos não fazem valer o seu direito à reparação desses danos, continuam eles a lesar. Destarte, a preocupação não deve estar apenas com o enriquecimento sem causa do lesado, mesmo porque causa (motivo) existe para esse fato, mas principalmente nos constantes e intencionais danos sofridos pelas pessoas, sejam eles causados pelo Estado ineficiente, seja pelos fornecedores, por razões econômicas.

Importa, também, enriquecimento sem causa o menosprezo do agente pelo lesado, sem que lhe seja fixada uma importância a título de desestímulo pela prática, além de configurar uma ameaça de dano a toda a sociedade.

Com a velocidade das transformações sociais, numa sociedade de massa e lesões difusas, em flagrante prejuízo social, a inobservância do *valor de desestímulo* violaria, em primeiro lugar, a *função social da responsabilidade civil*, consistente na reparação adequada, proporcional, mediante uma justa indenização e na prevenção de danos, funções que integram o princípio *neminem laedere* (CF, art. 5.º, XXXV; CC, arts. 186, 187 e 927; CDC, art. 6.º, VI)[188]. Em segundo lugar, é vedado o *non liquet*[189], razão pela qual há o dever de instituir um desestímulo ao ofensor, para que não mais pratique o ato danoso, em especial se ele o pratica de maneira contumaz. Ressalte-se que não há a necessidade de um dispositivo expresso para a aceitação do *valor de desestímulo*, pois desde a abertura dos sistemas constitucional e infraconstitucional para

---

[188] Nas relações de consumo há disposição expressa quanto à prevenção de danos, consoante se verifica do art. 6.º, VI, do Código de Defesa do Consumidor (Lei 8.078/1990): "São direitos básicos do consumidor: (...) VI – a efetiva prevenção e reparação de danos patrimoniais e morais, individuais, coletivos e difusos". Essa prevenção refere-se à postura, em um primeiro momento, que os fornecedores devem ter para que o evento danoso não ocorra, evitando, assim, que haja prejuízo aos consumidores ou terceiros, com práticas preventivas como o *recall* (recolhimento de produtos defeituosos ou a substituição de peças inadequadas). Em um segundo momento, é do Poder Público essa incumbência, seja por intermédio de sanções administrativas (art. 55 do CDC) ou por meio da tutela jurisdicional (arts. 83 e 84 do CDC), sempre com o escopo de evitar o dano.

[189] *Non liquet*, no Direito Romano, era a possibilidade de o juiz deixar de julgar quando não encontrava uma resposta jurídica clara. O art. 5.º, inciso XXXV, da Constituição Federal veda essa prática, pois estabelece o direito, para qualquer pessoa, de invocar a atividade jurisdicional, como direito subjetivo.

as ponderações de Justiça (dignidade da pessoa humana, solidariedade, justiça social, boa-fé objetiva, função social dos institutos de Direito Privado, entre outras), verdadeiras cláusulas gerais que dão mobilidade e atualidade ao ordenamento jurídico[190], há uma vasta gama de dispositivos que não apenas consentem, como impõem a aplicação dessa inibição à prática danosa.

No Direito Civil e nas relações de consumo, a inaplicabilidade do *valor de desestímulo* ofende o princípio da boa-fé objetiva (CC, art. 422 e CDC, art. 4.º, III), na medida em que permite o constante evento danoso, em prejuízo social, ferindo, desta forma, a ideia de proteção e, como consectário, uma vida sem a devida segurança, que é um dos pilares da responsabilidade civil atual, transgredindo, no plano constitucional, os arts. 1.º, inc. III (dignidade da pessoa humana), 3.º, inc. I (sociedade livre, justa e solidária) e art. 6.º (direitos sociais[191]).

Outro dispositivo que vem ao encontro da aplicação do valor *do desestímulo* é o art. 5.º da Lei de Introdução às Normas do Direito Brasileiro (*Na aplicação da lei, o juiz atenderá aos fins sociais a que ela se dirige e às exigências do bem comum*). O magistrado, ao não desestimular a prática reiterada de lesões, não atende aos fins sociais dos dispositivos aqui mencionados, tampouco busca o bem comum.

A não aplicação do *valor de desestímulo* fere o princípio da dignidade da pessoa humana que, bem de ver, se instrumentaliza por intermédio de dois outros princípios também constitucionais: o da igualdade (art. 5.º, *caput*) e da solidariedade (art. 3.º, I). A dignidade da pessoa humana (CF,

---

[190] O sistema jurídico adotado pelo Código Civil é o móvel, ou seja, é reconhecida a sua não plenitude, ao se permitir a intromissão de elementos estranhos, além de não se recusar a incertezas de questões exteriores. Nas preleções de Canaris (Claus-Wilhelm Canaris. *Pensamento sistemático e conceito de sistema na ciência do direito*. Tradução de A. Menezes Cordeiro. 3. ed. Lisboa: Fundação Calouste Gulbenkian, 2002. p. 143), a partir da ideia desenvolvida por Walter Wilburg, o sistema é *móvel* quando apresenta uma posição intermediária entre previsão rígida e cláusulas gerais. O sistema móvel, como o próprio nome diz, possui mobilidade, o que permite um progresso, um verdadeiro aperfeiçoamento pela aplicação e interpretação das cláusulas gerais (são cláusulas gerais no CC os arts. 113, 186, 187, 421, 422, 884, 927, 1.277, 1.228, § 1.º, entre outras). Esse sistema está, em verdade, recheado de cláusulas gerais, conceitos legais indeterminados, que serão determinados pela função, além dos princípios gerais do direito, em constante interação.

[191] Os direitos sociais são a educação, a saúde, o trabalho, a moradia, o lazer, a segurança, a previdência social e a proteção à maternidade, à infância e aos desamparados.

art. 1.º, III), como um princípio que não autoriza a ofensa física ou moral e protege a vida digna, ou seja, ultrapassa a proteção prevista no art. 5.º, *caput*, da Constituição Federal (inviolabilidade do direito à vida, à liberdade, à igualdade, à segurança e à propriedade), com o escopo de dar-lhe dignidade, respaldada no artigo subsequente (art. 6.º), que dispõe acerca dos direitos sociais, entre eles o direito à segurança e proteção.

Ao possibilitarem uma vida sem proteção (vida sem segurança), pela prática lesiva reiterada, diante de verdadeira *atividade danosa difusa* que não é desestimulada, esses dispositivos, entre tantos outros já mencionados, são flagrantemente infringidos.

Também não se coaduna com a exigência de uma justiça social e uma existência digna, quando o texto constitucional regula a ordem econômica e financeira (art. 170, *caput*), a lesão reiterada à sociedade ou atos de menosprezo pela vítima.

Em uma sociedade capitalista, exceção feita a situações teratológicas, em que o lesado passa do estado de pobreza para o de riqueza, em virtude de uma indenização excessiva, ilegal, injusta e, portanto, desproporcional, nada obsta que no momento da fixação da indenização o juiz estipule, além do *quantum* reparatório, um valor relativo ao *fator de desestímulo*, com o objetivo de inibir a prática danosa, em especial se ela se perfaz reiteradamente. Muito mais grave do que arbitrar um valor mais elevado para uma vítima é a real permissão da prática danosa, diante de fixações indenizatórias irrisórias que, tratando-se de relações de consumo (e o Estado é fornecedor de serviços – art. 3.º do CDC), importa lesões de natureza difusa.

Não se devem mais conceber relações jurídicas centradas em bases individuais, que não mais se coadunam com o Código Civil, Código de Defesa do Consumidor e Constituição Federal, muito menos um raciocínio calcado em uma relação meramente obrigacional, que foi a base do Código Civil anterior. A visão há de ser humanista, tendo como núcleo a pessoa humana e, mais precisamente, na responsabilidade civil, a figura da vítima ou das possíveis futuras vítimas, o que impõe a efetivação de uma *justiça protetiva*[192], fundada no princípio *neminem laedere*.

---

[192] Da *justiça protetiva* decorrem os direitos fundamentais do homem, como ensina Helmut Coing, ob. cit. p. 250.

O *valor de desestímulo* integra os danos imateriais e não possui um caráter meramente individual, mas social, embora beneficie o lesado.

Com relação à extensão do dano, preconizada no artigo ora examinado, esta diz respeito aos danos materiais, mesmo porque a dimensão dos danos morais e à imagem dependerá de fatores não objetivos, sem possibilidade de mensurar a sua extensão, pois tudo dependerá do caso concreto, da análise da maneira pela qual o dano foi praticado pelo ofensor, além de sua situação econômica.

Em suma, é necessário sopesar se é melhor fixar indenizações com quantias mais altas para os lesados, com o fito de evitar novos danos, ou simplesmente decidir por indenizações módicas, com o temor de enriquecer a vítima, embora ciente de que esses danos alcançarão um número enorme de outras vítimas.

3. Valor de desestímulo e fundos públicos e privados

A ideia de instituição de fundos para que o valor de desestímulo possibilite que entidades públicas e privadas possam gerir os valores lá depositados, em benefício de pessoas lesadas, parece ser, em um primeiro momento, o ideal para que a vítima não se beneficie dessa indenização, como sucede na Lei da Ação Civil Pública[193]. Todavia, não é a via mais adequada, pois esses fundos talvez tivessem sentido se estivéssemos diante de uma indenização punitiva (*punitive damages*), nos moldes norte-americanos, com cifras excessivas, extremamente elevadas.

Outro argumento contrário seria a real diferença entre o valor de desestímulo e a indenização punitiva, na medida em que aquele seria fixado em valores que, em regra, não deveriam exceder o valor compensatório, enquanto esta poderia ultrapassá-lo e normalmente o faz na quase totalidade dos Estados norte-americanos que o admitem.

---

[193] A Lei da Ação Civil Pública (Lei 7.345/1985), em seu art. 13, estabelece um fundo gerido por um Conselho Federal ou por Conselhos Estaduais, na hipótese de condenação em dinheiro.

Há, ainda, a questão relativa à administração de um fundo, sua gestão e a dificuldade de fiscalizá-lo adequadamente, além de seus efeitos, que poderiam ser inócuos para a prevenção de futuros danos.

Com efeito, o que desencoraja a prática danosa, em especial aquela levada a efeito de maneira reiterada por fornecedores, particulares ou pelo Estado, ou ainda situações em que o ofensor demonstra menosprezo, desdenho, desrespeito pela vítima, de forma desumana e incompatível com valores éticos, impostos nos planos constitucional e infraconstitucional, é o desestímulo por meio de um valor que, efetivamente, não torne o lesado rico, mas iniba novas lesões do agente. Em um mundo capitalista, talvez seja essa a maneira mais eficaz de combater essa verdadeira *indústria das lesões*.

Art. 945. Se a vítima tiver concorrido culposamente para o evento danoso, a sua indenização será fixada tendo-se em conta a gravidade de sua culpa em confronto com a do autor do dano[194-195].

Direito anterior: Sem correspondente no CC/1916.

COMENTÁRIOS

O artigo em comento trata da concorrência de culpas, vale dizer, a culpa do agente e da vítima no evento danoso. Em regra, busca-se, na responsabilidade subjetiva, a culpa do autor do dano, para que haja a sua reparação. Contudo, o dispositivo em questão prevê a concorrência culposa no *eventus damni*. Caberá, portanto, da análise do caso concreto o exame da participação culposa da vítima na existência do dano, com a

---

[194] Não há dispositivo correspondente no CC/1916.
[195] Enunciados das Jornadas de Direito Civil:
n. 47 – Art. 945: O art. 945 do novo Código Civil, que não encontra correspondente no Código Civil de 1916, não exclui a aplicação da teoria da causalidade adequada.
n. 459 – Art. 945: A conduta da vítima pode ser fator atenuante do nexo de causalidade na responsabilidade civil objetiva.

finalidade de verificar a gravidade de sua conduta, podendo, assim, ser reduzido, proporcionalmente, o valor da indenização a ser suportada pelo ofensor.

Em outras palavras, normalmente na hipótese de concorrência de culpas, a participação da vítima implica a redução proporcional da indenização devida pelo autor do dano. Há, pois, uma relação direta entre a dosagem da culpa da vítima e a fixação da indenização devida pelo ofensor[196].

Todavia, mesmo havendo concorrência de culpas, por menor que seja a participação do agente no dano, deve ser fixada uma indenização à vítima, embora inferior do que aquela que seria arbitrada sem a sua participação culposa, visto que há uma tendência para não se deixar de

---

[196] Civil e processo civil. Enquadramento jurídico dos fatos. Revisão pelo STJ. Possibilidade. Legítima defesa putativa. Dano. Indenização. Cabimento. Legítima defesa real. Requisitos. Culpa. Concorrência. Indenização da vítima. Proporção entre a culpa da vítima e a do autor do dano. 1. O conhecimento do recurso especial como meio de revisão do enquadramento jurídico dos fatos realizado pelas instâncias ordinárias se mostra absolutamente viável; sempre atento, porém, à necessidade de se admitirem esses fatos como traçados pelas instâncias ordinárias, tendo em vista o óbice contido no Enunciado n.º 7 da Súmula/STJ.
2. Não se admite como proporcional ao questionamento feito pelo autor, ainda que em tom sarcástico, no sentido de saber se o réu ainda estava falando mal dele, seguido do ato de segurar, de forma amistosa, o braço do seu interlocutor, a reação do réu, de imediatamente desferir no autor um golpe com a cabeça, com força tal que fraturou o nariz da vítima e cortou o supercílio do próprio agressor. Não se ignora que, antes desse fatídico dia, o autor havia sido descortês com o réu, mas sua atitude não passou de um comportamento reprovável do ponto de vista da etiqueta social, quando muito um ato injurioso, inexistindo nos autos registro de conduta pretérita que permitisse ao réu supor que o autor pudesse adotar qualquer atitude tendente à violência física. Não bastasse isso, as partes se encontravam no interior de um posto bancário, sendo certo que naquele momento estavam no local outras pessoas, ou seja, um ambiente tranquilo e cordial, nada ou pouco propício a levantar a suspeita de um possível ataque físico.
3. Tendo o réu incorrido em equívoco na interpretação da realidade objetiva que o cercava, supondo existir uma situação de perigo que, aos olhos do homem-médio, se mostra totalmente descabida, sua conduta caracterizou legítima defesa putativa, a qual não exclui a responsabilidade civil decorrente do ato ilícito praticado.
4. A legítima defesa real, prevista no art. 25 do CP, possui como pressupostos objetivos não apenas a existência de agressão injusta, mas moderação no uso dos meios necessários para afastá-la.
5. Na concorrência de culpas, a indenização da vítima será fixada tendo-se em conta a gravidade de sua culpa, em confronto com a do autor do dano, nos termos do art. 945 do CC/2002.
6. Recurso especial provido (STJ, 3.ª Turma, REsp 1119886/RJ, Rel. Min. Sidnei Beneti, Rel. p/ Acórdão Min. Nancy Andrighi, j. 06.10.2011, *DJe* 28.02.2011).

reparar um dano, em atenção ao princípio da solidariedade (CF, art. 3.º, I) e à função social da responsabilidade civil[197].

Poderá, bem de ver, ser declarada, excepcionalmente, a vítima a única responsável pela existência do dano, diante de sua conduta culposa e, por outro lado, irrelevante para o prejuízo a ação ou omissão do autor do dano, o que ensejaria até mesmo a ruptura do nexo de causalidade.

Art. 946. Se a obrigação for indeterminada, e não houver na lei ou no contrato disposição fixando a indenização devida pelo inadimplente, apurar-se-á o valor das perdas e danos na forma que a lei processual determinar[198].

Direito anterior: Correspondência parcial com o art. 1.553 do CC/1916.

COMENTÁRIOS

A obrigação será líquida quando determinada com relação ao objeto e certa quanto à sua existência. O artigo em análise versa sobre obrigação indeterminada, ilíquida, ou seja, situação em que é indispensável a liquidação do valor, diante da inexistência de sua definição na lei ou por convenção entre as partes. Há definição na lei quando ela estabelece o critério de fixação do montante indenizatório, como na hipótese de cobrança indevida (CC, art. 940). Existe definição no contrato quando as partes acordam a respeito de cláusula penal compensatória, nos termos do art. 408 e seguintes do Código Civil, quando o valor é

---

[197] A responsabilidade civil não mais possui apenas a função reparatória, mesmo porque há danos de tamanha complexidade, extensão e gravidade que a simples reparação, em alguns casos, se torna inócua, por exemplo, os danos ambientais, à saúde, entre outros. Por esse motivo, como sucede em todas as áreas do direito privado, há o que se denomina função social da responsabilidade civil, que consiste, além da reparação adequada, proporcional, mediante uma justa indenização, a prevenção de danos que, na realidade, tem como finalidade evitar, inibir o evento danoso. É o que preconiza, como vimos, o princípio *neminem laedere*.

[198] Não há dispositivo correspondente no CC/1916.

predeterminado pelos contraentes, o que torna a indenização líquida ou determinada.

Se ilíquida, a obrigação dependerá de prévia apuração da indenização, em razão da incerteza do valor, o que resultará na liquidação prevista nos arts. 475-A e s. do Código de Processo Civil (redação dada pela Lei 11.232, de 22.12.2005).

Art. 947. Se o devedor não puder cumprir a prestação na espécie ajustada, substituir-se-á pelo seu valor, em moeda corrente[199].

Direito anterior: Art. 1.534. Se o devedor não puder cumprir a prestação na espécie ajustada, substituir-se-á pelo seu valor, em moeda corrente, no lugar onde se execute a obrigação.

COMENTÁRIOS

A reparação do dano pode se dar com o restabelecimento ao estado anterior, isto é, com a entrega do próprio objeto ou da mesma espécie, em substituição àquele que deteriorou ou não mais existe. Nesta hipótese ter-se-á o que se denomina reparação natural.

Contudo, se houver impossibilidade da restituição ao *statu quo ante*, a reparação será pecuniária ou indenizatória, com a conversão da obrigação ao pagamento, pelo lesante, de um valor, em dinheiro, previsto na lei, no contrato ou por meio de arbitramento judicial.

Art. 948. No caso de homicídio, a indenização consiste, sem excluir outras reparações:

I – no pagamento das despesas com o tratamento da vítima, seu funeral e o luto da família;

---

[199] CC/1916, art. 1.534, com correspondência textual parcial.

II – na prestação de alimentos às pessoas a quem o morto os devia, levando-se em conta a duração provável da vida da vítima[200-201].

Direito anterior: Art. 1.537. A indenização, no caso de homicídio, consiste:
    I. No pagamento das despesas com o tratamento da vítima, seu funeral e o luto da família.
    II. Na prestação de alimentos às pessoas a quem o defunto os devia.

COMENTÁRIOS

A indenização, em caso de homicídio, será pleiteada pelas pessoas atingidas diretamente pela morte da vítima. Cabe, assim, a análise, em um primeiro momento, de quais valores podem ser pleiteados, a título de reparação e, em segundo lugar, quais as pessoas aptas a receberem a indenização.

No tocante aos danos materiais, o artigo fixou as indenizações, em *numerus apertus*, da seguinte forma: reparação das despesas com tratamento da vítima, funeral e luto da família; e prestação de alimentos às pessoas a quem o morto teria de prestá-los se o dano morte não tivesse acontecido (inciso I).

No *caput* desse dispositivo o legislador estabelece a sua extensão, ao asseverar que a indenização se dará sem excluir outras reparações. Destarte, todas as despesas suportadas, tais como honorários médicos, exames, hospital, despesas hospitalares, cirurgias, medicamentos, próteses, transferência do corpo para o local do sepultamento, pensiona-

---

[200] CC/1916, art. 1.537, com correspondência textual parcial.
[201] Súmulas do STF e STJ:
STF n. 491: "É indenizável o acidente que cause a morte de filho menor, ainda que não exerça trabalho remunerado".
STF n. 490: "A pensão correspondente à indenização oriunda de responsabilidade civil deve ser calculada com base no salário mínimo vigente ao tempo da sentença e ajustar-se-á às variações ulteriores".
STF n. 49: "A cláusula de inalienabilidade inclui a incomunicabilidade dos bens".
STJ n. 37: "São cumuláveis as indenizações por dano material e dano moral oriundos do mesmo fato".

mentos ou outras rendas e valores sobre os quais *de cujus* teria direito, entre outras.

O inciso II desse artigo trata da prestação alimentícia às pessoas a quem o falecido devia, fixando, ainda, o tempo dessa prestação condicionado ao provável tempo de vida da vítima. A jurisprudência fixa há muito tempo a mesma expectativa de vida: 65 anos de idade[202]. Contudo, para este cálculo deve-se verificar a expectativa de vida do brasileiro que, segundo o IBGE, atualmente é de 74,1 anos. Esse cálculo é realizado se se tratar de maior de idade, com a comprovação de que a vítima era responsável pela manutenção da família[203]. Na hipótese de famílias de baixa renda, o STJ tem entendimento pacífico de que é legítima a presunção de que há ajuda mútua entre os integrantes dessas famílias, mesmo que não comprovada a atividade laboral, o que resulta no pagamento de indenização pelo ofensor[204].

No caso de morte de filho menor, os tribunais têm seguido o entendimento de que há presunção de auxílio econômico futuro[205]. Atualmente o critério adotado tem sido o de que a pensão paga aos pais seria de 2/3 do salário mínimo até a idade em que a vítima completasse 25 anos, idade em que o menor constituiria sua própria família, e 1/3 do salário mínimo até a idade em que completaria 65 anos[206].

Se o beneficiário da pensão, em razão da morte do genitor, for filho menor, a exegese do art. 948, II do Código Civil, no Superior Tribunal

---

[202] No AgRg no Ag 1132842/RS, o STJ, por meio de sua 4.ª Turma, tendo como Relator o Ministro Luís Felipe Salomão, em 12.06.2012, publicado no *DJe* em 20.06.2012, no item "4" da Ementa, decidiu: "O STJ sedimentou o entendimento de que, como regra, a pensão mensal devida aos pais, pela morte do filho, deve ser estimada em 2/3 do salário mínimo até os 25 anos de idade da vítima e, após, reduzida para 1/3, haja vista a presunção de que o empregado constituiria seu próprio núcleo familiar, até a data em que *de cujus* completaria 65 anos. Precedentes". No mesmo sentido: REsp 1051370/ES, 2.ª Turma, Rel. Min. Mauro Campbell Marques, j. 16.12.2010, *DJe* 08.02.2011.

[203] STJ, 2.ª Turma, REsp 704612/SP, Rel. Min. Herman Benjamin, j. 23.04.2009, *DJe* 19.05.2009.

[204] STJ, 2.ª Turma, REsp 1258756/RS, Rel. Min. Mauro Campbell Marques, j. 22.05.2012, *DJe* 29.05.2012.

[205] STF, Súmula 491: "É indenizável o acidente que cause a morte de filho menor, ainda que não exerça trabalho remunerado".

[206] STJ, 3.ª Turma, AgRg no REsp 686398/MG, Rel. Min. Nancy Andrighi, j. 08.06.2010, *DJe* 18.06.2010.

de Justiça, é a de que ela é devida até a idade em que ele complete 25 anos, data em que, supostamente, teria concluído sua formação[207].

Esse critério é adotado há décadas pelos nossos tribunais, com a finalidade de limitar o tempo de pagamento da pensão, argumento, sem dúvida, aceitável. Contudo, grandes transformações no âmbito social, familiar e econômico têm sucedido, o que deveria causar, como consectário, mudanças nos critérios balizadores relativos ao tempo das pensões por morte. A formação de uma pessoa, nos estudos ou na vida profissional, ocorre mais tarde do que sucedia há algumas décadas, diante da necessidade imposta pelo mercado de aperfeiçoamento educacional ou técnico. Da mesma forma, a idade que se contrai casamento vem se alterando para os homens (29 anos de idade) e para as mulheres (26 anos de idade)[208], outro critério adotado que indica o início de um novo núcleo familiar.

Sendo assim, também o tempo de pensão deve ser fixado até a idade em que o menor completasse 30 anos de idade, sob pena de se utilizar um critério baseado em dados ultrapassados e desconectados com a realidade. Com o aumento da expectativa de vida do brasileiro de 65 anos de idade para 74,1, há evidente alteração na fixação do tempo de pensão que deveria ser observado. Por isso, no caso de morte de filho menor, o critério deveria ser a fixação do valor da pensão, aos pais, em um percentual de 2/3 até a idade em que o falecido completasse 30 anos e idade e 1/3 até os 70 anos de idade. O STJ tem flexibilizado esse critério[209] e já decidiu que a expectativa de vida deveria ser aumentada para 70 anos.

---

[207] STJ, 1.ª Turma, REsp 1095309/AM, Rel. Min. Luiz Fux, j. 12.05.2009, DJe 01.06.2009.

[208] Fonte: IBGE (2010).

[209] Administrativo. Responsabilidade civil do Estado. Indenização. Dano moral. Revisão. Súmula 7/STJ. Juros moratórios. Termo final. Pensão por morte. Expectativa de vida da vítima. Idade do filho. 1. Cuida-se de Ação de Reparação de Danos Materiais e Morais contra o Estado do Rio de Janeiro, em decorrência do óbito de motorista, após colidir o veículo com viatura da Polícia Militar conduzida por agente estadual no exercício da função. 2. Hipótese em que o Tribunal de origem fixou indenização por danos morais à viúva e ao filho da vítima no valor de R$ 100.000,00 (cem mil reais), montante que o recorrente entende excessivo. 3. A jurisprudência do STJ é pacífica no sentido de que somente em casos excepcionais é possível rever o valor da indenização, quando exorbitante ou insignificante a importância arbitrada, em flagrante violação dos Princípios da Razoabilidade e da Proporcionalidade, o que, in casu, não se configura. 4. É entendimento assente neste Tribunal Superior que os juros relativos ao período da mora anterior

Para a garantia do pagamento da indenização periódica ao beneficiário ou beneficiários dessa pensão, e com a intenção de protegê-los, nossa lei civil adjetiva, em seu art. 475-Q, institui a constituição de um capital, cuja renda assegure o seu efetivo cumprimento, capital esse consistente de bens imóveis, títulos da dívida pública ou aplicações financeiras em banco oficial, que será inalienável e impenhorável enquanto durar a obrigação do devedor, facultando ao magistrado a substituição da constituição do capital pela inclusão do beneficiário da prestação em folha de pagamento de entidade de direito público ou de empresa de direito privado de notória capacidade econômica, ou, a pedido do devedor, por fiança bancária ou garantia real, em valor que deve ser arbitrado pelo juiz[210].

Além dos danos materiais previstos nesse artigo, cabe a indenização por danos morais, como consequência do homicídio, visto que este viola um dos direitos da personalidade (vida) e traz dor, sofrimento, aos integrantes da família (CC, arts. 186 e 927; CF, arts. 5.º, V, X e LXXV, e 37, § 6.º).

Dúvida pode advir da postulação por danos morais, isto é, a escolha de quais entes familiares teriam direito de afeto entre o falecido e aquele ou aqueles que pleiteiam essa reparação.

à data de vigência do novo Código Civil (10.01.2003) devem ser empregados à taxa de 0,5% ao mês (art. 1.062 do CC/1916), e aos juros referentes ao período posterior aplica-se o disposto no art. 406 da Lei 10.406, de 10.01.2002. 5. Inexistindo recurso dos particulares, mantém-se o acórdão recorrido na parte que fixou em 1% (um por cento) ao mês os juros de mora a partir do advento do novo Código Civil. 6. O critério para determinar o termo final da pensão devida à viúva é a expectativa de vida do falecido. 7. A expectativa de vida não é indicador estanque, pois é calculada tendo em conta, além dos nascimentos e óbitos, o acesso à saúde, à educação, à cultura e ao lazer, bem como a violência, a criminalidade, a poluição e a situação econômica do lugar em questão. 8. Qualquer que seja o critério adotado para a aferição da expectativa de vida, na hipótese de dúvida o juiz deve solucioná-la da maneira mais favorável à vítima e seus sucessores. 9. A idade de 65 anos, como termo final para pagamento de pensão indenizatória, não é absoluta, sendo cabível o estabelecimento de outro limite, conforme o caso concreto. Precedentes do STJ. 10. É possível a utilização dos dados estatísticos divulgados pela Previdência Social, com base nas informações do IBGE, no tocante ao cálculo de sobrevida da população média brasileira. 11. No que respeita ao termo *ad quem* da pensão devida ao filho menor em decorrência da morte do pai, é pacífico no Superior Tribunal de Justiça que deve alcançar a idade em que os beneficiários completem vinte e cinco anos de idade, quando se presume terem concluído sua formação, incluindo-se a universidade. Incidência da Súmula 83/STJ. 12. Recurso especial não provido (STJ, 2.ª Turma, REsp 1027318/RJ, Rel. Min. Nancy Andrighi, j. 07.05.2009, *DJe* 31.08.2009).

[210] V. Arruda Alvim, Araken de Assis e Eduardo Arruda Alvim, ob. cit., p. 1280-1281.

No tocante às pessoas que podem pleitear a indenização, sem dúvida alguma o cônjuge, o companheiro ou convivente, incluída a relação homoafetiva, os genitores e os filhos. Têm eles legitimidade para o pleito indenizatório por danos morais em razão do vínculo afetivo, cuja presunção é evidente e independe de prova. O fato de existir distância territorial ou desentendimentos entre os entes familiares não afasta o pleito indenizatório.

As vicissitudes da vida que causam, muitas vezes, um distanciamento físico ou aparentemente afetivo entre os membros de uma família não têm o condão de obstar a indenização.

No que concerne aos colaterais em segundo grau, há julgados que admitem a extensão dos danos a esse grau de parentesco, visto que, muitas vezes, esse dano (homicídio) atinge de maneira mais direta e forte os irmãos[211]. Dependendo da situação, podem ser incluídos nesse rol o padrasto e a madrasta, haja vista que há muito as relações familiares têm como centro a afetividade. Não existe uma ordem preestabelecida a respeito de quais pessoas podem ou não pleitear essa reparação. Há situações em que esse dano atinge, *v.g.*, o tio (colateral em 3.º grau), único parente que vivia com a vítima. Sendo assim, é indispensável a análise do caso concreto para se verificar que pessoas seriam atingidas pela lesão.

Há julgado que segue na direção de que o espírito do nosso ordenamento jurídico repele a legitimação para se pleitear a indenização por danos morais em caso de homicídio para aqueles que não integram a família e não se inserem, sequer hipoteticamente, na condição de herdeiro, como é o caso do pleito de noivo da falecida, mesmo porque no caso julgado essa reparação já havia sido requerida pelos pais da vítima. Ainda nesse mesmo aresto decidiu-se que ficam expressamente ressalvadas eventuais particularidades de casos concretos, tais como a

---

[211] Eis parte da Ementa: "A jurisprudência do STJ indica que as hipóteses de morte, em especial de filho, vêm sendo compensadas com o valor de até 500 salários mínimos para cada familiar afetado. Precedentes. Considerando as peculiaridades da hipótese sob análise, é razoável a fixação de quantia equivalente a aproximadamente R$ 190.000,00 (cento e noventa mil reais) como apta a compensar os danos morais causados a cada um dos três autores (pais e irmão da vítima) pelo acidente aéreo em questão" (STJ, 3.ª Turma, REsp 1137708/RJ, Rel. Min. Nancy Andrighi, j. 13.10.2009, *DJe* 06.11.2009).

legitimação para se postular a indenização pelo sobrinho e pela sogra da vítima[212].

Por outro lado, não teria sentido algum a extensão desse benefício a muitas pessoas, mesmo porque a reparação seria ínfima se dividida entre muitos, diante da diluição do valor, comprometendo aqueles que efetivamente fazem jus ao recebimento, ou traria um dever ilimitado de reparação ao ofensor e desproporcional ao ato causador.

Art. 949. No caso de lesão ou outra ofensa à saúde, o ofensor indenizará o ofendido das despesas do tratamento e dos lucros cessantes até ao fim da convalescença, além de algum outro prejuízo que o ofendido prove haver sofrido[213-214].

Direito anterior: Art. 1.538. No caso de ferimento ou outra ofensa à saúde, indenizará o ofensor ao ofendido as despesas do tratamento e os lucros cessantes até ao fim da convalescença, além de lhe pagar a importância da multa no grão médio da pena criminal correspondente.

§ 1.º Esta soma será duplicada, se do ferimento resultar aleijão ou deformidade.

§ 2.º Se o ofendido, aleijão ou deformado, for mulher solteira ou viúva, ainda capaz de casar, a indenização consistirá em dotá-la, segundo as posses do ofensor, as circunstâncias do ofendido e a gravidade do defeito.

COMENTÁRIOS

A lesão à saúde de outrem, o que compreende a integridade física e psíquica, obriga o ofensor a reparar os prejuízos materiais, tais como tratamento de honorários médicos, cirurgias, fisioterapia, gastos hospi-

---

[212] STJ, 4.ª Turma, REsp 1076160/AM, Rel. Min. Luís Felipe Salomão, j. 10.04.2012, *DJe* 21.06.2012.
[213] CC/1916, art. 1.538, com correspondência textual parcial.
[214] Enunciados das Jornadas de Direito Civil:
n. 192 – Arts. 949 e 950: Os danos oriundos das situações previstas nos arts. 949 e 950 do Código Civil de 2002 devem ser analisados em conjunto, para o efeito de atribuir indenização por perdas e danos materiais, cumulada com dano moral e estético.

talares, tratamento psicológico e psiquiátrico etc., incluindo os lucros cessantes (v. comentários ao art. 927, item "4"), isto é, o que a vítima deixou de ganhar em razão do exercício de sua atividade, até o final da convalescença[215].

Esse dispositivo contempla, ainda, a reparação de outros prejuízos suportados pela vítima, desde que haja a devida comprovação.

Além dos danos materiais (danos emergentes e lucros cessantes), a lesão à integridade física e mental de uma pessoa possibilita ao lesado a indenização por danos morais, por menor que seja o dano[216]. Essas lesões independem, em regra, de prova, pois há presunção de que a violação a um direito da personalidade, no presente caso, integridade física e psíquica, que causa ofensa à dignidade da pessoa humana, tenha como consectário lógico um prejuízo moral. É o caso de lesão corporal, em que a prova do dano moral advém do próprio fato, diante de presunção lógica.

No entanto, o Superior Tribunal de Justiça tem especificado em quais situações o dano moral pode ser presumido, excluindo a hipótese de lesão à saúde. Tem, assim, admitido essa Corte o dano moral *in re ipsa*, ou seja, o dano que se prova pela força dos próprios fatos, nos casos de cadastro de inadimplentes, responsabilidade bancária, atraso de voo, diploma sem reconhecimento, equívoco administrativo e credibilidade desviada[217].

Se da lesão resultarem danos estéticos (*ob deformitatem*), ou seja, "a modificação duradoura ou permanente na aparência externa de uma pessoa, modificação esta que lhe acarreta um 'enfeamento' e lhe causa humilhações e desgostos, dando origem portanto a uma dor moral", consoante definição de Teresa Ancona Lopez[218], haverá cumulação

---

[215] V. Rogério Donnini. Lesão à saúde. *Revista Brasileira de Direito Civil Constitucional e Relações de Consumo*, São Paulo: Fiuza, n. 3, p. 17-32, jul.-set. de 2009, coord. Rogério Donnini e Celso Antonio Pacheco Fiorillo.

[216] STJ, 3.ª Turma, REsp 569351/MG, Rel. Min. Carlos Alberto Menezes Direito, j. 07.12.2004, *DJ* 04.04.2005.

[217] STJ, REsp 786239/SP, Ag 1295732/SP, REsp 1087487/MA, REsp 299532/SP, Ag 1410645/BA, REsp 631204/RS, REsp 608918/RS, REsp 1020936/ES.

[218] *O dano estético*: responsabilidade civil. 2. ed. São Paulo: RT, 1999. p. 38. Maria Helena Diniz, ob. cit., p. 98, define dano estético da seguinte forma: "é toda alteração morfológica do indivíduo, que, além do aleijão, abrange as deformidades ou deformações, marcas e defeitos, ainda

de danos para efeito de indenização. No STJ a Súmula 387 permite a cumulação do dano moral com o estético. Há julgados dessa Corte que, com precisão, consideram o dano estético autônomo da aflição de ordem psíquica.

Portanto, de uma lesão à saúde podem advir danos materiais, morais e estéticos.

Art. 950. Se da ofensa resultar defeito pelo qual o ofendido não possa exercer o seu ofício ou profissão, ou se lhe diminua a capacidade de trabalho, a indenização, além das despesas do tratamento e lucros cessantes até ao fim da convalescença, incluirá pensão correspondente à importância do trabalho para que se inabilitou, ou da depreciação que ele sofreu.

Parágrafo único. O prejudicado, se preferir, poderá exigir que a indenização seja arbitrada e paga de uma só vez[219-220].

---

que mínimos, e que impliquem sob qualquer aspecto um afeiamento da vítima, consistindo numa simples lesão desgostante ou num permanente motivo de exposição ao ridículo ou de complexo de inferioridade, exercendo ou não influência sobre sua capacidade laborativa".

[219] CC/1916, art. 1.539, com correspondência textual parcial.
[220] Enunciados das Jornadas de Direito Civil:
n. 48 – Art. 950, parágrafo único: O parágrafo único do art. 950 do novo Código Civil institui direito potestativo do lesado para exigir pagamento da indenização de uma só vez, mediante arbitramento do valor pelo juiz, atendidos os arts. 944 e 945 e a possibilidade econômica do ofensor.
n. 192 – Arts. 949 e 950: Os danos oriundos das situações previstas nos arts. 949 e 950 do Código Civil de 2002 devem ser analisados em conjunto, para o efeito de atribuir indenização por perdas e danos materiais, cumulada com dano moral e estético.
n. 381 – Art. 950, parágrafo único: O lesado pode exigir que a indenização sob a forma de pensionamento seja arbitrada e paga de uma só vez, salvo impossibilidade econômica do devedor, caso em que o juiz poderá fixar outra forma de pagamento, atendendo à condição financeira do ofensor e aos benefícios resultantes do pagamento antecipado.
Súmulas do STF e STJ
STF n. 490: "A pensão correspondente à indenização oriunda de responsabilidade civil deve ser calculada com base no salário mínimo vigente ao tempo da sentença e ajustar-se-á às variações ulteriores".
STJ n. 313: "Em ação de indenização, procedente o pedido, é necessária a constituição de capital ou caução fidejussória para a garantia de pagamento da pensão, independentemente da situação financeira do demandado".

Direito anterior: Art. 1.539. Se da ofensa resultar defeito, pelo qual o ofendido não possa exercer o seu ofício ou profissão, ou se lhe diminua o valor do trabalho, a indenização, além das despesas do tratamento e lucros cessantes até ao fim da convalescença, incluirá uma pensão correspondente à importância do trabalho, para que se inabilitou, ou da depreciação que ele sofreu.

COMENTÁRIOS

Este dispositivo regula a hipótese de perda ou diminuição da capacidade laborativa da vítima, em razão do dano sofrido. Como já dissemos, esse efeito pelo qual a vítima não pode mais exercer seu ofício ou profissão ou a diminuição de sua capacidade de trabalho pode decorrer de dano físico ou psíquico comprovados. A indenização a ser paga pelo ofensor abarca as despesas do tratamento e lucros cessantes até o final da convalescença, além de uma pensão arbitrada pelo juiz relativa à inabilitação ao trabalho ou a diminuição da capacidade laboral da vítima.

No primeiro caso (perda da capacidade de trabalho), a indenização deverá ser equivalente ao que a vítima percebia mensalmente em sua atividade. No segundo caso (diminuição da capacidade de trabalho), o ofendido deverá receber uma pensão que corresponderá à diferença entre o que percebia e o que passou a receber, em razão do evento danoso.

Se o lesado preferir e o ofensor tiver capacidade econômica para tanto, a indenização poderá ser arbitrada e paga de uma só vez.

Para o recebimento da pensão não se faz necessária a perda do emprego, como na hipótese de funcionário público, ou a redução dos vencimentos da vítima, pois o dever de indenizar decorre exclusivamente da perda da capacidade laborativa[221], uma vez que a indenização de cunho civil não se confunde com aquela de natureza previdenciária.

Nada obsta que, além da indenização consistente dos danos emergentes, lucros cessantes e uma pensão que decorre da diminuição ou perda da capacidade laboral, verbas essas de natureza patrimonial, haja a fixação dos danos morais, a exemplo do que sucede no artigo antecedente.

---

[221] STJ, 3.ª Turma, REsp 1062692/RJ, Min. Rel. Nancy Andrighi, j. 04.10.2011, *DJe* 11.10.2011.

A pensão a que se refere o artigo em exame é vitalícia, mesmo que o lesado não exercesse, à época do evento danoso, atividade remunerada[222].

A forma para o pagamento da pensão é a do art. 475-Q do Código de Processo Civil, que determina a constituição de capital, cuja renda garanta o pagamento do valor mensal da pensão. Reza, ainda, que o capital poderá ser representado por imóveis, títulos da dívida pública ou aplicações financeiras em banco oficial, capital esse que será inalienável e impenhorável enquanto persistir a obrigação do devedor. Existe, é bem de ver, a possibilidade de substituição dessa constituição de capital pela inclusão do beneficiário em folha de pagamento de entidade de direito público ou privado, desde que haja capacidade econômica notória desta. Na hipótese de requerimento do devedor, poderá ser oferecida fiança bancária ou garantia real, em valor arbitrado pelo juiz[223].

Art. 951. O disposto nos arts. 948, 949 e 950 aplica-se ainda no caso de indenização devida por aquele que, no exercício de atividade profissional, por negligência, imprudência ou imperícia, causar a morte do paciente, agravar-lhe o mal, causar-lhe lesão, ou inabilitá-lo para o trabalho[224-225].

Direito anterior: Art. 1.545. Os médicos, cirurgiões, farmacêuticos, parteiras e dentistas são obrigados a satisfazer o dano, sempre que da imprudência, negligência, ou imperícia, em atos profissionais, resultar morte, inabilitarão de servir, ou ferimento.

---

[222] STJ, 4.ª Turma, REsp 711720/SP, Rel. Min. Aldir Passarinho Junior, j. 24.11.2009, *DJe* 18.12.2009.
[223] V. Arruda Alvim, Araken de Assis e Eduardo Arruda Alvim, ob. cit., p. 793-741.
[224] CC/1916, art. 1.545, com correspondência textual parcial.
[225] Enunciados das Jornadas de Direito Civil:
n. 460 – Art. 951: A responsabilidade subjetiva do profissional da área da saúde, nos termos do art. 951 do Código Civil e do art. 14, § 4.º, do Código de Defesa do Consumidor, não afasta a sua responsabilidade objetiva pelo fato da coisa da qual tem a guarda, em caso de uso de aparelhos ou instrumentos que, por eventual disfunção, venham a causar danos a pacientes, sem prejuízo do direito regressivo do profissional em relação ao fornecedor do aparelho e sem prejuízo da ação direta do paciente, na condição de consumidor, contra tal fornecedor.

COMENTÁRIOS

Esse artigo amplia as hipóteses constantes do art. 1.545 do Código Civil de 1916 (médicos, cirurgiões, farmacêuticos, parteiras e dentistas), ao incluir todas as pessoas que, em sua atividade profissional, venham a causar danos aos pacientes. Além das pessoas constantes do rol no código anterior, o bioquímico, o fisioterapeuta, o enfermeiro, entre outros, integram o grupo de responsáveis por lesão a paciente.

Trata-se de responsabilidade contratual, que pode ser de meio ou de resultado. Normalmente, a atividade das pessoas da área da saúde assume, em relação aos pacientes, uma obrigação de meio, ou seja, há o dever de tratá-los adequadamente, seguindo as normas profissionais, e não a obrigação de curá-los. Devem, portanto, os profissionais de saúde agir de forma diligente, zelosa, cuidadosa, com a utilização da técnica mais adequada e qualificada, envidando todos os esforços para a obtenção do objetivo traçado, além do dever de informação ao paciente.

Na obrigação de resultado, *v.g.*, na cirurgia plástica meramente estética e não corretiva[226], na realização de exame laboratorial ou ainda em tratamentos ortodônticos, se a finalidade não for obtida, caberá indenização, desde que evidente a imperfeição[227].

Existem situações em que a cirurgia plástica possui uma obrigação de meio e de resultado, tratando-se de cirurgia corretiva (terapêutica) e embelezadora, considerada, assim, uma cirurgia mista, de natureza obrigacional mista. Portanto, nesses casos há que se analisar a responsabilidade do médico em cada uma das intervenções, inexistindo, assim, uma única obrigação de resultado, mas ambas[228].

Dessa forma, o profissional da saúde que cause ao paciente um dano patrimonial ou extrapatrimonial decorrente de sua atividade profissional, resultando no agravamento do problema de saúde, lesão corporal, inabilitação parcial ou total ao trabalho, morte ou qualquer outra

---

[226] STJ, 4.ª Turma, REsp 236708/MG, Rel. Min. Carlos Fernando Mathias, j. 10.02.2009, *DJe* 18.05.2009.

[227] STJ, 4.ª Turma, REsp 1238746/MS, Rel. Min. Luís Felipe Salomão, j. 18.11.2011, *DJe* 24.11.2011.

[228] STJ, 4.ª Turma, REsp 819008/PR, Rel. Min. Raul Araújo, j. 04.10.2012, *DJe* 29.10.2012.

lesão comprovada, seja ela física ou psíquica, diante de negligência, imperícia ou imprudência, deve indenizar a vítima.

A responsabilidade dessas pessoas é subjetiva, pois é mister a prova da culpa para que haja a devida reparação dos danos. Todavia, o dispositivo *sub examine* deve ser interpretado com o art. 14, § 4.º, do Código de Defesa do Consumidor. Destarte, o fato de a responsabilidade desses profissionais ser subjetiva não afasta a responsabilidade objetiva do hospital. Enquanto este fornece centro cirúrgico, equipe técnica, medicamentos e hotelaria, serviços esses que devem ser adequados, além de se responsabilizar pela qualidade dos profissionais que selecionou para essa atividade. Responde, portanto, o hospital objetivamente se seus serviços forem inaptos e causarem dano ao paciente consumidor, bem como responde também objetivamente se o médico ou qualquer outro profissional da saúde que lá atue agir culposamente e lesar o paciente. Apenas se demonstrada a culpa do profissional para que haja a responsabilização objetiva do hospital[229].

Questão importante a ser analisada na hipótese de dano causado pelo profissional da saúde diz respeito à prova da culpa, que é direcionada, normalmente, à vítima, nas relações de Direito Civil. Entretanto, por se tratar de relação de consumo, tem aplicação o art. 6.º, VIII, do Código de Defesa do Consumidor, o que permite a inversão do ônus da prova, devendo, assim, o profissional provar que sua conduta foi correta, adequada, pertinente. Isso possibilita ao ofendido uma proteção indispensável nessa árdua tarefa na demonstração da negligência, imprudência ou imperícia, diante da dificuldade técnica na obtenção da prova da culpa[230].

Art. 952. Havendo usurpação ou esbulho do alheio, além da restituição da coisa, a indenização consistirá em pagar o valor das suas deteriorações e o devido a título de lucros cessan-

---

[229] STJ, 3.ª Turma, REsp 1216424/MT, Rel. Min. Nancy Andrighi, j. 09.08.2011, *DJe* 19.08.2011.
[230] STJ, 4.ª Turma, REsp 1145728/MG, Rel. Min. João Otávio de Noronha, j. 28.06.2011, *DJe* 08.09.2011.

tes; faltando a coisa, dever-se-á reembolsar o seu equivalente ao prejudicado[231].

Parágrafo único. Para se restituir o equivalente, quando não exista a própria coisa, estimar-se-á ela pelo seu preço ordinário e pelo de afeição, contanto que este não se avantaje àquele[232].

Direito anterior: Art. 1.541. Havendo usurpação ou esbulho do alheio, a indenização consistirá em se restituir a coisa, mais o valor das suas deteriorações, ou, faltando ela, em se embolsar o seu equivalente ao prejudicado (art. 1.543).

Art. 1.543. Para se restituir o equivalente, quando não exista a própria coisa (art. 1.544), estimar-se-á ela pelo seu preço ordinário e pelo de afeição, contanto que este não se avantaje àquele.

COMENTÁRIOS

Usurpar significa apropriar-se injustamente de algo. Assim, aquele que, de forma ilegal, mediante fraude ou com violência, se apodera de uma coisa pertencente a outrem, ou esbulha o alheio, apossando-se do bem e, como consectário, privando o seu titular de seu exercício, deverá restituir a coisa e pagar, ainda, o valor de sua deterioração, além dos lucros cessantes.

Nesse caso haverá a devolução *in natura* da coisa, diante de sua existência, embora possa estar deteriorada, o que ensejará a fixação de uma indenização por perdas e danos[233].

---

[231] CC/1916, art. 1.541, com correspondência textual parcial.
[232] CC/1916, art. 1.543, com correspondência textual parcial.
[233] Ementa: Reintegração de posse. Composse. Imóvel indiviso. Esbulho. Perdas e danos. 1. A composse consiste no exercício simultâneo de direitos inerentes ao domínio por mais de um possuidor. 2. Havendo composse de imóvel indiviso, torna-se legítima a utilização integral da coisa por todos os compossuidores, desde que a posse de um não exclua a dos demais. Nessa situação, o esbulho somente se configura quando um dos compossuidores impede o exercício da posse pelos outros. 3. Não provado o esbulho, impõe-se a improcedência do pleito possessório. 4. O êxito da pretensão de condenação ao pagamento da indenização prevista no artigo 952 do Código Civil demanda o reconhecimento do ilícito, consistente no ato de "usurpação ou esbulho do alheio" (TJMG, Apelação Cível 1.0205.05.000907-0/001, de Cristina, Rel. Des. Wagner Wilson, j. 11.03.2009).

No que concerne aos lucros cessantes, o dispositivo em comento os acrescentou ao artigo similar constante do Código de 1916 (art. 1.541), em evidente aperfeiçoamento à redação anterior.

Há casos, no entanto, em que a coisa não mais existe, quando ocorre a perda do bem. Se isso suceder, a reparação será a indenizatória ou pecuniária, em virtude da inexistência da coisa[234].

O parágrafo único deste artigo tem por finalidade a estipulação do equivalente a ser pago pelo esbulhador pela perda da coisa. Estabelece, portanto, o seguinte critério: o preço ordinário da coisa e o preço de afeição. O primeiro refere-se ao valor patrimonial do bem, seu preço de mercado. O segundo dispõe acerca do valor sentimental da coisa para o lesado, consistente no dano moral por ele suportado com a falta do bem.

Na parte final do parágrafo único há a limitação do dano moral pela perda da coisa ao seu valor patrimonial, vale dizer, o legislador estipulou um teto máximo para a fixação do dano de afeição correspondente ao seu valor patrimonial. A indenização a ser recebida pelo esbulhado, portanto, não pode ser superior ao dobro de seu valor patrimonial, além dos lucros cessantes.

Contudo, essa limitação na estipulação dos danos morais encontra óbice no próprio sistema de Direito Civil, que prevê a ampla reparação aos danos materiais e morais, conforme estatuem os arts. 927 e 986 de nossa lei civil substantiva. Se não bastasse o confronto com outros dispositivos do Código Civil, essa limitação aos danos morais encontra óbice no art. 5.º, V e X, da Constituição Federal.

Não tem, portanto, sentido algum essa restrição ao valor dos danos morais (de afeição), mesmo porque há bens cujo valor de mercado é ínfimo e de grande valor de afeição, relacionados, muitas vezes, a fatos passados marcantes e de grande significado na existência de uma pessoa.

Sendo assim, essa limitação aos danos morais é flagrantemente inconstitucional, pelas violações aos dispositivos mencionados, haja vista que qualquer limitação prévia ao valor indenizatório a título de danos morais é vedada.

---

[234] Silvio Rodrigues, ob. cit., p. 246.

Art. 953. A indenização por injúria, difamação ou calúnia consistirá na reparação do dano que delas resulte ao ofendido.
Parágrafo único. Se o ofendido não puder provar prejuízo material, caberá ao juiz fixar, equitativamente, o valor da indenização, na conformidade das circunstâncias do caso[235].

Direito anterior: Art. 1547. A indenização por injúria ou calúnia consistirá na reparação do dano que delas resulte ao ofendido.
Parágrafo único. Se este não puder provar prejuízo material, pagar-lhe-á o ofensor o dobro da multa no grão máximo da pena criminal respectiva (art. 1.550).

COMENTÁRIOS

A ofensa à honra, além de previsão no Código Penal (arts. 138 a 140), proporciona a reparação dos danos na esfera do Direito Civil. Há três hipóteses de violação à honra: calúnia, difamação e injúria. Calúnia é a falsa imputação de crime feita a outrem; difamação é a atribuição a uma pessoa de fato ofensivo à sua reputação; e injúria a ofensa à dignidade ou decoro de outrem.

Honra, do latim *honore*, é a dignidade de uma pessoa, a virtude de alguém na ótica dos demais. Trata-se de uma das primeiras formas de defesa dos valores da pessoa humana e está diretamente relacionada com os denominados valores morais, que designam o que é virtuoso, honesto, correto, de acordo com os bons costumes.

Adriano De Cupis define a honra como "tanto o valor moral íntimo do homem, como a estima dos outros, ou a consideração social, o bom nome ou a boa fama, como, enfim, o sentimento, ou consciência, da própria dignidade pessoal"[236]. A honra tem, assim, um duplo aspecto: um lado interior, ligado à autoestima, na consideração que tem a pessoa consigo mesma, a consciência de ser digno; e uma vertente

---

[235] CC/1916, art. 1.547, com correspondência textual parcial.
[236] Adriano De Cupis. *Os direitos da personalidade*. Tradução de Adriano Vera Jardim e António Miguel Caeiro. Lisboa: Livraria Morais Editora, 1961. p. 111.

exterior, que representa o apreço e a consideração dos outros para com essa pessoa[237].

A tutela da honra pode ocorrer de duas formas: uma de natureza moral da proteção da pessoa; e outra de aspecto patrimonial, atinente à atividade econômica da pessoa prejudicada. Nada impede que de uma ofensa à honra de alguém decorram indenizações relativas aos danos patrimoniais e extrapatrimoniais.

Dessa forma, ofendida a honra de uma pessoa, o ofensor deverá pagar uma indenização ao ofendido, consistente na reparação dos danos materiais, morais e à imagem[238]. Para tanto, não há necessidade de condenação no âmbito penal para a reparação do dano, pois a responsabilidade civil independe da criminal (v. comentários ao art. 935). Todavia, na hipótese de condenação no crime, o fato se torna indiscutível o dever de indenizar[239], cabendo ao magistrado, na esfera cível, fixar a indenização.

No caso de impossibilidade de prova, pela vítima, dos danos materiais suportados, ou se eles inexistirem, ao juiz será atribuída a fixação, equitativamente, dos danos morais e à imagem, se efetivamente violados esses direitos da personalidade[240].

---

[237] Pontes de Miranda. *Tratado de direito privado*. 2. ed. Rio de Janeiro: Borsoi, 1954. v. 7, p. 46.
[238] Súmula 37 do STJ. CF, art. 5.º, V e X.
[239] CP, art. 91, I.
[240] Recurso especial. Responsabilidade civil. Publicação em revista de circulação nacional vinculando autoridades públicas a suposto esquema de corrupção em Tribunal Superior. Violação do art. 535 do CPC. Inexistência. Súmula n.º 7/STJ. Não cabimento. Veiculação de notícia que, diante da omissão de fatos, veio a atingir a honra de magistrados. Violação do art. 953 do Código Civil. Danos morais. Cabimento. Litigância de má-fé. Multa de 1% sobre o valor da causa. Aplicação.
1. Os embargos de declaração, ainda que para fins de prequestionamento, são cabíveis somente quando há, na decisão impugnada, omissão, contradição ou obscuridade, bem como para corrigir a ocorrência de erro material (REsp 1.062.994/MG, Rel. Min. Nancy Andrighi, *DJe* 26.08.2010, e AgRgREsp 1.206.761/MG, Rel. Min. Hamilton Carvalhido, *DJe* 16.05.2011), hipóteses que não se verificam na espécie.
2. Não há falar, na espécie, no óbice contido na Súmula n.º 7/STJ, porquanto para a resolução da questão, basta a valoração das consequências jurídicas dos fatos incontroversos para a correta interpretação do direito. Precedentes: REsp 296.391/RJ, Rel. Min. Luis Felipe Salomão, *DJe* 6.04.2009, REsp 1.091.842/SP, Rel. Min. Sidnei Beneti, *DJe* 08.09.2009, e REsp 984.803/SP, Rel. Min. Nancy Andrighi.
3. A ofensa ocasionada pela divulgação pela imprensa de um fato revestido, naquele momento, da plena convicção de sua veracidade, após o mínimo cumprimento do dever de apuração e sob a perspectiva de um interesse legítimo, mesmo que posteriormente venha a ser modificado pela

Art. 954. A indenização por ofensa à liberdade pessoal consistirá no pagamento das perdas e danos que sobrevierem ao ofendido, e se este não puder provar prejuízo, tem aplicação o disposto no parágrafo único do artigo antecedente[241].

Parágrafo único. Consideram-se ofensivos da liberdade pessoal:

I – o cárcere privado;
II – a prisão por queixa ou denúncia falsa e de má-fé;
III – a prisão ilegal[242].

Direito anterior: Art. 1.550. A indenização por ofensa à liberdade pessoal consistirá no pagamento das perdas e danos que sobrevierem ao ofendido, e no de uma soma calculada nos termos do parágrafo único do art. 1.547.

Art. 1.551. Consideram-se ofensivos da liberdade pessoal (art. 1.550):
I – O cárcere privado.
II – A prisão por queixa ou denúncia falsa e de má-fé.
III – A prisão ilegal (art. 1.552).

COMENTÁRIOS

Versa este artigo sobre a violação à liberdade física de uma pessoa, ofensa essa que afronta o disposto no art. 5.º, LIV, da Constituição Fe-

---

conclusão das investigações, isenta o seu autor de responsabilização. Inversamente, a imputação de fatos tidos como verdadeiros, porém com a omissão do resultado exculpatório que excluiu os envolvidos de qualquer responsabilidade pelos ilícitos divulgados, assumindo o resultado danoso, implica a responsabilização civil de quem a promover.

4. Consoante a jurisprudência já firmada nesta Corte Superior, se, por um lado, da atividade informativa não são exigidas verdades absolutas, provadas previamente em sede de investigação no âmbito administrativo, policial ou judicial, por outro, não há de se permitir a leviandade, por parte de quem informa, de veicular informações incompletas ou distorcidas dos fatos.

5. "A permissão de publicação de notícia sobre despachos e sentenças de forma resumida ou abreviada (...) não alcança os casos de omissão de fato relevante favorável a pessoa objeto da notícia, indispensável a avaliação ética da sua conduta, tal como a informação da condenação criminal em primeiro grau, sem registrar a existência de acórdão absolutório já transitado em julgado" (REsp 36.493/SP, Rel. Min. Ruy Rosado, *DJ* 18.12.1995) (STJ, 3.ª Turma, REsp 1263973/DF, Rel. Min. Ricardo Villas Bôas Cueva, j. 17.11.2011, *DJe* 29.03.2012).

[241] CC/1916, art. 1.550, com correspondência textual parcial.
[242] CC/1916, art. 1.551, com correspondência textual parcial.

deral (ninguém será privado da liberdade ou de seus bens sem o devido processo legal) e que traz, como consequência, a indenização da vítima. Portanto, uma vez privado alguém de sua liberdade de locomoção, seu direito de ir e vir (CF, art. 5.º, XV), violando, assim, sua liberdade pessoal, indenizará o ofensor a vítima em perdas e danos e, caso não seja passível de comprovação o prejuízo (danos materiais), contempla esse dispositivo a fixação dos danos morais.

Portanto, se demonstrados os danos materiais, caberá indenização. Se estes forem de difícil ou impossível comprovação, serão arbitrados os danos morais, e nada impede que haja a cumulação de danos materiais, morais e à imagem.

A ofensa à liberdade pessoal pode suceder no caso de cárcere privado, isto é, a detenção de alguém realizada mediante o emprego de força e ilegal, impossibilitando a vítima de exercer seu direito de locomoção. A segunda hipótese é a de prisão por queixa ou denúncia falsa e de má-fé, consistente na denunciação caluniosa, ou seja, a queixa ou denúncia realizada contra uma pessoa, imputando-lhe de maneira falsa a prática de um crime.

A última hipótese prevista é a de prisão ilegal, vale dizer, a detenção que não é realizada em flagrante, sem a devida ordem de autoridade competente, por prazo superior ao legalmente permitido, por erro do agente público, entre outras hipóteses. Neste caso, o ofensor é o agente público e o Estado responde objetivamente pelo dano (CF, art. 37, § 6.º). Cabe, todavia, ação regressiva deste contra o ofensor (agente público)[243].

---

[243] Processual civil. Administrativo. Responsabilidade objetiva do Estado. Dano moral. Garantia de respeito à imagem e à honra do cidadão. Indenização cabível. Prisão cautelar. Absolvição. Ilegal cerceamento da liberdade. Prazo excessivo. Afronta ao princípio da dignidade da pessoa humana plasmado na carta constitucional. Manifesta causalidade entre o *faute du service* e o sofrimento e humilhação sofridos pelo réu.
1. A prisão preventiva, mercê de sua legalidade, dês que preenchidos os requisitos legais, revela aspectos da Tutela Antecipatória no campo penal, por isso que, na sua gênese deve conjurar a ideia de arbitrariedade.
2. O cerceamento oficial da liberdade fora dos parâmetros legais, posto o recorrente ter ficado custodiado 741 (setecentos e quarenta e um) dias, lapso temporal amazonicamente superior àquele estabelecido em Lei – 81 (oitenta e um) dias – revela a ilegalidade da prisão.
3. A coerção pessoal que não enseja o dano moral pelo sofrimento causado ao cidadão é aquela que lastreia-se nos parâmetros legais (Precedente: REsp 815004, 1.ª Turma, DJ 16.10.2006).

4. *A contrario sensu*, empreendida a prisão cautelar com excesso expressivo de prazo, ultrapassando o lapso legal em quase um décuplo, restando, após, impronunciado o réu, em manifestação de inexistência de autoria, revela-se inequívoco o direito à percepção do dano moral.
5. A doutrina legal brasileira à época dos fatos assim dispunha: "Código Civil de 1916: Art. 159. Aquele que, por ação ou omissão voluntária, negligência, ou imprudência, violar direito, ou causar prejuízo a outrem fica obrigado a reparar o dano". "Art. 1.550. A indenização por ofensa à liberdade pessoal consistirá no pagamento das perdas e danos que sobrevierem ao ofendido, e no de uma soma calculada nos termos do parágrafo único do art. 1.547. Art. 1.551. Consideram-se ofensivos da liberdade pessoal (art. 1.550): (...) III – a prisão ilegal (art. 1.552). Art. 1.552. No caso do artigo antecedente, no III, só a autoridade, que ordenou a prisão, é obrigada a ressarcir o dano". Por sua vez, afere-se do Código Civil em vigor que: "Art. 186. Aquele que, por ação ou omissão voluntária, negligência ou imprudência, violar direito e causar dano a outrem, ainda que exclusivamente moral, comete ato ilícito". "Art. 954. A indenização por ofensa à liberdade pessoal consistirá no pagamento das perdas e danos que sobrevierem ao ofendido, e se este não puder provar prejuízo, tem aplicação o disposto no parágrafo único do artigo antecedente. Parágrafo único. Consideram-se ofensivos da liberdade pessoal: (...) III – a prisão ilegal." Do Código de Processo Penal: "Art. 630. O Tribunal, se o interessado o requerer, poderá reconhecer o direito a uma justa indenização pelos prejuízos sofridos; § 1.º Por essa indenização, que será liquidada no juízo cível, responderá a União, se a condenação tiver sido proferida pela justiça do Distrito Federal ou de Território, ou o Estado, se o tiver sido pela respectiva justiça. § 2.º A indenização não será devida: a) se o erro ou a injustiça da condenação proceder de ato ou falta imputável ao próprio impetrante, como a confissão ou a ocultação de prova em seu poder; b) se a acusação houver sido meramente privada".
6. O enfoque jurisprudencial do tema restou assentado no REsp 427.560/TO, *DJ* 30.09.2002, Rel. Min. Luiz Fux, *verbis*: "Processo civil. Erro judiciário. Art. 5.º, LXXV, da CF. Prisão processual. Posterior absolvição. Indenização. Danos morais. 1. A prisão por erro judiciário ou permanência do preso por tempo superior ao determinado na sentença, de acordo com o art. 5.º, LXXV, da CF, garante ao cidadão o direito à indenização. 2. Assemelha-se à hipótese de indenizabilidade por erro judiciário, a restrição preventiva da liberdade de alguém que posteriormente vem a ser absolvido. A prisão injusta revela ofensa à honra, à imagem, mercê de afrontar o mais comezinho direito fundamental à vida livre e digna. A absolvição futura revela a ilegitimidade da prisão pretérita, cujos efeitos deletérios para a imagem e honra do homem são inequívocos (*notoria non egent probationem*). 3. O pedido de indenização por danos morais decorrentes de restrição ilegal à liberdade inclui o dano moral, que, *in casu*, dispensa prova de sua existência pela inequivocidade da ilegalidade da prisão, duradoura por nove meses. Pedido implícito, encartado na pretensão às perdas e danos. Inexistência de afronta ao dogma da congruência (arts. 2.º, 128 e 460, do CPC). 4. A norma jurídica inviolável no pedido não integra a *causa petendi*. "O constituinte de 1988, dando especial relevo e magnitude ao *status libertatis*, inscreveu no rol das chamadas franquias democráticas uma regra expressa que obriga o Estado a indenizar a condenado por erro judiciário ou quem permanecer preso por tempo superior ao fixado pela sentença (CF, art. 5.º, LXXV), situações essas equivalentes a de quem submetido à prisão processual e posteriormente absolvido. 5. A fixação dos danos morais deve obedecer aos critérios da solidariedade e exemplaridade, que implica na valoração da proporcionalidade do *quantum* e na capacidade econômica o sucumbente. 6. Recurso especial desprovido".
7. A prisão ilegal por lapso temporal tão excessivo, além da violação do cânone constitucional específico, afronta o Princípio Fundamental da República Federativa do Brasil, consistente na tutela da Dignidade Humana, norma qualificada, que, no dizer insuperável de Fábio Konder Comparato, é o centro de gravidade do direito na sua fase atual da ciência jurídica.

8. É que a Constituição da República Federativa do Brasil, de índole pós-positivista e fundamento de todo o ordenamento jurídico, expressa como vontade popular que a mesma, formada pela união indissolúvel dos Estados, Municípios e do Distrito Federal, constitui-se em Estado Democrático de Direito ostentando como um dos seus fundamentos a dignidade da pessoa humana como instrumento realizador de seu ideário de construção de uma sociedade justa e solidária.

9. Consectariamente, a vida humana passou a ser o centro do universo jurídico, por isso que a aplicação da lei, qualquer que seja o ramo da ciência onde se deva operar a concreção jurídica, deve perpassar por esse tecido normativo-constitucional, que suscita a reflexão axiológica do resultado judicial.

10. Direitos fundamentais emergentes desse comando maior erigido à categoria de princípio e de norma superior estão enunciados no art. 5.º da Carta Magna, e dentre outros, o que interessa ao caso *sub judice* destacam-se: (...) LXV – a prisão ilegal será imediatamente relaxada pela autoridade judiciária;

11. A garantia *in foco* revela inequívoca transgressão aos mais comezinhos deveres estatais, consistente em manter-se preso um ser humano por quase 800 (oitocentos) dias consecutivos, preventivamente, e, sem o devido processo legal após exculpado, com afronta ao devido processo legal.

12. A responsabilidade estatal, quer à luz da legislação infraconstitucional (art. 159 do Código Civil vigente à época da demanda), quer à luz do art. 37, § 6.º, da CF/1988, sobressai evidente.

13. Deveras, a dignidade humana retrata-se, na visão kantiana, na autodeterminação e na vontade livre daqueles que usufruem de uma vida sadia.

14. O reconhecimento da dignidade humana, outrossim, é o fundamento da liberdade, da justiça e da paz, razão por que a Declaração Universal dos direitos do homem inaugura seu regramento superior estabelecendo no art. 1.º que "todos os homens nascem livres e iguais em dignidade e direitos". Deflui da Constituição Federal que a dignidade da pessoa humana é premissa inarredável de qualquer sistema de direito que afirme a existência, no seu corpo de normas, dos denominados direitos fundamentais e os efetive em nome da promessa da inafastabilidade da jurisdição, marcando a relação umbilical entre os direitos humanos e o direito processual.

15. Deveras, à luz das cláusulas pétreas constitucionais, é juridicamente sustentável assentar que a proteção da dignidade da pessoa humana perdura enquanto subsiste a República Federativa, posto seu fundamento.

16. O direito à liberdade compõe a gama dos direitos humanos, os quais, segundo os tratadistas, são inatos, universais, absolutos, inalienáveis e imprescritíveis. Por isso que a exigibilidade a qualquer tempo dos consectários às violações dos direitos humanos decorre do princípio de que o reconhecimento da dignidade humana é o fundamento da liberdade, da justiça e da paz.

17. A ampliação da responsabilidade estatal, com vistas a tutelar a dignidade das pessoas, sua liberdade, integridade física, imagem e honra, não só para casos de erro judiciário, mas também de cárcere ilegal e, igualmente, para hipóteses de prisão provisória injusta, embora formalmente legal, é um fenômeno constatável em nações civilizadas, decorrente do efetivo respeito a esses valores" (Roberto Delmanto Junior. *As modalidades de prisão provisória e seu prazo de duração*. 2. ed. Rio de Janeiro: Renovar, p. 377-386). 18. A responsabilidade estatal é inequívoca porquanto há causalidade entre o *faute du service* na expressão dos doutrinadores franceses, doutrina inspiradora do tema e o sofrimento e humilhação experimentados pelo réu, exculpado após ter cumprido prisão ilegal, princípios que se inferem do RE 369820/RJ, *DJ* 27.02.2004, *verbis*: "(...) a falta do serviço – *faute du service* dos franceses – não dispensa o requisito da causalidade, vale dizer, do nexo de causalidade entre a ação omissiva atribuída ao poder público e o dano causado a terceiro". 19. Por esses fundamentos dou provimento ao recurso especial, divergindo do relator, para restaurar, *in totum*, a indenização fixada na sentença *a quo* (STJ, 1.ª Turma, REsp 872.630/RJ, Rel. Min. Francisco Falcão, Rel. p/ Acórdão Min. Luiz Fux, j. 13.11.2007, *DJe* 26.03.2008).

TÍTULO X
DAS PREFERÊNCIAS E PRIVILÉGIOS CREDITÓRIOS

Art. 955. Procede-se à declaração de insolvência toda vez que as dívidas excedam à importância dos bens do devedor.

Direito anterior: Art. 1.554. Procede-se ao concurso de credores, toda vez que as dívidas excedam à importância dos bens do devedor.

COMENTÁRIOS

É lição assente, no direito obrigacional, que os bens do devedor respondem pelas dívidas. O patrimônio do devedor serve, pois, como garantia comum dos seus credores. Cumprindo a obrigação, os bens do devedor passam a servir de garantia a outras dívidas constituídas, ainda não solvidas.

Na hipótese de o devedor não adimplir a obrigação, exsurge ao credor, lesado no seu direito, a possibilidade de ingressar com ação perante o Poder Judiciário, visando, justamente, à satisfação do crédito de que é titular.

Por meio do processo de execução, o credor visa a obter, portanto, a satisfação do crédito de que é titular. Tendo presente que a finalidade precípua do processo de execução é propiciar a excussão em face do patrimônio do devedor, visando à satisfação do direito de que é titular o credor, afigura-se que, se a ação executiva tiver atingido a sua finalidade, o patrimônio do devedor sofreu uma baixa, o que acaba por repercutir nas relações jurídicas firmadas com outros credores. Se o patrimônio do devedor for suficiente para garantir o cumprimento das outras obrigações, aos seus credores prejuízo jurídico não haverá.

Entretanto, se o patrimônio do devedor não é suficiente para solver todas as dívidas, opera-se a insolvência. Dispõe o art. 748 do Código de Processo Civil que "Dá-se a insolvência toda vez que as dívidas excederem à importância dos bens do devedor".

A insolvência e a insolvabilidade possuem distintos conceitos. A propósito, a primeira consiste na impossibilidade de solver, no momento, uma obrigação, enquanto a segunda equivale à ausência em definitivo de meios para solver as dívidas. A primeira pode ser ocasional e passageira. A segunda é crônica ou definitiva[1].

Apesar de não ter previsto qualquer distinção, mostra-se que, quando o legislador se refere à insolvência, a rigor o caso é de insolvabilidade. De forma que à instauração de execução em face do devedor insolvente é indispensável a ocorrência da insolvabilidade[2].

Encontrando-se o devedor em estado de insolvência, os seus credores podem suscitar o concurso de credores com intuito de propiciar, na medida do possível, a satisfação do direito, respeitadas as preferências eventualmente previstas na legislação. Nesse sentido, o novo Código Civil, na esteira do anterior, prevê um título acerca das preferências e privilégios creditórios.

A redação emprestada ao preceito em tela é, substancialmente, idêntica à do art. 1.554 do Código Civil anterior.[3] Visando à uniformização de conceitos jurídicos, mormente com o Código de Processo Civil, o legislador adotou a expressão "declaração de insolvência", em vez de concurso de credores.

Do latim *praeferens*, de *praeferre* (pôr em primeiro lugar, preferir), entende-se por preferência a vantagem ou tratamento privilegiado que a ordem jurídica confere a pessoa ou a coisa em primeiro lugar, ou antes que outra, para favorecê-la ou beneficiá-la[4].

---

[1] Cf. Pontes de Miranda, *Tratado de direito privado*, t. XXVII, p. 5-7.
[2] Cf. Araken de Assis, *Manual do processo de execução*, p. 796; Humberto Theodoro Júnior, *A insolvência civil*, p. 40.
[3] "Art. 1.554. Procede-se ao concurso de credores, toda vez que as dívidas excedem à importância dos bens do devedor."
[4] Cf. De Plácido e Silva, *Vocabulário jurídico*, v. III e IV, p. 423.

Utilizando-se de juízos de oportunidade e de conveniência, o legislador confere a certos créditos preferência (= vantagem) sobre os outros, isto é, prevê que certos credores têm o direito de satisfazer, em primeiro lugar, o seu direito em relação aos outros[5].

A perspectiva instrumental do processo exige do intérprete a aproximação do direito processual ao material. De nada vale estudar o direito material totalmente distante do processual ou vice-versa[6].

Diante da crise profunda de que padece o devedor, assegura a legislação processual, dada a especificidade da situação de direito material, uma ação de execução por quantia certa contra devedor insolvente, também conhecida como execução coletiva, execução concursal ou concurso de credores.

Em conformidade com o princípio da isonomia dos credores, respeitados as preferências e os privilégios estatuídos na lei, a legislação processual contempla uma ação de execução na qual se opera uma universalização objetiva da penhora, com intuito de sujeitar os bens do devedor à execução, e uma universalização subjetiva, visando ao chamamento de todos os credores[7].

Vale dizer, trata-se de uma ação de execução em que são convocados todos os credores do devedor insolvente com o objetivo de emprestar satisfação, por meio de atos materiais que recairão sobre os bens disponíveis do devedor.

No tocante à demonstração do estado de insolvência, os legisladores se valem dos seguintes sistemas: efetivo estado patrimonial deficitário; cessação de pagamentos; impontualidade e presunção em face de atos enumerados em lei[8].

---

[5] Os Códigos Civis de Portugal e da Argentina conceituam o que seja preferência ou privilégio creditório, respectivamente: "Art. 733. Privilégio creditório é a faculdade que a lei, em atenção à causa do crédito, concede a certos credores, independentemente do registro, de serem pagos com preferência a outros"; "Art. 3.875. El derecho dado por la ley a un acreedor para ser pagado con preferencia a otro, se llama en este Código privilegio".

[6] Cf. José Roberto dos Santos Bedaque, *Direito e processo*, p. 17.

[7] Cf. Alfredo Buzaid, *Do concurso de credores*, p. 210-211; José Frederico Marques, *Manual de direito processual civil*, v. IV, p. 363.

[8] Cf. Humberto Theodoro Júnior, *A insolvência civil*, p. 41.

O sistema do efetivo estado patrimonial deficitário exige um exame prévio sobre demonstração da debilidade financeira do patrimônio do devedor perante as obrigações, para que se instaure a execução concursal. O da cessação de pagamentos induz o entendimento de que é indispensável a cessação do pagamento, apesar de a simples impontualidade não configurar o estado de insolvência. De acordo com o da impontualidade, é lícita a instauração da execução concursal, desde que se comprove o não pagamento de dívida líquida e certa no vencimento. O da enumeração legal é o que prevê atos ou condutas do devedor hábeis para a instauração do processo.

A título de ilustração, ressalte-se que, na legislação falimentar, o sistema adotado é baseado na impontualidade e na ocorrência de fatos presuntivos previstos em lei, enquanto o concurso do devedor civil é fulcrado no sistema de efetivo estado patrimonial deficitário, de forma que a mera impontualidade não é idônea à instauração da execução coletiva.

A insolvência civil encontra-se presente no instante em que o valor das dívidas ultrapassa o dos bens, nos termos do art. 748 do Código de Processo Civil ("Dá-se a insolvência toda vez que as dívidas excederem à importância dos bens do devedor"). A mera impontualidade e o simples inadimplemento não são suficientes para configurar o estado de insolvência a que alude o art. 748 do Código de Processo Civil.

A partir da teoria geral da prova, incumbiria ao credor a demonstração de que o devedor civil padece do estado de insolvência. Entretanto, visando a livrar o credor da "prova diabólica", a legislação processual inverteu o ônus da prova, impondo ao devedor a demonstração da suficiência patrimonial, por meio dos embargos à execução coletiva.

Sobre o ônus da prova, Humberto Theodoro Júnior assinala:

> Esse óbice, no entanto, parece ter sido contornado pelo legislador ao dispor que a defesa do devedor tem de ser produzida não por contestação, mas sim por embargos. Embora, tecnicamente, o caso fosse mesmo de contestação, como adiante demonstraremos, a escolha dos embargos revela a preocupação da lei com o grave problema da prova, que assim res-

tou razoavelmente contornado. Isto porque se se adotasse a defesa por contestação, caberia invariavelmente ao credor a prova de déficit patrimonial do credor, o que, quase sempre, seria uma nova prova diabólica pelas dificuldades intransponíveis que teria que enfrentar para desincumbir-se do o*nus probandi*. Sendo, no entanto, os embargos forma de ação e não de resposta do sujeito passivo da relação processual, resulta que, para elidir a afirmação de insolvência feita pelo credor, tocará ao devedor o ônus de demonstrar suficientemente o superávit patrimonial[9-10].

A despeito de ter adotado o sistema do efetivo estado patrimonial deficitário, o legislador instituiu a presunção de insolvência civil do devedor. Dispõe o Código de Processo Civil, no art. 750, que se presume a insolvência do devedor civil quando este não possuir outros bens livres e desembaraçados para nomear à penhora ou quando forem arrestados bens com fundamento no art. 813, incs. I, II e III. Trata-se de presunção *juris tantum*, podendo o devedor civil demonstrar a sua solvência por meio dos embargos à execução coletiva[11].

Malgrado a redação emprestada ao art. 750, inc. I, do Código de Processo Civil, entende-se que é desnecessária a existência de prévia execução ou ocorrência de penhora para que se configure o estado de insolvência[12].

Tendo presente que a insolvência é um estado de fato, afigura-se desprovido de razoabilidade, e romperia com o princípio da economia processual o entendimento de que é indispensável a prévia propositura da ação de execução singular. Ao referido estado de fato a ordem jurídica só confere efeitos após a prolação do pronunciamento judicial que reconheça a insolvência do devedor civil.

---

[9] *A insolvência civil*, p. 48.
[10] "Ao devedor incumbe a prova de sua solvência" (*RSTJ* 75/195).
[11] Cf. José Frederico Marques, *Manual de direito processual civil*, v. IV, p. 369.
[12] Cf. Alfredo Buzaid, *Do concurso de credores*, p. 233; Araken de Assis, *Manual do processo de execução*, p. 799.

O art. 750, inc. II, do Código de Processo Civil presume o estado de insolvência na hipótese de concessão da medida cautelar de arresto com fundamento no art. 813, I, II e III. Ao juiz não é lícito reconhecer o estado de insolvência do devedor civil na demanda cautelar, tendo em vista a finalidade deste feito e a autonomia procedimental da ação de execução coletiva. Em razão disso, é assente o entendimento de que o credor detém legitimidade para propor execução coletiva, desde que o crédito seja exigível.

Para que se configure o estado de insolvência, não basta apenas a verificação de que o passivo suplanta o ativo, mas é indispensável a instauração de relação jurídica processual visando à declaração da referida situação. O estado de insolvência somente pode ser declarado em sede de processo judicial. De sorte que a declaração judicial de insolvência não consiste um fim, mas apenas meio para a instauração da execução coletiva.

De acordo com o Código de Processo Civil vigente, houve a previsão de um título "execução por quantia certa contra o devedor insolvente", constituindo-se, pois, em uma relação jurídica processual autônoma e independente com feição nitidamente executória, ao contrário do que ocorria com o de 1939 que o tratava como mero incidente da execução singular.

À vista da sua finalidade – pagamento aos credores na medida da proporção de seus créditos –, e tendo em conta a convocação de todos os credores para que ingressem como demandantes, mostra-se que se trata de uma execução coletiva ou concursal.

Analisando a sistemática contemplada no Código de Processo Civil, a execução concursal divide-se em duas etapas: a primeira, com o escopo de se declarar o estado de insolvência; a segunda, visando à realização da excussão coletiva propriamente dita.

Art. 956. A discussão entre os credores pode versar quer sobre a preferência entre eles disputada, quer sobre a nulidade, simulação, fraude, ou falsidade das dívidas e contratos.

Direito anterior: Art. 1.555. A discussão entre os credores pode versar, quer sobre a preferência entre eles disputada, quer sobre a nulidade, simulação, fraude, ou falsidade das dívidas e contratos.

COMENTÁRIOS

A redação emprestada ao preceito em tela é idêntica à do art. 1.555 do Código Civil de 1916. Considerando que a relação jurídica em que se declara a insolvência civil do devedor instaura uma execução coletiva ou concursal, os credores são convocados para obter a satisfação do direito de que são titulares, na medida da proporção dos seus créditos.

No pronunciamento decisório que declara a insolvência civil do devedor, o juiz deve nomear, dentre os maiores credores, o administrador da massa, e expedir edital, convocando os credores para que apresentem, no prazo de 20 dias, a declaração do crédito, acompanhada do respectivo título, nos termos do art. 761 do Código de Processo Civil.

A partir de uma análise do Código de Processo Civil e da Lei de Falências, afigura-se que, do pronunciamento decisório que declara a insolvência, resultam vários efeitos, quais sejam: desapossamento de todos os bens do devedor; inibição geral do seu poder de gerir o patrimônio e dispor dele; avocação das execuções singulares; suspensão das execuções individuais; exigibilidade imediata dos créditos não vencidos; impenhorabilidade por credores individuais dos bens sujeitos ao concurso; suspensão dos juros dos créditos sem garantia real; perda das preferências oriundas da penhora; manutenção das preferências oriundas de garantias reais e privilégios legais; restrições à capacidade do insolvente no plano material; perda da capacidade processual; liquidação geral de todo o patrimônio do devedor, para satisfação conjunta de todos os seus credores; subsistência do direito de ação, fora do concurso, do credor contra o coobrigado do insolvente; e extinção final das obrigações do devedor anteriores à declaração.

Os referidos efeitos decorrentes da decisão que declara a insolvência civil objetivam, a um só tempo, evitar que o devedor venha a firmar negócios jurídicos ou contratos com o propósito de prejudicar a massa dos seus credores, bem como convocar os seus credores à execução coletiva, com o fim de assegurar a *par condicio creditorum*.

O edital a que alude o art. 761 do Código de Processo Civil visa a convocar os credores para que tomem ciência do estado de insolvência civil do devedor, a fim de habilitarem o crédito na execução concursal.

Caso algum credor não promova a habilitação na execução concursal, afigura-se admissível o ajuizamento de ação, visando à perseguição do direito de crédito, nos termos do art. 784 do Código de Processo Civil.

A habilitação do credor convocado ou provocado na execução concursal tem natureza jurídica de ação de execução, pois visa à obtenção de um provimento jurisdicional que lhe proporcione a satisfação do direito de crédito[13].

Por isso é assente o entendimento de que a execução concursal é concebida como um feixe de execuções dos credores contra o insolvente. Mesmo o credor que ingressara antes da declaração de insolvência com execução singular contra o devedor terá que promover a habilitação do seu crédito na execução concursal[14].

Pelo fato de ser uma ação, mostra-se que a petição em que o credor requer a habilitação na execução concursal deve preencher os requisitos de admissibilidade de ação de execução, de sorte que devem estar presentes as condições da ação e os pressupostos processuais.

Considerando que a pretensão deduzida pelo credor consiste em uma ação de execução, afigura-se que somente os credores detentores de títulos executivos a que alude a legislação (CPC, arts. 475-N e 585) são considerados legitimados para promover a habilitação na execução concursal[15].

Entretanto, o referido entendimento não é pacífico. Pontes de Miranda declara que o Código de Processo Civil vigente, ao aludir ao termo "título", não exigiu que o credor fosse portador de um título exe-

---

[13] Cf. Araken de Assis, *Manual do processo de execução*, p. 865; Humberto Theodoro Júnior, *A insolvência civil*, p. 373.

[14] "Direito processual civil. Insolvência civil. Habilitação de créditos. Titular de execução singular. Exegese do art. 762, § 1.º, CPC. Doutrina. Recurso desacolhido. I – A remessa das execuções individuais ao juízo universal da insolvência não supre a necessidade de habilitação. II – Justifica-se a exigência inclusive para o fiel cumprimento do disposto nos arts. 761, II, e 768, CPC" (STJ, 4.ª Turma, REsp 46.634-MG, rel. Min. Sálvio de Figueiredo, *DJU* 25.08.1997, p. 39.374).

[15] "Processo civil. Insolvência civil. Título executivo. Fato superveniente. Incidência do art. 133 da lei falimentar. Recurso provido. I – Para os fins da execução, mesmo em sua modalidade por quantia certa contra devedor insolvente, constitui pressuposto fundamental o título executivo, como proclama o brocardo latino 'nulla executio sine titulo'..." (STJ, 4.ª Turma, REsp 2.923-PR, rel. Min. Sálvio de Figueiredo Teixeira, v.u., *DJ* 08.04.1991, p. 3.889).

cutivo[16]. Há inclusive julgado que considera título hábil a aparelhar o pleito de habilitação um cheque prescrito (REsp 39.189-0-SP, rel. Min. Waldemar Zveiter)[17].

A partir de uma interpretação sistemática e tendo presentes os princípios vetores do processo de execução, consagrados no Código de Processo Civil e que se aplicam à ação de execução contra devedor insolvente, afigura-se que a demanda a ser proposta pelos credores do insolvente deve preencher os requisitos genéricos e específicos de admissibilidade da ação de execução. Deve, ainda, haver a indicação do valor e a classificação do crédito.

Após a propositura das ações de execução, por meio das quais os credores buscam a habilitação dos créditos na execução concursal, e o controle judicial sobre os requisitos de admissibilidade da demanda, o escrivão promoverá a autuação de cada um dos pedidos de habilitação e, em seguida, expedirá edital com o escopo de promover a intimação de todos os credores, para, no prazo comum de 20 dias, alegarem as suas preferências, bem como a nulidade, simulação, fraude ou falsidade de dívidas e contratos.

À luz do Código Civil, é lícito aos credores promover a impugnação acerca das dívidas e das preferências dos outros credores. O Código de Processo Civil confere, ainda, ao devedor legitimação para formular pleito de impugnação dos créditos habilitados, nos termos do parágrafo único do art. 768.

A impugnação a que se referem o Código Civil e o Código de Processo Civil tem natureza jurídica de ação de conhecimento constitutiva incidente à execução concursal, o que proporciona o entendimento de que a demanda é um sucedâneo dos embargos nas execuções singulares.

Em sede de impugnação, é lícito aos credores, bem como ao próprio devedor, suscitar um juízo contencioso resultante do conflito de interesses dos credores, com o escopo de defender a sua posição no concurso e de evitar a habilitação de falsos credores ou com preferência ilegítima.

---

[16] *Comentários ao Código de Processo Civil*, t. XI, p. 434.
[17] "Desimporta, para habilitação de crédito na insolvência civil, que o título seja líquido e certo."

Nesse sentido, enuncia Carvalho de Mendonça:

> Estabelece-se, assim, um juízo contencioso, originado pelo choque de interesses, não se podendo negar a cada credor, além do direito de defender a sua posição no concurso, o de evitar o aumento do passivo da falência e a consequente diminuição das forças do ativo desde que se dê a admissão de falsos credores ou a graduação ilegal de outros[18].

Enumera o Código Civil as matérias que podem ser alegadas como causa de pedir da demanda de impugnação ajuizada por credor, quais sejam: preferência de crédito, nulidade, simulação, fraude ou falsidade de dívidas e contratos.

Trata-se de enumeração taxativa, podendo, entretanto, ser emprestada interpretação extensiva ou aplicação analógica. Por exemplo, o termo nulidade inclui a inexistência, a invalidade e a ineficácia, na esteira do ensinamento de Pontes de Miranda:

> O art. 1.555 do Código Civil [de 1916] e, em consequência, o art. 1.024 do Código de Processo Civil [de 1939], que o reproduz, não é, de modo algum, exemplificativo, como alguns escritores afirmam. É taxativo. Não se confunda exemplificatividade com interpretabilidade por analogia, ou com interpretação corretiva de expressão insuficiente usada pelo legislador. Não é raro encontrarem-se textos em que os legisladores revelam não estar a par da distinção, científica e inelimínável, entre inexistência, nulidade e eficácia. No art. 1.555, 2.ª parte, do Código Civil, e na sua duplicata, que é o art. 1.024 do Código de Processo Civil, ressalta que nulidade está por inexistência, nulidade e ineficácia. Daí ter o credor concorrente legitimação ativa para alegar que o direito de crédito não existe, que é nulo o título, ou que não é eficaz,

---

[18] *Tratado de direito comercial brasileiro*, v. VII, p. 98.

absolutamente, ou relativamente a ele, ou a todos os credores concorrentes, ou a alguns[19].

Nesse contexto, é lícito aos credores e ao devedor formular a impugnação sob o fundamento da própria inexistência do crédito habilitado ou a ocorrência de extinção da obrigação sob uma das formas admitidas em Direito.

A partir da noção de que a sentença faz coisa julgada entre as partes a qual é dada, não atingindo a terceiros, mostra-se admissível ao credor concorrente promover impugnação ao crédito, sob o argumento de que o título executivo (sentença judicial transitada em julgado) padece de inexistência jurídica ou de nulidade de pleno direito.

Quando o devedor ajuizar a demanda de impugnação, a peça deve se ater ao que prescreve o Código de Processo Civil em relação aos embargos à execução. Se o título for sentença, podem ser alegadas quaisquer das matérias previstas no art. 741 do Código de Processo Civil. Se se tratar de título extrajudicial, podem ser alegadas quaisquer matérias permitidas no processo de conhecimento, nos termos do art. 745 do Código de Processo Civil.

Art. 957. Não havendo título legal à preferência, terão os credores igual direito sobre os bens do devedor comum.

Direito anterior: Art. 1.556. Não havendo título legal à preferência, terão os credores igual direito sobre os bens do devedor comum.

COMENTÁRIOS

A redação do preceito em tela é idêntica à prevista no art. 1.556 do Código Civil de 1916. Contempla o brocardo *par condicio creditorum*, de sorte que, inexistindo crédito privilegiado, todos os credores con-

---

[19] *Tratado de direito privado*, t. XXVII, p. 368-369.

correrão em igualdade de condições na medida da proporção dos seus créditos.

Em regra, a execução concursal tende a operar a divisão do patrimônio do devedor visando à satisfação dos credores. Diante da inexistência de crédito privilegiado ou de preferência, o rateio do patrimônio do devedor far-se-á sem que qualquer credor obtenha a satisfação, total ou parcial, de forma precedente em relação a outros credores.

A execução concursal deve ser regida, portanto, pela noção de que todos aqueles que são titulares de direito de crédito dispõem de iguais direitos sobre o patrimônio do devedor insolvente.

Isso porque a regra legal que institui a preferência ou o privilégio confere ao credor, a quem foi deferido o tratamento específico, a legitimidade de obter a satisfação do crédito antes dos demais.

Consideram-se, pois, quirografários os credores que não são titulares de garantia real ou de preferência. Vale dizer, são titulares de créditos comuns, aos quais a legislação não conferiu preferência ou privilégio.

Art. 958. Os títulos legais de preferência são os privilégios e os direitos reais.

Direito anterior: Art. 1.557. Os títulos legais de preferência são os privilégios e os direitos reais.

COMENTÁRIOS

O dispositivo em análise é mera repetição daquela contida no art. 1.557 do Código Civil de 1916. Em regra, impera no concurso de credores o princípio da *par condicio creditorum*. Isso porque, na execução concursal, o patrimônio do devedor divide-se, a fim de proporcionar a satisfação dos credores na medida dos seus créditos.

Entretanto, atento a situações de direito material, é lícito ao legislador instituir regra jurídica de privilégio, em razão da qual o credor, a quem foi outorgado o tratamento especial, tem o direito de obter a satisfação do crédito antes dos demais credores.

Apesar das críticas de parte da doutrina[20], a legislação civil dispõe que os créditos preferenciais consistem em um direito conferido a um credor de obter a satisfação com precedência sobre os demais. A preferência pode advir de garantia real ou de privilégio legal.

A despeito de serem espécies do gênero preferência, direito real e privilégio possuem conceitos nitidamente distintos. Este consiste em um direito pessoal conferido, por razões de equidade, ao credor de ser satisfeito em primeiro lugar. Por se tratar de direito pessoal – relativo por atingir sujeitos determinados –, o privilégio instituído por lei não tem o condão de vincular diretamente os bens do devedor à satisfação do crédito.

Sobre o regime jurídico do direito obrigacional, ensina Arruda Alvim:

> As relações jurídicas de direito obrigacional representam um elo existente entre duas ou mais pessoas, via de regra predefinidas, com repercussões patrimoniais. O direito obrigacional gera pretensões de cunho patrimonial, que, a seu turno, podem ser frustradas, se não houver patrimônio suficiente para suportar concreta e totalmente a responsabilidade. (...) De regra, os direitos obrigacionais pressupõem sujeitos e relações de direito predefinidos (e não definíveis, simplesmente). Os direitos obrigacionais se exercem em face de um (ou mais) sujeito determinado[21].

---

[20] Segundo Pontes de Miranda, "A palavra 'preferência', empregada a respeito de créditos garantidos por direitos reais e a respeito de privilégios gerais e especiais, é de graves inconvenientes. O direito real limitado, seja de garantia ou não, existe gravado no bem, de que detrai elemento material ou valor, e independe da insuficiência dos bens do devedor, dono ou titular de outro direito real sobre o bem. (...) Não se dá isso com o privilégio, que alude a lei especial, exsurgida com as dificuldades oriunda da insolvabilidade dos devedores" (*Tratado de direito privado*, t. XXVII, p. 144). No mesmo sentido, Walter T. Álvares, *Curso de direito falimentar*, p. 391.

[21] Breves anotações para uma teoria geral dos direitos reais, *Direito privado*, v. 2, p. 171-172.

O privilégio não é dotado, pois, dos atributos da sequela e da oponibilidade *erga omnes,* não surtindo efeitos em relação aos bens que não mais pertençam ao patrimônio do devedor. Como os bens não se vinculam à satisfação do crédito, o devedor pode transferi-los, enquanto não houver provimento jurisdicional em sentido contrário.

A respeito dos atributos dos privilégios, declara Humberto Theodoro Júnior:

> (...) os privilégios, de tal sorte, não gozam do direito de sequela que há nos direitos reais. Ao contrário destes que acompanham o bem gravado, onde quer que ele esteja, os privilégios cessam quando os bens saem do patrimônio do devedor[22].

Os direitos reais a que alude o texto legal são os de garantia. Em conformidade com os princípios da legalidade e da tipicidade, mostra-se que são considerados direitos reais apenas aqueles definidos expressamente em lei, sendo vedada a criação por manifestação de vontade.

Isso porque, na linha do ensinamento de Arruda Alvim,

> (...) os direitos reais são criados pelo direito positivo por meio da técnica denominada *numerus clausus*. A lei os enumera de forma taxativa, não ensejando, assim, aplicação analógica da lei. São definidos e numerados determinados tipos pela norma, e só a estes correspondem os direitos reais, sendo, pois, seus modelos[23].

De acordo com a legislação vigente, são considerados direitos reais de garantia a hipoteca, o penhor e a anticrese.

Subjacente ao direito real de garantia encontra-se um negócio jurídico em que o devedor onera um bem do seu patrimônio, para que sirva de garantia ao cumprimento da obrigação (= satisfação do crédito). Opera-se a especialização, ou a inerência, já que há a individualização

---

[22] Humberto Theodoro Júnior, *A insolvência civil*, p. 319-320. No mesmo sentido: Pontes de Miranda, *Tratado de direito privado*, tomo XXVII, p. 149.

[23] Breves anotações para uma teoria geral dos direitos reais, *Direito privado*, v. 2, p. 171.

de um bem que serve de garantia ao cumprimento de obrigação, nos termos do art. 1.419 do Código Civil[24].

Assim, a regra geral é que todo o patrimônio do devedor responde por suas dívidas. Quando há direito real de garantia, especializa-se um bem, isto é, individualiza-se e determina-se o que a princípio era indeterminado, respondendo ele preferencialmente por determinada dívida[25].

Importa destacar que, no âmbito da teoria geral dos direitos reais, já se encontram fundamentos para a inserção da regra de preferência ou prioridade nas garantias reais, em virtude da regência do princípio da oponibilidade *erga omnes*.

É dizer: se o exercício dos direitos reais pressupõe um sujeito ativo e a coisa, tendo como sujeito passivo a coletividade (sujeito indeterminado), mostra-se que tais direitos são oponíveis a todos. Disso resultam os atributos de sequela e de preferência[26].

Por isso que o art. 1.422 do Código Civil consagra o direito de preferência para os credores titulares de garantias reais: "O credor hipotecário e o pignoratício têm o direito de excutir a coisa hipotecada, ou empenhada, e preferir, no pagamento, a outros credores, observada, quanto à hipoteca, a prioridade na inscrição".

Além dos direitos reais de garantia e dos privilégios, o legislador, por meio de normas jurídicas especiais, tem criado preferências excepcionais que se situam acima inclusive dos direitos reais de garantia, tais como crédito trabalhista e crédito advindo de acidente de trabalho (CLT, art. 449, § 1.º; Lei 11.101/2005, art. 83).

Art. 959. Conservam seus respectivos direitos os credores, hipotecários ou privilegiados:

I – sobre o preço do seguro da coisa gravada com hipoteca ou privilégio, ou sobre a indenização devida, havendo responsável pela perda ou danificação da coisa;

---

[24] "Art. 1.419. Nas dívidas garantidas por penhor, anticrese ou hipoteca, a coisa dada em garantia fica sujeita, por vínculo real, ao cumprimento da obrigação."
[25] Sílvio de Salvo Venosa, *Direito civil*: direitos reais, p. 454.
[26] Cf. Arruda Alvim, Breves anotações para uma teoria geral dos direitos reais, *Direito privado*, v. 2, p. 172; Sílvio de Salvo Venosa, *Direito civil*: direitos reais, p. 454.

II – sobre o valor da indenização, se a coisa obrigada a hipoteca ou privilégio for desapropriada.

Direito anterior: Art. 1.558. Conservam seus respectivos direitos os credores, hipotecários ou privilegiados:

I – sobre o preço do seguro da coisa gravada com hipoteca ou privilégio, ou sobre a indenização devida, havendo responsável pela perda ou danificação da coisa;

II – sobre o valor da indenização, se a coisa obrigada a hipoteca ou privilégio for desapropriada, ou submetida a servidão legal.

COMENTÁRIOS

A regra do preceito em questão é mera repetição do art. 1.558 do Código Civil de 1916. O referido dispositivo legal estabelece que, na hipótese de antecipação de vencimento da obrigação em virtude de perecimento, perda ou desapropriação da coisa objeto de hipoteca ou privilégio, o credor tem preferência no recebimento do valor resultante do seguro ou da desapropriação.

No que se refere aos direitos reais, a norma só faz alusão ao credor hipotecário. Não estariam abrangidos os titulares dos outros direitos reais? Não há razão que justifique uma exegese restritiva. A advertência à hipoteca é, pois, meramente exemplificativa, de forma que todos os titulares de direitos reais conservam seus direitos de preferência no caso de sub-rogação real.

J. M. Carvalho Santos, acerca da norma inserta no Código Civil de 1916, arremata:

> Observando que o Código abandonou a denominação geral de direitos reais, para se referir, neste passo, à hipoteca somente, acentua com razão Martins Teixeira que o legislador restringiu demais não sendo justo que somente o credor hipotecário possa valer o seu direito nos casos indicados, mas devendo-se reconhecer igual direito ao penhor agrícola, por-

que não foi expressamente excluído, como acontece com o anticrético[27].

O preceito legal contempla hipótese de sub-rogação do direito real ou do privilégio, que passa a incidir sobre o preço do seguro ou da indenização, sem que a coisa perca o atributo de garantia do cumprimento da obrigação[28]. Se o bem objeto do direito real de garantia ou do privilégio perece, ou deteriora-se, ou é desapropriado, o valor referente ao seguro ou à desapropriação sub-roga-se ao objeto.

A sub-rogação no produto resultante do seguro ou da indenização da coisa objeto do direito real ou do privilégio é medida que se impõe, haja vista que o credor titular de direito real tem direito não à coisa objeto da garantia, mas ao valor que a excussão proporcionar, se necessário, nos termos do art. 1.422 do Código Civil.

Sendo assim, como o credor de direito real ou de privilégio tem direito à excussão da coisa objeto da relação jurídica, mostra-se razoável e justo que a legislação determine que, na hipótese de perecimento, deterioração ou desapropriação, o credor faça jus preferencialmente ao valor do seguro ou da desapropriação, sob pena de excluir injustificadamente a incidência do direito real de garantia e a do privilégio. Nesse sentido, prescreve o art. 1.425 do Código Civil.

Art. 960. Nos casos a que se refere o artigo antecedente, o devedor do seguro, ou da indenização, exonera-se pagando sem oposição dos credores hipotecários ou privilegiados.

Direito anterior: Art. 1.559. Nesses casos, o devedor do preço do seguro, ou da indenização, se exonera pagando sem oposição dos credores hipotecários ou privilegiados.

---

[27] *Código Civil brasileiro interpretado*, v. XXI, p. 470. No mesmo sentido: Pontes de Miranda, *Tratado de direito privado*, t. XXVII, p. 154.
[28] Cf. Clóvis Beviláqua, *Código Civil dos Estados Unidos do Brasil*, p. 711.

COMENTÁRIOS

O preceito em comento contempla regra idêntica à prevista no art. 1.559 do Código Civil de 1916. O credor real ou privilegiado deve noticiar à seguradora ou ao ente estatal desapropriante a existência do gravame real ou do privilégio, com o propósito de receber, direta e preferencialmente, o pagamento referente ao preço do seguro ou ao valor da indenização.

Caso não noticie à seguradora ou ao ente desapropriante acerca do direito real ou do privilégio, considera-se válido o pagamento efetuado pelo devedor diretamente ao proprietário.

O credor de direito real ou privilegiado, conservando o direito creditório, deve noticiar à seguradora ou ao ente desapropriante, para que o preço do seguro ou o valor da indenização lhe seja pago preferencialmente, e não diretamente ao proprietário.

O preceito em tela não disciplinou a forma e o prazo para que o credor real ou privilegiado exerça o direito de oposição. Ante a ausência de interesse processual, mostra-se, em princípio, desnecessário o ajuizamento de ação para atingir o objetivo de receber o pagamento do preço do seguro ou o valor da indenização.

Afigura-se suficiente a realização de notificação, judicial ou extrajudicial, da seguradora ou do ente desapropriante para que se considere ciente da existência do direito credor real ou privilegiado.

De sorte que

> (...) o segurador, a autoridade que desapropria, e o responsável pela indenização podem ignorar a existência do direito real ou do privilégio, e pagando ao dono da coisa o preço do seguro, da desapropriação ou o valor da indenização, realiza um pagamento válido. Para impedi-lo, deve o credor hipotecário ou privilegiado notificar ao obrigado pelo referido preço ou valor do seu direito, opondo-se ao pagamento ao seu devedor[29].

---

[29] João Luiz Alves, *Código Civil anotado*, p. 1093-1094.

Caso o pagamento seja efetuado após a realização da notificação, tem-se que o devedor deverá efetuar pagamento ao credor real ou privilegiado, em conformidade com o entendimento de que quem paga errado paga duas vezes, sem prejuízo de exercer o direito de regresso em face do proprietário.

A propósito, discorre Maria Helena Diniz:

> Se o devedor do preço do seguro, ou do valor da indenização, vier a pagá-lo diretamente ao proprietário, sem que haja qualquer oposição dos credores hipotecários ou privilegiados, estará liberado de sua obrigação. Se os credores hipotecários ou privilegiados se opuserem, e o pagamento for feito à revelia desses interessados, deverá o devedor pagar novamente, embora tenha direito regressivo contra o proprietário que recebeu o pagamento para reembolsar-se[30].

Diante da negativa de efetuar o pagamento tal como estabelecido pelo preceito em análise, malgrado a implementação da necessária notificação, mostra-se aberta a via jurisdicional ao credo real ou privilegiado, para que faça valer o direito subjetivo de que é titular.

Art. 961. O crédito real prefere ao pessoal de qualquer espécie; o crédito pessoal privilegiado, ao simples; e o privilégio especial, ao geral.

Direito anterior: Art. 1.560. O crédito real prefere ao pessoal de qualquer espécie, salvo a exceção estabelecida no parágrafo único do art. 759; o crédito pessoal privilegiado ao simples, e o privilégio especial, ao geral.

COMENTÁRIOS

A regra contida nesse preceito corresponde à do art. 1.560 do Código Civil de 1916. Trata a regra em questão da ordem dos créditos para classificação no concurso de credores.

---

[30] *Código Civil anotado*, p. 976.

Dispõe a legislação processual que, não havendo impugnação aos créditos, ou sendo solucionadas as que acaso forem opostas, o quadro geral de credores será organizado com a observância do previsto na legislação civil.

É cediço que os institutos da insolvência civil e da falência não têm o condão de alterar os atributos dos créditos, principalmente no que se refere às garantias e privilégios legais. Por oportuno, adverte-se que as preferências oriundas do ato processual de penhora não se operam quando da instauração da execução concursal ou coletiva.

Por ser aplicável à insolvência civil, registre-se a lição de Rubens Requião sobre a habilitação dos créditos na falência:

> (...) os créditos são habilitados na falência com todos os seus atributos, que a eles legitimamente acresceram e foram reconhecidos pela Lei de Falências. A falência, como escreveu Carvalho de Mendonça, modifica apenas o exercício dos direitos dos credores, mas não lhes retira, nem anula, nem altera sequer as garantias legais e convencionais (*Tratado*, v. VIII, n. 800)[31].

Com a instauração do concurso de credores, há apenas mudança na forma de estes perseguirem em juízo a satisfação do direito de crédito de que são titulares. Nesse contexto, ultrapassada a fase de impugnação dos créditos, preceitua a legislação civil acerca da ordem dos créditos para sua classificação no concurso de credores.

Desde logo, é necessário diferenciar credores da massa dos credores do insolvente civil.

Os credores da massa são aqueles cujos créditos foram constituídos pelo administrador da massa, após a declaração da insolvência civil. A par da legislação falimentar, diz-se que os credores da massa referem-se a encargos da massa e dívidas da massa. De outro lado, os credores do insolvente civil são aqueles que já eram titulares do direito de crédito antes mesmo da declaração de insolvência civil.

---

[31] *Curso de direito falimentar*, v. 1, p. 279.

Com base na finalidade de tais despesas – viabilidade da própria execução concursal –, afigura-se o entendimento de que os encargos e as dívidas da massa não se sujeitam à habilitação, devendo ser pagos com preferência sobre os credores concursais, nos termos do 84 da Lei 11.101/2005[32-33].

À vista de uma interpretação analógica da legislação falimentar revogada, consideram-se encargos da massa: as custas judiciais do processo de insolvência, dos seus incidentes e das ações em que a massa for vencida; as quantias fornecidas à massa pelo administrador ou pelos credores; as despesas com a arrecadação, administração, realização do ativo e distribuição do seu produto, inclusive a remuneração do administrador; as despesas com a moléstia e o enterro do insolvente, que morrer na indigência, no curso do processo; os impostos e contribuições públicas a cargo da massa e exigíveis durante a insolvência; as indenizações por acidente de trabalho que, no caso de continuação da empresa do insolvente, se tenha verificado nesse período. Pela Lei 11.101/2005, em seu art. 84, serão considerados créditos extraconcursais e serão pagos com precedência sobre os mencionados no art. 83, os relativos a remunerações devidas ao administrador judicial e seus auxiliares, e créditos derivados da legislação do trabalho ou decorrentes de acidentes de trabalho relativos a serviços prestados após a decretação da falência; quantias fornecidas à massa pelos credores; despesas com arrecadação, administração, realização do ativo e distribuição do seu produto, bem como custas do processo de falência; custas judiciais relativas às ações e execuções em que a massa falida tenha sido vencida; e obrigações resultantes de atos jurídicos válidos praticados durante a recuperação judicial, nos termos do art. 67 desta Lei, ou após a decretação da falência, e tributos relativos a fatos geradores ocorridos após a decretação da falência, respeitada a ordem estabelecida no art. 83.

As dívidas da massa são: as custas pagas pelo credor que requereu a insolvência, as obrigações resultantes de atos jurídicos válidos, pra-

---

[32] Cf. Humberto Theodoro Júnior, *A insolvência civil*, p. 320-321.
[33] "O crédito decorrente de encargo da massa não está sujeito à habilitação, por constituir despesa de responsabilidade da própria massa e não dívida do falido" (*RT* 343/247).

ticados pelo administrador; e as obrigações provenientes de enriquecimento indevido da massa.

Na hipótese de os bens da massa não serem suficientes para o pagamento de todos os credores, devem ser pagos os encargos antes das dívidas da massa, fazendo-se rateio em cada classe, se necessário, nos termos do art. 83 da Lei 11.101/2005.

Além dos direitos reais de garantia e dos privilégios, ressalte-se que o legislador, por meio de normas jurídicas especiais, atribuiu a determinados créditos uma preferência excepcional, as quais superam, inclusive, as garantais reais, apesar do atributo da eficácia *erga omnes*.

São exemplos dessas preferências excepcionais os créditos trabalhistas e os advindos de acidentes de trabalho, nos termos da CLT (art. 449), e da Lei 11.101/2005 (art. 83).

Nesse preceito, o legislador civil dispõe, na esteira do Código Civil de 1916, que o crédito real prefere ao pessoal de qualquer espécie; o crédito pessoal privilegiado, ao simples; e o privilégio especial, ao geral.

Importa destacar que os créditos ditos preferenciais e excepcionais – trabalhista e acidente de trabalho – situam-se, na ordem de classificação, acima dos direitos reais de garantia e dos privilegiados.

Tendo presentes os credores da massa e do insolvente, tem-se que o quadro geral obedece à seguinte ordem: créditos trabalhistas; encargos e dívidas da massa; créditos oriundos de acidente de trabalho; créditos tributários; créditos com garantias reais; créditos com privilégio especial; créditos com privilégio geral; e créditos quirografários.

O direito real de garantia é aquele que, subsumindo à figura legal, submete a coisa ao cumprimento de uma obrigação. Por sua própria natureza – *eficácia erga omnes* e sequela –, o crédito resultante do direito real de garantia prefere ao pessoal.

O crédito pessoal privilegiado é aquele ao qual a lei atribui privilégio, geral ou especial, tendo regime de preferência ao quirografário. O privilégio especial recai sobre coisa determinada (art. 964), enquanto o privilégio geral decorre da origem da dívida (art. 965).

O crédito com privilégio especial prefere ao crédito com preferência com privilégio geral, o qual, por sua vez, prefere ao crédito quirografário.

Art. 962. Quando concorrerem aos mesmos bens, e por título igual, dois ou mais credores da mesma classe especialmente privilegiados, haverá entre eles rateio proporcional ao valor dos respectivos créditos, se o produto não bastar para o pagamento integral de todos.

Direito anterior: Art. 1.562. Quando concorrerem aos mesmos bens, e por título igual, dois ou mais credores da mesma classe, especialmente privilegiados, haverá entre eles rateio, proporcional ao valor dos respectivos créditos, se o produto não bastar para o pagamento integral de todos.

COMENTÁRIOS

Este preceito tem a mesma redação do art. 1.562 do Código Civil de 1916. Estabelece o dispositivo que, havendo igualdade de situação para os credores munidos de títulos de mesma natureza, todos têm igual direito sobre o patrimônio do devedor.

Assim sendo, não há qualquer conflito entre credores de distintas classes, tais como: crédito trabalhista com crédito de garantia real; crédito com garantia real com crédito privilegiado; crédito com privilégio especial com crédito com privilégio geral[34].

Em sede de concurso creditório, os credores da mesma classe – com títulos da mesma natureza – que tiverem direitos sobre o patrimônio do insolvente civil devem receber na proporção do valor de cada crédito, caso o acervo não seja suficiente para a satisfação da totalidade dos credores.

Os credores especialmente privilegiados são enumerados pela legislação no art. 964, incs. I a VIII, do Código Civil, em oito classes.

---

[34] De acordo com J. M. Carvalho Santos, apoiado em lição de Martins Teixeira, "a expressão 'credores da mesma classe' é inútil. Porque, os títulos iguais não podiam estar em classes diferenciadas, acontecendo, por outro lado, que os títulos podem ser diferentes e conferirem direitos iguais. Devendo entender-se o texto como se tivesse dito o legislador: quando os credores tiverem igual direito sobre os mesmos bens" (*Código Civil brasileiro interpretado*, v. XXI, p. 479).

Art. 963. O privilégio especial só compreende os bens sujeitos, por expressa disposição de lei, ao pagamento do crédito que ele favorece; e o geral, todos os bens não sujeitos a crédito real nem a privilégio especial.

Direito anterior: Art. 1.565. O privilégio especial só compreende os bens sujeitos, por expressa disposição de lei, ao pagamento do crédito, que ele favorece, e o geral, todos os bens não sujeitos a crédito real, nem a privilégio especial.

COMENTÁRIOS

O preceito ora analisado possui a mesma redação do art. 1.565 do Código Civil de 1916. Tendo presente a oportunidade e conveniência, a legislação tem atribuído privilégios a alguns créditos. Assim, "a lei, compondo a ordem social, por conveniência pública ou privada, motivada sobretudo por princípios de humanidade, equidade ou conveniência pública (Carvalho de Mendonça), estabelece certos privilégios a favor de determinados créditos"[35].

O dispositivo em questão estabelece que o privilégio especial – uma das espécies do gênero privilégio – somente compreende os bens indicados expressamente pela lei, o que afasta a analogia e a interpretação extensiva.

O privilégio geral compreende os bens do insolvente civil, depois de satisfeitos os créditos reais e os de privilégio especial, de forma que, enquanto o privilégio especial recai sobre determinados bens, o geral abrange todo o patrimônio do insolvente civil após a plena satisfação dos credores titulares de garantias reais e de privilégio especial[36].

Destaque-se que os privilégios especial e geral instituídos pela legislação não têm o condão de conferir aos respectivos credores o atributo da sequela, que é peculiar às garantias reais, mas, apenas, de

---

[35] Cf. Rubens Requião, *Curso de direito falimentar*, v. 1, p. 293.
[36] Cf. Walter T. Álvares, *Direito falimentar*, passim.

atribuir-lhes a preferência na satisfação do crédito, enquanto os bens permanecerem no acervo patrimonial do insolvente civil.

Art. 964. Têm privilégio especial:
I – sobre a coisa arrecadada e liquidada, o credor de custas e despesas judiciais feitas com a arrecadação e liquidação;
II – sobre a coisa salvada, o credor por despesas de salvamento;
III – sobre a coisa beneficiada, o credor por benfeitorias necessárias ou úteis;
IV – sobre os prédios rústicos ou urbanos, fábricas, oficinas, ou quaisquer outras construções, o credor de materiais, dinheiro, ou serviços para a sua edificação, reconstrução, ou melhoramento;
V – sobre os frutos agrícolas, o credor por sementes, instrumentos e serviços à cultura, ou à colheita;
VI – sobre as alfaias e utensílios de uso doméstico, nos prédios rústicos ou urbanos, o credor de aluguéis, quanto às prestações do ano corrente e do anterior;
VII – sobre os exemplares da obra existente na massa do editor, o autor dela, ou seus legítimos representantes, pelo crédito fundado contra aquele no contrato de edição;
VIII – sobre o produto da colheita, para a qual houver concorrido com o seu trabalho, e precipuamente a quaisquer outros créditos, ainda que reais, o trabalhador agrícola, quanto à dívida dos seus salários.

Direito anterior: Art. 1.566. Têm privilégio especial:
I – sobre a coisa arrecadada e liquidada, o credor de custas e despesas judiciais feitas com a arrecadação e liquidação;
II – sobre a coisa salvada, o credor por despesas de salvamento;
III – sobre a coisa beneficiada, o credor por benfeitorias necessárias ou úteis;
IV – sobre os prédios rústicos ou urbanos, fábricas, oficinas, ou quaisquer outras construções, o credor de materiais, dinheiro, ou serviços para a sua edificação, reconstrução, ou melhoramento;

V – sobre os frutos agrícolas, o credor por sementes, instrumentos e serviços à cultura, ou à colheita;

VI – sobre as alfaias e utensis de uso doméstico, nos prédios rústicos ou urbanos, o credor de alugueres, quanto às prestações do ano corrente e do anterior;

VII – sobre os exemplares da obra existente na massa do editor, o autor dela, ou seus legítimos representantes, pelo crédito fundado contra aquele no contrato de edição;

VIII – sobre o produto da colheita, para a qual houver concorrido com o seu trabalho, e precipuamente a quaisquer outros créditos, ainda que reais, o trabalhador agrícola, quanto à dívida dos seus salários.

COMENTÁRIOS

No geral, o preceito tem redação correspondente à do art. 1.566 do Código Civil de 1916. Exceção para que impôs que a remuneração do trabalhador agrícola tem preferência sobre o produto da colheita, com prioridade sobre quaisquer outros créditos, inclusive os reais.

Tendo em vista que, de acordo com o art. 963, somente podem ser compreendidos no privilégio especial os bens expressamente indicados na lei, o legislador enumerou quais os créditos dotados do citado privilégio. Registre-se que o privilégio especial recai em determinado bem, ou sobre parte do patrimônio, que a lei expressamente indica para, em seu valor, satisfazer-se o credor.

Com base na equidade, estabelece o legislador que o crédito derivado das custas e despesas judiciais feitas em sede de arrecadação e liquidação tem privilégio especial sobre a coisa arrecadada e liquidada. Na Lei 11.101/2005, os referidos créditos são considerados encargos da massa concursal, nos termos do art. 84, inc. IV. O Código Comercial estabelece idêntico privilégio (art. 475).

Generalizando a regra estatuída no art. 738 do Código Comercial, o legislador civil prescreve que os créditos por despesas de salvamento têm privilégio especial sobre a coisa salvada. A atitude de salvar as coisas do insolvente civil interessa a todos os credores. Sendo assim, é justo que todos os credores concorram para as despesas derivadas do salvamento, e não apenas o credor autor da providência ou terceiro.

Os créditos derivados da realização de benfeitorias necessárias e úteis têm privilégio especial sobre a coisa beneficiada. As primeiras visam a conservar o bem ou evitar que se deteriore, enquanto as segundas proporcionam o aumento ou a facilitação do uso do bem, nos termos do art. 96, §§ 2.º e 3.º, do Código Civil. Ressalte-se que o legislador não efetuou qualquer distinção entre bens móveis e imóveis, tampouco estabeleceu distinção entre as benfeitorias necessárias e úteis.

Importa destacar que o Código Civil confere aos possuidores de boa-fé o direito de indenização e de retenção pelas benfeitorias necessárias e úteis, nos termos do art. 1.219. Já aos possuidores de má-fé o legislador conferiu apenas o direito de indenização no tocante às benfeitorias necessárias, nos termos do art. 1.220.

Utilizando-se da mesma razão das benfeitorias necessárias e úteis, o legislador conferiu privilégio especial ao crédito decorrente de materiais, dinheiro ou serviços para a edificação, reconstrução ou melhoramentos de prédios rústicos ou urbanos. O crédito, pois, pode ser derivado de qualquer negócio jurídico que diga respeito à edificação, à reconstrução ou ao melhoramento de prédio urbano ou rústico.

Os créditos derivados de sementes, instrumentos e serviços à cultura ou à colheita têm preferência especial sobre os frutos agrícolas. O termo cultura abrange qualquer atividade econômica de produção vegetal ou animal. A razão da contemplação do privilégio é a mesma que a lei confere o tratamento diferenciado aos credores de despesas de conservação, a saber: ninguém pode locupletar-se à custa de trabalho alheio.

Os créditos decorrentes de aluguéis quanto às prestações do ano corrente e do anterior têm privilégio especial sobre as alfaias e utensílios de uso doméstico que se encontram nos prédios rústicos ou urbanos.

Por oportuno, importa destacar que o mencionado privilégio distingue-se do penhor legal previsto no art. 1.467 do Código Civil, uma vez que é indispensável a realização do negócio jurídico para a constituição do penhor legal, enquanto o privilégio especial resulta do título jurídico. Além disso, o penhor legal tem como objeto os bens apreendidos pelo credor, ao passo que o privilégio especial incide sobre todas as alfaias e utensílios existentes[37].

Os créditos fundados em contrato de edição em face de editores têm privilégio especial sobre os exemplares da obra existente na massa concursal do editor. Caso os exemplares pertençam ao autor, mostra-se que o credor deve postular a restituição dos bens, por meio da ação de embargos de terceiro. A razão para o referido privilégio reside na extensão da proteção legal também ao trabalhador intelectual. De sorte que o preceito em tela pressupõe que o editor deva crédito ao autor em razão do contrato de edição e que existam exemplares na massa concursal.

Os créditos pela remuneração dos trabalhadores rurais têm privilégio especial sobre o produto da colheita, inclusive sobre os reais. Refere o preceito em destaque a quaisquer créditos dos trabalhadores agrícolas, desde que tenham concorrido para o resultado. Ressalte-se que a regra em tela inovou no instante em que prevê o privilégio do crédito decorrente da remuneração dos trabalhadores rurais sobre os créditos reais.

Art. 965. Goza de privilégio geral, na ordem seguinte, sobre os bens do devedor:

I – **o crédito por despesas de seu funeral, feito segundo a condição do morto e o costume do lugar;**

II – **o crédito por custas judiciais, ou por despesas com a arrecadação e liquidação da massa;**

III – **o crédito por despesas com o luto do cônjuge sobrevivo e dos filhos do devedor falecido, se forem moderadas;**

IV – **o crédito por despesas com doença de que faleceu o devedor, no semestre anterior à sua morte;**

V – **o crédito pelos gastos necessários à mantença do devedor falecido e sua família, no trimestre anterior ao falecimento;**

VI – **o crédito pelos impostos devidos à Fazenda Pública, no ano concorrente e no anterior;**

---

[37] Cf. Pontes de Miranda, *Tratado de direito privado*, t. XXVII, p. 175.

**VII – o crédito pelos salários dos empregados do serviço doméstico do devedor, nos seus derradeiros seis meses de vida;
VIII – os demais créditos de privilégio geral.**

Direito anterior: Art. 1.569. Gozam de privilégio geral, na ordem seguinte, sobre os bens do devedor:

I – o crédito por despesas de seu funeral, feito sem pompa, segundo a condição do finado e o costume do lugar;

II – o crédito por custas judiciais, ou por despesas com a arrecadação e liquidação da massa;

III – o crédito por despesas com o luto do cônjuge sobrevivo e dos filhos do devedor falecido, se forem moderadas;

IV – o crédito por despesas com doença, de que faleceu o devedor, no semestre anterior à sua morte;

V – o crédito pelos gastos necessários à mantença do devedor falecido e sua família, no trimestre anterior ao falecimento;

VI – o crédito pelos impostos devidos à Fazenda Pública, no ano corrente e no anterior;

VII – o crédito pelos salários dos criados e mais pessoas de serviço doméstico do devedor, nos seus derradeiros seis meses de vida.

COMENTÁRIOS

O preceito em tela contempla os créditos providos de privilégio geral e tem redação correspondente à do art. 1.569 do Código Civil de 1916, salvo no que se refere ao inc. VIII, que foi acrescentado.

O privilégio geral incide sobre todo o patrimônio do devedor insolvente civil. Entretanto, os créditos com privilégio especial têm de ser satisfeitos, com preferência, sobre o valor dos bens especialmente atingidos. De forma que os créditos providos de privilégio geral somente devem ser satisfeitos após a plena satisfação dos créditos reais e dos providos de privilégio especial.

O crédito por despesa de funeral, feito segundo a condição do morto e o costume do lugar, tem privilégio geral sobre os bens do devedor. De acordo com a regra, o funeral tem que ser efetivado sem pompa e de acordo com a situação social do insolvente civil e com o costume local.

É dizer: os gastos com o funeral não devem ser excessivos para que não proporcione prejuízo aos demais credores.

Na legislação de falência revogada, as despesas com a moléstia e o enterro do falido que morrer na indigência no curso do processo eram consideradas encargos da massa, nos termos do art. 124, § 1.º, inc. IV.

Entre as referidas despesas, incluem-se as do enterro, aluguel do carro fúnebre, o preço da área no cemitério, o pagamento ao ministro ou ao sacerdote do culto. O privilégio em tela tem como razão motivos de humanidade e piedade. Caso as citadas despesas do funeral tenham sido impostas a terceiro, por lei ou negócio jurídico, a pretensão do recebimento do crédito deve ser dirigida contra ela, e não contra a massa concursal.

O crédito derivado de despesas judiciais ou por despesas na arrecadação e liquidação da massa goza de privilégio geral sobre os bens do devedor. Na Lei de Recuperação e de Falências, as despesas judiciais do processo, de incidentes e das ações em que a massa for vencida são consideradas encargos da massa, nos termos do art. 84, inc. IV. O crédito resultante de despesas e custas judiciais é provido de privilégio especial.

Assim sendo, o mencionado privilégio abrange apenas as custas judiciais e as despesas realizadas com a arrecadação e a liquidação da massa. As despesas derivadas de arrecadação e liquidação compreendem as de conservação, distribuição dos bens da massa, pagamento de honorários advocatícios, de remuneração de empregados, operários, aluguel de prédio para depósito de bens, custeio de ação pauliana ou outra com intuito de proteger os interesses do massa concursal.

Utilizando-se da mesma razão do funeral do devedor, o legislador instituiu privilégio geral ao crédito por despesas com o luto do cônjuge sobrevivo e dos filhos do devedor falecido, desde que sejam moderadas, pois parte da suposição de que o cônjuge sobrevivente e os filhos do devedor falecido não mais tenham recursos financeiros para a realização do funeral.

Prevê, ainda, o legislador que o crédito gasto com a doença de que faleceu o devedor goza de privilégio geral sobre os bens do devedor. Deve-se entender por despesas as referentes a médico, cirurgião, exames técnicos, hospital, enfermagem, farmácia e aparelhos de correção, englobando, enfim, tudo o que for necessário à subsistência da integridade física do devedor. Dada à amplitude da regra, não se há de indagar sobre a natureza e a gravidade da doença para que se configure o privilégio geral do crédito. É suficiente, pois, que tenha sido causa determinante para o óbito do devedor.

Registre-se que o preceito em questão, analogamente ao do Código Civil de 1916, contempla regra que pode gerar absurdos, dado que o médico, que obtém êxito no tratamento (manutenção da vida do paciente), não faz jus ao privilégio geral, ao contrário, pois, daquele que, não obtendo êxito no tratamento, goza do privilégio geral. Acrescente-se, ainda, que houve a previsão de limite de tempo (semestre anterior à morte).

Com base, ainda, em fator de humanidade e piedade, institui o legislador privilégio geral ao crédito referente aos gastos necessários à mantença do devedor falecido e sua família, no trimestre anterior ao falecimento sobre os bens do devedor. Adotando uma interpretação teleológica, mantença abrange as despesas com alimentação, vestuário, habitação. Enfim, compreende tudo o necessário à subsistência digna da pessoa humana. Há, ainda, o fator de tempo: trimestre anterior ao nascimento.

Após a contemplação de privilégio geral, fundado em princípios de humanidade, piedade e dignidade, o legislador conferiu aos créditos decorrentes de impostos devidos à Fazenda Pública o privilégio geral sobre os bens do devedor. Ressalte-se que o CTN prescreve que os créditos tributários preferem a qualquer outro, seja qual for a sua natureza ou o tempo de sua constituição, ressalvados os créditos decorrentes da legislação de trabalho ou de acidente de trabalho, nos termos do art. 186.

Ao crédito decorrente do trabalho dos empregados do serviço doméstico o legislador conferiu privilégio geral sobre os bens do devedor no lapso de tempo compreendido nos seus últimos meses de vida.

BIBLIOGRAFIA

AGUIAR, Joaquim Castro. *Direito da cidade*. Rio de Janeiro: Renovar, 1996.

ALBUQUERQUE, J.B. Torres de. *Títulos de crédito*. Campinas: Bookseller, 2011.

ALPA, Guido. *La responsabilità civile*: Parte Generale. Milano: UTET, 2010.

———. *Diritto alla riservatezza e calcolatori elettronici*. Quaderni di diritto comparato, Banche dati telematica e diritti della persona. Padova: Cedam, 1984.

ÁLVARES, Walter T. *Curso de direito falimentar*. 7. ed. São Paulo: Sugestões Literárias, 1979.

ALVES, José Carlos Moreira. *Direito romano*. 10. ed. Rio de Janeiro: Forense, 1995. v. II.

———. ———. 13. ed. Rio de Janeiro: Forense, 2004. v. I.

ALVIM, Agostinho. *Da inexecução das obrigações e suas consequências*. 5. ed. São Paulo: Saraiva, 1980.

ALVIM NETTO, José Manoel de Arruda. *Manual de direito processual civil*. 7. ed. São Paulo: RT, 2000. v. 2.

ARANGIO-RUIZ, Gaetano. *La cambiale nel diritto internazionale privato*. Milano: Giuffrè, 1946.

ARNOLDI, Paulo Roberto Colombo. *Teoria geral dos títulos de crédito*. Rio de Janeiro: Forense, 1998.

ARRUDA ALVIM. Breves anotações à teoria geral dos direitos reais. *Direito privado*. São Paulo: RT, 2002. v. 2.

———. *Comentários ao Código Civil Brasileiro*. Livro introdutório ao direito das coisas e o direito civil. Rio de Janeiro: Forense, 2009. v. XI, t. I,

———; ASSIS, Araken de; ARRUDA ALVIM, Eduardo. *Comentários ao Código de Processo Civi*. Rio de Janeiro: GZ Editora, 2012.

ASCARELLI, Tullio. *Teoria geral dos títulos de crédito*. São Paulo: Saraiva, 1943.

ASCENSÃO, Oliveira. *Direito comercial*: títulos de crédito. Lisboa: Faculdade de Direito de Lisboa, 1992. v. III.

ASQUINI, Alberto. *Corso di diritto commerciale*: titoli di credito. Padova: Cedam, 1966.

ASSIS, Araken de. *Manual do processo de execução*. 5. ed. São Paulo: RT, 1998.

AZEVEDO, Álvaro Villaça. *Teoria geral das obrigações*: responsabilidade civil. 10. ed. São Paulo: Atlas, 2004.

BARROS MONTEIRO, Washington de. *Curso de direito civil*. São Paulo: Saraiva, 1989. v. 4, 1.ª parte, e v. 5, 2.ª parte.

――――. *Curso de direito civil*: direito das obrigações. 1.ª Parte. 32. ed. São Paulo: Saraiva, 2003.

BATISTA MARTINS, Pedro A. Cambial – ineficácia do permissivo contratual de saque pelo credor. *Livro de Estudos Jurídicos IEJ*, n. 3, 1991.

BEDAQUE, José Roberto dos Santos. *Direito e processo*: influência do direito material sobre o processo. 2. ed. São Paulo: Malheiros, 1997.

BETTI, Emilio. *Teoria generale delle obbligazioni*. Milano: Giuffrè, 1954. v. 3.

――――. *Teoria geral do negócio jurídico*. Tradução de Ricardo Rodrigues Gama. Campinas: LZN, 2003. t. I.

BEVILÁQUA, Clóvis. *Código Civil dos Estados Unidos do Brasil commentado*. 3. ed. Rio de Janeiro: Livraria Francisco Alves, 1927. v. I.

――――. *Código Civil dos Estados Unidos do Brasil*. Rio de Janeiro: Editora Rio, 1958. v. IV.

――――. *Theoria geral do direito civil*. Campinas: RED Livros, 1999.

BONELLI, Gustavo. *Commentario al Codice de Commercio*: della cambialle, dell'assegno bancario e del contratto di comta corrente. Milano: Vallardi, 1914. v. III.

BONFANTI, Mario Alberto; GARRONE, José Alberto. *De los títulos de crédito*. 2. ed. ampl. e atual. Buenos Aires: Abeledo Perrot, 1976.

BORBA, Gustavo Tavares. A desmaterialização dos títulos de crédito. *Revista de Direito Renovar*, n. 14, mar.-ago. 1999.

BORGES, João Eunápio. *Do aval*. 4. ed. Rio de Janeiro: Forense, 1975.

BUZAID, Alfredo. *Do concurso de credores no processo de execução*. São Paulo: Saraiva, 1952.

CAHALI, Yussef Said. *Dano moral*. 2. ed. São Paulo: RT, 1998.

CALMON, Eliana; FARIA, Luiz Alberto Gurgel de; ÁLVARES, Manoel et al. *Código Tributário Nacional comentado*. São Paulo: RT, 1999.

CANARIS, Claus-Wilhelm. *Pensamento sistemático e conceito de sistema na ciência do direito*. Tradução de A. Menezes Cordeiro. 3. ed. Lisboa: Fundação Calouste Gulbenkian, 2002.

CARVALHO DE MENDONÇA, J. X. *Tratado de direito comercial brasileiro*. Rio de Janeiro: Livraria Freitas Bastos, 1954.

CARVALHO SANTOS, J. M. de. *Código Civil brasileiro interpretado*. 7. ed. Rio de Janeiro: Livraria Freitas Bastos, 1959. v. XXI.

———. *Código Civil brasileiro interpretado*. 12. ed. Rio de Janeiro: Freitas Bastos, 1985. v. XII, XVIII e XX.

CATALANO, Roberta. *Esposizione alle onde elettromagnetiche e tutela della persona*. Napoli: Jovene, 2005.

CAVALIERI FILHO, Sérgio. *Programa de responsabilidade civil*. 8. ed. São Paulo: Atlas, 2009.

COELHO, Fábio de Ulhoa. *Curso de direito comercial*. São Paulo: Saraiva, 2010. v. 1.

COING, Helmut. *Elementos fundamentais da filosofia do direito*. Tradução de Elisete Antoniuk. Porto Alegre: Fabris, 2002.

COLOMBO, Leonardo A. *Culpa aquiliana* (cuasidelitos). 3. ed. Buenos Aires: La Ley, 1965.

CRETELLA JUNIOR, J. *Das licitações públicas*. 8. ed. Rio de Janeiro: Forense, 1995.

DE CUPIS, Adriano. *Os direitos da personalidade*. Tradução de Adriano Vera Jardim e António Miguel Caeiro. Lisboa: Livraria Morais Editora, 1961.

DE PLÁCIDO E SILVA. *Vocabulário jurídico*. Rio de Janeiro: Forense, 1975. v. III.

———. ———. 3. ed. Rio de Janeiro: Forense, 1993. v. III e IV.

DIAS, José de Aguiar. *Da responsabilidade civil*. 12. ed. 2.ª tiragem. Rio de Janeiro: Lumen Juris, 2012.

DIEZ-PICAZO. *Derecho de daños*. Madrid: Civitas, 2000.

DINIZ, Maria Helena. *Código Civil anotado*. São Paulo: RT, 1998.

———. *Curso de direito civil brasileiro*: responsabilidade civil. 23. ed. São Paulo: Saraiva, 2009.

———. *Tratado teórico e prático dos contratos*. 3. ed. São Paulo: Saraiva, 1999. v. 3.

DONNINI, Oduvaldo; DONNINI, Rogério Ferraz. *Imprensa livre*: dano moral, dano à imagem, e sua quantificação à luz do novo Código Civil. São Paulo: Método, 2002.

DONNINI, Rogério. *A revisão dos contratos no Código Civil e no Código de Defesa do Consumidor*. 2. ed. São Paulo: Saraiva, 2001.

———. Lesão à saúde. *Revista Brasileira de Direito Civil Constitucional e Relações de Consumo*, São Paulo: Fiuza, n. 3, jul.-set. 2009. Coord. Rogério Donnini e Celso Antonio Pacheco Fiorillo.

———. *Responsabilidade civil pós-contratual*. 3. ed. São Paulo: Saraiva, 2011.

FABRÍCIO, Adroaldo Furtado. *Comentários ao Código de Processo Civil*. Rio de Janeiro: Forense, 1980. v. VIII, t. III.

FARAGO, France. *A justiça*. Tradução de Maria José Pontieri. São Paulo: Manole, 2004.

FILOMENO, José Geraldo Brito. *Código Brasileiro de Defesa do Consumidor*. 8. ed. São Paulo: Forense Universitária, 2004.

FIORILLO, Celso Antonio Pacheco. *Curso de direito ambiental brasileiro*. 12. ed. São Paulo: Saraiva, 2011.

FRONTINI, Paulo Salvador. Títulos de crédito e títulos circulatórios: que futuro a informática lhes reserva?. *Revista dos Tribunais*, n. 730, ago. 1996.

GALGANO, Francesco. *Istituizioni di diritto privato*. 6. ed. Milano: Cedam, 2010.

GAZZONI, Franscesco. *Obbligazioni e contratti*. Napoli: Ed. Scientifiche Italiane, 1993.

GOMES, Orlando. *Contratos*. 17. ed. Rio de Janeiro: Forense, 1996.

———. *Obrigações*. 15. ed. Rio de Janeiro: Forense, 2002.

———. ———. 16. ed. Rio de Janeiro: Forense, 2004.

GONÇALVES, Carlos Roberto. *Direito civil brasileiro*. Teoria geral das obrigações. 7. ed. São Paulo: Saraiva, 2010. v. 2.

———. *Direito civil brasileiro*: responsabilidade civil. 7. ed. São Paulo: Saraiva, 2012.

HIRONAKA, Giselda Maria F. Novaes. *Responsabilidade pressuposta*. São Paulo: Del Rey, 2005.

HORN, Norbert. *Introdução à ciência do direito e à filosofia jurídica*. Tradução de Elisete Antoniuk. Porto Alegre: Fabris, 2005.

IHERING, Rudolph von. *O espírito do direito romano*. Rio de Janeiro: Alba, 1943.

IMHOF, Cristiano. *Código Civil interpretado*. 4. ed. Florianópolis: Publicações Online, 2012.

JUSTEN FILHO, Marçal. *Comentários à Lei de Licitações e Contratos Administrativos*. 5. ed. São Paulo: Dialética, 1998.

JUSTINIANO I, Imperador do Oriente, 483-565. *Institutas do Imperador Justiniano*. Tradução de J. Cretella e Agnes Cretella. 2. ed. São Paulo: RT, 2005.

LACERDA, Paulo de. *A cambial no direito brasileiro*. 2. ed. Rio de Janeiro: Jacinto Ribeiro dos Santos, 1913.

———. *Manual do Código Civil brasileiro*: dos títulos ao portador. Rio de Janeiro: Jacintho Ribeiro dos Santos, 1921. v. XVI.

LOBO, Jorge. As dez regras de ouro dos títulos de crédito. *Revista de Direito Renovar*, n. 17, maio-ago. 2000.

LÔBO, Paulo. *Direito civil*: obrigações. 2. ed. São Paulo: Saraiva, 2011.

LOPES, Miguel Maria de Serpa. *Curso de direito civil*. 4. ed. Rio de Janeiro: Freitas Bastos, 1995.

LOPEZ, Teresa Ancona. *O dano estético*: responsabilidade civil. 2. ed. São Paulo: RT, 1999.

_____. *Princípio da precaução e evolução da responsabilidade civil*. São Paulo: Quartier Latin, 2010.

LUCCA, Newton de. *A cambial*. São Paulo: RT, 1985.

MACHADO, Paulo Afonso Leme. *Direito ambiental brasileiro*. São Paulo: Malheiros, 2001.

MALUF, Carlos Alberto Dabus. Do caso fortuito e da força maior. In: NERY, Rosa Maria de Andrade; DONNINI, Rogério (Org.). *Responsabilidade civil*: estudos em homenagem ao Professor Rui Geraldo Camargo Viana. São Paulo: RT, 2009.

MARQUES, Cláudia Lima; BENJAMIN, Antônio Herman V.; MIRAGEM, Bruno. *Comentários ao Código de Defesa do Consumidor*. São Paulo: RT, 2004.

MARQUES, José Frederico. *Manual de direito processual civil*. 2. ed. Campinas: Millennium, 1998. v. IV.

MARTINS, Fran. *Títulos de crédito*. 5. ed. Rio de Janeiro: Forense, 1987. v. 7.

MARTORANO, Federico. *Titoli di credito*. 3. ed. Milano: Giuffrè, 1997.

MASSIMO, Bianca C. *Diritto civile*: la proprietá. Milano: Giuffrè, 1999.

MAZZOLA, Marcello Adriano. *I nuovi danni*. Milano: Cedam, 2008.

MENEZES CORDEIRO, Antonio. *Teoria geral do direito civil*. 2. ed. Lisboa: Associação Académica da Faculdade de Direito, 1988. v. 1.

MENEZES LEITÃO, Luís Manuel Teles de. *Direito das obrigações*. Coimbra: Almedina, 2000. v. I.

MERCADO JR., Antônio. Observações sobre o Anteprojeto de Código Civil, quanto à matéria dos títulos de crédito, constante da Parte Especial, Livro I, Título VIII. *Revista de Direito Mercantil*, v. 12, n. 9.

MIRANDA, Custódio da Piedade U. *Teoria geral do direito privado*. Belo Horizonte: Del Rey, 2003.

MOSSA, Lorenzo. *La cambiale secondo la nueva legge*. Milano: Società Editrice Libraria, 1937. v. 1 e 2.

MULHOLLAND, Caitlin Sampaio. *A responsabilidade civil por presunção de causalidade*. Rio de Janeiro: GZ Editora, 2009.

NALINI, José Renato. *Ética ambiental*. 2. ed. São Paulo: Millennium, 2003.

NANNI, Giovanni Ettore. *Enriquecimento sem causa*. São Paulo: Saraiva, 2004.

NERY JUNIOR, Nelson; NERY, Rosa Maria de Andrade. *Código Civil comentado*. 7. ed. São Paulo: RT, 2009.

———; ———. *Novo Código Civil e legislações extravagantes anotados*. São Paulo: RT, 2002.

NERY, Rosa Maria de Andrade. *Noções preliminares de direito civil*. São Paulo: RT, 2002.

NUNES, Luiz Antonio Rizzatto. *Curso de direito do consumidor*. São Paulo: Saraiva, 2004.

PENTEADO, Mauro Rodrigues. Títulos de crédito no Projeto de Código Civil. *Revista de Direito Mercantil*, n. 100, out.-dez. 1995.

PEREIRA, Caio Mário da Silva. *Instituições de direito civil*. 11. ed. Rio de Janeiro: Forense, 2003. v. III.

———. ———. 19. ed. Rio de Janeiro: Forense, 2001. v. II.

———. *Instituições de direito civil*: teoria geral das obrigações. 20. ed. Rio de Janeiro: Forense, 2003. v. II.

———. *Responsabilidade civil*. 9. ed. Rio de Janeiro: Forense, 1999.

PEREIRA, Lafayette Rodrigues. *Direito das coisas*. 6. ed. Rio de Janeiro: Freitas Bastos, 1956.

PETIT, Eugène. *Tratado elementar de direito romano*. Tradução de Jorge Luís Custódio Porto. Campinas: Russell, 2003.

PONTES DE MIRANDA. *Tratado de direito cambiário*. Campinas: Bookseller, 2000. v. I.

PONTES DE MIRANDA. *Tratado de direito privado*. Rio de Janeiro: Borsoi, 1960. t. XXVII.

———. *Tratado de direito privado*. 2. ed. Rio de Janeiro: Borsoi, 1954. v. 7.

———. ———. 3. ed. São Paulo: RT, 1984. t. XLIII e XXXI.

———. ———. Rio de Janeiro: Borsoi, 1960. t. XXVII.

———. ———. Campinas: Bookseller, 2001. t. XI.

RÁO, Vicente. *Ato jurídico*. 4. ed. 2.ª tiragem. São Paulo: RT, 2006.

REALE, Miguel. *Filosofia do direito*. 20. ed. 8.ª tiragem. São Paulo: Saraiva, 2010.

REQUIÃO, Rubens. *Curso de direito falimentar*. 16. ed. São Paulo: Saraiva, 1995. v. 1.

RIPERT, George. *A regra moral nas obrigações civis*. Tradução de Osório de Oliveira. Campinas: Bookseller, 2000.

RIZZARDO, Arnaldo. *Contratos*. Rio de Janeiro: Aide, 1988. v. II.

———. *Direito das obrigações*. Rio de Janeiro: Forense, 1999.

ROCHA, Silvio Luís Ferreira da. *Curso avançado de direito civil*. São Paulo: RT, 2002. v. 3.

RODRIGUES, Silvio. *Direito civil*. 28. ed. São Paulo: Saraiva, 2002. v. 3.

———. *Direito civil*: Parte Geral. Das Obrigações. São Paulo: Saraiva, 2002. v. 2.

———. *Direito civil*: responsabilidade civil. 19. ed. São Paulo: Saraiva, 2002. v. 4.

ROSA JR., Luiz Emygdio F. da. *Títulos de crédito*. Rio de Janeiro: Renovar, 2000.

RUBIO, Delia Matilde Ferreira. *La buena fe*: el principio general en el derecho civil. Madrid: Montecorvo, 1984.

RUGGIERO, Roberto de. *Instituição de direito civil*. Campinas: Bookseller, 1999. v. 3.

SACCO, Rodolfo. *La buona fede nella teoria dei fatti giuridici di diritto privato*. Torino: Giappichelli, 1949.

SALEILLES, Raymond. *Les accidents de travail et la responsabilitè civile*: essai d'une théorie objective de La responsabilité délictuelle. Paris: Arthur Rousseau, 1897.

SANTOS JUSTO, A. *Direito romano privado* – II (Direito das Obrigações). 3. ed. Boletim da Faculdade de Direito. Coimbra: Coimbra Editora, 2008.

SANTOS, Theóphilo de Azeredo. Endossador Não responsável pelo título de crédito. Disponível em: <http://www.cjf.jus.br/revista/seriecadernos/VOL16-7.htm>.

SARAIVA, José A. *A cambial*. Rev., atual. e ampl. por Osmy Duarte Pereira. Rio de Janeiro: José Konfino, 1947. v. I, II e III.

SARLET, Ingo Wolfgang. A influência dos direitos fundamentais no direito privado: o caso brasileiro, In: ———; MONTEIRO, António Pinto; NEUNER, Jörg (Org.). *Direitos fundamentais e direito privado*: uma perspectiva de direito comparado. Coimbra: Almedina, 2007.

SCHAPP, Jan. *Introdução ao direito civil*. Tradução de Maria da Glória Lacerda Rurack e Klaus-Peter Rurack. Porto Alegre: Fabris, 2006.

SENADO FEDERAL. Código Civil: anteprojeto. Brasília: Subsecretaria de Edições Técnicas, 1989. v. 5, t. 2.

SILVA, Wilson Melo da. *Da responsabilidade civil automobilística*. São Paulo: Saraiva, 1974.

———. *O dano moral e sua reparação*. 2. ed. Rio de Janeiro: Forense, 1969.

SOUZA, H. Inglez de. *Títulos ao portador no direito brasileiro*. Rio de Janeiro: Livraria Francisco Alves, 1898.

SUPIOT, Alain. *Homo juridicus*: ensaio sobre a função antropológica do direito. Tradução de Maria Ermantina de Almeida Prado Galvão. Rio de Janeiro: Martins Fontes, 2007.

TELLES, Inocêncio Galvão. *Direito das obrigações*. 7. ed. Coimbra: Coimbra Editora, 1997.

TEPEDINO, Gustavo. *Temas de direito civil*. Rio de Janeiro: Renovar, 1999.

THEODORO JÚNIOR, Humberto. *A insolvência civil*: execução por quantia certa contra devedor insolvente. 4. ed. Rio de Janeiro: Forense, 1998.

TOCCI, Mario. Le legge delle XII Tavole: la storia e la traduzione del texto. Disponível em: www.filodiritto.com.

TORRES, Margarinos. *Nota promissória*. Rio de Janeiro: Grande Livraria Leite Ribeiro, 1921.

TROJANI, Camillo. *Teorie cambiarie e legge uniforme*. Roma: Foro Italiano, 1936.

VENOSA, Silvio de Salvo. *Direito civil*: teoria geral das obrigações e teoria geral dos contratos. 2. ed. São Paulo: Atlas, 2002. v. 2.

———. *Direito civil*: direitos reais. São Paulo: Atlas, 2003.

VIANA, Marco Aurélio S. *Curso de direito civil*. Belo Horizonte: Del Rey, 1996. v. 5.

VIDARI, Ercole. *La cambiale*. Milano: Ulrico Hoepli, 1885.

VILLEY, Michel. *A formação do pensamento jurídico moderno*. Tradução de Claudia Berliner. São Paulo: Martins Fontes, 2005.

WAHL, Albert. *Traité theorique et pratique des titres au porteur*. Paris: Arthur Rousseau éditeur, 1891. t. I e II.

WALD, Arnoldo. *Direito civil, direito das obrigações e teoria geral dos contratos*. 18. ed. São Paulo: Saraiva, 2009.

———. *Direito das obrigações*. 15. ed. São Paulo: Malheiros, 2001.

WHITAKER, José Maria. *Letra de câmbio*. São Paulo: RT, 1963.

Editora FORENSE

www.editoraforense.com.br
forense@grupogen.com.br

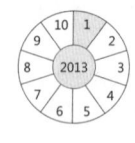

2013

Impressão e Acabamento:
Geográfica

Cód.: 1213025